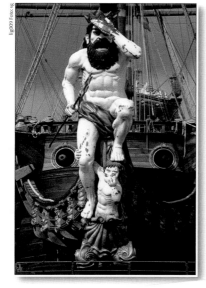

ligt009 Foto: sg

D1727463

Sibylle Geier
Ligurien, Cinque Terre, Italienische Riviera

Danksagung:
Ringrazio gli Enti e le Associazioni locali per la gentile collaborazione.

Impressum

Sibylle Geier
Ligurien, Cinque Terre, Italienische Riviera

erschienen im
Reise Know-How Verlag Peter Rump GmbH
Osnabrücker Str. 79, 33649 Bielefeld

© Peter Rump 2002, 2005, 2007
4., neu bearbeitete und komplett aktualisierte Auflage 2010

Alle Rechte vorbehalten.

Gestaltung
Umschlag: G. Pawlak, P. Rump (Layout);
  A. Pentzien (Realisierung)
Inhalt: G. Pawlak (Layout); M. Luck (Realisierung)
Karten: C. Raisin
Fotos: Sibylle Geier (sg), Annette Krimmer (ak, S. 384),
  Martin Schneider (ms, S. 24, 51, 325)
Titelfoto: Sibylle Geier (Garten der Villa Durazzo Farragiana
  in Albisola Marina)

Lektorat: M. Luck
Lektorat (Aktualisierung): A. Pentzien

Druck und Bindung: Media Print, Paderborn

ISBN 978-3-8317-1895-5
Printed In Germany

Dieses Buch ist erhältlich in jeder Buchhandlung
Deutschlands, Österreichs, der Niederlande,
Belgiens und der Schweiz. Bitte informieren Sie
Ihren Buchhändler über folgende Bezugsadressen:

Deutschland
Prolit GmbH, Postfach 9,
D-35461 Fernwald (Annerod)
sowie alle Barsortimente
Schweiz
AVA/Buch 2000
Postfach, CH-8910 Affoltern
Österreich
Mohr-Morawa Buchvertrieb GmbH
Sulzengasse 2, A-1230 Wien
Niederlande, Belgien
www.willemsadventure.nl

Wer im Buchhandel trotzdem kein Glück hat,
bekommt unsere Bücher direkt über unseren
Büchershop im Internet:
www.reise-know-how.de

Wir freuen uns über Kritik, Kommentare und Verbesserungsvorschläge, gern auch per E-Mail an info@reise-know-how.de.

Alle Informationen in diesem Buch sind von der Autorin mit größter Sorgfalt gesammelt und vom Lektorat des Verlages gewissenhaft bearbeitet und überprüft worden.

Da inhaltliche und sachliche Fehler nicht ausgeschlossen werden können, erklärt der Verlag, dass alle Angaben im Sinne der Produkthaftung ohne Garantie erfolgen und dass Verlag wie Autorin keinerlei Verantwortung und Haftung für inhaltliche und sachliche Fehler übernehmen.

Die Nennung von Firmen und ihren Produkten und ihre Reihenfolge sind als Beispiel ohne Wertung gegenüber anderen anzusehen. Qualitäts- und Quantitätsangaben sind rein subjektive Einschätzungen der Autorin und dienen keinesfalls der Bewerbung von Firmen oder Produkten

Sibylle Geier

Ligurien

Cinque Terre
Italienische Riviera

REISE KNOW-HOW im Internet

Vorwort

Ligurien – wo liegt das überhaupt? Ganz einfach: wo das Mittelmeer Nordeuropa am nächsten ist. Mit dem Begriff Riviera, was im Italienischen soviel wie Küstenland bedeutet, können die meisten schon eher etwas anfangen. Eingezwängt zwischen Mittelmeer, Apennin und den Ligurischen Alpen erstreckt sich der schmale Küstensaum Liguriens in einem weiten Bogen von der Cote d'Azur im Westen bis zur Toskana im Osten. Im Scheitelpunkt liegt Genua, die Hauptstadt der Region. Im Osten schließt sich die Riviera di Levante, im Westen die Riviera di Ponente, an.

Reiche englische Aristokraten entdeckten im 19. Jahrhundert als erste Nordeuropäer das ganzjährig milde Mittelmeerklima Liguriens. Die Reisepioniere von einst flüchteten vor dem tristen, nasskalten Winterwetter Englands an die sonnenverwöhnte Riviera Ligure. Es entstanden elegante Grand Hotels, Privatvillen mit schönen Parkanlagen, lange palmenbestandene Seepromenaden und das Spielcasino von San Remo. Einfache Fischerorte wie Santa Margherita Ligure und Rapallo, San Remo und Bordighera verwandelten sich innerhalb weniger Jahrzehnte in mondäne Nobelkurorte für eine gut betuchte und zumeist adlige Klientel.

Der Elitetourismus gehört jedoch längst der Vergangenheit an. Heutzutage zieht es Jahr für Jahr Millionen sonnenhungriger Gäste an die langen Sandstrände von Alassio, Diano Marina, Finale Ligure und in das Naturschutzgebiet der Cinque Terre. Der Massentourismus hat überall deutliche Spuren hinterlassen.

Neben den klassischen Badeorten sind heute vor allem die fünf Dörfer der Cinque Terre Anziehungspunkt für Besucher aus der ganzen Welt. Wie Felsennester scheinen die Dörfer in die unzugänglichen Klippen hineinzuwachsen. Verschachtelte, übereinander getürmte Häuser mit pastellfarbenen Fassaden drängen sich in tief eingeschnittene Felsrinnen und hinterlassen ein pittoreskes Durcheinander von überwölbten Durchgängen, steilen Treppenwegen und handtuchschmalen Gässchen. Die alten Saumpfade entlang der Steilküste führen durch eine atemberaubende Terrassenlandschaft. Sie gehören zu den schönsten, aber auch zu den meist begangensten Wanderrouten Italiens. 2009 verzeichnete der Nationalpark Cinque Terre ca. 2 Millionen Besucher. Was noch vor 30 Jahren als Geheimtipp galt, kann heute nur als Naturreservat mit strengen Denkmal- und Naturschutzauflagen erhalten werden.

Doch Ligurien besteht nicht nur aus Meer und Küste. Wer keinen reinen Badeurlaub verbringen und sich von Hektik und Großstadtlärm erholen möchte, sollte sich ein Quartier im gebirgigen Hinterland suchen. Bereits wenige Kilometer von der Küste entfernt, wird das Landschaftsbild von Olivenbäumen, Weingärten und den ursprünglichen Castellari, kleinen mittelalterlichen Burgdörfern geprägt. Seit einigen Jahren erfahren immer mehr der einst verlassenen Dörfer eine Renaissance. Sie sind Teil einer vielseitigen Kulturlandschaft, zu der Kapellen und Klöster, uralte Olivenhaine und Weingärten ebenso gehören wie tollkühn an den Fels gekrallte Bergnester und alpine Steige.

Kunst- und Kulturreisende sollten sich Genua auf keinen Fall entgehen lassen. Die Hauptstadt der Region widerlegt die Erwartungen seiner Besucher: Statt einer gesichtslosen Hafenmetropole empfängt Sie eines der größten und interessantesten historischen Stadtzentren mit einer überwältigenden Fülle an Kirchen, Plätzen und Palästen. Im Anschluss an die Ernennung zur europäischen Kulturhauptstadt 2004 konnten zahlreiche Projekte zur Sanierung der Altstadt realisiert werden, und so präsentiert sich Genua heute als stilvolle Großstadt mit einer sehenswerten Museumslandschaft.

Keine andere Region Italiens bietet auf engstem Raum eine so vielseitige Landschaft voller Kontraste, mit einer einzigartigen Kombination aus Bergen und Meer.

Freiburg, im April 2010

Abkürzungen im Buch

I.A.T. = Ufficio di Informazioni e di Accoglienza Turistica (Informations büros)
HP = Halbpension pro Person und Tag
MQA (Marchio di Qualità Ambientale) = Umweltsiegel der Cinque Terre
B&B = Bed & Breakfast/ Übernachtung mit Frühstück
DZ = Doppelzimmer
Fraz. = Frazione (Ortsteil)
F.S. = Ferrovie dello Stato (Staatliche Eisenbahnen)
Loc. = Località (Ortschaft)
Mo., Di. usw. = Montag, Dienstag usw.
S.S. = strada statale (Staatsstraße)
S.P. = strada provinciale

Hinweise zur Benutzung

Der vorliegende Reiseführer Ligurien ist in sechs Teile gegliedert. Das erste Buchkapitel **„Praktische Reisetipps A–Z"** enthält allgemeine Informationen zur Reisevorbereitung, Tipps, um sich vor Ort in den Dingen des Alltags besser zurechtzufinden sowie Anregungen zur Reiseplanung.

Der zweite, landeskundliche Teil **„Land und Leute"** informiert über Geschichte und Politik, Landschaft und Klima, Wirtschaft, Kunst und Kultur Liguriens.

In den Kapiteln **„Genua und sein Hinterland", „Riviera di Levante"** und **„Riviera di Ponente"** werden die ligurischen Städte, Dörfer und Landschaften mit ihren wichtigsten Sehenswürdigkeiten vorgestellt. Hinzu kommen Routenvorschläge mit interessanten Ausflügen und **Wanderungen** ins Hinterland, die abseits der ausgetretenen touristischen Pfade verlaufen.

Jede **Ortsbeschreibung** beginnt mit einem allgemeinen Überblick (größeren Orten ist ein Stadtplan beigefügt), danach folgt die Erläuterung der Sehenswürdigkeiten (im Falle Genuas in Form von sechs Stadtrundgängen). Ortsbezogene praktische Hinweise (Informationsstellen, Hotels, Restaurants usw.) finden sich jeweils am Ende jeder Ortsbeschreibung. Die genannten Empfehlungen wurden sorgfältig ausgewählt und geprüft. Doch wer Italien kennt, weiß, wie schnell Veränderungen eintreten können, und was heute noch gilt, kann morgen schon überholt sein. Für Preise und Qualität können keine Garantie übernommen werden.

Eine **Bemerkung** noch **zu Genua:** Restaurants, Cafés, Bars, Märkte usw. sind in Klammern mit einer römischen Zahl versehen, die auf den jeweiligen Stadtrundgang (I–VI) verweist, Sehenswürdigkeiten sind mit einer arabischen Zahl in Klammern versehen, die sich auf die jeweilige Legendennummer des Stadtplans Genua bezieht.

Im **Anhang** findet der Leser ein Register mit wichtigen Stichwörtern, Literaturtipps, ein Glossar und eine kleine Sprechhilfe.

Nach Seite 384 folgt ein 24-seitiger **Atlas** einschließlich des Stadtplanes zu Genua.

Inhalt

Exkurse

Praktische Reisetipps A–Z

lig123 Foto: sg

lig011b Foto: sg

Fischverkauf am Strand von Laigueglia

Bauernmarkt in Santo Stefano d'Aveto

Am Hafen von Lerici

Anreise

Anreise mit der Bahn

Die Zugverbingungen nach Ligurien waren schon besser: Direkte Züge aus den deutschsprachigen Gegenden nach Ligurien gibt es seit längerer Zeit nicht mehr, und auch die internationalen Nachtzüge auf dieser Strecke sind Geschichte. Obwohl man mehrfach umsteigen muss, bietet die Bahnfahrt jedoch ihren Reiz: Die schönsten Landschaften Europas ziehen am Zugfenster vorbei!

Aus dem Süden und der Mitte Deutschlands geht es zunächst per ICE nach Basel oder Zürich. Wer aus dem Norden oder Osten anreist, nimmt bis dort hin den **CityNightLine** über Nacht

von Hamburg, Amsterdam, Berlin oder Dresden. Weiter geht es mit dem Eurocity nach Mailand und dann mit dem Intercity nach Genua. Einzelne Züge fahren von Mailand aus direkt via Genua Richtung San Remo und Ventimiglia bzw. Richtung Sestri Levante und La Spezia.

Aus Bayern und Österreich fahren internationale Direktzüge via Brenner nach Verona, wo Anschlüsse in Richtung Mailand und Genua bestehen.

Die Verbindungen über die Schweiz wurde mit der Inbetriebnahme des neuen **Lötschberg-Basistunnels** Ende 2007 erheblich beschleunigt. Nach und nach soll dann auch das Angebot an Direktzügen wieder ausgebaut werden.

Von Wien kann man über Nacht nach Venedig fahren und dann von dort weiter mit einem InterCity in Richtung Genua.

Die Preise bei den einzelnen beteiligten Bahngesellschaften schwanken extrem, je nachdem, ob zum Reisetermin ein Sparangebot verfügbar ist oder man eine Ermäßigungskarte besitzt etc.

Neben vielen anderen Möglichkeiten gibt es für Tages-Verbindungen z.B. das **Europa-Spezial-Ticket,** das jeweils bis Mailand gilt und ab deutschen Einstiegs-Orten schon ab 29 € zu haben ist. Auf den durchgehenden Schweiz-Italien-Zügen bieten die Bahngesellschaften mit dem Smart-Price ebenfalls sehr preiswerte Fahrten an.

Für die Weiterfahrt innerhalb Italiens gibt es bei den lizensierten Agenturen der italienischen Bahn ebenfalls viele Spar-Tarife, die auch schon von zuhause aus buchbar sind.

In jedem Fall gilt die Regel: Wer früh bucht, sich festlegen kann und nicht unbedingt an einem ganz bestimmten Tag reisen muss, kann sehr viel Geld sparen. Auch aus einem anderen Grund ist frühes Buchen ratsam: alle internationalen Züge nach und alle Fernzüge in Italien sind reservierungspflichtig.

Wichtig zu wissen: viele der wirklich guten Preise bekommt man nicht an den Schaltern der DB und auch nicht bei www.bahn.de. Es empfiehlt sich, die Beratung durch eines der spezialisierten Bahn-Reisebüros:

● **Gleisnost am Stadttheater,** Bertoldstr. 44, 79098 Freiburg, Tel. 0761/383031
● **Gleisnost im Bahnhof Littenweiler,** Lindenmattenstr. 18, 79117 Freiburg, Tel. 0761/62037
● **www.gleisnost.de**

Anreise mit dem Pkw

Je nachdem aus welcher Ecke Süddeutschlands man anreist, fährt man entweder **über die Schweiz oder über Österreich.** Der kürzeste Weg von Westdeutschland aus führt über Frankfurt, Basel, Luzern, Gotthard-Tunnel und weiter auf der Autobahn nach Mailand und Genua. Auf allen schweizerischen Autobahnen herrscht Mautpflicht in Form einer Jahresvignette (40 SFr bzw. 27,50 € für Fahrzeuge und Anhänger

Mit dem Zug in die Cinque Terre. Ankommen und das Meer gleich vor der Nase. Die autofreien Dörfer lassen sich stressfrei mit öffentlichen Verkehrsmitteln entdecken

bis zu einem Gesamtgewicht von je 3,5 t), erhältlich an der Schweizer Grenze, an Tankstellen im deutschen Grenzbereich oder online bei der Deutschen Post (www.efiliale.de unter „Spezial"). Fahrzeuge mit einem Gewicht von mehr als 3,5 Tonnen zahlen Staffelpreise. Der Gotthard-Tunnel ist gebührenfrei. Im Hochsommer staut sich hier der Verkehr unter Umständen kilometerlang. Alternativ, vor allem wer an die **Riviera di Levante** möchte, bietet sich die Strecke über Bern, Martigny (Genfer See) und durch den Großen-St.-Bernhard-Tunnel in das Aosta-Tal an. Weiter über die Autobahn A 5 bis nach Turin und auf der A 6 nach Savona. Vorteil: Die Fahrt durch das Aosta-Tal ist im Vergleich zur Strecke durch den Gotthard-Tunnel in Urlaubszeiten geradezu leer und vor dem Hintergrund des Mont Blanc landschaftlich besonders reizvoll. Nachteil: Zu den schweizerischen Autobahngebühren kommen noch die Gebühren für den Tunnel durch den Großen St. Bernhard hinzu (Pkw bei Anreise aus der Schweiz: einfach 19,60 € (29,80 SFr), hin und zurück, Rückfahrt ein Monat gültig ab Hinfahrt, 37,40 € (56,80 SFr). Weitere Infos über www.letunnel.com).

Bei Anreise aus Richtung München ist die **Brennerautobahn über Innsbruck** die schnellste Variante. Auch hier ist in Urlaubszeiten mit kilometerlangen Staus zu rechnen. Zu den österreichischen Mautgebühren (siehe Stichwort „Autobahn") kommen noch zusätzliche Gebühren für die Brennerautobahn (Europa-Brücke) hinzu; einfache Fahrt für Pkw und Wohnmobile 8 € (auch vorab online zahlbar über www.videomaut.at und auch per Handy). Jahreskarte für die A 13 (Brennerautobahn) 90 €.

Anreise mit dem Flugzeug

Für eine Flugreise nach Ligurien bieten sich der Flughafen in Genua, aber u.U. auch Turin oder Mailand an, von wo aus man bequem mit einem Mietwagen oder der Eisenbahn das Zielgebiet bereisen kann. **Nonstop-Verbindungen** aus dem deutschsprachigen Raum mit Linienfluggesellschaften nach Genua bestehen mit **Air Dolomiti** von München, nach Turin mit Lufthansa von Düsseldorf, Frankfurt und München, nach Mailand mit Lufthansa von vielen Städten in Deutschland, mit Alitalia von Frankfurt sowie mit Swiss von Zürich.

Mit **Air France** geht es aus dem deutschsprachigen Raum über Paris nach Genua, Mailand und Turin. Die Flugzeit z.B. von München nach Genua beträgt etwa 1 ½ Stunden.

Flugpreise

Ein Economy-Ticket von Deutschland, Österreich und der Schweiz hin und zurück nach Genua bekommt man je nach Jahreszeit und Aufenthaltsdauer **ab etwa 100 €** (einschl. aller Steuern, Gebühren und Entgelte). Am teuersten ist es in der Hauptsaison im Sommerhalbjahr, in der die Preise für Flüge in der Ferienzeit im Juli und August besonders hoch sind und über 300 € betragen können.

Kinder unter zwei Jahren fliegen ohne Sitzplatzanspruch für 10 % des Erwachsenenpreises, ansonsten werden für ältere Kinder die regulären Preise je nach Airline um 25–50 % ermäßigt. Ab dem 12. Lebensjahr gilt der Erwachsenentarif.

Indirekt sparen kann man als Mitglied eines **Vielflieger-Programms** wie www.star-alliance.com (Mitglieder u.a. Lufthansa, Swiss) oder www.skyteam.com (Mitglieder u.a. Air France, Alitalia). Die Mitgliedschaft ist kostenlos, und mit den gesammelten Meilen von Flügen bei Fluggesellschaften innerhalb eines Verbundes reichen die gesammelten Flugmeilen dann vielleicht schon für einen Freiflug bei einer der Partnergesellschaften beim nächsten Flugurlaub. Bei Einlösung eines Gratisfluges ist allerdings langfristige Vorausplanung nötig.

Buchung

Für die Tickets der Linienairlines kann man bei folgenden **zuverlässigen Reisebüros** meistens günstigere Preise als bei vielen anderen finden:

● **Jet-Travel,** Buchholzstr. 35, 53127 Bonn, Tel. 0228/284315, Fax 284086, info@jet-travel.de, www.jet-travel.de. Sonderangebote auf der Website unter „Schnäppchenflüge".
● **Globetrotter Travel Service,** Löwenstr. 61, 8023 Zürich, Tel. 044/2286666, www.globetrotter.ch. Weitere Filialen, siehe Website.

Buchtipps:
● Frank Littek: **Fliegen ohne Angst**
● Erich Witschi: **Clever buchen, besser fliegen**
(beide Bände REISE KNOW-HOW Praxis)

Mini „Flug-Know-how"

Nicht vergessen: Ohne einen **gültigen Reisepass oder Personalausweis** (Letzteres nur für EU-Staatsbürger) kommt man nicht an Bord.

Bei den innereuropäischen Flügen muss man mindestens **eine Stunde vor Abflug** am Schalter der Airline eingecheckt haben. Viele Airlines neigen zum Überbuchen, d.h., sie buchen mehr Passagiere ein, als Sitze im Flugzeug vorhanden sind, und wer zuletzt kommt, hat dann möglicherweise das Nachsehen.

Das Gepäck

In der Economy-Class darf man in der Regel nur **Gepäck bis zu 20 kg pro Person** einchecken (Ausnahme z.B. Ryanair mit nur 15 kg) und zusätzlich ein Handgepäck von 7 kg in die Kabine mitnehmen, welches eine bestimmte Größe von 55 x 40 x 23 cm nicht überschreiten darf. In der Business Class sind es meist 30 kg pro Person und zwei Handgepäckstücke, die insgesamt nicht mehr als 12 kg wiegen dürfen. Man sollte sich beim Kauf des Tickets über die Bestimmungen der Airline informieren.

Seit November 2006 dürfen Fluggäste **Flüssigkeiten** oder vergleichbare Gegenstände in ähnlicher Konsistenz (z.B. Getränke, Gels, Sprays, Shampoos, Cremes, Zahnpasta, Suppen, Käse) nur noch in der Höchstmenge von jeweils 0,1 Liter als Handgepäck mit ins Flugzeug nehmen. Die Flüssigkeiten müssen in einem durchsichtigen, wiederverschließbaren Plastikbeutel transportiert werden, der maximal einen Liter Fassungsvermögen hat. Da sich diese Regelungen jedoch ständig ändern, sollte man sich beim Reisebüro oder der Fluggesellschaft nach den derzeit gültigen Regelungen erkundigen.

Aus Sicherheitsgründen dürfen **Taschenmesser, Nagelfeilen, Nagelscheren,** sonstige Scheren und Ähnliches nicht mehr im Handgepäck untergebracht werden. Diese sollte man unbedingt im aufzugebenden Gepäck verstauen, sonst werden diese Gegenstände bei der Sicherheitskontrolle einfach weggeworfen. Darüber hinaus gilt, dass Feuerwerke, leicht entzündliche Gase (in Sprühdosen, Campinggas), entflammbare Stoffe (in Benzinfeuerzeugen, Feuerzeugfüllung) etc. nichts im Passagiergepäck zu suchen haben.

Billigfluglinien

Preiswerter geht es mit etwas Glück nur, wenn man bei einer Billigairline **sehr früh online bucht.** Es werden keine Tickets ausgestellt, sondern man bekommt nur eine Buchungsnummer per E-Mail. Zur Bezahlung wird in der Regel eine Kreditkarte verlangt.

Im Flugzeug gibt es oft **keine festen Sitzplätze,** sondern man wird meist schubweise zum Boarden aufgerufen, um Gedränge weitgehend zu vermeiden. **Verpflegung** wird extra berechnet, bei einigen Fluggesellschaften auch auf-

gegebenes Gepäck. Für die Region interessant sind:

- **Air Berlin,** www.airberlin.com. Direkt von Berlin, Düsseldorf und Nürnberg nach Mailand-Bergamo, sowie Umsteigeverbindungen von Dresden, Frankfurt, Hamburg, Köln, München, Stuttgart, Sylt, Wien und Zürich (aber Achtung: teils via Palma de Mallorca).
- **Easy Jet,** www.easyjet.com. Von Berlin und Amsterdam nach Mailand-Malpensa.
- **Germanwings,** www.germanwings.com. Direkt entweder von Hannover oder Köln/Bonn nach Mailand-Malpensa sowie Umsteigeverbindungen von Dresden, Rostock, Berlin-Schönefeld, München, Salzburg und Klagenfurt.

- **Ryanair,** www.ryanair.com. Von Weeze (Niederrhein), Eindhoven, Berlin, Hahn (Hunsrück, Bremen und Lübeck nach Mailand-Bergamo.

Wer sich erst im letzten Augenblick für eine Reise nach Norditalien entscheidet oder gern pokert, kann Ausschau nach Last-Minute-Flügen halten, die von einigen Airlines mit deutlicher Ermäßigung **ab etwa 14 Tage vor Abflug** angeboten werden, wenn noch Plätze zu füllen sind. Diese Last-Minute-Flüge lassen sich nur bei nachstehenden Spezialisten buchen:

- **L'Tur,** www.ltur.com, Tel. 00800/21212100 (gebührenfrei für Anrufer aus Europa); 165 Niederlassungen europaweit.
- **Lastminute.com,** www.lastminute.de, (D-)Tel. 01805/284366 (0,14 €/Min.), für Anrufer aus dem Ausland Tel. 0049/89 4446900.
- **5 vor Flug,** www.5vorflug.de, (D-)Tel. 01805/105105 (0,14 €/Min.), (A-)Tel. 0820/203085 (0,145 €/Min.).
- **Restplatzbörse,** www.restplatzboerse.at, (A-)Tel. 01/580850.

Apotheken

Einige in Deutschland rezeptpflichtige Medikamente sind in italienischen Apotheken (**Farmacia**) frei erhältlich. Mit einer detaillierten Quittung bekommen Sie die Kosten in der Regel von Ihrer Krankenkasse erstattet. Eine Liste der nachts und an Wochenenden Dienst habenden Apotheken hängt in jeder Apotheke aus. Die üblichen **Öffnungszeiten** sind: 8.30–13.00 und 16.15–19.45 Uhr.

Autobahn

Die gebührenpflichtige Autobahn **A 10** (ab Genua A 12) führt entlang der Küste von der französischen Grenze über Genua bis nach La Spezia.

Autobahnen sind in Italien bis auf einige Stadtautobahnen und einige Verkehrsknotenpunkte **gebührenpflichtig,** da sie von Privatunternehmen gebaut werden. Die Gebührenhöhe richtet sich nach der Streckenlänge. Für PKW werden pro 100 Kilometer etwa 5 € berechnet.

Mautstellen (Alt stazione) gibt es an jeder Auffahrt. Bei Druck auf einen roten Knopf wird ein Ticket ausgegeben. Bei der nächsten Alt stazione wird mit diesem Ticket elektronisch abgerechnet. Auf einer Anzeigetafel beim Zahlhäuschen erscheint der zu bezahlende Betrag. Es gibt drei **Möglichkeiten der Bezahlung:** 1. Bei Barzahlung sollte man das Ticket und Kleingeld möglichst passend bereit halten. 2. **Viacard** sind Magnetkarten, die ähnlich wie Telefonkarten funktionieren. Die Karten gibt es zu 26 und 52 €. Sie sind an den italienischen Grenzübergängen und Autobahnraststätten sowie bei Automobilclubs erhältlich und werden in Höhe der anfallenden Autobahngebühren entwertet. Viacardspuren sind meistens leerer. Eine Viacard lohnt sich aber nur bei häufiger Benutzung der Autobahn. 3. An den meisten Mautstellen gibt es auch eine Spur für die gebräuchlichsten Kreditkarten wie VISA, Mastercard, Diners Club und Amex.

ilg012 Foto: sg

Bei der Einreise durch die Schweiz benötigt man die **Schweizer Autobahnvignette** (siehe oben unter „Anreise mit dem Pkw").

Für **Österreich** gelten folgende Gebühren: Eine Jahresvignette für Pkw bis 3,5 t kostet 72,60 €, eine Vignette für zwei aufeinander folgende Kalendermonate kostet ca. 21,80 €, eine 10-Tages-Vignette, gültig ab jedem beliebigen Wochentag, kostet 7,60 €. Sie sind an österreichischen Grenzübergängen und bei Tankstellen in Grenznähe erhältlich. Hinzu kommen die Mautgebühren für die Brennerautobahn und bestimmte Tunnels (siehe „Anreise mit dem Pkw").

Baden

An der Riviera di Ponente liegen die großen **Badeorte mit ausgedehnten Sandstränden.** In den kleineren Badeorten an der felsigen Steilküste der **Riviera di Levante** finden sich **schmale Badebuchten mit Kiesstränden.**

Die **schönsten Strände** an der Levante: Sestri Levante, Moneglia, Monterosso al Mare in den Cinque Terre und kleine Badebuchten am Golf von La Spezia (Tellaro); an der Ponente: Noli, Varigotti, Laigueglia und Finale Ligure.

Bis auf die Buchten der Industriestädte Genua, La Spezia und Savona sowie einige Flussmündungen wird die **Was-**

serqualität an der italienischen Riviera seit einigen Jahren als gut bis sehr gut bewertet. Die Umweltschutzbehörde Legambiente und die staatliche Gesundheitsbehörde kontrollieren die Wasserwerte. Die besten Strände werden mit der *Bandiera blu,* der blauen Fahne, ausgezeichnet. 2009 erhielten die Gemeinden Albisola Marina, Albisola Superiore, Ameglia-Fiumaretta, Bergeggi, Bordighera, Camporosso, Celle Ligure, Chiavari, Finale Ligure, Lavagna, Lerici, Moneglia, Noli und Varazze die blaue „Reinheitsfahne". Informationen dazu erhält man auch auf der Website: www.regione.liguria.it.

Im Sommer sind fast ausnahmslos alle Strände an der ligurischen Küste mit den sogenannten **„stabilimenti balneari",** oder nur „bagni" genannt, ausgestattet. Die Gemeinden verpachten den größten Teil ihrer Strände an die Betreiber der „Badeanstalten". Diese sorgen für einen sauberen, gepflegten Strand und stellen Duschen, Toiletten und Umkleidekabinen auf. In der Regel besitzt jedes bagni eine Bar und/oder ein Restaurant. Der **Eintrittspreis** richtet sich nach der Anzahl der Liegen und Sonnenschirme (Richtwert liegt bei ca. 20 € für einen Schirm und zwei Liegen, je nach Saison und Bekanntheitsgrad des Ortes auch deutlich darüber). Die wenigen noch freien Strandflächen werden von den Gemeinden mal mehr, mal weniger gepflegt. Duschen und Toiletten sind hier absolute Mangelware.

Die **Badesaison** geht ungefähr **von Mai** (Wassertemperatur im Mai ca. 17°C, im Juni ca. 21°C) **bis Anfang November** (um 17°C).

Behinderten-gerechtes Reisen

Seit einigen Jahren versucht man auch in Italien, mehr auf die Bedürfnisse von Behinderten (*persone disabili*) einzugehen und die baulichen Barrieren bei den Sehenswürdigkeiten zu beseitigen. Trotzdem ist der Zugang meist nach wie vor beschwerlich. Oft lassen sich öffentliche Einrichtungen anhand der alten Bausubstanz in den verwinkelten historischen Orts- und Stadtkernen nicht vollständig barrierefrei umbauen. Viele der traditionellen Restaurants und auch Hotels sind ebenfalls nicht barrierefrei, und nach wie vor gibt es in den Städten in der Regel keine geeigneten öffentlichen Transportmittel.

Einen Überblick über barrierefreie Museen und weitere nützliche Hinweise erhält man über www.terredimare.it, ein Portal der Provinz Genua (in italienischer, englischer und französischer Sprache). Auskünfte über Restaurants und Unterkünften über info@terredimare.it oder unter der Tel. 010/542098.

Diebstahl und Verlust

In den größeren ligurischen Städten sollte man besonders auf die Handtasche achten, nicht zu viel Bargeld mit sich führen und keine Wertgegenstände im Wagen liegen lassen, sondern lieber im Hotelsafe verwahren.

Der Innenraum Ihres **Pkws** sollte generell immer leer geräumt sein. Es ist ratsam, den Wagen über Nacht in der Hotelgarage oder in einer bewachten Garage/Parkplatz unterzustellen (Gebühr ca. 15 €). Tagsüber bleibt das geleerte Handschuhfach am besten offen.

Stellen Sie ihr beladenes Fahrzeug bei der An- oder Abreise möglichst auf **bewachten Parkplätzen** ab.

Wenn Sie eine **Reisegepäckversicherung** abgeschlossen haben, müssen Sie im Falle eines Autodiebstahls bzw. -aufbruchs noch am selben Tag Anzeige bei der nächsten Polizeibehörde *(Questura)* erstatten. Gleiches gilt bei Verlust/ Diebstahl des Personalausweises *(Carta d'Identità)* oder Passes *(Passaporto)*.

Kredit- und Maestro-(EC-)Karte

Bei Verlust oder Diebstahl der Kredit- oder Maestro-(EC-)Karte sollte man diese umgehend sperren lassen. Für deutsche Maestro-(EC-) und Kreditkarten gibt es die einheitliche **Sperrnummer 0049/116116** und im Ausland zusätzlich 0049/3040504050. Für österreichische und schweizerische Karten gelten:

●**Maestro-(EC-)Karte,** (A-)Tel. 0043/1 204 8800; (CH-)Tel. 0041/44 2712230, UBS: 0041/848 888601, Credit Suisse: 0041/800 800488.
●**MasterCard,** internationale Tel. 001/636 7227111 (R-Gespräch).

Buchtipp:
●Matthias Faermann
Schutz vor Gewalt
und Kriminalität unterwegs
(REISE KNOW-HOW Praxis)

●**VISA,** internationale Tel. 0014/10 5819994.
●**American Express,** (A-)Tel. 0049/69 9797 2000; (CH-)Tel. 0041/44 6596333.
●**Diners Club,** (A-)Tel. 0043/1 501350; (CH-) Tel. 0041/58 7508080.

Geldnot

Wer dringend eine größere Summe ins Ausland überweisen lassen muss wegen eines Unfalles oder Ähnlichem, kann sich auch nach Italien über **Western Union** Geld schicken lassen. Für den Transfer muss man die Person, die das Geld schicken soll, vorab benachrichtigen. Diese kann es via www. westernunion.de online über sein Bankkonto versenden oder muss bei einer Western Union Vertretung (in Deutschland u.a. bei der Postbank) ein entsprechendes Formular ausfüllen und den Code der Transaktion telefonisch oder anderweitig übermitteln. Mit dem Code und dem Reisepass geht man zu einer beliebigen Vertretung von Western Union in Italien (siehe Telefonbuch oder unter www.westernunion.de „Vertriebsstandort suchen"), wo das Geld nach Ausfüllen eines Formulares binnen weniger Minuten ausgezahlt wird. Je nach Höhe der Summe muss der Absender für die Transaktion eine Gebühr ab 10,50 Euro zahlen.

Ausweisverlust / dringender Notfall

Wird der Reisepass oder Personalausweis im Ausland gestohlen, muss man diesen bei der örtlichen Polizei melden. Darüber hinaus sollte man sich an die nächste diplomatische Auslandsvertretung seines Landes wenden, damit man einen Ersatz-Reiseausweis zur Rückkehr ausgestellt bekommt (ohne kommt man nicht an Bord eines Flugzeuges!).

Auch in **dringenden Notfällen,** z.B. medizinischer oder rechtlicher Art, Vermisstensuche, Hilfe bei Todesfällen, Häftlingsbetreuung o.Ä. sind die Auslandsvertretungen bemüht, vermittelnd zu helfen. Hier die Kontaktadressen in Genua:

● **Deutschland:** Consolato Germania, Ponte Morosini 41/1, Tel. 010/2715969.
● **Schweiz:** Consolato Svizzera, Piazza Brignole 3/6, Tel. 010/545411.
● **Österreich:** Consolato Austria, Via Assarotti 5/6, Tel. 010/8393983.

Ein- und Ausreise- bestimmungen

Kontrollen

Italien hat das Schengen-Abkommen unterschrieben und gehört somit zu dem Territorium, das als sogenanntes grenzloses Gebiet gilt. Bürger aus EU-Ländern können sich hier **ohne Grenzkontrollen** bewegen. Staatsangehörige der **Schweiz** dürfen ohne Visum für drei Monate nach Italien einreisen.

Für längere Aufenthalte müssen Schweizer z.B. bei der italienischen Botschaft in Bern ein Visum beantragen. In Deutschland, Österreich oder der Schweiz lebende Staatsbürger von Nicht-EU-Staaten sollten sich grundsätzlich bei der entsprechenden Botschaft der Republik Italien bezüglich der Notwendigkeit eines Visums erkundigen:

● **In Deutschland:** Hiroshimastr. 1–7, 10785 Berlin, Tel. 030/254400, www.ambberlino. esteri.it

● **In Österreich:** Rennweg 27, 1030 Wien, Tel. 01/7125121, www.ambvien na.esteri.it
● **In der Schweiz:** Elfenstr. 14, 3006 Bern, Tel. 031/3500777, www.ambberna.esteri.it

Papiere

Das bedeutet aber nicht, dass auf den **Personalausweis oder Reisepass** verzichtet werden kann, im Gegenteil, viele Hotels und alle Campingplätze verlangen ein Personaldokument. Auch wer eine Flugreise gebucht hat, muss seinen Ausweis mitnehmen. Kinder müssen ihren Kinderausweis mitführen.

Zollfreimengen

Trotz des vereinfachten Warenverkehrs zwischen den Schengen-Staaten gibt es in allen EU- und EFTA-Mitgliedstaaten weiterhin nationale Ein-, Aus- oder Durchfuhrbeschränkungen, z.B. für Tiere, Pflanzen, Waffen, starke Medikamente, Drogen und auch für Cannabis-Besitz und -handel. **Freigrenzen innerhalb der EU:**

● **Tabakwaren** (für Personen über 17 Jahre): 800 Zigaretten oder 400 Zigarillos oder 200 Zigarren oder 1 kg Tabak oder eine anteilige Zusammenstellung dieser Waren.
● **Alkohol** (für Personen über 17 Jahre): 90 l Wein (davon max. 60 l Schaumwein) oder 110 l Bier oder 10 l Spirituosen über 22 Vol-% oder 20 l unter 22 Vol-% oder eine anteilige Zusammenstellung dieser Waren.
● **Anderes:** 10 kg Kaffee und 20 Liter Kraftstoff im Benzinkanister.

Freimengen für Reisende aus einem Drittland (z.B. Schweizer)

● **Tabakwaren** (für Personen ab 17 Jahren): 200 Zigaretten oder 100 Zigarillos oder 50 Zigarren oder 250 g Tabak oder eine anteilige Zusammenstellung dieser Waren.

●**Alkohol** (für Personen ab 17 Jahren): 1 l Spirituosen (über 22 Vol.-%) oder 2 l Spirituosen (unter 22 Vol.-%) oder eine anteilige Zusammenstellung dieser Waren, und 4 l nichtschäumende Weine, und 16 l Bier.

●**Andere Waren:** 10 Liter Kraftstoff im Benzinkanister; für See- und Flugreisende bis zu einem Warenwert von insgesamt 430 €, über Land Reisende 300 €, alle Reisende unter 15 Jahren 175 € (bzw. 150 € in Österreich).

Freimengen bei Rückkehr aus der Schweiz

●**Tabakwaren** (für Personen ab 17 Jahren): 200 Zigaretten oder 50 Zigarren oder 250 g Schnitttabak oder eine anteilige Zusammenstellung dieser Waren, und 200 Stück Zigarettenpapier.

●**Alkohol** (für Personen ab 17 Jahren): 2 l bis 15 Vol.-% und 1 l über 15 Vol.-%.

●**Anderes:** neuangeschaffte Waren für den Privatgebrauch bis zu einem Gesamtwert von 300 SFr. Bei Nahrungsmitteln gibt es innerhalb dieser Wertfreigrenze auch Mengenbeschränkungen.

Elektrizität

In der Regel **230 Volt.** Italienische Stecker mit Erdung besitzen drei Mittelstifte und sind deshalb nicht mit deutschen Schukosteckern kompatibel. **Adapter** gibt es im Elektrofachhandel zu Hause oder vor Ort.

Essen und Trinken

Ristorante

Auf den ersten Blick verwirrend sind in Italien die verschiedenen Gaststättenbezeichnungen. Ein **Ristorante** ist in der Regel immer ein **gehobenes Spei-selokal,** in dem nationale und regionale Gerichte serviert werden.

Trattoria

Im traditionellen Sinne ist die **Trattoria** ein **einfaches Gasthaus** mit kleiner Speisekarte, solider regionaler Küche und offenem Hauswein mit gutem Preis-Leistungsverhältnis. Doch daran hat sich einiges geändert, in Touristenhochburgen sind diese sympathischen Lokale fast gänzlich verschwunden. Nach dem Angebot und den Preisen zu urteilen, verbergen sich heute hinter vielen Trattorien hochpreisige Restaurants. Ein Blick auf die Speisekarte, die eigentlich immer aushängen sollte, genügt. Viele Lokale, auch sehr gute, entstanden aus einer einfachen Trattoria heraus und fühlen sich noch der alten Tradition „cucina alla casalinga" (Hausmannskost, im Sinne von schlichten, aber sehr guten, mit frischen Grundprodukten zubereiteten Regionalgerichten) verpflichtet. Hier bekommen Sie oft ausgezeichnete **regionale Spezialitäten** zu vernünftigen Preisen, und der offene Vino da tavola steht bereits auf dem Tisch. Er muss aber nicht getrunken werden. Für Weinkenner empfiehlt sich immer der Griff zur Weinkarte. Im Vergleich zu Deutschland werden Flaschenweine zu wesentlich günstigeren Preisen verkauft. Sie liegen sogar oft kaum über dem Ladenpreis.

Osteria

In der traditionellen **Osteria** wurde ursprünglich nur bodenständige Haus-

mannskost **„cucina alla casalinga"** serviert. Bis heute trifft man sich in der Osteria beim Mittagstisch oder nach der Arbeit. Aus dem Ortsbild der Tourismuszentren ist die gute alte Osteria heute fast gänzlich verschwunden – hinter dieser „nostalgischen" Bezeichnung verbergen sich oft sehr teure Edelrestaurants.

Ristorante Baia Beniamin an der gleichnamigen Bucht – eines der besten Feinschmeckerlokale Liguriens

Enoteca

Die **Enoteca** ist oft eine Weinhandlung, kann aber auch mit einem **Weinlokal** verbunden sein und verfügt somit über ein großes Sortiment an Weinen, die man auch glasweise verkosten kann. Dazu gibt es meist kleine Gerichte.

Pizzeria

Das Angebot in einer **Pizzeria** ist ähnlich wie bei uns. Nur – es schmeckt viel besser, da in Italien die Pizza oft aus einem **Steinbackofen** kommt und die Zutaten frischer sind.

Rosticceria

Selbstbedienungsrestaurant mit warmen italienischen Gerichten, auch zum Mitnehmen. Rosticcerie sind kleine Betriebe mit zum Teil sehr guter Küche und überhaupt nicht vergleichbar mit Schnellimbissketten in Deutschland.

Tavola Calda

Die **Tavola Calda** gleicht einer **Imbiss-Stube** mit warmen Tellergerichten und einer großen Auswahl an Paninis (belegte Brötchen), Focaccia (Fladenbrot) etc.

Bar

Der wichtigste Ort sozialen Lebens ist die **Bar.** *Al mattino* fungiert sie als Café, wo man ein schnelles Frühstück mit *cappuccino* und *brioche* einnimmt. *Al pranzo* wird sie zum beliebten Mittagstreffpunkt für die Angestellten in der Umgebung. Dann stehen an der Theke *panini, tramezzini* oder kleine Tellergerichte bereit. Nachmittags stärkt man sich beim Einkaufsbummel mit einem starken Espresso und Gebäck. *Alla sera* trifft man sich hier mit seinen Freunden auf einen Aperitif. Und natürlich immer *al banco* (am Tresen). Die Preise *alla tavola* sind hingegen je nach Lage und Ausstattung des Lokals deutlich höher. In vielen Bars, vor allem in größeren Städten, ist der Andrang zu Stoßzeiten so groß, dass man zuerst an einer separaten Kasse bezahlen muss und dann mit dem *scontrino* an der Theke bestellt.

Farinotti

Eine ganz besondere, typisch genuesische Institution, die man sich auf keinen Fall entgehen lassen sollte, sind die **Fari-** **notti,** kleine, bescheidene Imbiss-Lokale, in denen die Farinata noch traditionell aus dem Holzofen kommt. Die **dünnen Mehlfladen** werden aus Kichererbsenmehl, Wasser, Salz und vor allem erstklassigem Olivenöl goldbraun und knusprig gebacken – **italienisches Fastfood** vom Feinsten.

Andere Länder, andere Sitten

In Italien sucht sich der Gast den Tisch nicht selbst aus, weder im guten Restaurant noch in der einfachen Osteria, sondern man wartet bis die **Bedienung einen Tisch zuweist.** Bis auf einfache Osterien sind Tische immer vollständig mit einer frischen Stofftischdecke und Servietten, Wein- und Wassergläsern, Besteck und einem Brotkorb eingedeckt. Dieser Service ist nicht wie in Deutschland im Preis enthalten, sondern wird als Extrabetrag gesondert auf der Karte (*pane e coperto* = Brot und Gedeck) ausgewiesen. In Trattorien steht in der Regel auch immer eine Karaffe mit **offenem Rotwein** auf dem Tisch, den Sie aber nicht trinken müssen. Wenn Ihnen der Sinn nach einem besseren Tröpfchen steht, lassen Sie sich die Weinkarte (*lista dei vini*) geben.

Außer in einer Pizzeria besteht eine vollständige italienische Mahlzeit immer aus **mehreren Gängen:** *antipasto* (Vorspeise), *primo piatto* (Nudelgericht, Risotto oder Suppe), *secondo piatto* (Fisch oder Fleisch, die Beilagen = *contorno* müssen in der Regel extra bestellt werden), *formaggio* (Käse) und *dolce* (süße Nachspeise). Deshalb sollte man auch immer **mindestens zwei Gerichte** bestellen. Eines davon sollte ein Pri-

Kleines kulinarisches Lexikon ligurischer Spezialitäten

- **Acciughe ripiene** = gefüllte Sardinen
- **Brandacujon** = Mus aus gedämpftem Stockfisch, Kartoffeln und Knoblauch
- **Buridda** = ligurische Fischsuppe, klassisch nur mit Stockfisch und Kartoffeln
- **Bianchetti** = gedämpfte Glasfischchen (Fischbrut)
- **Canestrelli** = Mandelgebäck
- **Cappon magro** = Eintopfgericht mit Fisch und viel Gemüse
- **Castagnaccio** = Fladen aus Kastanienmehl
- **Cima alla genovese** = gefüllte Kalbsbrust
- **Coniglio alla ligure** = Geschmortes Kaninchen
- **Corzetti** = Für diese selten gewordenen Nudelflecken wird der ausgerollte Nudelteig in ca. 5 cm große Kreise ausgestochen. In die Mitte wird mit einem Holzmodel ein Muster eingedrückt, das früher das Wappen von Adelsfamilien oder das Firmenzeichen der Nudelbäcker trug. Danach werden die Nudeln getrocknet und ganz normal in sprudelndem Salzwasser gekocht.
- **Farinata** = Fladen aus Kichererbsenmehl
- **Fiori di zucchini ripieni** = gefüllte Zucchini-Blüten
- **Focaccia** = traditioneller ligurischer Hefefladen, in seiner klassischen Form gesalzen und mit Olivenöl beträufelt. Focaccia gibt es in jeder Bäckerei und schmeckt frisch aus dem Ofen am besten. Eine sehr gehaltvolle und leckere Variante ist die Focaccia al formaggio (siehe „Recco").
- **Frisceu** = frittierter Fisch oder Gemüse
- **Fritelle** = im Teigmantel gebackenes Gemüse oder Krapfen
- **Fritto misto** = an der Küste als frittierter Fisch oder im Hinterland auf Genueser Art als frittiertes Gemüse, Fleisch und mit stecchi al latte brusco (panierte, frittierte Omelettstückchen) und latte dolce.

- **Lardo** = luftgetrockneter Speck
- **Lumache** = Schnecken
- **Limoncino** = Zitronenlikör
- **Mes ciüa** = Suppe aus Hülsenfrüchten und Getreide
- **Minestrone col pesto** = Gemüsesuppe mit Suppennudeln und Pesto
- **Moscardini alla genovese** = Geschmorter Tintenfisch in delikater Weißwein-Tomatensauce
- **Muscoli ripieni** = gefüllte Miesmuscheln auf Tomaten
- **Panigacci** = hauchdünne Pfannkuchen aus Weizenmehl, ohne Ei
- **Pansoti con salsa di noci** = mit Gemüse, Ricotta, Kräutern, Eiern und Käse gefüllte Nudeltäschchen mit cremiger Nusssauce
- **Pesto** = Kräutersauce aus Basilikum, Knoblauch, Pinienkernen, Pecorino (oder Parmesan) und Olivenöl
- **Ravioli alla genovese** = mit Hackfleisch und frischen Kräutern gefüllte Teigtäschchen
- **Sardenaira** = Ligurische Pizza ohne Käse mit Tomaten, Sardellen, Oliven, Knoblauch, Kräutern und Olivenöl
- **Sciacchetrà** = berühmter Likörwein der Cinque Terre
- **Spaghetti al pesto con fagiolini e patate** = Spaghetti mit grünen Bohnen, Kartoffeln und Pesto
- **Stoccafisso alla genovese** = Stockfischeintopf
- **Tagliatelle ai funghi porcini** = Bandnudeln mit Steinpilzsauce
- **Testaroli** = hauchdünne Pfannkuchen mit Käse, Pesto oder Fleischsauce
- **Torta di biete e carciofi** = Mangold-Artischocken-Kuchen
- **Torta verde** = salziger Spinatkuchen, der früher nur in der Osterzeit gebacken wurde, daher auch der Name *torta pasqualina*
- **Trofie** = zwischen den Händen gerollte kleine Teigstückchen, die wie zu klein geratene Spätzle aussehen
- **Trenette** = schmale Bandnudeln
- **Zuppa di cozze** = Miesmuschelsuppe

Buchtipp: Wer tiefer eintauchen will in die (sprachlichen) Geheimnisse der italienischen Küche, dem sei folgender Kauderwelsch-Sprachführer als Beilage empfohlen:
- **Italienisch kulinarisch** – Wort für Wort, Kauderwelsch Bd. 144, REISE KNOW-HOW Verlag

- **untere Kategorie** = 25–35 €
- **mittlere Kategorie** = 35–45 €
- **gehobene Kategorie** = 45–55 €
- **oberste Kategorie** = ab 55 € aufwärts

Preise in der Bar und im Café (al banco = am Tresen)

- **Espresso** = ca. 1 €
- **Cappuccino** = ca. 1,20 €
- **Brioche /Cornetto** (Hörnchen) = ca. 1 €
- **Panini** (belegte Brötchen) = ca. 5 €
- **Birra piccola** = ca. 3 €

Preise in der Trattoria/Osteria

- **Pane e coperto** = ca. 1–2,50 €, je nach Preisklasse des Restaurants
- **Pastagericht** (*Primo piatto* = erster Gang) = ab ca. 8 €
- **Fleisch- bzw. Fischgericht** (*Secondo piatto* = Hauptgang) = ab ca. 10 €, bei Fisch auch deutlich darüber; Vorsicht: Auf der Speisekarte gilt der Preis jeweils für 100 g Fisch!
- **½ l offener Weiß- oder Rotwein** = ca. 5 €
- **Qualitäts-Flaschenweine** = ca. 14 €, Riserva-Weine ab 17 €
- **1 l Mineralwasser** = ca. 2 €

mo oder Secondo sein. In guten Restaurants an der Küste kann man den Fisch vor der Zubereitung in Augenschein nehmen und selbst aussuchen. Vorsicht, die Preise für Fischgerichte gelten nur für 100 Gramm!

In Italien ist es unüblich, getrennt zu zahlen. Die **Rechnung wird immer pro Tisch** ausgestellt. Sie beinhaltet auch das Bedienungsgeld *(servizio)*. Das **Trinkgeld** lässt man auf dem obligatorischen Tellerchen liegen.

Für alle, die sich in der italienischen Küche noch nicht auskennen, ist das **„Menu turistico"** die billigste und am einfachsten zu bestellende Variante. Empfehlenswert ist sie jedoch nicht. Oft handelt es sich um lieblos aneinander gereihte Standardgerichte. Da die ligurische Küche zu den besten Italiens gehört, lohnt es sich, mit Hilfe eines Sprachführers die Speisekarte zu „entschlüsseln". Ein kleines Lexikon finden Sie am Ende des Buches (s.a. Exkurs).

Preisrichtlinien bei den Restaurantempfehlungen

(für ein dreigängiges Menü, inklusive Wasser, offenem Hauswein, Kaffee und Gedeck)

Wein

Im Vergleich zu anderen italienischen Weinbauzonen, wie dem Piemont und der Toskana, spielt der Weinbau in Ligurien keine besondere wirtschaftliche Rolle. Mengenmäßig ist die Produktion eher als bescheiden zu bezeichnen. Ligurien besitzt nach dem Aosta-Tal die zweitniedrigste Weinproduktionsrate in Italien. Die Kultivierung der steilen Berghänge durch Rebterrassen und die Pflege der Weingärten ist seit jeher sehr arbeits- und zeitintensiv. Trotzdem trifft man am Rivierabogen eine große Vielfalt an Rebsorten an. Bei den meisten Weinerzeugern handelt es sich um **Kleinbetriebe,** die den Weinbau nur als

Waghalsige Fahrt mit dem Trenino
durch die steilen Weinbergterrassen
der Cinque Terre

Nebenerwerb betreiben. Die geringen Produktionsmengen führen dazu, dass die meisten Weine nur in Ligurien und Piemont zu beziehen sind. Die wichtigsten **D.O.C.-Anbaugebiete** liegen an den beiden Endpunkten des Rivierabogens, Rossese di Dolceaqua im Osten und Colli di Luni im Westen. Im Anschluss an das Dolceaqua folgt das Gebiet der Riviera Ligure del Ponente.

„**D.O.C.**" ist die Abkürzung für *Denominazione di origine controllata,* bedeutet also die **kontrollierte Herkunftsbezeichnung für italienische Qualitätsweine.** Dieses Kontrollsystem wurde 1963 in Anlehnung an das französische System der *Appellation controlée* geschaffen, um die traditionellen und typischen Weine in Italien zu schützen und einen gewissen Qualitätsstandard zu garantieren. Dabei werden die Gebietsgrenzen, Rebsorten, Pflanzmethoden, Hektarerträge und zum Teil auch die Vinifikations- und Ausbaumethode genau festgelegt.

Daneben gibt es noch die Ursprungsbezeichnungen *Cinque Terre* und *Cinque Terre Sciacchetrà*. Die Weine aus diesem Gebiet sind ziemlich teuer, was jedoch nicht qualitative Gründe hat, sondern vielmehr wegen der **hohen Produktionskosten,** bedingt durch die aufwendige Pflege der steilen und schwer zugänglichen Rebterrassen.

Bei dem historischen **Sciacchetrà** handelt es sich um einen sogenannten *Passito*, einem **Süßwein** aus getrockneten Trauben.

In Ligurien werden überwiegend **Weißweine** hergestellt. An der Riviera di Ponente dominieren der trockene, frische Vermentino und Pigato, an der Riviera di Levante Vermentino, Bosco und Albarola.

Unter den **Rotweinen** gibt der rubinrote und würzige, vollmundige Rossesse di Dolceacqua den Ton an. Er soll bereits *Napoleon* begeistert haben. Erwähnung verdienen auch der Ormeasco, eine Dolcetto-Traube, und der Sangiovese aus den Colli di Luni.

Feste und Feiertage

Ganz Italien macht im August Urlaub. Viele Betriebe, auch aus dem Dienstleistungssektor, die nicht in Feriengebieten liegen, machen ihre Betriebsferien im August. Auch wenn sich die Reisegewohnheiten in Italien geändert haben, sind das liebste Familienurlaubsziel immer noch die heimischen Küsten, d.h. die italienischen Autobahnen sind oft verstopft und die Strände

überfüllt. Höhepunkt für die italienischen Urlauber ist **Ferragosto am 15. August.** Mariä Himmelfahrt, Hauptfest der Marienverehrung, ist zugleich das wichtigste Familienereignis in Italien. Beachten Sie, dass an diesem Tag alle Geschäfte geschlossen sind.

Weitere Feiertage

- **25. und 26. Dezember** *(Natale)*
- **Neujahr** *(Capodanno)*
- **Dreikönigsfest am 6. Januar** *(Epifania)*
- **Ostermontag** *(Pasqua)*
- **25. April** (*Festa della liberazione /* Tag der Befreiung vom Faschismus)
- **1. Mai** / Tag der Arbeit *(Festa del Lavoro)*
- **2. Juni** *(Tag der Republik)*
- **Pfingstsonntag** *(Pentecoste)*
- **1. November** / Allerheiligen *(Ognissanti)*
- **8. Dezember** / Mariä Empfängis *(Festa dell' Immacolata Concezione)*

Fotografieren

Wahl der Kamera

Welche Kamera man für seine Reise wählt, hängt hauptsächlich von den eigenen **Ansprüchen ans Fotografieren** und dem jeweiligen **Geldbeutel** ab. Daneben sollte man aber auch die Faktoren Gewicht, Robustheit, einfache und unauffällige Handhabung und den

Buchtipps:
- Helmut Hermann
Reisefotografie
- Volker Heinrich
Reisefotografie digital
(beide Bände REISE KNOW-HOW Praxis)

Praktische Reisetipps A–Z

möglichen Verlust bei Beschädigung oder Diebstahl einkalkulieren. Bei digitalen Kameras sind Stromverbrauch, Auflösung und Speicherplatz von besonderer Bedeutung. Vor allem sollte man bedenken, dass gute Bilder nicht von der perfekten technischen Ausrüstung gemacht werden, sondern vom Menschen hinter der Kamera.

Ein wichtiger Begriff in der Digitalfotografie ist die **Auflösung,** die in **Megapixeln** angegeben wird und in etwa die Bildschärfe ausdrückt. Für den Gebrauch im Internet und am Bildschirm reicht ein Megapixel. Für Digitalkameras sollte man **ausreichenden Speicher** im Gepäck oder am besten in der Kamera haben, denn in der Regel findet man auf der Reise mehr Motive, als vorher gedacht.

Verhalten und Tipps beim Fotografieren

● **Respekt** vor dem Gegenüber ist bei der Fotografie von anderen Menschen erstes Gebot. Es handelt sich schließlich um Menschen, nicht um Fotoobjekte. Man sollte sich stets die Erlaubnis einholen, jemanden zu fotografieren. Ein Satz in der Landessprache, ein freundlicher Blick und eine entsprechende Geste können Wunder wirken und sogar der Auftakt einer kleinen Begegnung sein, an der man viel mehr Freude hat als an einem anonymen, „gestohlenen" Bild. Möchte jemand nicht fotografiert werden, ist das unbedingt zu respektieren, nicht zuletzt, um sich selber Ärger zu ersparen.

● **Hemmungsloses Blitzen** in Situationen oder Räumen, die für andere Menschen privat oder gar heilig sind, zeugt von Respektlosigkeit, ist lästig und zieht oft Ärger nach sich, manchmal sogar handfesten.

● Fotografieren von **Ausstellungen, Militäreinrichtungen oder Häfen** ist in Italien verboten. Entsprechende Regeln sollte man un-

bedingt erfragen und beherzigen, auch wenn es nicht nachvollziehbar ist, warum.

● Das **Detail** nicht vergessen – Gesamtaufnahmen werden schnell langweilig. Versteckte Reize in Kleinigkeiten oder scheinbaren Nebensächlichkeiten zu entdecken, schult den eigenen Blick für das Besondere.

● **Geduldig sein:** Es lohnt sich, eine Situation zu beobachten, gutes Licht abzuwarten, nach einem geeigneten Blickwinkel zu suchen.

Geld

An fast allen **Geldautomaten** (*Bancomat*, meist mit deutscher Benutzerführung) erhält man mit der Maestro-(EC-)Karte und der Geheimzahl Bargeld bis ca. 500 € pro Tag.

Ob und wie hoch die **Kosten für die Barabhebung** sind, ist abhängig von der kartenaustellenden Bank und von der Bank, bei der die Abhebung erfolgt. Man sollte sich daher vor der Reise bei seiner Hausbank informieren, mit welcher italienischen Bank sie zusammenarbeitet. Im ungünstigsten Fall kann pro Abhebung eine Gebühr von bis zu 1 % des Abhebungsbetrags per Maestro-(EC-)Karte oder gar 5,5 % des Abhebungsbetrags per Kreditkarte berechnet werden.

Für das **bargeldlose Zahlen per Kreditkarte** innerhalb der Euro-Länder darf die Hausbank keine Gebühr für den Auslandseinsatz veranschlagen; für Schweizer wird ein Entgelt von 1–2 % des Umsatzes berechnet.

In vielen Hotels, Geschäften und Restaurants werden die gebräuchlichsten **Kreditkarten** wie VISA, Euro-/Mastercard, DinersClub und American Express akzeptiert (Hinweisschild „Carta Si").

Gesundheit

Die gesetzlichen Krankenkassen von Deutschland, Österreich und der Schweiz garantieren eine Behandlung auch im akuten Krankheitsfall in Italien, wenn die medizinische Versorgung nicht bis nach der Rückkehr warten kann. Als Anspruchsnachweis benötigt man seit dem 1.1.2005 die **Europäische Krankenversicherungskarte (EHIC),** die man von seiner Krankenkasse erhält. Dadurch entfällt der Umtausch gegen einen italienischen Krankenschein.

Im Krankheitsfall besteht ein Anspruch auf ambulante oder stationäre Behandlung bei jedem zugelassenen Arzt und in staatlichen Krankenhäusern. Da jedoch die Leistungen nach den gesetzlichen Vorschriften im Ausland abgerechnet werden, muss man in der Regel zunächst die **Kosten der Behandlung** selbst tragen. Obwohl bestimmte Beträge von der Krankenkasse hinterher rückerstattet werden, kann doch ein Teil der finanziellen Belastung beim Patienten bleiben, also zu Kosten in kaum vorhersagbarem Umfang führen.

Aus diesem Grund ist zusätzlich der Abschluss einer **privaten Auslandskrankenversicherung** dringend empfohlen. Bei Abschluss der Versicherung – die es mit bis zu einem Jahr Gültigkeit gibt – sollte auf einige Punkte geachtet werden. Zunächst sollte ein **Vollschutz ohne Summenbeschränkung** bestehen, im Falle einer schweren Krankheit oder eines Unfalls sollte auch der **Rücktransport** übernommen werden, denn der Krankenrücktransport wird von den gesetzlichen Krankenkassen in der Regel nicht übernommen. Diese Zusatzversicherung bietet sich auch über einen **Automobilclub** an, insbesondere wenn man bereits Mitglied ist. Diese Versicherung bietet den Vorteil billiger Rückholleistungen (Helikopter, Flugzeug) in extremen Notfällen. Wichtig auch, dass im Krankheitsfall der **Versicherungsschutz über die vorher festgelegte Zeit hinaus** automatisch verlängert wird, wenn die Rückreise nicht möglich ist.

Zur Erstattung der Kosten benötigt man ausführliche **Quittungen** (mit Datum, Namen, Bericht über Art und Umfang der Behandlung, Kosten der Behandlung und Medikamente).

Ausführliche und detaillierte **Reisegesundheitsinformationen** unter **www.travelmed.de**

Haustiere

Für die EU-Länder gilt, dass man eine **Tollwutschutzimpfung** und ein EU-Heimtierausweis (Pet Passport) für Hund oder Katze haben muss. Dieser gilt in allen EU-Staaten und im Nicht-EU-Land Schweiz und kostet ca. 15–25 €. Darüber hinaus muss das Tier mit einem **Microchip** oder übergangsweise bis 2012 mit einer lesbaren Tätowierung gekennzeichnet sein.

In der Öffentlichkeit gilt für große Hunde allgemein eine Maulkorb- und Leinenpflicht.

Informations- stellen

In Deutschland
Italienische Zentrale für Tourismus Fremdenverkehrsamt **ENIT** in:

- Barckhausstraße 10, 60325 **Frankfurt/Main,** Tel. 069/237069, Fax 069/232894, frankfurt@enit.it
- Prinzregentenstraße 2, 80538 **München,** Tel. 089/531317, Fax 089/534527, muenchen@enit.it

In der Schweiz
- Uraniastrasse 32, 8001 **Zürich,** Tel. 043/4664040, Fax 043/4664041, zurich@enit.it

In Österreich
- Kärtner Ring 4, 1010 **Wien,** Tel. 01/5051639-12, Fax 01/5050248, vienna@enit.it

In Ligurien
Informationsstellen in Ligurien siehe beim jeweiligen Ort.

In den meisten **Ferienorten** gibt es **Zweigstellen** der staatlichen Fremden- verkehrsämter, die **IAT-Auskunftsbüros** *(Ufficio di Informazioni e Accoglienza Turistico)*. Hier erhalten Sie kostenlos Stadtpläne, Unterkunftsverzeichnisse und sonstiges Infomaterial.

In **kleinen Orten im Hinterland** wer- den die **Informationsbüros, Pro loco,** von der Gemeinde getragen. Meistens erhalten Sie hier detailliertere Informa- tionen als bei den staatlichen Stellen.

Internet

Allgemeine Informationen
Das Internet bietet eine Vielzahl an Mög- lichkeiten, sich vor der Reise über Ligurien umfassend zu informieren. U.a. auch Hotel- und Campingplatzverzeichnisse über die Adressen der Region und der einzelnen Pro- vinzen.

- **www.turismoinliguria.it**
- **www.regione.liguria.it**
- **www.provincia.genova.it**
- **www.provincia.savona.it**

Bahninformationen für Italien
- **www.ferroviedellostato.it**

Kartografie-Multimedia-Service
- **www.mappy.de** (mit Routenplanung)
- **www.it.map24.com** (mit Routenplanung)
- **www.parks.it** (Informationen zu allen ita- lienischen Naturschutzparks)
- **www.virgilio.it** (italienischsprache Such- maschine)
- **www.italiafestival.it** (Informationen zu kulturellen Events)

Telefonbücher
- **www.paginebianche.it**
- **www.paginegialle.it**

Reisewetter
- **www.dwd.de**
- **www.donnerwetter.de**
- **www.wetteronline.de**

Agriturismo-Unterkünfte
- **www.agriturist.it**
- **www.terranostra.it**

Museen
- **www.museonline.it**
Italienische Museen, gegliedert nach Re- gionen und Fachgebieten; Informationen über aktuelle Ausstellungen und Veranstal- tungen.

Sonstiges

● **www.aighostels.com**
Homepage der *Associazione italiana alberghi per la gioventù*. Verzeichnis aller Jugendherbergen in Italien mit Preisen, Verfügbarkeit und Buchungsmöglichkeit.

● **www.terredimare.it**
Serviceangebot für Behinderte mit nützlichen Infos zu allen kulturellen Einrichtungen in Ligurien.

● **Landkartenhaus Voigt,** Spezialbuchhandlung für Landkarten und Reiseführer, Atlanten, Globen und Bildbände, Schiffstraße 6, 79098 Freiburg, Tel. 0761/23908, Fax 0761/2020054, landkartenhaus-voigt.de.

Buchtipp:
● Wolfram Schwieder
Richtig Kartenlesen
(REISE KNOW-HOW Praxis)

Karten

Empfehlenswert ist die Karte **„Ligurien/Piemont"** aus dem world mapping project bei REISE KNOW-HOW (Maßstab 1:250.000). Die Ausstattung umfasst Höhenlinien und Höhenschichten, GPS-Tauglichkeit und ein klassifiziertes Straßennetz mit Entfernungsangaben sowie ein Ortsregister.

Vor Ort sind meist auch Karten mit größerem Maßstab zu haben. Italienische **Wanderkarten** (*Edizioni Multigraphic* und *Istituto Geografico Centrale*) sind in der Regel nicht im normalen Buchhandel erhältlich. Es gibt allerdings Buchhändler, die sich auf Reiseliteratur und Kartenmaterial spezialisiert haben, z.B. das Landkartenhaus Voigt in Freiburg, das alle lieferbaren Titel auch zusendet:

Notfälle

In ganz Italien gelten folgende Notrufnummern:
● **Polizei-Notrufnummer: 112**
● **Notruf bei Unfällen jeglicher Art: 113**
● **Notarzt, Erste Hilfe: 118**
● **Feuerwehr: 115**

Notrufsäule in der Cinque Terre

●Die **Pannenhilfe des italienischen Automobilclubs ACI** (*Automobile Club d'Italia*) ist in Italien unter der Nummer **803116,** mit Handy unter der Nummer 800116800 zu erreichen. Für Mitglieder von Automobilclubs oder bei einer Autoversicherung mit Auslandsschutz ist die Pannenhilfe in der Regel meist gebührenfrei. Wenn nicht, bekommen Sie die Kosten ganz oder größtenteils erstattet.

●Der deutschsprachige **Hilfsdienst des ADAC** ist unter der Telefonnummer **03/921041** erreichbar, der des **ÖAMTC** unter 02/2104553 und der **TCS** ist nur in der Schweiz selbst erreichbar unter 0041/22/4172220.

Siehe auch Stichpunkt „Diebstahl".

Öffnungszeiten

●**Banken** sind mit kleinen regionalen Abweichungen montags bis freitags von 8.30–13.30 Uhr geöffnet. Einige Banken haben auch nachmittags von 15.00–16.00 Uhr geöffnet.

●**Postämter** sind in der Regel werktags von 8.30–13.00 bzw. 13.30 sowie zwischen 15.00 und 17.00 Uhr geöffnet, in großen Städten oft auch durchgehend, in kleinen Orten meist nur vormittags.

●**Kirchen** sind täglich zwischen 7.00 und 13.00 Uhr und nachmittags zwischen 16.00 und 19.30 Uhr geöffnet. Von einer Besichtigung während der Messen ist abzuraten.

●**Ladenschlusszeiten** werden in ganz Italien kommunal geregelt. Deshalb wird man nie ein einheitliches Prinzip erkennen können. Generell kann man aber folgende „Kernzeiten" eingrenzen: montags bis freitags 8.30/9.00–12.30/ 13.00 Uhr und mittags von 15.00/ 15.30–19.30 Uhr geöffnet, im Sommer nachmittags von 16.00/17.00–20.00/ 20.30 Uhr. **Lebensmittelgeschäfte,** die **Alimentari,** haben oft mittwochnachmittags geschlossen, Einzelhandelsgeschäfte hingegen am Montagvormittag.

●Für **Museen** gibt es ebenfalls keine einheitlichen Öffnungszeiten, nicht einmal Kernzeiten. Von Stadt zu Stadt werden sie völlig neu festgelegt und können sich auch mehrmals im Jahr ändern. Einziger Anhaltspunkt: Staatliche Museen sind **montags meist geschlossen.**

●**Tankstellen** (außer an Autobahnen) haben oft über Mittag geschlossen, ungefähr von 12.30–15.30 Uhr, nachts und am Wochenende.

Post

Briefmarken (= *Francobolli*) kann man, außer in Postämtern, auch in allen Tabakläden, die durch ein schwarzes **„Sali e tabacchi"**-Schild mit einem weißen „T" gekennzeichnet sind, bekommen.

Postkarten und **Briefe** (bis 20 g) ins Ausland werden mit der sogenannten *Posta prioritaria* (0,65 €) versendet. Trotz dieser „Eilpost" können Briefe und Postkarten in der Urlaubszeit lange unterwegs sein.

Rauchen

Seit Januar 2005 ist das Rauchen per Gesetz in allen öffentlichen Räumen **verboten.** Wer sich nicht daran hält, dem drohen erhebliche Gelstrafen. Geraucht werden darf nur noch im Freien (nicht in der Nähe von Schwangeren) und in Restaurants, die über separate Räume mit Lüftung verfügen.

Reisezeit

Für einen **Badeurlaub** ist die beste Reisezeit von **Juni bis in den Oktober** hinein. Allerdings sind die Küstenorte im August, dem traditionellen Urlaubsmonat der Italiener, gnadenlos überfüllt, und ohne Reservierung ist kein Bett mehr zu kriegen.

Für **Wanderurlaub an der Küste** bietet sich vor allem der **Frühling** und der **Herbst** an. An der Küste setzt der Frühling bereits im Februar ein. Bis in den Mai hinein muss man mit gelegentlichen Regengüssen rechnen. Ligurien ist für sein besonders **mildes Winterklima** bekannt. Die Temperaturen liegen auch im Januar, dem kältesten Monat, bei durchschnittlich 10°C, und bei Sonnenschein klettern die Temperaturen schnell in die Höhe.

Die beste **Wanderzeit für die höheren Gebirgslagen** im Hinterland liegt in der Zeit von **Ende April bis Anfang Juni.** Die schlechteste Zeit auf Grund der zum Teil tagelang andauernden Regenfälle im Gebirge ist zwischen Ende Oktober und Dezember.

Sport und Erholung

Zahlreiche **Wassersportmöglichkeiten** wie Segeln, Surfen und Tauchen gibt es in den größeren Badeorten. Immer beliebter wird Kajakfahren entlang der Küste, ein ideales Fortbewegungsmittel für Sonnenhungrige auf der Suche nach einsamen Badebuchten.

Die schmalen Küstenwanderwege eignen sich wegen der Unwegsamkeit und der vielen Steinstufen nicht zum **Mountainbikefahren.** Ideal sind der **Höhenweg der ligurischen Berge** (siehe „L'Alta Via dei Monti Liguri") und das für **Sportkletterer** interessante **Finale-Gebiet.**

Ligurien ist ein **ideales Wandergebiet.** Der Küstenabschnitt zwischen Levanto und Portovenere ist besonders beliebt. Absolutes Highlight sind die **Verbindungswege** entlang der Steilküste **zwischen den Cinque-Terre-Orten.** Die Küstenpfade sind deshalb auch durchweg gut markiert und befestigt. Trotzdem ist gutes Schuhwerk angebracht. Je nach Jahreszeit sind die Pfade manchmal rutschig. Alternativ zur viel begangenen Cinque-Terre-Route bietet sich das Gebiet auf dem Vorgebirge von Portofino und zwischen Moneglia und Sestri Levante an. An der Riviera di Ponente gibt es vor allem im Finale-Gebiet einige schöne Wanderrouten. Absolut empfehlenswert ist eine Höhenwanderung auf dem „**Sentiero degli Alpini**" bei Pigna (siehe dort).

Surfvergnügen an der Riviera di Ponente

Sprache

In den Ferienorten an der Küste der Riviera kann man sich mit Englisch und Französisch, in größeren Tourismuszentren auch mit Deutsch verständlich machen. Grundkenntnisse der italienischen Sprache sind natürlich immer hilfreich. Vor allem bei Ausflügen abseits der ausgetretenen Tourismuspfade, wie in das schöne Hinterland Liguriens, erleichtern ein paar Sätze Italienisch die Verständigung sehr (vgl. die kleine Sprechhilfe im Anhang).

Empfehlenswerte Sprechführer

● **Italienisch** – Wort für Wort
Kauderwelsch Bd. 22
● **Italienisch Slang** – das andere Italienisch
Kauderwelsch Bd. 97
● **Italienisch kulinarisch** – Wort für Wort
Kauderwelsch Bd. 144
(alle REISE KNOW-HOW Verlag)

Telefon

Öffentliche Fernsprechgeräte funktionieren mit Telefonkarten und mit Münzen. Letztere werden jedoch immer mehr durch Kartentelefone ersetzt, die wesentlich praktischer sind. **Telefonkarten** (= *Scheda Telefonica*) im Wert von

5, 10 und 20 € kann man in jedem Tabakgeschäft („sali e tabacchi") kaufen. Vor dem ersten Gebrauch müssen Sie die perforierte Ecke abreißen. Entwertete Karten können während des Gesprächs gewechselt werden. Von Italien aus sind die Tarife erheblich teurer als umgekehrt. Montags bis freitags gilt von 18.30–22.00 Uhr, samstags ab 13.00 Uhr und sonn- und feiertags ein verbilligter Tarif. Am preiswertesten ist der **Nachttarif** von 22.00–8.00 Uhr **(50 % des Normaltarifs)**, der auch an Sonn- und Feiertagen gilt. Ferngespräche von Hotels und Ferienanlagen aus sind erheblich teurer. Nach der Landesvorwahl 0049 für Deutschland müssen Sie die 0 der Ortsvorwahl weglassen. Wichtig: bei Anrufen nach Italien wählen Sie nach der Landesvorwahl 0039 die Ortsvorwahl mit der Null. Innerhalb Italiens muss auch bei Nahgesprächen **immer die 0 der Ortsvorwahl mitgewählt** werden.

Das eigene **Mobiltelefon** lässt sich in Italien problemlos nutzen, denn die meisten Mobilfunkgesellschaften haben Roamingverträge mit den italienischen Gesellschaften Vodafone, TIM und Wind (GSM 900 und 1800 MHz sowie 3G) oder 3 Wired (3 G). Wegen hoher Gebühren sollte man sich stets bei seinem Anbieter nach dem günstigsten Roamingpartner erkundigen und diesen per **manueller Netzauswahl** voreinstellen. Nicht zu vergessen sind die **passiven Kosten,** wenn man von zu Hause angerufen wird. Der Anrufer zahlt nur die Gebühr ins heimische Mobilnetz, die teure Rufweiterleitung ins Ausland zahlt der Empfänger.

Wesentlich preiswerter ist es, sich von vornherein auf das Versenden von **SMS** zu beschränken. Es ist in der Regel wesentlich preiswerter als zu telefonieren. Der Empfang von SMS ist in der Regel kostenfrei, der von **Bildern per MMS** nicht nur relativ teuer, sondern je nach Roamingpartner auch gar nicht möglich. Die **Einwahl ins Internet** über das Mobiltelefon, um Daten auf das Notebook zu laden, ist noch kostspieliger – da ist in jedem Fall ein Gang in das nächste Internetcafé weitaus günstiger.

Falls das Mobiltelefon **SIM-lock-frei** ist (keine Sperrung anderer Provider vorhanden ist) und man viele Telefonate innerhalb Italiens führen möchte, kann man sich unter Vorlage des Personalausweises eine örtliche **Prepaid-SIM-Karte** besorgen. Man hat dann allerdings eine andere Rufnummer!

Bei Anwahl eines italienischen Handys innerhalb Italiens wählen Sie die Rufnummer mit der Null der Ortsvorwahl, rufen Sie außerhalb Italiens an, wählen Sie die 0039 und die Rufnummer ohne die Null der Ortsvorwahl.

Siehe auch Stichpunkt „Diebstahl".

Unterkunft

Hotels/Pensionen

Bei den regionalen und lokalen Fremdenverkehrsämtern kann man ein jährlich aktualisiertes **Unterkunftsverzeichnis** (elenco degli alberghi) anfordern. Sie enthalten, außer Hotels und Pensionen, Campingplätze, Jugendherbergen, Ferienanlagen und Agriturismo-Betrie-

ljg118 Foto: sg

Albergo Glicine in Noli

be. Alle Infos auch über die jeweilige Homepage der betreffenden Urlaubsregion (siehe im Abschnitt „Informationsstellen").

Die direkte **Zimmerreservierung** funktioniert **am schnellsten über Internet oder Fax.** Wer auf Nummer sicher gehen will, verfasst seine Anfrage auf Englisch. Folgende Punkte sind dabei zu beachten: Adresse, Zeitraum, Einzel- oder Doppelzimmer, Preise, Parkmöglichkeiten und Preise für die hoteleigene Garage, gegebenenfalls ein Hotelprospekt.

In Italien gibt es eine **Einteilung in fünf Hotelkategorien.** Die Klassifizierung von Hotels und Pensionen wird von den Fremdenverkehrsämtern der Provinzen vorgenommen:

● *******Hotels** der Luxusklasse mit allem Komfort und guten Restaurants. Sündhaft teuer.

● ******Hotels** der 1. Kategorie mit gehobener Ausstattung. Dazu gehören Bad/WC, Telefon, Farbfernseher, Minibar, Klimaanlage und Heizung. Teuer.

● ***Hotels** der gehobenen Mittelklasse. Bei einer Unterkunft dieser Kategorie liegt man meist richtig. In der Regel haben alle Zimmer ein Bad. In kleineren Orten, vor allem im Hinterland, entspricht die Ausstattung eines ***Hotels oft einer ****Unterkunft an der Küste. Zur Ausstattung gehören ebenfalls Bad/WC, Telefon, Farbfernseher, Minibar, Klimaanlage und Heizung.

● **Hotels** gehören zur unteren Mittelklasse und haben oft schon eher einen Pensionscharakter. Die Ausstattung ist einfach und zweckmäßig, und zum Teil gibt es hier erhebliche Qualitätsunterschiede hinsichtlich Sauberkeit und Ausstattung.

● *Unterkünfte** sind einfache Pensionen, an die man in punkto Komfort und Ausstattung so gut wie keine Ansprüche stellen sollte. Die Bäder und Toiletten befinden sich auf dem Gang.

Je nach Standort und Saison liegen die Preise und das Qualitätsniveau der verschiedenen Kategorien weit auseinander.

Hotelklassifizierungen richten sich danach, ob die Zimmer über Bad/WC, Telefon, Farbfernseher, Minibar, Klimaanlage und Heizung verfügen und ob das Hotel z.B. einen Aufzug besitzt. Allerdings werden „Sterne" nicht aberkannt, wenn ein Hotel schon seit geraumer Zeit nicht saniert wurde. Außerdem sagen diese Kriterien nichts über die Atmosphäre und den Service eines Hauses, geschweige denn über die Größe der Zimmer aus. Gäste zahlen immer einen je nach Bekanntheitsgrad des jeweiligen Ferienortes **zum Teil unverhältnismäßigen „Ortszuschlag".**

Das **Frühstück** (*prima colazione*) ist in der Regel nicht im Zimmerpreis enthalten (= *non compresa*), und je höher die Hotelkategorie, auch unverhältnismäßig teuer. Wer nicht soviel Wert auf ein stereotypes italienisches Frühstücksbuffet legt, geht am besten in die nächste Bar, trinkt dort im Stehen einen Cappuccino und isst ein mit Marmelade gefülltes Hörnchen (*Brioche*). In der Regel ist der Kaffee viel besser, die Brioches kommen ofenfrisch vom Bäcker und schmecken ausgezeichnet.

Hoteliers sind gesetzlich verpflichtet, in jedem Zimmer die **aktuellen Preise** (*prezzi massimi giornalieri*) für die Hauptsaison (*alta stagione*) und die Nebensaison (*bassa stagione*) auszuhängen. **Die Halb- und Vollpensionspreise und Frühstückspreise gelten pro Person.** Die Getränke müssen immer extra bezahlt werden. Die **Hauptsaisonzeit** (*Periodo di alta stagione*) ist ebenfalls auf der Karte vermerkt. Alle Preise müssen mit der Preisliste an der Rezeption übereinstimmen.

Bei Direktbuchung verlangen Hotels und auch Vermieter von Ferienwohnungen zur Sicherheit meist eine **Anzahlung** (= *caparra*). Vermeiden sie Postanweisungen und geben Sie stattdessen ihre Kreditkartennummer an. Für den Empfänger ist diese Zahlungsart zwar eine sehr sichere, da er die Summe bar ausbezahlt bekommt. Aber eine Postanweisung ist sehr teuer, denn die Post verlangt nach Italien bis in Höhe von 250 € stolze 15 € Gebühren.

In den meisten Touristenorten gelten, zumindest außerhalb der Winterpause, in denen sehr viele Hotels geschlossen haben, zumeist **Hochsaisonpreise,** die manchmal auch **wochenweise gestaffelt** sein können.

Vorsicht: Fragen sie bei der Reservierung immer nach, ob Halb- oder Vollpensionspflicht besteht!

Viele Hotels haben in der Winterzeit von Dezember bis März geschlossen, manche auch länger.

Preisangaben im Buch

Übernachtung für 2 Personen im DZ mit Bad, ohne Frühstück; in der Nebensaison können die Preise bis zu 50 % variieren. Halbpensionspreise gelten pro Person und Übernachtung.

Ferienwohnungen/ Agriturismo

Ferienwohnungen

Angesichts der hohen Hotelpreise lohnt sich in Ligurien, nicht nur für Familien, die Anmietung einer Ferienwohnung. Doch die **Nachfrage** in einem Gebiet wie der Cinque Terre **ist größer als das Angebot,** was zur Folge hat, dass Appartements an der Riviera, vor allem in der Cinque Terre, überteuert sind. Sie entsprechen in Größe, Ausstattung und Komfort oft nicht dem Preis. Die Parkverwaltung der Cinque Terre hat für Unterkünfte ein **Umwelt-, und Qualitätssiegel** (*Marchio di Qualità Ambientale*) eingeführt. In den Tageszeitungen annoncieren häufig Ferienwohnungsbesitzer, die ihre Wohnungen außerhalb ihrer eigenen Reisezeit selbst vermieten. Doch die meisten liegen nicht direkt an der Küste. Oft sind sie ziemlich weit ab vom Schuss im bergigen Hinterland. Erkundigen Sie sich vorher genau, wie weit die Wohnung von den nächsten Einkaufsmöglichkeiten entfernt liegt, und lassen sie sich Bilder vom Objekt und eine genaue Auflistung der Nebenkosten zusenden.

Agriturismo

Preiswerte Alternative vor allem für Familien mit Kindern ist der Agriturismo. Agriturismo lässt sich am ehesten mit **„Urlaub auf dem Bauernhof"** übersetzen. Ländliche Idylle und rustikaler Charme machen diese Unterkünfte aus. Es handelt sich oft um restaurierte Bauernhäuser, die abseits der eigentlichen Landwirtschaftsbetriebe liegen und komplett ausgestattet sind. In der Regel werden die Appartements wochenweise vermietet. Manche Betriebe vermieten einige Zimmer auch tageweise und verfügen über ein Lokal. Da es sich um Landwirtschaftsbetriebe handelt, liegen sie nicht an der Küste, sondern nur im Hinterland. In den offiziellen Unterkunftsverzeichnissen der Fremdenverkehrsämtern sind auch die Agriturismo-Unterkünfte verzeichnet, allerdings ohne Beschreibung und Preisangabe. Die Preise muss man direkt bei den Anbietern anfordern.

● **Agriturist** ist der **größte Verband für Landurlaub in Italien.** Die aufgenommenen Betriebe unterliegen bestimmten Qualitätskriterien. Das gesamte Angebot findet man unter www.agriturist.it/de. Die Unterkünfte sind nicht online bei Agriturist buchbar, sondern direkt beim jeweiligen Anbieter.

● **Weitere Angebote über den Verband:** *Turismo Verde,* www.turismoverde.it oder über die offizielle Seite der Region: www.turismoinliguria.it.

Jugendherbergen

In Ligurien gibt es insgesamt **sieben Jugendherbergen;** in Biassa, Corniglia, Finale Ligure, Genua, Lévanto, Manarola und Savona. Die Preise liegen zwischen 15 und 25 € pro Person für Übernachtung mit Frühstück. Dort kann man im Übrigen unabhängig von seinem Alter absteigen! Weitere Infos finden Sie im Reiseteil bei den jeweiligen Städten. Hat man einen **internationalen Jugendherbergsausweis** aus dem Heimatland, schläft man auch bei den italienischen Jugendherbergen zum günstigeren Tarif, sonst muss man eine Tagesmitgliedschaft erwerben. Die Jahresmitgliedschaft bei den Jugendherbergsverbänden daheim kostet 12,50–21 € in Deutschland (www.jugendherberge.de), 10–20 € in Österreich (www.oejhv.at) und 22–25 SFr in der Schweiz (www.youthostel.ch). Siehe www.aighostels.com für die Adressen der Jugendherbergen in Italien.

Camping

Die meisten Campingplätze gibt es an der Riviera di Ponente, seltener sind sie an der schrofferen Riviera di Levante. Die Plätze an der Küste sind nur saisonal geöffnet und im Sommer, vor allem im Juli und August, hoffnungslos mit italienischen Familien überfüllt.

In den Cinque Terre-Orten direkt gibt es keine Campingplätze. Campingurlauber, die sich vor allem in den Cinque Terre aufhalten wollen, weichen am besten auf die Plätze von Levanto aus. Aufgrund der guten Zugverbindungen ist man in nur wenigen Minuten von Levanto aus im Gebiet der Cinque Terre. **Wild Zelten ist in Ligurien verboten.**

> **Buchtipp:**
> • Erich Witschi
> **Unterkunft und**
> **Mietwagen clever buchen**
> (REISE KNOW-HOW Praxis)

Verkehrsmittel

Bahn (Ferrovie dello Stato)

Das schnellste, bequemste und billigste Fortbewegungsmittel in Ligurien ist unbestreitbar die Bahn. Fast alle touristischen Orte entlang der italienischen Rivieraküste sind gut mit ihr erreichbar. **Zugfahren in Italien ist günstig,** d.h. je länger die Strecke, umso günstiger der Kilometerpreis. IC/EC und Hochgeschwindigkeitszüge sind allerdings zuschlagspflichtig und zwar bis zu 23 €!

Vor allem an der Riviera di Levante, insbesondere in den Cinque Terre, funktioniert die Bahn **fast schon wie eine S-Bahn.** Die neun Bahnkilometer legen Schnellzüge in wenigen Minuten zurück. Die Nahverkehrs- und Eilzüge brauchen nur unwesentlich länger. Der größte Teil der zum Teil noch eingleisigen Strecke führt durch Tunnels, ab und zu blitzt das blaue Meer durch die Öffnungen in den Tunnels. Die Haltestellen liegen im Freien, und das Meer fungiert als Bahnhofskulisse für die **ungewöhnlichste Metro der Welt.**

Die Bahntickets müssen an einem der **gelben Ticketentwerter** auf den Bahngleisen vor Fahrtantritt entwertet werden, ansonsten fährt man schwarz. Es gibt keine Tagestickets, nur einfache Fahrkarten mit einer Gültigkeitsdauer von 6 Stunden, d.h. man kann beliebig oft die Fahrt unterbrechen aussteigen. In Orten, in denen die Bahnhöfe nicht besetzt sind, wie z.B. in Manarola, bekommt man die Tickets beim Zeitschriftengeschäft *(Edicola)*.

Informationen unter: www.ferrovie dellostato.it.

Busse

Fast jedes Dorf im ligurischen Bergland ist durch ein **gut ausgebautes Netz** an privaten und öffentlichen Linienbussen mit der Küste verbunden. In den größeren Küstenorten liegen die Haltestellen für die Überlandbusse meistens beim Bahnhof.

Das Liniensystem von **Stadtbussen** ist schwer durchschaubar. Es hilft nichts, man muss sich durchfragen. Fahrkarten werden in der Regel in Bars, Tabakläden und Kiosken in Nähe der Bushaltestellen verkauft. Die Bustarife sind ähnlich günstig wie bei der Bahn.

Innerhalb der Cinque Terre existiert ein sehr gut funktionierendes Bussystem. Der Fahrpreis ist in der *Cinque Terre Card* enthalten.

Verkehrsregeln

Für Italien gelten die **internationalen Verkehrsvorschriften:** 50 km/h bzw. 30 km/h innerhalb geschlossener Ortschaften, 90 km/h auf Landstraßen und außerhalb geschlossener Ortschaften, auf Schnellstraßen 110 km/h. Die **Geschwindigkeit auf der Autobahn** hängt vom Hubraum ab: für Pkw ab 1100 ccm und Motorräder ab 349 ccm gilt 130 km/h, Pkw bis 1099 ccm sowie Motorräder von 150–349 ccm gilt 110 km/h. Für Pkw mit Anhänger gilt auf Land- und Schnellstraßen 70 km/h und auf der Autobahn 80 km/h, Wohnmobile dürfen auf Land- und Schnellstraßen 80 und auf Autobahnen 100 km/h fahren.

Eine internationale **grüne Versicherungskarte** ist Pflicht. Auf allen Sitzen besteht Anschnallpflicht, bei Kindern bis 4 Jahren auf altersentsprechenden Kindersitzen. Motorradfahrer müssen bei jeder Fahrt einen Helm tragen, auch wenn die Meisten ohne fahren.

Die **Promillegrenze** liegt bei **0,5 ‰**. Wer darüber liegt, muss mit hohen Bußgeldern sowie einem Fahrverbot von 15 Tagen bis zu drei Monaten rechnen. Wird bei einem Unfall ein geringer Alkoholeinfluss nachgewiesen, wird das vom italienischen Gericht als Mitschuld gewertet.

Außerhalb geschlossener Ortschaften und auf Autobahnen muss auch tagsüber mit **Abblendlicht** gefahren werden. Seit 2004 ist das Tragen einer fluoreszierenden **Warnweste** im Falle einer Panne oder eines Unfalls vorgeschrieben. Diese muss immer im Auto

Praktische Reisetipps A–Z

Wichtige Verkehrsschilder

- **accendere i fari** = Licht einschalten
- **attenzione uscita veicoli** = Vorsicht Ausfahrt
- **lavori in corso** = Bauarbeiten
- **zona pedonale** = Fußgängerzone
- **senso unico** = Einbahnstraße
- **strada senza uscita** = Sackgasse
- **divieto di accesso** = Zufahrt verboten
- **rallentare** = langsam fahren
- **senso unico** = Einbahnstraße
- **zona rimorchio** = Abschleppzone
- **traffico limitato** = nur eingeschränkter Verkehr zum Be- und Entladen
- **tutti direzioni** = alle Richtungen
- **parcheggio** = Parkplatz
- **centro** = Zentrum
- **zona disco** = Parken mit Parkscheibe

Bahnhof von Manarola – direkt am Meer

chiesa Madonna delle grazie

loc. VIGNAI

monte ceppo km 11

strada panoramica

20 t .00

← 10m →

↑ L km ↑

SANREMO 21

CERIANA 5

22.5 BADALUCCO

mitgeführt werden. Man kann sie in Italien fast in jedem Supermarkt kaufen.

Wie in Deutschland ist das Telefonieren während des Fahrens nur mit einer Fernsprecheinrichtung und nicht mit Handy erlaubt. **Geldbußen** in Italien fallen bei Verstößen gegen die Verkehrsregeln deutlich höher aus.

Schilderwald am Passo Ghimbegna

Für deutsche Verhältnisse scheint die **italienische Fahrweise,** vor allem in Großstädten, auf den ersten Blick chaotisch. Man fährt schnell, achtet wenig auf die Verkehrsregeln, klebt dem Vordermann auf der Stoßstange, und aus zwei Fahrspuren werden oft vier. Während rote Ampeln in Norditalien noch Halt bedeuten, wird in Rom, Neapel und Palermo einfach weitergefahren. Dafür achten italienische Autofahrer mehr auf die anderen Verkehrsteilnehmer und regen sich lange nicht so schnell auf – die Polizei übrigens auch nicht. Man sollte auf jeden Fall defensiv und umsichtig fahren, sich dem Verkehr so gut wie möglich anpassen und sich immer darüber bewusst sein, dass im Zweifelsfall der Stärkere Vorfahrt hat.

Auch wenn die Polizei nicht so schnell Strafzettel ausstellt, sollte man in Städten Falschparken in der **zona rimorchio (Abschleppzone)** vermeiden. Hier werden Autos schnell abgeschleppt. Bei Blechschäden notieren Sie sich unbedingt die Versicherungsnummer und die Versicherungsgesellschaft des Unfallgegners. Sie hängt in italienischen Fahrzeugen immer an der Windschutzscheibe aus.

Die mit weiß gekennzeichneten **Parkplätze** sind gebührenfrei. Gelbe Parkflächen sind Anwohnern vorbehalten, auf blauen Feldern kann man gebührenpflichtig parken.

Versicherungen

Unabhängig davon, welche Versicherungen man abschließt, hier ein Tipp: Für alle abgeschlossenen Versicherungen sollte man die **Notfallnummern** notieren und mit der **Policenummer** gut aufheben! Bei Eintreten eines Notfalles sollte die Versicherungsgesellschaft sofort telefonisch verständigt werden!

Krankenversicherung

Siehe Stichpunkt „Gesundheit"

Europaschutzbrief

Ist man von Europa mit einem Fahrzeug unterwegs, ist der Europaschutzbrief eines Automobilclubs eine Überlegung wert. Wird man erst in der Notsituation Mitglied, gilt diese Mitgliedschaft auch nur für dieses Land und man ist in der Regel verpflichtet, fast einen Jahresbeitrag zu zahlen, obwohl die Mitgliedschaft nur für einen Monat gültig ist.

Siehe auch Stichpunkt „Notfall".

Andere Versicherungen

Ob es sich lohnt, weitere Versicherungen abzuschließen, wie z.B. eine Reiserücktrittsversicherung, Reisegepäckversicherung, Reisehaftpflichtversicherung oder Reiseunfallversicherung, ist individuell abzuklären. Gerade diese Versicherungen enthalten viele **Ausschlussklauseln,** sodass sie nicht immer Sinn machen.

Zeitungen

Große **deutschsprachige Zeitungen** wie die *Frankfurter Allgemeine Zeitung,* die *Süddeutsche Zeitung,* natürlich auch die *Bild-Zeitung* und Zeitschriften wie *Stern, Spiegel* und einige Frauenzeitschriften sind in den Tourismus-Zentren aktuell erhältlich.

Die Mailänder Zeitung **Corriere della Sera** (liberal) und die römische **La Repubblica** (Mitte-Links) sind die zwei größten und meistgelesenen Tageszeitungen in Italien.

Land und Leute

lig119 Foto: sg

lig021b Foto: sg

Finalborgo – auf der Piazza Garibaldi

Pasticceria La Crepe in Noli

Pigna – in der Küche des „Le Terme"

Lage und Landschaft

Ligurien, die drittkleinste Region Italiens, grenzt im Norden an das Piemont, im Nordosten an die Emilia Romagna, geht im Südosten in die Toskana über und grenzt im Westen an Frankreich. Am Scheitelpunkt dieser **wie ein Bumerang geformten Küste** liegt Genua, Hauptstadt Liguriens, wirtschaftlicher und verkehrstechnischer Dreh- und Angelpunkt für die gesamte Region. Hier teilt sich der Küstenbogen in die beiden bekannten italienischen Urlaubsregionen **Riviera di Ponente** und **Riviera di Levante,** Levante nach der aufgehenden Sonne im Osten und Ponente nach ihrem Untergang im Westen benannt.

Doch Ligurien besteht bei weitem nicht nur aus Meer und Küste. Ganz im Gegenteil. Ligurien ist eine der gebirgigsten Regionen Italiens. Nur wenige Prozent der gesamten Bodenfläche sind fruchtbare Ebenen. Die **Ausläufer der großen Gebirgszüge** von Apennin und Alpen bestimmen die Geografie Liguriens. Ein Teil der Seealpen (*alpi marittime*), die hier Ligurische Alpen genannt werden, beherrschen die Ponente. Östlich vom Passo dei Giovi beginnt der Apennin, der die gesamte italienische Halbinsel durchzieht.

Auf dem Hauptkamm beider Gebirgszüge verläuft eine wichtige **Wasserscheide.** Auf dieser Linie fließen die Flüsse Trebbia, Scrivia und Bormida in Richtung Po und somit der Adria entgegen, während die Flüsse Magra, Nervia, Arroscia, Argentina und Roia in Richtung Tyrrhenisches Meer abfließen. Die Wasserscheide ist nicht identisch mit der Regionsgrenze, die mehr landeinwärts verläuft. Die **höchste Erhebung,** der Monte Saccarello mit 2200 m, liegt in den Ligurischen Alpen, deutlich niedriger sind die Gipfel des Ligurischen Apennins. Höchster Punkt ist hier der Monte Maggiorasca mit 1799 m.

Mit **„Bergland am Meer"** lässt sich Ligurien am schnellsten skizzieren. Mehr oder minder schroff enden die Ausläufer der beiden Gebirgszüge fast immer direkt am Meer und lassen nur Platz für einen schmalen Küstenstreifen. Am extremsten ist es an der sehr steilen Apenninküste, die in den Cinque Terre ihren Höhepunkt findet. Hier bricht die Küste steil ins Meer ab und die Häuser scheinen wie Schwalbennester an den Fels gebaut zu sein. Größere, landwirtschaftlich intensiv nutzbare Ebenen existieren nur an den Flussmündungen bei Albenga im Westen und bei Sarzana, ganz im Osten Liguriens.

Einsam gelegene, **idyllische Bergtäler** durchziehen das weite bergige Hinterland. Bis auf wenige Ausnahmen verlaufen die Täler senkrecht zur Küste. Von Tal zu Tal bestehen fast keine Querverbindungen. Dreh- und Angelpunkt für das Hinterland ist die Küste. Nur wenige Täler wie Fontanabuona, Lavagna und Vara im Osten verlaufen in West-Ostrichtung parallel zur Küstenlinie.

Der **spannungsreiche Kontrast** zwischen stiller grüner Berglandschaft mit Flüssen, Weiden und beschaulichen alten Bergdörfern, die oft nur wenige Kilometer vom Meer entfernt abseits jeglicher Touristenpfade liegen, und den klassischen Badeorten mit ihren schönen Stränden und dem dazugehörigen sommerlichen Trubel, macht den ganz besonderen Reiz dieser Landschaft aus.

Klima

Die Gebirgszüge der Seealpen und des Apennins sorgen für das ausgewogene Klima mit **milden Wintern und mäßig heißen Sommern** an der ligurischen Riviera. Im Winter schützen die niederschlagsärmeren Südabhänge die Küste vor den kalten Luftströmen aus dem Norden. In den Bergen können diese kalten Tramontana-Winde von November bis ins Frühjahr auch für eine stechend scharfe Sicht bis zur Küste hinunter sorgen. Tagsüber sinken die durchschnittlichen Temperaturen zwischen Alassio und San Remo selbst im kältesten Monat Januar selten unter 10°C.

Im Sommer fungieren **Berge und Meer als Wärmespeicher.** So gut wie keine Frostnächte und kein Schnee im Winter an der Küste sind die Folge. Ein ständiger Luftausgleich von See- und Landwinden sorgt für erträgliche hochsommerliche Durchschnittstemperaturen von ungefähr 25°C im August. Vergleicht man die Jahresdurchschnittstemperaturen mit anderen Regionen Italiens, so entspricht Ligurien mit ungefähr 15°C zwischen Genua und La Spezia und annähernd 17°C zwischen Alassio und San Remo den Temperaturen in Neapel.

Ligurien auf einen Blick

- **Gesamtfläche:** 5416 km² (entspricht 1,18 % der Oberfläche Italiens), davon 65 % Gebirge, 35 % Hügel, durchschnittlich 240 km lang, zwischen 7 und 35 km breit, 315 km Küste
- **Höchster Berg:** Monte Saccarello, 2200 m
- **Gesamtbevölkerung:** ca. 1.572.000 Einwohner
- **Bevölkerungsdichte:** 298 Einwohner pro km², mit starker Konzentration an der Küste
- **Wichtigste Erwerbszweige:** 79,9 % Dienstleistungssektor und Verwaltung, 18 % Industrie, 1,5 % Landwirtschaft
- **Arbeitslosenrate:** 5,4 %, in Italien insgesamt 6,7 %
- **Wichtigster Feiertag:** 15. August, Ferragosto
- **Religion:** katholisch (ca. 90 %)
- **Verwaltung:** Hauptstadt der Region ist Genua (611.000 Einwohner), Verwaltungseinteilung in die 4 Provinzen Genua, La Spezia, Savona und Imperia
- **Grenzen:** Piemont im Norden, Emilia Romagna im Nordosten, Toskana im Südosten, Frankreich im Westen

Land und Leute

lig124 Foto: sg

Die **Niederschläge** nehmen von Westen nach Osten hin zu, da die Luftströme an der Ponente eher parallel zur Küste verlaufen und die Berge besser den Regen abfangen können, während sie an der Levante frontal auf die Küste treffen. Die Niederschläge konzentrieren sich hauptsächlich auf die Monate Oktober, November, März und April. Trotz hoher durchschnittlicher **Sonnenscheindauer** sind Oktober (6 Std.) und November (4 Std.) im Vergleich zu den eigentlichen Wintermonaten Dezember, Januar, Februar die regenreichste Zeit. Der trockenste Monat mit der höchsten Sonnenscheindauer von ca. 10 Std. ist der Juli.

Für das **Hinterland** gilt folgende vereinfachte Faustregel: Über das Jahr hinweg machen sich im Gebirge größere Temperaturschwankungen bemerkbar. Vor allem nachts kühlt die Luft auch im Sommer deutlich ab. Je weiter man sich vom Meer entfernt und in das Gebirge hinauffährt, umso kühler wird es.

Natur und Umwelt

Die **großen klimatischen Gegensätze** von alpinen Zonen bis hinunter auf Meereshöhe und alles das auf engstem Raum, die geografische Lage und die Bodenbeschaffenheit, das sind die ausschlaggebenden Faktoren für das Vorhandensein von Flora und Fauna.

Ligurien lässt sich schematisch in verschiedene **Vegetationszonen** unterteilen. Die günstigen klimatischen Verhältnisse an der **Küste** lassen hier Pflanzen aus aller Welt gedeihen, und es ist unmöglich, sie alle aufzuzählen. Typische, für uns zum Landschaftsbild dieser Region dazugehörende Arten, wie Palmen, Agaven, Kakteen, Rhododendron, Zitrusfrüchte, Mimosen, Magnolien, Azaleen, Jasmin, Bougainvillea, gehören nicht zur spontanen ligurischen Küstenflora, sondern wurden importiert. Viele von ihnen sind hier erst seit dem 19. Jahrhundert beheimatet. Die

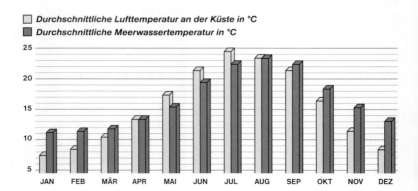

☐ *Durchschnittliche Lufttemperatur an der Küste in °C*
■ *Durchschnittliche Meerwassertemperatur in °C*

Land und Leute

reichen Gäste aus dem Ausland ließen ihre Ferienvillen an der Riviera mit prachtvollen Gärten und Parklandschaften schmücken, die Gartenbaukunst erlebte zu dieser Zeit eine erneute Hochkonjunktur.

Eine längs der Küste und bis in 300–400 m Höhe vorkommende typische Pflanzengesellschaft ist die immergrüne **Macchia.** Die im gesamten Mittelmeerraum heimische Macchia setzt sich aus Aleppokiefern und Steineichen, Baumheide, Ginster, Euphorbien, Zistrosen, Erdbeer- und Mastixbaum, Myrte und in der Blütezeit intensiv duftenden Kräutern wie Thymian, Rosmarin, Salbei und Lavendel zusammen. Der Bauboom an der Küste und die Blumenindustrie an der Riviera di Ponente mit ihren zahllosen Treibhäusern haben die Macchia an der Küste z.T. ganz verdrängt. Besonders gut erhalten ist sie noch in den Naturschutzgebieten am Vorgebirge von Portofino und in den Cinque Terre.

Die bekanntesten „Importpflanzen" des Mittelmeerraumes sind der **Olivenbaum** und die Weinrebe. Olivenbäume vertragen keinen Frost. Ihr Vorkommen in Höhen bis ungefähr 800 m ist ein weiteres Indiz für die günstigen klimatischen Verhältnisse in Ligurien.

Die **Hügellandschaft** zwischen 300 und 800 m ist eine vom Menschen geprägte Kulturlandschaft. In Terrassen angelegte Weingärten, Olivenhaine und flächendeckende **Esskastanienwälder** sind das bestimmende Landschaftsmotiv. Die Esskastanie ist einer der typischsten Bäume Liguriens. Aufgrund fehlender großer Anbauflächen fehlte es der Region seit jeher an Getreide, einem der wichtigsten Grundnahrungsmittel. Mehl aus Esskastanien diente der Bevölkerung als Getreideersatz. Kastanienbäume wachsen in Ligurien bis in Höhen von 1600 m. Sie werden durch schöne Mischwälder aus Buchen, Kiefern, Ahorn, Eichen und Lärchen abgelöst.

Wildblumen wie Lilien, Narzissen, Orchideen, Alpenrosen und Enzian verdienen besondere Erwähnung. Sie stehen unter Naturschutz und verleihen den **Gebirgshängen** im späten Frühjahr und Frühsommer ein prächtiges farbenfrohes Aussehen.

Seit den späten 1970er Jahren wurden insgesamt acht Naturschutzgebiete eingerichtet. Mittlerweile stehen zwölf Prozent der Gesamtfläche Liguriens unter Naturschutz.

Die **wichtigsten Naturschutzgebiete** sind die landschaftlich besonders reizvollen Parks der Cinque Terre an der Küste zwischen Sestri Levante und La Spezia und des Vorgebirges von Portofino, die Naturschutzgebiete von Beigua, Aveto und Antola. 1997 und 1999 folgte die Gründung der beiden **Unterwasser-Naturschutzgebiete** vor den **Cinque Terre** und vor **Portofino.** Der 16 km lange Küstenstreifen zwischen Punta Mesco und Riomaggiore mit besonders reicher Flora und Fauna ist mit seinen tief ins Meer abfallenden Klippen ein abwechslungsreiches Tauchrevier. Das Gebiet umfasst die Gemeinden von Riomaggiore mit Manarola und Vernazza mit Corniglia, Monterosso al Mare und teilweise Levanto. Das Unterwasserschutzgebiet vor dem ca. 4 km ins Meer hinausragenden Vorgebirge von Portofino erstreckt sich über eine Fläche von 360 ha und umfasst die Gemeinden von Portofino, Camogli und Santa Margherita Ligure.

Eine besonders wichtige Rolle spielt das internationale Naturschutzgebiet für Wale, das **Santuario per i mammiferi marini** (Heiligtum der Meeressäuger), auch **Santuario dei cetacei** (Heiligtum der Wale) genannt. In einem weiten Dreieck zwischen dem französischen Toulon und Capo Falcone (Sardinien) im Westen, Capo Ferro (Sardinien) und bei Capalbio (Toskana) im Osten. Aufgrund der tiefen Meeresgründe vor der ligurischen Küste ist das Gebiet bevorzugter Aufenthaltsort von Pottwalen, Grindwalen, Schnabelwalen, Delfinen und anderen Walarten. Bereits 20 Seemeilen vor der Küste Imperias kann man Wale und Delfine beobachten (siehe Exkurs „Whalewatching im Santuario dei cetacei").

Waldbrände und **Hochwasser** sind zwei Probleme, die der Umwelt Liguriens immer mehr zu schaffen machen. Allzu häufig brennen ganze Waldabschnitte entlang der Küste. Viel schlimmer als das zunächst hässliche Bild schwarzer verbrannter Erde und Baumstümpfe sind die oft nicht mehr wiedergutzumachenden Erosionsprozesse, die dabei in Gang gesetzt werden.

Starke Regenfälle führen in Ligurien im Herbst, aber auch im Winter, mittlerweile fast jedes Jahr zu **katastrophalen Überschwemmungen.** Die begradigten und zubetonierten Flüsse Liguriens schwellen dann zu wahren Sturzbächen an, deren Wassermassen ungehindert ins Tal rauschen können. Hinzu kommen die verbauten Küstenhänge, die nicht mehr in der Lage sind, das Wasser aufzunehmen.

Die einzigartige Landschaft der **Cinque Terre** blieb vom Bauboom bislang verschont. Die seit Jahrzehnten geplante Küstenstraße von La Spezia bis Sestri Levante wurde zunächst wegen Geldmangel, später aus Umweltschutzgründen, nie fertig gestellt. Bei Manarola hört sie plötzlich auf. Die zahlreichen Tunnel, gewagten Brückenkonstruktionen und zusätzlicher Besucheransturm in Folge, hätten das endgültige Aus für die einzigartige Landschaft der Cinque Terre bedeutet.

Strenge Bauvorschriften und ein absoluter Baustopp sind unabdingbare Voraussetzungen für das „**Freiluftmuseum" Cinque Terre.** Was für uns ein Traum, ist für die einheimische Bevölkerung ein großes Problem. Fehlende Arbeitsplätze und chronischer Wohnungsmangel in den fünf Küstendörfern sind ausschlaggebend für die Abnahme der Bevölkerung. Viele der Wohnungen werden nur noch als Zweitresidenz genutzt und im Sommer als Ferienwohnung vermietet.

Geschichte und aktuelle Politik

Steinzeit

Im Westen der Riviera di Ponente fanden Paläontologen in zahlreichen **Höhlen** erste menschliche Besiedlungsspuren **aus der Altsteinzeit,** dem ältesten Abschnitt der Menschheitsgeschichte. Wichtige Beispiele sind die Höhlen von Toirano und die der Balzi Rossi bei Ventimiglia.

Im Neolithikum (Jungsteinzeit in Mitteleuropa vom 4. Jahrtausend bis etwa 1800 v.Chr.) tritt ein einschneidender wirtschaftlicher Wandel ein, die sogenannte **Neolithische Revolution.** Die Menschen beginnen sesshaft zu werden, halten sich Haustiere und betreiben Landwirtschaft. Die Jäger- und Sammlerkultur verwandelt sich in eine bäuerliche Kultur. Folge dieser neuen bodengebundenen Wirtschaftsweise sind **erste dörfliche Ansiedlungen.** Wie Funde belegen, treten in dieser Periode erstmalig Tongefäße auf, Nachweis der Sesshaftigkeit des Menschen.

Einer der bedeutendsten Funde aus der Bronzezeit (etwa 1800–1600 v.Chr. bis um 800 v.Chr.) sind die **Lunigiana-Stelen.** Die sehr schematischen anthropomorphen Sandsteinskulpturen stammen aus der Bronze- und Eisenzeit.

Römische Herrschaft

Die **Herkunft** der ligurischen Volksstämme, denen Ligurien seinen Namen verdankt, ist bis heute nicht bewiesen.

Sicher ist nur, dass sich die Ligurer im letzten vorchristlichen Jahrhundert im Gebiet der ligurischen Region ansiedelten, dort **befestigte Dörfer,** die sogenannten **Castellari,** an strategisch günstigen Punkten im bergigen Hinterland errichteten und Ackerbau betrieben.

Auf ihrem Expansionskurs gen Norden treffen die **römischen Heere** im 3. Jahrhundert v.Chr. auf den erbitterten Widerstand der ligurischen Volksstämme. Nur die Bewohner des heutigen Genua kämpfen während des **Zweiten Punischen Krieges** (218–210 v.Chr.) auf Seiten Roms. Die restlichen ligurischen Stämme unterstützen Karthago. Im Laufe des 2. Jahrhunderts v.Chr. enden die kriegerischen Auseinanderset-

zungen zwischen Ligurern und Römern in der **totalen Unterwerfung** der einheimischen Bevölkerung.

Wichtige **römische Militärsiedlungen** entlang der Küste in Richtung Gallien entstehen: Luni (Lunae), Sestri Levante (Segesta Tigulliorum), Albisola (Alba Docilia), Vado (Vada Sabatia), Albenga (Albingaunum) und Ventimiglia (Albintimilium). Aufständische Ligurer wurden kurzerhand umgesiedelt.

Die Zeit der Völkerwanderung

Nach 375 n.Chr. begann mit dem **Einbruch der Hunnen** in Europa die Zeit der Völkerwanderung. Im Jahr 395 folgt die Trennung in West- und Oströmisches Reich. Nach dem Ende des Weströmischen Reiches (467) fällt Ligurien 537 unter die **Herrschaft Ostroms.** Ligurien wird byzantinisch und Genua Verwaltungshauptstadt der neuen oströmischen Provinz. Rund hundert Jahre später erobern die Langobarden unter *Rothari* den Küstenbogen. Ligurien wird zur **„Provincia Maritima Italorum".**

Im Jahr 774 beginnt die Herrschaft *Karl des Großen* über das Franken- und das Langobardenreich. Der Zusammenbruch des Mittelmeerhandels, ausgelöst durch verheerende Piratenüberfälle der Sarazenen, führt zum Untergang wichtiger Küstenstädte, wie Genua. Die Bewohner ziehen sich von der verwüsteten Küste in das sichere Hinterland zurück.

Zunächst unter *Berengar II.,* später unter der Herrschaft der deutschen Kaiser wird die heutige **Region Ligurien in drei Marken** aufgeteilt: im Osten die

Andrea Doria

1466 wurde der in Oneglia geborene Adlige *Andrea Doria* zum Dogen von Genua ernannt. Diktatorisch, unter einer strengen aristokratischen Verfassung, bestimmte er von 1530 bis zu seinem Tod 1560 in sehr cleverer Weise die wirtschaftlichen und politischen Geschicke Genuas. In jungen Jahren hatte er sich bereits einen Namen als militärischer Befehlshaber gemacht. Abwechselnd stand er im Dienst von Papst *Innozenz VIII.,* der neapolitanischen Könige und *Federico von Urbinos.* Die Flotte von Andrea Doria galt als unbesiegbar. Einer seiner klügsten Schachzüge war die Parteinahme für Kaiser *Karl V.,* dessen Flotte er zuvor erfolgreich zerschlagen hatte. Erfolgreich kämpfte er gegen die Türken, im Gegenzug wurde er 1528 zum obersten Seeadmiral der Spanischen Armada ernannt. Für Genua bedeutete dies Handelsfreiheit und Unabhängigkeit.

Arduinische Mark (Marca Arduinica), in der Mitte die Aleramische Mark (Marca Aleramica) und im Westen die Obertengische Mark (Marca Obertenga).

Wenige Jahre nach der Plünderung Genuas, 935, gelingt es den Flotten von Genua, Albenga, Noli und Ventimiglia erstmals die Sarazenen zu schlagen. Eine Allianz zwischen Pisa und Genua führt 1016 zur endgültigen **Vertreibung der Sarazenen** aus dem Mittelmeer.

Die unabhängige Seerepublik Genua

Im Laufe des 11. Jahrhunderts beginnt der unaufhaltsame **Aufschwung Genuas** zur Seemacht. Ausschlaggebend für diese Entwicklung sind die Teilnahme der genuesischen Flotte am ersten Kreuzzug und die damit verbundenen Handelsprivilegien im östlichen Mittelmeer. 1284 gewinnt die genuesische Flotte in der Schlacht von Meloria gegen die Pisaner und 1298 gegen die Venezianer. Gegen Ende des 14. Jahrhunderts unterliegt fast die gesamte Region, darunter auch die freien Stadtrepubliken von Ventimiglia, Porto Maurizio, Albenga und Noli, dem Expansionswillen Genuas. Nur Savona leistet bis 1542 erbitterten Widerstand.

Die genuesischen Kaufleute betätigen sich schon recht früh als Geldverleiher und verhelfen der **freien Republik Genua** zur wirtschaftlich unabhängigen Macht, was bereits 1407 zur Gründung des ersten Bankhauses San Giorgio führt. **Innere Machtkämpfe** genuesischer Familien aus dem ghibellinischen und guelfischen Lager schwächen in

der Folgezeit die vorherrschende Position Genuas.

Um diesen Streitigkeiten ein Ende zu bereiten, wählt das Volk **Simone di Boccanegra** 1339 zum **ersten genuesischen Dogen** auf Lebenszeit. Als Boccanegra 1363 bei einem Giftanschlag stirbt, verliert Genua seine Unabhängigkeit und wird abwechselnd von Frankreich, Spanien und Mailand regiert. Mit viel diplomatischem Geschick gelingt es 1528 dem Admiral *Andrea Doria* die Unabhängigkeit wiederherzustellen und Genua zu einer neuen Blütezeit zu verhelfen.

In den folgenden zwei Jahrhunderten steht die Region unter **wechselnder Herrschaft** von Österreich und Frankreich. 1805 endet mit der Eroberung Liguriens durch die napoleonischen Truppen die wechselvolle Geschichte der unabhängigen Seerepublik Genua.

Das Zeitalter des Risorgimento

Während des Wiener Kongresses wird Ligurien dem Königreich Piemont-Savoyen zugeschlagen. Danach setzt in Ligurien – wie in ganz Italien – die **nationale Einigungsbewegung** ein, seit 1847 nach der Turiner Zeitung „Il Risorgimento" (ital. Wiedererhebung) genannt. Die nationalen Unabhängigkeitsbestrebungen werden durch die aufklärerischen Reformen im 18. Jahrhundert und durch das Gedankengut der französischen Revolution ausgelöst.

Noch unter der Herrschaft Napoleons entstanden im ganzen Land geheime politische Gesellschaften, die

Land und Leute

Carbonari (dt. Köhler), die für nationale und liberale Ideen kämpften. Überall in Italien kam es zu Aufständen, die von den Österreichern brutal niedergeschlagen wurden. Die Carbonari übten auf die spanische Revolution 1820, die französische Juli-Revolution 1830 und die 1848er Revolution, die, außer in England und Russland, in allen europäischen Staaten stattfand, großen Einfluss aus. Wichtigstes Ziel des *Risorgimento* war die Beseitigung der Fremdherrschaft und die Vereinigung der zahlreichen italienischen Fürstentümer zu einer politischen Einheit.

Nachdem die liberalen Strömungen in Italien immer mehr an Einfluss gewinnen, beginnt Großherzog *Leopold II.* 1846 den Dialog mit den gemäßigtliberalen Kräften. Unter dem Druck Englands und der Bevölkerung muss Leopold im Revolutionsjahr 1848 die neue Verfassung einer **konstitutionellen Monarchie** verkünden. Mit diesem Zugeständnis begnügen sich die Republikaner und Demokraten nicht. Noch im selben Jahr zwingen zahlreiche Aufstände gegen die habsburgische Fremdherrschaft Leopold zur Flucht nach Gaeta, nordwestlich Neapels. Doch dieser Erfolg ist nur von kurzer Dauer. Österreichische Truppen Kaiser *Franz Joseph I.* unter dem Feldherrn *Radetzky* schlagen die Revolution nieder, Großherzog Leopold kehrt zurück und löst die ihm aufgezwungene Verfassung wieder auf.

Die Jahre 1848 und 1849 sind von zahlreichen liberalen, nationalen und sozialen Kämpfen geprägt, die alle mit einer Niederlage enden.

Einer der führenden Politiker des Risorgimento ist **Camillo Graf Benso di Cavour.** Als nüchterner Realist zieht der seit 1852 amtierende Ministerpräsident aus den politischen Fehlschlägen der Jahre 1848 und 1849 die Konsequenzen und stellt ein gänzlich neues Programm zur **Realisierung einer nationalen Einigung** auf: Verzicht auf einen revolutionären Umsturz, Abbau des Absolutismus, Befreiung mit auswärtiger Hilfe und Sammlung aller Patrioten gegen Österreich. Parallel dazu stärkte er die Wirtschaft seines Landes. Seine Freihandelspolitik und Reformen im Bereich der Justiz und Kirchengesetzgebung machten das Königreich zu einem

Arco dei Caduti – Triumphbogen an der Piazza della Vittoria (Genua)

liberalen Musterland. Unter der Regierung *Vittorio Emanuele II.* (1849–1878) schafft Graf Cavour durch eine geschickte Bündnispolitik mit den Westmächten, vor allem mit Frankreich, die Voraussetzungen für die Vertreibung Österreichs. Ziel ist die Errichtung einer italienischen Monarchie unter der Führung Piemonts.

Der **italienische Einigungskrieg** von 1859 führt mit Hilfe französischer Truppen zu einer Niederlage der Österreicher. Doch wieder einmal entscheiden fremde Mächte über die Geschicke Italiens. Entgegen den Versprechungen *Napoleons III.* bleibt Venetien bei Österreich, Piemont erhält im Tausch gegen Nizza und Savoyen nur die Lombardei.

Unter der Regierung *Vittorio Emanuel II.* erfolgt 1861 der **Anschluss Liguriens** an das neue italienische Königreich; Genua und La Spezia entwickeln sich zu wichtigen italienischen Industrie- und Hafenstädten.

Von 1865–1870 ist Florenz Hauptstadt des neuen Staates. Seine heutigen Grenzen erhält Italien aber erst nach der Befreiung Venetiens 1866 und der Besetzung des Kirchenstaates 1870. **Rom** wird 1871 **neue Hauptstadt.** Nur der Vatikanstaat, der unter der Hoheit des Papstes steht und mit 0,44 km² der kleinste Staat der Welt ist, bleibt selbstständig. In der Zeit des *Risorgimento,* der italienischen Einigungsbewegung von 1847–1870, hat Ligurien entscheidenden Anteil an der Vereinigung von Nord- und Süditalien.

Der **„Zug der tausend Rothemden",** einer tausendköpfigen Truppe von Freischärlern unter Führung von **Giuseppe Garibaldi,** startet 1860 von Quarto, einem Vorort Genuas aus, nach Sizilien. *Giuseppe Mazzini,* einer der politischen Köpfe des Risorgimento, stammt aus Genua (geb. 1805).

Das Königreich Italien

Mit der Einigung entwickelt sich in Italien ein **deutliches Nord-Süd-Gefälle.** Die sozialen und wirtschaftlichen Gegensätze zwischen dem reichen Norden und dem armen Süden *(il Mezzogiorno)* treten offen zutage. In kürzester Zeit gelingt Ligurien, wie auch dem gesamten Norden Italiens, der Anschluss an das Industriezeitalter. Die Bevölkerung hat Arbeit, und gefördert durch den Bau der Eisenbahnlinie 1872–1874 entwickelt sich der bereits um 1850 einsetzende Tourismus an der italienischen Riviera zu einem weiteren Standbein der ligurischen Wirtschaft. Um 1900 wird die Blumenzucht an der Riviera di Ponente eingeführt. Unmittelbare Folge der wirtschaftlichen und verkehrsmäßigen Erschließung der ligurischen Küste ist eine Abwanderung der dörflichen Bevölkerung aus dem überwiegend agrarisch geprägten Hinterland.

Der landwirtschaftliche **Süden** hingegen wird zum **Armenhaus Italiens,** woran sich bis heute nicht viel geändert hat. Anstatt die Missstände zu beseitigen und den Schwerpunkt auf die brennenden Fragen der Innenpolitik zu legen, schließt sich die Regierung unter König *Umberto I.* (1878–1900) einer auf Eroberung von Kolonialgebieten ausgerichteten europäischen Großmachtpolitik an.

Land und Leute

Gegen Ende des 19. Jahrhunderts lösen die **innenpolitischen Probleme** in Ligurien wie auch in ganz Italien eine große **Auswanderungswelle** in die USA und nach Tunis aus. Nach der französischen Besetzung von Tunis schließt Italien 1882 ein Bündnis mit Deutschland und Österreich-Ungarn, von dem sich das Land aber durch ein geheimes Neutralitätsabkommen mit Frankreich 1902 löst. Bei Ausbruch des Ersten Weltkrieges wird die Neutralität erklärt. 1915 verpflichtet sich Italien in London gegenüber Großbritannien, Frankreich und Russland, in den Krieg gegen Deutschland und Österreich einzutreten. Die **Kriegserklärung an Österreich-Ungarn** erfolgt am 23. Mai 1915, die an das Deutsche Reich am 28. August 1916.

Die Zeit des Faschismus

Die Kriegslasten und die **nationale Enttäuschung** über diesen „verstümmelten Sieg" sind der ideale Nährboden für eine neue politische Ideologie, den Faschismus (ital. *fascismo*). Die liberale italienische Führung ist dieser politischen Krise nicht gewachsen. Armut und Arbeitslosigkeit begünstigen die wachsende Radikalisierung.

Die Bezeichnung **Faschismus** leitet sich vom lateinischen *fascis* = Rutenbündel her. Ursprünglich ein Symbol revolutionärer Bewegungen während der französischen Revolution und der italienischen Einigungsbewegung, greift **Benito Mussolini** den Begriff wieder auf und nennt seine Kampfbünde *fasci di combattimento*. 1919 erhält die von Mussolini gegründete Bewegung den Namen *fascismo*. Die Faschisten errichten von 1922–1945 einen nationalistisch-autoritären Staat. Über Italien hinaus wird der Faschismus zum Inbegriff eines totalitären Herrschaftssystems mit „Führerprinzip".

1922 ist Rapallo Schauplatz der Friedensverhandlungen zwischen Russland und Deutschland. Nach dem **„Marsch auf Rom"** im Oktober 1922 wird Mussolini mit der Regierungsbildung beauftragt. In Etappen vollzieht sich der Aufbau des faschistischen Regimes.

Mussolini erzielt durch die Lösung der „Rom-Frage", bei der es um die Klärung der päpstlichen Gebietsansprüche ging, und durch die erfolgreiche Bekämpfung einer Wirtschaftskrise in den Jahren 1930/31 eine **innenpolitische Stabilisierung.** Von 1870 bis zur Unterzeichnung der Lateranverträge, 1929, verlässt kein Papst die Mauern des Vatikans. Mussolini sichert Papst *Pius XI.* etliche Privilegien zu. Wichtigste Punkte sind die Zusicherung einer **souveränen Vatikanstaat.** Der Katholizismus wird zur Staatsreligion erklärt.

Die offene Expansionspolitik der Faschisten führt zu einer Annäherung an die Politik *Hitlers* und letztendlich zum deutsch-italienischen Vertrag (1936). Er begründet die antikommunistische **„Achse Berlin-Rom".** Der Eintritt Italiens in den Zweiten Weltkrieg, 1940, wird somit automatisch besiegelt.

Im **Verlauf des Krieges** verliert die faschistische Regierung in der Bevölkerung zunehmend an Einfluss. Nach der Landung britischer und amerikanischer Streitkräfte 1943 in Sizilien wird Mussolini vom Großen Faschistischen Rat und dem König gestürzt. Das Regime bricht zusammen, der „Duce" wird am 25. Juli inhaftiert.

Die neue Regierung unter *Badoglio* schließt am 3. September 1943 auf Sizilien einen **Waffenstillstand mit den Alliierten.** Als Gegenmaßnahme besetzen deutsche Truppen Rom. Die italienische Armee und die Truppenteile in der Ägäis und auf dem Balkan werden gefangengenommen, Mussolini von der SS befreit. Die Regierung Badoglio und die königliche Familie flüchten zu den Alliierten. Von hier aus erfolgt die **Kriegserklärung an das Deutsche Reich.**

Mussolini schwenkt auf einen republikanisch-sozialistischen Kurs um und gründet mit deutscher Unterstützung in Salò am Gardasee eine Gegenregierung, die **„Repubblica Sociale Italiana"** (Soziale Republik Italien).

Während der Süden von den Alliierten beherrscht ist, regieren im Norden die italienischen und deutschen Faschisten. **Partisanen** *(resistenza)*, darunter auch zahlreiche ligurische Gruppen, unterstützen die Alliierten hinter der deutschen Front. Bis April 1945 kämpfen sie gegen Wehrmacht und SS, die zur Vergeltung wahre Massaker unter der Zivilbevölkerung anrichten. Mit der Gefangennahme und dem Tod Mussolinis endet im April 1945 die faschistische Ära Italiens.

Die „Erste Republik"

Nach Kriegsende sitzt Italien 1947 zwar bei den Friedensverträgen in Paris als Überläufer auf der Seite der Sieger, muss aber den Dodekanes, eine Inselgruppe im Ägäischen Meer, an Griechenland sowie Istrien und Triest an Jugoslawien abtreten. Darüber hinaus verzichtet das Land auf alle Kolonien.

In einem Referendum 1946 entscheidet sich das italienische Volk mit knapper Mehrheit für die **Abschaffung der Monarchie** und für ein Landesverbot für die männlichen Angehörigen der italienischen Königsfamilie.

König *Umberto II.* geht noch im gleichen Jahr ins Exil. Erst 2002, nach einer Verfassungsänderung, durfte *Viktor Emanuel von Savoyen,* Sohn von König Umberto II., erstmals wieder italienischen Boden betreten.

1948 tritt die erste republikanische Verfassung in Kraft. Bei den ersten Parlamentswahlen siegt mit großer Mehrheit die aus der ehemaligen katholischen Volkspartei hervorgegangene Democrazia Cristiana (DC, Christdemokraten). In Ligurien sah das Wahlergebnis allerdings anders aus. Bis 2001 gehörte Ligurien zu den traditionell linken Regionen.

Von 1948 bis 2001 hat Italien nicht weniger als **59 Regierungen** erlebt, ungefähr einmal im Jahr fand eine Regierungskrise statt, und eine neue Regierung wurde gebildet. Immer wieder gelingt es der DC, entweder als Minderheitsregierung oder mit wechselnden Koalitionspartnern, an der Regierung zu bleiben. Die Kommunisten sind bis 1992 als zweitstärkste Fraktion in der Opposition.

Einer auf die Westmächte ausgerichteten Außenpolitik und der Zugehörigkeit zur EG verdankt Italien den Aufstieg zu einer relativ stabilen westlichen Industrienation. In wenigen Jahrzehnten steigt ein vom Krieg geschädigtes Agrarland zu einer **Wohlstandsnation**

Land und Leute

auf. Bereits 1987 übersteigt das Pro-Kopf-Einkommen das der Engländer.

Das **Problem des wirtschaftlichen und sozialen Nord-Süd-Gefälles** wird auch während der langen Amtsperiode der „Ersten Republik" nicht gelöst. Zwischen den Jahren 1950 und 1970 wandern über zwei Millionen Fremdarbeiter aus Süditalien in die Industriegebiete im Norden und ins Ausland ab.

In den 1980er Jahren beginnen in Italien die **Mammut-Prozesse gegen die Mafia.** Eine Schmiergeldaffäre nach der anderen wird aufgedeckt, die jahrzehntelang verfilzte und korrupte Parteienherrschaft *(partitocrazia)* gerät ins Wanken. Nicht nur Industriebosse sondern auch zahlreiche Politiker sitzen auf der Anklagebank.

Die Wahlen 1992 führen noch keinen politischen Umbruch herbei. Allerdings macht sich eine deutliche Schwächung aller großen traditionellen Parteien und eine knappe Mehrheit der Christdemokraten bemerkbar. Über Jahrzehnte hinweg hat sich die Bevölkerung an die öffentlichen Missstände gewöhnt und gelernt sich damit zu arrangieren. Ein deutliches Zeichen für die **Politikverdrossenheit der Italiener** ist der plötzliche Erfolg der Lega Nord, die landesweit über 8 % und in den norditalienischen Gemeinden bis zu 36 % (Mailand) erhielt. Bis heute vertritt die Lega Nord die Ablösung von der korrupten Politik Roms und die Loslösung vom subventionsbedürftigen armen Süden.

Wirklich schockiert und entsetzt ist die Bevölkerung erst, als die kriminellen Machenschaften der obersten politischen Spitze (Regierungschef *Giulio Andreotti)* ans Licht kommen. Die Herrschaft der etablierten, alten Parteien ist 1993 endgültig beendet.

Aktuelle Politik

Die „Zweite Republik"

Nach einer fast 50-jährigen Machtausübung wird bei Neuwahlen im März 1994 die gesamte politische Elite und das bestehende Parteiensystem abgelöst. Die alten Parteien taufen sich um, neue Bewegungen entstehen. Die **Forza Italia,** vom Rechtspopulisten **Silvio Berlusconi** gegründet, geht als Wahlsiegerin hervor.

Interne Querelen zwischen der Lega Nord und der Alleanza Nazionale (Föderalismus contra Nationalismus) führen im Dezember 1994 zu einem Ausscheren der Lega Nord. Silvio Berlusconi muss abtreten und erkennen, dass ein Staat nicht nur nach modernen Marketingstrategien zu regieren ist.

Vorübergehend wird Mitte Januar 1995 eine neue Regierung eingesetzt, um die dringendsten Aufgaben, wie z.B. die Sanierung des maroden Staatshaushaltes, Steuer- und Rentensystemreform, in Angriff zu nehmen. An der Spitze der **Interimsregierung** steht bis Januar 1996 *Lamberto Dini.* Trotz der schwierigen politischen Situation erreicht die Regierung Dini Konsolidierung und Anerkennung im Ausland. Am 21./28. April 1996 finden in Italien **Neuwahlen** statt. Die Regierung besteht aus einer Mitte-Links Koalition („Ulivo") unter *Romano Prodi.* Ungefähr die Hälfte der ligurischen Bevölkerung wählt das Mitte-Links Bündnis Ulivo.

Silvio Berlusconi – ein Medienzar als Regierungschef

Mitte der 1970er Jahre steigt der ehemalige Bauunternehmer *Berlusconi* (geb. 1936) aus Mailand in das italienische **Privatfernsehen** ein – der Anfang einer steilen Karriere. Mittlerweile gehört zu seiner FININVEST-Konzerngruppe ein schier undurchschaubares Netz von **Unternehmen.** Darunter sind drei landesweite (Canale Cinque, Rete Quattro, Italia Uno) und mehrere lokale TV-Kanäle, einige der wichtigsten Verlage, verschiedene Tageszeitungen, Magazine, Sportvereine, eine der beiden mailändischen Fußballmannschaften, Versicherungen, Kinos, Supermarktketten und mehrere Film- und Fernsehproduktionsfirmen.

Als sich im Spätherbst 1993 das Ende der „Ersten Republik" abzeichnet, bereitet der Medienzar seinen Einstieg in die **Politik** vor. Als politische Alternative zu den Altparteien gründet er im Januar 1994 die Bewegung **Forza Italia** („Vorwärts Italien"), ein Sammelbecken für alle Parteiüberdrüssigen, die allzu gerne bereit sind, die Lösung der Probleme einem „starken Mann" anzuvertrauen. Die autokratisch geführte Privatpartei *Berlusconis* besitzt bis heute keine nennenswerten Strukturen und kein konkretes Wahlprogramm. Die politischen Aussagen der neuen Bewegung sind auf die Erwartungen der Wähler zugeschnitten, die *Berlusconi* mit Einsatz seines Medienimperiums selbst erst schafft – **Populismus** in Vollendung.

Nach nur drei Monaten und mit Hilfe der Bündnispartner Lega Nord und der neofaschistischen Partei Alleanza Nazionale gewinnt der Konzernherr mit **absoluter Mehrheit** die Neuwahlen zur Kammer 1994 und steigt zum **Regierungschef** auf. Das Ansehen *Silvio Berlusconis* bekommt einen ersten Knacks, als bei den Ermittlungen gegen die Mafia eine Schmiergeldaffäre, in die sein Bruder verwickelt ist, ans Licht kommt, der ebenfalls an FININVEST beteiligt ist. Wegen Differenzen im Parteienbündnis muss *Berlusconi* bereits im Dezember 1994 **zurücktreten.** Doch wie ein Stehaufmännchen kehrt er immer wieder auf die politische Bühne zurück.

Von 2001 bis 2006 und seit April 2008 wird Italien wieder von diesem Ministerpräsidenten regiert, der bereits mehrmals wegen **Steuerbetrug, Bilanzfälschung, Korruption** und **Geldwäsche** angeklagt war, dem es aber immer wieder gelungen ist, seinen Kopf aus der Schlinge zu ziehen, sei es durch Freisprüche aus Mangel an Beweisen, durch Verjährung oder Anklagen die auf Grund neuer von der Regierung Berlusconi verabschiedeter Gesetze keinen Tatbestand mehr erfüllen. In den Augen vieler Wähler sind es lediglich **Kavaliersdelikte.** Eine Haltung, die angesichts der Tatsache, dass unter den „Vertretern des Volkes" im italienischen Parlament zahlreiche vorbestrafte Parlamentarier sitzen, nicht verwundert. **Silvio Berlusconis Privatvermögen** hat sich seit 1993 auf schätzungsweise **10 Milliarden Euro** verdreifacht. Der Eintrag als reichster Mann Italiens ist ihm damit sicher. Doch laut eigenen Aussagen will Berlusconi als **Staatsmann** in die Geschichte eingehen. Mit seinem privaten Medienkonzern und seiner Macht über das staatliche Fernsehen, mit denen er 90 Prozent der italienischen Rundfunkmedien kontrolliert, wird ihm das wohl auch gelingen.

Land und Leute

Nach fast zweieinhalbjähriger Regierungszeit tritt Romano Prodi, der in seiner Amtszeit durch drastische Sparmaßnahmen den **Eintritt Italiens in die Europäische Währungsunion** erreicht hatte, am 9. Oktober 1998 von seinem Amt als Regierungschef zurück. Der Sekretär der Neokommunistischen Partei Rifondazione Comunista, *Fausto Bertinotti,* setzte in seiner Partei einen Vertrauensantrag gegen Prodi durch und löste die Regierungskrise aus. Prodi scheitert bei dieser Vertrauensabstimmung mit 312 zu 313 Stimmen.

Am 21. Oktober 1998 vereidigt Staatspräsident *Oscar Luigi Scalfaro* das neue Kabinett unter dem Vorsitzenden der Linksdemokraten *Massimo d'Alema.* Zur neuen Regierung gehören Mitglieder der Linksdemokraten, Volkspartei, Grünen, Rinovamento Italiano, der neu gegründeten Partei italienischer Kommunisten und der Demokratischen Union für die Republik, einer Koalition aus schwachen Kleinstparteien, die sich intern mehr bekriegen, als sich der Lösung von Sachfragen zu widmen. Mit Blick auf die Parlamentswahlen 2001 fungieren die Regionalwahlen im Frühjahr 2000 als Politbarometer. Sie finden in 15 von insgesamt 20 Regionen statt. Dem neuen italienischen Mitte-Rechts-Bündnis mit Forza Italia, der postfaschistischen Alleanza Nazionale und der populistischen Lega Nord unter Führung von Silvio Berlusconi gelingt es nicht nur, die drei bereits rechts regierten Regionen im Norden, Piemont, Lombardei und Veneto, zu behalten, sondern das Bündnis gewinnt auch die traditionell links regierte Region Ligurien hinzu.

Berlusconi weiß die Politikverdrossenheit der Bevölkerung medienwirksam auszunutzen und kehrt triumphal ins Zentrum des politischen Geschehens zurück.

Aus den **Wahlen** am 13. Mai 2001 geht das Mitte-Rechts-Bündnis als klarer Sieger hervor, und bis zu den Wahlen 2006 regiert Silvio Berlusconi als Ministerpräsident die 59. Nachkriegsregierung. Bei den Regionalwahlen in Ligurien im Juni 2005 gewinnt der Präsidentschaftskandidat des Mitte-Links-Bündnisses, *Claudio Burlando* und löst den bisherigen Präsidenten *Sandro Biasotti* vom Mitte-Rechts-Bündnis ab. Es zeichnet sich erstmals eine Trendwende ab. Doch trotz zahlreicher Skandale, Prozesse, Großsprecherei und nicht eingehaltener Wahlversprechen verliert *Silvio Berlusconi* bei den Parlamentswahlen am 9./10. April 2006 nur ganz knapp die Mehrheit. 44 % aller Wähler stimmten immer noch für Forza Italia, für die postfaschistische Alleanza Nazionale und für die rechtspopulistische-rassistische Lega Nord. Die neue Regierung wird vom Mitte-Links-Bündnis gestellt, Ministerpräsident wird erneut *Romano Prodi.* Die Regierungskoalition setzt sich aus fünfzehn verschiedenen Parteien mit unterschiedlichstem Wahlprogramm zusammen. *Romano Prodi* gelingt es nicht, sie in einem Mitte-Links-Bündnis zu einen und scheitert. Im Februar 2008 tritt die Mitte-Links-Koalition zurück. Bei Neuwahlen am 13./14. April 2008 geht ein deutlicher **Rechtsruck** quer durch alle Wählerschichten. In zwei Jahren Regierungszeit kann *Romano Prodi* keine Ver-

Land und Leute

änderung herbeiführen, keines der von *Berlusconi* eingebrachten Gesetze konnte wieder rückgängig gemacht werden. Der gesamte linke Flügel erlebt eine katastrophale Wahlniederlage. Berlusconis neue Sammelpartei „Volk der Freiheit" erzielt sowohl im Abgeordnetenhaus als auch im Senat eine satte Mehrheit. Die kommunistischen Parteien schafften weder die Vierprozenthürde im Abgeordnetenhaus noch die Achtprozenthürde im Senat. Die Grünen sind ebenfalls nicht mehr im Parlament vertreten.

Jahrzehntelang fungierten die vielen kleinen Parteien als Zünglein an der Waage und lösten Regierungskrisen und -neubildungen aus. Seit der Wahl 2008 sitzen sich nur noch 4 Fraktionen im Parlament gegenüber. Die beiden großen politischen Lager, Berlusconis **Popolo della Libertà** und Veltronis **Partito Democratico** gingen erstmals keine breiten Bündnisse ein. Durch eine 2005 von Berlusconi eingebrachte Wahlrechtsreform, erhält der Wahlsieger automatisch die Mehrheit von mindestens 340 der 630 Sitze in der Abgeordnetenkammer.

Kunst und Kultur

Architektur

Ligurien gehört nicht zu den großen, für ihre Kunstschätze bekannten Regionen Italiens. Wer an die Riviera fährt, will vor allem Sonne, Meer und Strandleben genießen. Kunstinteressierte zieht es eher nach Venedig, Florenz oder Rom. Während selbst kleinere Städte wie Ferrara, Urbino und Siena für ihre reichen Kunstschätze bekannt sind, fristet Ligurien in punkto Kunst und Kultur noch immer ein Schattendasein.

Unverdientermaßen, denn vor allem **Genua,** das als Zentrum ligurischer Kunst und Kultur gilt, ist **überaus reich an Kunstdenkmälern.** Genuas Altstadt, eine der größten Europas, besitzt zahlreiche mittelalterliche Kirchen, Glockentürme, alte Platzanlagen, romanische Wohntürme, prunkvolle Renaissance- und Barockpaläste mit herrlichen Gartenanlagen, zwei nennenswerte Gemäldegalerien sowie zahlrei-

Hauptportal der Kathedrale San Lorenzo in Genua

digem Skulpurenschmuck wurden oft antike Spolien verwendet (z.B. an den genuesischen Kirchen San Lorenzo, Santa Maria Castello und San Matteo).

Bei den **Privatpalästen** war der streng wirkende schwarze-weiße Fassadenschmuck nur den mächtigsten Familien vorbehalten.

Eine weitere **ligurische Besonderheit** sind die besonders aufwendig gestalteten Hauseingänge aus einheimischem grauem Schiefer. In den engen Gassen war zu wenig Platz für aufwendige Fassaden- und Platzgestaltung.

„Miniaturausgaben" genuesischer Paläste, Kathedralen vom Mittelalter bis in die Barockzeit und mittelalterliche Wachtürme ehemaliger Festungsanlagen finden sich überall **entlang der Küste.** Bei einigen der wichtigsten Kirchenbauten, wie zum Beispiel dem Kloster San Fruttuoso, das in einer einsamen Bucht am Vorgebirge von Portofino liegt oder bei der „Felsenkirche" San Pietro in Portovenere, ist allein schon die landschaftliche Lage faszinierend. Die bekannten Cinque Terre-Dörfer selbst, die Felsennestern gleich in den unzugänglichen Klippen zu kleben scheinen, sind ein Paradebeispiel für ein grandioses von Menschenhand geschaffenes Naturkunstwerk.

Bei Ausflügen in das einsame ligurische Bergland entdeckt man zahlreiche **romanische und gotische Landkirchen.** Sie sind in eine grandiose Landschaft eingebettet, und selbst in den kleinsten Bergdörfern trifft man auf **Renaissance-Portale** aus Schieferstein. Bis heute wird im Fontanabuonatal im Osten Liguriens Schiefer abgebaut.

che weitere Museen. Doch im Gegensatz zu Venedig und Florenz ist **Genua keine reine „Museumsstadt"**, sondern vor allem eine Hafen- und Handelsstadt mit pulsierendem Alltagsleben. Diese Mischung macht gerade ihren Reiz aus.

Auffälligstes Merkmal an vielen mittelalterlichen Sakralbauten Liguriens sind die **Streifeninkrustationen** aus weißem Marmor und dem grauen Schiefergestein aus heimischen Vorkommen, ein typisch toskanisches Schmuckelement.

Bis auf kunstvoll gemeißelte Rosetten, aus Carrara-Marmor sind die Fassaden **ligurischer Gotteshäuser** insgesamt sehr schlicht gehalten. Anstatt aufwen-

Ausschnitt aus dem Verkündigungsfresko von Justus von Ravensburg (in der Basilika Santa Maria di Castello, Genua)

Trotz des immensen Touristenandrangs entlang der gesamten Riviera und den damit verbundenen Bausünden existiert in fast allen bereits im Mittelalter entstandenen Küstenorten noch das **typische mittelalterliche Zentrum** mit den kleinen **Caruggi**, schmalen, engen Gässchen, in denen sich das öffentliche Leben abspielt. Sie verlaufen, sozusagen in zweiter Reihe, parallel zur Uferpromenade und sind von alten Häusern gesäumt, die zum Teil nur die Breite einer Fensterachse einnehmen und sich vom Nachbarhaus nur durch die Fassadenfarbe abheben. Kleine, gemauerte Bögen stützen die Häuser gegeneinander ab. Sie sind ein weiteres charakteristisches Merkmal mittelalterlicher ligurischer Dörfer, sowohl an der Küste als auch im Hinterland.

In den alten Seebädern Santa Margherita Ligure, Rapallo, San Remo und Bordighera, die im 19. Jahrhundert als Nobelkurorte entstanden, beeindrucken zusätzlich elegante Grandhotels und Villen aus der Zeit des Jugendstils.

Malerei

Ligurien selbst hat keine bekannten Maler hervorgebracht. Alle künstlerischen Anregungen kamen stets von außen. Die meisten Maler, die sich gegen Ende des 14. Jahrhunderts in Genua zu einer Gilde zusammenschlossen, stammten aus dem Ausland. Seit dem 12. Jahrhundert beschäftigte man Künstler aus den wichtigen Kunstzonen der Toskana und der Lombardei. Das **älteste erhaltene Bildwerk** Liguriens, ein **bemaltes Kruzifix** aus Sarzana von **1138**, wurde wahrscheinlich von einem toskanischen Künstler angefertigt.

Bedingt durch die regen Handelsbeziehungen, die Genua mit Flandern und den Niederlanden unterhielt, arbeiteten seit dem 15. Jahrhundert auch **flämische und niederländische Künstler,** wie *Jan van Eyck, Roger van der Weyden* und *Justus von Ravensburg*, in Genua oder zumindest im Auftrag reicher Genueser Patrizierfamilien.

Einer der wenigen **einheimischen Künstler,** denen es in der zweiten Hälfte des 15. Jahrhunderts gelang, sich gegenüber der ausländischen Konkurrenz durchzusetzen, war *Ludovico Brea* im Bereich der Tafelmalerei. Der Piemontese *Giovanni Canavesio* gilt als bedeutendster Vertreter der volkstümlichen Freskomalerei im späten 15. Jh.

Die Gemälde in den **Galerien Genuas** stammen von *Rubens, Memling, Van Dyck, Murillo, Tizian, Tintoretto* und *Veronese,* um nur einige wenige zu nennen, und sind sozusagen „Importware". Viele wichtige Vertreter der europäischen Malerei des 17. Jahrhunderts statteten dem Kunstzentrum Genua einen Besuch ab, darunter auch *Caravaggio* und *Velázquez.*

Jahrhundertelang waren reiche Seestädte wie Genua neben ihrer Funktion als Handels- und Wirtschaftszentren auch immer Vermittler von Kunst und Kultur. Während in den anderen italienischen Seerepubliken Venedig, Pisa und Amalfi die Blütezeit vorbei war, gehörte Genua im 17. Jahrhundert noch immer zu den reichsten Städten Europas. Daran zeigt sich, dass **Reichtum und Kunst** stets Hand in Hand gehen.

Land und Leute

Genua und sein Hinterland

lig028 Foto: sg

lig029 Foto: sg

Piazza de Ferrari

Besucherandrang vor einem der
größten Meerwasseraquarien Europas

Porto Antico

Genua – La Superba ♫ XIV, B2

Einführung

„Ma quella faccia un pò cosi
quell'espressione un pò cosi
che abbiamo noi
prima di andare a Genova
e ogni volta ci chiediamo
se quel posto dove andiamo
non c'inghiotta e non torniamo più."

„Aber dieses Gesicht,
dieser Ausdruck,
den wir immer dann haben,
wenn wir nach Genua fahren,
und wir fragen uns jedes Mal,
ob der Ort, zu dem wir unterwegs sind,
uns nicht verschluckt
und wir nicht wiederkehren."

Vor vielen Jahren erzählte *Paolo Conte* in seinem Lied „Genova per noi" vom **Abenteuer Genua,** von einer Stadt, die mit ihren düsteren Gassen voller Gerüche Angst machen kann. Einer Stadt, die man nur lieben oder hassen kann. Einer Stadt, die alle Sinne herausfordert. Einer Stadt, die alles in einem ist: malerisch und hässlich, lärmend und still, abweisend und einladend, prächtig und heruntergekommen. Faszinierend und kontrastreich ist die Stadt noch immer, doch ihr Erscheinungsbild hat sich grundlegend verändert. Seit Anfang der 1990er Jahre versucht Genua, ihrem Beinamen **Genua – La Superba, die Stolze,** wieder gerecht zu werden. Bis zu diesem Zeitpunkt beschränkte sich die Tourismusförderung in der Provinz Genua vor allem auf die Badeorte an der Küste. Hinzu kam eine Wirtschaftskrise, die sich lähmend auf die städtebauliche Entwicklung auswirkte.

Die **Altstadtviertel** boten ein klägliches, heruntergekommenes Bild. Mit den Vorbereitungen zu den Kolumbusfeierlichkeiten 1992 aus Anlass des 500. Jahrestages der europäischen Entdeckung Amerikas trat ein erster Wandel ein. Der aus Genua stammende Stararchitekt *Renzo Piano* erhielt den Auftrag, das vernachlässigte **Hafenareal** zu sanieren. Abgewrackte Industrieanlagen verschwanden. Heruntergekommene Trockendocks und Speicherruinen wurden zum Ausstellungs- und Messegelände umfunktioniert. Der historische Hafen, seit den 1960er Jahren brutal von der Sopraelevata, einer auf Stelzen gebauten Stadtautobahn, abgeschnitten, erlebte eine erneute Anbindung an die Stadt. Das neu errichtete Meerwasseraquarium im Porto Antico, das **Acquario,** entwickelte sich zur größten Touristenattraktion an der gesamten italienischen Riviera.

Die wichtigsten Gebäude der Stadt, der **Palazzo Ducale,** heute Kulturzentrum, und das im Zweiten Weltkrieg zerstörte **Opernhaus Carlo Felice,** im 19. Jahrhundert eines der bekanntesten Opernhäuser Italiens, wurden restauriert und wieder aufgebaut. Die mit riesigen Summen finanzierten Kolumbusfeierlichkeiten waren jedoch ein wirtschaftlicher Flop. Groß angelegte Sanierungsprojekte kamen ins Stocken. Das größte Sorgenkind, das alte Hafenviertel mit seinen abbruchreifen Häusern, blieb nach wie vor sozialer Brennpunkt und Immigrantenviertel der Stadt.

In den letzten Jahren setzte allmählich ein **Aufschwung** ein. Immer mehr Kirchen, Klöster und Palazzi wurden saniert und der Öffentlichkeit zugänglich gemacht. In kleinen Schritten wurde mit der Sanierung des alten Hafenviertels begonnen und das ehrgeizigste Projekt, die Metropolitana, wieder in Angriff genommen. Der langsame Wandel Genuas vom hässlichen Entlein wieder zur Superba wurde durch die Ernennung zur **europäischen Kulturhauptstadt** im Jahr 2004 belohnt. Weitere Projekte zur Sanierung der Altstadt und Förderung des Städtebaus, finanziert durch private Sponsoren, den italienischen Staat und die EU, wurden umgesetzt.

Sanierte Kirchen und Patrizierhäuser in der **größten Altstadt Europas,** historische Prachtstraßen in der Oberstadt und vor allem der Porto Antico erstrahlen heute in neuem Glanz. Verschwunden sind die hässlichen, stinkenden Industrieanlagen, die noch vor einem Jahrzehnt das Hafenbild beherrschten.

Doch auch heute noch ist der erste Eindruck, egal ob man mit dem Schiff, der Bahn, dem Auto oder mit dem Flugzeug anreist, von Lärm und Verkehrschaos geprägt. Genua ist eine lebendige, geschäftige Hauptstadt. In der **Provinz Genua** konzentriert sich mit **903.000 Einwohnern** über die Hälfte der Einwohner Liguriens. Allein im Stadtgebiet leben rund 611.000 Menschen. Die **sechstgrößte Stadt Italiens** liegt eingezwängt zwischen den Bergen des Apennin und dem Meer (19 m üNN) und dehnt sich auf einer Fläche von 234 km² aus. Aufgrund der gebirgigen Lage breitet sich die Stadt nur weni-

Genuas Wirtschaft

Bis Anfang der 1970er Jahre gehörte Genua – neben Mailand und Turin – zu den wichtigen Industriestandorten in Norditalien. Eine völlig veraltete Wirtschaftsstruktur führte dann Ende der 1970er und Anfang der 1980er Jahre zu einer großen und anhaltenden Wirtschaftskrise, die die Schließung von Stahlwerken, Werften und die Verlagerung der Raffinerien nach Süditalien zur Folge hatte. Der Hafen verlor auf Grund seiner veralteten Strukturen immer mehr an Bedeutung und konnte der Konkurrenz anderer europäischer Häfen, etwa Rotterdam und Barcelona, nicht mehr standhalten. Die Zahl der Arbeitslosen stieg auf über 15 %.

Seit einigen Jahren machen sich wieder positive wirtschaftliche Tendenzen bemerkbar. Durch Modernisierung der Hafenanlagen konnte der Warenumschlag gesteigert werden und erlebt so wieder eine langsames, aber stabiles Wachstum.

Hinzu kommt der Ausbau des Dienstleistungssektors und kleiner und mittlerer Betriebe, die vom Rückgang der staatlichen Unterstützung für Großunternehmen profitieren.

Die Arbeitslosenzahlen sanken 1999 erstmals wieder und lagen 2009 bei 5,4 %.

Wichtiger Wirtschaftszweig ist der Kreuzfahrtsektor. Mit ca. 671.000 Passagieren jährlich steht Genua unter den Mittelmeerhäfen mittlerweile an erster Stelle. Der Fährverkehr nach Sardinien, Korsika, Sizilien, Barcelona und Tunesien wies 2009 ein Passagieraufkommen von knapp 3,5 Millionen Menschen auf.

Genua und sein Hinterland

ge Kilometer ins Landesinnere aus, zieht sich aber 34 km am Meer entlang. Sämtliche Städte, von Voltri im Westen bis Nervi im Osten wurden eingemeindet. Entlang der Küste entstanden neue Wohnviertel und moderne Geschäftsstraßen. Autobahnen und Hochstraßen schnüren die Stadt ein.

Wer sich von diesen ersten Bildern nicht abschrecken lässt, dem offenbart sich eine überaus interessante Stadt voller Gegensätze. Genua besitzt nach Venedig die größte Altstadt Italiens. Die Fülle an **Denkmälern und Kunstwerken,** an Eindrücken und Bildern ist überwältigend. Doch im Gegensatz zu Florenz und Venedig ist Genua noch lange keine „Museumsstadt", und genau das macht den Charme dieser **einstmals bedeutendsten Stadt Italiens** aus.

Besichtigung Genuas in sechs Rundgängen

„Mehrere Tage lang lebte ich in einem wirklichen Zustand der Verzückung. Ich konnte unmöglich einem festgesetzten Plan folgen, um die Meisterwerke der Stadt zu besichtigen. Ich gab mich dem Genuss dieser neuen Umgebung in einer Weise hin, die man als musikalische bezeichnen könnte. Ich habe noch nie so etwas wie Genua gesehen! Die Stadt ist unbeschreiblich schön, prächtig, charakteristisch ... Ich weiß wirklich nicht, wo ich anfangen soll, um Dir den Eindruck zu vermitteln, den mir dies alles gemacht hat und weiterhin macht."
Richard Wagner, 1853

Genua besitzt eines der größten und interessantesten **historischen Stadtzentren** Italiens. Problemlos kann man sich hier mehrere Tage auf Entdeckungstour begeben und findet immer wieder

neue und interessante Ecken. Die meisten Touristen verbringen ihren Urlaub jedoch an der Riviera. Sie statten Genua nur einen kurzen Besuch ab, besuchen das Acquario, nach Lissabon größtes Meerwasseraquarium Europas und unbenommene Touristenattraktion, wie die Besucherzahlen jährlich beweisen. Wer nur einige Stunden Zeit hat und hektische Besichtigungstouren vermeiden will, sollte sich angesichts der Fülle an Sehenswürdigkeiten gezielt Schwerpunkte setzen.

Einfach nur **„Atmosphäre schnuppern"** und sich durch das malerische Gassen- und Treppengewirr bergauf und bergab treiben lassen.

Lohnenswert ist die Besichtigung einiger der interessantesten mittelalterlichen Kirchen und Plätze in der verwinkelten Altstadt und der Museen, darunter **Gemäldegalerien** mit wertvollen Kunstschätzen, sowie der Prachtstraßen mit prunkvollen Palästen aus Renaissance, Barock und Historismus. Zahlreiche Shoppingmöglichkeiten reichen von eleganten Nobelboutiquen, Juwelieren, Antiquitätengeschäften und traditionsreichen Konditoreien bis hin zu billigen Kleider- und Lebensmittelmärkten, kleinen Ramschläden und fliegenden Händlern. In einem **malerischen Labyrinth** an Gassen, Treppen- und Laubengängen stehen luxussanierte Palazzi und edle Jugendstilcafés Seite an Seite mit noch nicht sanierten Häusern.

Im Folgenden ist der gesamte Altstadtbereich in fünf verschiedene Rundgänge unterteilt. Das soll die Orientierung erleichtern und einen Überblick verschaffen. Da die Stadt sehr unübersichtlich ist und man sich im Gassengewirr schnell verläuft, sollten sich Tagesbesucher bei ihrer Ankunft in Genua als erstes in einem der Informationsbüros einen kostenlosen Übersichtsplan besorgen. Bei einem längeren Aufenthalt lohnt sich die Anschaffung eines ausführlichen **Stadtplans,** z.B. *Genova – pianta della città,* Maßstab 1:12.000, von Studio F.M.B. Bologna, erhältlich in Buchhandlungen oder auch an den meisten Kiosken.

Rundgang VI informiert schließlich über Museen außerhalb des Altstadtbereichs.

●**Rundgang I:** Um einen ersten Eindruck von Genua zu erlangen, bietet sich dieser Rundgang an. Er beinhaltet einige der wichtigsten Gebäude und Plätze, wie den Palazzo Ducale und die Kathedrale, und führt auf malerischen Gassen durch das Herz der Altstadt, ehemals Handels- und Handwerksviertel, hinunter zum Porto Antico. Hier lohnt sich ein Besuch des Acquario und des neuen Galata Museo del Mare, zwei Highlights, die nicht nur bei Kindern gut ankommen.

●**Rundgang II** führt in das verwinkelte Castello-Viertel, dem ältesten Siedlungskern Genuas mit seinen zahlreichen Kirchen, Klöstern, kleinen Plätzen, netten Restaurants und Bars, dem allabendlichen Treffpunkt von Studenten der nahegelegenen Architekturfakultät. Dieser Rundgang ist ideal für Kirchenliebhaber oder einfach nur, um sich treiben zu lassen und die Atmosphäre zu genießen.

●**Rundgang III** vermittelt einen Einblick in die Blütezeit Genuas, als der Admiral *Andrea Doria* die Geschicke der Stadt lenkte und sich die reichen Adelsfamilien im 16. Jahrhundert neue standesgemäße und prunkvolle Stadt-

Genua und sein Hinterland

Porto Antico: Galata Museo del Mare

residenzen in der Oberstadt errichteten. Ein Leckerbissen für Liebhaber des Manierismus.

● **Rundgang IV** führt in die zweite Prachtstraße aus der Zeit des Barock, in die Via Balbi, und in das orientalisch anmutende alte Hafenviertel.

● **Rundgang V** behandelt das neuere Stadtviertel östlich der Piazza De Ferrari. Interessant ist das Quartier vor allem wegen der breiten Einkaufsstraße Via XX Settembre mit seinen zahlreichen Einkaufsmöglickeiten. Hier befindet sich auch der Mercato Orientale, ein wahres Eldorado für Selbstversorger, die in einem der Küstenorte ihren Urlaub verbringen und ein Höhepunkt für jeden, der die lebendige Atmosphäre und die vielen Farben und Gerüche italienischer Märkte liebt.

● In **Rundgang VI** werden einige sehenswerte Museen außerhalb der Altstadt vorgestellt. Castello Mackenzie und Castello d'Albertis liegen in herrlicher Aussichtslage oberhalb der Altstadt und wurden erst anlässlich des Genueser Kulturjahres 2004 saniert und als Museum eröffnet. Ein Highlight für Kinder ist das Naturgeschichtliche Museum *Civico di storia naturale di Giacomo Doria*.

● **Anmerkung:** Die Ziffern hinter den Sehenswürdigkeiten beziehen sich auf die Nummerierung im Stadtplan zu Genua.

In allen Museen, die mit dem Kürzel **„CM"** gekennzeichnet sind, hat man mit der *card musei* freien Eintritt.

Rundgang I

Zentraler Ausgangspunkt für eine Besichtigungstour durch die alten Viertel ist die **Piazza De Ferrari (46),** Dreh- und Angelpunkt des Genua des 19. Jahrhunderts. Die Piazza, nach Herzog *Raffaele De Ferrari,* einem Gönner der Stadt im 19. Jahrhundert, benannt, verbindet die mittelalterliche Stadt mit den neu entstandenen Vierteln. Den weitläufig angelegten Platz beherrscht in der Mitte ein großer Bronzebrunnen (1936).

Nördlich des Platzes liegen das **Teatro Carlo Felice (43)** und das Gebäude der **Accademia Ligustica (45).** Sie wurden auf dem Gelände eines ehemaligen Klosterkomplexes errichtet. Als die Stadt im 19. Jahrhundert dringend ein großes Opernhaus benötigte, wurde das Kloster abgerissen, und an seiner Stelle entstanden von 1825 bis 1828 das Teatro Carlo Felice, das zu den bekanntesten europäischen Opernhäusern gehörte, und die Accademia Ligustica. Das Theater wurde vom Architekten *Carlo Barabino* entworfen, von dem auch die neuen Stadtplanungskonzepte stammten. Im Zweiten Weltkrieg wurde es von englischen und amerikanischen Bomben größtenteils zerstört und erst anlässlich der großen Sanierungsarbeiten für die Kolumbusfeiern neu aufgebaut und 1991 eingeweiht. Original sind nur die sechs Säulen an der vorgeblendeten Fassade und die Statue von *Giuseppe Garibaldi* auf dem Vorplatz. Hinter der spätklassizistischen Front verbirgt sich ein großes modernes Opernhaus mit vier Bühnen.

Rechts daneben befindet sich das Gebäude der **Accademia Ligustica di Belle Arti** aus dem Jahre 1831. Ihre umfangreiche Sammlung ligurischer Kunst, seit 1980 für die Öffentlichkeit zugänglich, hat einen Schwerpunkt auf der ligurischen Malerei des 16. und 17. Jahrhunderts mit ihrem wichtigsten Vertreter *Luca Cambiaso* (1557–1559).

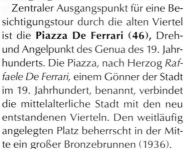

Mercato Orientale – eine der schönsten Markthallen Liguriens in der Via XX Settembre

Dreht man sich nun weiter im Uhrzeigersinn, folgt als nächstes die zentrale Verkehrsader **Via XX Settembre,** die **Promeniermeile Genuas.** Sie beginnt an der Piazza De Ferrari und führt schnurgerade leicht bergab als lange Straßenflucht mit schönen Arkadengängen. Die Straßenecke Via XX Settembre und Via Dante nimmt der monumentale Bau der **Neuen Börse** (*Nuova Borsa*) ein. Gegenüber erhebt sich der farbige Ostflügel des Palazzo Ducale, des Dogenpalastes.

Von der Piazza De Ferrari geht es zunächst über die Salita San Matteo westwärts in das ehemalige Machtzentrum der alten Seerepublik, in das Viertel der Familie *Doria,* die jahrhundertelang die Geschicke Genuas beeinflusste. Die **Piazza San Matteo** ist die älteste, noch erhaltene Platzanlage der Stadt. 1125 errichtete *Martino Doria* an dieser Stelle, in erhöhter Lage, die erste Familienkirche. Bereits 1278 wurde der kleine romanisch-gotische Bau wieder abgerissen und durch eine repräsentativere Kirche mit Konventsgebäude ersetzt. Gleichzeitig begann die komplette Neugestaltung des Viertels mit einem nahezu quadratischen Platz, um den sich die Häuser der *Doria* gruppieren. Noch heute besitzt die Piazza einen harmonischen, spätmittelalterlichen Gesamteindruck. Der **schwarzweiß gestreifte Fassadenschmuck** war nur den mächtigsten Familien vorbehalten. Gotisch geschwungene Arkaden, Fenster und Architekturelemente aus

fig 127 Foto: sg

Genua und sein Hinterland

der Zeit der Frührenaissance versetzen den Betrachter in die Zeit der mächtigen Familiendynastie zurück.

Von der gotischen Kirche ist die schwarz-weiß gestreifte Fassade der früheren **Familienkirche San Matteo (42)** unverändert erhalten. Interessante Details sind die Inschriften über die Siege der *Doria* in den weißen Streifen der Marmorinkrustationen und die in die Fassade integrierten römischen Spolien, römische Überreste von Säulen und Kapitellen. Das Innere wurde auf Veranlassung *Andrea Dorias* von bekannten Künstlern des genuesischen Manierismus, *Giovanni Angelo Montorsoli* (1543–1547), *Giovanni Battista Castello „il Bergamasco"* und *Luca Cambiaso* (1557–1559), mit Fresken, Stuckaturen und Skulpturen ausgeschmückt. Hinzu kam eine Krypta, in der sich *Andrea Doria* bestatten ließ. Die Krypta ist in der Regel verschlossen. Bei Nachfragen schließt die Aufsichtsperson jederzeit auf. Vom linken Seitenschiff aus gelangt man in den schönen, original erhaltenen gotischen Kreuzgang (1308).

Links neben der Kirche steht der älteste **Palazzo der Familie Doria.** Er gehörte *Branca Doria,* einem der Protagonisten in *Dantes* Inferno. Interessant ist der Bau vor allem wegen seiner romanischen Arkaden und einem Atrium aus der Zeit der Frührenaissance. In Nr. 15, ebenfalls aus dem späten 13. Jahrhundert, wohnte *Lamba Doria.* Als nächstes folgen der Palazzo von *Domenicaccio Doria* aus dem 14. Jahrhundert und schließlich die Residenz von *Andrea Doria* (1486 erbaut) mit einem aufwendig geschmückten Renaissance-Portal.

Über die Via Chiossone und die Salita Arcivescovado geht es links ab in die Via Tommaso Reggio, wo sich der Besuch des **Diözesanmuseums (49)** lohnt. Das ehemalige Palais der Domherren von San Lorenzo mit schönem Kreuzgang stammt aus dem 13. Jahrhundert und wurde erst kürzlich vollständig restauriert. In den Ausstellungsräumen rund um den gotischen Kreuzgang sind neben einer großen Sammlung an Sakralkunst, Tafelbilder von *Luca Cambiaso, Perin del Varga,* ligurische Gemälde aus dem 15. und 16. Jahrhundert und archäologische Fundstücke zu sehen.

● **Museo Diocesano (CM),** Chiostro dei Canonici di San Lorenzo, Via Reggio 20 r, 16155 Genova, Tel. 010/2541250. www.diocesi. genova.it/museodiocesano. Öffnungszeiten: siehe Kapitel „Museen".

Über die Via Tommaso Reggio gelangt man auf die Piazza Matteotti und zur Hauptfront des Palazzo Ducale.

Der **Palazzo Ducale (48)** war von 1339–1779 Amtssitz des Dogen, Oberhaupt der ehemaligen Seerepublik. Besonders sehenswert sind die mit prächtigen Fresken ausgestattete Dogenkapelle, die Wohnung des Dogen, die Renaissance-Säle des maior- und minor-Rates (großer und kleiner Rat) und die Zellen des **Torre del popolo.**

Der **Dogenpalast** hat im Laufe der Jahrhunderte eine wechselvolle Geschichte durchlebt. 1591 beschloss der Rat der Stadt den Bau eines repräsentativen Kommunalpalastes, in den das alte Rathaus von 1291 samt Turm miteinbezogen wurde. Der mittelalterliche Turm, die sogenannte **Grimaldina,** diente jahrhundertelang als Gefängnis für politische Gefangene. Erst im 16. Jahrhundert wurde er mit einem Glockenturm aufgestockt. Noch im Zweiten Weltkrieg waren in der Grimaldina Mitglieder der Resistenza inhaftiert. Zahlreiche Bilder, Gedichte und Unschuldsbeteuerungen bedecken die Zellenwände. Vom obersten Stock lohnt sich der Blick über die historische Altstadt mit ihren zahlreichen Türmen, dem Hafen und die umliegenden Hügel und Berge mit ihren Festungsanlagen.

Der aus Genua stammende Architekt *Andrea Ceresola,* genannt „il Vannone", entwarf den **prächtigen Renaissance-bau.** Er besteht aus einem Mitteltrakt und zwei nach Süden gerichteten Seitenflügeln. Der Hauptbau besitzt im Erdgeschoss ein großes Atrium, das von zwei weiteren Innenhöfen flankiert wird. Die aus dem Mittelalter stammenden Gebäudeteile, wie auch der Torre del popolo, sind in den größeren, im Westen gelegenen Innenhof integriert.

●**Tipp:** Im obersten Stockwerk befindet sich ein **Café mit Dachgarten.** Hier kann man sich bei einem Kaffee niederlassen, die Ruhe genießen und den Blick über die verschiedenen Gebäudeteile des Dogenpalastes schweifen lassen.

Von außen erscheint der Bau kompakt und streng. Der **Innenraum** erzeugt aber mit seinen hohen und weiten Innenhöfen, den zahlreichen Säulengängen und den daraus resultierenden unterschiedlichen Licht- und Raumverhältnissen einen sehr weitläufigen und offenen Charakter. Der Lauf der Geschichte ist an diesem Gebäude deutlich abzule-sen. Erweiterungen, Umbauten, mehrere Kriegsschäden und Restaurierungen während des 700-jährigen Bestehens des Palastes haben sein heutiges Erscheinungsbild geprägt. Große Veränderungen fanden gegen Ende des 18. Jahrhunderts statt. 1777 wurde bei einem großen Brand ein Großteil des Hauptgebäudes zerstört, darunter auch die beiden Ratssäle. Mit dem **Wiederaufbau** wurde *Simone Cantoni* betraut, der die Hoffront an der Piazza Matteotti im Stil seiner Zeit mit klassizistischen Fassaden ausstattete. Doch die reichen Zeiten der Genueser waren bereits vorbei. Genua hatte erhebliche finanzielle Probleme und konnte sich den benötigten Marmor für die Säulen nicht mehr leisten. Damit dies aber nicht allzu offensichtlich wurde, ersetzte imitierender Stuck an den Hoffassaden den fehlenden Marmor. Die letzte umfassende Restaurierung fand 1992–2002 statt. Seither wird der Dogenpalast als **Kulturzentrum** genutzt, in dem bedeutende Kunstausstellungen, Kulturveranstaltungen, Konzerte und Messen stattfinden.

Im Osten der Piazza Matteotti lohnt sich für Kunstliebhaber ein Besuch der ehemaligen Jesuitenkirche **Sant'Ambrogio,** die auch den Namen **Chiesa del Gesù (53)** trägt. Die frühchristliche Vorgängerkirche aus dem 6. Jahrhundert wurde in der Mitte des 16. Jahrhunderts zerstört. Der Baubeginn der neuen Jesuitenkirche an dieser Stelle war gegen Ende des 16. Jahrhunderts. Daher auch der zweite Name Chiesa del Gesù. Die Kirche besitzt **zwei berühmte Tafelbilder,** die *Pieter Paul Ru-*

Genua und sein Hinterland

bens für *Nicolò Pallavicino* ausführte: „Beschneidung Christi" (1605) im Altarraum und „Heilung einer Besessenen durch den Hl. Ignatius" (1620) in der dritten Kapelle des linken Seitenschiffes.

Von der Piazza Matteotti gelangt man über die Via San Lorenzo nach wenigen Schritten zur **Kathedrale San Lorenzo (51)** am gleichnamigen Platz. Sie ist nicht nur als Baudenkmal, sondern auch wegen der zahlreichen Skulpturen und Bildwerke die **wichtigste Kirche Genuas.** 1118 fand die Weihe der noch unvollendeten Kirche statt. Aus der Folgezeit stammen die mit mittelalterlichen Skulpturen geschmückten romanischen Seitenportale. Die Gestaltung der imposanten Westfassade mit drei Portalen stammt aus gotischer Zeit und ist auf französische Einflüsse zurückzuführen. Bereits von außen beeindruckt die mit abwechselnd schwarzen und weißen Streifen und Marmorintarsien versehene **Fassade,** die von zwei großen Trägerlöwen flankiert wird. Auf dem rechten Löwen steht ein Scherenschleifer mit einer Sonnenuhr in den Händen. Umfangreiche Bildprogramme lassen sich an den zahlreichen Skulpturen und an den Reliefs ablesen. Der **prunkvolle Innenraum** ist reich mit Fresken und Kunstwerken aus den verschiedensten Epochen geschmückt. Vom linken Seitenschiff gelangt man in das Schatzmuseum der Kathedrale.

Zu den wichtigsten Stücken des **kostbaren Domschatzes** zählen der Sacro Catino, eine Glasschale, wahrscheinlich aus dem 9. Jahrhundert, die von *Guglielmo Embriaco* im ersten Kreuzzug erbeutet wurde, das Croce degli Zacca-ria, ein byzantinisches Prozessionskreuz, das aus dem 13. Jahrhundert stammt, und der Teller von *San Giovanni Battista* mit einer Darstellung des Kopfes von Johannes.

●**Museo del Tesoro di San Lorenzo (CM; 52),** Piazza San Lorenzo, 16123 Genova, Tel. 010/2471831. Öffnungszeiten und weitere Informationen: siehe Kapitel „Museen".

Der kürzeste Weg hinunter an den alten Hafen führt über die Via San Lorenzo. Wesentlich interessanter und abwechslungsreicher ist aber ein Bummel durch das Herz der Altstadt, dem einstigen **Handels- und Handwerksviertel** zwischen Piazza Soziglia und Piazza Caricamento.

●**Tipp: Ristorante Bakari** im Vico del Fieno 16r (zweigt von der Piazza Soziglia ab), Tel. 010/2476170, Ruhetag So. Kleines Restaurant mit angenehm ruhiger Atmosphäre, gutem Service und mit guter ligurischer Küche. Mittlere Preislage.

Einige Straßennamen beziehen sich noch auf die früher hier ansässigen **Zünfte,** beispielsweise die Via degli Orefici (Juweliere), Via Scureria (Schildmacher) und Via Macelli di Soziglia (Metzger). Wie eine Hauptstraße verbinden die für die Altstadt relativ breite Via Soziglia und die Via degli Orefici die beiden Plätze. Noch heute sind in der Via degli Orefici etliche Juweliere ansässig.

●**Tipp:** In diesen beiden Straßen lohnt sich eine Kaffeepause in einer der beiden traditionsreichsten und schönsten Konditoreien der Stadt: **Caffè Pasticceria Klainguti,** Piazza di Soziglia 98r, und **Pasticceria Romanengo,** Via degli Orefici 31r.

Kurz bevor man den alten Hafen erreicht, gelangt man auf die kleine **Piazza Banchi,** die von der erhöht liegenden kleinen **Kirche San Pietro** beherrscht wird. Hier befand sich, in unmittelbarer Nähe zum Hafen, jahrhundertelang das Handelszentrum der Stadt. Zeitgleich mit der Anlage der Via Garibaldi fand hier im 16. Jahrhundert eine Umgestaltung und Erweiterung des Platzes statt, zu der auch der Neubau von San Pietro und die Loggia dei Mercanti (Kaufmannshalle), ehemals *Loggia dei Banchi* (1589–1595), gehör-

ten. Wie der Name schon sagt, diente sie lange Zeit den Geldverleihern, bis diese im 19. Jahrhundert in den neuen, prächtigen Bau der Nuova Borsa an der Piazza De Ferrari umzogen. Später wurde sie als Warenbörse genutzt. Die ursprünglich geöffnete Loggia dient heute kulturellen Zwecken. Antiquarische Bücherstände auf der Piazza Banchi tragen zur anheimelnden Atmosphäre bei.

Die Südseite des Platzes nimmt die **Kirche San Pietro in Banchi (22)** (1581) ein. Eine große Freitreppe führt hinauf zur Terrasse und zum Kirchenportal. Ungewöhnlicherweise befinden sich im ersten Stock seit jeher Geschäfte. Die Mehrgeschossigkeit entstand nicht, um ein Bodenniveau auszugleichen, son-

Kathedrale San Lorenzo

dern mit den Mieteinnahmen sollte der Kirchenbau finanziert werden.

Über die Via al Ponte Reale gelangt man zur **„Sottoripa"** (= unter dem Ufer), einer der ältesten Straßen Genuas. Früher lag das Ufer näher an der Stadt, und man nimmt an, dass die Sottoripa zum Schutz der Geschäfte gebaut wurde, die früher unterhalb des Meeresspiegels lagen. Der Name lässt sich darauf zurückführen. Bereits im Jahr 1133 entstand auf Veranlassung der Stadtväter der erste Arkadengang. Im Mittelalter verlief die Gasse direkt am Hafen, der zu dieser Zeit noch weitaus näher an der Altstadt lag. Heute trennen die Hochstraße und die breite Via Gramsci die Sottoripa vom Hafen. Unter den Portici der Via di Sottoripa mit ihren vielen kleinen Geschäften, Imbiss-Stuben, Kiosken, Märkten und fliegenden Händlern herrscht wie seit eh und je reges Leben.

Die **Piazza Caricamento,** zentraler Platz am alten Hafen, liegt im Schatten der **Sopraelevata,** einer hässlichen **Hochstraße,** die sich wie ein Wurm auf Stelzen kilometerlang am Hafen entlangzieht und sich als Störfaktor zwischen Altstadt und Hafen zwängt.

Die weitläufige Piazza Caricamento entstand im 19. Jahrhundert als Verladeplatz für den Güterverkehr auf Schienen. Den Osten des Platzes nimmt der **Palazzo San Giorgio (23)** ein. Der älteste Teil des Palastes entstand 1260 im Auftrag des Capitano del popolo *Guglielmo Boccanegra* und war bis zum Bau einer neuen Residenz in der oberen Altstadt Sitz der Capitani del popolo. Im 15. Jahrhundert ging der Palast in den Besitz der Banco di San Giorgio über. Die neu gegründete Bank verwaltete die öffentlichen Gelder.

Anlässlich der Kolumbusfeiern 1992 wurde der gesamte Bereich des **alten Hafens** zu einem Ausstellungs- und Messegelände mit Meerwasseraquarium *(Acquario),* Museen, Kinos, einem Panoramaaufzug (Bigo), Cafés und Restaurants umstrukturiert. Im Hafenbecken ankert ein Requisit aus *Roman Polanskis* Film „Piraten", ein originalgroßer Nachbau eines alten spanischen Segelschiffes, die **Galeone Neptune (14).**

● **Galeone Neptune,** Tel. 010/2476608, Öffnungszeiten und weitere Informationen siehe Kapitel „Museen".

Hauptattraktion ist jedoch das **Acquario (15).** Hier herrscht immer reger Besucherandrang, besonders am Wochenende. Der **größte Meerwasserzoo Europas** ist unübersehbar in einem riesigen Container, der an ein Trockendock erinnert, untergebracht. In 48 riesigen und geschickt beleuchteten Becken sind ungefähr 5000 Meerestiere und Fische untergebracht. Die verschiedenen Lebensräume von ca. 50 Gattungen zu Wasser und zu Land wurden rekonstruiert, wie z.B. Mittelmeer, Rotes Meer, Korallenriffe, Mangroven, Molukken und die vulkanischen Inseln des Atlantiks. Fünf Becken, darunter zwei große Ozeanarien mit Delfinen und Haien, sind auf zwei Ebenen zu besichtigen. Besonders beeindruckend sind die hervorragend in Szene gesetzten **Säulen-**

aquarien. Gleich zu Beginn des Rundgangs steht inmitten eines abgedunkelten Raumes ein sieben Meter hoher Glaszylinder. Zahlreiche durchscheinende Quallen (Meduse) schweben, nur durch die Wasserströmung vorwärts getrieben, durch das Becken. Im Saal der Erforscher stehen weitere elf zylinderförmige Becken. In ihnen sind die Ökosysteme besonderer Gebiete aus den Tropen, dem Pazifik, Indischen Ozean und aus den Süßwassergebieten Asiens, Afrikas und Südamerikas nachempfunden.

●**Acquario di Genova,** Area Porto Antico (alter Hafen), Piazza Caricamento, 16124 Genova, Tel. 010/23451, 2345320, Fax 256 160, www.acquario.ge.it. Öffnungszeiten und weitere Informationen s. Kapitel „Museen".

Links neben dem Acquario erhebt sich der **„Bigo" (19),** eine 40 m in die Höhe ragende Metallkonstruktion. Das Symbol der Kolumbusfeiern wurde den alten hölzernen Hafenkränen nachempfunden, die früher zum Be- und Entladen der Handelsgüter benutzt wurden. An einem Arm ist ein Panoramaaufzug (4 €, Kinder 3 €) aufgehängt, der sich um die eigene Achse dreht. Der Ausblick über die Stadt und den Hafen lohnt sich. Ein weiterer Arm hält die zeltartige Überdachung der „Piazza delle Feste".

Am Steg des Acquario ankert die **Biosfera (16),** ein schwimmendes, gläsernes Gewächshaus mit tropischen Pflanzen, Vögeln und Schmetterlingen, das die Form einer Weltkugel hat.

Genua und sein Hinterland

ge033 Foto: sg

• **Biosfera,** Porto Antico (neben Acquario), Tel. 335/5990187 oder 333/6770057, geöffnet Di.–So. 9.30–18.30 Uhr. Eintritt 5 €, Kinder 4 €).

Zwischen Acquario und Bigo befinden sich auch die Anlegestellen für die Ausflugsboote. Lohnenswert sind die **Hafenrundfahrten.** Von der Meerseite aus erhält man einen ganz anderen Blickwinkel auf die Stadt. Die Rundfahrt führt durch das gesamte Hafenbecken, vorbei an riesigen, leer stehenden alten Lagerhallen, Silos und Kais, die zum Teil bereits modernisiert und saniert wurden, bis zum modernen Containerhafen mit seinen riesigen Kränen.

• **Consorzio Liguria Viamare,** Via Sottoripa 7/8, Tel. 010/265712-256775. Dauer der Hafenrundfahrt ca. 45 Min., weitere Ausflugsmöglichkeiten nach Camogli, S. Fruttuoso und Portofino, Cinque Terre, Portovenere und Isola Gallinara.

Auf dem Weg zu den Magazzini del Cotone passiert man das **alte Zolltor.** Die **Porta Siberia (18),** vom Festungsbaumeister *Galeazzo Alessi* 1551–1553 erbaut, war von der Meeresseite her Haupteingangstor in die Stadt. Der Na-

Die Krankonstruktion „Bigo"
mit der Piazza delle Feste

me stammt wahrscheinlich vom Dialektausdruck „porta cibaria", da in ihrer unmittelbaren Nähe die Lebensmittelspeicher der Stadt für den Fall einer Hungersnot aufbewahrt wurden. Die Porta Siberia wurde 2004 restauriert und zu einem **Museum** umfunktioniert. Neben Wechselausstellungen bietet es Raum für Werke *Emanuele Luzzatis,* einer der bekanntesten noch lebenden Künstler Genuas. Der Ausstellungsraum mit Bühnenbildern, Wandbildern und Zeichnungen ist vor allem für Kinder konzipiert.

● **Museo Luzzati,** Porta Siberia, 16128 Genova, Tel. 010/2530328, www.museoluzzati.it, Eintritt 5 €, Kinder 2 €. Öffnungszeiten: Di-Fr 10.00–13.00 und 13.00/14.00–18.00 Uhr, Sa/So 10.00–18.00 Uhr.

Die **Magazzini del Cotone (17),** lang gestreckte Speicher, wurden 1901 für die Lagerung von Baumwolle errichtet. Heute beherbergen die ehemaligen Baumwollspeicher an der Ostseite des alten Hafens ein Kongresszentrum, Cafés, Kinos und die Città dei Bambini. In der Kinderstadt können Kinder im Alter von 3–14 Jahren spielerisch Beobachtungsfähigkeit und Reflektionsfähigkeit anhand von Technologien und interaktiven Spielen entwickeln, selbst Filme drehen, mit Licht und Klängen spielen, in einen originalgetreuen Ameisenhaufen krabbeln und die Erfindungen *Leonardo da Vincis* nachvollziehen.

● **Città dei Bambini,** Magazzini del Cotone, 1. Stock, 16128 Genova, Tel. 010/2475702, Fax 2475712, www.cittadeibambini.net. Öffnungszeiten und weitere Informationen siehe Kapitel „Museen".

Spaziert man vom Acquario weiter in Richtung der **Lanterna,** Wahrzeichen Genuas, gelangt man zum neuen, eigens für das Kulturjahr 2004 errichteten **Meeres- und Schifffahrtsmuseum Galata (13).** Auf den ersten Blick ein hochmodernes Gebäude mit einer Außenhaut aus Stahl und Glas, stammt der Gebäudekern aus dem Anfang des 17. Jahrhunderts. Er diente der Republik Genua als Arsenal. Hier wurden die Galeeren der Seerepublik gebaut, Waffen geschmiedet und gelagert. Auf etwa 10.000 m² Ausstellungsfläche durchläuft der Besucher eine Zeitreise. Das Erdgeschoss nimmt die originalgetreue Rekonstruktion (40 m lang und 9 m hoch) einer **Genueser Galeere** aus dem 17. Jahrhundert mit parallel angeordneten Bänken ein, an denen die Sklaven an den Rudern angekettet waren. Die 1. und 2. Etage widmen sich der Segelschifffahrt. Neben zahlreichen Originalinstrumenten, Atlanten und Gemälden veranschaulicht der **Nachbau einer Brigg** mit Kombüse, Schiffssaal und Kapitänskajüte Leben und Arbeiten an Bord. Ein besonderer Höhepunkt für Kinder ist ein Walfängerboot, auf dem man ein Unwetter auf offener See vor Kap Horn miterleben kann. In der 3. Etage veranschaulichen Modelle, Fotos und Filmausschnittte, Nachbauten von Kabinen und Salons der alten Hochseedampfer Geschichte und Mythos der legendären Giganten der Meere, die ab 1838 die Träume und Fantasien einer ganzen Epoche anregten. Der Rundgang endet auf dem Dach des Museums. Die Plattform ist ringsum gesichert durch eine hohe

Genua und sein Hinterland

Wand aus Plexiglas, die ein traumhaftes Panorama auf die Stadt und den Hafen freigibt.

●**Galata Museo del Mare (CM),** Calata de Mari 1, 16128 Genova, Tel. 010/2345655, Fax 2345565, www.galatamuseodelmare.it. Öffnungszeiten und weitere Informationen siehe Kapitel „Museen".

Man erreicht den **117 m hohen Leuchtturm,** die **Lanterna (1),** nur zu Fuß über die „passeggiata della Lanterna". An der Via Milano führt zwischen dem Parkplatz des Einkaufszentrums beim Fährschiffterminal (Terminal Traghetti) und dem Columbus Sea Hotel ein ca. 600 m langer Fußweg zum Wahrzeichen der Stadt. Nach einer langen Restaurierungsphase zwischen 1995 und

2004 wurde der Leuchtturm wieder der Öffentlichkeit zugänglich gemacht und beherbergt seither das **Museum zur Geschichte Genuas.** Allein wegen der interessanten Aussicht auf Hafen und Stadt lohnt sich ein Besuch der Lanterna auf jeden Fall.

●**Lanterna/Museo,** Tel. 010/910001, www. liguri.org/lanterna. Öffnungszeiten und weitere Informationen siehe Kapitel „Museen".

Porta Soprana

Fenster zum Hafen
vom Dach des Galata Museo

Rundgang II

Ausgangspunkt für einen **Rundgang durch den ältesten Siedlungskern** Genuas ist wieder die Piazza De Ferrari. Von hier führt der Weg südwärts über die Salita Pollaiuoli in das enge Gassengewirr des **Castello-Viertels.** Jahrhundertelang war dieses Viertel dem Verfall preisgegeben. Erst seit 1992 kommen auch hier nach und nach Sanierungsprojekte ins Rollen, die wahrscheinlich noch Jahrzehnte andauern werden.

Tipps:
● **Caffè degli Specchi,** Salita Pollaiuoli 42r, Tel. 010/2468193. Schönes Café in der südlichen Altstadt – der richtige Ort für einen Aperitif und einen kleinen Snack.
● **Sà Pesta** in der Via dei Giustiniani 16r, Tel. 010/2468336. Ruhetag So. Hervorragendes Farinata-Lokal.
● **Trattoria Da Ugo** in der Via dei Giustiniani 86r, Tel. 010/2469302, Ruhetag So. und Mo. Sehr gut besuchte, sympathische Trattoria mit Tageskarte nach Ansage, traditionelle ligurische Fischküche, mittlere Preisklasse. Reservieren.

Die Via San Bernardo, eine alte Geschäftsstraße, verband den alten Hafen mit der **Porta Soprana,** dem Stadttor für den Handel mit dem Norden.

● **Tipp: Drogheria M. Toriella** in der Via San Bernardo 32r, Tel. 010/2468359. Kleines altmodisches Geschäft der aussterbenden Art mit einem unvergleichlich breiten Angebot an Gewürzen, Tees, Pistazien aus Aleppo, hausgerösteten Nüssen, ungerösteten Kaffeebohnen, getrockneten Früchten, mit dunkler oder weißer Schokolade überzogenen kandierten Früchten und vielem mehr.

Die **Piazza Embriaci** *(Platz der Betrunkenen)* trägt den Namen einer der ehemals einflussreichsten, genuesischen Familien. Wie die Spinola oder Doria zählen auch die Embriaci zu den ältesten Geschlechtern der Stadt, gegründet von *Guglielmo Embriaco,* Kommandant der genuesischen Flotte während des ersten Kreuzzuges von 1099. Eine Legende besagt, dass sich der Kreuzfahrer Guglielmo ständig betrank, und so erhielt er den Namen *Embriaco,* der Betrunkene. Rund um die Piazza errichtete die Familie ihre Palazzi. Eine Treppengasse, die Salita di Torre degli Embriaci, führt vorbei am **Torre degli Embriaci (21),** dem letzten erhaltenen mittelalterlichen Geschlechterturm der Stadt, zum Castello-Hügel hinauf.

● **Tipp: Ostaia di Castello** in der Salita di S. Maria del Castello 32r, Tel. 010/2468980, Ruhetag So. abends. Sympathisches Lokal mit nettem Ambiente und sorgfältig zubereiteter regionaler Küche, mittlere Preislage.

Genua und sein Hinterland

lig035 Foto: sg

Die romanische **Basilika Santa Maria di Castello (20)** aus dem 12. Jahrhundert, wurde in der Folgezeit mehrmals umgebaut und erweitert. Starke Veränderungen erfuhr der Bau nach 1442, als die Kirche in den Besitz der Dominikaner überging: Einwölbung des Langhauses, Anlage neuer Kapellen im Norden durch Stiftungen reicher Genueser Familien und Umgestaltung von Teilen des Klosterkomplexes mit mehreren Kreuzgängen mit Blick auf den Hafen oder mit schönen Gärten. Interessante Details im Innenraum sind außerdem die wiederverwendeten **römischen Säulen** und Kapitelle, die sogenannten Spolien. Ein Rundgang durch das angrenzende Kloster lohnt sich auf jeden Fall.

Durch ein aufwendig mit Ornamenten und Reliefs gestaltetes Renaissance-Portal (1452) am Ende des rechten Seitenschiffes gelangt man in die Sakristei und von hier aus in einen zweistöckigen Kreuzgang (15. Jahrhundert). Unter den zahlreichen Kunstwerken des Klosters lohnt sich vor allem im ersten Stock des Kreuzgangs die **Loggia dell'Annunciazione.** Die Gewölbe sind mit farbigen Renaissancefresken ausgestattet. Aus derselben Zeit stammt das berühmte Verkündigungsfresko (siehe Kapitel „Kunst und Kultur") von *Justus von Ravensburg* (1451). Kennzeichnend für die Renaissance sind die Einführung der Perspektive als neues Darstellungsmittel, szenische Ausdruckskraft und die Liebe zum Detail, mit denen die kleinsten Gegenstände und die Landschaft dargestellt sind. Vom zweiten Stock des Kreuzgangs öffnet sich der Blick auf den Hafen.

● **Museo di S. Maria di Castello,** Salita S. Maria di Castello 15, 16123 Genova, Tel. 010/2549511. Öffnungszeiten und weitere Informationen siehe Kapitel „Museen".

Auf der Via di Santa Maria di Castello wendet man sich Richtung Osten, biegt rechts ab und gelangt über die Salita Silvestro und die Via di Santa Croce auf die **Piazza Sarzano.** Der große, längliche Platz grenzt im Süden an die Stadtmauer **„Mura della Marina",** von der man auf das Meer und die Hafenanlagen blickt.

Hier auf der Spitze des Castello-Hügel im Stadtteil Sarzano in strategischer Position, liegt das älteste Besiedlungsgebiet Genuas. Von hier aus hat sich die Stadt entwickelt. Sarzano wurde im

Zweiten Weltkrieg stark zerstört und wird seit den 1990er Jahren restauriert. An der Stelle des ehemaligen „Castrum" hat sich die moderne Architekturfakultät der Universität niedergelassen.

●**Tipp: Farinotto Sciamadda,** Via di Ravecca 14r, Tel. 010/2468516. Ruhetag So. und Mo. Typisches einfaches Farinata-Lokal mit Holzofen. Außer Farinata gibt es frittierten Fisch, Gemüsekuchen und Panissa. Ideal für den kleinen Hunger zwischendurch.

Von der Piazza Sarzano geht es links in die Stradone di Sant'Agostino. Die ehemals elegante, bürgerliche Wohnstraße entstand im späten 17. Jahrhundert. Rechts erreicht man den ehemaligen **Klosterkomplex Sant'Agostino (56).** Das Kloster wurde um 1260 von Augustinermönchen mit der für Genua typischen zweifarbigen Fassade errichtet. Der vollständig restaurierte Gebäudekomplex hat eine lange Sanierungsgeschichte hinter sich. Seit 1798 ist das Kloster nicht mehr bewohnt. Die Idee, hier ein Museum einzurichten, existiert seit 1858. Mit den Sanierungsarbeiten in Kirche und Kloster wurde allerdings erst 1926 begonnen. 1939 konnte das Museum eröffnet werden. Bei Luftangriffen im Zweiten Weltkrieg 1942 und 1944 wurde das Gebäudeensemble stark beschädigt. Heute beherbergen die alten Konventsgebäude das **Museo della Architettura e Scultura,** ein Auditorium, Konferenzsäle und ein topografisches Archiv. Der gotische

Kreuzgang besitzt einen einzigartigen dreieckigen Grundriss, ein weiterer quadratischer Kreuzgang kam Anfang des 17. Jahrhunderts hinzu. Das Turmdach ist mit farbigen Majoliken ausgestattet. Das Museum bewahrt die Zeugnisse zerstörter Bauwerke auf. Mittelalterliche Kapitelle, Monumente wie das Grabmal von *Margherita di Bramante* (ein Werk von Giovanni Pisano aus dem 14. Jahrhundert), Skulpturen, abgenommene Fresken und Tafelgemälde aus Kirchen, Klöstern und Privathäusern dokumentieren annähernd tausend Jahre genuesischer Kunstgeschichte.

●**Museo di Sant'Agostino (CM),** Piazza Sarzano 35, 16128 Genova, Tel. 010/2511263. www.museosantagostino.it. Öffnungszeiten siehe Kapitel „Museen".

In einem ebenfalls restaurierten Theatergebäude aus dem 18. Jahrhundert, neben der Kirche, hat jetzt das **Teatro della Tosse** seinen Sitz.

Nur wenige Minuten entfernt gelangt man zur **Hallenkirche San Donato (55)** aus dem 12. Jahrhundert, eine der schönsten romanischen Kirchen der Stadt. Im Innern der dreischiffigen Hallenkirche wurden antike Spolien, römische Überreste von Säulen und Kapitelle, wiederverwendet. In einer der seitlichen Kapellen befindet sich ein dreiteiliges Tafelbild mit der „Anbetung der Könige" des Antwerpener Malers *Joos van Kleve.* Ungewöhnlich ist die Darstellungsweise auf einem Barockgemälde von *Domenico Piola.* Anstatt auf dem Schoß seiner Mutter Maria, sitzt das Jesuskind auf dem Schoß von Josef. Der im 19. Jahrhundert von Alfre-

do D'Andrade rekonstruierte Glockenturm soll Vorbild für das vom Hafen aus
weithin sichtbare Bürohochhaus gewe-
sen sein, das von den Genuesen als
Bleistift bezeichnet wird.

In der Nähe von San Donato liegt die
hübsche kleine **Piazza delle Erbe** mit
Straßencafés und Restaurants, ein beliebter abendlicher Treffpunkt.

● **Tipp: Ristorante Panson,** Piazza delle Erbe
5r, Tel. 010/2468903, Ruhetag So. Schön gelegenes, nobleres Restaurant mit ligurischen
Spezialitäten und Tischen auf der Piazza.

Ostwärts über die Salita del Prione
erreicht man die **Porta Soprana (57)**
oder auch **Porta di S. Andrea** genannt,
eines der letzten Überbleibsel der mittelalterlichen Stadtbefestigungsanlagen
des 12. Jahrhunderts. Das mächtige
Stadttor mit zwei Wehrtürmen liegt auf
einem kleinen Hügel. Von hier aus gelangten die Händler aus dem Norden
und aus dem Süden über die alte
Geschäftsstraße *Via San Bernardo* auf
direktem Weg an den alten Hafen.

Unterhalb der Porta Soprana liegen die
wiederaufgebauten Reste des romanischen Kreuzgangs *(Chiostro)* der **Kirche Sant'Andrea (58).** Daneben versteckt sich, klein und unscheinbar, die
mit Efeu umrankte **Casa di Colombo
(59),** das vermeintliche Geburtshaus
von Kolumbus. Das jetzige Gebäude
stammt allerdings aus dem 18. Jahrhundert. Die beiden Gebäude standen ursprünglich an einer anderen Stelle.

● **Casa di Colombo,** Tel. 010/2465346. Öffnungszeiten: Sa. und So. 9.00–12.00 Uhr und
14.00–18.00 Uhr.

Unterhalb der Porta Soprana breitet
sich das moderne Genua aus. Die **Piazza Dante** mit dem 1938 errichteten
„Wolkenkratzer" *(Grattacielo)* steht in
krassem Kontrast zu dem zurückliegen-
den mittelalterlichen Stadtzentrum.

● **Tipp: Osteria da Genio** in der Salita San
Leonardo 61r, Tel. 010/588463, Ruhetag So.
Gemütliches Lokal (von der Via Fieschi abge-
hende Treppengasse, unweit Piazza Dante)
mit sehr guter regionaler Fischküche, unbedingt die *acciughe ripiene* probieren! Mittlere Preislage.

Rundgang III

Hinter dem Teatro Carlo Felice an der
Piazza De Ferrari beginnt die **Via Roma**
mit ansehnlichen Bürgerhäusern aus
dem 19. Jahrhundert, in denen sich
heute Büros, Banken und Geschäfte
befinden. Die Via Roma verbindet das
Stadtzentrum mit den neuen Stadtvierteln auf den Hügeln. Parallel zur Via
Roma verläuft die **Galleria Mazzini,** eine Einkaufspassage, in der sich ebenfalls Geschäfte und Cafés befinden. Im
Gegensatz zur Via XX Settembre wirkt
sie gegen Abend geradezu ausgestorben.

Die Galleria Mazzini entstand 1872
zeitgleich mit der parallel verlaufenden
Via Roma. Als Vorbild diente die in derselben Zeit entstandene glasgedeckte
Galleria in Mailand, die aber in Ausmaß
und Atmosphäre nicht mit ihr zu vergleichen ist.

Die Via Roma führt auf die **Piazza
Corvetto,** von der aus sternförmig Straßen in alle Richtungen abgehen. Rund
um das monumentale Reiterstandbild
von *Vittorio Emanuele II.,* König des ge-
einten Italien, tobt der Verkehr.

Genua und sein Hinterland

Es beherbergt die umfangreiche fernöstliche Sammlung des Genuesers *Edoardo Chiossone* (1833–1898). Der Professor für Kupferstich an der Accademia Ligustica die Belle Arti in Genua arbeitete auch in Florenz für die Nationalbank des Königreichs Italien. In England und Frankfurt am Main perfektionierte er die Technik zur Herstellung von Wertpapierdruckplatten. 1875 reiste Chiossone auf Einladung des japanischen Finanzministeriums nach Japan. Bis 1891 entwarf Chiossone mehr als 500 Druckplatten für Japans Briefmarken, Banknoten, staatliche Wertpapiere und Stempel. Als er 1898 in Tokyo starb, hinterließ der leidenschaftliche Sammler und Kenner japanischer Kunst mehr als 151.000 Gemälde, Drucke, illustrierte Bücher, Buddhastatuen, archäologische Fundstücke, Münzen, Emailarbeiten, Porzellan, Lampen, Theatermasken, Samuraiausrüstungen und Kostüme.

Die Westseite der Piazza Corvetto wird von dem **Palazzo della Prefettura,** Sitz der Provinz Genua, eingenommen. Andrea Doria ließ den Palast im 16. Jahrhundert errichten. Im Norden der Piazza liegt in erhöhter Lage der Stadtpark Villetta di Negro. An der Stelle der zerstörten klassizistischen Villa des *Marchese Di Negro* (1802) befindet sich in einem modernen Gebäude das **Museum für Orientalische Kunst (28).**

Einkaufspassage Galleria Mazzini

●**Museo d'Arte Orientale E. Chiossone (CM),** Villetta Di Negro, Piazzale Mazzini 1, 16122 Genova, Tel. 010/542285, www.museochiossonegenova.it. Öffnungszeiten und weitere Informationen siehe Kapitel „Museen".

Durch die Salita Santa Caterina geht es weiter zur **Piazza Fontane Marose,** die von den Adelspalästen Palazzo Negrone, Palazzo Pallavicino und dem Palazzo Spinola Pessagno gesäumt ist.

●**Tipp: Da Maria** an der Vico Testadoro 14r und Via XXV Aprile (Nähe Piazza Fontane Marose), Tel. 010/581080. Weitere Informationen siehe Kapitel „Praktische Informationen – Restaurants".

Hier beginnt die **Via Garibaldi, eine der schönsten historischen Prachtstraßen Genuas.** Aneinander gereiht stehen würdevolle und stolze Paläste, an denen man die Kunstgeschichte des genuesischen Manierismus ablesen kann. Die Straße trägt mehrere Beinamen: Straße der Paläste, Straße des Manierismus, Straße des Geldes – jeder dieser Namen trifft zu. Handelsbeziehungen in Übersee und Kolonien hatten die Republik Genua reich gemacht. Zwischen dem 16. und 17. Jahrhundert schufen sich die reichsten Familien der Stadt in einer neu angelegten Straße mit Hanglage, **Strada Nuova** genannt, repräsentative Stadtresidenzen. Die Stadt erhielt ein neues elegantes Quartier, und das Armenviertel, das sich zuvor in diesem Stadtteil befand, wurde dem Erdboden gleichgemacht – das bis dahin größte Bauprojekt der Stadt. Zu Ehren Garibaldis wurde die Strada Nuova während des italienischen „Risorgimento" in Via Garibaldi umgetauft. In der **„Straße der Paläste"** siedelten sich vorwiegend Bankiers an, die ihren Reichtum durch Kredite an das spanische Königshaus mehrten. Die eleganten Patrizierpaläste wurden prunkvoll mit Innenhöfen, Arkadengängen, verschwenderischer Freskenmalerei, wertvollen Kunstschätzen, Terrassen, Gärten, Brunnen und Teichen ausgestattet. Die Fassaden sind aufwendig mit geschmückten Portalen und Fensterrahmen im Stil des Manierismus gestaltet.

Auch in der Stadt wurde nicht auf Grünanlagen verzichtet. Wo auf Grund des Platzmangels kein Park möglich war, legte man Hänge- und Dachgärten an und bezog somit die Hügel von Genua in die Baupläne mit ein. Wegen der Hanglage entwickelten die Baumeister neue interessante architektonische Lösungen. Hinter den von außen schmalen Fassaden führen imposante Freitreppen von den Eingangshallen hinauf zu Innenhöfen und Loggien. Die Paläste sind Ausdruck von Macht und Reichtum einer vergangenen Blütezeit.

Heute residieren in der Via Garibaldi nicht mehr die mächtigen Familiendynastien der *Spinola, Doria, Grimaldi* und *Pallavicino.* Doch wie eh und je regiert in der Via Garibaldi das Geld.

Der **Palazzo Cambiaso** (Nr. 1; **29**), heute Sitz der Banco di Napoli, eröffnet mit einer monumentalen Fassade die „Straße der Paläste". *Agostino Pallavicino,* ein einflussreicher Staatsmann, ließ ihn als ersten Palazzo (1558) auf dem neuen Areal errichten. Die Anlage besteht aus vier Flügeln, die sich um einen Hof gruppieren. Die Fassaden sind streng gegliedert, nur die Mittelachse erfährt durch die größere Portalädikula eine stärkere Betonung.

Fast zur gleichen Zeit entstand der gegenüberliegende **Palazzo Pantaleo Spinola** (Nr. 2; **40**), heute Banco di Chiavari. Einzige Dekoration an der schmucklosen Fassade sind die Portalfiguren der Wachsamkeit und Weisheit. Das Innere ist dafür umso prächtiger mit Fresken ausgestattet. Beachtenswert ist das große Deckenfresko im Salon des *piano nobile.*

Auf derselben Seite folgt der **Palazzo Carrega-Cataldi** (Nr. 4; **39**) heute Sitz der Camera di Comercio (Handelskam-

mer). Sein Besitzer, *Tobia Pallavicino,* war durch den Handel mit Alaun, ein Doppelsulfat, das bei der Papierherstellung zum Leimen und in der Färberei zum Beizen benötigt wird, zu großem Reichtum gelangt. Die Residenz des Kunstmäzens *Pallavicino* entstand 1558. Gut erhaltene Stukkaturen, Groteskenmalerei und Fresken verleihen dem Innenraum seinen Glanz. Besondere Erwähnung verdient die prächtige Rokokoausstattung (1743) der Galleria Dorata im 1. Stock.

Obwohl der **Palazzo Lercari Parodi** (Nr. 3; **30**) am Anfang der Via Garibaldi liegt, wurde er erst 1571 errichtet. Er nimmt auf Grund seiner eigenwilligen Architektur eine Sonderstellung ein. Die in der Via Garibaldi vorherrschende schematische Abfolge Vorhalle, Treppe und Innenhof mit Loggien wurde bei diesem Palais umgekehrt angewendet. Ursprünglich war zur Straßenseite der 1. Stock hin offen und mittig mit fünf Arkaden versehen. Rechts und links davon erhielten die rückwärts liegenden Trakte einen abschließenden 2. Stock, sodass der Eindruck einer „Zweiturmfassade" entstand. Auffällig an der Fassade ist das Eingangsportal. Es wird von zwei Atlanten mit verstümmelten Nasen getragen und soll an einen Vorfahren *Franco Lercaris* erinnern, der seinen Feinden Nasen und Ohren abschneiden ließ. Von der Innenraumdekoration verdient das große Deckenfresko im Salon des 2. Stockes von *Luca Cambiaso* besondere Erwähnung.

Im **Palazzo Spinola** (Nr. 5; **31**) residiert heute die Banca d'America e d'Italia. Sie wurde 1558 von dem genuesi-

schen Bankier *Angelo Giovanni,* einem der Geldgeber des spanischen Königshauses, errichtet. Es ist der einzige Palast, dessen ursprüngliche „historische" Freskenzyklen aus dem 16. Jahrhundert noch gut erhalten sind. Die Fassade war ebenfalls komplett bemalt und imitierte fehlenden bauplastischen Dekor.

Der **Palazzo Doria** (Nr. 6; **38**), ehemals Residenz der *Spinola,* stammt aus der späten Barockzeit (1563 erbaut) und besaß ursprünglich auch eine glatte schmucklose Fassade. Im einem der reich mit Fresken ausgeschmückten Räume finden heute standesamtliche Trauungen statt.

Der **Palazzo Lomellino,** ehemals Palazzo Podestà (Nr. 7; **32**), 1563 im Auftrag des Theaterliebhabers *Nicolo Lomellino* errichtet, befindet sich auch heute noch in Privatbesitz und ist deshalb nicht ganzjährig zu besichtigen. Die Liebe zum Theater brachte *Lomellino* mit der Gestaltung seines Palastes deutlich zum Ausdruck. Die Fassade ist besonders aufwendig mit prächtigen Stukkaturen verziert. Figuren der Mythologie, Fratzen und ein üppiger Dekor wirken wie eine Theaterkulisse. Dahinter verbirgt sich ein schöner ovaler Innenhof und ein Garten. Bei Restaurierungsarbeiten im Jahr 2000 kamen in den Räumen des *piano nobile* Fresken von **Bernardo Strozzi** zum Vorschein. *Bernardo Strozzi,* 1581 in Genua geboren, zählt zu den wichtigsten Malern des italienischen Seicento. Seine Lehrzeit verbrachte er 1595– 1597 in Genua unter dem Sienesen *Pietro Sorri,* der ihm die Kenntnisse der toskanischen Malerei vermittelte. 1623 beauftragte *Luigi Centurione Bernardo Strozzi* mit der Ausmalung der Decken einiger Räume und der Loggia im *piano nobile*.

Im **Palazzo Tursi** (Nr. 7; **33**) war bis 2004 das Rathaus untergebracht. Zusammen mit dem Palazzo Rosso und dem Palazzo Bianco bildet er heute eine geschlossene Museumseinheit (Musei di Strada nuova) mit einer herausragenden Sammlung an Gemälden alter Meister wie *Pieter Paul Rubens* und *Anton van Dyck*. Mit seiner 35 Meter langen Front ist dieses Gebäude der größte Palazzo des Cinquecento (ab 1565). Sein Erbauer gehörte zur Familie *Grimaldi* und war Bankier *Philipp II. von Spanien*. Wie auch bei den anderen Bauten der Via Garibaldi, handelt es sich bei der Straßenfront nur um die Schmalseite. Der Prunkbau geht aber noch viel weiter in die Tiefe mit der üblichen Abfolge von Vorhalle, Freitreppe, Innenhof mit Loggia, weiteren seitlichen Treppenläufen und ansteigenden Gärten, die den Castelletto-Hügel hinaufführen. Ein Ausstellungsstück ganz besonderer Art ist die originale Geige des gebürtigen genuesischen Meistergeigers *Niccolò Paganini*. Anlässlich eines jährlich stattfindenden Geigenwettbewerbs darf der Gewinner zum Abschluss auf der Meistergeige spielen.

Die Brüder *Ridolfo Maria* und *Giovanni Francesco Brignole Sale* errichteten 1672–1677 den **Palazzo Rosso** (Nr. 18; **37**), der seinen Spitznamen der roten Außenfarbe verdankt. 1874 ging das Anwesen in den Besitz der Stadt über. Da die barocke Dreiflügelanlage von zwei Familien bewohnt wurde, besitzt sie zwei gleich aufgeteilte Obergeschosse. Heute beherbergt der Palazzo Rosso ein Museum mit der privaten Gemäldesammlung der Familie *Brignole Sale* mit Werken von *Albrecht Dürer, Veronese, Guido Reni, Tintoretto, Caravaggio, van Dyck* und *Rubens*.

●**Galleria di Palazzo Rosso (CM),** Via Garibaldi 18, Tel. 16124 Genova, 010/2476351. www.museopalazzorosso.it. Öffnungszeiten und weitere Informationen siehe Kapitel „Museen".

Durch einen gemeinsamen Barockgarten ist der Palazzo Tursi mit dem **Palazzo Bianco** (Nr. 11; **35**) verbunden. Die ehemalige Residenz der Familie Garibaldi stammt ursprünglich aus dem 16. Jahrhundert. Anfang des 18. Jahrhunderts ging das Gebäude in den Besitz der Familie Brignole Sale über, die Umbauten und Erweiterungen vornahmen. 1889 vererbte *Maria Brignole Sale*, Herzogin von Galliera, das Palais der Stadt Genua samt der privaten Kunstsammlung. Zur **Ausstellung** gehören neben Werken der Italiener *Filippo Lippi, Pontormo, Veronese* auch Gemälde ausländischer Meister wie *Hans Memling, Jean Massys, van Dyck, Rubens* und der spanischen Vertreter *Zurbaran* und *Murillo*. Ein weiterer Saal ist dem Hauptvertreter des genuesischen Manierismus, *Luca Cambiaso*, gewidmet.

●**Galleria di Palazzo Bianco,** Via Garibaldi 11, 16124 Genova, Tel. 010/5572193. www.museopalazzobianco.it. Öffnungszeiten und weitere Informationen siehe Kapitel „Museen".

Die Via Garibaldi mündet hinter dem Palazzo Bianco auf die Piazza della Meridiana. Von hier aus gelangt man über die lebhafte **Via Cairoli,** einer 1789 fertig gestellten Verbindungsstraße zum Largo della Zecca und weiter zur Via Balbi.

Rundgang IV

Vom Bahnhof aus geht es vorbei am Kolumbus-Denkmal auf der Piazza Acquaverde (Bahnhofsvorplatz) zur zweiten Prachtstraße Genuas aus der Zeit des Barock. Sie trägt den Namen der Familie *Balbi,* die 1606 mit der Anlage ihrer „Privatstraße" begann. Allein sieben Palazzi gehörten der Familie Balbi. Hinzu kamen ein Jesuitenkolleg, zwei Kirchen und acht Klöster. Die Paläste folgen nach dem bereits aus der Via Garibaldi bekannten **Palastbauschema** mit Vorhalle, Freitreppe, Atrium und Loggia. Die Bauten auf der linken Seite liegen am Hang und besitzen ansteigende Gärten, während die Palais auf der linken Straßenseite talwärts ausgerichtet sind.

Der riesige Gebäudekomplex des **Palazzo Reale** (Nr. 10; **12**) mit seiner 92 Meter langen Straßenfront gehört zum ersten Bauabschnitt der 1606–1620 neu trassierten **Residenzstraße Balbi.** Sie wurde 1643–1655 oberhalb des Prè-Viertels für Stefano Balbi erbaut und im 17. und 18. Jahrhundert nach Übernahme der Familie *Durazzo* umgestaltet und erweitert. Nach der Angliederung Liguriens (ab 1822) benutzten die neuen Herren in Genua, das Königshaus Savoyen-Piemont, für kurze Zeit den größten Palast der Stadt als Privatresidenz. Seither trägt er auch den Namen Königlicher Palast. Trotz eines Konglomerats an verschiedenen Bauteilen aus mehreren Epochen weist der Palazzo ein sehr enheitliches Gesamterscheinungsbild auf.

Zum Teil sind die prunkvoll mit Fresken und Stuckarbeiten ausgestatteten Barock- und Rokoko-Gemächer und Säle zu besichtigen. Im ersten Stock befindet sich eine **Gemäldegalerie.** Im Gegensatz zur kolossalen Ausstrahlung der Straßenfront wirkt die Rückseite, die wahre Schauseite, mit der schönen zweifarbigen Fassade, mit Seitenflügeln und einem offenen Hofgarten mit Brunnen sowie einer Terrasse mit Meerblick geradezu heiter und leicht. Die Besichtigung des Gartens ist kostenlos.

Genua und sein Hinterland

ligo18 Foto: sg

Palazzo Reale

●**Galleria di Palazzo Reale (CM),** Via Balbi 10, 16126 Genova, Tel. 010/2710211, www. palazzorealegenova.it. Öffnungszeiten und weitere Informationen siehe Kapitel „Museen".

Bereits seit dem Ende des 18. Jahrhunderts befinden sich im **Palazzo dell' Università** (Nr. 5; **7**), wie der Name schon verrät, die Hauptverwaltung der Universität und die juristische Fakultät. Zunächst wurde der Bau 1634–1636 als Jesuitenkolleg vom Jesuiten *Paolo Balbi* errichtet. Sehenswert sind in der Aula über der Vorhalle die Tugendfiguren von *Giambologna*. Sie stammen ursprünglich aus der Grabkapelle Luca Grimaldis in der zerstörten Franziskanerkirche San Francesco di Castelletto. Die frühbarocke Anlage mit vier Flügeln hat die Palastarchitektur des 16. Jahrhunderts zum Vorbild und ähnelt in ihren Ausmaßen dem Palazzo Tursi.

Etwas zurückversetzt erhebt sich daneben die ehemalige Jesuitenkirche **SS. Gerolamo e Francesco Saverio,** die als Universitätsbibliothek (Nr. 3; **8**) genutzt wird. In den Räumlichkeiten des gegenüberliegenden **Palazzo Raggio** (Nr. 6; **11**) sind die humanistischen Fakultäten der Universität untergebracht.

Auch der **Palazzo Balbi Senarega** (Nr. 4; **10**) entspricht dem Bauschema des 16. Jahrhunderts, besitzt allerdings auf der zum Meer ausgerichteten Rückseite einen später hinzugekommenen Arkadenhof und einen Garten.

Der **Palazzo Durazzo Pallavicini** (Nr. 1; **9**) für *Giovanni Agostino Balbi* (Baubeginn ab 1618) folgt ebenfalls dem Architekturschema aus dem vorangegangenen Jahrhundert. Es ist das einzige Palais, das noch heute im Privatbesitz einer Adelsfamilie ist und kann deshalb nicht besichtigt werden.

Über die Piazza della Nunziata und die Via Bensa gelangt man zum **Largo Zecca.** An der Nordostecke des Platzes lohnt sich ein Ausflug mit der **Drahtseilbahn (Funicolare, 26)** auf den Righi-Hügel im Nordosten des Platzes.

Der Rundgang führt weiter über die Via Lomellini südwärts an Kirche und Oratorium San Filippo Neri vorbei zum Geburtshaus von *Giuseppe Mazzini* in Nr. 11. Hier befindet sich seit 1934 das **Museo del Risorgimento,** das sich mit der italienischen Einigungsbewegung 1815–1870 und ihrer Vorgeschichte im 18. Jahrhundert befasst.

●**Museo Civico del Risorgimento (Istituto Mazzini) (CM),** Via Lomellini 11, 16124 Genova, Tel. 010/2465843. Öffnungszeiten und weitere Informationen siehe Kapitel „Museen".

Am Ende der Via Lomellini trifft man auf den **„Caruggio Lungo",** einen lang gezogenen Straßenzug und Haupteinkaufsgasse im alten Hafenviertel. Als *Caruggi* bezeichnet man in Ligurien seit jeher enge alte Geschäftsgassen, die parallel zur Küste zwischen zwei kompakten hohen Häuserreihen verlaufen. Die Fußgängerzone mit vielen Läden, Cafés und Kneipen zieht sich kilometerlang durch das gesamte alte Hafenviertel, unterbrochen durch kleine Marktplätze und seitlich abzweigenden winzigen Gässchen. Zu den Geschäftszeiten herrscht hier reges Treiben.

Die romanische Kirche **San Giovanni di Prè (5)** (ab 1180) war Sitz des Temp-

lig039 Foto: sg

lerordens, eines großen geistlichen Ritterordens, der zum Schutz der Jerusalempilger gegründet wurde. Gleichzeitig diente er den vorbeiziehenden Pilgern als Spitalkirche. Auf Grund dieser Doppelfunktion besteht die Kirche aus zwei Geschossen. In der Unterkirche befand sich das Spital. Die Oberkirche war den Templern vorbehalten. Im Westen schließt sich der **Palazzo della Commenda** an, das ehemalige Ordenshaus der Templer.

Der Carruggio Lungo beginnt mit der **Via di Prè.** Die alte Hafengasse verläuft, nur durch eine Häuserreihe vom Meer getrennt, immer parallel zum Ufer. Bei der **Porta dei Vacca,** dem zweiten noch erhaltenen Stadttor aus dem 12. Jahrhundert, gelangt man in das Innere der mittelalterlichen Stadtmauern und somit auch in die ehemals herrschaftlichen Wohngebiete mit seinen zahlreichen Adelspalästen. Doch von der einstigen Pracht ist nicht mehr viel übrig geblieben. Von vielen Fassaden und Portalen bröckelt der Putz. Doch nach und nach wird auch in diesem Viertel renoviert und saniert. Über die Via del Campo, Via di Fossatello und Via San Luca gelangt man zur Piazza dei Banchi. An der **Piazza San Luca** lohnt sich ein Besuch der gleichnamigen kleinen Barockkirche. Erstmals 1188 von *Oberto Spinola* errichtet, wurde die Familienkirche zwischen 1626 und 1650 für die Spinola und Grimaldi neu aufgebaut. Anlässlich der Ernennung Genuas zur Kulturhauptstadt 2004 wurden insgesamt fünf Kirchen, darunter auch San Luca, aufwendig restauriert. San Luca besitzt nun wieder eine der schönsten barocken Ausstattung. Sämtliche Decken des überkuppelten Raumes einschließlich der Apsiswände überziehen Fresken von *Domenico Piola* (s.o., „Hallenkirche San Donato"), die zwischen 1681 und 1695 entstanden.

Wenige Schritte von der Piazza San Luca entfernt liegt der **Palazzo Spinola (24),** ehemals Residenz der Adelsfamilie *Spinola,* heute **Galleria Nazionale.** Die Räume besitzen größtenteils noch die originale Einrichtung und sind allein deshalb schon einen Besuch wert. Se-

Porta dei Vacca

henswert ist vor allem der kleine Spiegelsaal. In der Nationalgalerie sind Werke von *Rubens, Joos van Cleeve, Anton van Dyck, Giovanni Pisano, Giambologna,* bekannten genuesischen Künstler wie *Luca Cambiaso* und eine Keramik- und Porzellansammlung zu bewundern.

● **Galleria Nazionale di Palazzo Spinola (CM),** Piazza Pellicceria 1, 16123 Genova, Tel. 010/2467786, www.palazzospinola.it. Öffnungszeiten siehe Kapitel „Museen".

Als Rückweg zum Bahnhof empfiehlt sich ein Bummel durch die mittelalterliche **Arkadengasse Via di Sottoripa** (siehe Rundgang I).

Westlich vom Bahnhof liegt der **Palazzo del Principe/Doria Pamphili (2).** Die Villa wurde zwischen 1529 und 1533 für *Andrea Doria* zur prunkvollen Residenz ausgebaut, ein geradezu fürstlicher Hof riesiger Ausdehnung mit großzügigen Gartenanlagen, Brunnen, Grotten, Terrassen und eigener Schiffsanlegestelle. Er beherbergte Kaiser *Karl V.* bei seinem Besuch 1533. Ehemals lag der Palazzo auf einem grünen Hügel und war von Gärten umgeben, die auf der Hafenseite direkt bis an das Meer hinabreichten. Von diesem Anblick ist nicht mehr viel übrig geblieben. Heute wird die Meerkulisse vom Seebahnhof (Stazione Marittima), Parkplätzen, Straßen und vor allem der Sopraelevata beherrscht. Die rückwärtigen Gartenanlagen sind Wohnvierteln gewichen.

● **Palazzo del Principe/Doria Pamphili (CM),** Via San Benedetto 2, 16126 Genova, Tel. 010/255509, www.palazzodelprincipe.it. Öffnungszeiten und weitere Informationen siehe Kapitel „Museen".

Rundgang V

Dieser Rundgang beginnt östlich der Piazza De Ferrari mit der **Via XX Settembre.** Es gibt kaum eine Stadt in Italien, die nicht dieses wichtige Datum des italienischen Risorgimento (siehe Kapitel „Geschichte") in einem Straßennamen verewigt. Die breite Prachtstraße mit ihren eleganten Geschäften und hohen Bogengängen entstand um 1900. Hinter prächtigen Fassaden verbergen sich Boutiquen, Kaufhäuser, Kinos, Cafés und das Nobelhotel Bristol Palace. Gegen Abend wird die Via XX Settembre zur **Flaniermeile,** und die Cafés unter den Arkaden füllen sich.

Rechts und links führen Querstraßen in die neueren Stadtviertel, für die alte Quartiere, wie z.B. der Borgo der Steinmetze linker Hand oder der Borgo dei Lanaioli auf der Höhe der Piazza Dante, abgerissen wurden.

Ungefähr in der Mitte überspannt die Ponte Monumentale die leicht abwärts führende Straßenflucht. Kurz davor taucht auf der linken Straßenseite über den neogotischen Arkadengänge die schwarz-weiß gestreifte Fassade von **Santo Stefano (64)** auf. Santo Stefano war ehemals das religiöse Zentrum des Stadtviertels Portoria, zu dem auch der Borgo Piccapietra der Steinmetze gehörte. Von diesen traditionsreichen Vierteln gibt es so gut wie keine Überreste mehr. Von der terrassenartigen Kirchenpiazza blickt man hinab auf die Straßenschlucht der Via XX Settembre. 1217 fand die Weihe der romanischen Kirche statt, deren Ursprünge auf eine Benediktinerabtei aus dem 10. Jahrhundert zurückgeht. Eine Treppe führt zur

Kirche hinauf. Entdeckungsfreudige können auch einen kostenlosen Aufzug in der Brücke benutzen und landen sozusagen auf einer weiteren Etage der Via XX Settembre. Von hier aus ist die aus der Romanik erhaltene Apsis mit Blendarkaden und Rundbogenfries zu sehen. Treppen führen an der Apsis vorbei zur Kirche hinunter.

●**Tipp: Da Guglie,** Via San Vincenzo 64r, Tel. 010/565765. Ruhetag So. Traditionelles, kleines Farinata-Lokal mit Holzofen. Vorne gibt es drei Stehimbisstische. Im hinteren Teil stehen gedeckte Tische. Außer Farinata sollten Sie unbedingt die *Fritelle di Baccala* (Stockfisch) und *Panissa* probieren.

Wieder auf der Via XX Settembre zweigt links hinter der Brücke eine kleine Straße ab. Über die Via San Vincenzo und die Via Colombo gelangt man zur viereckig angelegten **Piazza Colombo.** Rundum verlaufen Arkaden, und an den Ecken zweigen Straßen ab. Die Mitte des Platzes nimmt ein großer Brunnen ein. Allerdings trübt der Verkehr den Anblick dieses schönen Platzes im modernen Stadtzentrum.

Über die Via Galata erreicht man wieder die Via XX Settembre und trifft auf einen der Eingänge zum **Mercato Orientale (63),** einer Markthalle mit einer unglaublichen Vielfalt an Obst und Gemüse. Nach Meinung der Genuesen gibt es hier das **beste Basilikum** für ihr berühmtes Pesto. Es ist kleinblättrig, außergewöhnlich geschmacksintensiv und stammt aus dem kleinen ligurischen Ort Pra. Die Atmosphäre auf dem Markt und der Anblick der farbenprächtigen Marktstände machen den Besuch zu einem Erlebnis. Hier bieten sich wunderschöne Fotomotive und eine stimmungsvolle Umgebung für eine Kaffeepause in einem kleinen Stehcafé.

Der **größte Markt Genuas** besteht seit 1899 und wurde auf dem Gelände eines ehemaligen Augustinerklosters errichtet. Allerdings handelt es sich um keinen orientalischen Markt, sondern „orientale" bezieht sich auf die Lage des Marktes im Osten der Altstadt.

Die Via XX Settembre endet im Osten bei der **Piazza della Vittoria.** Der riesige Platz mit dem Triumphbogen „Arco dei Caduti" (1932) wurde in der faschistischen Ära angelegt, was deutlich an der monumentalen Architektur rund um den Platz zu erkennen ist.

Tipps:
●**Antica Osteria della Foce,** Via Ruspoli 72, Tel. 010/5533155, Sa. Mittag und So. geschlossen.
●**Enoteca Il Pampino Vino e Cucina,** Via Ruspoli 31r, Tel. 010/588402.
●**Trattoria Spano** in der Via di Santa Zita 35r. Schlichtes Lokal nahe der Piazza della Vittoria, familiäre Atmosphäre und gute bodenständige Küche zu günstigen Preisen. Hier bekommt man auch Farinata, Gemüsetorte, Focaccia und frittierten Fisch.

Im Norden schließt sich die **Piazza Giuseppe Verdi** an. Dahinter liegt der **Bahnhof Brignole.**

Rundgang VI:
Sehenswerte Museen
außerhalb der Altstadt

Nicht weit vom Bahnhof Principe entfernt, lohnt sich ein Ausflug in ferne Länder und Kulturen. Mit einem Aufzug gelangt man auf schnellstem Wege hinauf zum ehemaligen Festungshügel

Montegalletto. Allein wegen der traumhaften Lage mit Blick über das Stadtzentrum, die umliegenden Hügel und den Hafen lohnt sich bereits ein Gang durch die Gartenanlage des **Castello d'Albertis (6).** An der Stelle einer Bastion aus dem 16. Jahrhundert errichtete hier der Seefahrer und Entdecker *Enrico Alberto D'Albertis* (1846–1932), eine der schillerndsten Persönlichkeiten Genuas, seinen herrschaftlichen Wohnsitz. Ganz im Zeichen der Zeit entstand zwischen 1886 und 1992 ein burgähnlicher, verschachtelter Gebäudekomplex im Stil der Neogotik mit Türmen, zinnenbewehrten Mauern und einer maurisch anmutenden und mit Terrakotta geschmückten Fassade. Die Baupläne dafür stammen vom Architekten *Alfredo D'Andrade*. Sein Steckenpferd waren die mittelalterlichen Burgen und Schlösser der Region. Als Direktor eines 1884 neu geschaffenen Amtes zur Erhaltung der piemontesischen und ligurischen Baudenkmäler bewahrte D'Andrade zahlreiche Burgen und Schlössern vor dem Verfall. 1932 vermachte der Capitano das Castello samt seiner etnografischen und archäologischen Sammlung der Stadt Genua. Nach einer längeren Restaurierungszeit präsentiert sich das **Museo delle Culture del Mondo (6)** seit 2003 mit didaktisch neu angelegten Museumsrundgängen, die durch die ehemaligen Wohnräume des Weltenbummlers, wie dem Studierzimmer mit nautischen Instrumenten, historischen Karten und Fotografien, einem Raum mit Sonnenuhren, durch den türkischen und kolumbianischen Salon oder dem Nachbau seiner Schiffskabine führen.

●Castello d'Albertis, **Museo delle Culture del Mondo,** Corso Dogali 18, 16134 Genova, Tel. 010/2723820, www.castellodalbertis genova.it. Öffnungszeiten und weitere Informationen siehe Kapitel „Museen".

Ebenfalls in einem der gehobenen Wohnbezirke aus dem 19. Jahrhundert nordöstlich oberhalb der Altstadt liegt das **Castello Mackenzie (66).** Sein auffälliges Erscheinungsbild verdankt der Bau seinem exzentrischen Besitzer *Evan Mackenzie*, einem reichen florentinischen Versicherungskaufmann schottischer Herkunft. Zugeschnitten auf seine Wünsche und Vorstellungen baute der ebenfalls aus Florenz stammende Architekt *Gino Coppedè* zwischen 1893 und 1905 diesen extravaganten Wohnsitz in einem Stilmix aus Gotik, Renaissance und Jugendstil mit Türmen, Außentreppen, Nischen und einem Zinnenkranz, die an die Rathäuser Torre del Mangia in Siena und den Palazzo Vecchio in Florenz erinnern sollen. Extravagant war auch die für das ausgehende 19. Jahrhundert ultramoderne Innenausstattung mit den neuesten technischen Errungenschaften. Durch eine Zentralheizung floss in jedem Badezimmer warmes Wasser, und ein kleines Hallenbad mit angeschlossener Sauna konnte beheizt werden. Ein Aufzug bot Platz für 25 Personen. Ein Teil der Originalausstattung ist noch erhalten. Der schwere Kronleuchter erinnert an den Leuchter im Dom von Pisa, der Galileo Galilei zur Erforschung der Pendelgesetze gedient haben soll. Vom großen Innenhof, ausgestattet mit Säulen, Wandgemälden und Wappenschildern, ein weiterer Bezug auf die toskanische Renaissance, führt eine Treppe ins Obergeschoss. Die ehemalige **Bibliothek** von Evan Mackenzie geht über 2 Stockwerke, durch eine Wendeltreppe miteinander verbunden. Die wertvollen Manuskripte werden heute in der Biblioteca Berio aufbewahrt. Nach dem Tod von Evan Mackenzie 1935 stand das Gebäude lange Zeit leer und wechselte mehrmals den Besitzer, bis 1986 der reiche amerikanische Kunstsammler *Mitchell Wolfson* das Anwesen erwarb und mit den Renovierungsmaßnahmen begann mit dem Plan, hier ein Museum für Kunstwerke des 19. und 20. Jahrhunderts einzurichten. Die Museumspläne wurden jedoch nie realisiert. 1995 waren erst die Außenarbeiten abgeschlossen. Die Sammlung von Mitchell Wolfson jr. kann in Nervi besichtigt werden. 2002 erwarb ein großes genuesisches Auktionshaus das Anwesen, sanierte die Innenräume und eröffnete ein privat geführtes Museum, das im Rahmen von Führungen besichtigt werden kann und Raum für Wechselausstellungen bietet.

● **Castello Mackenzie,** Mura di San Bartolomeo 16c (oberhalb Piazza Manin), Tel. 010/ 8395029, www.castellomackenzie.it. Öffnungszeiten und weitere Informationen siehe Kapitel „Museen".

Südöstlich der Piazza Carignano, umgeben von einem Park, ist in der klassizistischen Villa Croce in der Nähe des Messegeländes das **Museum für Moderne Kunst (60)** untergebracht. Die ständige Sammlung umfasst ca. 3000 vor allem abstrakte und grafische Werke italienischer Künstler des 20. Jahr-

hunderts. Daneben bietet sie auch jungen Künstlern Raum für Wechselausstellungen und Kunstprojekte.

● **Museo d'Arte Contemporanea di Villa Croce (CM),** Via Jacopo Ruffini 3, 16128 Genova, Tel. 010/585772, www.museovillacroce.it. Öffnungszeiten und weitere Informationen siehe Kapitel „Museen".

Das **Museum für Naturgeschichte der Stadt Genua (61)** wurde 1867 von *Giacomo Doria* gegründet und umfasst zoologische, botanische, mineralogische und paläontologische Sammlungen. Auf ca. 5000 m² Ausstellungsfläche werden ungefähr 6000 Tiere und 1000 Mineralien und Fossilien präsentiert, begleitet von Mulitmediasystemen und Naturfilmvorführungen. Vor allem der Saal der afrikanischen Savanne macht Kindern besonders viel Spaß.

● **Museo Civico di storia naturale di Giacomo Doria (CM),** Via Brigata Liguria 9, 16121 Genova, Tel. 010/564567, 582171, www. museodoria.it. Öffnungszeiten und weitere Informationen siehe Kapitel „Museen".

Museen in Genua

● **www.museidigenova.it,** mit Infos zu allen Museen Genuas mit aktualisierten Öffnungszeiten, in Italienisch, Englisch und Deutsch.
● Wer mehr als ein Museum besichtigen möchte, sollte sich gleich zu Beginn der Besichtigungstour die **Card musei** besorgen. Sie ist in den städtischen Museen, im Palazzo Ducale und bei den Touristeninformationen erhältlich. Mit diesem Sammelticket hat man Eintritt zu insgesamt 22 Museen (Ticket für 24 Stunden 12 € (inkl. Bus 13,50 €), Ticket für 48 Stunden 16 € (inkl. Bus 20 €).
● Viele der genannten Museen werden im Rahmen der Stadtrundgänge vorgestellt.

● **Acquario di Genova,** Area Porto Antico (alter Hafen), Piazza Caricamento, 16124 Genova, Tel. 010/23451, 2345320, www.acqua rio.ge.it, Öffnungszeiten: Mo.-Fr. 9.30-19.30 Uhr, letzter Eintritt 17.00 Uhr, Sa. und So. 9.30-20.30 Uhr, letzter Eintritt 19.00 Uhr. Eintritt 17 €, Kinder 11 €.

● **Castello Mackenzie,** Mura di San Bartolomeo 16c (oberhalb Piazza Manin), Tel. 010/8395029, www.castellomackenzie.it. Geöffnet Mo.-Fr. mit Führung (ca. 1,5 Stunden) um 9.00, 10.30 und 12.00 Uhr, Eintritt 7 €. Mit Buslinie 33 (Bahnhof Brignole) oder 34 (Bahnhof Principe) zur Piazza Manin (in der Nähe Bahnhof Trenino di Casella).

● **Città dei Bambini,** Magazzini del Cotone, 1. Stock, 16128 Genova, Tel. 010/2475702, Fax 2475712, www.cittadeibambini.net. Öffnungszeiten: von Oktober bis Juni 10.00-18.00 Uhr, von Juli bis September 11.30-19.30 Uhr. Eintritt Kinder 7 €, Erwachsene 5 €.

● **Galata Museo del Mare,** Calata de Mari 1, 16128 Genova, Tel. 010/2345655, Fax 234 5565, www.galatamuseodelmare.it. Öffnungszeiten: von März bis Oktober täglich 10.00-19.30 Uhr, von November bis Februar Di.-Fr. 10.00-18.00 Uhr, Sa. und So. 10.00-19.30 Uhr, Mo. geschlossen. Eintritt 10 €, Kinder 5 €.

Galeone Neptune, Tel. 010/2476608, Öffnungszeit: 10.00-18.00 Uhr, Eintritt Erwachsene 5 €, Kinder 3 €.

● **Galleria di Palazzo Bianco,** Via Garibaldi 11, 16124 Genova, Tel. 010/5572193. Öffnungszeiten: Di.-Fr. 9.00-19.00 Uhr, Sa. u. So. 10.00-19.00 Uhr, montags geschlossen, Eintritt 8 €, 6 € (Gemeinschaftsticket „Musei di Strada Nuova").

● **Galleria di Palazzo Reale,** Via Balbi 10, 16126 Genova, Tel. 010/2710211, www.palaz zorealegenova.it. Öffnungszeiten: Di.-Sa. 8.30.-19.30 Uhr, So. 13.30-19.30 Uhr, Mo. geschlossen. Eintritt 4 € (Kombiticket mit Palazzo Spinola 6,50 €).

● **Galleria di Palazzo Rosso,** Via Garibaldi 18, 16124 Genova, Tel. 010/2476351. Öffnungszeiten: Di.-Fr. 9.00-19.00 Uhr, Sa. u. So. 10.00-19.00 Uhr, Mo. geschlossen. Eintritt 8 €, Kinder 6 €.

● **Galleria Nazionale di Palazzo Spinola,** Piazza Pellicceria 1, 16123 Genova, Tel. 010/ 2705300, www.palazzospinola.it, Di.-Sa. 8.30-19.30 Uhr, So. 13.30-19.30 Uhr, Mo. geschlossen. Eintritt 4 €, Kinder 2 €.

● **Lanterna/Museo,** 16126 Genova, Tel. 010/ 910001, www.liguri.org/lanterna. Öffnungszeiten: Sa. und So. 10.00-19.00 Uhr oder nach Vereinbarung. Eintritt 6 €, Kinder 4 €.

● **Museo Civico del Risorgimento (Istituto Mazzini),** Via Lomellini 11, 16124 Genova, Tel. 010/2465843. Öffnungszeiten: Di.-Fr. 9.00-19.00 Uhr, Sa. 10.00-19.00 Uhr. So. und Mo. geschlossen. Eintritt 4 €, Kinder 2,80 €.

● **Museo Civico di Storia Naturale „G. Doria"** (Städtisches Naturkundemuseum), Via Brigata Liguria 9, 16121 Genova, Tel. 010/ 564567, Fax 566319. Öffnungszeiten: Di., Mi., Do. und Fr. 9.00-19.00 Uhr, Sa. und So. 10.00-19.00 Uhr, Mo. geschlossen. Eintritt 4,80 €, Kinder 2,80 €. Vom Bahnhof Principe mit dem Bus Linie 18 zum Bahnhof Brignole, überquert die Piazza Verdi, biegt in die Via Fiume und gelangt nach der Via XX Settembre in die Via Brigata Liguria.

● **Museo d'Arte Contemporanea,** Villa Croce, Via Jacopo Ruffini 3, 16128 Genova, Tel. 010/585772. Öffnungszeiten: Di.-Fr. 9.00-18.30 Uhr, Sa./So. 10.00-18.30 Uhr, Mo. geschlossen. Eintritt 4 €, Kinder 2,80 €.

● **Museo d'Arte Orientale E. Chiossone,** Villetta Di Negro, Piazzale Mazzini 1, 16122 Genova, Tel. 010/542285. Öffnungszeiten: Di.-Fr. 9.00-19.00 Uhr, Sa. u. So. 10.00-19.00 Uhr. Eintritt 4 €, Kinder 2,80 €.

● **Museo dell'Accademia Ligustica di Belle Arti,** Largo Pertini 4, 16121 Genova, Tel. 010/ 581957. Öffnungszeiten: Mo.-Sa. 9.00-13.00 Uhr, bis auf Wechselausstellungen freier Eintritt.

● **Museo dell'Antartide,** Palazzo Millo, Area Porto Antico, 16128 Genova, Tel. 010/254 3690. Öffnungszeiten: Di.-Sa. 9.45-18.15 Uhr, So. 10.00-19.00 Uhr.

●Castello d'Albertis, **Museo delle Culture del Mondo,** Corso Dogali 18, 16134 Genova, Tel. 010/2723820. Am besten erreicht man das Museum mit dem *Ascensore Castello d'Albertis- Montegalletto.* Er verbindet die Via Balbi (nur 50 m vom Bahnhof Principe entfernt) mit dem Corso Dogali und hält gegenüber vom Castello d'Albertis. Geöffnet Oktober bis März: Di.–Fr. 10.00–17.00, Sa. und So. 10.00–18.00 Uhr, April bis September: 10.00–18.00 Uhr. Eintritt 6 €, Kinder 4,50 €.

●**Museo del Tesoro di San Lorenzo,** Piazza San Lorenzo (Kathedrale), 16123 Genova, Tel. 010/2471831, Mo.–Sa. 9.00–12.00, 15.00–18.00 Uhr, So. geschlossen. Eintritt 5,50 €. Der kostbare Domschatz wird hier verwahrt und kann besichtigt werden. Herzstück der Sammlung ist der *Piatto di San Giovanni Battista,* das Kreuz des Zacharias (13. Jh.).

●**Museo di S. Maria di Castello,** Salita S. Maria di Castello 15, 16123 Genova, Tel. 010/254951, tgl. 15.30–18.30 Uhr. Eintritt frei.

●**Museo di Sant'Agostino,** Piazza Sarzano 35, 16128 Genova, Tel. 010/2511263, www. museosantagostino.it. Öffnungszeiten: Di.–Fr. 9.00–19.00 Uhr, Sa. u. So. 10.00–19.00 Uhr. Eintritt 4 €, Kinder 2,80 €.

●**Museo Diocesano,** Chiostro dei Canonici di San Lorenzo, Via Reggio 20 r, 16155 Genova, Tel. 010/2541250, www.diocesi.geno va.it/museodiocesano. Öffnungszeiten: Di. u. So. 10.00–13.00/15.00–19.00 Uhr, Mi.–So. 15.00–19.00 Uhr. Kombiticket Museo Diocesano/Museo del Tesoro di San Lorenzo 6 €.

●**Museo di Storia Contadina,** Salita al Garbo 49, Rivarolo, 16159 Genova, Tel. 010/442079. Öffnungszeiten: Di.–Sa. 10.00-19.00 Uhr, Eintritt 4 €, Kinder 2 €.

●**Museo Luzzati,** Porto Antico, Porta Siberia, 16128 Genova, Tel. 010/2530328, www.mu seoluzzati.it. Öffnungszeiten: Di.–Fr. 10.00-18.00 Uhr, Sa. und So. 10.30–18.30 Uhr, Mo. geschlossen. Eintritt 5 €, Kinder 2 €.

●**Palazzo del Principe/Doria Pamphili,** Piazza del Principe 4, 16126 Genova, Tel.

Genua und sein Hinterland

010/255509, www.dopart.it/genova. Öffnungszeiten: Di.–So. 10.00–17.00 Uhr. Eintritt 9 €, Kinder 7 €.
● **Palazzo Ducale,** Piazza Matteotti, 16123 Genova, Tel. 010/562440, www.palazzoducale.genova.it. Öffnungszeiten: Di.–So. 9.00–19.00 Uhr.
● **Torre Grimaldina** und der Kerker, Tel. 010/5574064, Do. und Fr. 15.00–18.00 Uhr, Sa. 10.00–13.00 Uhr, Eintritt 4 €.

● **Die Kirchen** sind in der Regel vormittags bis 12.30 und nachmittags von 15.30–18.30 Uhr geöffnet.

Praktische Informationen

● www.genova-turismo.it

Touristeninformation

● **IAT-Büro Piazza De Ferrari (beim Teatro Carlo Felice),** 16123 Genova, Tel. 010/860 6122, täglich 9.00–13.00/14.30–18.30 Uhr, genovaturismodeferrari@comune.genova.it. Hier ist u.a. der monatlich erscheinende Veranstaltungskalender *passport* kostenlos erhältlich. Er bietet einen guten Überblick über aktuelle Ausstellungen, Veranstaltungen und Theatervorstellungen für die Provinz Genua.
● **IAT-Büro Aeroporto C. Colombo,** Genova-Sestri Ponente, 16154 Genova, Tel./Fax 010/6015247, täglich 9.00–13.00/13.30–17.30 Uhr, genovaturismoaeroporto@comune.genova.it.
● **Visitor Centre,** Via Garibaldi, 16123 Genova, Tel. 010/5572903, täglich 9.00–13.00/14.30–18.30 Uhr, genovaturismosede@comune.genova.it.

Unterkunft

In Genua ein geeignetes Hotel je nach Geschmack und Geldbeutel zu finden, ist nicht einfach. Vor allem Lärmempfindliche haben es in allen Preiskategorien schwer. Völlige Ruhe ist in der autoreichen Innenstadt nicht zu haben. Die gehobenen ****Cityhotels, wie das Starhotel President, Bristol Palace, Savoia Majestic, Jolly Hotel Plaza, sind zwar modern und komfortabel ausgestattet, haben aber trotz der zum Teil alten Häuser eine sterile Atmosphäre und werden vorwiegend von Geschäftsleuten frequentiert.

● ***Astoria (65),** Piazza Brignole 4, 16122 Genova, Tel. 010/873316, Fax 8317326, www. hotelastoria-ge.com. In der Nähe des Bahnhofs Brignole, Gehnähe zur Piazza de Ferrari. Traditionelles, auf sympathische Weise altmodisches Stadthotel mit 69 Zimmern. Einige davon sind sehr geräumig und mit alten Möbeln ausgestattet. Wenn möglich, schauen Sie sich das Zimmer vorher an. Das Astoria liegt an einem sehr verkehrsreichen Platz, unbedingt Zimmer nach hinten raus wählen, Garage in der Nähe. 120–250 €.
● ***Europa (4),** Vico Monachette 8, 16126 Genova, Tel. 010/256955, Fax 261047, www. pangea.it/europa. Hotel am westlichen Rand der Altstadt nahe des Hauptbahnhofs (Stazione Principe), trotzdem relativ ruhige Lage, 37 Zimmer, Parkplatz. 93–176 €.
● ***Agnello d'Oro (3),** Vico Monachette 6, 16126 Genova, Tel. 010/2462084, Fax 246 2327, www.hotelagnellodoro.it. Einfacheres, aber sauberes und ordentlich geführtes Haus neben dem Europa mit 29 Zimmer, korrekter Preis. 75–120 €.
● **Cristoforo Colombo (54),** Via di Porta Soprana 59r, 16123 Genova, Tel./Fax 251 3643, www.hotelcolombo.it. Vollständig renoviertes und mit viel Geschmack modernisiertes kleines und sympathisches Hotel im Herzen der Altstadt, 26 freundliche Zimmer und ein traumhafter Blick von den zwei Terrassen über die Dächer der Altstadt. 110–170 €.
● **Cairoli (25),** Via Cairoli 14, 16124 Genova, Tel. 010/2461454, Fax 2467512, www.ho telcairoligenova.com. Einfaches und ordentliches 2-Sterne-Hotel in der westlichen Altstadt mit 16 Zimmern, Terrasse. 85–95 €.
● *Palazzo Cicala (50),** Piazza San Lorenzo 16, 16123 Genova, Tel. 010/2518824, Fax 2467414, www.palazzocicala.it. Elegante, stilvolle Unterkunft in einem renovierten Palazzo mitten in der Fußgängerzone gegenüber von San Lorenzo. DZ 100–225 €.
● *Hotel Major (41),** Vico Spada 4, 16100 Genova, Tel. 010/2474174, Fax 2469898, www.hotelmajorgenova.it. Kleines ordentliches Stadthotel, zentral gelegen (von Piazza Fontane Marose in Via Luccoli, 2. Gasse rechts), 17 Zimmer, Doppelzimmer mit Bad 80 €, ohne Bad 70 €, Frühstück 10 €.

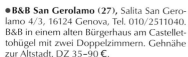
●**B&B San Gerolamo (27),** Salita San Gerolamo 4/3, 16124 Genova, Tel. 010/2511040. B&B in einem alten Bürgerhaus am Castellettohügel mit zwei Doppelzimmern. Gehnähe zur Altstadt. DZ 35–90 €.

●**B&B La Meridiana (36),** Salita San Francesco 7/5a, 16124 Genova, Tel. 010 2462756, mobil 349/6666020, www.bblameridiana.it. 2 Geschmackvoll eingerichtete Zimmer in einem restaurierten Stadthaus, wenige Minuten von den Museen der Strada Nuova entfernt, DZ 55–70 €.

●***Barone (62),** Via XX Settembre 2/23, 16121 Genova, Tel./Fax 010/587578. Einfache, aber saubere, korrekte Pension mit 12 geräumigen Zimmern (die meisten ohne Bad) im 3. Stock eines alten Stadthauses in der verkehrsreichen (!) Via XX Settembre. DZ ohne Bad 35–70 €, mit Bad 44–88 €.

Jugendherberge

●**Ostello per la Gioventù Genova,** Via Costanzi 120, 16135 Genova, Tel./Fax 010/242 2457, www.aighostels.com. Öffnungszeiten: 1. Februar bis 19. Dezember. Große Jugendherberge mit 207 Betten in einem Neubau in der westlichen Oberstadt. Mit der Funicolare (Standseilbahn) ab Largo della Zecca oder mit dem Bus Linie 40 ab Bahnhof Brignole oder Principe zu erreichen. Übernachtung 16,50–24,50 € p./P.

Camping

●****Camping Villa Doria,** Via al Campeggio Villa Doria 15, 16156 Pegli, Tel./Fax 010/ 6969600, www.camping.it/liguria/villadoria. Der Platz befindet sich in der westlichen Vorstadt Pegli; Baumbestand, Terrassenanlage.

Restaurants

Die meisten der Restaurants, Cafés, Bars etc. werden auch im Rahmen der sechs Stadtrundgänge (römische Ziffern in Klammern) besprochen bzw. erwähnt.

●**Ristorante Panson** (II), Piazza delle Erbe 5r, 16123 Genova, Tel. 010/2468903, Ruhetag So. Schön gelegenes, nobleres Restaurant mit ligurischen Spezialitäten und Tischen auf der Piazza. Oberste Preislage.

●**Osteria da Genio** (II), Salita San Leonardo 61r, 16128 Genova, Tel. 010/588463, Ruhetag So. Gemütliches Lokal mit sehr guter regionaler Fischküche. Mittlere Preislage.

●**Ostaia di Castello** (II), Salita di S. Maria del Castello 32r, 16123 Genova, Tel. 010/2468 980, Ruhetag So. abends. Im Stil einer alten Osteria eingerichtetes Lokal in einem restaurierten Palazzo aus dem 15. Jahrhundert. Serviert werden überwiegend regionale Spezialitäten wie Muscheln, mit Branzino gefüllte Ravioli, Pansoti mit Walnusssauce und gegrillter oder frittierter Fisch. Gehobene Preislage.

●**Trattoria Da Ugo** (II), Via dei Giustiniani 86r, 16123 Genova, Tel. 010/2469302, Ruhetag So. und Mo. Die sympathische, mit Holztischen rustikal eingerichtete Trattoria liegt mitten in der Altstadt nahe der Piazza delle Erbe. Serviert wird nach Ansage das täglich wechselnde Menü. Sehr zu empfehlen sind die Stockfischgerichte, *Fritto misto,* und *Pansoti* mit *salsa di noci.* Unbedingt vorher anrufen, ab ca. 20 Uhr sind alle Tische besetzt. Untere bis mittlere Preislage.

●**Ristorante Bakari** (I), Vico del Fieno 16r (geht von der Piazza Soziglia ab), 16123 Genova, Tel. 010/2476170, Sa. Mittag und So. geschlossen. Kleines, angenehm ruhiges Restaurant mit gutem Service und sehr guter, fantasievoll abgewandelter ligurischer Küche. Mittlere Preislage.

●**Da Maria** (III), Vico Testadoro 14r und Via XXV Aprile (Nähe Piazza Fontane Marose), 16123 Genova, Tel. 010/581080, von Mo. bis Sa. nur mittags geöffnet, So. Ruhetag. Jahrzehntelang galt die bodenständige Osteria von *Maria Manté* als genuesische Institution. 2006, nach dem Tod der Signora, wurde außer den Öffnungszeiten nichts verändert. Weder am Ambiente noch an der Karte. Zur Mittagszeit warten am Eingang nach wie vor Hungrige sehnlichst auf einen frei werdenden Platz. Ein buntes Volk, Büroangestellte, Arbeiter, Studenten und Freischaffende, darunter viele Stammgäste, lassen sich hier die selbstgemachte Pasta, die Stockfischgerichte und die klassisch zubereitete *Cima alla Genovese* schmecken. Bleibt zu hoffen, dass noch möglichst lange alles beim Alten bleibt. Moderate Preise.

●**Trattoria Spano** (V), Via di Santa Zita 35r, 16129 Genova, Tel. 010/588545. Ruhetag So. u. Mo. mittags und abends geöffnet. Schlichtes Lokal im Osten der Stadt (Nähe Piazza della Vittoria), familiäre Atmosphäre, gute bodenständige Küche zu günstigen Preisen.

●**Enoteca Il Pampino Vino e Cucina,** Via Ruspoli 31r, 16129 Genova, Tel. 010/588402. Geöffnet bis 22 Uhr, So. Ruhetag. Glück hat, wer hier um die Mittagszeit einen Tisch ergattert. Das Lokal liegt außerhalb der Altstadt, südlich der Piazza Vittoria im Stadtteil Foce. Täglich wechselnde kleine Tageskarte, dazu können ausgewählte Flaschenweine glasweise verkostet werden. Untere bis mittlere Preislage.

●**Antica Osteria di Vico Palla,** Vico Palla 15r (Querstraße zur Via del Molo, Porto Antico), 16128 Genova, Tel. 010/2466575, Mo. Ruhetag. Die urige Osteria liegt etwas versteckt hinter der Porta Siberia. Die lebhafte Atmosphäre und die hervorragende ligurische Fischküche hat sich schon längst herumgesprochen. Auch mittags sind alle Tische immer schnell besetzt, anrufen lohnt sich. Die Karte wechselt täglich und wird angesagt. Zu den unverwechselbaren Klassikern gehören die Stockfischgerichte oder die mit *branzino* gefüllten Ravioli, schwarze *trofie* oder *seppie in umido* und als Besonderheit *bianchetti bolliti* mit hausgemachter Pasta. Das Dessert ist ebenfalls hausgemacht. Mittlere Preislage.

●**Ombre rosse,** Vico Indoratori 20-22-24r, 16123 Genova, Tel. 010/2757608. Sa. Nachmittag und So. geschlossen. Kleines, einladendes Restaurant in der Casa Camilla, einem der ältesten Häuser Genuas, gegenüber der Piazza dei Ragazzi. Im Sommer wird auch auf der Piazzetta serviert. Traditionelle ligurische Küche, mittlere Preislage.

●**Antica Osteria del Bai,** Via Quarto 12, 16148 Genova Quarto, Tel. 010/387478. Mo. Ruhetag. Elegantes Restaurant mit gehobener Fischküche. Gehobene Preislage.

Farinata-Lokale

Farinotti sind für Genua typische **kleine, einfache Lokale in der Altstadt,** in denen man sehr günstig essen kann. Hier treffen sich Arbeiter, Handwerker und Büroange-

stellte zum Mittagstisch. Neben einfachen Trattoria-Gerichten gibt es die ligurischen Klassiker wie *Farinata, Torta di verdura,* frittiertes Gemüse oder Fisch, *Panissa* und *Foccacia.* Farinotti sind die italienische Antwort auf McDonald's, nur viel besser. Bei den Stehlokalen wird die Farinata auf einem Stück Papier serviert, dazu gibt es ein kleines Glas offenen Wein. Farinata ist ein dünn ausgebackener Teigfladen aus Kichererbsenmehl, der etwas fettig ist, aber sehr lecker schmeckt.

●**Sà Pesta** (II), Via dei Giustiniani 16, 16123 Genova, Tel. 010/2468333. Mo–Mi nur mittags geöffnet, Do.–Sa. mittags und abends, So. Ruhetag. Hervorragendes Farinata-Lokal.

●**Da Guglie** (V), Via San Vincenzo 64r, 16121 Genova, Tel. 010/565765. Ruhetag So. Traditionelles, kleines Farinata-Lokal mit Holzofen. Vorne gibt es drei Stehimbisstische, im hinteren Teil stehen gedeckte Tische.

●**Farinotto Sciamadda** (II), Via di Ravecca 14r, 16128 Genova, Tel. 010/2468516, Ruhetag So. und Mo. Typisches einfaches Farinata-Lokal mit Holzofen. Außer Farinata gibt es frittierten Fisch, Gemüsekuchen und Panissa. Ideal für den kleinen Hunger zwischendurch.

Cafés/Bars/Eis

●**Caffè Pasticceria Klainguti** (I), Piazza Soziglia 98r, 16123 Genova. Älteste Konditorei Genuas, 1828 gegründet.

●**Caffè Romanengo** (I), Via degli Orefici 31r, 16123 Genova. Traditionsreiche Konditorei in der Altstadt, mit Kaffeespezialitäten, Tische im Freien.

●**Caffè Mangini** (III), Piazza Corvetto 3, 16122 Genova. Altes Kaffeehaus an der Piazza Corvetto, Tische im Freien, aber laut.

●**Caffè degli Specchi** (II), Salita Pollaiuoli 42r, 16123 Genova. Schönes Café in der südlichen Altstadt – der richtige Ort für einen Aperitif und einen kleinen Snack.

Anreise mit dem Auto

●**Autobahnausfahrt Ovest** (West) von Norden oder von der Riviera Ponente kommend, auf der Sopraelevata, zweite Ausfahrt Centro Città.

●Aus Richtung La Spezia kommend, **Autobahnausfahrt Genova Est,** in Richtung Stazione ferroviaria di Genova Brignole (Bahnhof Brignole), abbiegen in die große Via XX Settembre (siehe Stadtplan).

Busse/Metro ab Bahnhof

●**Öffentlicher Nahverkehr AMT:** Einzeltickets 1,20 €, 90 Minuten gültig. 24-Std.-Tickets gültig in Bussen, Metro, Standseilbahn, Aufzüge, Navebus und Volabus (Flughafentransfer), 4 €.
●Vom **Bahnhof Brignole** zur **Piazza De Ferrari** mit den Buslinien 18, 19, 20, 37, 39, 40.
●Vom **Bahnhof Principe** zur **Piazza De Ferrari** mit der Buslinie 35 oder am schnellsten mit der neuen Metro (ca. 300 m vom Bahnhof entfernt). Sie fährt von Rivarolo, nördlich von Genua über den Bahnhof Principe bis in die Stadtmitte. Bislang sind 6 U-Bahnstationen (Brin/Di Negro/Principe/Darsena/San Giorgio/Piazza De Ferrari) fertiggestellt, Tagesticket 3,50 €.
●Nach **Nervi** fahren die Buslinie 15 (ab Piazza Ferrari und Porto Antico), ca. jede halbe Stunde.
●Öffentliche Schiffsverbindung mit dem **Navebus** zwischen Porto Antico/Piazza Caricamento und Pegli. Fahrtdauer ca. 30 Minuten.

Anreise mit dem Flugzeug

●**Internationaler Flughafen Cristoforo Colombo,** 11 km vom Zentrum; Direktflüge nach Rom, Paris, Frankfurt, Zürich; www.aeroportodigenova.com. Stündlicher Buszubringerdienst ins Stadtzentrum an den Bahnhof Principe. Fahrtdauer ca. 20 Minuten.

Parken

●**Parkhäuser** an der Piazza Piccapietra und Piazza Dante. Gebührenpflichtige Parkplätze am Rand der Altstadt in der Via G. D'Annunzio (Nähe Piazza Dante).
●**Für Besucher des Aquariums** stehen Parkhäuser und Parkplätze direkt auf dem Gelände des alten Hafens zur Verfügung.

Schallplatten und CD's

●*Gianni Tassio* hat in diesem Laden seinem 1999 verstorbenen Idol Fabrizio De André ein ganz besonderes Denkmal gesetzt. Von außen ein ganz normaler **Platten- und CD-Laden,** kann man hier zwischen alten Plakaten und Devotionalien in einer großen Auswahl auch seltener Aufnahmen italienischer Liedermacher stöbern, allen voran die von *Fabrizio De André,* einer der beliebtesten Cantautore (Liedermacher) Italiens und moderner Held Genuas. Als reicher Sohn einer genuesischen Unternehmerfamilie schrieb er Lieder über die Ausgestoßenen und Armen im Hafenviertel und über die Verlogenheit des bürgerlichen Establishments.
   Musica Gianni Tassio, Via del Campo 29r, Tel. 010/2465839. Mehr zu Fabrizio De André über www.viadelcampo.com.

Märkte

●**Mercato Orientale** (V), große Markthalle mit riesigem Angebot an Obst, Gemüse, Käse, Fleisch etc., Via XX Settembre, Mo. bis Sa. 7.30-13.30 Uhr und 15.30-19.30 Uhr.
●**Fischmarkt** (I), Piazza Cavour, Tel. 010/2466558, Mo.–Sa. 7.45-8.30 Uhr.

Wein

●**Vinoteca Sola** (V), Piazza Colombo 15r, Tel. 010/561329. Gut sortierte Enoteca mit ausgezeichneten Weinen aus Italien und dem Ausland.
●**Enoteca Giovanni Bianchi** (I), Via Sottoripa 67r, Tel. 010/2472791. Schöne Weinhandlung mit Verkostung unter den Arkadengängen entlang des Hafens.
●**Infernotto** (III), Vico al Monte di Pietà 5r (zweigt von der Via XXV Aprile ab), Tel. 010/2474353. Weinhandlung mit einer sorgfältigen Auswahl an italienischen Weinen bezahlbarer Preisklassen.
●**Solan-Enoteca Cucina e Vino** (V), Via Barabino 120r (im Stadtteil La Foce), Tel. 010/594513. Enoteca mit italienischen Weinen, Verkostung und Küche.

Süßigkeiten

   In den folgenden Konditoreien gibt es hervorragende Kuchen und Gebäck in großer Auswahl:
●**Romanengo,** Via degli Orefici 31r.
●Etwas ganz Besonderes ist die **Drogheria M. Toriella** (II) in der Via S. Bernardo 32. Das alteingesessene winzige Geschäft hat trotz

des geringen Platzes eine riesige Auswahl an Gewürzen, Kaffee, getrockneten Früchten, Schokolade und vieles mehr.

●**Fabbrica Cioccolato Viganotti dal 1866,** Vico Castagna 14r (winzige Gasse, die südlich der Via di Porta Soprana abzweigt, ganz in der Nähe liegt auch die Piazza delle Erbe), Tel. 010/2514061. Ein schmaler, dunkler Hinterhof und eine knarrende alte Holztür führen hinein ins Schlaraffenland für Liebhaber der echten Schokolade. Der süße Duft von Kakao liegt in der Luft, und in der alten Ladentheke aus Holz findet man eine Auswahl der feinsten *cioccolatini*, mit Schokolade überzogene kandierte Früchte, und je nach Jahreszeit wechseln sich Spezialitäten wie kandierte Veilchenblüten mit glasierten Maronen ab.

Bücher- und Plattenmarkt
auf der Piazza Banchi

Haushalt

●**Ferramenta Ansaldo,** Via Dupré 39/41r. In diesem kleinen Geschäft im alten Hafenviertel findet sich alles rund um Küche und Haushalt. Wer sich im Nudelmachen üben will, bekommt hier die handgeschnitzten, zweiteiligen Holzmodelle für *Corzetti,* die runden ligurischen Teigflecken, die zunächst wie mit einem Stempel eine Prägung erhalten und dann mit dem zweiten Teil des Models ausgestochen werden.

Feste/Feiern

●**Regata e corteo storico delle Antiche Repubbliche Marinare:** Die historische Bootsregatta ist das wichtigste Volksfest Genuas. Die alten Seerepubliken Genua, Venedig, Amalfi und Pisa tragen dabei jedes Jahr bei einem Ruderwettbewerb ihren jahrhundertelangen Streit aus. Der Austragungsort wechselt jährlich unter den Teilnehmern. 2010 wird die Regata wieder im alten Hafen von Genua ausgetragen.

Veranstaltungen

- **Salone Nautico Internazionale,** internationale Bootsausstellung jeden Oktober.
- **Slow Fish, Salone del pesce sostenibile** (Messe für nachhaltigen Fischfang) auf dem Messegelände von Genua, www.slowfish.it. Die offene Reihe von Veranstaltungen mit Workshops rund ums Wasser, Lehrpfaden, Teatro del Gusto wird von *Slow Food* in Zusammenarbeit mit der Region Ligurien organisiert. Die Messe wechselt sich jährlich mit dem Salone del Gusto in Turin ab.

Sightseeing

- **Schöne Sightseeingtour auf der Circonvallazione a Monte.** Diese Umgehungsstraße durchquert das gesamte amphitheaterförmige Stadtgebiet Genuas auf halber Höhe und verbindet die beiden Bahnhöfe Principe und Brignole. Vorbei an Villen, Parks und Aussichtspunkten erhält man sozusagen von oben Einblicke in das Stadtbild. Ab Piazza de Ferrari mit der Buslinie 35.
- **Genova bus and boat,** Mobil 334/693 2550. Sightseeing Tour im offenen Bus mit mehrsprachigen Audioführern durch die Altstadt, mehrmals täglich (im Winter nur an Sonn-und Feiertagen) ab Piazza Caricamento (gegenüber Acquario), Erwachsene 10 €, Kinder (4–12 Jahre) 7 €.
- **Lohnenswerte Hafenrundfahrt (Giro del porto),** Cooperativa Battello, Tel. 010/255 975. Anlegestelle direkt neben dem Acquario, Fahrzeit ca. 40 Minuten.

Genua für Kinder

- **Acquario,** siehe Stadtrundgang I.
- **Hafenrundfahrt,** siehe oben.
- **Galeone Neptune,** siehe Stadtrundgang I.
- **Galata Museo del mare,** siehe Stadtrundgang II.
- **Città dei Bambini,** siehe Stadtrundgang II.
- Die **historische Schmalspurbahn** fährt nach Casella ins Hinterland von Genua (s.u.).

- **Museo Civico di Storia Naturale G. Doria**, siehe Stadtrundgang VI.

Ausflüge von Genua

Standseilbahn und Aufzug

Von der Innenstadt führen einige **Aufzüge** (Ascensori) und **Standseilbahnen** (Funicolari) hinauf in die vornehmen Genueser Wohnviertel, eine bequeme Möglichkeit für einen Ausflug auf die umliegenden Hügel und die schönsten Ausblicke auf die Stadt und den Hafen.

- **Funicolare Zecca – Righi:** Vom Largo Zecca (Verkehrsknotenpunkt zwischen Via Balbi und Via Garibaldi) fährt die Standseilbahn auf den Righi-Hügel (täglich 6.40–24.00 Uhr) ab. Die Hälfte der ca. 1,5 km langen Strecke verläuft durch Tunnel. Von der Endstation Largo Caproni auf 292 m Höhe gelangt man zu Fuß zur mächtigen **Festung Castellaccio** aus dem 16. Jahrhundert hinauf. Außerdem

Genua und sein Hinterland

Fabbrica Cioccolato Viganotti

ist der Largo Carponi Ausgangspunkt für eine reizvolle Wanderung zu den **mittelalterlichen Festungsanlagen** Sperone, Puin, Fratello Minore, Diamante. Zurück mit der Schmalspurbahn Genova – Casella ab Haltestelle Campi.

● **Ascensore di Castelletto,** mit dem Jugendstil-Aufzug von der Piazza Portello hinauf zum Belvedere Montaldo im Castelletto-Viertel, direkt oberhald des Palazzo Tursi, einer der schönsten Aussichtspunkte über die Stadt. Täglich von 6.40–24 Uhr geöffnet.

● **Ascensore Castello d'Albertis-Montegalletto** verbindet Via Balbi mit dem Corso Dogali, Mo.–Sa. 6.45–21.20 Uhr, sonn-und feiertags 8.00–21.00 Uhr. 50 m vom Bahnhof Principe entfernt.

Schmalspurbahn Genova – Casella

Als Tagesausflug bietet sich eine Fahrt mit dem **„Trenino"** in das grüne Hinterland nach Casella durch das Valbisagno, das Valle Scrivia und Valpolcevera an. Die private Schmalspurbahn Genua – Casella wurde 1929 eingeweiht und sollte für eine bessere Verkehrsanbindung in das Alta Val Scrivia und ins Trebbia-Tal sorgen. Ursprünglich war geplant, auch die Orte Busalla, Montoggio und Torriglia miteinander zu verbinden. Auf Grund der schlechten wirtschaftlichen Lage konnten nur die ersten 24 km verwirklicht werden. Die **nostalgische Fahrt** führt zunächst auf halber Höhe am rechten Ufer des Bisagno und auf einem Aquädukt oberhalb von Staglieno entlang. Von hier reicht der Blick bis zum Monte di Portofino. Durch enge Kurven, Tunnel und über viele Brücken windet sich der Zug bis zum kleinen Ort **Casella** inmitten der grünen Landschaft des oberen Scrivia-Tals hinauf.

Zur Piazza Manin ab Bahnhof Brignole Bus Nr. 33, ab Bahnhof Principe Bus Nr. 34, Dauer der Fahrt etwa 20 Min. Der Bahnhof für die historische Bergbahn liegt in der Nähe der Piazza Manin, unterhalb des Castello Mackenzie. Die Bahn fährt im 1–2 Stunden-Takt. Bis nach Casella dauert die Fahrt ca. 1 Stunde.

● **Infos** über die genauen **Abfahrtszeiten** über www.ferroviagenovacasella.it. Ticket 2 €.

Staglieno – Stadt der Toten

„Der Tod besteht nicht.
Man kann ihn noch nicht einmal begreifen.
Das Leben ist lebendig,
es ist Unsterblichkeit."

Giuseppe Mazzini

Der **Cimitero Monumentale di Staglieno** ist mit seiner Fülle an Skulpturen und aufwendiger Grabmalarchitektur ein Freilichtmuseum der ganz besonde-

ljjgd142 Fotos: sg

ren Art und in seiner überladenen schwelgerischen Pracht und Lebendigkeit einzigartig. Hier wird kein protestantisch strenger Totenkult betrieben, sondern die fantasievollen und verwegenen Interpretationen gleichen eher einer Hommage an das Leben. Die Toten schmücken sich mit realistischen Figuren aus ihrer Familie, verklärenden Allegorien, lieblichen Engeln und grazilen Jugenstil- und Aktfiguren. Der Tod wird nebensächlich, und der vielleicht makabre Aspekt einer Friedhofsbesichtigung tritt völlig in den Hintergrund.

Ascensore di Castelletto

Grabmal Giuseppe Mazzinis

Der berühmte **Stadtfriedhof** des 19. Jahrhunderts liegt etwas **außerhalb im Nordosten Genuas.** Die Gestaltung der neuen großen Friedhofsanlage erfolgte auf Grund eines Gesetzes, das die Anlage von Friedhöfen innerhalb der Stadt verbot. Bis 1844 wurden die Toten außerhalb der Stadt bestattet, nur wichtige Persönlichkeiten konnten bei den Kirchen begraben werden.

Als Ort wählten die Stadtväter ein abschüssiges Gelände beim Dorf Staglieno im Bisagno-Tal aus. *Carlo Barabino* (1768–1835) wurde mit der Gestaltung beauftragt und entwarf noch kurz vor seinem Tod eine symmetrisch gestaltete Anlage. Barabino war der bekannteste Genueser Architekt seiner Zeit und prägte maßgebend das **spätklassizistische Erscheinungsbild.** Er erneuerte das Stadtbild radikal, ließ neue Straßenzüge und Gärten anlegen und erbaute das Teatro Carlo Felice. *Giovanni Battista Resasco*, einer seiner Schüler, übernahm die Verwirklichung des Großprojekts von Staglieno (1844–1851). Allerdings reichte der ursprünglich vorgesehene Platz nicht mehr aus. Resasco musste die Pläne erweitern und die Hanglage mit einbeziehen.

Der **Kern der Anlage** besteht aus einem weiten Rechteck, das durch zwei sich kreuzende Baumalleen in vier Sektoren aufgeteilt wird. Auf allen vier Seiten ist der „Campo Santo", der heilige Platz, mit Säulengalerien geschlossen. An der Hangseite befinden sich oberhalb dieser ersten Galerie weitere Säulengänge, Terrassen und ein Pantheon.

Durch die Hanglange wird die **soziale Rangordnung,** die bei den Genuesen auch nach dem Tod andauert, allzu offensichtlich. Die untere Galerie ist dem besitzenden Bürgertum, die obere Terrasse dem Adel vorbehalten. Die „Normalsterblichen" sind entweder auf den Gräberfeldern oder in übereinander liegenden Grabkammern, den sogenannten **Kolumbarien,** bestattet, die wie überdimensionale Schließfächer aussehen.

Bereits die bürgerlichen Gräber der unteren Galerie sind Zeugnis unglaublicher **Monumentalität** und künstlerischer Virtuosität. Jedes Grabmal ist ganz individuell gestaltet und wurde noch zu Lebzeiten der Besitzer in Auftrag gegeben. Sie spiegeln nicht nur die Stilepoche wider, sondern den ganz persönlichen Geschmack der Auftraggeber, die sich, wie in einem Wettstreit um das prächtigste Grab, ständig zu

übertreffen scheinen. Hinzu kommt, dass die Gestaltung von Denkmälern im ausgehenden 19. Jahrhundert seine stärkste Ausprägung fand.

In den Boden der Galerien sind die Grabplatten eingelassen. Die Wände der Säulenumgänge dienen als Hintergrund für die **lebensgroßen Skulpturen.** An einigen Gräbern symbolisiert eine Tür die Himmelspforte, in die Verstorbenen um Einlass bitten. Lebensnahe Figuren mit individuellen Gesichtszügen geben pathetische Sterbeszenen wieder.

Eines der berühmtesten Gräber ist das **Denkmal der einfachen Nussverkäuferin Teresa Campodonico** (erstes Grab rechts, westlicher Säulengang an der Ecke zur Freitreppe). Sie verkaufte an traditionellen Festtagen Ketten aus Nüssen und süße Brezeln. Ihr ganzes Leben lang sparte sie jede Lira, um sich ein Grabmal auf dem Friedhof von Staglieno leisten zu können. Sie ließ sich als alte Frau darstellen, in den Händen hält sie Nussketten und Brezeln. Nach ihrem Wunsch wurde auch die Inschrift im genuesischen Dialekt wiedergegeben, in der sie darum bittet, dass jeder, der an ihrem Grab vorbeikommt, für sie beten möge.

In der Mitte der höher gelegenen Längsseite befindet sich das **Pantheon.** In seinem Innern liegen berühmte Genueser, wie die beiden Architekten des Friedhofs, *Carlo Barabino* und *Giovanni Battista Resasco,* sowie Künstler, Gelehrte, Wissenschaftler und Politiker. Vor dem klassizistischen Rundtempel ist eine im dorischen Stil gehaltene Vorhalle mit sechs Säulen vorgelagert, zu der eine breite Freitreppe führt. Sie wird von den Propheten Hiob und Jeremias flankiert. Rechts und links des Pantheons befinden sich die Galerien und Terrassen der aristokratischen Oberschicht mit ihren **besonders prunkvollen Gräbern,** Sarkophagen und aufwendigen Grabkapellen. Herausragendes Beispiel ist die Kapelle der Familie *Raggio,* die in ihren Formen an den Mailänder Dom in Miniformat erinnern soll.

Auf dem ansteigenden Gelände im Osten befindet sich heute das **Krematorium** mit der halbkreisförmigen Galleria Semicircolare, der Campo dei Mille und das Gräberfeld Valletta Pontasso. Im „Boschetto dei Mille", einem unregelmäßig angelegten Wäldchen, liegt das **Grabmal Mazzinis (Tomba Mazzini),** einer der wichtigsten politischen Köpfe des Risorgimento. *Mazzini* starb 1872 in Pisa und wurde später in Staglieno bestattet.

Der westliche Teil des monumentalen Friedhofs von Staglieno besteht aus der **Galleria Montino,** der halbkreisförmigen **Galleria S. Antonino** und den Friedhöfen der Juden, Protestanten, Engländer, Griechen, Orthodoxen und Mohammedaner.

●**Cimitero Monumentale di Staglieno,** Piazzale Resasco, Tel. 010/870184. Buslinie 12 ab Via F. Turati (Nähe Piazza Caricamento), Tickets (Gültigkeitsdauer 1½ Std.) sind am Kiosk erhältlich. Im Büro der Friedhofsverwaltung am Haupteingang liegen kostenlose Friedhofsführer aus (auch in deutscher Sprache). Das Heft erleichtert die Orientierung auf dem riesigen Gelände erheblich. Innerhalb des Friedhofgeländes besteht auch ein Busverkehr. Geöffnet täglich von 7.30–17.00 Uhr.

Il Genovesato – Genuas Hinterland

Die Gebirgskette des Apennin trennt Ligurien von der Emilia Romagna, der Lombardei und Piemont. Seine Ausläufer ziehen sich bis in das Stadtgebiet von Genua hinab. Das Hinterland Genuas ist eine **typische Mittelgebirgslandschaft** und steht in krassem Kontrast zur betriebsamen Riviera mit ihren bekannten Tourismuszentren.

Natur pur, grüne Gebirgstäler, klare Gebirgsbäche, einsame Wanderrouten, verträumte Dörfer, alte Kastanienwälder, blühende Wiesen und Almen – ein **ideales Ausflugs- und Wanderziel** für Ruhesuchende, fernab jeglichen Touristenrummels und trotzdem in unmittelbarer Nähe zum Meer. In den Tälern, die gegen den Monte Antola emporsteigen, Herzstück des gleichnamigen **Naturschutzparks,** kann man hervorragend wandern, Mountainbike fahren, reiten, paddeln, angeln, Pilze sammeln und die Stille genießen. Das Wanderwegenetz führt zum Teil entlang alter Saumpfade, die über Jahrhunderte hinweg wichtige Handelswege in die Poebene darstellten.

Von der ehemals feudalen Vergangenheit dieser Gegend zeugen die Ruinen mittelalterlicher Burgen, die von mächtigen Genueser Familien zur Verteidigung ihres Territoriums errichtet wurden. Beeindruckendstes Beispiel ist das **Castello della Pietra.** Eingeklemmt zwischen zwei Bergspitzen thront es

Genua und sein Hinterland

Ilgl044 Foto: sg

von weitem sichtbar in Schwindel erregender Höhe.

Das **Klima** ist angenehm frisch, die Temperatur beträgt im Sommer zwischen 20 und 30°C. Die beste Reisezeit liegt zwischen Mai und Oktober. Die schönste Jahreszeit ist jedoch Mitte, Ende Mai, wenn die Wiesen ihre reiche Blütenpracht entfalten.

Castello della Pietra

Val Vobbia und Val Scrivia

Inmitten von Bergausläufern des Apennin liegt das schmale Tal des Vobbia, der bei Isola del Cantone in den Scrivia mündet. Steile, zerfurchte Hänge, tiefe Schluchten, ein Gebirgsbach, der sich durch das Tal windet, und Niederwald vom Tal bis in die höheren Lagen kennzeichnen die **raue Landschaft** im nördlichsten Zipfel Liguriens. Bis heute ist der abgelegene Landstrich völlig unberührt geblieben. Vom kleinen Ort Vobbia gelangt man in das weitläufige **offene Tal des Scrivia,** der in den Bergen Torriglias entspringt. In Orten wie Crocefieschi und Savignone haben viele Genueser ihren Zweitwohnsitz. Der antiquierte Ausdruck „Sommerfrische" trifft genau zu: Aus einfachen Dörfern sind Sommerresidenzen geworden mit Villen und restaurierten Bauernhäusern.

Anfahrt

●**Mit dem Auto:** Von Norden auf der A 7 kommend, Autobahnausfahrt Isola del Cantone, 4. Abfahrt vor Genova Est. Rechts ab auf der S.P. 8 in Richtung Vobbia (10 km). Von Genua kommend Abfahrt Autobahnausfahrt Busalla. Weiter auf der S.S. 226. Nach ca. 3 km Abzweigung links auf die S.P. 9 in Richtung Crocefieschi (13 km), über einen Bergpass hinunter nach Vobbia.
●**Busse:** Von der Piazza della Vittoria in Genua fährt eine AMT-Buslinie täglich zweimal nach Gorreto. Die Fahrt dauert ca. 2 Std.

Castello della Pietra ⤢ XII, B2

Durch das schmale, waldreiche Val Vobbia schlängelt sich die kurvige

Landstraße entlang des gleichnamigen Flusses. Nach ungefähr 7 km, bei der **„Ponte di Zan",** ragen zwei isolierte Felssporne wie natürliche Wachtürme aus dem Wald empor. 624 m hoch über dem Flusstal und eingeklemmt in einem natürlichen Sattel zwischen diesen imposanten Bergspitzen scheint die uneinnehmbare **Felsenfestung Castello della Pietra** noch heute das Tal zu bewachen. Die ehemalige Ritterburg gehört durch ihre außergewöhnliche Lage zu den beeindruckendsten Festungsanlagen Liguriens. Von der anderen Seite erhebt sie sich tatsächlich uneinnehmbar über einer steilen Wand. Auf der linken Talseite führt ein schmaler Weg durch einen Mischwald aus Kastanien, Eschen, Buchen und Haselnuss in ungefähr einer halben Stunde zum Eingang der Burg hinauf. Der Anstieg über 200 Höhenmeter lohnt sich allein schon wegen des großartigen Ausblicks über das Tal.

Über zehn Jahre dauerte die Restaurierung der **Burgruine.** Der Bau besteht aus verschieden hoch angelegten Bauteilen. Ein trapezförmiger, dreigeschossiger Vorbau lehnt sich an einen höher gelegenen Hauptbau an und schließt mit dem Felsen ab. Durch den Vorbau betritt man die Burg. Vom 3. Stock aus gelangt man in eine große zentrale Halle mit quadratischem Grundriss und Gewölbedecke. Das Hauptgebäude ist von zwei Felsen eingeschlossen, die mit einem Wehrgang miteinander verbunden sind. An die Halle grenzt im Westen eine in den Fels gehauene Zisterne.

Wann dieser verwegene Bau erbaut wurde und von wem, ist bis heute un-

klar. Die Festung wurde **erstmals 1252 urkundlich erwähnt.** Das Territorium gehörte bis zur Mitte des 11. Jahrhunderts zum Herrschaftsgebiet der Bischöfe von Tortona. Im Jahr 1252 verkauften die Markgrafen von Gavi die Ritterburg. Im Laufe der Jahrhunderte war sie im Besitz der Familien *della Pietra, Spinola* und *Adorno.* Mit der **Aufhebung der Reichslehen** durch Napoleon 1797 war das Ende der Burg besiegelt. Sie wurde von den napoleonischen Truppen belagert und niedergebrannt.

● **Castello della Pietra.** Von April/Mai bis Oktober Sa. 14.30–17.30 Uhr, So. von 10.30–17.00 Uhr zu besichtigen. Eintritt 4 €. Informationen über die Parkverwaltung (Ente Parco Antola, info@parcoantola.it). Die Burg ist zu Fuß in ca. 20 Minuten zu erreichen.

Crocefieschi ⤢ XII, B2

● **PLZ 16010**
● **Ew.: 564**
● **742 m üNN**

Über einen Pass gelangt man nach Crocefieschi, einen bei den Genuesern **beliebten Ferienort** mit vielen Sommerresidenzen. Das Dorf liegt auf einem Kamm umgeben von Wäldern. Crocefieschi ist Ausgangsort für zahlreiche Wanderwege, z.B. zu den **Rocche del Reopasso,** auf den **Monte Antola** oder zum **Lago del Brugneto.** Die Ursprünge des Ortes reichen bis ins Mittelalter zurück; er gehörte, wie das Castello della Pietra, zum Besitz der Bischöfe von Tortona. Später ging er an die *Fieschi* über, die hier eine ihrer Burgen errichteten.

Senarega ⚐ XIII, C2

Bei der Ortschaft Sorrivi führt rechts die S.P. 11 über Nenno ins Val Brevenna. Fast am Talschluss befindet sich das **kleine Bergdorf** Senarega, ein ehemaliges Lehen der *Fieschi*. Mit seinen dicht gedrängten Häusern, die sich den Abhang hinaufziehen, den gepflasterten Gassen und dem Castello oberhalb des Ortes ist Senarega eines der besterhaltenen Dörfer feudalen Ursprungs in den Genueser Bergen. Im Pfarrhaus befindet sich die Heimatabteilung des **Museo Storico dell'Alta Valle Scrivia.**

Wandern

●Schöner, unproblematischer **Rundweg** (ca. 8 km, etwa 4½ Stunden) bei der nahe gelegenen Ortschaft Chiappa. Von Senarega führt ein kurzer Verbindungsweg nach Chiappa.

Savignone ⚐ XII, B2

●**PLZ 16010**
●**Ew.: 3127**
●**471 m üNN**

Zurück auf der Provinzstraße, geht es abwärts durch eine reizvolle Hügellandschaft mit Wäldern und kleinen Dörfern bis nach Savignone. Der Ort ist in eine grüne Mulde eingebettet. Oberhalb erheben sich die Überreste des mittelalterlichen **Castello dei Fieschi** aus dem Anfang des 13. Jahrhunderts, das nach wie vor die Dorfkulisse beherrscht. Mittelpunkt des Ortes ist der weitläufige Kirchplatz, gesäumt von der Kirche San Pietro (17. Jahrhundert) und dem Ospedale aus dem 18. Jahrhundert. Der herrschaftliche Palazzo Marchionale aus

dem 16. Jahrhundert beherbergt heute das stilvolle Hotel Palazzo dei Fieschi.

Im 19. Jahrhundert, nach dem Ausbau des Giovi-Passes, setzte in Savignone ein reger Tourismus ein, was heute noch an den **schönen Sommervillen** aus der zweiten Hälfte des 19. Jahrhunderts und Anfang des 20. Jahrhunderts zu sehen ist.

Unterkunft/Restaurant

●***Palazzo dei Fieschi,** Piazza della Chiesa 14, 16010 Savignone (Genova), Tel. 010/9360063, Fax 936821, www.palazzofieschi.it. Stilvolles Hotel in einem alten Palazzo, schöne, ruhige Lage, Parkplatz, 21 Zimmer, 2 Suiten, Dezember und Januar geschlossen. 150 €.

Einkaufen

●**Salumificio Calcagno,** Via Marconi 92/94, Tel. 010/9761182. Metzgerei mit hervorragender eigener luftgetrockneter Salami.

Casella ⚐ XII, B3

●**PLZ 16015**
●**Ew.: 500**
●**410 m üNN**

Das kleine Casella war früher ein wichtiges Zentrum für den Durchgangsverkehr von Genua über den Apennin in die Poebene. Der ruhige Ort breitet sich in der Talsohle des Valle Scrivia aus und ist von Genua in knapp einer Stunde mit einer gemütlichen Schmalspurbahn zu erreichen. Die Fahrt mit dem **Trenino di Casella** führt durch das gebirgige Hinterland von Genua, durch Tunnel und über Brücken, streift die Täler Val Polcevera und Val Bisagno und endet an der Piazza Manin in Genua. 2004 feierte die Schmalspurbahn ihr 75-jähriges Jubiläum.

●**Trenino di Casella:** Pino, Torrazza, Sardorella, Sant'Olcese Chiesa, Sant'Olcese Tullo und Canova sind einige der kleinen Stationen des sympathischen Bummelzuges. Pro Person ca. 2 €.

Montoggio ⚡ XIII, C3

●**PLZ 16026**
●**Ew.: 1988**
●**438 m üNN**

Oberhalb von Montoggio liegen die Überreste einer weiteren Burg der *Fieschi*. 1547 scheiterte in Montoggio die Verschwörung der Fieschi gegen die *Doria* und besiegelte gleichzeitig auch den Untergang dieser mächtigen Adelsfamilie. Nach der Belagerung und Eroberung durch die genuesische Republik wurde die Burg zerstört.

Alta Val Trebbia

Anfahrt

●Von Genua kommend, Ausfahrt Genova Est, S.S. 45 über den Passo della Scoffera nach Torriglia.

Besonders idyllisch und fernab jeglichen Touristenrummels präsentiert sich das abgeschiedene Alta Val Trebbia, das bei Torriglia beginnt und sich bis zur Provinzgrenze bei Gorreto hinzieht. Kleine, verstreute Ortschaften auf den Gebirgskämmen, ausgedehnte Wälder und der Trebbia, ein klarer Gebirgsbach, der sich durch das Tal schlängelt, prägen das reizvolle Landschaftsbild.

Der Trebbia entspringt am Fuße des Monte Prelà (1407 m), in den Bergen Torriglias, und fließt bei Piacenza in den Po. Das Flusstal besitzt eine **abwechslungsreiche Landschaft** mit steilen Abhängen, grünen Seitentälern, felsigen Biegungen, winzigen Seen und kleinen Sandbuchten an den Flusswindungen. Es gibt keine größeren Städte und keine Industrie im Val Trebbia, das Wasser ist klar und sauber – ein ideales Gebiet zum Baden, Angeln und Paddeln.

Immer mehr **Bewohner** der ehemals landwirtschaftlich geprägten Orte wandern in die Industriegegenden ab und kehren nur noch während des Sommers zurück, und Orte wie Rovegno und Fontanigorda sind nur noch im Sommer belebt.

Die lange **Geschichte des Tals** lässt sich bis in die Steinzeit zurückverfolgen, wie Grabfunde bei Rovegno beweisen. Um 700 gründete der irische Mönch *Colombano* im nahe gelegenen Bobbio an einer wichtigen Kreuzung zwischen Poebene und der ligurischen Riviera ein Kloster. Es hatte großen Einfluss auf die kulturelle Entwicklung und die Kultivierung der Poebene und des Apennins. Die Mönche von Bobbio besaßen im Val Trebbia die Gerichtsbarkeit. Vom Mittelalter bis in die napoleonische Zeit beherrschten Adelsfamilien wie die *Malaspina*, *Fieschi*, *Doria* und *Centurione* das Tal. Während des Zweiten Weltkrieges versteckten sich in den Bergen des Alta Val Trebbia Partisanengruppen. Das Rifugio Musante am Monte Antola diente der *Resistenza Partigiana* als Unterschlupf.

Durch das gesamte Val Trebbia schlängelt sich die kurvige, gut ausgebaute S.S. 45, die über Bobbio bis nach Piacenza führt.

Genua und sein Hinterland

ligo45 Foto: sg

Torriglia ⤢ XIII, C3

- PLZ 16029
- Ew.: 2216
- 767 m üNN

Torriglia liegt zu Füßen des Monte Prelà und den Ausläufern des Monte Antola und ist einer der beliebtesten Sommerferienorte der Genuesen. Viel Natur, ein angenehmes Klima und ein **schönes Wandergebiet** sind die Vorzüge dieses Mittelgebirgsortes. Torriglia wurde wahrscheinlich im 10. Jahrhundert von den Mönchen aus Bobbio gegründet und stellt seit jeher einen **wichtigen Durchgangsort** an der Strecke zwischen Genua und Piacenza dar. Bis 1797 befand sich der Ort im Besitz mächtiger Adelsfamilien, zuerst der *Malaspina,* dann der *Fieschi* und gelangte nach der Verschwörung 1547 unter die Herrschaft der *Doria.* Beschützt wurde das Dorf von einer hoch gelegenen Burg, deren Ruinen heute dem Ort eine malerische Kulisse verleihen. Der quadratische Turm stammt wahrscheinlich aus dem 13. Jahrhundert und war vielleicht Namensgeber von Torriglia.

Grüne Hügel und
stille Dörfer im Val Trebbia

Touristeninformation

●**IAT Ente Parco dell'Antola,** wissenschaftliches Zentrum für Umwelterziehung „La Torriglietta", Via N.S. della Provvidenza 3, Tel. 010/944175, Fax 9453007, info@parco antola.it Informationen, Wanderführer und Kartenmaterial. Öffnungszeiten: Mo.–Fr. 9.00–13.00 und 14.00– 17.30 Uhr, So. 9.00–13.00 Uhr.

Unterkunft

●**Bed & Breakfast Rifugio Via del Mare,** Loc. Donetta 104. Mobil 349/4465916. Urige Unterkunft mit 1000 m Höhe mit einigen rustikal eingerichteten Zimmern. Guter Ausgangspunkt für Wanderungen in der Umgebung.

Einkaufen

●**Pasticceria Guano,** Konditorei an der Hauptstraße. Lokale Spezialität sind die Canestrelli, ein einfaches, sehr leckeres Buttergebäck und die Torte „La Bella di Torriglia".

Pentema   ⚘ XIII, C3

Nicht weit von Torriglia entfernt, lohnt sich der Besuch des **abgeschiedenen Bergdorfes** Pentema (825 m). Man fährt in Torriglia zunächst in Richtung Lago del Brugneto und folgt dann einer Abzweigung links zum Weiler Donetta. Über einen Pass, entlang des Val Pentemina, mit herrlichem Panorama vom Meer bis zu den Seealpen, erreicht man das alte Bergdorf. Da Pentema aufgrund der schwierigen Verkehrsanbindung bis vor einigen Jahrzehnten fast völlig isoliert war, hat das Dorf sein **ursprüngliches Erscheinungsbild** behalten. Eng beieinander stehende Häuser ziehen sich den Hang zur Kirche hinauf. Das Dorfinnere mit seinen Bögen, gepflasterten Gassen, schmalen Durchgängen und Loggien ist unverändert erhalten. Dazwischen bieten sich immer wieder plötzliche Ausblicke auf das Tal.

Doch diese „Ursprünglichkeit" hat auch ihren Preis. Immer mehr Bewohner verlassen den abgeschiedenen Ort. Andererseits zieht Pentema seit einiger Zeit vor allem in der Weihnachtszeit viele Besucher an. Denn im Dezember und Januar verwandelt sich der entvölkerte Ort in ein **Krippendorf.** Organisiert von der Pfarrei und Ortsvereinen verteilen sich über das ganze Dorf die Stationen einer Krippe. Außer der gewohnten Krippendarstellung werden in weiteren Szenen das bäuerliche Leben und die Traditionen des Tals wiedergegeben. Lebensgroße Puppen, mit zeitgenössischen Kostümen bekleidet, führen alltägliche Beschäftigungen aus. Das ganze Dorf dient dabei als detailgetreue Kulisse.

●**Krippendorf, Besuchszeiten:** vom 24.12. bis 6.1. täglich von 10.00–18.00 Uhr, bis Ende Januar Sa. und So. von 14.00–19.00 Uhr.

Wandern

●Der **Rundweg** (ca. 7 km, Gehzeit: 4½ Stunden) beginnt am Dorfplatz. Über eine gepflasterte Mulattiera (Maultierpfad) gelangt man auf einen engen Pfad auf halber Höhe, der zwischen Trockensteinmauern entlangführt. Der Weg schlängelt sich die Höhe, vorbei an den Casoni della Scurtega bis zur kleinen Kirche Madonna della Guardia und geht dann eben weiter. Auf dem Kamm angelangt, führt der Weg rechts weiter in Richtung Costa della Gallina. Der ansteigende Pfad führt zu einem Steinbuchen- und Ahornwald. Von einem Hügel bieten sich herrliche Ausblicke ins Val Brevenna hinab.

Weiter entlang der **Costa della Gallina** nähert man sich einem schattigen Kastanienwald. Nach dem Wald erreicht man einen Aussichtspunkt mit schönem Blick auf die

Dächer von Pentema. Es geht weiter auf halber Höhe über abschüssige Wiesen bis zum **Passo del Colletto** (kleine Kapelle). Links zweigt ein kurzer Verbindungsweg ab, der über die Casa del Piccetto mit weitem Panorama auf einen der Wanderwege zum Monte Antola hinaufführt. Der Rundweg geht rechts vom Passo del Colletto abwärts zum kleinen Weiler **I Buoni.** Kurz nach dem Dorfbrunnen zweigt rechts von der Straße eine gepflasterte Mulattiera ab, die in etwa 50 Minuten wieder zurück nach Pentema führt.

Montebruno   ⤢ XIII, D3

- **PLZ 16025**
- **Ew.: 277**
- **660 m üNN**

Montebruno liegt in einer Talsohle und ist heute ein ruhiger, unscheinbarer Ort. Einziges historisches Zeugnis ist die vierbogige **Ponte Romano,** eine mittelalterliche Brücke über den Trebbia, die von den *Doria* erbaut wurde, um den Ort mit der Wallfahrtskirche Nostra Signora di Montebruno zu verbinden. 1478 erschien einem Hirten an diesem Ort eine Madonna, und seither ist Montebruno **Wallfahrtsstätte der Madonna di Montebruno.** 1486 waren die Kirche und ein Augustinerkonvent fertiggestellt. In der Barockzeit wurde der Gebäudekomplex stark verändert. Der Innenraum beherbergt eine mittelalterliche Marienstatue. Im Getreidespeicher des Konventsgebäudes befindet sich heute ein **Bauernmuseum** mit zahlreichen Zeugnissen bäuerlichen Lebens (Kultur, Handwerk, Traditionen). In zwei weiteren Räumen sind die liturgischen Gewänder der Kirche ausgestellt. Ein Teil des sympathischen Heimatmuseums ist den Kastanien gewidmet.

●**Museo di Cultura Contadina Alta Val Trebbia,** Tel. 010/95029, Piazza del Santuario, Öffnungszeiten: Oktober bis April Sa. u. So. 12.00–17.00, Eintritt frei.

Touristeninformation

●**Comunità Montana Alta Val Trebbia,** Via Barbieri Guglielmo 76, Tel. 010/95029, Fax 950009.

Unterkunft/Restaurant

●****Hotel Due Ponti,** Loc. Due Ponti, Fontanigorda, Via Nazionale 2, Tel. 010/95812, Fax 95805, www.hoteldueponti.it. Schönstes Hotel der Gegend, nur wenige Kilometer hinter Montebruno, idyllisch gelegen mit einer großen Wiese hinter dem Haus, sehr geschmackvoll eingerichtete, geräumige Zimmer, empfehlenswertes Restaurant, Mo. Ruhetag. 62 €.

Fascia ⤢ XIII, D2

●**PLZ 16020**
●**Ew.: 122**
●**1118 m üNN**

Kurz hinter dem kleinen Weiler Due Ponti führt linker Hand eine kurvenreiche schmale Straße hochwärts in Richtung Fascia. Mitte Mai blühen hier Ginster und Goldregen am Straßenrand. Fascia ist die **höchstgelegene Gemeinde** Liguriens. Die Ortsteile Fascia, Cassingheno, Carpeneto, Casa del Romano und Beinaschi liegen zwischen Kastanien- und Buchenwäldern an den Ausläufern des Antola-Gebirges.

Casa del Romano

Oberhalb von Fascia liegt bei dem gleichnamigen Gasthaus der **Aussichtspunkt** Casa del Romano. Hier stellt man am besten das Auto ab und unternimmt einen Spaziergang. Ein Weg hinter dem Haus führt an drei einfachen Holzkreuzen vorbei und durch **herrliche Wiesen** auf einen Hügelkamm hinauf. Mitte bis Ende Mai breitet sich auf dem Hang ein Teppich von weißen, stark duftenden Narzissen aus, die den schönen lateinischen Namen *Narcissus poeticus* tragen. Dazwischen blühen Enzian, violette und zartgelbe Orchideen und Feuerlilien. Früher waren auch die weiter unten liegenden Hügeln mit weißen Narzissen, Osterglocken, Feuerlilien und Christrosen bedeckt. Durch das Pflücken und Ausreißen dieser Blumen, um sie zu großen Sträußen zu binden, wurde dem **Blumenreichtum** in den Genueser Bergen jedoch ein erheblicher Schaden zugefügt. Osterglocken, weiße Narzissen und Feuerlilien sind heute nur noch äußerst selten in solcher Pracht wie hier anzutreffen, während die Christrose als nahezu ausgestorben gilt. Ein Regionalgesetz zum Schutz seltener und schutzwürdiger Pflanzen verbietet mittlerweile das wahllose Blumenpflücken.

Läuft man auf dem Kamm in westlicher Richtung weiter, hat man ganz oben auf der Hügelkuppe bei klarer Sicht einen **traumhaften Rundumblick** auf die Alpen im Norden, das Meer im Süden und die Gipfel des Parco Natu-

Genua und sein Hinterland

Montebruno – im Vordergrund die Ponte Romano

rale dell'Aveto im Westen. Im Winter, wenn der Tramontana, ein kühler Wind aus dem Norden, die Wolken vertreibt, ist die Fernsicht einmalig. Von Casa del Romano führt ein Wanderweg auf den Monte Antola.

Unterkunft, Restaurant

● ***Casa del Romano,** Loc. Casa del Romano 62, Tel. 010/95946. 9 einfache, saubere Zimmer, Etagendusche, einfaches Lokal mit sehr guter ländlicher Küche (ca. 16 €) und einer schönen Panoramaterrasse, von der man bei klarer Sicht einen weiten Blick bis zum Meer genießen kann, untere Preislage. 40–44 €.

Propata ↗ XIII, D2

● **PLZ 16027**
● **Ew. 155**
● **982 m üNN**

Von Casa del Romano führt eine schmale, kurvenreiche Straße mit Blick auf den Lago del Brugneto abwärts. Der Stausee ist aber nur von Bavastri, Fontanasse oder Retezzo zugänglich. Einer alten Legende nach stammt die Bevölkerung Propatas von der Küste, die um 1000 vor den Sarazenen hierher in die Berge floh. Heute ist Propata ein **beliebtes Wanderziel.**

Rondanina ↗ XIII, D2

● **PLZ 16025**
● **Ew.: 95**
● **984 m üNN**

An einer Kreuzung mit einer kleinen Kapelle führt ein kurzer Umweg nach Rondanina, der kleinsten Gemeinde der Region. Das **malerische Dörfchen** am Fuß des Bric Rondanina (1340 m) setzt

sich aus den winzigen Ortsteilen Conio Avena, Costalunga, Fontanasse, Giardino, Gorreto di Balini, Maiada und Retezzo zusammen.

Rondanina gehörte ursprünglich zum Lehen der Familie *Fieschi.* Um die Mitte des 14. Jahrhunderts geriet es unter die Herrschaft der Republik Genua und kam später zusammen mit Bobbio zur Provinz Pavia. Seit 1923 gehört es wieder zu Ligurien. Im Mittelalter war Rondanina ein wichtiger Durchgangsort für die Händler, die Salz und Getreide entlang der alten Straßen zwischen Poebene und ligurischem Meer transportierten. Der **dörfliche Charakter** ist zwar erhalten geblieben, aber auch in Rondanina nimmt die Einwohnerzahl immer mehr ab während die Zahl der Ferienwohnungen stetig wächst. Lediglich im Sommer belebt sich der Ort etwas. In Rondanina genießt man die Ruhe, die gute Luft, eine schöne Berglandschaft und zahlreiche Wandermöglichkeiten. Das an die barocke **Kirche San Nicola** angebaute Pfarrhaus aus dem 17. Jahrhundert wurde restauriert und beherbergt seit dem Jahr 2000 im Erdgeschoss ein naturkundliches **Museum** (Museo della Flora e della Fauna del Parco Naturale dell'Antola).

Restaurant

● **Trattoria da Gino,** Via dei Partigiani 67, Tel. 010/95852. Di. Ruhetag, nur mittags geöffnet. Einfaches Lokal mit bodenständiger ligurischer Küche, untere Preislage.

Rechter Hand ist wieder der Lago di Brugneto zu sehen. Beim Weiler Covio Aveno führt eine Straße nach Retezzo zum Lago di Brugneto hinab.

Parco naturale regionale dell'Antola

Der **Naturpark im Hinterland von Genua** breitet sich entlang eines Höhenkammes von Isola del Cantone bis nach Gorreto in Höhen zwischen 500 und 1500 m aus. Er erstreckt sich entlang der Grenze zwischen Ligurien und Piemont. In seinem äußersten Zipfel reicht er bis an die Emilia Romagna.

Herzstück des Parks ist der **Monte Antola,** mit 1597 m der höchste Berg zwischen den Tälern Trebbia, Brevenna, Scrivia und Borbera. Der Bergrücken des Antola gleicht einem Aussichtsbalkon über den Apennin. An klaren Tagen bietet er eine Sicht auf die Alpen im Norden und das Meer im Süden. Ausgehend vom Valle Scrivia und Val Trebbia führen gut ausgebaute Wanderwege auf den Gipfel des Antola.

Ein **Wanderwegenetz** führt durch eine intakte Landschaft mit Wäldern, Wiesen und kleinen Bergdörfern, zum Teil auf alten Saumpfaden, den früheren Handelswegen. Ganz besonders reizvoll ist das Schutzgebiet Antola im Frühjahr und Sommer, wenn auf den Wiesen und Weiden Enzian, Orchideen, Feuerlilien, Türkenbund, Akelei, Narzissen und Arnika ihre ganze Blütenpracht entfalten.

Ein **Höhenweg** durchquert den gesamten Regionalpark (Gesamtlänge: 39 km, Gehzeit: 17 Stunden). Ausgangspunkt ist der kleine Ort Vobbietta (323 m) in der Nähe der Autobahnausfahrt Isola del Cantone. Streckenverlauf: Marmassana – Bric delle Camere (1016 m). Abstieg nach Caprieto; einen Steinbuchenwald durchquerend, erreicht man die Kapelle von San Fermo (1177 m). Man läuft an der Hangseite des Val Borbera bis zu den Ausläufern des Monte Buoi. Dann folgt der Abstieg bis zur Kreuzung mit den Wegen aus Tonno und Crocefieschi kommend. Auf dem Gipfel angekommen, kann man entweder nach Caprile absteigen oder nach Casa del Romana weiterlaufen.

●**Informationen** unter: IAT Parco Antola Torriglia, Via Ns. Signora della Providenza 3, La Torriglietta, Tel. 010/944175, Fax 9453007.

Genua und sein Hinterland

ligI47 Foto: sg

Lago di Brugneto ♐ XIII, D3

Der **künstliche Stausee** liegt auf 777 m Höhe und besitzt ein Fassungsvermögen von 25 Millionen m³. Seit 1959 versorgt er ganz Genua mit Wasser. Aus diesem Grund ist in dem See auch das Baden strengstens verboten. Dafür kann man hier sehr gut spazieren gehen und Forellen, Karpfen und Barsche angeln. Um den See herum führt ein bequemer Wanderweg. Wenn das Wasser aus dem See alle paar Jahre abgelassen wird, taucht ein **altes versunkenes Dorf** auf.

Wandern

● 13,5 km langer **Rundweg am Seeufer** entlang mit nur wenigen Höhenunterschieden, Gehzeit: ca. 6 Stunden. Ausgangspunkt ist kurz vor der Staumauer, unterhalb von Retezzo. Ein Großteil des Weges geht durch Wald und ist mit Picknickplätzen und Aussichtspunkten ausgestattet. Ungefähr auf der Hälfte der Strecke in Bavastri gibt es eine Bushaltestelle der AMT. In der Nähe von Bavastri verläuft der Pfad auf einem Stück des alten Salzwegs, der von Recco über Torriglia entlang des Monte Carmo, Monte Cavalmurone und Monte Lesima zu den Tälern von Borbera, Staffora und Tidone ins Piemont führte.

Fontanigorda ♐ XVI, A1

● **PLZ 16023**
● **Ew.: 337**
● **817 m üNN**

Wieder zurück im Val Trebbia geht es weiter in Richtung Gorreto. Im Ortsteil Loco zweigt eine Landstraße in Richtung Fontanigorda ab, mittlerweile auch eine Sommerfrische. Es verdankt seinen Namen den **13 Brunnen,** die

sich über den Ort verteilen. Oberhalb Fontanigordas liegt der sogenannte **Feenwald (Bosco delle Fate).** Hier befindet sich in einem schönen, schattigen Kastanienwald zwischen großen, mit Moos und Flechten bewachsenen Felsen eine Art **Freizeitgelände** mit Kinderspielplätzen, Bocciabahn, Minigolf und Picknickplätzen.

Über das nahe gelegene Casoni und den Passo Fregarolo kann man über eine herrliche Panoramastraße ins Val d'Aveto gelangen. Ab Farfanosa sind es nur noch 22 km auf der S.S. 586 bis nach Santo Stefano d'Aveto.

Rovegno ♐ XIII, D2

● **PLZ 16028**
● **Ew.: 553**
● **662 m üNN**

Wie das benachbarte Fontanigorda ist auch Rovegno eine **beliebte Sommerfrische** der Genuesen. Im Gegensatz zur sommerlichen Hitze in der Großstadt, weht hier immer ein leichter Wind, die Luft ist klar und kühlt in der Nacht ab.

Da der kleine Ort an einer alten Verbindungsstraße in die Poebene liegt, errichteten im Mittelalter die Mönche aus dem Kloster Bobbio hier die **erste Kirche im Val Trebbia.** Wichtigste Erwerbsquelle war bis zu Beginn des 20. Jahrhunderts die Arbeit in der Kupfermine von Rovegno, an deren Stelle heute der Tourismus getreten ist.

Bei Rovegno gibt es ausgedehnte Kastanienwälder mit Kinderspielplatz und Picknickmöglichkeit.

Einkaufen

● **Pasticceria Biasotti,** Frazione Valle 26, Tel. 010/955050. Spezialität sind Canestrelli und typische ligurische Kuchen wie *Pandolce* und *Cantucci.*

Fest

● **Kastanienfest** am 1. November.

Fontanarossa   ⤳ **XIII, D2**

Im Schutz des Monte Cavalla (1327 m) liegt Fontanarossa auf 940 m Höhe. Sehenswert sind die mittelalterliche **Kirche Santo Stefano,** die auch *Chiesa Saracena* genannt wird, und der alte Friedhof. Weiße Grabsteine sind an der Außenwand der Kirche angebracht.

Ein besonderes Spektakel spielt sich im Mai an den nördlichen Hängen des Monte Cavalla ab. Zwischen Kastanienbäumen und auf den Wiesen östlich des kleinen Ortes blüht ein **dichter Teppich** weißer, stark duftender **Narzissen,** die von Weitem wie Schneefelder wirken. Dazwischen blühen Hahnenfuß, Orchideen, Arnika und Türkenbund, Veilchen, Enzian und Primeln.

Gorreto   ⤳ **XIII, D2**

● **PLZ 16020**
● **Ew.: 147**
● **535 m üNN**

Letzter Ort im ligurischen Teil des Trebbia-Tals ist Gorreto. Im 14. Jahrhundert errichteten die *Malaspina* hier ein Castello, von dem heute keinerlei Spuren mehr erhalten sind. 1640 kam das Lehen in den Besitz der genuesischen Familie *Centurione,* die kurz darauf den **Palazzo Centurione** und die umliegen-

den Gebäude errichteten. So entwickelte sich ein geplantes, mit einer Stadtmauer befestigtes Dorf. Bis zu Beginn des 20. Jahrhunderts, als Teile der Stadtmauer niedergerissen wurden, bewahrte der Dorfkern sein ursprüngliches Aussehen. Von seinem wehrhaften Charakter ist nichts mehr übrig geblieben. Der Palazzo Centurione ist in einem erbärmlichen Zustand und verfällt mehr und mehr.

Touristeninformation

● **Informationsbüro,** im Rathaus (municipio) von Gorreto, Tel./Fax 010/9543022, proloco gorreto@virgilio.it, nur saisonal geöffnet.

Unterkunft/Restaurant

● **Ristorante Albergo Miramonti,** Via Capoluogo 1, Tel. 010/9543000. Einfache, ordentliche Unterkunft mit freundlichem Lokal, bodenständiger Küche und hausgemachter Pasta und Salami (*Coppa* macht der Chef selbst). Untere bis mittlere Preislage. Doppelzimmer mit Bad 70–100 €, ohne Bad 60–80 €.

Genua und sein Hinterland

Riviera di Levante

lig121 Foto: sg

lig050 Foto: sg

Vernazza (Cinque Terre)

Strandleben in Sestri Levante

Riomaggiore (Cinque Terre)

Überblick

Viele Reisende, die es **im 19. Jahrhundert** nach Italien zog, in das Land, wo die Zitronen blühen, beschrieben die Riviera di Levante als den romantischsten Küstenstreifen der ganzen Halbinsel. *Charles Dickens* hielt gar die Küstenstraße zwischen Genua und La Spezia für das Schönste, was ihm Italien zu bieten hatte. Natürlich gehören die alten Reiseberichte längst der Vergangenheit an. Seither hat sich vieles geändert. Mit den Menschen haben sich vor allem auch die Wege verändert. Straßen, Tunnel, Galerien und Viadukte sind Spiegel unserer Zeit. Die Art des Reisens hat sich unserer schnelllebigen Gesellschaft angepasst.

Bei Camogli, 20 km östlich von Genua, beginnt heute noch einer der **schönsten Küstenabschnitte** Italiens, der im Gebiet der Cinque Terre bis hinunter nach Portovenere ganz im Süden Liguriens seinen Höhepunkt findet.

Ungefähr 130 Kilometer lang ist die **Riviera di Levante** (*Il sole levante* = aufgehende Sonne). Sie beginnt am Scheitelpunkt des ligurischen Küstenbogens und endet bei der Bucht von La Spezia. Ein schmaler und **unregelmäßiger Küstenstreifen,** bedrängt von den extrem steilen und zerklüfteten Ausläufern des Apennin, die jäh zum Meer hin abbrechen. Weit oberhalb verläuft die Straße, das glitzernde Meer und die abwechslungsreiche Felsküste mit wild zerklüfteten Steilufern und kleinen tief eingeschnittenen Buchten immer im Blickfeld – Land über dem Meer.

Doch die **Eisenbahn** bleibt fast immer am Boden. Der letzte, schwierigste Streckenabschnitt zwischen Sestri Levante und La Spezia wurde 1874 eingeweiht, und seither ist die Eisenbahn eines der charakteristischsten Merkmale dieser Region. Mit ihren über 50 Tunnels wird die Fahrt nach La Spezia nicht nur für Kinder und Eisenbahnfreunde zu einem **unvergesslichen Erlebnis.** Der Wechsel zwischen Licht und Schatten, zwischen dem Dunkel der altmodischen Tunnels, wo nur ab und zu das blaue Meer durch die Öffnungen in den Galerien blitzt, und dem hellen Licht der Meeresküste geben der Strecke ihren unvergleichlichen Reiz.

Anstatt langer Sandstrände wartet die Levante mit kleinen, gut erhaltenen **Küstendörfern** und -städten und versteckten Buchten inmitten einer traumhaften Küstenlandschaft auf.

Neben berühmten **Nobelbadeorten** wie Portofino, Santa Margherita Ligure und Rapallo sind es vor allem die fünf Dörfer der **Cinque Terre,** die die Riviera di Levante weltweit so bekannt gemacht haben. Wie Vogelnester zwängen sie sich in die wilden Felsbuchten. Dazwischen liegt eine einzigartige Terrassenlandschaft im wahrsten Sinne zwischen Himmel und Erde. Die Rebhänge dieses kleinen Landschaftsstriches zählen zu den **steilsten Anbaugebieten** der Welt. Über insgesamt ca. 7000 km lange Trockensteinmauern verhindern, dass eine vom Menschen geschaffene Landschaft im Meer versinkt. Einzige Möglichkeit der Bauern, um Ackerbau betreiben zu können, war die mühselige Anlage der Terrassen.

Bis zum Bau der Eisenbahn waren die Cinque Terre nur über abenteuerliche Pfade und auf dem Wasserweg zu erreichen.

Die isolierte Lage und die Unwegsamkeit des Geländes machen heute ihren Reiz aus. Mittlerweile steht das gesamte Gebiet unter **Landschafts- und Denkmalschutz** und auf der Liste des Weltkulturerbes der UNESCO. Der unter Naturschutz stehende Küstenabschnitt zwischen Levanto und Portovenere ist ein ideales **Wandergebiet** mit einem gut ausgebauten Wegenetz. Absolutes Highlight sind die Verbindungswege entlang der Steilküste zwischen den Orten der Cinque Terre.

Von Genua bis Camogli

Wer Zeit hat, und etwas bummeln und gut essen gehen möchte, nimmt die breit **ausgebaute Uferstraße** stadtauswärts. Immer dem Küstenverlauf folgend, durchquert man die nicht enden wollenden Vororte Genuas. Lohnenswerte Abstecher sind die alten Küstenorte Boccadasse, heute einer der östlichsten Stadtteile Genuas, und Nervi, ein international bekanntes Seebad im 19. Jahrhundert. Beide Orte konnten sich ihren eigenständigen Charakter bewahren. Nervi bietet sich nicht nur aufgrund der guten Infrastruktur und der schnellen Zugverbindung nach Genua und in Richtung Camogli hervorragend als Standquartier für Ausflüge nach Ge-

nua und Umgebung an, sondern dient auch als Ausgangspunkt für Wanderungen am Monte di Portofino. Östlich von Nervi wird die Küste steiler und felsiger. Nach Bogliasco beginnt der weit geschwungene Küstenbogen des **Golfo Paradiso.** Bewaldete Hügelkämme enden direkt am Meer, und im Schutz der Berge liegen kleine, unspektakuläre Küstenorte mit wenig attraktiven Stränden. Die Küstenstraße verläuft mittlerweile hoch über dem Meer, und bereits von weitem sichtbar schieben sich die wild zerklüfteten Steilufer der Halbinsel von Portofino weit ins Meer hinein.

Boccadasse   ⌕ XIV, B2

Am Hafen Genuas entlang, über den Corso Italia mit der großen Meeresuferpromenade, gelangt man am einfachsten in das östliche Stadtviertel Boccadasse. Aus dem einst bescheidenen Fischerdorf ist nach und nach ein **Nobelviertel Genuas** geworden. Außer einigen alteingesessenen Fischerfamilien wohnen hier vor allem reiche Genuesen, die viele der alten heruntergekommenen Fischerhäuser aufkauften und wieder instand setzten. Von diesem Wandel merken Touristen jedoch nichts. Boccadasse konnte sich das ursprüngliche **Erscheinungsbild und** die **Atmosphäre eines kleinen intakten Fischerdorfes** bewahren und ist heute Spaziergängers Liebling. Zu jeder Jahreszeit ist Boccadasse am Wochenende ein beliebtes Familienausflugsziel. Keine störenden Neubauten, sondern flatternde Wäsche zwischen den Häusern, lärmende Kinder, Katzen und der Geruch von Meer hinterlassen den Eindruck einer eigenen kleinen, beschaulichen und noch intakten Welt inmitten der Großstadt.

Da die Gassen viel zu eng sind, kann man den Borgo nur zu Fuß betreten. Zentrum ist die **kleine Hafenbucht** mit ihren Fischerbooten am Strand. Sie ist alltäglicher Treffpunkt wie in anderen Orten die Dorfpiazza. Rundum schachteln sich die alten aneinander gebauten Häuser mit ihren verschiedenfarbigen Fassaden. Die Farben Rosa, Rot, Ockergelb, Elfenbeinweiß, Perlgrau und Lindgrün sind seit jeher die **typischen Farben** der alten Küstendörfer an der Riviera di Levante. Schon von weitem konnten die heimkehrenden Seeleute ihr Haus erkennen und sehen, ob neue Babywäsche auf den Wäscheleinen hing. Zumindest erzählen Einheimische gerne diese nette Geschichte. Eine etwas plausiblere Erklärung ist, dass die Häuser zum Schutz vor dem zersetzenden Salz farbig angestrichen wurden.

Quarto dei Mille
↗ **XIV, B2**

Weiter stadtauswärts auf der breit ausgebauten Küstenstraße fährt man an dem unübersehbaren Denkmal der „Tausend" im **Ortsteil** Quarto dei Mille vorbei. Das **Monumento ai Mille** soll an den legendären Zug der tausend freiwilligen „Rothemden" am 5. Mai 1860 erinnern, die von hier aus unter der Führung *Giuseppe Garibaldis* nach Sizilien segelten, um Süditalien von der bourbonischen Herrschaft zu befreien. Daher auch der Name des Stadtviertels („Stadtviertel der Tausend"). Treppen führen zu Betonliegeplätzen zum **Sonnenbaden.** Dort gibt es auch ein Café, wo man herrliche Ausblicke auf die Küste genießen kann.

Nervi
↗ **XV, C2**

● **PLZ 16167**
● **19 m üNN**

Bis ins 19. Jahrhundert war Nervi ein kleines Fischerstädtchen. Heute bildet das idyllische Nervi mit seinem eigenständigen Stadtbild den **östlichsten Vorort Genuas** und ist mit dem Stadtgebiet zusammengewachsen. Das sehr milde Klima im Winter war der Grund für den ungefähr in den 60er Jahren des 19. Jahrhunderts einsetzenden internationalen Tourismus. Herrliche Villen mit üppigen Gärten entstanden. Das internationale Publikum ist heute so gut wie verschwunden, und es geht ausgesprochen ruhig zu. Nur die Villen aus der Zeit um die Jahrhundertwende und die schönen Küstenparks vermitteln noch etwas von der **Atmosphäre der Belle Epoque.** Eine mittelalterliche, bogenförmige Brücke überspannt den Nervi-Fluss, der hinab zum kleinen Hafen führt. Er liegt in einer Bucht und ist durch eine Mole geschützt. Die **Häuser an der Piazzetta** mit ihren in warmen

Torre Gropallo

Farbtönen verputzten Fassaden und die farbigen Boote verleihen dem Ort sein schönes Aussehen.

Nervi liegt an einem felsigen Abschnitt der Küste und besitzt keinen Strand. Dafür besitzt Nervi aber eine der schönsten Uferpromenaden der gesamten Riviera. Über eine Brücke gelangt man von der Hafenpiazzetta aus auf die **Passeggiata Anita Garibaldi.** Ungestört vom Autolärm spaziert man auf einem bequemen in den Felsen geschlagenen Fußweg entlang der herrlichen Felsenküste. Früh im Jahr öffnen hier bereits die ersten Cafés und Eisdielen, und im Sommer tummeln sich auf den bizarren Felsenformationen die Sonnenhungrigen. Einige kleinere Badeanstalten bieten auch hier komfortable Bademöglichkeiten und bequeme Einstiege ins Meer. Ungefähr auf der Hälfte der rund 4 km langen Passeggiata Lungomare beherrscht der **Torre Gropallo** aus dem 16. Jahrhundert die Landschaft. Hier beginnen auch die schönen **Parkanlagen** mit mediterraner und exotischer Flora. Sie gehörten ursprünglich zu den Villen Gropallo, Grimaldi und Serra. Nachdem die Villen in den Besitz der Stadt Genua übergingen, wurden die drei Anlagen öffentlich zugänglich gemacht (Parco Municipale) und zwei Museen eingerichtet.

In der restaurierten **Villa Saluzzo Serra,** gegen Ende des 16. Jahrhunderts gebaut und in den folgenden Jahrhunderten mehrmals umgebaut und erweitert, befindet sich heute die **GAM** (Galleria d'Arte Moderna), eine Kunstsammlung mit überwiegend ligurischen Zeichnungen, Gemälden und Skulpturen des 19. und 20. Jahrhunderts.

Riviera di Levante

lig051 Foto: sg

●**Villa Saluzzo Serra (CM),** Galleria d'Arte Moderna, Villa Saluzzo Serra, Via Capolungo 3, Tel. 010/3726025. Di.–So. 10.00–19.00 Uhr, Mo. geschlossen. Eintritt 6 €.

Nur 30 m vom **GAM** entfernt, lohnt sich in einer ehemaligen Schule der Besuch des **Wolfsoniana.** Bis 2005 war ein Teil dieser Privatsammlung im GAM untergebracht. Seit den 1970er Jahren beschäftigt sich der reiche amerikanische Kunstsammler *Mitchell Wolfson jr.* mit der Zeit zwischen 1880 und 1945. 18.000 Exponate hat Wolfson mittlerweile zusammengetragen. Zur Sammlung gehören neben Gemälden, Skulpturen, Glasobjekten, Keramiken und

Möbelstücken zahlreiche Architekturzeichnungen, Grafiken und politische Manifeste.

●**Wolfsoniana,** Via Serra Gropallo 4, 16167 Genova Nervi, Tel. 010/3231329, www.wolfsoniana.it. Di.–So. 10.00–19.00 Uhr, Mo. geschlossen. Eintritt 5 €.

Die **Villa Grimaldi Fassio** stammt aus dem späten 17. Jahrhundert, wurde aber um 1960 nach den Wünschen der damaligen Besitzer, der Familie *Fassio,* im neoklassischen Stil neu gestaltet und besitzt einen herrlichen Rosengarten direkt an der Uferpromenade und an den Klippen. Die Villa beherbergt heute eine **Kunstsammlung,** die genuesische Industrielle, die Brüder *Frugone,* der Stadt vermachten. Bei den Gemälden,

Im Hafen von Nervi

Skulpturen, Zeichnungen und Radierungen, die zwischen 1860 und 1930 entstanden sind, handelt es sich größtenteils um Landschaften, Genre- und Porträtbilder, typische Sammlungsschwerpunkte des gehobenen Bürgertums um die Jahrhundertwende.

●**Villa Grimaldi Fassio (CM),** Via Capolungo 9, Tel. 010/322396. Öffnungszeiten: Di.–Fr. 9.00–19.00 Uhr, Sa. u. So. 10.00–19.00 Uhr. Eintritt 4 €.

Ein weiteres sehenswertes Museum befindet sich etwas weiter östlich in der **Villa Luxoro.** Sie liegt inmitten eines weiteren Küstenparkes und wurde 1908 von den Brüdern *Luxoro* erbaut. Die ehemaligen Besitzer waren leidenschaftliche Sammler, und so sind in den zwölf Sälen außer der originalen Einrichtung große Sammlungen an **genuesischen Keramiken** aus dem 17. bis 18. Jahrhundert, Krippenfiguren, silberne Weihwasserbehälter, antike Uhren und Gemälde flämischer und genuesischer Maler ausgestellt.

●**Museo „Giannettino Luxoro" (CM),** Via Mafalda di Savoia 3, Genova Nervi, Tel. 010/322673, www.museoluxoro.it. Öffnungszeiten: Di.–Fr. 9.00–13.00 Uhr, Sa. 10.00–13.00 Uhr, So. und Mo. geschlossen, Eintritt 4 €.

Unterkunft

●****Villa Pagoda,** Via Capolungo 15, 16167 Genova Nervi, Tel. 010/323200, Fax 321218, www.villapagoda.it. Stilvolles Hotel mit Park, 17 komfortabel und elegant ausgestattete Zimmer, z.T. mit schöner Aussicht und Terrasse. 210–420 €.

●***Esperia,** Via Val Cismon 1, Tel. 010/3726071, 321777, Fax 3291006, www.hotel esperia.it. Modernes Hotel in einer Villa mit Garten in Bahnhofsnähe, 25 Zimmer, 75–135 €.

●**Villa Bonera,** Via Sarfatti 8, Tel. 010/3726164, Fax 3728565, www.villabonera.com. Traditionsreiches Hotel in einer herrschaftlichen Villa aus dem 19. Jahrhundert, umgeben von einem kleinen Garten, wenige Gehminuten von der Passeggiata Anita Garibaldi entfernt. Bis zur Zugbrücke in ca. 100 m Luftlinie absolut ruhige Lage. Einige Zimmer in den beiden oberen Etagen mit Meerblick. Ein Doppelzimmer und ein Einzelzimmer über dem Eingangsbereich mit großer Terrasse (kein Meerblick). Der Service des familiär geführten Betriebes ist freundlich, und der Preis ist für Rivieraverhältnisse absolut moderat. Alles in allem ein auf angenehme Art und Weise altmodisches Haus mit vielen italienischen Stammgästen, die seit Jahrzehnten hier ihren Urlaub verbringen. Wer allerdings auf hundertprozentige Sauberkeit, ansprechendes Mobiliar und moderne, funktionale Bäder besonderen Wert legt, sollte sich ein anderes Domizil suchen. An der Villa nagt erkennbar der Zahn der Zeit. Das gesamte Gebäude könnte eine umfassende Sanierung gut vertragen, und die Bäder wurden seit mehr als 30 Jahren nicht erneuert. Insgesamt 26 Zimmer, drei davon ohne Bad. Doppelzimmer mit Bad 82 €, ohne Bad 72 €.

●*Piccolo Eden,** Via Val Cismon 6, Tel./Fax 010/3728348. Kleine, nette Pension mit 9 Zimmern, ohne Bad 50, mit Bad 55 €.

●**Belsito,** Via Capolungo 12, Tel./Fax 010/3728060, www.genovabynet.it/belsito. Kleines ordentliches Haus mit Garten in der Nähe der Villa Grimaldi Fassio. 14 Zimmer. 60–115 €.

●***Marinella,** Passeggiata Anita Garibaldi 18 (beim Bahnhof), Tel. 010/3728343, Fax 321429, 16167 Genova Nervi, www.hotel marinella-nervi.com. An der Uferpromenade direkt auf den Felsen erbaut, liegt dieser ungewöhnlich schiffsartige Bau aus den 1930er Jahren mit einem seltsamen Stilmix aus Art déco und Mussolini-Architektur. Sensationell seine Lage. Jedes der 13 renovierten, freundlich eingerichteten Zimmer auf dem ,Oberdeck' geht auf das Meer hinaus. Zum Hotel gehört ein Restaurant mit schöner Terrasse direkt über den Klippen, eine Pasticceria und eine Musikbar. 100–130 €.

Riviera di Levante

Restaurants

●**Trattoria La Ruota,** Via Oberdan 215r, Tel. 010/3726027. Mo. Ruhetag. In der Nähe der Villa Bonera gelegenes Restaurant mit sehr guter Fischküche und freundlichem Service. Unter den Antipasti ist der geräucherte Schwertfisch *(pesce spada affumicato),* als erster Gang die hausgemachten, mit Branzino gefüllten *pansoti* und als Hauptgericht gegrillter Fisch *(grigliata)* oder *fritto misto di pesce* zu empfehlen. Die Desserts sind ebenfalls hausgemacht. Spezialität des Hauses ist die *Sacripantina,* eine typische genuesische Biskuittorte. Gehobene Preislage.

In der Umgebung
●Außer den Restaurants in Genua, **Osteria da Drin** oberhalb von Sori und Vitturin (jeweils ca. 10 km) in Recco (siehe dort).

Verkehrsverbindungen

●Häufige **Zugverbindungen in Richtung Genua und Pisa.** Über die zentrale, mit Jugendstilhotels gesäumte Viale delle Palme erreicht man den oberhalb der Küste liegenden **Bahnhof von Nervi** (östlich vom Hafen, mit direktem Zugang zur Passeggiata Anita Garibaldi).
●Ins **Stadtzentrum von Genua** fahren auch die direkten Buslinien 15 (bis Piazza Ferrari) und 15/ (bis Porto Antico), Fahrtzeit ca. 30 Minuten.

Kinder

●**Spielplätze** im Park der Villa Serra.

Bogliasco ♂ XV, C2

●**PLZ 16031**
●**Ew.: 4613**
●**25 m üNN**

Die Häuser im alten **Borgo Marinaro** von Bogliasco gruppieren sich weit unterhalb der Via Aurelia an der Mündung des kleinen Flusses Poggio und sind von steilen Hügeln umgeben, die ins Meer tauchen. Die **geschützte Lage**

garantiert ein mildes Klima. Die Ursprünge des Ortes gehen bis ins frühe Mittelalter zurück. Unter der Herrschaft Genuas war Bogliasco eine bedeutende Hafenstadt. Heute besitzt der ruhige Ort nur noch einen kleinen Fischereihafen. Die mittelalterliche Brücke am Ufer wurde auf den Resten einer römischen Brücke errichtet.

Touristeninformation

●**IAT Bogliasco-Golfo Paradiso,** Via Aurelia 106, Tel./Fax 010/3470429, iat@prolocobogliasco.it.

Camping

●***Campeggio Genova Est,** Via Marconi, Località Cassa, Tel./Fax 010/3472053. Schön gelegener Zeltplatz, gut geeignet als Durchgangsstation, schmale Terrassen, Hanglage, oberhalb von Bogliasco (2 km ins Ortszentrum), 240 Stellplätze, dichter Baumbestand.

Markt

●**Antiquitätenmarkt,** jeden ersten Sonntag im Monat auf der Piazza XXV Aprile.

Pieve Ligure ♂ XV, C2

●**PLZ 16030**
●**Ew.: 2459**
●**169 m üNN**

Pieve Ligure ist der einzige höher gelegene Ort an diesem steilen Küstenabschnitt bis Camogli. Auf einem Hügel steil über dem Meer liegt **Pieve Alta,** der mittelalterliche Kern des kleinen zersiedelten Städtchens. Alljährlich findet hier zum Zeichen für den Beginn des Frühlings das sogenannte „Mimosenfest" statt. Die kleine Kirche Sant' Antonio Abate ist im Innern mit Fresken ausgemalt und besitzt ein Triptychon aus dem 16. Jahrhundert. Über den Hang verteilen sich Sommerhäuser.

Feste

●**La Sagra della Mimosa,** das Mimosenfest, findet seit 50 Jahren immer Ende Januar/Anfang Februar statt.

●**La Festa del mare** mit Wettangeln in der ersten Augusthälfte.

Sori ⤴ XV, C2

●**PLZ 16030**
●**Ew.: 4263**
●**14 m üNN**

Vom Tourismus ebenfalls **völlig unbeachtet** ist der nächste Ort an der Küste. Wie in Bogliasco rauscht weit oberhalb von Sori der Verkehr über die Via Aurelia vorbei. An der Bucht mündet ein kleiner Bach, links davon liegen die Fischerboote an einem kleinen Kiesstrand, und rechts davon gibt es ein öffentliches Schwimmbad.

Restaurant

●**Osteria da Drin,** Frazione Capreno 66, Tel. 0185/782210. Über eine schmale, kurvige Bergstraße gelangt man in den Weiler *Capreno,* ca. 4 km oberhalb von Sori. Nicht zu verfehlen ist das Ausflugslokal ‚da Drin' mit großer, im Winter verglaster Terrasse mit herrlichem Meerblick. Reservieren lohnt sich, die Osteria ist immer gut besucht. Hier wird gute ligurische Hinterlandküche serviert, die Portionen stillen auch den größten Hunger, der Service ist freundlich und die Preise moderat. Als Vorspeise unbedingt die *Foccaccia al formaggio* und gefülltes Gemüse bestellen. Gefolgt von den Klassikern *trofie con pesto* oder *pansoti con salsa di noci.* Hervorragend das fritto misto. Im Gegensatz zur Küste, wo das Fritto misto aus frittiertem Fisch besteht, wird im Hinterland so ziemlich alles frittiert was die Küche hergibt: Fleisch, Gemüse, süßer und salziger Teig. Untere Preislage.

Recco ⤴ XV, C3

●**PLZ 16036**
●**Ew.: 10.191**
●**5 m üNN**

Recco fungiert als **Durchgangsort** in den berühmten Nachbarort Camogli. Der alte Stadtkern wurde bei Bombenangriffen 1943/44 vollkommen zerstört. Auf dem Reißbrett entstand eine neue, sehr zweckmäßig angelegte und reizlose Stadt mit gesichtslosen Betonbauten. Trotz des relativ hässlichen Erscheinungsbildes lebt Recco heute vorwiegend vom Tourismus. Die **Badebucht** mit dem relativ langen Strand ist an Wochenenden im Sommer überfüllt. Oberhalb vom Strand gibt es eine Promenade mit einigen Cafés. Recco ist im Vergleich zu den vielen schönen Küstenorten an dieser Riviera bestimmt die schlechteste Wahl. Wer aber seine Liebe für die **kulinarischen Spezialitäten** Liguriens entdeckt hat, der sollte hier auf jeden Fall Halt machen. Bei einem Ausflug von Genua nach Camogli muss man sich so oder so durch Recco quälen.

Recco ist nämlich bekannt für seine **Focaccia al formaggio,** die hier traditionell aus zwei Teiglagen mit Käse dazwischen besteht. Sie wird auf großen, runden Blechen im Holzofen knusprig gebacken und noch warm und herrlich duftend auf die Hand serviert – eine der leckersten italienischen Fast-Food-Varianten!

Touristeninformation

●**IAT-Büro Recco,** Via Ippolite d'Aste 2 A, Tel. 0185/722440, Fax 721958, iatpro@libero.it.

Riviera di Levante

Rezept für Focaccia al formaggio

Zutaten für 2–3 Personen:
200 g Mehl, ca. 0,1 l gutes Olivenöl, etwas kaltes Wasser, Salz und 250 g Stracchino (Stracchino ist in Deutschland nur schwer zu bekommen, ersatzweise geht auch Mozzarella oder Ziegenfrischkäse).

Mehl, Wasser und etwa die Hälfte des Öls zu einem geschmeidigen, glatten Teig verkneten und zu zwei Kugeln formen. Etwa eine Stunde am besten unter einer umgestülpten Schüssel ruhen lassen. Die beiden Teigkugeln ausrollen und zum Schluss so dünn wie möglich mit den Handflächen auseinander ziehen. Ein gut gefettetes Kuchenblech mit einer Teigplatte auslegen, den klein geschnittenen Käse darauf verteilen, die zweite Teigplatte darauf legen und die Ränder gut andrücken. Zum Schluss wird die Oberfläche mit etwas Salz bestreut und mit Olivenöl beträufelt. Dann wird das Blech in den voll aufgeheizten Ofen geschoben und bei der stärksten Temperatur, die ihr Backofen zulässt, ca. 10 Minuten, bis die Oberfläche goldbraun glänzt, gebacken. Wichtig ist die starke Temperatur. Ideal sind 300°C oder Gasstufe 6.

fig130 Foto: sg

Unterkunft

●****La Villa, Via Roma 274, Tel. 0185/720779, Fax 721095, www.manuelina.it. Recco ist als Standquartier für einen Riviera-Urlaub nicht zu empfehlen. Dafür ist der Ort an sich zu unattraktiv. Wer allerdings unverhofft auf der Suche nach einer Unterkunft oder auf dem Heimweg in Recco strandet, quartiert sich am besten im Albergo La Villa ein. Das neue, angenehme Haus liegt etwas außerhalb an der Landstraße (S.S. 333) nach Uscio. Es besitzt 23 komfortabel ausgestattete Zimmer, Schwimmbad und Garten und vor allem ein hervorragendes Restaurant (Ristorante Manuelina, s.u.). 80–150 €.

Essen und Trinken

●Ristorante Manuelina, Via Roma 296 (liegt an der S.S. 333, nördlich vom Zentrum), Tel. 0185/74128, Ruhetag Di. Der alte Familienbetrieb präsentiert hervorragende ligurische Spezialitäten verbunden mit professionellem Service. Als Vorspeise wird auch eine herrlich duftende *Focaccia* serviert. Gehobene Preislage.
●La Baita, Loc. Collodari, Via Alpini d'Italia 8, Tel. 0185/75882, Ruhetag Mo. Gemütliches Ausflugs-Restaurant mit Terrasse im kleinen Ort Collodari, oberhalb Reccos (3 km außerhalb in Richtung Uscio, kurz darauf Schilder nach Collodari) mit sehr guter traditioneller Regionalküche wie den Gemüsevorspeisen (gefüllt und als Kuchen), *Trofie al pesto* und *Pansoti al sugo di noci* als Primi und *Coniglio alla Ligure* als Secondo; mittlere Preislage.
●Ristorante Vitturin 1860, Via dei Giustiniani 48/50, Tel. 0185/720225. Mo. Ruhetag. Ebenfalls an der SS 333 etwas nördlich vom Manuelina liegt dieses große zuverlässige Fischrestaurant. Die beliebteste Vorspeise ist auch hier *Focaccia al formagggio*. Ein Teil der Karte wechselt je nach Saison. Gutes *fritto misto*. Gehobene Preislage.

Einkaufen

●Panificio Moltedo, Via Biagio Assereto 15. Knusprige und zart schmelzende Focaccia al formaggio. Eine weitere Spezialität und mittlerweile auch eine Rarität in Italien sind die handgefertigen Grissini, die Knusperstäbchen, die in keinem Lokal fehlen.

● **Antiquitätenmarkt,** jeden dritten Sonntag im Monat.

Feste

● **Focaccia-Fest,** vierter Sonntag im Mai.
● **Ortsfest** mit Feuerwerk am ersten Septemberwochenende.

Camogli   ↗ XV, C3

● PLZ 16032
● Ew.: 5516
● 8 m üNN

Weit unterhalb der bewaldeten Bergküste, inmitten des muschelförmig geschwungenen Golfo Paradiso, liegt Camogli, eine der schönsten Küstenstädte der gesamten italienischen Riviera. Auf Grund seiner **wunderschönen Lage** an der Felsenküste des Promontorio di Portofino und des harmonischen Stadtbildes ist der Ort einzigartig. Der alte Stadtkern gruppiert sich hinter einer vorgelagerten Landzunge, die Camogli in zwei Buchten aufteilt. Auf der einen Seite liegt der geschützte Hafen mit vielen farbenfrohen Fischerbooten, Hafencafés und malerischen Häuserfronten. Trotz des Touristenandrangs flicken die Fischer auf der Hafenmole ungerührt ihre Netze. Auf der anderen Seite lädt eine lang gezogene Bucht mit der leicht ansteigenden **Uferpromenade** zum Flanieren ein.

Die engen Platzverhältnisse an diesem schmalen Küstenstreifen ließen die Gebäude in die Höhe wachsen. Zum Meer gewandt, besitzen die Häuser sechs bis sieben Stockwerke, während die Eingänge auf der Rückseite weiter

oben liegen. Die **schmalen, hohen Häuser** stammen aus dem 17. bis 19. Jahrhundert und sind mit ihren in sanften Pastelltönen gehaltenen Fassaden charakteristisch für Camogli. Sie verleihen der Stadt ihren ganz besonderen Reiz. Zwischen den Häuserblöcken verlaufen verwinkelte schmale Gassen, steile Treppen und Bogengänge.

Von der obersten Spitze der Felszunge bewacht das **Castello** den Ort. Von weitem hat man den Eindruck, als sei die Burg mit der festungsartigen Kirche Santa Maria Assunta verbunden. Die Hänge sind mit Villen und Wohnhäusern übersät. Umgeben von grünen Gärten, einer verschwenderischen Blumenpracht mit Wolken aus zartlila Glyzinien, Geranien, Bougainvilleen, Rosen, Zitronen- und Orangenbäumen, passt sich die neuere Architektur unauffällig in die Stadtlandschaft ein.

Interessanterweise hat der heute eher beschauliche Urlaubsort eine berühmte **Vergangenheit als mächtige Seemacht** hinter sich. Vom Ende des 18. bis Ende des 19. Jahrhunderts erlebte Camogli eine wirtschaftliche Blütezeit. In dieser Phase verfügte der Ort über eine der größten Handels- und Kriegsflotten des gesamten Mittelmeerraums. In Hochzeiten segelten 700 Segelschiffe unter Camoglieser Flagge. 1853 gründeten *Erasmo Schiaffino* und *Giuseppe de Gregori* die **weltweit erste Schiffsversicherung,** deren Statuten zukunftsweisend waren. Die aufkommende Dampfschiffahrt besiegelte den langsamen Niedergang der großen Reedereien und damit auch das Ende der Seemacht Camogli.

Riviera di Levante

Von diesem Wirtschaftswunder ist nichts übrig geblieben. Heute präsentiert sich Camogli als ein beschaulicher, hübsch herausgeputzter Badeort.

Besichtigung

Der alte Stadtkern von Camogli kann nur zu Fuß besichtigt werden. Fährt man nach Camogli hinunter, kommt man an mehreren großen gebührenpflichtigen Parkplätzen vorbei, die aber in der Hauptsaison meist voll belegt sind. Die **ideale Anfahrtsmöglichkeit** ist mit dem **Zug.** Vom Bahnhof aus, der sich in der Oberstadt befindet, gelangt man über die Via XX Settembre in die Altstadt. Schräg gegenüber des Bahnhofs führen Treppen zum **Schifffahrtsmuseum** hinunter. Bilder, Stiche von Camoglieser Segelschiffen, Werkzeuge, Ausrüstungsgegenstände, Schiffsmodelle und alte Karten dokumentieren die Geschichte des örtlichen Schifffahrtswesens. Eine weitere Sammlung des Museums beinhaltet archäologische Exponate aus der vorrömischen Siedlungsgeschichte, die auf dem Castellaro-Hügel (hier befindet sich heute das Hotel Cenobio dei Dogi) gefunden wurden.

● **Museo marinaro „Gio Bono Ferrari",** Via Gio Bono Ferrari 41, Tel. 0185/729049, Öffnungszeiten: Mo., Do., Fr. 9.00–12.00 Uhr, Di., Sa., So. 9.00–11.45, 15.00–17.40 Uhr, freier Eintritt.
● **Civico Museo Archeologico,** Via Gio Bono Ferrari 41, Tel. 0185/729048. Öffnungszeiten: Mo.–Fr. 8.45–11.45 und 15–17.45 Uhr, Sa. 8.45–11.45 Uhr, freier Eintritt.

Die Seeseite von Camogli –
Kirche und Castello

Camogli – malerische Häuserfront

Folgt man den **Treppen weiter nach unten,** landet man auf der unteren Ebene mit weiteren gebührenpflichtigen Parkplätzen und der schnellsten Zugangsmöglickeit zu den Hotels. Über die Via Garibaldi gelangt man in wenigen Minuten auf die langsam abfallende **Uferpromenade.** Von hier aus zeigt sich Camogli von seiner schönsten Seite. Der lange steinige Strand, die malerische Häuserfront mit ihren in warmen Farben gehaltenen Fassaden und am Ende der Promenade die Burg und Kirche – ein wahrer Postkartenanblick.

Erhaben auf einer kleinen Landzunge liegen die alte Festung und die Kirche Santa Maria Assunta, die signifikantesten Gebäude Camoglis. Auf dem höchsten Punkt über steilen Felswänden erhebt sich das **Castello Dragone.** Im 16. Jahrhundert errichteten die Genuesen die quadratische Verteidigungsanlage mit zentralem Wehrturm an der Stelle einer Festung aus dem frühen 13. Jahrhundert. Die Anlage wurde zum Teil rekonstruiert und beherbergt heute im Turm das **Acquario Tirennico.** In dem kleinen Meerwasseraquarium wurde die reiche Unterwasserwelt der Portofino-Halbinsel rekonstruiert.

●**Acquario Tirrenico,** Via Isola, Tel. 0185/773375. Öffnungszeiten: im Sommer täglich 10.00–12.00 und 15.00–19.00 Uhr, im Winter 10.00–11.45 Uhr und 14.00–17.45 Uhr.

Unterhalb der Festung liegt am Fuße des Felssporns die festungsartige **Pfarrkirche Santa Maria Assunta.** Sie stammt ursprünglich aus dem 13. Jahrhundert, wurde aber bis ins 19. Jahrhundert mehrfach baulich verändert und ist heute ein Konglomerat verschiedenster Bauteile, dicht verwoben mit den angrenzenden Häusern. Der Eingang liegt auf der Hafenseite und ist über eine Treppe zu erreichen.

Riviera di Levante

lig0355 Foto: sg

Durch einen Bogengang gelangt man auf die **malerische Hafenpiazza Colombo.** Hier findet alljährlich die **Sagra del Pesce,** das größte ligurische Fischerfest, statt.

Touristeninformation

● **Pro loco Camogli,** Via XX Settembre 33, Tel./Fax 0185/771066, info@proloco.camo gli.it. Nähe Bahnhof. Abfahrtspläne der Ausflugsboote.

Unterkunft

● ****Cenobio dei Dogi,** Via Cuneo 34, Tel. 0185/7241, Fax 772796, www.cenobio.it. Das Luxushotel besitzt eine einmalige Lage am Rande der Bucht von Camogli, mit Privatstrand, Schwimmbad, Blumengarten und

Tennisplatz. Erbaut wurde es von einer genuesischen Familie, aus der auch einige Dogen stammten. Der jetzige Besitzer, der die Anlage in den 1950er Jahren zu einem Hotel umwandelte, gab dem Haus deshalb auch diesen Namen. Wer sich den Luxus des Cenobio dei Dogi (Kloster der Dogen) erlauben kann und will, sollte unbedingt ein Zimmer mit Meerblick reservieren. Unvergleichlich ist der Blick auf Camogli und den Golfo di Genova. Aber auch vom Restaurant aus, in dem man, ganz im Gegensatz zu den meisten ligurischen Hotelrestaurants, hervorragend speisen kann, hat man einen atemberaubenden Ausblick. Allerdings scheint die schöne Lage den Hotelpreis zu bestimmen und nicht etwa ein zu erwartender Luxusstandard. 165–330 €.

● ***La Camogliese,** Via Garibaldi 55, Tel. 0185/771402, Fax 774024, www.lacamogli ese.it. Renoviertes Stadthaus in zentraler Lage am Anfang der Uferpromenade. Die meisten der 21 gepflegt eingerichteten Zimmer ohne Meerblick. 70–115 €.

Im Hafen von Camogli

●***Casmona,** Salita Pineto 13, Tel. 0185/770015-6, Fax 775030, www.casmona.com. Renoviertes Hotel in herrlicher Lage direkt an der Uferpromenade, insgesamt 19 Zimmer, davon 14 Zimmer im Haupthaus, z.T. mit Meerblick und großer Terrasse. 60–180 €.

●*Selene,** Via Cuneo 15, Tel. 0185/ 770149, Fax 770195. Einfache Pension in der Nähe des Bahnhofs (wenige Minuten zu Fuß in die Altstadt), 9 Zimmer ohne Bad. 65–89 €.

●**La Rosa Bianca di Portofino,** Via Mortola 37, S. Rocco di Camogli, Tel. 0185/776666, mobil: 335-6468519, www.larosabiancadiportofino.com. Angenehmes Bed & Breakfast mit 3 Doppelzimmern in traumhafter Aussichtslage mit Blick auf Camogli und die Küste, etwas außerhalb von S. Rocco. Das geschmackvoll restaurierte alte Landhaus mit schönem Garten und Liegewiese liegt ruhig und idyllisch (nur zu Fuß in ca. 7 Minuten von S. Rocco aus erreichbar) oberhalb des Wanderweges zur Punta Chiappa. 100–120 €.

Essen und Trinken

●**La Cgliese,** Via Garibaldi 78, Tel. 0185/771086, Ruhetag Mi. Fischrestaurant (gehört zum gleichnamigen Hotel) in außergewöhnlicher Lage. Der Speiseraum gleicht einem freitragenden, überdachten Holzbalkon hoch über dem Meer; gehobene Preislage.

●**Aurelia,** Località Ruta (3 km), Via Aurelia 150, Tel. 0185/770281, Ruhetag Di. Trattoria mit guten Nudel- und Fleischgerichten, auch Pizza, einige Kilometer außerhalb an der Hauptstraße in Richtung Santa Margherita Ligure; mittlere Preislage.

●**La cucina di Nonna Nina,** Via Molfino 126, Località San Rocco (6 km), Tel. 0185/773835, Ruhetag Mi., siehe San Rocco.

Café/Bars

●**Pasticceria und Focacceria Revello,** Via Garibaldi 183. Bäckerei mit hervorragendem Gebäck, Spezialität sind die Camogliesi, weiche Mandelplätzchen, die auf der Zunge vergehen, und die hervorragende Focaccia in mehreren Variationen.

●**Bar La Primula,** Via Garibaldi 140. Schönes, großes Café mit Tischen auf der Promenade und blauen Markisen.

●**Bar Porticciolo,** Via al Porto 11. Hafenbar mit Terrasse.

Verkehrsverbindungen

●Camogli liegt an der **Bahnlinie La Spezia–Genua.** Es bestehen häufige Verbindungen. Der Bahnhof liegt oberhalb der Altstadt.

●**Busse** von Rapallo und Santa Margherita Ligure.

●Mehrmals täglich verkehren **Schiffe** entlang der zerklüfteten und felsigen Küste nach Punta Chiappa, San Fruttuoso, Portofino und Cinque Terre. Infos zu Abfahrtszeiten und Preisen, z.B. Camogli – S. Fruttuoso 7 €, hin und zurück 10 € über www.golfoparadiso.it. Die Linie Camogli – Punta Chiappa – S. Fruttuoso ist das ganze Jahr über in Betrieb.

Parken

Mehrere große, **gebührenpflichtige Parkplätze** (ca. 1,50 €/Std.) verteilen sich entlang der Straße nach Camogli hinunter; in der Hauptsaison und am Wochenende überfüllt. Schnellste und einfachste Anreise mit der Bahn.

Einkaufen

●**Cooperativa Pescatori Camogli,** Salita Priaro, Tel. 0185/772600. Im Fischgeschäft der Fischerkooperative von Camogli gibt es neben frischem Fisch auch eingelegte Spezialitäten wie *acciughe sotto sale.*

Baden

●Langer, aber steiniger **Stadtstrand** an der Uferpromenade, bei stürmischem Wetter nicht für Kinder geeignet.

●**Felsenbadeplätze und zwei kleine Buchten mit Kiesstrand** in San Fruttuoso, zu Fuß oder mit dem Linienboot zu erreichen.

Feste

●**Sagra del Pesce,** am zweiten Sonntag im Mai. Auf der Piazza Colombo am Hafen findet seit 1952 jährlich das größte ligurische Fischerfest statt. In einer riesigen Pfanne mit 4 m Durchmesser werden in 500 Litern Öl über 2 Tonnen Fisch frittiert und an die Besucher verschenkt.

● **Stella Maris,** Schiffsprozession am ersten Sonntag im August von Camogli zur Punta Chiappa. Bei der kirchlichen Prozession bitten die Fischer um reichen Fischsegen.

Wandern

Camogli ist ein hervorragendes Standquartier für **Wanderungen auf der Portofino-Halbinsel.** Zahlreiche Wanderwege von einfach bis schwierig überziehen den Promontorio.

Eine der spektakulärsten und und schönsten Strecken ist die **Küstenwanderung von Camogli nach Santa Margherita Ligure.** Die Wanderung hat durchaus anstrengende An- und Abstiege, kann aber auf zwei verschiedenen Routen, einer anstrengenderen (zwei rote Punkte) mit herrlichem Küstenpanorama und einer leichteren (roter Kreis) über den Portofino Vetta begangen werden. Es empfiehlt sich, die Tour in zwei Tagesetappen zu laufen:

Variante 1: Man verlässt Camogli über die Via Cuneo in südöstlicher Richtung und folgt den Wegweisern (zwei rote Punkte und roter Kreis) in Richtung San Rocco. Über einen langen Treppenweg erreicht man nach ca. 45 Minuten den kleinen Ort San Rocco auf 221 m Höhe. **Hier trennen sich die Wege.** Die bequemere Route (roter Kreis) führt bereis in San Rocco aufwärts über Portofino Vetta (425 m), einem Aussichtspunkt mit grandiosem Panorama im Westen vom Golfo Paradiso bis zur Riviera di Ponente im Osten. In der Ferne sieht man die Cinque Terre. Fast eben verläuft die Strecke weiter zur Wegkreuzung **Pietre Strette** (452 m). Von hier geht es auf einem gepflasterten Maultierpfad zur Klosterbucht **San Fruttuoso** hinab (reine Gehzeit 3–3½ Stunden). Ab San Fruttuoso bestehen Fährmöglichkeiten nach Camogli und Portofino. **Vorsicht, bei stürmischem Wetter kann das Schiff nicht anlegen!** Informationen über die Abfahrtszeiten gibt es im Infobüro von Camogli oder über www.golfoparadiso.it.

Am spektakulärsten und anstrengendsten ist jedoch **Variante 2.** Sie führt durch eine herrliche mediterrane Landschaft hoch über dem Meer die Küste entlang und bietet traumhafte Ausblicke. Die Route eignet sich nur für erfahrene, trittsichere Wanderer mit gutem Schuhwerk!

Bei der **Kirche von San Rocco** nimmt man den mit zwei roten Punkten markierten Wanderweg entlang der Küste. Nach ca. 10 Minuten zweigt ein Weg abwärts nach Punta Chiappa. Geradeaus weiter erreicht man nach ca. 1 Stunde die „Batterie", ein idealer **Rastplatz** bei einem Bunker aus dem 2. Weltkrieg mit herrlichem Blick auf Camogli, Recco, Nervi, in der Ferne Genua und bei klarer Sicht bis nach Korsika. Erst nach der „Batterie" beginnt der schwierigere Abschnitt der Tour mit anstrengenden Auf- und Abstiegen auf einem schmalen Pfad, über teils mit Ketten gesicherte Felsvorsprünge, mit fantastischen Ausblicken auf die zerklüftete Küste und verborgene Buchten. Nach einem kurzen Abstieg folgt ein steiler Anstieg auf einen Bergkamm und ein mühseliger Abstieg auf einem gut zu begehenden Weg hinunter nach S. Fruttuoso (reine Gehzeit Camogli – S. Fruttuoso ca. 4 Stunden). Mit richtigen Wanderschuhen ist dieser Küstenweg bei gutem Wetter problemlos zu begehen. Die schwierigen Stellen sind mit Seilen gut gesichert. Bei Regen empfiehlt sich die Route nicht (Rutschgefahr auf den felsigen Abschnitten).

In der **Klosterbucht** kann man sich mit einem kühlen Bad belohnen und mit dem Boot nach Camogli zurückfahren. **Hinweis:** bei stürmischem Wetter können die Boote nicht in S. Fruttuoso anlegen.

Wer die Wanderung in Richtung Portofino und Santa Margherita fortsetzen möchte, nimmt sich in dem einzigen Gasthaus ein Zimmer und genießt abends in einem der Strandrestaurants die „Inselromantik". Zimmer unbedingt vorher reservieren!

Unterkunft

● Das **Albergo Da Giovanni** (Tel. 0185/770047) hat nur 7 einfache Zimmer ohne Bad (Etagendusche). Die außergewöhnliche Lage hat allerdings ihren Preis. Wer mit dem Boot abends nicht mehr zurückkommt, bezahlt für mangelnden Komfort und schlichten Service 100 € pro Person und Nacht.

Am nächsten Tag steigt man zunächst den Osthang der Bucht hinauf (Wegmarkierung zwei rote Punkte). Durch einen Steineichen- und Pinienwald gelangt man zu einem alten Militärposten aus dem Zweiten Weltkrieg, der Base „O" (226 m). Weiter über **Prato** (245 m) hinunter zum kleinen Weiler **San Sebastiano** (161 m) geht es immer abwärts nach Portofino (reine Gehzeit ca. 2 Stunden). Eine Abkürzungsmöglichkeit besteht über Olmi nach Gave, oberhalb von Paraggi (Wegmarkierung rotes Kreuz).

Das letzte und kürzeste Teilstück geht zunächst auf einem gut ausgebauten Spazierweg nach **Paraggi.** Stille und Einsamkeit nehmen hier ein abruptes Ende. Der Weg verläuft kurz oberhalb der viel befahrenen Straße von Santa Margherita nach Portofino.

In Paraggi geht es über Treppen aufwärts in Richtung **Gave** (Wegmarkierung drei rote Punkte). In Gave trifft man wieder auf den vorhin erwähnten Weg, der von Olmi hierher führt (Wegmarkierung rotes Kreuz). An der Kirche Madonna di Nozarego vorbei und über Treppen geht es hinab nach Santa Margherita Ligure (reine Gehzeit ca. 11½ Stunden).

San Rocco ↗ XV, D3

Einige Kilometer südlich von Camogli, hoch über der Küste in 221 m Höhe, liegt inmitten von dichten Wäldern das idyllische kleine Dorf San Rocco, ein idealer **Ausgangspunkt für Wanderungen** auf der Portofino-Halbinsel. Es besteht nur aus einigen Häusern, die sich um die Kirche gruppieren. Von der Piazza vor der Kirche kann man einen traumhaften Blick über die Küste genießen. Es gibt einen Bäcker mit Bar, einen Alimentari und ein sehr gutes Restaurant – alles, was man für den Start oder das Ende einer Wanderung braucht.

Essen und Trinken

●**La Cucina di Nonna Nina,** Via Molfino 126, Tel. 0185/773835, Ruhetag Mi. Sehr gutes, sympathisches, kleines Lokal im ersten Stock über dem Dorfladen mit einer wunderschönen kleinen Aussichtsterrasse. Die traditionellen ligurischen Gerichte sind sorgfältig und aufwendig zubereitet und schmecken hervorragend. Nudeln und Desserts sind selbstverständlich hausgemacht, und die Rezepte dafür stammen, wie der Name des Restaurants vermuten lässt, tatsächlich noch von Großmutter Nina. Mittlere Preislage. Reservieren lohnt sich!

Verkehrsverbindung

●**Buslinie Camogli – Ruta – San Rocco.**

Promontorio di Portofino –
von Camogli bis Rapallo

Bizarre Küstenformationen mit wild zerklüfteten Steilufern, tief eingeschnittene Buchten, eine üppige und abwechslungsreiche Vegetation und ein gut ausgebautes Wegenetz machen die **Halbinsel von Portofino,** den Promontorio di Portofino, zu einem idealen Wandergebiet. Hier beginnt einer der schönsten Küstenabschnitte Italiens, der im Gebiet der Cinque Terre bis hinunter nach Portovenere seinen Höhepunkt findet.

Bei Camogli, 23 km südöstlich von Genua, unterbricht das mächtige Vorgebirge Promontorio di Portofino den Küstenverlauf. Bereits von weitem sichtbar, schiebt sich zwischen Camogli im Westen und Santa Margherita im Osten eine Halbinsel ca. 3 km in die Küstenlinie, die vom Golfo di Tigullo und vom Golfo Paradiso eingerahmt wird.

Bereits in den 1930er Jahren begannen die ersten Bemühungen, dieses landschaftlich wunderschöne Gebiet vor Bauspekulationen zu schützen. **Seit 1986** steht das gesamte Vorgebirge unter **Naturschutz.** Der Region Ligurien ist es zum Glück gelungen, den Ausbau eines Straßennetzes und einen Bauboom zu verhindern und eine der letzten unverbauten Naturlandschaften am Mittelmeer zu erhalten. Die **Hauptverkehrsader Via Aurelia** führt von Camogli im Westen über Ruta als Passstraße nach Santa Margherita Ligure im Osten. Die höchste Erhebung ist der **Monte di Portofino** (610 m). Zusammen mit den Bergen Monte delle Bocche (506 m), Monte Croce di Nozarego (484 m) und Monte Brano (304 m) bildet der Monte Portofino eine Wasserscheide. Nördlich dieser Bergkette sind einige Orte, wie das winzige Bergdorf San Rocco hoch über der Küste, an den Verkehr angeschlossen. Südlich der Wasserscheide ist die gesamte Halbinsel, bis auf die Ostküste mit dem Nobelort Portofino, nur zu Fuß oder mit dem Boot zu erkunden.

Von Camogli bis zum markanten Aussichtspunkt **Punta Chiappa** verläuft die Küstenlinie nahezu geradlinig. Am äußersten westlichen Zipfel beginnt eine unregelmäßige Steilküste. Die Cala dell'Oro und die Bucht mit dem Kloster San Fruttuoso sind zwei tief eingeschnittene Buchten. Stellenweise ragen die **Steilufer** bis hundert Meter über dem Meer hinauf. Auf schmalen Küstenpfaden genießt man **herrliche Ausblicke** auf die wilde Landschaft und die Küste. Etwa 30 Meter fallen die Felswände steil in das Meer ab, deren Gründe an der Südküste einen großen Reichtum an Pflanzen- und Tierarten aufweisen. Seit dem Mittelalter wurden hier traditionell **Korallen** gefischt. Dieser Erwerbszweig gehört jedoch schon seit einigen Jahrzehnten der Vergangenheit an, da durch die Sportfischerei die Korallengründe fast völlig zerstört wurden. Um diese herrliche Unterwasserwelt zu schützen, wurde die gesamte Küste von Punta Chiappa bis Portofino im Jahr 1982 zum **Meeresreservat** erklärt.

An der östlichen Spitze des Promontorio, dem Punta di Portofino, beginnt der **Golfo di Tigullio,** der seinen Namen den vermeintlichen Ureinwohnern Liguriens verdankt. Nach dem Punta di Portofino unterbrechen zwei malerische Buchten den Küstenverlauf. Hinter der äußersten Spitze des Vorgebirges verbirgt sich **Portofino, einer der mondänsten italienischen Ferienorte** schlechthin. Die Idylle findet hier vor allem im Sommer ein abruptes Ende. Der weltbekannte Nobelort ist zwar viel zu klein und zu exklusiv, um Massen anzuziehen. Doch in der Hochsaison und an Wochenenden und Feiertagen brechen ganze Heerscharen an Tagesbesuchern über den Ort herein, und der Verkehr staut sich kilometerlang auf der kurvigen Küstenstraße. Eine elektronische Hinweistafel informiert über die Anzahl der noch freien Parkplätze im Parkhaus von Portofino. Nach der **Bucht von Paraggi** beginnen die ersten schmalen, aber langen Strände, die die Touristen-

Karte XV, Stadtplan S. 143

SANTA MARGHERITA LIGURE 141

zentren Santa Margherita und Rapallo ankündigen.

Fährt man von Camogli auf der Via Aurelia über das Vorgebirge von Portofino, passiert man zunächst den kleinen Weiler Ruta mit hervorragender Aussicht. Hier führt eine Straße zum Aussichtspunkt Portofino Vetta. Über San Lorenzo della Costa gelangt man nach Santa Margherita Ligure.

Santa Margherita Ligure ↗ XV, D3

- PLZ 16038
- Ew.: 10.405
- 13 m üNN

Die prächtige, palmengesäumte **Uferpromenade** mit dem großen Yachthafen ist das Herzstück von Santa Margherita Ligure. Sie prägt das schöne und **elegante Erscheinungsbild** der Stadt. Wie Perlen an einer Schnur reihen sich elegante Palazzi mit feinen Antiquitäten- und Juweliergeschäften, majestätische Hotelpaläste und gediegene Straßencafés aneinander. In den teuren Boutiquen wird vor allem Designermode verkauft.

Wer gerne flaniert, dem **regen Treiben** zuschaut und abends Unterhaltung sucht, für den ist Santa Margherita **im Sommer** ein geeignetes Ausflugsziel. Wer eher **Ruhe** sucht, dem zeigt sich Santa von seiner angenehmsten Seite **im „tiefsten" Winter**. An sonnigen Tagen klettert das Thermometer über 20 Grad, und italienische Familien und ei-

ne Hand voll Touristen spazieren über die herrliche Promenade in Richtung Portofino, genießen die Ruhe, die Meerluft und die Sonne.

Wie **archäologische Funde** beweisen, geht Santa Margherita auf eine römische Gründung zurück, die 641 zerstört wurde. Bis ins 10. Jahrhundert litt der Küstenort immer wieder unter Sarazenenüberfälle. Im 12. Jahrhundert geriet er unter den Besitz der mächtigen *Fieschi-Familie,* und ab 1229 wurde es von Genua regiert. Auch in der Folgezeit wurde die Stadt immer wieder von Venezianern und nordafrikanischen Piraten geplündert.

Im **19. Jahrhundert** entdeckten ausländische Touristen Santa Margherita vor allem wegen des milden Winterklimas als Urlaubsziel. Nach und nach entwickelte sich aus dem ehemaligen bescheidenen Fischerort **einer der mondänsten Urlaubsorte an der Riviera** mit Villen und Palästen. Ein internationaler Anziehungspunkt für Schriftsteller, Künstler, Schauspieler und gekrönte Häupter entstand. Von seinem exklusiven Charakter hat das Städtchen einiges verloren. Doch nach wie vor zeigt die Anzahl an hochseetauglichen Yachten und teuren Hotels, dass hier noch immer das Geld regiert.

Alles in allem ist Santa Margherita ein **reizvoller Ausflugsort,** dessen berühmte Vergangenheit noch heute zu sehen und zu spüren ist. Hinter der eleganten Uferkulisse besitzt Santa die Atmosphäre einer normalen lebhaften Kleinstadt mit Bars, Feinkostgeschäften, Bäckern, Metzgern und einem Gemüsemarkt. Ein Bummel durch den Ort ist auf jeden

Riviera di Levante

Fall reizvoll. Als Standquartier für Wanderungen auf dem Promontorio und für Ausflüge nach Genua bietet sich Santa wegen der guten Verkehrsanbindung ebenfalls an. Allerdings ist Santa Margherita ein **teures Pflaster,** und die Anzahl an bezahlbaren und gleichzeitig guten Unterkünften oder Restaurants ist sehr begrenzt.

Von der zentralen Piazza Martiri della Libertà an der Promenade gelangt man über die Via Vittoria zur **Villa Durazzo Centurione,** der einzigen Sehenswürdigkeit der Stadt. Die auf quadratischem Grundriss angelegte prunkvolle Villa liegt an einem Hügel und ist von gepflegten öffentlichen Parkanlagen umgeben. Sie wurde von der Adelsfamilie *Durazzo* im 16. Jahrhundert als **Sommerresidenz im Renaissancestil** errichtet. Von der Terrasse, deren Steinbalustrade mit schönen allegorischen Figuren geschmückt ist, genießt man einen herrlichen Blick auf die Stadt und die weite Bucht hinab. Im Sommer finden im Park Konzerte statt, und die Räume werden heute für kulturelle Veranstaltungen genutzt. Das **Piano nobile,** die italienische Variante der Beletage, mit Möbeln und Gemälden der genuesischen Schule des 18. Jahrhunderts kann besichtigt werden.

●**Villa Durazzo Centurione,** Via San Francesco d'Assisi 3, Tel. 0185/293135, www.villadurazzo.it. Öffnungszeiten: im Winter 9.30–13.00, 14.00–17.00 Uhr, im Sommer 9.30–13.00, 14.30–18.30 Uhr, Eintritt 5,50 €.

Touristeninformation

●**IAT-Büro,** Piazza Vittorio Veneto, Tel. 0185/287485, Fax 283034, iat.santamargheritaligure@provincia.genova.it.

Unterkunft

In Orten wie Santa Margherita wird offensichtlich, inwieweit die von den Fremdenverkehrsämtern der Provinzen vorgenommene Hotelklassifizierung je nach Standort und Saison in puncto Preis und Qualitätsniveau auseinandergehen kann. Santa Margherita besitzt mit einem Luxushotel und 9 Firstclass-Häusern bei insgesamt 30 Hotels zwar eine hohe Dichte an hochpreisigen Unterkünften. Allerdings entsprechen einige der ****Hotels hinsichtlich Ausstattung und Atmosphäre im Vergleich zu anderen, weniger bekannteren Riviera-Orten eher einem gehobenen Mittelklassehotel. Hotelklassifizierungen richten sich danach, ob die Zimmer WC, Telefon, Farbfernseher, Minibar, Klimaanlage und Heizung besitzen und das Hotel z.B. über einen Aufzug verfügt. Allerdings werden „Sterne" nicht aberkannt, wenn ein Hotel schon seit geraumer Zeit nicht saniert wurde. Außerdem sagen diese Kriterien nichts über die Atmosphäre und den Service eines Hauses, geschweige denn über die Größe der Zimmer aus. Gäste zahlen immer einen – je nach Bekanntheitsgrad des jeweiligen Ferienortes – z.T. unverhältnismäßigen „Ortszuschlag".

●*****Imperiale Palace Hotel,** Via Pagana 19, Tel. 0185/288991, Fax 284223, www.hotelimperiale.com, geöffnet von April bis Oktober. Sehenswertes Luxushotel etwas oberhalb der Stadt mit Meerblick und großem Park. Das Imperiale Palace wurde 1889 als private Villa erbaut und Anfang des 20. Jahrhunderts zum Grandhotel umgebaut. 1922 wurde hier der Rapallovertrag zwischen Russland und Deutschland unterzeichnet. Es besitzt 89 große luxuriöse Zimmer, prächtige Salons und einen Privatstrand. 310–418 €.
●****Grand Hotel Miramare,** Via Milite Ignoto 30, Tel. 0185/287013, Fax 28465, www.grandhotelmiramare.it. Beeindruckendes weißes Luxushotel seit 1903, direkt an der Uferpromenade, 81 Zimmer (hier stiegen *Greta Garbo* und *Maria Callas* gerne ab), eines der ersten Grand Hotels an der italienischen Riviera, am Yachthafen, Park. 215–385 €.
●***Jolanda,** Via L. Costa 6/A, Tel. 0185/287512, Fax 284763, www.hoteljolanda.it.

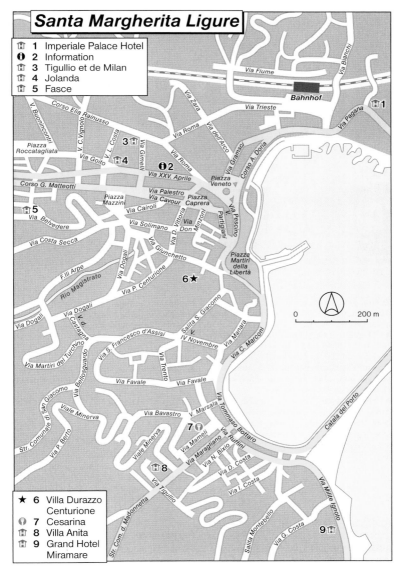

Santa Margherita Ligure

- 🏨 **1** Imperiale Palace Hotel
- ℹ️ **2** Information
- 🏨 **3** Tigullio et de Milan
- 🏨 **4** Jolanda
- 🏨 **5** Fasce

- ★ **6** Villa Durazzo Centurione
- ♨️ **7** Cesarina
- 🏨 **8** Villa Anita
- 🏨 **9** Grand Hotel Miramare

Riviera di Levante

Zentral gelegenes, komfortables Hotel mit 43 Zimmern; die Zimmer nach vorne sind etwas laut. 90–160 €.

● ***Tigullio et de Milan,** Corso Rainusso 3, Tel. 0185/287455, Fax 281860, www.hotel tigullioetdemilan.it. Zweckmäßiges Hotel in einem 1970er Jahre Bau mit 42 Zimmer, zentral gelegen, aber leider an einer lauten Durchgangsstraße. 80–160 €.

● **Hotel Fasce,** Via Luigi Bozzo 3, Tel. 0185/286435, Fax 283580, www.hotelfas ce.it. Das kleine Hotel ist eine der ruhigsten Unterkünfte mit dem besten Preis-Leistungsverhältnis in Santa Margherita. Es liegt etwas versteckt in einer kleinen Seitenstraße des Corso G. Matteotti und besitzt 12 tadellose, renovierte Zimmer und eine nette Dachterrasse. 65–120 €.

● **Villa Anita,** Via Tigullio 10, Tel. 0185/286543, Fax 283005, www.hotelvillaanita.com. Schlichtes, angenehmes Hotel in ruhiger Lage im Süden der Stadt mit 12 Zimmer, z.T. mit Balkon, Garten. 60–100 €.

Unterkunft im Ortsteil Paraggi (kurz vor Portofino)

● **Argentina,** Via Paraggi a Monte 56, Loc. Paraggi, Tel. 0185/286708-09, Fax 284894, www.argentinaportofino.it. Kleines Hotel mit 12 gut ausgestatteten Zimmern, 10 Meter vom Meer entfernt. 110–160 €.

Agriturismo

● **Gnocchi,** Via Romana 53, Loc. San Lorenzo della Costa, Tel./Fax 0185/283431, 333/

Blick vom Meer auf Santa Margherita Ligure

6191898, www.villagnocchi.it. Freundlich geführter Familienbetrieb in einem kleinen Ort in Richtung Camogli auf den Hügeln oberhalb von Santa Margherita Ligure, 3,5 km, mit 8 kleinen, gemütlich eingerichteten Zimmern. Grandiose Aussichtsterrasse und schöner Garten. Doppelzimmer 95–105 €.

Essen und Trinken

● **Trattoria Cesarina,** Via Mameli 2c, Tel. 0185/286059, Ruhetag Di. Empfehlenswertes Fischrestaurant mit klassischen ligurischen Gerichten, wie den gefüllten Sardinen (*acciughe ripiene*) und garantiert fangfrischem, sehr gutem Fisch.

Café/Eis

● **Gelateria Vittoria,** Via Gramsci 43, hervorragende Eisdiele.
● **Bar Colombo,** Via Pescino 13, traditionsreiche Bar und Pasticceria.

Verkehrsverbindungen

● Santa Margherita Ligure liegt an der **Zugstrecke von Genua nach La Spezia** (Fahrtzeit ca. 25 Minuten). Häufige Verbindung in beide Richtungen. Der Bahnhof befindet sich in der Via XX Settembre, oberhalb der Altstadt (Gehnähe zur Promenade).
● Regelmäßig verkehrende **Busse nach Portofino.** Tickets können mittlerweile auch am Automaten gelöst werden. Wenn der Bus nicht im Stau steckt, dauert die Fahrt ca. 15 Minuten.
● **Taxis** fahren von Santa Margherita Ligure **nach Portofino** (ca. 23 €).
● **Ausflugsboote** nach Portovenere, Cinque Terre, Rapallo, Portofino, San Fruttuoso, Camogli und Recco.

Einkaufen

● **Fratelli Seghezzo,** Via Cavour 1 (Nähe Piazza Caprera), gut sortiertes Lebensmittel- und Feinkostgeschäft.

Fest

● **Patronatsfest** der Santa Margherita d'Antiochia im Ortszentrum, 20. Juli.

Baden

● Einige gepflegte **Strandbäder hinter dem Yachthafen** an der Uferpromenade mit Kies- und Sandstrand, gut für Kinder geeignet.
● **Strandbäder in Paraggi** (Richtung Portofino) und **San Michele di Pagana** (Richtung Rapallo) mit Sandstrand, für Kinder geeignet.

Kinder

● **Parco Flauto Magico,** Corso Elia Rainusso, fantasievoller, schöner parkartiger Kinderspielplatz, relativ zentral gelegen (in der Nähe des Hotels Tigullio et de Milan).

Verlässt man Santa Margherita in südlicher Richtung, gelangt man auf der S.S. 227 (der einzigen Straße, die nach Portofino führt) zunächst nach **Paraggi.** Der winzige Ort liegt in einer kleinen Bucht mit Strandbad, Sandstrand und zwei Hotels. Die idyllische Lage wird leider in Hochsaisonzeiten durch den Stauverkehr nach Portofino gestört.

Oberhalb von Paraggi liegt der benediktinische **Klosterkomplex San Girolamo della Cervara,** 1361 erbaut. Die Ortsbezeichnung Cervara wird auf „Silvaria" oder „Servaria" zurückgeführt und bezieht sich auf die bewaldete Gegend. In der ersten Hälfte des 15. Jahrhunderts kam der Konvent zu Macht und Wohlstand. Doch bereits Anfang des 16. Jahrhunderts befand sich die Kirche in einem sehr schlechten baulichen Zustand und wurde deshalb umgebaut. Der schöne Kreuzgang stammt aus den Jahren 1550–1552. Im darauffolgenden Jahr begannen die Arbeiten an einem Verteidigungs- und Aussichtsturm, der 1564 endgültig fertig gestellt war. Weitere Umbauarbeiten folgten im 17. Jahrhundert. In der Folgezeit wechselte mehrmals der Besitzer.

Riviera di Levante

Portofino ♫ XV, D3

- PLZ 16034
- Ew.: 529
- 3 m üNN

Am Südende der Halbinsel, eingebettet in eine herrliche mediterrane Hügellandschaft, liegt der **weltbekannte Nobelort** Portofino. Zentrum des einstigen Fischerdorfes ist der mit großen Kieseln gepflasterte **Platz Martiri dell' Olivetta,** der sich zum Hafen hin öffnet. Hohe, in Gelb, Orange, Ocker und Rosa gestrichene alte Häuser umstehen die Piazzetta, reihen sich entlang der Hafenmole auf und verleihen Portofino seinen ganz besonderen Charme. Im Hafen dümpeln ein paar bunte Fischerboote, weiter draußen liegen Hochseeyachten vor Anker. Keine hässlichen Neubauten stören die Idylle – ein **museales Fischerdorf** wie aus dem Bilderbuch, eine perfekte Filmkulisse. Von einem der hübschen Cafés oder Restaurants auf der Piazzetta und an der Mole genießt man den Postkartenblick auf den Hafen und das oberhalb liegende Castello und die Kirche San Giorgio.

Oberflächlich betrachtet, scheint in Portofino alles beim Alten geblieben zu sein. Doch der ehemalige Fischerort lebt schon lange nicht mehr von der Fischerei. In den ehemaligen Fischerhäusern befinden sich heute **teure Boutiquen,** Galerien, Juweliergeschäfte, Restaurants und luxussanierte Ferienappartements, die zu horrenden Quadratmeterpreisen veräußert werden.

Der **Tourismus** in Portofino setzte bereits in der zweiten Hälfte des 19. Jahrhunderts ein. *Sir Montague Yeats Brown,* britischer Botschafter in Genua, machte den Anfang. Er kaufte die Burg und ließ sie zu einem Feriendomizil umbauen. Nach ihm kamen Mitglieder des europäischen Hoch-adels, Industrielle und amerikanische Filmgrößen sowie die reiche Oberschicht Italiens.

Vom Hafen aus erreicht man über die **Salita di San Giorgio** in wenigen Minuten den Portofino-Hügel.

Die **Kirche San Giorgio,** die nach dem Zweiten Weltkrieg wiederaufgebaut wurde, beherbergt die Reliquien des Schutzheiligen der Fischer und Seeleute von Portofino. Von hier aus bietet das Gesamtbild der Platz- und Hafenanlage ein schönes Fotomotiv.

Weiter geht es zur **Fortezza di San Giorgio.** Sie wurde von den Genuesen 1554 mit Ecktürmen und Rundturm errichtet, um den für die Republik strategisch wichtigen Hafen im Mittelmeer zu sichern. Der bequeme Weg endet beim Leuchtturm an der **Punta del Capo,** der äußersten Südspitze der Portofino-Halbinsel.

Wer nicht mehr von Portofino erwartet als das, was es tatsächlich ist, nämlich ein pittoresker, teurer kleiner Ferienort in wahrhaft traumhafter Lage, für den lohnt sich ein **Kurzausflug** auf jeden Fall. Es ist der ideale Ort, um hübsche Erinnerungsfotos zu schießen, in einer der Bars auf der Piazzetta in der Sonne zu sitzen und die schon längst fälligen Postkarten zu schreiben.

Diese Idylle bietet sich dem heutigen Besucher allerdings nur noch im Winter. **In der Hochsaison** fallen Busladungen von Tagesbesuchern über den Ort her. Eine Schranke und Politessen re-

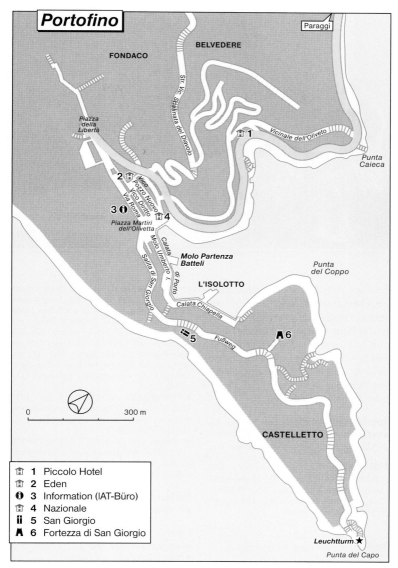

Portofino

Paraggi

FONDACO   BELVEDERE

Str. Vic. Stalnata del Diavolo

Vicinale dell'Oliveto

Piazza della Libertà

Punta Caieca

🏨 **1**

2 🏨 Vico Nuovo
Vico Dritto
Via Roma

3 ❶

🏨 **4**

Piazza Martiri dell'Olivetta

Calata Marconi

Molo Partenza Batteli

Molo Umberto I.

Calata di Porto

Salita di San Giorgio

L'ISOLOTTO

Calata Chiapella

Punta del Coppo

🎏 **5**   Fußweg

🏯 **6**

Punta del Coppo

0   300 m

CASTELLETTO

Leuchtturm ★

Punta del Capo

Riviera di Levante

🏨	**1**	Piccolo Hotel
🏨	**2**	Eden
❶	**3**	Information (IAT-Büro)
🏨	**4**	Nazionale
🎏	**5**	San Giorgio
🏯	**6**	Fortezza di San Giorgio

geln den Verkehr, vor dem teuren Parkhaus bildet sich alltäglich ein Stau. Bereits in Paraggi informiert eine elektronische Stautafel über die Parkplatzsituation. Wer an diesen Tagen Portofino einen Besuch abstatten will, sollte bereits in Santa Margherita den Wagen abstellen, den Bus nehmen, zu Fuß laufen oder am besten umkehren.

Touristeninformation

●**IAT-Büro,** Via Roma 35, Tel./Fax 0185/269024, iat.portofino@provincia.genova.it.

Unterkunft

Portofino besitzt ein *****-Sterne-Hotel, vier ****-Sterne-Hotels und ein ***-Sterne-Haus. Alle Hotels sind im Preis-Leistungsvergleich deutlich überteuert.

Ende einer anstrengenden Wanderung auf der Halbinsel von Portofino

●****Piccolo Hotel, Via Duca degli Abruzzi 31, Tel. 0185/269015, Fax 269621, www.dominahome.it. Renoviertes freundliches Hotel mit 22 angenehmen Zimmern, einige mit Terrasse, im oberen Stockwerk mit Blick aufs Meer. Einziger Nachteil: Das Hotel liegt am Ortseingang an der lauten Durchgangsstraße, durch die sich die Besucher im Sommer nur im Schneckentempo bewegen. 114–685 €.

●****Nazionale, Vico Dritto 3, Tel. 0185/269575, Fax 269138, www.nazionaleportofino.com. Modernisiertes Hotel am Hafen, 13 Zimmer. 250–450 €.

●***Eden, Vico Dritto 18, Tel. 0185/269091, Fax 269047, www.hoteledenportofino.com. Kleines Hotel mit 7 Zimmern oberhalb des Hafens, aber noch im Zentrum. 120–290 €.

Parken

●Parkplätze stehen nur im Parkhaus bereit.

Feste

●**Patronatsfest San Giorgio,** 23. April.
●**Prozession** an Fronleichnam.

San Fruttuoso   ↗ XV, D3

In einer nur zu Fuß oder mit dem Boot zugänglichen einsamen Bucht liegt die **Benediktinerabtei San Fruttuoso di Capodimonte:** eine Hand voll Häuser, die von einem mächtigen Turm bewacht werden, drei Strandrestaurants und zwei winzige Kiesstrände. Direkt dahinter erheben sich die steilen, bewaldeten Hänge des Promontorio. Alles in allem ein **zauberhafter Platz,** wenn da nicht die vielen Menschen wären, die dem Zauber der romantischen Bucht erlegen sind. In der Hauptsaison hält mehrmals täglich das Linienboot von Camogli und Santa Margherita in San Fruttuoso und spuckt Badelustige aus. Im Nu ist der Strand überfüllt. Wer die Stille und Einsamkeit dieses pardiesischen Fleckens erleben möchte, muss warten, bis das letzte Schiff die Bucht verlässt, und in einem der sieben Gästezimmer übernachten.

Anfang des 8. Jahrhunderts landete ein spanischer Bischof aus Tarragona, auf der Flucht vor den Sarazenen, in dieser einsamen ligurischen Bucht. Er gründete ein Kloster und benannte es nach den Gebeinen des Heiligen Fruttuosus, die er mit sich führte. Die Klosteranlage wurde 984 von den Sarazenen komplett zerstört, aber nur wenig später durch Benediktinermönche wieder aufgebaut. In ihren Ursprüngen handelt es sich um **eine der ältesten Kirchen Liguriens.** Bis ins 12. Jahrhundert entwickelte sich San Fruttuoso zu einem bedeutenden Kloster mit beträchtlichem Grundbesitz. Im 13. Jahr-

hundert kam das Kloster unter die Herrschaft der mächtigen Adelsfamilie *Doria,* die während der Bauarbeiten an der Familienkirche San Matteo in Genua ihre Grablege von 1275–1305 hierher verlegten. Zum Schutz vor Überfällen errichtete *Andrea Doria* 1550 den etwas höher gelegenen **Wachturm.** In den folgenden Jahrhunderten wurde der Klosterkomplex häufig umgebaut und verändert und ist heute ein Konglomerat aus verschiedenen Stilen, wozu auch die Restaurierungen ihren Teil beigetragen haben.

Vor der Kirche liegt der **„Abtspalast",** dessen eindrucksvolle Schauseite dem Meer zugewandt ist. Ursprünglich um 1300 von den Doria errichtet, wurde das Gebäude bei einem starken Beben 1915 beschädigt und musste 1934 größtenteils neu aufgebaut werden. Dabei wurde das **gotische Erscheinungsbild** rekonstruiert. Wie ein gotischer Adelspalast besitzt es heute Arkaden im Erdgeschoss, darüber liegen zwei Stockwerke mit Säulentriforien. Hinter dem Palast liegt der kleine zweigeschossige Kreuzgang, dessen Erdgeschoss zum größten Teil aus dem 11. Jahrhundert stammt. Von hier aus hat man Zugang zur Grablege der Doria.

● **Öffnungszeiten:** Tel. 0185/772703, fai.sanfruttuoso@fondoambiente.it, Dezember–Februar nur an Feiertagen von 10.00–16.00 Uhr geöffnet, März, April, Oktober Di.–So. 10.00–16.00 Uhr, Mai–September täglich 10.00–18.00 Uhr, November geschlossen, Eintritt 4 €.

Unterkunft

● ***Da Giovanni,** 16032 Loc. San Fruttuoso 10, Tel./Fax 0185/770047, Frühsommer

Klosterbucht San Fruttuoso

bis September geöffnet (s. Kapitel „Camogli", „Wandern").

Essen und Trinken

●In der kleinen Bucht gibt es **drei Fischrestaurants;** die Preise entsprechen dem Touristenandrang und sind dementsprechend.

Fest

●**Cristo degli Abissi,** Bootsprozession Ende Juli zur bronzenen Christusfigur. Sie wurde 1954 in der Klosterbucht versenkt und ist Schutzpatronin der Taucher.

Verkehrsverbindung

●**Bootsverkehr** ab Camogli über die Linie Portofino–Santa Margherita–Rapallo oder zu Fuß.

Rapallo ⤳ XV, D3

●**PLZ 16035**
●**Ew.: 29.159**
●**2 m üNN**

In Rapallo fanden 1920 wichtige italienisch-jugoslawische Treffen statt, und 1922 wurden im Vertrag von Rapallo zwischen Deutschland und der Sowjetunion die Reparationsfragen und die wirtschaftliche Zusammenarbeit geregelt. In der Zeit, als dieser denkwürdige Vertrag geschlossen wurde, war Rapallo noch ein exklusives und international **bekanntes Seebad.** Berühmtheiten wie *Nietzsche, Hemingway, Hermann Hesse, Gerhart Hauptmann* und *William Butler Yeats* hielten sich hier auf.

Noch heute ist Rapallo der **größte Badeort an der östlichen Riviera.** In einem Halbkreis schmiegt sich der Ort in den Ostteil des **Golfo di Tigullio.** Die umliegenden Hügel reichen bis dicht an das Meer heran, halten die kalten Nordwinde ab und bescheren somit dem Ort sein besonders mildes Winterklima. Doch vom Glanz der vergangenen Tage ist nicht viel übriggeblieben. Die Hänge sind gnadenlos zugebaut und im Zentrum herrscht das rege Treiben einer Kleinstadt mit viel Verkehr. Nur die lange Palmenpromenade, der Yachthafen und die Hotels geben Rapallo als Feriendomizil aus.

Der Mittelpunkt des Ortes ist die verkehrsreiche **Piazza Cavour.** Über die Piazza Venezia, einem kleinen schönen Marktplatz und die Via Mazzini gelangt man zu einer der wenigen Sehenswürdigkeiten Rapallos. Am östlichen Ende der Uferpromande Vittorio Emanuele liegt auf einem Felsen das **Castello.** Nach einem Sarazenenüberall errichteten die Genuesen 1550 die kleine Festung zum Schutz des Hafens. Am Ostende der Bucht liegt der **Parco Casale,** eine große öffentliche Grünanlage mit vielen schattigen Plätzen.

Touristeninformation

●**IAT-Büro,** Lungomare Vittorio Veneto 7, Tel. 0185/230346, Fax 63051, iat.rapallo@provincia.genova.it.

Unterkunft

●*****Excelsior Palace Hotel,** Via S. Michele di Pagana 8, Tel. 0185/230666, Fax 230214, www.excelsiorpalace.thi.it. Riesiges, luxuriöses Grand Hotel in exponierter Lage oberhalb des Yachthafens mit herrlicher Aussichtsterrasse. 130–720 €.

●****Rosabianca,** Lungomare V. Veneto 42, Tel. 0185/50390, 52262, Fax 65035, www.hotelrosabianca.it. Kleine Belle-Epoque-Villa an der zentralen Uferpromenade, daher etwas laut, 18 Zimmer, fast alle haben Blick aufs Meer. 125–200 €.

●***Riviera,** Piazza IV Novembre 2, Tel. 0185/50248-9, Fax 65668, www.hotelriviera rapallo.com. Ganz in der Nähe des Rosabianca, am zentralen Platz der Uferpromenade, liegt dieser ehrwürdige alte Palazzo mit 20 komfortabel ausgestatteten Zimmern. 98–195 €.

●**Villa Marosa,** Via Rosselli 10, Tel./Fax 0185/50668. Zentral gelegene kleine Pension mit 11 Zimmern. 60–95 €.

●**Villa delle Rose,** Via Aurelia Levante 65, Tel. 0185/50736, www.hoteldellerose.org. Kleines persönliches Hotel in einer Villa aus dem 19. Jahrhundert am östlichen Ortsrand mit insgesamt 11 Zimmern. Nachteil: Das Haus liegt direkt an der stark befahrenen Via Aurelia. 72–90 €.

●*Bandoni,** Via Marsala 24/3–4, Tel. 0185/50423, Fax 57206, www.bandoni.supereva.it. In der Nähe der Uferpromenade gelegene freundliche Pension im 2. Stock eines alten Stadthauses, 11 Zimmer, z.T. mit Meerblick. 50–70 €.

Camping

●*Camping Miraflores,** Via Savagna 10, Tel. 0185/263000, Fax 260938, www.camping miraflores.it. Campingplatz mit 86 Plätzen außerhalb der Stadt, ganzjährig geöffnet, auf einem terrassierten Wiesengrundstück, gut geeignet für die Durchreise, Wohnmobil-Service. Der Platz ist sehr laut, da er in der Nähe der Autobahn liegt.

●*Camping Rapallo,** Via San Lazzaro 4d, Frazione San Massimo, Tel. 0185/262018, www.campingrapallo.it. Ruhiger Platz in Richtung Recco, wenig Schatten.

Essen und Trinken

●**La Goletta,** Via Magenta 28, Tel. 0185/230636, Ruhetag Do. Restaurant im Zentrum von Rapallo mit sorgfältig zubereiteter Fischküche. Unbedingt sollte man die ausgefallenen Antipasti probieren. Gehobene Preislage.

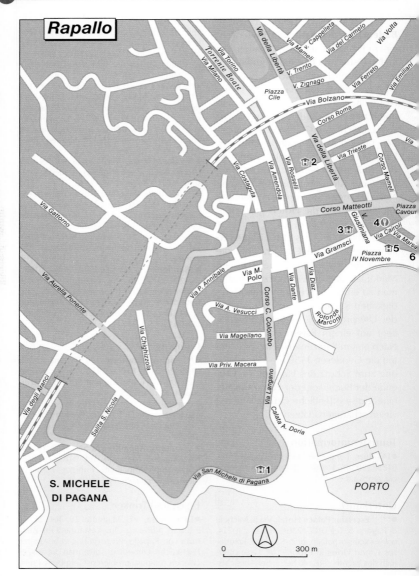

Rapallo

Via v. Cappelleta
Via della Liberta
Via Mameli
Via dei Carmelo
Via Volta
Via Torino
Via Milano
Torrente Boate
V. Trento
Via Ferreto
V. Zignago
Via Emiliani
Piazza Cile
Via Bolzano
Corso Roma
Via della Liberta
Via Trieste
Via 2
Via Rosselli
Corso Mameli
Via Costaguta
Via Amendola
Corso Matteotti
Piazza Cavour
Via Gattorno
Giustiniana
4
3
Via Cairoli
Via Gramsci
5
Via Marsa
6
Piazza IV Novembre
Via Aurelia Ponente
Via P. Annibale
Via M. Polo
Via Diaz
Via Dante
Corso C. Colombo
Via A. Vesucci
Rotonda Marconi
Via Chighizzola
Via Magellano
Via Priv. Macera
Via degli Aranci
Salita S. Nicola
Via Langano
Calata A. Doria
Via San Michele di Pagana
1
S. MICHELE DI PAGANA
PORTO

0   300 m

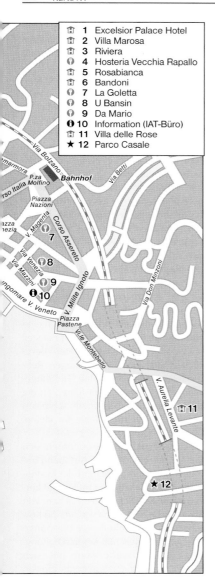

🏨	1	Excelsior Palace Hotel
🏨	2	Villa Marosa
🏨	3	Riviera
🍴	4	Hosteria Vecchia Rapallo
🏨	5	Rosabianca
🏨	6	Bandoni
🍴	7	La Goletta
🍴	8	U Bansin
🍴	9	Da Mario
❶	10	Information (IAT-Büro)
🏨	11	Villa delle Rose
★	12	Parco Casale

●**Da Mario,** Piazza Garibaldi 23, Tel. 0185/51736, Ruhetag Mi. Traditionelle ligurische Küche; untere Preiselage.

●**U Bansin,** Via Venezia 105, Tel. 0185/231119, Ruhetag So. Rustikale Osteria in der Nähe des Marktes mit regionaltypischen Gerichten; mittlere Preislage.

●**Hosteria Vecchia Rapallo,** Via Cairoli 20/24, Tel. 0185/50053, Ruhetag Do. Nobleres Restaurant im Zentrum mit ligurischen Spezialitäten. Gehobene Preisklasse.

●**Ristorante dei Fumetti O Giancu,** Via San Massimo 78, Tel. 0185/260505. Mi. Ruhetag. Nahe der Autobahnausfahrt Rapallo, im Weiler San Massimo oberhalb von Rapallo gelegene Osteria. Die Wände des gemütlichen Gastraums zieren zahlreiche Originalcomics. Serviert wird eine gute regionale Hinterlandküche mit viel frischem Gemüse und Kräutern. Mittlere Preislage.

Bar/Café

●**Bar Canepa,** nette Bar an der Piazza Garibaldi 39.

Verkehrsverbindungen

●Rapallo liegt an der **Zugstrecke Genua – La Spezia.** Häufige Verbindungen in beide Richtungen. Direkte Verbindungen in die Schweiz und nach Deutschland.

●**Bootsverkehr** nach Portofino, San Fruttuoso und Santa Margherita Ligure.

●Wenige Parkplätze, vom Bahnhof ins Zentrum 10 Minuten zu Fuß.

Einkaufen

●**Bottega dei Sestieri,** Via Mazzini 44, hervorragend sortiertes Feinkostgeschäft mit großer Käse-/Wurstauswahl und großem Weinangebot.

●**Seterie di Zoagli Cordani,** Via San Pietro 21, Zoagli, Tel. 0185/259141, www.tessiture cordani.it. Mo.–Sa. 9.00–18.00 Uhr, Di. geschlossen. Am Tor klingeln. Zwischen Rapallo und Chiavari lohnt sich für Liebhaber feinster Stoffe der Besuch in der Seterie Cordani.

●**Wochenmarkt,** jeden Do., an der Uferpromenade.

●**Antiquitätenmarkt,** jeden vierten Sonntag im Monat in der Altstadt.

Riviera di Levante

Fest

● **Fest der Madonna di Montallegro,** 1.–3. Juli in der Wallfahrtskirche von Montallegro. Bei diesem Fest wird an die Jungfrauenerscheinung eines Bauern erinnert. Feuerwerk, Gastrozelte im Zentrum.

Baden

● Nächste Bademöglichkeit am **Strand von San Michele di Pagana,** 2 km entfernt.

Von Rapallo bis Levanto

In zahlreichen Serpentinen windet sich die Küstenstraße entlang der dicht bewaldeten Steilküste bis **Zoagli,** einem kleinen unscheinbaren Küstenort, der 1943 bei Bombenangriffen fast gänzlich zerstört wurde. Kurz darauf öffnet sich der Blick auf die **Ebene von Chiavari** und auf den für die Riviera di Levante ungewohnt flachen und langen Strandabschnitt. Doch der Strand ist gnadenlos mit unschönen Neubauten zugebaut und wenig ansprechend. Als Standort für einen Riviera-Urlaub ist **Chiavari** eine denkbar schlechte Wahl. Wer sich jedoch vom äußeren tristen Stadtbild nicht abschrecken lässt, entdeckt im Zentrum der lebhaften Kleinstadt eine der schönsten historischen Altstädte an der Riviera di Levante, an der die Touristenströme nahezu spurlos vorüberziehen, ein krasser Kontrast zu den herausgeputzten Nobelorten am Portofino-Vorgebirge. In den langen Laubengängen gibt es zahlreiche kleine „normale" Geschäfte, nette Cafés und angenehme Restaurants, in denen man zu vernünftigen Preisen sehr gut essen kann. Alles in allem ist Chiavari ein ideales Ausflugsziel, um einen Nachmittag zu verbummeln.

Von hier aus lohnen sich schöne **Ausflüge** ins touristisch noch relativ unentdeckte Hinterland, das von bäuerlichen Gegenden, grünen, steil ansteigenden Gebirgstälern mit ausgedehnten Wäldern und typischen kleinen **Bergdörfern,** in denen man günstige Unterkünfte findet, geprägt ist.

Wie Portofino, Santa Margherita Ligure und Rapallo ist auch **Sestri Levante** ein berühmter Badeort mit langer Tradition. Die kleine malerische Altstadt Sestris liegt auf einer weit vorspringenden hohen Landzunge und verleiht dem angenehmen **Badeort** seinen ganz besonderen Reiz.

Nach Sestri Levante ändert sich wieder das Landschaftsbild. Zwischen Moneglia und Levanto breitet sich eine **traumhafte Küstenlandschaft** mit steil abfallenden, dicht bewaldeten Bergrücken aus. Dazwischen liegen Rebterrassen und Olivenhaine. Tief eingeschnittene schmale Täler führen an die Küste hinunter. Auf einem schmalen Streifen ist nur noch Platz für kleine, überschaubare Dörfer.

Nach Sestri Levante entfernen sich die Via Aurelia und die Autobahn immer weiter vom Meer, und die Küstenorte sind nur noch über mühselige **kurvenreiche Sträßchen** zu erreichen. Von Sestri bis Deiva Marina verläuft die Küstenstraße durch ehemalige einspurige Eisenbahntunnels mit Ampelschaltung, was längere Wartezeiten mit sich bringt: glücklicherweise keine idealen

Samt und Seide

Die Produktion handgewobener Seidenstoffe gehört zu den ältesten noch erhaltenen Handwerkstraditionen Zoaglis. Im 13. Jh. gelangte die Seidenwebkunst aus dem Orient nach Genua. Die Genuesen produzierten Damast, Satin und spezialisierten sich auf die Herstellung von Samtstoffen. Im 16. Jh. gehörte Genua zu den **wichtigsten Seidenproduktionsstätten Europas.** Gleichzeitig begannen sich die Seidenwebereien an der gesamten Riviera di Levante auszubreiten. Allein in Zoagli waren im 19. Jh. noch ungefähr **1000 Webstühle** in Betrieb. Um 1940 nur noch 40. Die Ursachen für den wirtschaftlichen Niedergang der Seidenindustrie im 20. Jh. lag zum einen an der wachsenden Konkurrenz im Ausland, die viel früher mechanische Webstühle einsetzte und andererseits an einer Krankheit der Seidenraupen in den 1940er Jahren, die zu einem Anstieg der Rohseidepreise und daraufhin zu einem Rückgang der Produktion um mehr als 50 % führte. Hinzu kam der Konkurs der *Banca della seta di Milano* in den 1930er Jahren, in deren Folge sehr viele in der Seidenindustrie tätigen Firmen ebenfalls bankrott gingen. Übrig blieb nur die **Seidenfabrik der Familie Cordani in Zoagli,** 1849 gegründet. 1938 waren bei Cordani ungefähr 400 Heimarbeiterinnen beschäftigt.

Trotz einer Krise der Textilindustrie in den 1990er Jahren beschloss die Firma, die Tradition weiterzuführen und behielt die alten mechanischen Webstühle – heute ein großer Vorteil. Seit einigen Jahren gibt es wieder einen zunehmenden Markt für kostbare, handgewebte Samtstoffe aus 100 % Seide. Auftraggeber sind vor allem Kirchen, Schlösser und Museen. Cordani ist der weltweit einzige Hersteller von handgewobenem Genueser Samt, mit der alten Technik und mit Originalmustern aus dem 16. Jh.

Dieses Luxusprodukt hat natürlich seinen Preis. Doch bei Cordani ist auch die „normale Fabrikware" von feinster Qualität. Im Verkaufsraum kann man in Samt- und Seidenstoffen schwelgen, Hemden, Anzüge und Brautroben maßanfertigen lassen und die dazu passenden Krawatten und Schals aussuchen.

● **Seterie di Zoagli Cordani,** Via San Pietro 21, Zoagli, Tel. 0185/259141, www.se teriecordeani.com. Mo.–Sa. 9.00–18.00 Uhr, Di. geschlossen. Am Tor klingeln.

Riviera di Levante

Voraussetzungen für eine rasche touristische Erschließung.

Die kleinen Ortschaften Moneglia, Framura und Bonassola eignen sich durch die guten Zugverbindungen auch hervorragend als **Ausweichquartier für Cinque Terre-Urlauber,** denn mit dem Zug ist man in ca. 15 Minuten im Wandergebiet der Cinque Terre. Die Preise sind moderater, und man findet leichter eine Unterkunft. Gleiches gilt auch für den größeren Badeort Levanto. Außerdem kann man in dem unter **Naturschutz** stehenden Gebiet zwischen Moneglia und Levanto wunderschöne **Wanderungen** durch eine malerische Küstenlandschaft unternehmen.

Hinter Levanto beginnt der wohl bekannteste und landschaftlich atemberaubend schöne Abschnitt der gesamten ligurischen Riviera, die Cinque Terre.

Chiavari   ♫ XVIII, A1

- **PLZ 16043**
- **Ew.: 27.476**
- **5 m üNN**

Chiavari bietet **auf den ersten Blick kein sonderlich attraktives Bild.** Der Küstenabschnitt ist zugebaut. Am Ortsrand gammelt ein riesiges altes Gebäude (Anfang des 20. Jahrhunderts errichtet) am Strand vor sich hin. Chiavari steht im krassen Kontrast zu den noblen und herausgeputzten Touristenorten am Promontorio, Sestri Levante oder den Cinque-Terre-Orten, die heute fast alle nur noch vom Tourismus leben. Doch im Zentrum entpuppt sich Chiavari als eine angenehme, lebhafte Handelsstadt mit einem interessanten **mittelalterlichen Ortskern** und hervorragenden Einkaufsmöglichkeiten. Hier findet man eine wirklich angenehme Abwechslung zu den sonstigen Ausflugszielen an der östlichen Riviera – idyllische Fischerromantik und Badetouristen können auf Dauer auch langweilig werden. Die 2005 neu angelegte, breite Strandpromenade mit Cafés lädt ebenfalls zum Bummeln ein.

Chiavari breitet sich lang gestreckt auf einer kleinen Ebene zwischen den Flussmündungen Rupinaro und Entella aus, ein für die Riviera di Levante eher untypisches Landschaftsbild.

Chiavari spielt als **Handelszentrum** und Zugang für die Täler Fontanabuona, Graveglia, Sturla und Aveto eine wichtige Rolle. Der Name wird deshalb auch von der lat. Bezeichnung Clavaricum = „Schlüssel der Täler" hergeleitet.

Die strategisch günstige Lage ist auch der Grund dafür, warum Chiavari jahrhundertelang heiß umkämpft war.

1959 entdeckten Archäologen bei Ausgrabungen in der Mündungsebene des Rupinaro eine **Totenstadt,** eine sogenannte Nekropole. Die zahlreichen Gebrauchsgegenstände aus Bronze und Eisen, Schmuckstücke aus Bernstein und Gold sowie Knochenreste belegen die frühe Gründung einer Siedlung für das 8.–7. Jahrhundert v.Chr. Die Fundstücke sind im **Museo Archeologico** im Palazzo Rocca ausgestellt.

Unter der Herrschaft der Genuesen erhielt Chiavari ab 1167 eine **Stadtbefestigung** mit einem Mauerring, 14 Türmen und einer landeinwärts gelegenen Burg. Sie diente zum Schutz vor den Belagerungen der feindlichen Malaspina aus der Lunigiana (heutige Toskana).

Auf rechteckigem Grundriss lagen innerhalb der Stadtmauer mehrere parallel zur Küste angelegte Straßen und die dazugehörigen Querstraßen. Diese **rechtwinklige Stadtanlage** ist bis heute erhalten geblieben.

Im Jahr 1272 gelang es den Malaspina und Fieschi den genuesischen Vorposten einzunehmen. In der Folgezeit wurde die Stadt abwechselnd von den Genuesen, den Malaspina und den Fieschi aus dem Nachbarort Lavagna, Verbündete Chiavaris, regiert. Wie bei allen Küstenorten Liguriens ist auch die Geschichte Chiavaris durch die **wechselnden Herrschaftsverhältnisse,** durch ständige Machtstreitigkeiten und Plünderungen geprägt. Trotzdem gelang es dem Ort, immer mehr an Bedeutung zu gewinnen. Unter dem Einfluss Genuas entwickelte sich Chiavari zum Verwaltungszentrum und zu einem Bankenort. 1648 erhielt Chiavari das Stadtrecht.

Besichtigung

Gegenüber vom Bahnhof (IAT-Büro an der rechten Ecke) führt eine Grünanlage zur großen **Kirchenpiazza Nostra Signora dell'Orto** mit der großen Kathedrale, die 1613–1633 erbaut wurde. Im 19. Jahrhundert wurde die Kirche baulich stark verändert und erhielt 1907

die pompöse Säulenvorhalle. Die Barockausstattung blieb zum Teil noch erhalten.

Über die Via Castelletto gelangt man in wenigen Schritten auf die **Piazza Mazzini** und ist bereits mitten in der Altstadt. Hier sorgt vormittags ein bunter Obst- und Gemüsemarkt für eine stimmungsvolle Atmosphäre.

1404 errichteten die genuesischen Statthalter an der Südseite des Platzes und dem Meer zugewandt eine **Citta-**

Riviera di Levante

1 Monterosa
2 Palazzo Rocca (Civica Galleria, Museo Archeologico)
3 Luchin
4 Da Vittorio
5 Pizzeria da Ivo
6 Mercato del pesce (Fischmarkt)
7 Dell'Orto
8 Nostra Signora dell'Orto
9 Information (IAT-Büro)
10 Zia Piera
11 Da Felice

Chiavaris Einkaufsstraße verkehrsberuhigt, was das Bummeln besonders angenehm macht. Die Straße wird zu beiden Seiten von gewölbten, niedrigen Arkadengängen gesäumt, unter denen man gemütlich von Geschäft zu Geschäft schlendern kann. Die Laubengänge sind heute das charakteristische Merkmal Chiavaris. Parallel zum Caruggio dritto verläuft ein mit schönen **alten Palais** und mit Arkaden gesäumter Straßenzug, der aus Via G. Raggio, Via Ravaschieri und Via Costaguta besteht.

In einem öffentlichen Park liegt der **Palazzo Rocca** aus dem 17. Jahrhundert, in dem sich zwei Museen befinden. Die Gemäldegalerie umfasst Werke der genuesischen Schule aus dem 17.–18. Jahrhundert, Möbel (18.–20. Jahrhundert), Stoffe der lokalen Produktion (19.–20. Jahrhundert). Im **Archäologischen Museum** sind Fundstücke aus den Nekropolen (8.–7. Jahrhundert v.Chr.) von Chiavari zu besichtigen.

●**Civica Galleria di Palazzo Rocca,** Via Costaguta 2, Tel. 0185/308577. Öffnungszeiten: Sa., So. und an Feiertagen 10.00–12.00 und 16.00–19.00 Uhr oder auf Anfrage, Eintritt frei.
●**Museo Archeologico per la Preistoria e la Protostoria del Tigullio,** Via Costaguta 4, Tel. 0185/320829. Öffnungszeiten: Di.–Sa., jeden 2. und 4. So. im Monat und an Feiertagen 9.00–13.30 Uhr, Eintritt frei.

Touristeninformation

●**IAT-Büro,** Corso Assarotti 1, Tel. 0185/325 198, Fax 324796, iat.chiavari@provincia.genova.it, gegenüber vom Bahnhof.

Unterkunft

●***Dell'Orto,** Piazza Nostra Signora dell' Orto 3, Tel. 0185/322356, Fax 322215. Ordentliches Mittelklassehotel mit 21 Zimmern

della, die zum Schutz vor Angriffen vom Meer diente. Von dieser ursprünglichen Festungsanlage ist nur noch ein Turm aus dem 16. Jahrhundert erhalten. Der heutige **Palazzo di Giustizia** (Justizgebäude) ist die täuschend echte Imitation eines gotischen Palastes von 1886 mit gequaderter Fassade, Biforien und Zinnenkranz.

Man überquert den Platz und befindet sich mitten auf dem **Caruggio dritto,** der Via Martiri della Liberazione. Caruggi sind die für Liguriens Küstenstädte typischen **Altstadtgassen,** die **parallel zur Küste** verlaufen. Der Caruggio dritto in Chiavari ist seit dem Mittelalter das Herz und sozusagen Rückgrat der Altstadt. Seit längerem ist

Chiavari – Markt auf der Piazza Mazzini

an dem großen (nicht verkehrsberuhigten) Kirchplatz in Bahnhofsnähe. 60–100 €.

● ***Monterosa,** Via Marinetti 6, Tel. 0185/300321, Fax 312868, www.hotelmonterosa.com. Komfortabel ausgestattetes Hotel mit 66 Zimmern, ruhig gelegen, wenige Gehminuten in die Fußgängerzone. 88–180 €.

● ***Zia Piera,** Via Marina Giulia 25, Tel. 0185/310051, Fax 314139, www.hotelzia piera.it. Das kleine einfache Hotel besitzt 24 ordentliche und saubere Zimmer. Allerdings liegt das Zia Piera an der lauten Uferstraße. Hinzu kommt der Lärm vorbeirauschender Züge. 90 €.

Camping

● **Al mare**, Via Preli 30, 16043 Chiavari, Tel./Fax 0185/304633, geöffnet 1. April–31. Oktober. Der Campingplatz liegt zwar direkt am Meer, die Anlage selbst und die Umgebung sind aber mehr als reizlos. Außerdem wird der Platz das ganze Jahr über von Dauercampern okkupiert.

Essen und Trinken

● **Ristorante Enoteca Ca'Peo,** Via dei Caduti 80, Leivi, Tel. 0185/319696, Ruhetag Mo. und Di. mittags. Das berühmte Ca'Peo liegt wenige Kilometer oberhalb Chiavaris und gehört zu den besten Lokalen der Gegend. Die ausgezeichnete Küche basiert auf der traditionellen ligurischen Küche, mit viel Kreativität und Gespür für die passenden Zutaten raffiniert abgewandelt, stilvolles Ambiente, herrlicher Meerblick und Garten; oberste Preislage.

● **Da Vittorio,** Via Bighetti 33, Tel. 0185/305093, Ruhetag Do. Die in einem Laubengang in der Nähe des öffentlichen Parks liegende Osteria ist gemütlich mit Holztischen eingerichtet und wegen ihrer sehr guten regionalen Küche und den moderaten Preisen immer sehr gut besucht. Einige Tische im Freien unter den Arkaden. Ideal für mittags, da auch kleine Gerichte wie *Farinata, fritelle di baccala, Torta di bietole* und gekochter *pol-*

po serviert werden. Sympathischerweise gibt es keine große Karte, sondern die Tagesgerichte werden auf Tafeln aufgeschrieben und angesagt. Untere bis mittlere Preislage.

● **Luchin,** Via Bighetti 51, Tel. 0185/301063, mittags und abends, Ruhetag So. Nicht weit von „Da Vittorio" entfernt liegt die ebenfalls sehr gemütlich und rustikal eingerichtete Trattoria, mit regionaler bodenständiger Küche und wechselnder Tageskarte. Ab spätnachmittags gibt es auch Farinata. Mittlere Preislage.

● **Osteria/Pizzeria da Ivo,** Via Remolari 29, Tel. 0185/310551, Ruhetag Di. Einfache Osteria mit guten Holzofenpizzas und Pastagerichten; mittlere Preislage.

● **Ristorante Da Felice,** Via Risso 71, Tel. 0185/308016. Kleines, gemütliches Lokal mit einfacher, aber guter und stets frisch zubereiteter ligurischer Küche. Zu empfehlen sind die Gerichte mit einheimischem, fangfrischem Fisch. Untere bis mittlere Preislage.

Bar/Café

● **Caffe Defilla,** Corso Garibaldi 4. Traditionsreiches Kaffeehaus mit Kafferösterei.

Käsespezialitäten aus ganz Italien in der Bottega del Formaggio

Verkehrsverbindungen

- Chiavari liegt an der **Bahnstrecke Genua – La Spezia;** häufige Verbindungen in beide Richtungen.
- **Busse** nach Rapallo und Sestri Levante.

Einkaufen

- **Pastificio Prato,** Via Cittadella 2 und Piazza Cavour 3. Herrlicher Nudelladen, verkauft nur hausgemachte Waren, zu den ligurischen Spezialitäten Pansoti und Trofie bekommt man gleich die passende Salsa di noci und Pesto mitgeliefert.
- **Bar Pasticceria Copello,** Via Martiri della Liberazione 162. Altehrwürdige Konditorei in einem der Laubengänge in der Fußgängerzone, mit bildschöner alter Einrichtung und köstlichem Kuchen und Kleingebäck.
- **Pasticceria Rivieradolci,** Via Martiri della Liberazione 208, Tel. 0185/32168. Die Konditorei gehört wie Copello zu den Besten der Stadt. Im Winter *Pandolce* ausprobieren.
- **Bottega del Formaggio „The Best",** Via Martiri della Liberazione 208, Tel. 0185/ 3142225, Fax 334145, www.thebest.it. Hervorragend sortiertes kleines Käse- und Wurstgeschäft. Die beiden jungen, sehr geschäftstüchtigen Inhaber *Gianluca Ratto* und *Mauro Foppiano* bieten außer einheimischen Produkten auch eine breite Palette an Spezialitäten aus ganz Italien, Frankreich, der Schweiz und aus Spanien an. Ausgezeichnet sind auch die luftgetrockneten Wildschwein- und Gemsenschinken aus Piemont und der Toskana. Wer sich bei dem verlockenden Käseangebot nicht bremsen kann und seine Käsevorrat mit nach Hause nehmen will, kann sich hier alle Produkte einschweißen, mit der Post nachschicken lassen oder direkt über Internet bestellen.
- **Enoteca Bisson,** Corso Gianelli 28, Tel. 0185/314462. In der Nähe des Bahnhofs an der Hauptstraße. Zum Betrieb von *Piero Lugano* gehört noch eine ausgezeichnete eigene Kellerei. Seine eigene Produktpalette umfasst vorwiegend Weißweine wie der würzige und nach Aprikosen duftende *Cinque Terre Marea.* Der Cinque Terre Bianco wird in Volastra oberhalb Manarolas abgefüllt. Unter den Rotweinen ist der *Rosso Musaico* und als Spitzenwein der zunächst im Stahltank und danach 13 Monate im Barrique ausgebaute *Gratinaccio.* Die Trauben dafür werden bei Sestri Levante angebaut. Sehr zu empfehlen ist das hauseigene Olivenöl.

Markt

- **Markt,** Mo.–Sa. vormittags auf der Piazza Mazzini.
- **Wochenmarkt,** Fr. auf der Piazza Matteotti.
- **Kleiner Fischmarkt** in der Via Davide Gagliardo (kleine Gasse ab Via Rivarola).
- **Großer Antiquitätenmarkt** im Carrugio dritto (Via Martiri della Liberazione) jedes zweite Wochenende im Monat.

Feste

- **Festa della Madonna dell'Orto,** Patronatsfest, 1.–3. Juli mit Prozession und Feuerwerk. Palio im September.
- **Festa della Torta dei Fieschi** im Nachbarort Lavagna, 14. August. Spektakuläre Verteilung einer über 1000 Kilo schweren Riesentorte und historischer Umzug. Die Ursprünge dieses Festes gehen auf die Vermählung des Grafen *Opizio Fieschi* mit *Bianca dei Bianchi* am 14. August 1200 zurück.

Baden

- Langer Sandstrand mit Strandbädern. Weitere Strände in Lavagna und Cavi.

Die Täler im Hinterland von Chiavari

Von Chiavari aus bieten sich mehrere Touren in das Hinterland an. Kaum verlässt man die Küste mit ihren touristischen Badeorten, bietet sich wieder ein vollkommen verändertes Landschaftsbild: **bäuerliche Gegenden**, grüne, steil ansteigende Gebirgstäler mit großen Wäldern und typischen kleinen, noch intakten Dörfern. Trotz der Nähe zum Meer verschlägt es nur wenige Touristen in diese entlegenen Gebiete.

Der erste Ausflug führt von Lavagna in Richtung Carasco hinauf in das Val Graveglia.

Val Graveglia   ⌁ **XVIII, B1**

Eine Abzweigung führt zunächst nach **Cogorno.** Die romanisch-gotische **Basilika San Salvatore dei Fieschi** ist eines der bedeutendsten kirchlichen Baudenkmäler Liguriens. *Sinibaldo Fieschi,* späterer Papst Innozenz IV., begann mit dem romanisch-gotischen Kirchenbau. Nach dessen Tod wurde er von seinem Neffen *Ottobono Fieschi,* dem späteren Papst *Hadrian V.,* fertig gestellt. Von den zahlreichen Besitzungen der Fieschi ist bis auf einen Flügel des ehemaligen gräflichen Palais in San Salvatore nichts übrig geblieben. Der Baukomplex geht auf das Jahr 1245 zurück. Er umfasste neben der Kirche einen Grafenpalast (Palazzo Comitale) samt Nebengebäuden sowie die alte Pfarrkirche San Salvatore Vecchio.

Die **Fassade** blieb offensichtlich unvollendet, da nur der obere Teil mit Streifeninkrustationen aus schwarzem Schiefer und weißem Marmor versehen ist. Deutlich ist die ungleiche Höhe der Kirchenschiffe zu erkennen. Über einem spitzbogigen Portal füllt eine Rosette aus Marmor mit konzentrischen Säulen und kleinen gotischen und romanischen Bögen fast den gesamten Obergaden und Giebel aus. Der quadratische Vierungsturm besitzt als Abschluss eine oktogonale spitze Pyramide, flankiert von vier Eckpyramiden. Die Kirche entspricht dem **basilikalen Grundschema** eines dreischiffigen lateinischen Kreuzes. Das höhere gotische Mittelschiff ruht auf Rundpfeilern. Die Seitenschiffe besitzen Satteldächer aus Holz, die Decken von Chor, Querschiff und Apsis sind gewölbt. Symbole schmücken die Kapitelle.

Auf der gegenüberliegenden Seite der Piazza Innocenzo IV. erreicht man das etwas höher gelegene **barocke Oratorium** aus dem 18. Jahrhundert. Hier stand die mittelalterliche Pfarrkirche. Etwas zurückversetzt liegt der Palazzo Comitale.

Über **Panesi** gelangt man in das bäuerliche **Val Graveglia,** das von Terrassen mit Olivenhainen und Weingärten geprägt ist. Bei der winzigen entlegenen Ortschaft **Né,** hoch über dem Tal, liegen zwei für ihre gute Küche an der ganzen Küste bekannte Restaurants. Fährt man weiter durch das Val Graveglia, gelangt man auf kurvenreicher Strecke zum Passo Biscia und schließlich hinunter ins Val di Vara nach Varese Ligure.

Touristeninformation   [ℹ]

● **Pro loco Né-Val Graveglia,** Piazza dei Mosto 19, Loc. Consenti, Tel. 0185/387022, www.nevalgraveglia.it.

Essen und Trinken

● **Antica Trattoria dei Mosto,** Piazza dei Mosto 15, Né, Loc. Consenti, Tel. 0185/337502. Mi. Ruhetag. Mittlere Preislage. Einladendes Restaurant in dem kleinen Weiler Consenti, ca. 8 km von der Autobahnausfahrt Lavagna entfernt. Von den gemischten Antipasti über die Primi wie beispielsweise Kastaniengnocchi, *Mandilli* (dünne Lasagne) und Tagliatelle mit Majoran (*Picagge*) stehen überwiegend traditionelle Gerichte der Region auf der Karte, stets frisch zubereitet und je nach Saison wechselnd. Mittlere Preislage.

Riviera di Levante

●**Trattoria La Brinca,** Campo di Né, Via Campo di Né 58, Tel. 0185/337480, www. labrinca.it. Ruhetag Mo., sonn- und feiertags auch mittags geöffnet. Das La Brinca ist bekannt für seine Spezialitäten aus dem Val Graveglia wie die im Ofen und mit viel Kräutern zubereitete Cima, die Steinpilzgerichte und der gefüllte Kopfsalat, und für seinen beeindruckenden Weinkeller. Wie in der Trattoria Garibaldi sind die Nudeln aus Weizen- und Kastanienmehl alle handgemacht, und die Karte wechselt mit den Jahreszeiten. Das Lokal besitzt eine gemütliche, gediegene Atmosphäre, der Service ist freundlich und zuvorkommend; mittlere Preislage. Reservieren!
●**Trattoria Garibaldi,** Via Caminata 106, Loc. Caminata, Tel. 0185/337062, Ruhetag Do. Selbst gemachte Pasta aus Weizen- und Kastanienmehl und eine an den Jahreszeiten orientierte ligurische Küche, in der ausschließlich frische Zutaten verwendet werden, sind das Markenzeichen dieses Familienbetriebes. Vom Antipasti bis zum Dolce stimmt hier alles, und zur Freude aller Weinliebhaber gibt es eine ausgezeichnete Auswahl an Weinen; mittlere Preislage. Reservieren!

Val Fontanabuona ⌁ XVIII, A1

Eine zweite Tour führt in das Val Fontanabuona. Das **„Schiefertal"** verläuft fast parallel zur Küste. Von Chiavari folgt man immer der S.S. 225.

Bereits seit dem 12. Jahrhundert bis heute wird hier traditionell **Schiefer** (*Ardesia*) abgebaut. Oft wird Schiefer auch als „Lavagna" bezeichnet, da er im Hafen von Lavagna verschifft wurde. Die großen Platten trugen Frauen gemeinsam auf ihren Köpfen über unwegsame Saumpfade bis in die Täler hinab. Überall entlang der gesamten Küste wurde an Kirchen, Häusern, Wegen und Mauern dieses elastische und zugleich unverformbare Material verwendet.

Nach wie vor ist die **Schieferproduktion** die **Haupteinkommensquelle der** Bevölkerung aus dem Fontanabuona-Tal. Nur die Produktpalette dieser Jahrhunderte alten Handwerkskunst hat sich mittlerweile geändert. Heute werden die Schieferplatten zu hochwertigen Billardtischen, Schultafeln, Badezimmer- und Kaminkonsolen, Arbeitsplatten für die Küche und Schreibtische sowie zu edlen Geschenkartikeln verarbeitet.

Lohnenswert ist ein Besuch des **Eco Museo** in **Chiapparino di Cicagna.** Ein alter Industriekomplex aus der vorletzten Jahrhundertwende mit einem unübersehbaren Schornstein wurde zu einem modernen Ausstellungsraum für Schieferprodukte aus dem Fontanabuona-Tal umfunktioniert.

Im **Ortsteil Monleone** befinden sich große Verkaufsstätten wie beispielsweise die „Ardesia Fontanabuona Consorzio Artigiano", direkt links an der Straße. Neben Gebrauchsgegenständen wie Türrahmen und Spülbecken stellt der Betrieb auch nette Geschenkartikel wie Uhren, Bilderrahmen und Aschenbecher her.

Touristeninformation

●Weitere Informationen über die verschiedenen Etappen der **Via dell'Ardesia** erhält man beim Auskunftsbüro der Comunità Montana Fontanabuona an der Hauptstraße in Cicagna, Piazza Cavagnari 7, Tel./Fax 0185/971661 oder 97181.

Nach der Ortschaft Moconesi kann man in Gattorna links abbiegen. Nach 10 km kurvenreicher Strecke folgt Uscio. Von hier aus geht es auf der S.S.

333 bergab bis nach Recco. Ab Salto ist das Meer wieder sichtbar.

Eine dritte, landschaftlich sehr abwechslungsreiche Fahrt führt hinauf durch die Täler Valle Sturla und Val d'Aveto in das hoch gelegene Bergdorf Santo Stefano d'Aveto (s.u.).

Valle Sturla und Val d'Aveto   ↗ XVI, A2/3

Borzonasca
- **PLZ 16041**
- **Ew.: 2025**
- **160 m üNN**

Besonders sehenswert in der Gegend von Borzonasca ist die **Abtei von Borzone.** Von Chiavari kommend zweigt in Borzonasco vor der Brücke eine schmale Straße rechts in ein sehr idyllisches schmales Seitental des Flusses Penna in Richtung Sopra la Croce ab. Kurz danach geht es wieder rechts in Richtung Borzone (3 km). Nach einem Sportplatz führt ein steiler Fußweg in ca. 30 Minuten zur Abbazia durch Olivenhaine und Kastanienwälder hinauf. Wer mit dem Auto fährt, sollte das letzte Stück zu Fuß gehen. Borzone besteht nur aus einer Hand voll Häuser, einigen Hunden und einer superschmalen Straße. Inmitten einer grünen Bergwelt erhebt sich die **kleine Abteikirche** auf einer Hügelkuppe. Der Vorplatz dient als atemberaubender Aussichtsbalkon.

Die Kirche gehörte früher zum Kloster Bobbio. 1184 in eine Benediktinerabtei verwandelt, wurde sie 1224 neu errichtet. Aus dieser Zeit ist noch der **massive Glockenturm** erhalten geblie-

ben, die Kirche wurde mehrmals verändert. Rechts neben der Kirche sind Reste des früheren Kreuzgangs zu sehen (täglich von morgens bis abends geöffnet, Tel. 0185/340056).

- **Informationsbüro ,Comunita' Montana Valli Aveto – Graveglia – Sturla,** Via Grilli Angelo 128. Tel. 0185/340120, 340481, Fax 340629, www.comunitamontana.avetogra vegliasturla.ge.it.
- ***U Rustegu,** Loc. Malanotte 25, Borzonasca, Tel. 0185/341005, Fax 341060. Uriges kleines Hotel bei dem Weiler Brizzolare, liegt absolut ruhig und idyllisch direkt am Sturla, mit kleinem Fischteich, Pool und Restaurant, 9 Zimmer. 80 €.
- **Agriturismo Da O Mattè,** Loc. Prato di Caregli 57/1, Borzonasca, Tel. 0185/340350. Ländliche Unterkunft mit Gaststätte. Verkauf eigener Erzeugnisse.
- **Agriturismo Gazzolo Elda,** Loc. Bocca Moà (Straße nach Lago di Giacopiane), Tel. 0185/341024, 340356. Ländliche Unterkunft mit Gaststätte. Verkauf eigener Erzeugnisse.
- **Caseificio Val d'Aveto,** Via Rezzoaglio Inferiore 35, Rezzoaglio, Tel. 0185/870390, www.caseificiovaldaveto.com, täglich geöffnet. Spezialität der Käserei, deren Produkte ausschließlich aus Kuhmilch aus dem Val d' Aveto herstellt werden, ist der *San Sté,* ein würziger Hartkäse aus Rohmilch.

Durch fette grüne Wiesen, Obstgärten und Wälder windet sich die Straße das steile Sturla-Tal hinauf, eine **ideale Motorradstrecke.** Bei Parazzuolo geht es links ab nach Rapallo. Rechts geht es weiter in die Berge hinauf in Richtung Santo Stefano d'Aveto.

Durch ein liebliches Flusstal gelangt man in den kleinen Ort **Cabanne.** Hier zweigt links eine Straße nach Fontanigorda (14 km) ab. Geradeaus geht es weiter nach Brignole. Nach Farfanosa wird das Tal wieder etwas enger.

Riviera di Levante

●****Albergo Ristorante Bar Paretin,** Via Statale 28, Frazione Cabanne, 16048 Rezzoaglio, Tel./Fax 0185/86650. Einfaches, nettes, kleines Hotel, mit 7 gut ausgestatteten Zimmern, geräumige Bäder, vorne raus mit kleinem Balkon, mit Trattoria (Ruhetag Di.), freundliche Besitzer. 50–90 €.

In Rezzoaglio kann man entweder die S.S. 654 nach **Santo Stefano d'Aveto** hochfahren oder eine Abkürzung, die links abgeht, nehmen. Die kleine, aber gut ausgebaute Straße führt steil und kurvenreich nach Allegrezze hinauf und trifft hier wieder auf die S.S. 654. 3 km zuvor führt ein kurzer Fußweg zur **Ponte romanico,** einem netten Picknickplatz über dem Fluss Gramizza. Gegenüber geht eine kleine Straße zum Weiler Cornaletto hoch.

Santo Stefano d'Aveto ⚲ XVI, B1

●**PLZ 16049**
●**Ew.: 1257**
●**1017 m üNN**

Santo Stefano d'Aveto ist ein Bergdorf mit alpinem Charakter, zugleich der letzte und **wichtigste Ort im oberen Aveto-Tal.** Er liegt in einer großen Senke, am Fuße des **Monte Maggiorasca** (1799 m), dem höchsten Berg der ligurischen Apenninkette. Santo Stefano ist ein ruhiger und angenehmer **Luftkurort** mit niedriger Chaletarchitektur inmitten einer wunderschönen Gebirgslandschaft. Im Ortszentrum erhebt sich die Ruine des mittelalterlichen **Castello dei Malaspina.** Es wurde wahrscheinlich um 1200 zur Verteidigung des Lehens der *Malaspina* erbaut. Übrig geblieben sind nur die Außenmauern auf dem Grundriss eines unregelmäßigen Pentagons.

Im Sommer kann man **schöne Wanderungen** unternehmen. Im Winter finden sich hier vor allem Langläufer ein. Große Abfahrtspisten gibt es keine und somit auch keine Touristenströme. Die Einwohnerzahl mag täuschen. In Santo Stefano d'Aveto haben viele nur noch einen **Zweitwohnsitz** für die Ferien. Außerhalb der Saison sind die meisten Fenster der Ferienhäuser geschlossen. Von denjenigen, die hier noch leben, nehmen viele täglich die 56 mühseligen Kilometer bis zu ihrem Arbeitsplatz nach Chiavari in Kauf.

●**IAT-Büro,** Piazza del Popolo 6, Tel. 0185/88046, Fax 887007, turismo@comune.santo stefanodaveto.ge.it.
●****Albergo San Lorenzo,** Via Marconi 26, Tel. 0185/88008, Fax 88643, albergosan lorenzo@virgilio.it. Einfaches, sauberes Hotel, etwas oberhalb vom Ortszentrum, die 27 einfach ausgestatteten Zimmer besitzen fast alle einen Balkon, von dem man ein unvergleichliches Bergpanorama genießen kann; mit großem Restaurant. 50–54 €.
●**Ristorante dei Fieschi,** Via Badinelli 30, Tel. 0185/887021. Großes, rustikal eingerichtetes Lokal mit hervorragender bodenständiger Landküche. Als Vorspeise gibt es – wie im Gebirge üblich – porchetta, coppa und lardo. Die Pasta ist selbst gemacht. Besonders zu empfehlen sind die frittine („friscü") luftig ausgebackene Pasta, bestehend aus Mehl, Eiern, Milch und grünem Salat, oder Kroketten mit Petersilie und chicche, eine Art Gnocchi. Wer danach immer noch Hunger hat, sollte sich auf keinen Fall die Spezialität des Hauses, die „carne alla bracce", sehr zartes, über dem offenen Holzfeuer gebratenes Fleisch, entgehen lassen. Eine Woche im Juni und eine Woche im Oktober hat der freundliche Familienbetrieb geschlossen; nur abends geöffnet.

Sestri Levante ⤳ XVIII, B2

- **PLZ 16039**
- **Ew.: 19.084**
- **6 m üNN**

Die **kleine malerische Altstadt** Sestris liegt auf einem schmalen Landstreifen, der in eine weit vorspringende Landzunge mündet. Diese verlandete **grüne Felseninsel** wird auch heute noch Isola genannt. An den Seiten des kleinen Vorgebirges liegen zwei Buchten. Im Westen die weite **Baia delle Favole** mit einer sehr verkehrsreichen Uferstraße, die von einer langen Strandpromenade, Strandbädern, Hotels und Restaurants gesäumt wird und relativ schnell in die ausufernden Neubauviertel übergeht.

Ein ganz anderes Bild bietet sich östlich der Landzunge. Nur wenige Schritte vom Trubel des lebhaften Badeortes entfernt erstreckt sich die **Baia del Silenzio,** die sich in der Form einer Muschel zum Meer hin öffnet. Hier findet der Besucher eine autofreie Idylle an einer wunderschönen, und im Vergleich zum Strandbetrieb an der Baia delle Favole, traumhaft stillen Bucht. Die farbigen Fassaden der auf den Sand gebauten Palazzi, die im Wasser liegenden Fischerboote, das Grün der Isola und des gegenüberliegenden steil ansteigenden Hügels geben eine perfekte Kulisse ab.

Die **Ursprünge Sestris** gehen auf die römische Siedlung Segesta Tigulliorum zurück, einem verkehrsgünstig gelegenen Hafenort an der Via Aurelia und

Riviera di Levante

lig061 Foto: sg

Kreuzungspunkt eines wichtigen Handelsweg, der über das Petronio-Tal in die Po-Ebene führte.

Besichtigung

Vom Bahnhof aus gelangt man in wenigen Minuten auf die verkehrsreiche Piazza S. Antonio (IAT-Büro). Die Geschäftsstraße Corso Colombo verläuft fast parallel zur Uferstraße und führt direkt in das Herz der Altstadt, in die Fußgängerzone Via XXV Aprile. Gepflegte Geschäfte, Bars und alte Stadthäuser mit zum Teil noch erhaltenen Schieferportalen prägen das Bild dieser **lebhaften Altstadtgasse.**

Biegt man links in die kleine Via Palestro ein, steht man unvermittelt an der idyllischen Baia del Silenzio. Für Kunstliebhaber lohnt sich hier ein Besuch der **Galleria Rizzi.** Sestri verdankt dieses Museum dem Rechtsanwalt *Marcello Rizzi,* der durch die Gründung einer Stiftung seine Kunstsammlung im Familienpalast der Rizzi an der Baia del Silenzio der Öffentlichkeit zugänglich machte. Der erste Stock ist mit den originalen Möbeln des bürgerlichen Palazzo um 1900 ausgestattet. Im zweiten und dritten Stockwerk ist die Gemäldegalerie untergebracht, die systematisch nach den verschiedenen Schulen und Entstehungszeiten geordnet ist. Die Gemälde und Skulpturen in der zweiten Etage stammen vom Beginn des 15. Jahrhunderts bis zur ersten Hälfte des 17. Jahrhunderts. Das oberste Stockwerk beherbergt schließlich Werke aus der zweiten Hälfte des 17. Jahrhunderts und dem 18. Jahrhundert.

●**Fondazione Galleria Rizzi,** Via Cappuccini 8 (an der Baia del Silenzio), Tel. 0185/41300. Öffnungszeiten: April bis Oktober So. 10.30–13.00 Uhr, Mai bis Sept. Mi. 16.00–19.00 Uhr, 20. Juni bis 6. Sept. Fr. und Sa. 21.30–23.30 Uhr, November bis März geschlossen. Eintritt 3 €.

Die Via XXV Aprile mündet in die Piazza Matteotti mit der barocken **Pfarrkirche Santa Maria di Nazareth.**

Linker Hand öffnet sich zwischen den Häusern erneut der Blick auf die **Baia del Silenzio.** Der Sandstrand wird vorwiegend von einheimischen Familien genutzt. Es gibt keine Strandbäder, und am Nachmittag liegt die Bucht in wohltuendem Schatten. Nur die am Rand gelegenen Hotels Helvetia und Miramare stellen für ihre Hausgäste Liegestühle und Schirme auf.

Die Via Portobello mit ihren alten Palästen aus dem 17. und 18. Jahrhundert, wie dem Palazzo Cambiaso, führt direkt am Strand entlang zum **Centro dell'Annunziata.** Das ehemalige dominikanische Kloster, 1469 erbaut, wurde im Zweiten Weltkrieg schwer beschädigt. Nach jahrelangen Sanierungsarbeiten finden hier nun Konzerte, Ausstellungen und Seminare statt. Von der Terrasse genießt man einen herrlichen Blick über das Meer. Hier ist man bereits am Fuße der Isola, des ursprünglichen Stadtkerns, angelangt.

Die Verlängerung der Via XXV Aprile führt zur **Kirche San Nicolò** (12. Jahrhundert). Die romanische Basilika liegt im ehemaligen Festungsbereich.

Oberhalb von San Nicolò erstreckt sich heute über die gesamte Anhöhe der Park des **Grandhotel dei Castelli.**

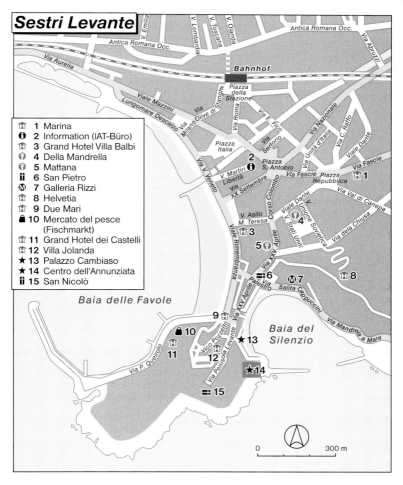

Sestri Levante

1 Marina
2 Information (IAT-Büro)
3 Grand Hotel Villa Balbi
4 Della Mandrella
5 Mattana
6 San Pietro
7 Galleria Rizzi
8 Helvetia
9 Due Mari
10 Mercato del pesce (Fischmarkt)
11 Grand Hotel dei Castelli
12 Villa Jolanda
★ 13 Palazzo Cambiaso
★ 14 Centro dell'Annunziata
15 San Nicolò

Baia delle Favole

Baia del Silenzio

Riviera di Levante

Als Gast im Grand Hotel genießt man das Privileg, mit einem Aufzug auf der anderen Seite an die Hafenmole hinunterfahren zu können. Hier beginnt die lang gezogene **Uferpromenade.** Sie führt an den zahlreichen Bagnis entlang der **Baia delle Favole (Märchenbucht)** vorbei, die ihren Namen nicht etwa einer märchenhaften Lage, sondern vielmehr *Hans Christian Andersen* verdankt, einem der vielen berühmten Badegäste im 19. Jahrhundert.

Kaum zu übersehen ist das **Grandhotel Villa Balbi** am Ende der Viale Rimenbranza. Die Barockvilla, 1648 von *Gian Battista Brignole* errichtet, ging 1853 nach dem Tod des Kardinals *Giacomo Brignole* in den Besitz der Neffen *Balbis* über. 1947 wurde die Villa in ein luxuriöses Grand Hotel umgewandelt (s.u.). Es besteht aus einem originalen zentralen Baukörper, neueren Nebengebäuden und einem schönen Garten. Die Hauptfront geht zur Meerseite hin.

Touristeninformation

●**IAT-Büro,** Piazza San Antonio 10, Tel. 0185/457011, Fax 459575.

Unterkunft

●*****Grand Hotel Villa Balbi,** Viale Rimenbranza 1, Tel. 0185/42941, Fax 482459, www.villabalbi.it. Als Adelsvilla erbaut und anschließend zum mondänen Grand Hotel umgebaut, die 95 geräumigen Zimmer sind stilvoll mit Antiquitäten eingerichtet, direkt an der Baia delle Favole gelegen, mit eigenem Bagni, 2 Dachterrassen und Swimmingpool im Garten. 180–360 €.

●*****Grandhotel dei Castelli,** Via Penisola 26, Tel. 0185/485780, Fax 44767, www.hotel deicastelli.com. Nobelhotel auf der Isola, mit großem, fast die ganze Insel umfassenden Park (mehr als 160.000 m²), 2 Aufzüge führen an den Privatstrand und an den Hafen hinunter, 48 stilvoll ausgestattete Zimmer, Restaurant mit traumhaften Ausblick auf den Hafen. 180–270 €.

●****Helvetia,** Via Cappuccini 43, Tel. 0185/41175, Fax 457216, www.hotelhelvetia.it. Besonders empfehlenswert in der Kategorie „man gönnt sich ja sonst nichts" ist dieses schöne renovierte Hotel an der romantischen Baia del Silenzio mit 24 hellen und freundlichen Zimmern, Privatstrand, Garten und herrlicher Frühstücksterrasse, unbedingt Zimmer mit Blick auf die Bucht reservieren. 150–220 €.

●****Due Mari,** Vico del Coro 18, Tel. 0185/42695, Fax 42698, www.duemarihotel.it. Wie der Name des Hotels bereits andeutet, liegt der historische Palazzo Bolasco am Fuße der Isola zwischen Baia delle Favole und Baia del Silenzio. Das traditionsreiche, geschmackvoll zum Teil mit Antiquitäten eingerichtete Haus ist ruhig gelegen, obwohl nur wenige Schritte von der Fußgängerzone entfernt, die 50 Zimmer sind allesamt gut ausgestattet. Hallenbad und Pool. 95–180 €.

●***Marina,** Via Fascie 100, Tel. 0185/487 332, Fax 41527, www.marinahotel.it. Einfaches, sauberes Hotel an der Piazza Repubblica, mit 17 Zimmern, Innenhof und Terrasse. Etwas lärmgeschädigt, da das Hotel an einer lauten Ausfallstraße liegt. 50–65 €.

●***Villa Jolanda,** Tel./Fax 0185/41354, www.villaiolanda.com. Kleines, größtenteils renoviertes Hotel in zentraler, ruhiger Lage auf der Isola. Insgesamt 15 einfach, aber ordentlich ausgestattete Zimmer, einige mit Balkon (kein Meerblick). 70–95 €.

●***San Pietro,** Via Palestro 13, Tel./Fax 0185/41279, hotelsanpietro59@libero.it. Einfaches und korrektes kleines Hotel in der Altstadt in einer Seitengasse der Via XXV. Aprile, 9 Zimmer, 3 Zimmer ohne Bad zum gleichen Zimmerpreis. 65 €.

Camping

●****Tigullio,** Via Sara 111/A, Tel. 0185/455 455, Fax 457257, www.tigullio.com. Empfehlenswerter, schöner schattiger Platz am Hang, wenige Kilometer landeinwärts in Richtung Casarza Ligure.

Essen und Trinken

●**Osteria Mattana,** Via XXV Aprile 34, Tel. 0185/457633, Ruhetag Mo. Neu eingerichtete Osteria, die versucht, die Atmosphäre der früheren Osterien wiederzubeleben, was ihr auch gelingt. Der kleine Gastraum ist gekachelt und mit schlichten alten Holztischen und Stühlen ausgestattet, sehr gute Farinata; untere bis mittlere Preislage.

●**Trattoria della Mandrella,** Viale Dante 37 (beim Marktplatz), Tel. 0185/42716, Di. Ruhetag. Restaurant mit guter Fischküche in der Nähe der Piazza Mercato. Im Sommer Tische im Freien.

Essen und Trinken in der Umgebung

●**Trattoria Carla,** Loc. **San Bernardo,** Via S. Quirico 22, Tel. 0185/42819, Mo. Ruhetag. San Bernardo liegt im Hügelland hinter Sestri Levante. Zunächst Richtung Autostrada. In der Nähe der Autobahnauffahrt dem Ortsschild San Bernardo folgen. Über eine steile, serpentinenreiche Straße erreicht man nach wenigen Kilometern San Bernardo. Hinter der Kirche liegt die Trattoria Carla. Von der Terrasse des Lokals genießt man einen herrlichen Blick auf Sestri und das Meer. Sehr sorgfältig zubereitete regionale Küche mit selbst gemachter Pasta; mittlere Preislage.

Café/Imbiss

●**Il Bistro,** Piazza Matteotti 13, Tel. 0185/41613. Nette Bar in der Fußgängerzone mit kleinen Snacks, täglich frischer *Torta verde, Torta di riso* und Apfel- und Mandelkuchen.
●**Caffè Centrale,** Corso Colombo 41, Tel. 0185/42397. Leckeres Frucht- und Sahneeis.
●**Pasticceria Rossignotti,** Viale Dante 2 und Via XXV Aprile 70. Sehr gute Konditorei mit einer weiteren Filiale im Nachbarort Riva Trigoso (Piazza Brigate Partigiane 16).

Verkehrsverbindungen

●Sestri Levante liegt an der **Zugstrecke Genua – La Spezia.**
●**Ausflugsboote** fahren in die Cinque Terre, La Spezia und rund um die Tigullio-Bucht.

Einkaufen

●**Wochenmarkt,** Sa., Piazza Aldo Moro.
●**Wochenmarkt,** Mo. in Riva Trigoso.
●**Mercato del pesce,** Via Pilode Queirolo. Fischmarkt morgens am südlichen Ende der Baia delle Favole.
●**Pasticceria Rossignotti,** Via XXV Aprile 1. Traditionsreiche Konditorei, gehört den Besitzern der Villa Balbi, am Anfang der Fußgängerzone, mit ausgezeichnetem Kuchen, Gebäck und Torrone aus eigener Herstellung.
●**Bottega del Vino,** Via Nazionale 528, Tel. 0185/43349. Hervorragend sortierte Weinhandlung mit Weinverkostung und Imbiss an der Ausfallstraße in Richtung San Bernardo.

Feste

●**Lichterprozession** auf dem Meer zu Ehren der Madonna del Carmine Mitte Juli.
●**Patronatsfest S. Giovanni Battista,** 24. Juni.

Baden

Baia del Silenzio, einer der schönsten Stadtstrände an der Riviera, mit Sandstrand. Auf der anderen Seite der Isola die lang gezogene breite **Baia delle Favole** mit gepflegtem Sandstrand und zahlreichen Strandbädern. Beide Strände für Kinder geeignet.

Kinder

●Jedes Jahr findet Ende Mai das **Premio Andersen Festival** mit zahlreichen Veranstaltungen statt. Der internationale Märchenpreis ist *Hans Christian Andersen* gewidmet. Neben den literarischen Veranstaltungen gibt es in den Straßen und auf den Plätzen Sestris Theater, Zirkus, Musik und Tanz.

Wandern

●**Küstenpanoramaweg** von Sestri Levante zur Punta Manara 1½ Stunden. An der Ecke Via della Chiusa und Via XXV Aprile führt ein Bogengang in den Vico del Bottone (Wegmarkierung: 2 rote Quadrate); einfacher Weg durch das Naturschutzgebiet im Südosten Sestris zum Telegrafo an der Punta Manara.
●Die **Wandergebiete Cinque Terre und Promontorio di Portofino** sind sehr gut mit dem Zug zu erreichen.

Val Petronio und Alta Valle del Vara

Das vom Fluss Petronio geformte Tal verläuft fast parallel oberhalb der Küste zwischen Sestri Levante und Moneglia und zeigt das typische Landschaftsbild des **ligurischen Apennins** nahe am Meer – mediterranen Wald mit Pinien, Olivenbäumen und Kastanien und weiter oben Eichen- und Steineichenwälder. Dazwischen eröffnen sich immer

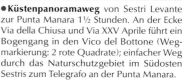

Riviera di Levante

Von Rapallo bis Levanto

lig014 Foto: sg

wieder Blicke auf das Meer. Ein Teil des Tales gehört zum 1995 gegründeten Naturpark Cinque Terre. Das ganze Tal wird vom **Monte San Nicolao** (845 m) beherrscht. Von seinem Gipfel genießt man ein weites Panorama über das gesamte Val Petronio, die Apuanischen Alpen und das Meer.

Über die gut ausgebaute und kurvenreiche S.S. 523 gelangt man in das obere Vara-Tal mit seinen alten Bauerndörfern und schattigen Wäldern – eine **erholsame Landschaft,** in der viele Genuesen ihre Sommerferien verbringen.

Man verlässt Sestri Levante über die Via Nazionale. Die Ausfallstraße in Richtung Casarza Ligure beginnt bei der Piazza S. Antonio. Hoch hinauf schlängelt sich die Straße nach **Castiglione Chiavarese.**

Unterkunft

● **Agriturismo Monte Pù,** Loc. Monte Pù 2–4, Castiglione Chiavarese, Tel./Fax 0185/408027, mobil 348/2644426, www.monte pu.it. 200 Hektar großes landwirtschaftliches Gut mit alten, geschmackvoll restaurierten Gebäuden. 9 Zimmer, Reitmöglichkeit, Fahrradverleih, Gaststätte.

Varese Ligure – il Borgo rotondo ⤢ XVII, C3

● **PLZ 19028**
● **Ew.: 2358**
● **350 m üNN**

Durch eine herrlich grüne Landschaft gelangt man auf der Passstraße, die über den Passo Cento Croci (1055 m) nach Parma führt, in den **Hauptort** des oberen Vara-Tals. Die Familie *Fieschi* gründete in der ersten Hälfte des 14.

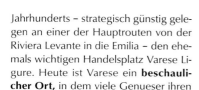
Jahrhunderts – strategisch günstig gelegen an einer der Hauptrouten von der Riviera Levante in die Emilia – den ehemals wichtigen Handelsplatz Varese Ligure. Heute ist Varese ein **beschaulicher Ort,** in dem viele Genueser ihren Sommerurlaub verbringen.

Über den Fluss Vara gelangt man in den Ortskern und steht direkt vor dem **Castello.** Zuvor sieht man links oben eine alte Steinbrücke aus dem 16. Jahrhundert, die **Ponte Grecino.** Sie führt mitten in den **Borgo nuovo** hinein. Die spätgotische Burg mit ihren zwei verschieden hohen Türmen beherrscht die Piazza Vittorio Emanuele am nördlichen Ortseingang. Direkt gegenüber des Castello liegt die **Kirche zur Heiligen Teresa d'Avila** mit ihrer barocken Fassade.

Das Herz der Altstadt ist jedoch der vollständig sanierte **Borgo rotondo.** Der mittelalterliche Stadtkern wurde zu Verteidigungszwecken in der zweiten Hälfte des 16. Jahrhunderts auf **rundem Grundriss** angelegt. Einen zusätzlichen Schutz boten der Fluss Vara, der den Borgo im Westen umfließt, und das Castello, das im Norden den Kreis schließt. Der äußere Häuserring besitzt im Innern niedrige Arkadengänge. Früher befanden sich hier die Handwerksstätten. In den oberen Stockwerken lagen die Wohnungen.

Touristeninformation

●**IAT-Büro,** Via Portici 19 (beim Castello am Ortseingang), nur saisonal geöffnet, Tel. 0187/842094.

Unterkunft/ Essen und Trinken

●*****Gli Amici,** Via Garibaldi 80, Tel. 0187/ 842139, Fax 840891, www.albergoamici. com. Traditionsreiches kleines Albergo seit 1760, mit 24 gut ausgestatteten Zimmern, z.T. mit Balkon. Das Haus besitzt eine charmante altmodische Atmosphäre und ein ausgezeichnetes Restaurant. Ein idealer Aufenthaltsort für Ruhesuchende, die diese immer seltener werdenden Oasen auf dem Lande zu schätzen wissen. Im Restaurant wird eine traditionelle ligurische Küche gepflegt, mit Spezialitäten aus dem Hinterland, wie z.B. die hausgemachten *Corzetti,* die nur noch selten auf den Speisekarten an der Riviera auftauchen. Alles in allem ein sehr gastliches und angenehmes Hotel mit sehr gutem Preis-Leistungsverhältnis. 65 €, HP 47 €.

●****Della Posta,** Piazza Vittorio Emanuele 16, Tel./Fax 0187/842115, www.albergoristorantedellaposta.com. Älteres, ordentliches Hotel mit 14 Zimmern. 55–60 €.

●***Albergo Ristorante Belvedere,** Loc. Ossegna, 19010 Maissana, Via Provinciale 3, Tel. 0187/845611. Ruhiges, sehr preisgünstiges Albergo im Grünen mit 16 Zimmern und Restaurant. 38 €.

●**Agriturismo Giandriale,** Loc. Giandriali 5, 19010 Maissana-Tavarone, Tel. 0187/840 279, Fax 840156, www.giandriale.it. Großer Bio-Bauernhof auf 700 m Höhe, mit 6 gemütlichen Zimmern, 2 Fewos und Gaststätte in schönem alten Steinhaus aus dem 18. Jahrhundert, gute preiswerte Küche mit vielen eigenen Erzeugnissen. Doppelzimmer 60 €, HP 45 €.

Verkehrsverbindung

●Täglicher **Busverkehr ab Sestri Levante.**

Einkaufen

●**Wochenmarkt** Di. morgens auf dem Hauptplatz mit vielen einheimischen Produkten, z.B. getrocknete Steinpilze und Käse.

Varese Ligure – Brücke ‚Ponte Grecino'

● **Cooperativa Casearia Val di Vara,** Loc. Perassa, Tel. 0187/842108, kurz vor dem Ortseingang. Verkaufsstelle der Käserei-Genossenschaft mit hervorragenden regionalen Käsesorten, wie dem herzhaften Borgo rotondo, Mozzarella, Stracchino, Tenerella, zu günstigen Preisen.

● **Alimentari de Vincenzi,** Piazza Vittorio Emanuele 54, gut sortiertes Feinkostgeschäft mit regionalem Käse, Wurst, getrockneten Pilzen, hausgemachten Kuchen und Gebäck.

Wer noch genügend Zeit hat und nicht dieselbe Strecke zurückfahren möchte, für den bieten sich **zwei landschaftlich schöne Routen** an.

Die erste Alternative verläuft in 18 km durch das Alta Valle del Vara auf den **Passo del Bocco** (1010 m) hinauf. Von hier aus gelangt man über das Sturla-Tal nach Chiavari.

Die zweite Variante führt durch **Sesta Godano** und dann wieder hinunter ins Petronio-Tal und nach Sestri Levante.

Essen und Trinken

● **Bar Trattoria Rina,** Loc. Pieve di Zignago, Via Brigata Garibaldi 1, Tel. 0187/865007, Ruhetag Di. (nur im Sommer). Nette Trattoria mit bodenständiger Hinterlandküche, Tische im Freien; untere bis mittlere Preislage. Autobahnausfahrt Brugnato, in Richtung Roccchetta Vara und Zignago.

● **Agriturismo Casa Villara,** Via Castagnarossa 8, Beverino, Tel. 0187/883356, mobil 349/8181269, Fax 884900, www.casavilla ra.com. Einsam und ruhig gelegener Bio-Bauernhof umgeben von Wäldern im unteren Vara-Tal, ca. 15 km von La Spezia und 20 km von der Cinque Terre entfernt. 5 Gästezimmer mit Bad für 2–4 Personen in sorgfältig restaurierten alten Gebäuden, mit Bewirtung. Auf dem 7 ha großen Anwesen werden Wein, Ölbäume, Kastanie, Obst und Gemüse angebaut. Eigene Imkerei. Doppelzimmer mit Frühstück 70–80 €, HP pro Person 55–60 €.

Moneglia ⚐ XIX, C2

● **PLZ 16030**
● **Ew.: 2753**
● **4 m üNN**

Der kleine **Badeort Moneglia** breitet sich inmitten der fächerförmig geöffneten Bucht zwischen Punta Moneglia und Punta Rospo aus und ist von bewaldeten Hügeln umgeben. Dazwischen erstrecken sich Weingärten, Olivenhaine und eine noch erträgliche Hangbebauung. Der schöne, saubere Sandstrand ist über einen Kilometer lang und durch einen ehemaligen Bahndamm, auf dem heute die Küstenstraße verläuft, vom Ortszentrum getrennt. Zum Bahnhof hinauf führt eine breite Straße. Sie trennt Moneglia in **zwei unterschiedliche Viertel.** Westlich liegt der eher beschauliche Teil mit seinen zwei Kirchen. San Giorgio und Santa Croce beherbergen einige Werke des in Moneglia gebürtigen Luca Cambiaso, bedeutendster Maler Liguriens.

Östlich des Largo Europa verlaufen parallel nebeneinander die Uferpromenade und die sympathische **Fußgängerzone Vittorio Emanuele** mit ihren kleinen Geschäften.

Auf der **Meerseite des Dammes** liegen einige gepflegte Strandbäder mit Bars und Restaurants.

Moneglia geht, wie viele Orte an dieser Küste, auf eine **römische Gründung** zurück. Bedeutung erlangte der Ort im 12. Jahrhundert als wichtiger östlicher Vorposten der Republik Genua. 1248 waren Schiffe aus Moneglia an der Seeschlacht von Meloria beim

Sieg Genuas über Pisa beteiligt. Zur besseren Verteidigung ließen die Genuesen auf den Hügeln an beiden Enden der Bucht zwei Festungsanlagen errichten. Vom Strand aus ist noch heute im Osten die **Ruine der Burg Villafranca** (1173 erbaut) zu erkennen. Im Westen erhebt sich an der Stelle der zerstörten Festung Monleone heute eine schlossartige Villa aus dem 19. Jahrhundert.

Ein idealer Standort für einen Urlaub an der Levante. Der Strand liegt vor der Haustür, und durch die Zuganbindung bietet sich Moneglia als **Ausgangspunkt für Wanderungen und Ausflüge** in Richtung Cinque Terre und Portofino an. Der kleine, sympathische Ortskern bietet alles, was man braucht: Hotels, Bars und Restaurants und ausreichend Geschäfte für Selbstversorger.

Touristeninformation

●**Pro loco,** Corso Libero Longhi 32, Tel./Fax 0185/490576, info@prolocomoneglia.it.

Unterkunft

●*****Albergo Italia,** Via Caveri 4–5, Tel. 0185/49461, Fax 490561, www.htlitalia.com. Kleines ordentliches Hotel an der Straße zum Meer hinunter, wenige Meter vom Wasser entfernt, 23 Zimmer. 67–95 €.
●*****La Vigna,** Loc. San Saturnino, Via Provinciale 72, Tel. 0185/482730, Fax 491551, www.hotellavigna.it. In dem kleinen Ort Saturnino in der Nähe des Campingplatzes Rio Gaio oberhalb von Moneglia gelegenes nettes Hotel mit schöner Aussicht auf das Meer, 24 korrekte Zimmer, Schwimmbad. 84–90 €.
●*****Piccolo Hotel,** Corso Libero Longhi 19, Tel. 0185/49374, Fax 401292, www.piccolo hotel.it. Gepflegtes Hotel mit 38 gut ausgestatteten Zimmern in einem älteren Palazzo, vorne raus mit Meerblick, Balkon und – leider – Geräuschkulisse von der Uferpromenade. 79–142 €.

●*****Villa Argentina,** Tel./Fax 0185/49228, Via San Lorenzo 2, www.villa-argentina.it. Gepflegtes Haus in der Stadt mit 18 gut ausgestatteten Zimmern, Strandnähe. 80–120 €.
●*****Villa Edera,** Via Venino 12, Tel. 0185/ 451281, Fax 49470, www.villaedera.com. Freundlich und engagiert geführtes Hotel mit 27 komfortabel ausgestatteten Zimmern, hoteleigener Garage, Schwimmbad im Garten und guter Küche. Alles in allem ein sehr angenehmes Haus. Einziger Wermutstropfen ist die 100 m entfernte Zugstrecke. 110–195 €.
●**Castello di Monleone,** Via Venino 3, Tel. 0185/49291, Fax 49470. Neu eröffnetes, schickes Bed & Breakfast in einer Villa aus dem 19. Jahrhundert. Deckengemälde zieren die Räume. 3 Zimmer mit Meerblick. Park. 80–120 €.
●**Abbadia San Giorgio,** Piazzale San Giorgio, Tel. 0185/491119, Fax 490270, www.ab badiasangiorgio.com. Schöne Residenz mit 6 geschmackvoll und komfortabel ausgestatteten Zimmern in einem restaurierten ehemaligen Kloster mit Kreuzgang und Garten in der Nähe der Villa Edera. 185 €.

Camping

●**La Secca,** Loc. La Secca 1, Tel. 0185/ 49441, Fax 49441. Schön gelegener kleiner Campingplatz mit 45 Stellplätzen über dem Meer am westlichen Ortsrand, mit behindertengerechtem Zugang und Wohnmobil-Service.
●**Camping Villaggio Smeraldo,** Loc. Preata, Tel. 0185/49375, Fax 490484, www.villag giosmeraldo.it, noch etwas westlich liegt der teuerste Platz Moneglias. Sehr schöne Lage mit Blick auf die Küste, Bäume nur auf dem Zeltplatz, kleine, felsige Badebucht, ganzjährig geöffnet. Zufahrt im einspurigen Tunnel am nördlichen Ortsausgang.

Essen und Trinken

●**Antica Osteria „da U Limottu",** Piazza Fabio Marengo 13–14, Tel. 0185/49877, Ruhetag Di. Rustikales Lokal mit guter Fischküche, am schönsten sitzt man am einer der Tische auf der kleinen Piazza. *Antipasti misti* je nach Jahreszeit mit Muscheln, frittiertem Brot; verschiedene Gemüsekuchen, Tintenfischsalat,

Riviera di Levante

hausgemachte Pasta, *fritto misto genovese* oder *del golfo* (Fisch), mittlere Preislage.

● **Ristorante L'Uliveto,** Via Camposoprano 19, Tel. 185/49906. Eine kurvenreiche Straße führt von Moneglia hinauf in den Weiler Camposoprano bei San Saturnino, bekannt für sein Ausflugslokal L'Uliveto. Rustikales Lokal mit bodenständiger Regionalküche, guter pasta und *fritto misto* zu kleinen Preisen.

● **Gelateria Tre Archi,** Via Vittorio Emanuele 12–14. Cafè mit gutem Sahne- und Fruchteis.

● **Enoteca la cantina del vicolo,** Via Vittorio Emanuele 118, Tel. 0185/490406. Gut sortierte Weinhandlung mit Ausschank und kleinen Snacks.

Verkehrsverbindungen

● Häufige **Zugverbindungen** in Richtung Genua und La Spezia. Der Bahnhof liegt oberhalb des Ortes, ungefähr 10 Minuten vom Zentrum entfernt.

● **Bootsverkehr** mit der Linie Navigazione Golfo dei Poeti nach Portovenere über Deiva Marina, Bonassola, Levanto, Monterosso al Mare, Vernazza, Manarola, Riomaggiore, Portovenere.

● Vor Moneglia (aus Richtung Sestri Levante) **Tunnel mit längerer Ampelschaltung** (20-Minuten-Takt 15/35/55).

● Zwischen Moneglia und Deiva Marina **einspuriger Tunnel** mit längerer Ampelschaltung (10-Minuten-Takt).

Einkaufen

● **La Pirofila,** Via Vittorio Emanuele 42, Tel. 0185/401125. Feinkostgeschäft mit Rosticceria und Pasta fresca.

Baden

● **Breiter, langer Sandstrand,** durch eine Mole geschützt. Flaches Ufer, sehr gut für Kinder geeignet.

Wandern

● **Moneglia – Deiva Marina:** schöner Küstenpanoramaweg, Gehzeit: ca. 2 Stunden.

Auf Wegnummer 1 über Treppenweg hinauf zum Ortsteil Lambrusco. Auf der Straße bis zur Kirche in den Ortsteil Lemeglio (ca. 30 Minuten). Bei der Kirche rechts einen

Pfad (Markierung rotes Quadrat) nehmen. Nach weiteren 40 Minuten erreicht man den höchsten Punkt. Steiler Abstieg (45 Minuten) zunächst etwas mühsam über eine Felsrinne dann über eine Fahrstraße bis zum Bahnhof Deiva Marina. Mit dem Zug zurück nach Moneglia (Fahrtzeit ca. 5 Minuten).

Auch Deiva Marina bietet sich als Ausweichquartier für einen Cinque-Terre-Urlaub aufgrund der guten Infrastruktur an. Der kleine unspektakuläre Ort ist noch nicht so überlaufen, die Preise noch moderat, und der Strand zählt zu den schönsten der Umgebung.

Unterkunft

● ***Hotel Clelia,** Corso Italia 23, Tel. 0187/815827, www.clelia.it. Zentral gelegenes, angenehmes Hotel in Strandnähe, 30 Zimmer, Garten und Pool. 70–144 €.

Framura ⚐ XIX, C2

● **PLZ 19014**
● **Ew.: 744**
● **76-289 m üNN**

In einem tiefen Küsteneinschnitt inmitten einer herrlichen Küstenvegetation ziehen sich die kleinen **Dörfer Anzo** (76 m), **Setta** und **Costa** (289 m) zum Meer hinab. Sie gehören zur **Verwaltungseinheit Framura.** Der Bahnhof befindet sich ganz unten an der Küste. Es gibt so gut wie keine Strände, nur einige Felsenbadestellen und keine Küstenverbindung mit den Nachbarorten Deiva Marina und Bonassola. Wer mit dem Auto in die nächstgelegenen Ortschaften möchte, muss kurvige, bergige Strecken in Kauf nehmen. Auf Grund dieser Abgeschiedenheit ist Framura ein noch relativ unbekannter Flecken an der östlichen Riviera mit zivilen Zimmerpreisen; ein sehr angenehmer Standort für Urlauber, die Ruhe suchen und auf den sommerlichen Trubel entlang der Uferpromenaden verzichten können. Von hier aus lassen sich **schöne Wanderungen** in die Umgebung unternehmen. Das Wandergebiet der Cinque Terre und auch die nächsten Badeorte sind bequem und häufig mit dem Zug zu erreichen (Fahrtzeit nach Deiva Marina 3 Min., weitere 2 Min. nach Moneglia). Für einen reinen Badeurlaub ist Framura nicht geeignet.

Touristeninformation

● **IAT-Büro an der Bahnstation,** Tel. 0187/810522, www.comune.framura.sp.it.
● **IAT-Büro,** Via Setta 42, Tel. 0187/823053, Fax 23071; nur saisonal geöffnetes Infobüro im Ortsteil Setta.

Unterkunft/ Essen und Trinken

● ****Augusta,** Anzo, Via Anzo 12, Tel./Fax 0187/823026, www.comune.framura.sp.it (Internetauftritt der Gemeinde, über *Promozione* und *dove dormire* gelangt man zum Unterkunftsverzeichnis). Kleines freundliches Hotel mit traumhafter Aussichtslage, 20 Zimmer, teils mit Balkon und herrlichem Meerblick, Restaurant und Garten, inklusive Frühstück. 85–100 €.
● ****Meri,** Via Costa 1, Tel. 0187/823059, www.comune.framura.sp.it (Internetauftritt der Gemeinde, über *Promozione* und *dove dormire* gelangt man zum Unterkunftsverzeichnis). Einfaches kleines Hotel im 300 m hoch gelegenen Ortsteil Costa (2 km oberhalb), 7 ordentliche Zimmer, z.T. Balkon mit Meerblick, Restaurant, Terrasse und Garten. 65–75 €.
● ****Silvia,** Via Costa 4, Tel./Fax 0187/810021, www.comune.framura.sp.it (Internetauftritt der Gemeinde, über die Seiten *Promozione* und *dove dormire* gelangt man zum Unterkunftsverzeichnis). Ebenfalls in Costa gelegenes Hotel mit 11 einfachen Zimmern, Bar, Restaurant und Garten. 60–80 €.

Agriturismo

● **Agriturismo Foce del prato,** Loc. Foce del prato 2, Tel./Fax 0187/810223, www.agriturismolafocedelprato.it. Schön gelegener Bauernhof oberhalb von Framura in 300 m Höhe, 4 Zimmer mit Bad, Terrasse, gutem Restaurant mit eigenen Erzeugnissen nach Voranmeldung. 70 €, HP pro Person 48 €.
● **Agriturismo La Caprarbia,** Loc. Fosse 1, Tel. 0187/824282, www.caprarbia.it. Bauernhof auf 550 m Höhe mit 5 Zimmern und einer Ferienwohnung für 4 Personen. Mit Terrasse. Möglichkeit zum Zelten. DZ 50 €.

Camping

● ****Il Nido del Gabbiano,** Loc. Pianello 4, Tel./Fax 0187/810155, www.ilnidodelgabbiano.com. Schön gelegener Platz mit Einkaufsmöglichkeit oberhalb der Küste, westlich von Framura, mit Schwimmbad und schöner Aussicht, geöffnet vom 1. April bis 30. Sept.

Verkehrsverbindungen

● Bahnhof unterhalb von Anzo, **Zugstrecke Genua – La Spezia.**

Baden

● Etwas versteckt am östlichen Ortsrand in Richtung Bonassola liegt der idyllische **Strand „Spiaggia Portopidocchio",** über einen schmalen Fußweg zu erreichen. Weniger attraktiv sind beim Bahnhof die kleinen Felsbadestellen und der Kiesstrand Vanderecca.

Bonassola ⤤ XIX, C3

● **PLZ 19011**
● **Ew.: 974**
● **6 m üNN**

Die schönste Art, Bonassola zu entdecken, ist zu Fuß. Von grünen Hügeln umgeben, mit Kiefern und Olivenhainen auf den Anhöhen, präsentiert sich der angenehme **kleine Badeort** auf dem Wanderweg von Framura kommend von seiner besten Seite.

Bonassola im Winter

Weit unterhalb liegt die majästetisch geschwungene **Bucht von Bonassola,** begrenzt durch zwei Felssporne, im Süden die Punta della Madonnina, im Norden die Punta del Carlino. Galerien der alten Bahntrasse trennen den schönen Sandstrand vom Ort. Dahinter breitet sich völlig unspektakulär der Ortskern mit Geschäften, Bars, Restaurants sowie ein paar kleineren Hotels aus. Etwas zurückversetzt, aber immer noch in Gehnähe, verläuft die neue Bahnlinie. Keine Hochhäuser und Appartementanlagen beeinträchtigen das Ortsbild. Überragt wird Bonassola von den Resten einer Burg, des **Torre degli Ardoino** aus dem 17. Jahrhundert, letztes Überbleibsel der von den Genuesen nach 1132 angelegten Befestigung. Im Süden dominiert die **Pfarrkirche S. Caterina** (1670) von einem Felsen herab die weitgeschwungene Bucht. Von hier aus führt ein ca. 15-minütiger Fußweg zur **Punta della Madonna.** Der gemütliche Weg endet auf einer Klippe bei der kleinen Kapelle della Madonnina, einem beliebten Aussichtspunkt.

Vor allem außerhalb der Hauptsaison empfiehlt sich Bonassola als absolut ruhiger Ort ohne Durchgangsverkehr mit sehr schönen Wandermöglichkeiten in Richtung Levanto, Framura und hinauf zum Weiler Montaretto auf knapp 300 m Höhe. Ein ideales und **preisgünstiges Ausweichquartier** für Cinque-Terre-Urlauber im Frühjahr und Herbst, wenn die Cinque Terre bereits ausgebucht ist!

Touristeninformation

●**Pro loco,** Via Fratelli Rezzano, Tel. 0187/ 813500, Fax 813529, www.prolocobonassola.com. Informationsbüro in einer Galerie der ehemaligen Bahntrasse beim Strand. Öffnungszeiten: außer Mi. und So. nachmittag täglich 9.30–12.30 und 17.00–19.00 Uhr. Hier sind auch Wanderkarten erhältlich.

Unterkunft

●***Delle Rose,** Via Garibaldi 8, Tel. 0187/ 813713, Fax 814268. Zentral in Ufernähe gelegenes und solide geführtes Mittelklasse-Hotel in einem Neubau, 26 gut ausgestattete Zimmer. 106–130 €.

●***Moderno,** Via G. Daneri 79, Tel./Fax 0187/813662, Fax 813642, pensionemoderno@tin.it. Gut geführtes Haus mit 15 gepflegten Zimmern, schönem Garten, Restaurant. Einziger Wermutstropfen: Das Moderno liegt beim Bahnhof und ist daher etwas laut. 70–115 €.

●***Villa Belvedere,** Via A. Serra 33, Tel. 0187/813622, Fax 813709. Schön gelegenes Hotel oberhalb von Bonassola mit 22 Zimmern, Garten und Restaurant. 105–120 €.

●***Hotel Feluca,** Via Maxinara 1, Tel. 0187/ 813578, Fax 817998. Charmantes, frisch renoviertes Hotel mit 14 Zimmern. 115–125 €.

●***Hotel Lungomare,** Via Matteotti 2, Tel. 0187/813632, Fax 813385, lungomar @tin.it. Mitten im Ortszentrum gelegenes kleines Hotel in einem alten Stadthaus nicht weit vom Strand entfernt. 30 Zimmer. 80–85 €.

●**Agriturismo Cà du Ferrà,** Via Gavazzo 46, Loc. Gavazzo, Tel. 0187/814083, mobil: 328/7060771, www.agriturismo-caduferra.it. Ca. 1 km oberhalb vom Bahnhof gelegener Agriturismo, ruhige Lage mitten im Grünen. Zwei restaurierte alte Bauernhäuser mit jeweils zwei gut ausgestatteten Zimmern und Garten. Doppelzimmer 85–90 €.

Essen/Einkaufen

●**L'Arcidiacono,** Via Daneri 18, Tel. 0187/ 814383, Ruhetag Mo., geöffnet April bis September. Zentral gelegene gemütliche Osteria mit Spezialitäten aus Ligurien und Süditalien, freundlicher Service. Mittlere Preislage.

●**Panificio Brenco,** Via Danieri, mobil: 349/ 1891556. Gute Bäckerei mit frischer Focaccia und Pizza.

Feste

●**Festa di Nostra Signora del Rosario,** Dorffest mit Feuerwerk und regionalen Spezialitäten am ersten Wochenende im Oktober.

Baden

●Badespaß verspricht ein **kindgerechter Kies- und Sandstrand.**

Verkehrsverbindungen

●**Sehr gute Zugverbindung nach Genua und La Spezia.** Der Bahnhof liegt etwas vom Strand zurückversetzt in Gehnähe.

●**Mit dem Auto:** Abzweigung von der Via Aurelia kurz vor Levanto.

●Regelmäßiger **Bootsverkehr** von Juni bis September, jeden Morgen eine Abfahrt in Richtung Cinque Terre und Portovenere und eine in Richtung Portofino.

Wandern

●**Bonassola – Levanto**
Gehzeit: ca. 1½ Stunden
Der angenehme, bequeme und gut markierte Spaziergang (Wegnummer 1) führt von Bonassola ins nahe gelegene Levanto. Ein zum Teil getreppter Fußgängerweg beginnt am östlichen Stadtrand beim Municipio von Bonassola und führt aufwärts bis zur Straße oberhalb der Ferienanlage La Francesca und geht dann wieder abwärts bis zum Westen Levantos.

●**Bonassola – Framura**
Gehzeit: ca. 2¼ Stunden
Der Wanderweg nach Framura beginnt hinter der gelben unübersehbaren Kirche S. Caterina am westlichen Ende der Bucht (Wegmarkierung 1b, rote und blaue Punkte). Nach einem kurzen Stück auf der Straße (rechts oberhalb liegt der Friedhof), gehen rechts Treppen hochwärts. Angeschrieben ist Salto della lepre und Framura 1b. Geradeaus ge-

langt man auf dem Weg 1a zum Aussichtspunkt Punta della Madonna und zur gleichnamigen Kapelle. Auf einem schönen Panoramaweg entlang des Hügelkamms geht es nach einigen Treppen links ab (Wegmarkierung blauer Punkt auf weißem Grund). Nach einem kurzen Anstieg folgt ein angenehmer, schattiger Waldpfad immer oberhalb der Küste, vorbei an einigen Ferienhäusern, bis man auf einen Querpfad trifft. Hier lohnt sich links ein kleiner Umweg zum „Salto della lepre", einem herrlichen Aussichtspunkt auf 113 m. Wieder zurück, folgt ein kleiner Anstieg über das Vorgebirge zur Kreuzung von Carpeneccio. Hier geht es geradeaus weiter auf dem Wanderweg Nr. 1, der bei einer Häusergruppe in eine Straße mündet. Als Variante kann man auch den Weg rechts hoch nehmen. Er verläuft ebenfalls mit schönen Ausblicken weiter oberhalb der Küste und führt in den Weiler Montanetto (mit Bar und Terrasse). Der Weg nach Framura (Wegmarkierung blauer Punkt) geht links leicht bergab, begleitet von fantastischen Meerblicken, dann in einen schattigen Wald, über einen Bach, und steigt dann wieder an. Der Pfad endet an einer Straße. Nun ist Framura bereits zu sehen. An einigen Ferienhäusern vorbei gelangt man auf der Straße zu einer Treppengasse, die zum Bahnhof hinunterführt. Rechts kann man in ca. 15 Minuten nach Anzo gelangen. Bevor man Framura erreicht, führt ein kleiner Fußweg zur Spiaggia Portopidocchio hinunter.

Als Variante verläuft oberhalb des bekannten Küstenweges Nr. 1, ebenfalls mit schönen Ausblicken, ein Pfad in den Weiler Montanetto.

Levanto ♐ XIX, D3

- **PLZ 19015**
- **Ew.: 5641**
- **3 m üNN**

Auf einer kleinen Schwemmlandebene, umrahmt von Hügeln, auf denen kleine alte Bergdörfer thronen, dehnt sich Levanto aus, der größte Ort zwischen Sestri Levante und La Spezia. Der lebhafte Badeort besitzt eine **sehr gute touristische Infrastruktur** mit vielen Hotels, Campingplätzen, Restaurants und Strandbädern, und im Sommer ist hier richtig was los. Levanto verfügt über einen langen breiten Sandstrand und eignet sich hervorragend für einen reinen Badeurlaub. Der Ort wird aber auch immer häufiger von Urlaubern frequentiert, die hauptsächlich **Ausflüge und Wanderungen** in die Cinque Terre unternehmen. Die Vorteile sind rein praktischer Art: eine große Auswahl an Unterkunftsmöglichkeiten zu günstigeren Preisen als in den Cinque Terre, gute Bademöglichkeiten und eine sehr gute Zugverbindung (weniger als 5 Minuten nach Monterosso). Außerdem gibt es in den Cinque Terre selbst keine Campingplätze und, bis auf Monterosso al Mare, auch keine Strände. Für einen Familienurlaub mit kleinen Kindern ist das Steilküstengebiet der Cinque Terre deshalb kein geeigneter Urlaubsstandort.

Obwohl der Ort hauptsächlich vom Tourismus lebt, besitzt er noch die **lebhafte Atmosphäre** einer italienischen Kleinstadt mit einem schönen Wochenmarkt, vielen Bars und Geschäften. Was man jedoch nicht erwarten darf, ist die

Hochbetrieb am Strand von Levanto

Atmosphäre eines pittoresken Fischerdorfs mit verträumten Gassenlabyrinthen und beschauliche Ruhe mit hochgeklappten Gehsteigen nach 10 Uhr abends. Das Ortsbild ist hauptsächlich von neueren Bauten geprägt.

Die **mittelalterliche Altstadt** ist relativ klein und liegt im Osten der Bucht auf einem Hügel.

Auf den Hügeln hinter Levanto gibt es einige **reizvolle alte Bergdörfer** wie Lavaggiorosso, Dosso, Montale, Vignana, Lerici, Fontona, Legnaro, Chiesanuova zu entdecken.

Besichtigung

Bis in die 1960er Jahre führten die Bahngleise, wie in den meisten Küstenorten, direkt am Ufer entlang. Heute liegen die Schienen im hinteren Teil Levantos. Zu Fuß braucht man vom Bahnhof ca. 15 Minuten bis ins Stadtzentrum.

Über die verkehrsberuhigte Ladengasse Via Garibaldi erreicht man das sogenannte **Borgo Nuovo.** 1627 erhielt Levanto mit der Gerichtsbarkeit für das Gebiet zwischen Moneglia und Monterosso eine wichtige Verwaltungsrolle. Das mittelalterliche Dorf wurde zu klein, und links des Flusses Ghiararo entstand die Neustadt.

Der zentrale Platz ist die mit Arkaden und Bürgerhäusern gesäumte große **Piazza Cavour.** Im ehemaligen Kloster Santa Chiara (17. Jahrhundert) ist heute das Rathaus untergebracht. Die verkehrsberuhigte Via Guani führt zur Piazza del Popolo und zur schattigen Piazza Staglieno mit dem Stadtpark.

Riviera di Levante

Die Nordseite der Piazza del Popolo nimmt die Loggia del Comune ein, der mittelalterliche Gerichts- und Marktplatz.

Südlich der Piazza Staglieno erreicht man den Strand mit seinen zahlreichen Strandbädern und dem Casino. Hier beginnt die **Uferpromenade.** Sie führt an Villen und Parkanlagen vorbei zum kleinen Hafen und zur Anlegestelle für die Ausflugsboote in die Cinque Terre, nach Portovenere und Portofino.

Von der Piazza del Popolo lohnt sich ein Abstecher auf den Altstadthügel über die Via Toso hinauf zur gotischen **Kirche Sant'Andrea** (1226 erbaut) mit der für Ligurien typisch gestreiften Westfassade. An den Überresten der alten Stadtmauer entlang, die früher die gesamte Altstadt umschloss, gelangt man zum **Torre dell'orologio** (Uhrturm) aus dem 13. Jahrhundert, einem von ursprünglich sieben Wachtürmen.

Südlich der Kirche Sant'Andrea führen Treppenwege zur spätgotischen **Burg San Giorgio** hinauf, die von den Genuesen zur Verteidigung des Hafens errichtet wurde.

Touristeninformation

● **IAT-Büro,** Piazza Cavour, Tel./Fax 0187/808125.

Unterkunft

● ***Dora,** Via Martiri della Libertà 27, Tel. 0187/808168, Fax 808007, www.dorahotel.it. Korrektes Mittelklassehotel ca. 250 m vom Meer entfernt in einem schlichten Bau, 35 Zimmer, einige mit Terrasse. Privatstrand. 85–100 €.

● ***Nazionale,** Via Jacopo da Levanto 20, Tel. 0187/808102, Fax 800901, www.nazionale.it. Zentrales, alteingesessenes, ordentliches Stadthotel, 36 Zimmer, z.T. mit kleinem Balkon, Dachgarten. 90–138 €.

● ***Palace,** Corso Roma 25, Tel. 0187/808143, Fax 808613, www.hotelpalacelevanto.com. Charmantes, familiär geführtes Hotel in Strandnähe mit 43 gut ausgestatteten Zimmern und Restaurant. 90–100 €.

● ***La Giada del Mesco,** Loc. Mesco 16, 19015 Lèvanto, Tel. 0187/802674, Fax 802673, www.lagiadadelmesco.it. Kleines, elegantes Hotel mit 12 Zimmern in herrlicher Panoramalage am Cap von Mesco, 3 km von Ortszentrum Lèvanto (liegt am Wanderweg in die Cinque Terre). Schwimmbad. Fast alle Zimmer mit eigener Terrasse und Meerblick. 140–170 €. Restaurant und Bar mit herrlicher Panoramaterrasse.

● **Stella Maris,** Via Marconi 4, Tel. 0187/808258, Fax 807351, www.hotelstellamarislevanto.com. Das Stella Maris ist im Palazzo Vanoni untergebracht. Die 8 Zimmer im Haupthaus sind mit stilvollen Möbeln ausgestattet, an den Decken prangen farbenfrohe Fresken. Genau das Richtige für Nostalgiefreunde. Das Gleiche gilt für den Speisesaal, ausgezeichnete Küche. Günstiger sind die 7 Zimmer in der modernen Dependance an der Piazza Staglieno 17. 150–180 €.

● **Gentile,** Via Jacopo da Levanto 27, Tel./Fax 808551, www.villagentile.com. Renoviertes kleines Altstadthotel mit 10 Zimmern in der Nähe der Piazza Cavour. Doppelzimmer mit Bad 60–80 €, ohne Bad 55–70 €.

Ferienwohnungen

● **Agenzia Viaggi Levantur,** Corso Italia 1/3, Tel. 0187/808039, 0187/808223, Fax 808331, www.levantur.com. Das deutschsprachige Reisebüro vermittelt auf Anfrage aus Deutschland Ferienwohnungen in Levanto und Umgebung. Am besten stellt man die Anfrage gleich mit detaillierten Angaben über Zeitraum, Anzahl der Personen, gewünschte Größe, Lage und Ausstattung der Wohnung.

Camping

● **Cinque Terre,** Loc. Sella Mereti, Tel. 0187 801252, Fax 80329. Kleiner, gemütlicher, idyllisch im Grünen gelegener Campingplatz mit 32 Stellplätzen. Wohnmobilservice.

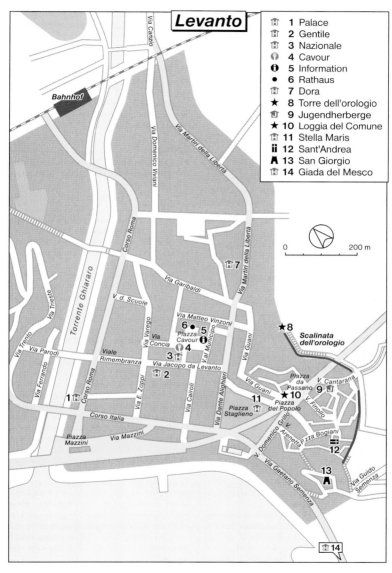

Levanto

🏠	1	Palace
🏠	2	Gentile
🏠	3	Nazionale
⬤	4	Cavour
❶	5	Information
●	6	Rathaus
🏠	7	Dora
★	8	Torre dell'orologio
🛏	9	Jugendherberge
★	10	Loggia del Comune
🏠	11	Stella Maris
⛪	12	Sant'Andrea
⛪	13	San Giorgio
🏠	14	Giada del Mesco

Riviera di Levante

●***Acqua Dolce,** Via Semenza 5, Tel. 0187/807365, Fax 808465. Ca. 200 m vom Zentrum entfernter, zentral gelegener Platz auf terrassiertem Wiesengelände im Osten der Bucht. Olivenbäume, behindertengerechter Zugang, 100 z.T. sehr kleine Stellplätze, Wohnmobil-Service.

●***San Michele,** Via Villa San Michele 98, Loc. Busco, Tel./Fax 0187/800449, geöffnet vom 1. April–30. September. Schön gelegener, kleiner Platz in einem Waldstück, etwas außerhalb in Richtung Monterosso al Mare, Wohnmobil-Service.

Jugendherberge

●**Ostello Ospitalia del Mare,** Via S. Nicolò, Tel. 0187/802562, Fax 803696, www.ospitaliadelmare.it. Die Jugendherberge von Levanto liegt in einem historischen Palazzo, einem ehemaligen Konvent, mitten im Zentrum von Lévanto. 10 Zimmer mit 2, 4, 6 und 8 Betten für insgesamt 70 Personen, Frühstück und Bettwäsche inklusive, je nach Saison und Belegung 16,50–31,50 €. Kein JH-Ausweis erforderlich, keine Altersbegrenzung.

Essen und Trinken

●**Cavour,** Piazza Cavour 1, Tel. 0187/808497. Zentral in der Altstadt gelegene Trattoria mit regionaler Fischküche; mittlere bis gehobene Preislage.

Verkehrsverbindungen

●Levanto liegt an der **Zugstrecke Genua – La Spezia,** es bestehen häufige Verbindungen in beide Richtungen. Der Bahnhof liegt am oberen Stadtrand (Gehzeit 20 Min.), Fahrtzeit Levanto – Monterosso weniger als 5 Min.

●**Mit dem Auto:** Autobahnausfahrt Carrodano-Levanto, 16 kurvenreiche Kilometer hinab nach Levanto.

Einkaufen

●**Wochenmarkt,** Mi. morgens zwischen Corso Roma und Via Martiri della Libertà.

●**Cooperativa Agricola Vallata di Levanto,** Via San Matteo 20, Loc. Le Ghiare, Tel./Fax 0187/800867. Empfehlenswerte Winzergenossenschaft, Öffnungszeiten: Mo–Fr. 8.00–12.00, 14.30–18.30 Uhr, Sa. 8.00–12.00 Uhr.

●**Enoteca Vinum,** Piazza Staglieno 34, Tel. 0187 800141. Gutsortierte Weinhandlung, auch Verkauf von Olivenöl und regionalen Spezialitäten.

Feste

●**Festa del Mare** und **Festa di San Giacomo,** 23., 24. und 25. Juli, historischer Umzug mit Feuerwerk. Abends erleuchten hunderte kleiner Lichter das Meer.

●**Festa di San Rocco** am 16. August.

Baden

●Langer **Sandstrand** mit einigen Bagni, **Kinderschwimmbad** beim „Casino" (Restaurant und Schwimmbad).

Wandern

Herrlicher **Küstenwanderweg von Levanto nach Monterosso al Mare** in etwa 2½ Stunden ohne nennenswerte Schwierigkeiten durch das Naturschutzgebiet Punta Mesco.

Über Treppen im Südosten hinaufsteigen (ausgeschildert). Nach einem kurzen Stück auf einer asphaltierten Straße zweigt rechts ein Pfad ab (Höhenweg Nr. 1, „Sentiero rosso" von Levanto nach Portovenere, Wegmarkierung rot-weiß). Er führt durch Olivenbäume und Weinstöcke, dann durch einen Wald bis auf 300 m Höhe hinauf und eben auf einem schmalen Küstenpfad weiter. An einer Wegkreuzung geht der Weg Nr. 1 weiter in nordwestlicher Richtung auf den Hauptkamm hinauf (Strecke Levanto-Portovenere). Monterosso erreicht man auf dem Weg Nr. 10 in südöstlicher Richtung weiter über **Punta Mesco.** Vorbei an den Überresten der alten Einsiedelei San Antonio, wahrscheinlich von Augustinermönchen um die Mitte des 14. Jahrhunderts errichtet, gelangt man zum ehemaligen Leuchtturm der Marine. Aufgrund der grandiosen Aussicht hoch über dem Meer von der Insel Tino bei Portovenere bis zum Vorgebirge von Portofino, einer der schönsten Rastplätze der gesamten Küste. Dann folgt der anstrengende steile Abstieg auf einem Zickzack-Pfad hinunter nach Monterosso (Vorsicht: Rutschgefahr bei Regen).

Cinque Terre –

eine von Menschen geformte Landschaft zwischen Himmel und Meer

Nur 18 km lang ist der atemberaubend schöne Landstrich der Cinque Terre, **landschaftlicher Höhepunkt der Riviera di Levante.** Die hohen Ausläufer des Apennin enden hier abrupt im Meer. Zerklüftete Felsformationen, unzählige Halbinseln und Buchten prägen den Küstenabschnitt zwischen Punta Mesco und Punta Montenero.

Namensgeber der Cinque Terre sind die **fünf Dörfer Monterosso al Mare, Vernazza, Corniglia, Manarola** und **Riomaggiore.** Wie Felsennester scheinen sie in die unzugänglichen Klippen hineinzuwachsen. Nur der Hauptort Monterosso al Mare liegt auf Küstenniveau. Verschachtelte, übereinander getürmte Häuser drängen sich in tief eingeschnittene Felsrinnen, die farbenfrohen Fassaden sind auf das Meer gerichtet. Das pittoreske Durcheinander von handtuchschmalen Gassen, Durchgängen und steilen Treppenwegen bietet immer wieder schöne Ausblicke.

Dazwischen liegen **steile Weingärten** in Schwindel erregender Höhe, die nur durch Fußpfade miteinander verbunden sind, und senkrecht zum Meer abstürzende Felswände. Seit Jahrhunderten kultivieren die Bewohner der Cinque Terre die Sonnenhänge entlang der schwer zugänglichen Steilküste in **Terrassenbauweise.** Manchmal ist auf dem schmalen Streifen nur Platz für ein

oder zwei Reihen Reben, die **fasce** oder **strisce** (Streifen) genannt werden. Eine Unzahl an **Trockensteinmauern** stützt die steilen Hänge ab. Mühsam sind die Terrassen mit Erde aufgeschüttet. Trotz moderner Hilfsmittel, wie dem **Trenino,** einer **Minizahnradbahn,** ist ihre Erhaltung sehr arbeitsintensiv. Damit die Hänge nicht abrutschen, müssen die Mauern instand gehalten und immer wieder erneuert werden.

Die **Geschichte** dieser Orte weiß wenig Spektakuläres zu berichten. Seit dem 10. Jahrhundert gehörte der Landstrich zum Feudalbesitz der *Obertenghi,* ging dann an die Grafen von Lavagna über und kam 1276 in den Besitz von Genua. Im 11. Jahrhundert wird Monterosso zum erstenmal urkundlich erwähnt. Die Cinque Terre spielten keine Rolle in der Geschichte der Republik Genua. Es gab keine wichtigen natürlichen Häfen, und keine Handelsrouten führten durch das Gebiet – die Gegend geriet schnell in Vergessenheit.

Über Jahrhunderte hinweg waren diese Orte nur mit dem Boot oder über anstrengende Saumpfade zu erreichen. Der **Küstenweg** zwischen Riomaggiore und Manarola existiert erst seit Ende der 20er Jahre des 20. Jahrhunderts. Bis dahin gab es nur eine langwierige Wegstrecke über die Berge.

In völliger Abgeschiedenheit entwickelte jedes dieser Dörfer eine **eigenständige charakteristische Architektur** und eine ganz eigene Ausstrahlung. Kein Dorf gleicht dem anderen. Die lange Isolation bewirkte, dass die Küstenortschaften ihren ursprünglichen Landschaftscharakter bewahren konnten.

Parco Nazionale delle Cinque Terre

2 Mio. Touristen besuchen jährlich das Gebiet der Cinque Terre. Tendenz steigend. Eine enorme Zahl, bedenkt man, dass sich die meisten auf einem nur 12 Kilometer langen Küstenstreifen zwischen Monterosso al Mare und Riomaggiore aufhalten. Neben italienischen Gästen, sind es vor allem Deutsche, Franzosen, Spanier und in zunehmendem Maße Amerikaner, Australier und Japaner, die sich auf dem schönsten Trampelpfad der Welt fortbewegen. Doch um diesen Massen Herr zu werden, genügt es nicht, nur die Wege sauberzuhalten und die Papierkörbe zu leeren.

Bis in die 60er Jahre des 20. Jahrhunderts herrschte in den 5 Dörfern **bitterste Armut.** Die mühsam in Terrassenbau betriebene Landwirtschaft und der Fischfang ernährte ihre Bewohner schon lange nicht mehr. Zahlreiche Familien emigrierten nach Argentinien. Der **Tourismus** brachte neue Erwerbsmöglichkeiten und bescherte den Bewohnern Wohlstand und ein sicheres Einkommen. Auf der einen Seite ein Gewinn, gefährdet der Fortschritt aber auch erheblich die Landschaft. Mit zunehmendem Tourismus gaben immer mehr Bauern die mühevolle Arbeit in den steilen Terrassen auf. Von insgesamt 1640 Hektar Anbaufläche werden nur noch 900 Hektar landwirtschaftlich genutzt. Der Rest liegt brach. Werden die insgesamt ca. 6800 Kilometer langen Trockensteinmauern und die seit Jahrhunderten angelegten Terrassen, die sie halten, nicht mehr gepflegt, droht eine großartige vom Menschen geschaffene Kulturlandschaft **ins Meer abzustürzen.**

Die Bedeutung eines der letzten, unversehrten Landschaftsgebiete an der italienischen Küste wurde noch rechtzeitig erkannt. Seit 1997 steht das gesamte Gebiet der Cinque Terre als Nationalpark unter **Naturschutz** und wurde von der UNESCO zum **Weltkulturerbe** erklärt. Seither hat sich vieles getan. Hauptziele der National-

parkverwaltung sind die Entwicklung eines **umweltverträglichen nachhaltigen Tourismus** und die **Erhaltung der Kulturlandschaft.** Ein langfristiges und sehr ambitioniertes Projekt, das sich auszahlt. Innerhalb des Parks wurde ein gut funktionierendes Netz an Minibussen installiert. Die Busse werden umweltfreundlich mit **Methangas** betrieben und bringen Anwohner und Feriengäste in die **komplett autofreien** Dorfzentren, an die Bahnstationen und stellen die Verbindungen zu den oberhalb gelegenen Ortschaften her.

Darüber hinaus hat die Parkverwaltung für Hotels, Zimmervermietungen, Restaurants und Lebensmittelgeschäfte ein **Umwelt-, und Qualitätssiegel** (Marchio di Qualità Ambientale) eingeführt. Die Mitglieder verpflichten sich zur Senkung von Energie- und Wasserverbrauch, zum Einsatz alternativer Energien, Mülltrennung, Verwendung von ökologisch abbaubaren Substanzen, verzichtet möglichst auf abgepackte Lebensmittel und bieten statt dessen überwiegend regionale Bioprodukte an. Im Gegenzug stellt die Parkverwaltung ihr technisches Know-how zur Verfügung, organisiert Fortbildungen, und kümmert sich um eine werbewirksame Öffentlichkeitsarbeit.

Zur Erhaltung und Instandsetzung der landwirtschaftlich genutzten Fläche begann man 2005 zunächst mit der Vergabe von sogenannten **Weinpatenschaften.** Die „Paten" erhielten die Auflage, sich selbst um die Neubepflanzung und die Instandsetzung der brachliegenden Terrassen zu kümmern. Es meldeten sich zwar zahlreiche Interessenten aus dem In- und Ausland. Aber wie soll sich ein Naturfreund aus Japan oder Australien um die Anlage und Pflege eines Weinberges kümmern? Erschwerend kam hinzu, dass der größte Teil des Gebietes in viele Kleinstparzellen unterteilt ist. Das Projekt wurde bereits nach kurzer Zeit eingestellt. Die Parkverwaltung pachtete selbst insgesamt 35 Hektar brachliegende Fläche und stellte Gärtner und Arbeiter ein. Zusätzlich sind das ganze Jahr über freiwillige Helfer im Einsatz. 20 Hektar sind bereits rekultiviert. Nach 20 Jahren erhalten die Besitzer ihre Gärten wieder zurück.

fig122 Foto: sg

Sämtliche Maßnahmen werden durch die Einnahmen von *Cinque Terre Card,* der Eintrittskarte in das „Naturreservat Cinque Terre" und durch die Vermarktung von regionalen Spezialitäten und Merchandiseprodukten finanziert.

Oberhalb von Riomaggiore auf der Costa del Corniolo trifft man auf eines dieser erfolgreichen **Rekultivierungsprojekte.** Bis zum Bau der Eisenbahn verlief über diesen Hügelrücken der einzige Verbindungsweg zwischen Riomaggiore und Manarola. Hier wurden die aufgelassenen Terrassen und die zusammengefallenen Mauern bereits instandgesetzt.

Mittlerweile wird auf der Kuppe Basilikum biologisch angebaut und traditionell nur unter Verwendung von Basilikum, kaltgepresstem Olivenöl, Pecorino- und Parmesan, Pinienkerne, Knoblauch und Salz zu Pesto verarbeitet. Auf den darunterliegenden Terrassen wachsen Obst- und Zitrusbäume.

Area marina
protetta delle Cinque Terre

Um die Artenvielfalt der z.T. seltenen Meeresflora und -fauna zu erhalten, wurde gleichzeitig mit der Einrichtung des Nationalparks auch das ca. 16 km lange **Meeresgebiet** zu Füßen der Cinque Terre zwischen Punta Mesco und Punta di Montenegro, südlich von Riomaggiore, zum **Schutzgebiet** erklärt, ein sehr einfaches und vor allem effizientes Mittel, die Meere vor Überfischung zu retten.

Wissenschaftliche Studien belegen, dass die Fischpopulationen zwischen 1950 und 2003 um ca. 65 % dramatisch zurückging.

Die Einführung geschützter Zonen, Kontrolle der Fangmethoden und Reduzierung der Wasserverschmutzung führte in den letzten 10 Jahren im Gebiet der Cinque Terre wieder zu einer Vermehrung der vom Aussterben bedrohten Arten wie Seebarsch, Brasse, Seehecht, Thunfisch aber auch Seeigel und Muscheln. Nur die Sportfischerei mit Angelrute und die traditionelle Fischerei mit Langleine und Fischreuse zu genau festgelegten Zeiten sind erlaubt. Verboten dagegen sind die Unterwasserjagd und der Einsatz von Schleppnetzen. Vor allem die **Schleppnetzfischerei** hat verheerende Folgen. Die Netze fegen die Wasserpflanzen (Posidonia), auf denen die Fische ihre Eier ablegen, weg und hinterlassen irreversible Schäden. Seit 2004 sind 2 Boote, die *battelli ecologici,* im Einsatz und sammeln Müll ein. „Intelligente" Bojen, ausgestattet mit Mikrochips, sorgen für ein Datennetz und helfen den Bootsverkehr und die Vergabe von Ankerplätzen zu koordinieren.

Parco Nazionale/Area marina
protetta delle Cinque Terre
auf einen Blick

●**Lage:** zwischen Punta Mesco bei Lévanto und Punta di Montenero südlich von Riomaggiore
●**Höhe:** 0 bis 815 m
●**Größe:** 3860 Hektar Land- und 4800 Hektar Meeresgebiet

Riviera di Levante

Fortsetzung nächste Seite

●**Eintritt:** Der Besucherandrang auf dem Küstenweg zwischen Monterosso und Riomaggiore ist mittlerweile so groß, dass jeder Wanderer eine Gebühr bezahlen muss. Entlang des Weges sind Kassenhäuschen aufgestellt. Am besten man kauft sich gleich zu Beginn die **Cinque Terre Card.** Die Wanderwege, die Nutzung der Minibusse und der öffentlichen Aufzüge sind darin enthalten. Außerdem bekommt man mit der Cinque Terre Card 5 % Preisnachlass auf alle Produkte des Nationalparks und in den von der Parkverwaltung betriebenen Restaurants. Die *Sconto Card 5 %* erhält man bei seiner jeweiligen Unterkunft.

Preise Cinque Terre Card Erwachsene/Kinder/ Familien/Senioren

● **1 Tag** 5/2,50/12,50/4 €
● **2 Tage** 8/4/20/6,40 €
● **3 Tage** 10/5/25/8 €
● **7 Tage** 20/10/50/16 €

Die Benutzung der Nahverkehrszüge, der Regionalzüge und Interregios zwischen Levanto und La Spezia sind nicht mehr in der normalen Cinque Terre Card enthalten. Aufgrund neuer Bahntarife wurde 2007 die **Cinque Terre Treno Card** eingeführt. Wer in den Cinque Terre und Umgebung zu Fuß und mit öffentlichen Verkehrsmitteln unterwegs ist, fährt trotz der Preiserhöhung immer noch am günstigsten mit der Treno Card.

Preise Cinque Terre Treno Card Erwachsene/ Kinder/Familien/Senioren

● **1 Tag** 8,50/4,30/21,30/6,80 €
● **2 Tage** 14,70/7,40/36,80/11,80 €
● **3 Tage** 19,50/9,80/48,80/15,60 €
● **7 Tage** 36,50/18,80/91,30/29,20 €

Preise Cinque Terre Card Battello Erwachsene/Kinder

(inkl. Bootsverkehr innerhalb der Area marina protetta delle Cinque Terre):
● **1 Tag** 19,50/9,80 €

Information

● **www.parconazionale5terre.it:** sehr informative Homepage mit viel Hintergrundinformationen zu Landschaft, Geschichte, Kultur, und praktischen Infos wie Wetter, Unterkunftsverzeichnis, Bahn- und Busfahrpläne, Beschreibung der Wanderwege.
● **Hauptsitz der Parkverwaltung:** Via Telemaco Signorini 118, Riomaggiore, Tel. 0187/76031, Fax 760061.
● **Informationsbüros** an den Zugstationen von Monterosso, Vernazza, Corniglia, Manarola, Riomaggiore und La Spezia, am Colle del Telegrafo und beim Biassa-Tunnel (zwischen Riomaggiore und La Spezia oder über die Agenzia Viaggi del Parco Nazionale delle Cinque Terre, Tel. 0187/258690, Fax 256028, agenziaviaggi@parconaziona le5terre.it.

Durch den **Bau der Eisenbahn** (das letzte schwierige Teilstück der Linie Genua – Rom zwischen Sestri Levante und La Spezia wurde 1874 eingeweiht) erlebte die Region einen ersten **wirtschaftlichen Aufschwung.** Viele der kleinen Bauern, die sich bislang mehr schlecht als recht vom Weinbau ernährten, fanden zunächst Arbeit beim Bau

der Tunnel, Brücken und Stützmauern. Außerdem mussten die vielen fremden Bahnarbeiter verköstigt und untergebracht werden. Später boten sich mit der Bahnanbindung bessere Verdienstmöglichkeiten in La Spezia.

Die Eisenbahn ist eines der charakteristischsten Merkmale der Cinque Terre und heute nicht mehr aus dem Landschaftsbild wegzudenken. Die **9 Bahnkilometer** legen Schnellzüge in wenigen Minuten zurück. Die Nahverkehrs- und Eilzüge brauchen nur unwesentlich länger. Der größte Teil der Strecke führt durch Tunnels, ab und zu blitzt das blaue Meer durch die Öffnungen in den Galerien. Nur die Haltestellen liegen im Freien. Das **Meer ist Bahnhofskulisse** für die ungewöhnlichste Metro der Welt.

Bereits in den 1960er Jahren entdeckten die ersten Riviera-Urlauber diesen „Geheimtipp". Da aber nur Monterosso und Riomaggiore mit dem Wagen erreichbar waren, hatte der Massentourismus mit seinen negativen Auswirkungen hier keine Chance. Die endgültige Erschließung durch den **Tourismus** setzte erst in den 1980er Jahren durch die verkehrsmäßige Anbindung aller Orte ein. Mittlerweile ist der „Geheimtipp" Cinque Terre weltweit bekannt und gehört, wie Rom und Venedig, zum Europaprogramm von Amerikanern und Japanern.

Wer in die Cinque Terre fährt, sucht Ruhe und Erholung, idyllische Wanderwege und verträumte Dörfer. Doch vor allem im Sommer teilt man diesen Wunsch mit vielen anderen. Tagsüber und insbesondere am Wochenende werden die fünf Dörfer von **Tagesbesuchern** geradezu überschwemmt. Sie bummeln einmal die Hauptgasse rauf und runter, trinken einen Kaffee, essen ein Eis, schießen ein paar Erinnerungsfotos, und dann sind sie auch schon wieder weg. Die Einheimischen haben sich schon längst an die Fremden gewöhnt.

Anfahrt/Bahnverbindungen

Die Orte der Cinque Terre liegen an der Bahnstrecke, die von Genua über La Spezia nach Rom führt. Von Deutschland geht es über die Schweiz nach Mailand. Dort in Richtung Genua umsteigen. Ab Genua bestehen Anschlusszüge in Richtung La Spezia, einige Intercity-Züge halten auch in Monterosso al Mare. Die Fahrtzeit von Freiburg nach Monterosso beträgt ca. 10 Stunden.

Innerhalb der Cinque Terre ist Bahnfahren das einzig vernünftige Fortbewegungsmittel. Schneller, billiger und bequemer geht es nicht. Jeder Ort besitzt einen zentral gelegenen Bahnhof. Nur in Corniglia muss man einen mühseligen Treppenanstieg vom Bahnhof in den Ort in Kauf nehmen. Die Fahrt von Ort zu Ort dauert nur wenige Minuten. Die 2007 neu eingeführte **Cinque Terre Treno Card** gilt für alle Züge, Busse und Wege im Parco Nazionale der Cinque Terre. Eine kostenlose Broschüre mit einem Übersichtsplan der Wanderwege, Zug- und Busfahrplan ist ebenfalls an den Verkaufsstellen erhältlich.

Anfahrt mit dem Auto

Alle Cinque Terre-Orte sind mittlerweile über gut ausgebaute Straßen zu erreichen. Wer sich während seines Urlaubs nur an der Küste aufhält, lässt seinen Wagen am besten auf dem einmal ergatterten Parkplatz stehen und steigt auf die Bahn um. Die serpentinenreiche Fahrt von Ort zu Ort ist ziemlich zeitaufwendig. **Alle Orte sind für Autoverkehr, auch für Anwohner, gesperrt.** Ein gebührenpflichtiger Minibus (Cinque Terre Card) steht den Gästen und Anwohnern ab Ortsschranke zur Verfügung. Außerdem gibt es nur wenige Parkplätze, was zur Folge hat, dass die Zufahrtsstraßen gnadenlos zugeparkt werden. Nur in Riomaggiore und Manarola gibt es ein Parkhaus (oberer Ortseingang). Das in Manarola hat jedoch nur geringe Kapazitäten.

Es gibt in den Cinque Terre bis auf eine Tankstelle für Methangas **keine Tankstelle.** Die nächste Tankmöglichkeit besteht im 35 km entfernten La Spezia.

Die **Anfahrt** in die Cinque Terre erfolgt über die **Autobahn A15 bis Ausfahrt La**

Riviera di Levante

Spezia. In La Spezia der Ausschilderung Portovenere/Cinque Terre entlang der Küste folgen. Die Straße teilt sich am Ortsausgang von La Spezia (große Ampelanlage). Der S.S. 370 leicht ansteigend folgen, durch den Tunnel von Biassa nach Riomaggiore und Manarola gelangt man recht zügig. Um in die anderen Orte zu kommen, muss man etwas mehr Kurverei in Kauf nehmen. Nach Riomaggiore und vor Manarola rechts abbiegen und der Ausschilderung Groppo, Volastra, Vernazza folgen. Die Straße wird etwas enger und führt dann auf eine höher gelegene, gut ausgebaute Straße, die zur Abzweigung Vernazza führt. Fahrzeit von La Spezia (35 km) bis nach Vernazza ca. 45 Min.

Die steilen Weingärten der Cinque Terre

Bootsverbindungen

Zwischen Monterosso, Vernazza, Manarola und Riomaggiore besteht im Sommer ein reger Bootsverkehr. Hinzu kommen Verbindungen von Portofino bis Portovenere. Einmal an der Cinque Terre-Küste entlang zu schippern, sollte man sich auf keinen Fall entgehen lassen – eine schöne Alternative, um an den Ausgangsort seiner Wanderung zurückzukehren (Cinque Terre Card Battello). Bei etwas stürmischem Wetter können die Boote nicht immer anlegen. Fahrpläne gibt es in allen Informationsbüros.
● **Navigazione Golfo dei Poeti,** Tel. 0187/ 777727, www.navigazionegolfodeipoeti.it. Tagestickets mit Aufenthalt an allen Stationen ca. 22 €, Kinder von 4 bis 9 Jahren ca. 12 €.

Wandern

Das Gebiet der Cinque Terre ist eines der beliebtesten und bestausgebauten Wandergebiete Italiens. Bis Portovenere steht das Gebiet komplett unter Natur- und Landschaftsschutz. Wanderern steht ein vom italienischen Alpenverein C.A.I. gut markiertes Wanderwegenetz entlang dieses traumhaften Küstenabschnittes zur Verfügung.

Italiens berühmtester Küstenwanderweg Nr. 2 verbindet alle fünf Orte und ist mit guter Kondition in ca. 5 Stunden zu bewältigen. Unerlässlich sind gute Wanderschuhe. Nur die berühmteste Etappe, die **Via dell' Amore** zwischen Manarola und Riomaggiore, ist als bequemer, breiter Spazierweg ausgebaut (s. Exkurs „Via dell'Amore"). Vor allem zur Hochsaison, an Wochenenden und Feiertagen ist diese Strecke von Monterosso al Mare nach Riomaggiore stark begangen.

Weniger voll und auch sehr reizvoll ist der **Kammweg Nr. 1.** Er verläuft auf 600–800 m Höhe und verbindet Levanto mit Portovenere und der **Strada dei Santuari,** einem alten Gebirgssaumpfad, der die fünf Wallfahrtskirchen der Cinque Terre-Dörfer (Soviore, Nostra Signora di Reggio, Santa Maria delle Grazie, Nostra Signora della Salute und Madonna di Monteneto) miteinander verbindet. Von den Cinque Terre aus bieten sich die Teilstrecken nach Framura und Portovenere an.

Am wenigsten Betrieb ist am Frühlingsanfang und im Herbst.

Unterkünfte/Restaurants

Das **touristische Zentrum** der Cinque Terre mit 25 Übernachtungsbetrieben vom 4-Sterne-Hotel bis zum Bed&Breakfast ist **Monterosso al Mare.** Campingplätze gibt es keine. Über die übrigen Orte verteilen sich die restlichen Hotels und drei kleine Jugendherbergen. Hinzu kommen zahlreiche Anbieter von Privatzimmern *(Affittacamere)* und Ferienwohnungen vor Ort. Den besten Überblick bietet die mehrsprachige **Cinque-Terre-Website der Nationalparkverwaltung www.parconazionale5terre.it** mit Beschreibung, Fotos, Preisangaben. Von Mai bis September empfiehlt sich auf jeden Fall eine Reservierung. Deutsche Ferienwohnungsbesitzer annoncieren oft auch in deutschen Zeitungen.

Halbpension lohnt sich eigentlich nie. Leider ist sie aber in vielen Hotels in der Hauptsaison Pflicht. Man sollte sich auf jeden

Fall danach erkundigen. Und für die meisten Restaurants an der Küste gilt: Besser und günstiger isst man im Hinterland.

Von der Cinque Terre aus sind die nahe gelegenen **Campingplätze in Levanto** am besten zu erreichen.

Sehr gute Ausweichquartiere sind aufgrund der guten Bahnanbindung die Orte Levanto, Bonassola und Moneglia. Hier sind auch die Zimmerpreise im Schnitt deutlich niedriger und das Preis-Leistungsverhältnis bei Hotels und Restaurants zuverlässiger.

Kinder

Spielplätze gibt es in den Orten der Cinque Terre so gut wie keine. Einheimische Kinder brauchen **keine Spielplätze:** Sie spielen auf den Plätzen und Gassen in den autofreien Ortszentren. Die Cinque Terre ist vor allem ein Wandergebiet, und bis auf den Sandstrand in Monterosso al Mare gibt es nur Felsbadestellen und sehr steinige Strandabschnitte.

Monterosso al Mare

☝ XX, A2

- **PLZ 19016**
- **Ew.: 1571**
- **12 m üNN**

Monterosso al Mare liegt in einer Talsenke direkt am Meer und hat sich auf Grund dieses Platzvorteils zum **Hauptort der Cinque Terre** entwickelt. Er besitzt eine sehr gute touristische Infrastruktur mit vielen Hotels, Restaurants, Cafés und Geschäften. Ein weiterer Pluspunkt ist der einladende Sandstrand, der einzige in der Cinque Terre.

Monterosso al Mare ist ein angenehmer, **lebhafter Urlaubsort,** und mit der Bahn ist man in wenigen Minuten in den anderen Orten. Was aber fehlt, ist

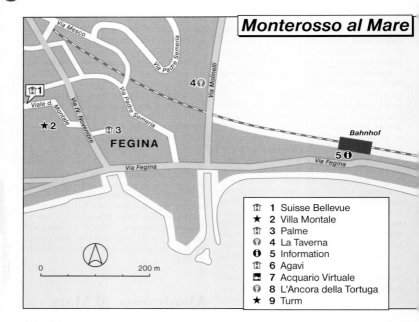

Monterosso al Mare

Via Mesco
Via Padre Semeria
Via Padre Semeria
Via IV. Novembre
Viale d. Montale
Via Molinelli
FEGINA
Bahnhof
Via Fegina
Via Fegina
0   200 m

🏠 1 Suisse Bellevue
★ 2 Villa Montale
🏠 3 Palme
🍴 4 La Taverna
ℹ 5 Information
🏠 6 Agavi
🖼 7 Acquario Virtuale
🍴 8 L'Ancora della Tortuga
★ 9 Turm

die Atmosphäre der malerischen Nachbarorte mit ihren engen verschachtelten Ortskernen, die wie Schwalbennester an den Felsen kleben.

Trotz des großen Besucherandrangs bietet Monterosso al Mare kein unangenehmes, zersiedeltes Bild. Die unauffälligen Neubauten sind maßvoll gehalten und passen sich gut in das Landschaftsbild ein. **Keine Bettenburgen** weit und breit. Das alte Ortsbild ist erhalten geblieben. Ein mächtiger Felsvorsprung trennt die Altstadt von dem reinen **Ferienviertel Fegina** mit seinem langen Sandstrand.

Im 19. Jahrhundert entstanden hier die ersten vornehmen **Sommervillen.** Berühmtestes Beispiel ist die Villa der Familie *Montale* vom Ende des 19. Jahrhunderts. Der spätere Literaturnobelpreisträger *Eugenio Montale* verbrachte hier oft seinen Sommerurlaub. Ein richtiger **Bauboom** setzte aber erst in den 60er Jahren des 20. Jahrhunderts ein, als der „Geheimtipp" Cinque Terre sich allmählich zu einem international bekannten Wanderparadies entwickelte.

Am Beginn des Wanderweges nach Levanto beherrscht eine riesige 14 m hohe **Neptunfigur aus Stahlbeton, Il Gigante,** den westlichsten Strandabschnitt. Sie entstand Anfang des 20. Jahrhunderts. Daneben liegt der kleine Yachthafen von Monterosso.

Auch wer nur zum Baden nach Monterosso fährt, sollte auf jeden Fall einen

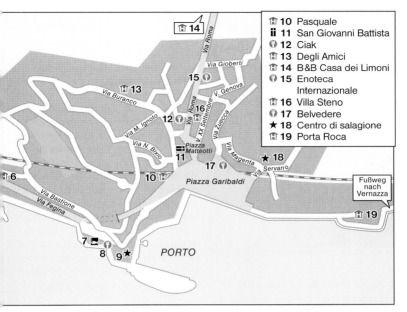

10 Pasquale
ii 11 San Giovanni Battista
12 Ciak
13 Degli Amici
14 B&B Casa dei Limoni
15 Enoteca Internazionale
16 Villa Steno
17 Belvedere
★ 18 Centro di salagione
19 Porta Roca

Riviera di Levante

Bummel durch die **Altstadt** mit ihren vielen Geschäften und Restaurants unternehmen.

In der Nähe der Piazza Garibaldi, der Dorfpiazza am Strand, lohnt sich der Besuch des **Centro di salagione delle acciughe.** Die junge Kooperative hat sich der traditionellen Verarbeitung frischer Sardellen verschrieben. Die frisch gefangenen und mit grobem Meersalz eingelegten Fische sind die Spezialität Monterossos und durch die sorgfältige Herstellungsweise besonders fein und sehr mild. Die Frauenkooperative „Le Ragazze del Parco" betreibt für die Parkverwaltung die Informationsbüros in Monterosso und seit 2006 auch in deren Auftrag die Produktionsstätten der ‚acciughe salate' in Levanto und Monterosso.

Die Sardellen werden in den Monaten Mai/Juni bis August/September im ligurischen oder tyrrhenischen Meer (Toskana) gefangen. Ein kleiner Teil kommt noch aus den Netzen der Fischer von Monterosso. Die Sardellen werden nach alter Tradition nur von Hand geköpft und ausgenommen. Zur Fermentierung werden die Fische in Behältern sorgfältig nebeneinandergelegt und geschichtet. Jede einzelne Lage wird mit Salz bedeckt, abschließend mit Gewichten beschwert und mit einer Mischung aus Wasser und Salz *(salamoia)* zur Konservierung begossen. Die Reifung bei einer gleichbleibenden

fig144 Foto: sg

Die Uferpromenade führt am Bahnhof vorbei bis zum **San Cristoforo-Hügel**, der Fegina vom alten Ortskern trennt. Der kürzeste Weg führt durch einen Tunnel, der in der Hauptsaison für den normalen Autoverkehr gesperrt ist. Schöner ist aber der kleine Umweg über einen Fußpfad, der um die Felsnase herumführt und von dem man einen Blick hinunter auf Monterosso hat. Er führt vorbei am **Torre Aurora** auf einer Steilklippe über dem Meer. Der alte **Wachturm** wurde zu Verteidigungszwecken im späten Mittelalter errichtet und ist heute in Privatbesitz. Gegenüber im ehemaligen in die Felsen gehauenen Restaurant Tortuga ist heute das **Acquario Virtuale** untergebracht. Auf einer großen Videoleinwand können sich die Besucher virtuell in die Unterwasserwelt der Cinque Terre begeben.

Temperatur dauert ca. 3 Monate. Die Degustation der Sardellen ist kostenlos. Die Gläser werden nur hier verkauft. Es lohnt sich, diese Delikatesse mit nach Hause zu nehmen. Das Glas muss aber spätestens nach 10 Tagen geöffnet, wieder mit einem Gewicht beschwert und ggf. wieder mit Salamoia bedeckt werden. Eine genaue Erklärung bekommt man von den ‚ragazze del parco'.

● **Centro di salagione delle acciughe,** Via Servano 2/4 (hinter dem Palazzo Comunale), Tel. 0187/800013, acciughemonterosso@gmail.com. April bis Ende Oktober täglich geöffnet 9.00–15.00 Uhr, November bis Mitte/Ende März nur Sa. u. So. 9.00–15.00 Uhr.

● **Acquario Virtuale,** Tel. 0187/817059. Geöffnet tgl. 10.00–17.00 Uhr. Eintritt frei (bei Redaktionsschluss vorübergehend geschlossen).

Weiter oben liegen das Kapuzinerkloster und die Burgruine, deren Ursprünge bis ins 11. Jahrhundert zurückreichen.

Die Kirche des **Convento dei Cappuccini** (1619 erbaut) ist dem heiligen *Franz von Assisi* geweiht. Sie beherbergt eine Kreuzigungsdarstellung, die lange Zeit fälschlicherweise *Anton van Dyck* zugeschrieben wurde, und ein Gemälde von *Luca Cambiaso*.

Durch die Pfeiler der Bahntrasse hindurch, die in üblicher Weise den Strand vom Altstadtkern trennt, gelangt man auf den **Hauptplatz** von Monterosso,

Mit viel Engagement und Enthusiasmus betreiben die jungen Frauen aus Monterosso ihr Laboratorio di salagione

Am Strand im Ortsteil Fegina

auf die Piazza Garibaldi. Hinter der Loggia schließt sich die **Pfarrkirche San Giovanni Battista** an. Die Beziehung zu Genua manifestiert sich bereits schon im Namen. Die Kirche, unter den Genuesern erbaut, ist Johannes dem Täufer, dem Schutzpatron Genuas geweiht. Die erste Bauphase der **gotischen Säulenbasilika** geht auf das frühe 13. Jahrhundert zurück. Spuren von älteren Fensteröffnungen weisen daraufhin. Die Hauptbauzeit liegt jedoch in der ersten Hälfte des 14. Jahrhunderts. Die gut erhaltene Fassade besitzt die für Ligurien charakteristischen grünweißen **Streifeninkrustationen.** Ein Tympanonfresko mit der Taufe Christi schließt das hohe Säulenportal ab. Darüber liegt eine herrliche Fensterrose aus glänzend weißem Marmor mit filigranem Maßwerk.

Touristeninformation

● **Info-Büro** der Parkverwaltung, Via Fegina 40 (Zugstation), Tel. 0187/817059, Fax 817 151, www.parconazionale5terre.it.

Unterkunft

● ********Palme,**** Via IV Novembre 18, Tel. 0187/ 829013, Fax 829081, www.hotelpalme.it. Geöffnet März bis Oktober. Geschmackvoller roter Neubau im Ortsteil Fegina mit großem Garten, wenige Schritte bis zum Strand, 51 komfortable und klimatisierte Zimmer, großer Garten. 160 €.

● ********Porto Roca,**** Via Corone 1, Tel. 0187/ 817502, Fax 817692, www.portoroca.it. Das einzige Luxushotel auf Cinque Terre-Gebiet liegt idyllisch abseits vom Trubel der Uferpromenade am Anfang des Wanderweges nach Vernazza auf einem Felsen und trotzdem nur 200 m vom Dorfzentrum entfernt. Das rundum schöne Hotel hat 43 geräumige und geschmackvoll eingerichtete Zimmer, die meisten mit großem Balkon über dem Meer; Dachterrassen. Im Sommer wird im Garten gedeckt mit herrlichem Blick auf den unten

fig132 Foto: sg

Riviera di Levante

liegenden Fischerhafen und die Küste. Privatstrand. 170–295 €.

● ***Degli Amici,** Via Buranco 36, Tel. 0187/817544, Fax 817424, www.hotelamici. it. Familiär geführtes, gepflegtes Haus in der Altstadt, relativ ruhige Lage, Neubau, 41 Zimmer, empfehlenswertes Restaurant mit ligurischer Küche und schönem Garten. 114–140 €.

● ***Pasquale,** Via Fegina 4 (nicht im Ortsteil Fegina), Tel. 0187/817477, Fax 817056, www. hotelpasquale.com. Das Haus liegt schön an der Altstadtbucht, aber leider auch zwischen dem Fußgängertunnel in den Ortsteil Fegina und der Bahnlinie. In der Nachsaison ist der Fußgängerlärm gering, aber die Geräuschkulisse vorbeirauschender Züge lässt sich nicht vermeiden. 15 Zimmer, fast alle mit Meerblick. 150–195 €.

● ***Villa Steno,** Via Roma 109, Tel. 0187/ 817028, Fax 817354, www.villasteno.com. Im Grünen oberhalb der Altstadt gelegener geschmackvoller Neubau, sehr ruhige Lage, mit 16 Zimmern, die meisten mit Balkon. 120–200 €.

● ***Suisse Bellevue,** Loc. Minali 2, Tel. 0187/818065, Fax 818325, www.hotelsuisse bellevue.it, geöffnet vom 1. April–31. Oktober. Schönes, rundum zu empfehlendes Hotel mit traumhafter Aussicht auf die Küste oberhalb von Fegina. Allerdings keine ideale Unterkunft für einen reinen Badeurlaub. Um an den Strand zu kommen, muss man einen Fußmarsch in Kauf nehmen. Vor allem in der Hauptsaison ist die Parkplatzsuche in Monterosso aussichtslos, 30 Zimmer, zum Teil mit Balkon. 120–165 €.

Blick auf Monterosso al Mare

●***Agavi,** Via Fegina 30, Tel. 0187/817171, Fax 818264. Kleiner Palazzo an der lauten Uferpromenade mit 10 sehr einfach ausgestatteten Zimmern, wird gerne von amerikanischen Studenten frequentiert. Das Preis-Leistungsverhältnis lässt sich wie in vielen Fällen an der Cinque Terre-Küste nur auf den Mangel an Unterkünften zurückführen. 70–100 €.

Affittacamere

●**B&B Casa dei Limoni,** Via Soviore 6, Loc. Balanello, Tel. 0187/818349, www.casadeilimoni.com. Das sehr schön restaurierte ehemalige Bauernhaus liegt in Gehnähe zur Ortsmitte am Anfang des Wanderweges Nr. 9, der zur Wallfahrtskirche Nostra Signora di Soviore führt, inmitten von Zitronenhainen am westlichen Ortsrand von Monterosso, 6 modern und komfortabel ausgestattete Zimmer, schöne Frühstücksterrasse. 130 €.

Das örtliche Informationsbüro *(Pro loco)* vermittelt auch **Privatzimmer.**

Essen und Trinken

●**Enoteca Internazionale,** Via Roma 62, Tel. 0187/817278. Seit Jahren eine der zuverlässigsten Adressen in Monterosso. Außer dem Verkauf von Wein und regionalen Spezialitäten stehen auch kleinere Gerichte und Antipasti (Spezialität von Monterosso sind die *acciughe*-Salate!) auf der Karte, bei entsprechenden klimatischen Bedingungen auch Tische im Freien.

●**La Taverna,** Via Molinelli 39 (Fegina), Tel. 0187/817402. Ruhetag Mi. (nicht im Sommer). Trattoria ohne jeglichen Schnickschnack mit guter ligurischer Küche (vorwiegend Fisch) und ordentlicher Pizza; mittlere Preislage.

●**L'Ancora della Tortuga,** Salita Cappuccini, Tel. 0187/800065. In die Klippen gebautes, neu eröffnetes Restaurant zwischen dem Ortsteil Fegina und der Altstadt beim Torre Aurora. Wunderschöner Meerblick und einige Tische im Freien, gehobene Fischküche mit häufig wechselnder Karte je nach Tagesangebot. Bei den gehobenen Preisen könnte der Service etwas besser sein. Dafür ist die Lage umso schöner.

●**Ristorante Ciak,** Piazza Don Minzoni 6 (in der Nähe der Via Roma), Tel. 0187/817817. Ruhetag Mittwoch. Empfehlenswertes Fischlokal im Zentrum von Monterosso mit Tischen auf der Piazza. Die Enoteca gegenüber gehört zum Restaurant. Neben Wein, Verkauf der Produkte aus dem eigenen Obstbaubetrieb *Limonetto Ciak* in der Via Buranco mit biologischem Anbau wie Limoncello und Zitronenmarmelade.

Sciacchetrà

Die **Spezialität unter den Cinque Terre-Weinen ist** seit Jahrhunderten der Sciacchetrà. Die Trockenbeerenauslese wird hergestellt aus Albarola-, Bosco- und Vermentinotrauben und besitzt einen sehr hohen Alkoholgehalt. Die Trauben werden überreif geerntet und zum Trocknen bis Ende November entweder auf dem Dachboden aufgehängt oder auf Gittern ausgebreitet. Wichtig ist immer die gute Durchlüftung der Lagerräume. Durch diesen Trockenvorgang steigt die Zuckerkonzentration. Danach werden die Beeren einzeln abgezupft und auf der Schale vergoren.

Bis zum Verkauf muss der Sciacchetrà mindestens ein Jahr lang gelagert werden. Laut Gesetz darf er frühestens am 1. November des Folgejahres verkauft werden. Der süße und zugleich trockene Wein ist strohfarben, tanninreich und hat ein unvergleichliches, leicht salziges Aroma. Der Ertrag liegt bei ungefähr 20–25 %. Verständlich, warum der Preis für eine Flasche Sciacchetrà dementsprechend hoch ist. So exklusive Weine lassen sich nur schwer verkaufen. Aus diesem Grund war die Produktion des Sciacchetrà über lange Zeit hinweg in Vergessenheit geraten. Mittlerweile gibt es wieder einige wenige Produzenten. Trotzdem ist der gute Tropfen immer noch selten zu bekommen.

Riviera di Levante

●**Ristorante Belvedere,** Piazza Garibaldi 38, Tel. 0187/817033. Fischlokal unter den Eisenbahnarkaden vor der Altstadt. Das Ambiente enttäuscht. Da ist die Küche überzeugender, sogar in der Hochsaison. Empfehlenswert die klassischen, schwarzen Spaghetti mit seppie und das fritto misto. Mittlere Preislage.

Unterkunft/ Essen in der Umgebung

●**Agriturismo Cinque Terre,** Loc. Gaggiolo, 19020 **Pignone,** Tel./Fax 0187/888087, www.agriturismo5terre.it. Mitten im Grünen gelegener Agriturismo, 10 km im Hinterland von Monterosso, auch Zelte, Zimmer, gute Verpflegung; untere Preislage.
●**Ristorante Il Ciliegio,** Località Beo, Tel. 0187/817829. Das Ausflugslokal liegt mitten im Grünen ca. 200 m oberhalb von Monterosso. Nicht nur wegen der Terrasse mit Meerblick lohnt sich der Weg herauf. In der Küche sorgen die beiden Chefinnen *Rosanna* und *Teresa* für eine leckere regionale Küche, wie die klassischen *acciughe di Monterosso* und die *muscoli ripieni.* Mittlere Preislage.
●**Santuario di Nostra Signora di Soviore,** Loc. Soviore, Tel. 0187/817385. Großes Ausflugslokal bei der Wallfahrtskirche oberhalb von Monterosso. Ordentliche Küche zu erschwinglichen Preisen.
●**La Locanda del Villaggio,** Loc. Monti 17, 19020 **Pignone,** Tel. 0187/888133, Ruhetag Di. Zwei Stunden ab Monterosso zu Fuß, sehr gute klassische Hinterlandküche, mit Übernachtungsmöglichkeit.

Café/Bar

●**Pasticceria,** Via Vittorio Emanuele 59. Hörnchen, Gebäck und Kuchen.

Verkehrsverbindungen

●**Monterosso ist für Pkw gesperrt.** Es gibt zwar einen gebührenpflichtigen Parkplatz, aber wenn der belegt ist, wird man auf Ausweichplätze einige Kilometer vor Monterosso umgeleitet (Bustransfer).
●**Bahnhof** an der Strandpromenade im Ortsteil Fegina; sehr gute **Zugverbindungen** in Richtung Genua und La Spezia.
●**Bootsverkehr nach Portovenere.**

Einkaufen

●**Wochenmarkt,** Do. morgens auf der Piazza Garibaldi.
●**Enoteca Internazionale,** Via Roma 62, Tel. 0187/817278. Zuverlässige und gut sortierte Weinhandlung, mit Verkostung von hochwertigen Flaschenweinen. Dazu gibt es kleine Snacks.
●**Il fornaio di Monterosso,** Via Fegina 112. Bäckerei, täglich mit verschiedenen Focaccia-Sorten und Pizza.
●**Il Frantoio,** Via Gioberti 1, Tel. 0187/818333, Ruhetag Do. Bäckerei mit leckerem Imbiss auf die Hand wie Farinata, Focaccia, Pizza und Torta verde.

Feste

●**Patronatsfest des Heiligen Johannes** am 24. Juni.
●**Patronatsfest der Madonna di Fegina** am 8. September.
●**Marienfest** bei der Wallfahrtskirche Madonna di Soviore am 15. August.

Baden

●Gepflegter breiter **Sandstrand im Ortsteil Fegina** mit Strandbädern, allerdings wenig freie Strandabschnitte, flach, gut für Kinder geeignet.

Wandern

●Empfehlenswerte **Küstenwanderung auf Weg Nr. 10,** ab Punta Mesca Weg Nr. 1 „Sentiero Rosso" von Monterosso al Mare nach Levanto. Bis zum Aussichtspunkt Punta Mesco 1 Stunde steiler Anstieg.
●**Über die Via Roma zur Kirche Nostra Signora di Soviore, Weg Nr. 9,** Gehzeit 1½ Stunden. Die Wallfahrtskirche liegt 3 km oberhalb von Monterosso auf 464 m Höhe in herrlicher Panoramalage. Bei klarem Wetter kann man Korsika am Horizont erkennen. Der steile Maultierpfad führt durch Olivenhaine und Weingärten zur ältesten Marienwallfahrtskapelle Liguriens. Raststätte. Weiter auf Weg Nr. 8b nach Vernazza, Gehzeit ca. 2 Stunden.

Riviera di Levante

Cinque Terre – malerisches Vernazza

Vernazza ⤢ **XX, A2**

- **PLZ 19018**
- **Ew.: 1084**
- **3 m üNN**

Auf dem Wanderweg von Monterosso kommend präsentiert sich Vernazza von seiner fotogensten Seite. Plötzlich fällt der Blick auf die unterhalb des Weges liegende Bucht und den weit ins Meer vorspringenden Felsgrat, an dem sich der Ortskern hochzieht. Umrahmt wird der Ort von grünen Rebterrassen an den steilen Berghängen. In der kleinen **Hafenbucht,** geschützt durch eine lange Mole, schaukeln farbenfrohe Fischerboote, einige liegen auch auf dem winzigen Sandstrand. Dahinter befindet sich der Dorfmittelpunkt, die Piazzetta mit den bunten Sonnenschirmen, auf der man sich am liebsten sofort an einen der gedeckten Tischen der umliegenden Restaurants setzen möchte. Die dicht gedrängten Häuser, deren Fassaden in warmen Pastelltönen gehalten sind, geben eine perfekte Kulisse ab.

Davor erhebt sich die **Pfarrkirche Santa Margherita di Antiochia.** Sie wurde direkt am Ufer auf den Felsen der Bucht erbaut. Die zweigeschossige gotische Kirche mit ihrem 40 m hohen achteckigen Glockenturm schließt die Ostseite der **Piazzetta Guglielmo Marconi** ab. Sie wurde im 14. Jahrhundert an der Stelle eines Vorgängerbaus errichtet. Nicht die Westfassade, sondern die Apsis zeigt auf den Dorfplatz, was darauf zurückzuführen ist, dass in der Regel Kirchen geostet sind, d.h. der Chor ist immer gen Osten ausgerichtet.

Überragt wird das perfekte Szenario von einem runden **Wachturm,** einem Überbleibsel der ehemaligen Festungsanlage. Über steile Gassen und Treppenwege gelangt man zur höchsten Stelle des Dorfes. Von hier oben genießt man einen traumhaften Ausblick.

Von der Piazzetta aus führt ein **Laubengang** auf die Hafenmole und zu einem weiteren massiven rechteckigen **Festungsturm,** der auf der äußersten Felsspitze thront und von hier aus den Hafen zu bewachen scheint. Heute ist dort ein Café mit einer reizenden kleinen Terrasse zur Seeseite hin eingerichtet. Fotomotive, wo man geht und steht.

Der mittelalterliche Ort entwickelte sich entlang des **Rio Vernazzola** und an seiner Mündung unterhalb der Landzunge. Heute ist der Bach verschwunden, und die belebte **Hauptgasse** mit zahlreichen Geschäften, Cafés und Restaurants führt über dem zugedeckten Bachbett von der Hafenpiazza direkt zum Bahnhof hinauf. Schmale Gässchen und Treppenwege zweigen in die engen Wohnquartiere ab.

Ob in den Reisereportagen von Frauenzeitschriften oder internationalen Reiseführern, Vernazza wird immer als das **schönste und stimmungsvollste Dorf in der Cinque Terre** gelobt. Und tatsächlich wirkt die Architektur dieses Ortes eleganter als die der benachbarten Orte. Steinerne Eingangsportale, kunstvoll verzierte Balkone und Lauben verbergen sich in den Seitengassen.

Doch der Bekanntheitsgrad hat auch seinen Preis. Vernazza ist der **meistbesuchte Ort** in der Cinque Terre, und ein steter Besucherstrom bewegt sich zwischen Bahnhof und Hafenpiazza. Zudem führt auch der viel begangene Wanderweg von Monterosso nach Riomaggiore mitten durch das Dorf. Wer also etwas mehr Ruhe und Beschaulichkeit sucht, sollte sich eher in einem der folgenden, nicht minder reizvollen Orte der Cinque Terre ein Quartier suchen.

Touristeninformation

●**Info-Büro** der Parkverwaltung, Via Roma 51 (Zugstation), Tel. 0187/812533, Fax 812 546, www.parconazionale5terre.it.

Unterkunft

●****Gianni,** Piazza Marconi 1, Tel./Fax 0187/ 812228, www.giannifranzi.it. Kleines Albergo in einem Altstadthaus an der Hafenpiazza, gehört zum Restaurant Gianni Franzi, 22 kleine, ordentliche Zimmer, z.T. mit Meerblick und kleinem Balkon. 65–100 €.
●***Barbara,** Piazza Marconi 30, Tel./Fax 0187/812398, www.albergobarbara.it. 9 einfache aber saubere Zimmer z.T. mit Meerblick. 50–100 €.

Essen und Trinken

●**Gianni Franzi,** siehe oben. Solide geführtes Fischrestaurant direkt am Hafen und mit Tischen auf der Piazzetta, serviert werden ligurische Fischgerichte; gehobene Preislage.
●**Taverna del Capitano,** Piazza Guglielmo Marconi, Tel. 0187/812201. Gutes Fischrestaurant mit Tischen auf der Dorfpiazza am Hafen. Häufig wechselnde Karte je nach Tagesangebot. Sehr gutes Fritto misto und Pastagerichte. Mittlere bis gehobene Preislage.
●**Vulnetia,** Piazza Guglielmo Marconi, Tel. 0187/821193. Gutes Fischlokal und Pizzeria, ebenfalls Tische auf der Piazza. Die Spezialität im Vulnetia sind die *acciughe tegame,* ein mit frischen Sardellen, Kartoffeln und Tomaten geschichteter Auflauf. Mittlere Preislage.

Riviera di Levante

Verkehrsverbindungen

- Bahnhof am oberen Ende der Hauptgasse; sehr gute **Zugverbindungen** in Richtung Genua und La Spezia.
- **Bootsverkehr nach Portovenere.**

Fest

- **Fest der Schutzheiligen S. Margherita di Antiochia** am 20. Juli mit Spielen auf der Piazza und abendlicher Prozession.

Baden

- **Kleine Felsplateaus,** von denen man ins Wasser steigen kann.

Wandern

- **Santuario della Nostra Signora di Reggio** (310 m) auf Weg Nr. 8, 1 Std. Anstieg.

Corniglia – höchstgelegene
Ortschaft der Cinque Terre

Corniglia ↗ XX, A2

- **PLZ 19016**
- **93 m üNN**

Der traditionelle Weinbauort Corniglia ist die kleinste und **höchstgelegene Ortschaft der Cinque Terre.** Hier geht alles viel ruhiger und gemächlicher zu als im Nachbarort Vernazza. Es gibt keine Hotels, nur wenig Geschäfte und lediglich eine Hand voll Gastronomiebetriebe.

Corniglia liegt etwas abseits der Touristenströme. Grund dafür ist einzig und allein die Lage. Wem der lange Treppenweg vom Bahnhof hoch ins Dorf zu beschwerlich ist, kann mit einem **Minibus** der Parkverwaltung hochfahren. Für Ausflugsboote gibt es keine Anlegestelle, mit dem Wagen muss man eine mühselige Anfahrt mit vielen Kurven in Kauf nehmen. Fast hundert Meter über dem Meer schmiegen sich die eng aneinander gebauten Häuser an den felsigen Höhenkamm. Die Hänge sind mit Weingärten bepflanzt. Corniglia ist auf engem Raum erbaut. Malerische Plätze gibt es hier keine, dafür sind zahlreiche verträumte Ecken und Winkel zu entdecken. Immer wieder öffnen sich **traumhafte Ausblicke** auf das Meer.

Eine der schönsten Stellen zum Verweilen ist der Platz vor der **Kirche San Pietro.** Von hier aus geht auch der Wanderweg nach Vernazza weiter (s. Wanderung „Riomaggiore – Monterosso al Mare"). Die Pfarrkirche entspricht dem für die Cinque Terre-Orte typischen Kirchenbauschema. Die gestreifte Fassade schmückt eine gotische Fensterrose aus weißem Carraramarmor.

Touristeninformation

●**Info-Büro** der Parkverwaltung, Via alla Stazione (Zugstation), Tel. 0187/812523, Fax 812900, www.parconazionale5terre.it.

Ferienwohnungen

In Corniglia gibt es keine Hotels, dafür zahlreiche Privatzimmer, Ferienwohnungen und eine kleine Jugendherberge. Informationen unter: www.parconazionale5terre.it.

Agriturismo

●**Agriturismo Barrani,** Via Fieschi 14, Tel./Fax 0187/812063, www.barrani.it. Der Bauernhof liegt im Ortszentrum. Die Familie *Barrani* vermietet 6 Zimmer, Restaurantbetrieb (s.u.). HP pro Person 70 €.
●**Agriturismo La Rocca,** Loc. Belvedere, Tel. 0187/812178. Ruhig gelegener Bauernhof mit Olivenöl- und Weinverkauf. Zimmer ohne Bad, Doppelzimmer (ohne Frühstück) 60–80 € und eine Ferienwohnung für 2–4 Personen mit Küche und Bad.

Jugendherberge

●**Ostello della Gioventù,** Via alla Stazione 3, Tel. 0187/812559. 2009 eröffnete Jugendherberge in der sanierten, ehemaligen Grundschule von Corniglia mit 2 Achtbett- und 4 Doppelzimmern, jeweils mit eigenem Bad. Pro Person 25 €, Doppelzimmer 60 €.

Essen und Trinken

●**Trattoria Mananan,** Via Fieschi 117, Tel. 0187/821166 oder 812320, Ruhetag Di. (nicht im Sommer). Die kleine gemütliche Trattoria befindet sich in einem alten Haus in der Hauptgasse. Die gewölbten Räume wurden früher als Weinkeller genutzt und sind deshalb im Sommer angenehm kühl. Serviert wird typisch ligurische Küche, sowohl Fleisch- als auch Fischgerichte; mittlere Preislage.
●**Agriturismo Barrani,** Via Fieschi 14, Tel. 0187/812063. Sehr gute bodenständige Küche. Untere bis mittlere Preislage.

Verkehrsverbindungen

●Bahnhof unterhalb von Corniglia an der Küste, Bustransfer (mit Cinque-Terre-Card kostenlos) hoch in den Ort. Sehr gute **Zugverbindungen** in Richtung Genua und La Spezia.
●Die Fahrstraße gen Norden verbindet den Ort mit Vernazza und Monterosso.

Einkaufen

●**Monica Comunello,** Via Fieschi 45. Sympathischer kleiner Laden am Anfang der Hauptgasse mit schönem Kunsthandwerk – die richtige Stelle, um ein Mitbringsel zu erwerben.

Fest

●**Festa di SS. Pietro e Paolo,** Patronatsfest der Ortsheiligen Petrus und Paulus am 29. Juni mit Verteilung der traditionellen **„Torta dei Fieschi".**

Baden

●**Felsbadestellen** an der kleinen Bootsanlegestelle (Corniglia Marina). Kein Anlegeplatz für Ausflugsboote.
●Beliebt, aber wenig reizvoll ist ein schmaler **Kiesel- und Steinstrand (Spiaggione di Cor-**

niglia) direkt unterhalb der Zugstation, vorbei an den Überresten des seit Jahren geschlossenen Feriendorfes Villaggio Marino Europa.

Der schöne schwarze Kiesstrand **Spiaggia di Guvano** liegt auf der anderen Seite Corniglias. Man erreicht Guvano aber nur noch über einen sehr steilen, schmalen und unwegsamen Pfad vom Küstenwanderweg Nr. 2 von Corniglia in Richtung Vernazza aus. Der alte Fußgängertunnel unterhalb der Zugstation ist mittlerweile geschlossen.

Wandern

●**Sentiero Azzurro Nr. 2 nach Manarola und Vernazza.**
●**Reizvolle Kammwanderung:** nach Cigoletta auf Weg Nr. 7a über Case Bianca, ab Cigoletta auf Weg Nr. 7 nach San Bernardino (Santuario di S. Maria delle Grazie, 385 m) und auf Weg Nr. 7b zurück nach Corniglia. Oder ab San Bernardino weiter auf dem Weg Nr. 7 nach Vernazza, mit anstrengendem Anstieg.
●**Spaziergang von Corniglia hinauf nach San Bernardino** auf 347 m Höhe mit herrlicher Aussicht und sehenswerter Wallfahrtskirche. Das kleine, sympathische Bergdorf (autofrei) San Bernardino mit schmalen Gassen und Treppenwegen liegt oberhalb von Vernazza (3 km). Mittlerweile wurden etliche der alten Dorfhäuser restauriert und zu Ferienwohnungen umgebaut. Ein sehr ruhiges Feriendomizil, das sich gut als Ausgangspunkt für Wanderungen eignet. Einkaufsmöglichkeit in der einzigen Bar am Ort. Wöchentlich beliefern fahrende Händler den Ort mit Gemüse, Brot und Fisch.

Manarola ♪XX, A/B2-3

●**PLZ 19010**
●**70 m üNN**

Bunte, turmhohe Häuser kleben wie Schwalbennester an den Klippen und ziehen sich einen tiefen Taleinschnitt hinauf. Ungeschützt klatschen die Wellen an die Felsen, und bei stürmischem Wetter spritzt die Gischt hoch hinauf. In die aus dem Meer emporragenden Felsen ist eine Rutsche geschlagen, auf der die Fischerboote mühsam an Land gezogen werden. Sie endet auf einer Plattform, einer einzigartigen **Aussichtsterrasse** direkt über dem Meer. Nur die Hauptgasse, die von der Anlegestelle bis zum oberen Kirchplatz führt, ist breit. Im unteren Stück „parken", anstatt Autos, Fischerboote dekorativ vor den Häusern.

Wie Vernazza und Riomaggiore entstand Manarola entlang eines Flusses. Die beiden Ufer verbanden Brücken. Heute ist der Flusslauf zugedeckt, und die Hauptgasse zieht sich auf dem ehemaligen Flussbett bis zur Kirchenpiazza hinauf, unterbrochen nur durch eine Fußgängerbrücke über die Bahntrasse, die sich mitten durch den Ort zieht, bevor sie wieder im nächsten Tunnel verschwindet.

Manarola besitzt einen ganz besonderen, herben Charme, der sich erst bei einem Bummel durch den Ort offenbart. Auf der Hauptstraße gelangt man zunächst zur aussichtsreichen **Piazza della Chiesa** am oberen Ortsende. Der beschauliche Platz wird erst abends etwas belebter. Hier trifft man sich zu ei-

Riviera di Levante

nem kleinen Plausch mit den Nachbarn, sitzt auf den von der Abendsonne beschienenen Bänken, dazwischen spielen Kinder. Die **Pfarrkirche San Lorenzo,** der freistehende Glockenturm und ein kleines Oratorium, das heute für kulturelle Zwecke genutzt wird, sind auf die Piazza ausgerichtet. San Lorenzo wurde 1338 erbaut und besitzt eine schlichte gotische Fassade mit einem

spitzbogigen Portal und einer für die Kirchen in den Cinque Terre typischen Fensterrose aus weißem Marmor. Der kleine Kirchenraum des **Oratorio della Confraternità della SS. Annunziata** wird für wechselnde Ausstellungen lokaler Künstler genutzt. Hinter der Kirche führt rechts, wie ein Panoramaweg, eine Gasse am Kamm entlang. Durch ein Labyrinth enger, steiler Gassen und schmaler Treppengänge gelangt man wieder hinunter zur Hauptstraße. Durch einen Fußgängertunnel erreicht man die Bahngleise.

Oberhalb des Bahnhofs beginnt auch die berühmte **Via dell'Amore** (s. auch gleichnamigen Exkurs). Der breite bequeme Fußweg führt in ca. 20 Minuten bis Riomaggiore.

Auf der Via dell'Amore
mit Blick auf Manarola

Anstatt Autos parken in Manarola die Boote vor der Haustür, mit der Seilwinde werden sie zu Wasser gelassen

Touristeninformation

●**Info-Büro** der Parkverwaltung in der Zugstation, Tel. 0187/760511, www.parconazionale5terre.it.

Unterkunft

●***Ca' d'Andrean,** Via A. Discovolo 101, Tel. 0187/920040, Fax 920452, www.cadandrean.it. Der freundliche Familienbetrieb, ein ehemaliger Weinbaubetrieb, gehört für mich zu den angenehmsten Unterkünften an der Küste mit dem besten Preis-Leistungsverhältnis. Auf TV, Minibar und Tresor muss man allerdings im Ca' d'Andrean verzichten. Dafür sind die 10 Zimmer geräumig, hell und freundlich eingerichtet. 3 Zimmer vorne raus besitzen eine großzügige Terrasse. Da das Hotel im oberen Teil des Dorfes liegt, gibt es keinen Meerblick, dafür eine herrliche Aussicht auf die Häuser und die Weingärten von Manarola. 2 weitere Zimmer, an der Seite des Hauses, besitzen weniger attraktive Balkone; ruhige Lage und kleiner Garten. 70–98 €.

●***Marina Piccola,** Via Birolli 120, Tel. 0187/920103, Fax 920966, www.hotelmarinapiccolo.com. Das kleine Hotel mit insgesamt 9 kleinen Zimmern, 4 davon in einer Dependance in der Nr. 202, liegt an der Piazza über dem Meer; Zimmer mit Meerblick buchen; überteuertes Restaurant. 85–95 €.

●***Il Saraceno,** Fraz. Volastra, 19017 Riomaggiore, Tel. 0187/760081, Fax 760791 www.thesaraceno.com. Schön, oberhalb von Manarola mitten im Grünen auf 300 m Höhe gelegenes, kleines modernes Albergo mit 7 komfortabel eingerichteten Zimmern, Garage. 72–100 €.

Affittacamere/ Ferienwohnungen

●**Da Baranin Bed & Breakfast,** Via A. Rollandi 29, Tel./Fax 920595, www.baranin.com. Angenehme, neu renovierte Zimmer und Ferienwohnungen am oberen Ortsende bei der Kirche. DZ 120 €, 2- bis 4-Personen-Appartement ca. 300–950 € pro Woche.

Riviera di Levante

lig133 Fotov. sg

Via dell'Amore

Der wahrscheinlich **bekannteste Spazierweg Italiens** ist nur knapp 1,5 km lang und ein Teilstück der klassischen Cinque Terre-Küstenwanderung. Bis Anfang des 20. Jahrhunderts gab es zwischen Manarola und Riomaggiore nur einen mühseligen Verbindungsweg über die Berge. Das erste Teilstück des heutigen Küstenweges entstand 1920, als für die Lagerung von Sprengstoff, der beim Bau der Eisenbahntunnels Verwendung fand, ein abgelegener Ort gesucht wurde. Ein weiteres Sprengstoffmagazin entstand 1928 beim Bau des Biassa-Tunnels an der Steilküste von Riomaggiore, durch den man heute bequem von Riomaggiore nach La Spezia gelangt. Die beiden Pulvermagazine wurden schließlich miteinander verbunden, und Manarola und Riomaggiore hatten endlich einen bequemen und kurzen Verbindungsweg.

Der Küstenweg ist zum großen Teil aus dem Fels herausgeschlagen, und in der Abenddämmerung wird es hier in der Tat sehr romantisch. Der einst nur von Arbeitern begangene Weg entwickelte sich nach Abschluss der Bauarbeiten allmählich zu einem beliebten Ausflugsziel turtelnder italienischer Pärchen und wird seither „Via dell'Amore" genannt. Heute ist der Weg bequem ausgebaut und gepflastert, das einzige Teilstück entlang der Küste, das auch mit Badeschlappen begangen werden kann. Nach schweren Erdrutschen in den letzten Jahren war der Weg längere Zeit gesperrt. Heute schützt eine Betongalerie an einer besonders gefährlichen Stelle die Fußgänger vor eventuellem Steinschlag.

Einkehrmöglichkeit mit Traumblick in der **Bar dell'Amore** (s. „Riomaggiore, Essen und Trinken").

● **„La Torretta" Bed & Breakfast,** Vico Volto 20, Tel. 0187/920327, Fax 760024, www.torrettas.com. B&B in einem geschmackvoll sanierten alten Gebäude an der Piazza della Chiesa am oberen Ortsende. Die 5 Zimmer und Wohnungen haben z.T. Balkon oder Terrasse mit traumhaftem Ausblick auf die Küste. Doppelzimmer 80–150 €.

Jugendherberge

● **Ostello della Gioventù Cinque Terre,** Via Riccobaldi 21, Tel. 0187/920215, Fax 920218, www.hostel5terre.com. Uneingeschränkt zu empfehlende, 1998 eröffnete Jugendherberge ohne Altersgrenze und Ausweispflicht. Kleine Herberge mit familiärer Atmosphäre, modern ausgestattet, insgesamt 48 Betten mit 4- bis 6-Bett-Zimmern, tolle Dachterrasse, Verpflegungsmöglichkeit. Geschlossen vom 15. Januar–15. Februar. 20–23 € pro Person, Doppelzimmer 59–65 €, Familienzimmer 88–100 €.

Essen und Trinken

● **Dal Billy,** Via Rollandi 122, Tel. 0187/ 920628, Ruhetag Do. Trattoria im oberen Ortsteil mit guter ligurischer Fischküche und einer wahrhaft traumhaften Aussichtsterrasse. Allerdings gibt es nur 6 Tische auf der Terrasse, und wer zum Essen den Sonnenuntergang genießen will, muss unbedingt reservieren, sonst sind die Plätze in vorderster Reihe weg. Mittlere Preislage.

● **La Cantina dello Zio Bramante,** Via R. Birolli 110, Tel. 0187/920442, Ruhetag Do. Der Besitzer dieses sympathischen Weinlokals wurde von allen nur Zio (Onkel) Bramante genannt. Seit seinem Tod führen Tochter und Enkelsohn das Lokal in angenehmer Art und Weise weiter. Die Atmosphäre ist freundlich. Teure Flaschenweine können auch glasweise verkostet werden. Der Hauswein ist allerdings weniger zu empfehlen. Zum Wein gibt es kleine Snacks wie eingelegte Sardellen, Torta verde, Schinken, Käse und Oliven.

● **Il Porticciolo,** Via Birolli 92 (Hauptgasse), Tel. 0187/920083. Die gefüllten Muscheln und die gemischten Fisch-Antipasti sind durchaus einen Versuch wert. In der Hochsaison ist die Küche manchmal überfordert. Mittlere Preislage.

Essen und Trinken in der Umgebung

● **Cappun Magru,** Loc. **Groppo,** Via Volastra 19, Tel. 0187/920563, Ruhetag Di. In Groppo, einem alten verwinkelten Dorf, versteckt sich in einem Wohnhaus das beste Lokal zwischen Monterosso und Riomaggiore. *Maurizio Bordoni* kreiert in seiner Küche in der 1. Etage immer wieder neue Köstlichkeiten, die alle auf der regionalen Küche basieren, die er aber mit viel Gespür für die passenden Zutaten verfeinert. Im Erdgeschoss sorgt Maurizios deutsche Ehefrau *Christiane Utsch* für ein stilvolles Ambiente in den ehemaligen Wohnräumen und einen freundlichen und zuvorkommenden Service. Am besten beginnt man mit der Spezialität des Hauses, die auch dem Restaurant seinen Namen gab. *Cappun Magru* ist ein genuesischer Fisch-Gemüse-Salat mit Meeresfrüchten und Seemannsbrot. Als Primo finden sich auf der Tageskarte z.B. die ligurische Fischsuppe *Ciuppin* im Tontöpfchen serviert oder mit Pistazien überbackene Kastaniengnocchi gefolgt von Röllchen vom Mostella-Fisch mit gratiniertem Fenchel oder Filets von der Gelbschwanzmakrele gebraten mit Artischocken, danach ein Käseteller mit ausgewählten Sorten und Himbeerhonig. Als krönender Abschluss vielleicht ein *Ricottamousse* mit Orangenkaramel und Hippenkeks. Hervorragende Weinauswahl (Verkauf und Verkostung in der angeschlossenen Enoteca). Hervorragendes Preis-Leistungsverhältnis. Es gibt nur wenige Tische. Also unbedingt reservieren. Es lohnt sich!

● **Ristorante/Bar Gli Ulivi,** Via N.S. della Salute 114, Loc. Volastra, Tel. 0187/760020. Ein schöner Fußweg, ca. ½ Stunde, von Manarola durch Obst- und Weingärten führt hinauf in den Weiler Volastra auf 340 m Höhe, guter Ausgangspunkt für eine Wanderung auf der Strada dei Santuari oder weiter zum Sentiero Rosso. Das Restaurant Gli Ulivi wurde unter Leitung der Parkverwaltung neu eröffnet. In dem renovierten Gastraum wird eine regionale, mit heimischen Produkten zubereitete Fischküche serviert, gute regionale Weinauswahl. Spezialitäten sind die antipasti di mare und die Sardellen aus Monterosso. Mittlere Preislage. Menu turistico ab 20 €.

Verkehrsverbindungen/ Parken

● Der Bahnhof ist durch einen Fußgängertunnel mit dem Ort verbunden; sehr gute **Zugverbindungen** nach Genua und La Spezia.

● **Bootsverkehr nach Portovenere.**

● **Die Zufahrt in den Ort ist für Pkw gesperrt, auch für Anwohner.** Ein paar freie Parkplätze gibt es an der Zufahrtsstraße, die aber in der Hochsaison und wochenends immer belegt sind. Kurz vor der Schranke am Ortsanfang gibt es einen gebührenpflichtigen Parkplatz für Busse und für Autos mit 80 Stellplätzen sowie ein kleines Parkhaus. Die Hotels besitzen keine kostenlosen Plätze für ihre Gäste.

Am besten stellen Sie das Auto erst mal auf dem Parkplatz ab und parken dann abends, wenn die Tagesbesucher abfahren, den Wagen an den Straßenrand um.

● **Gebührenpflichtiger Bustransfer** (Cinque Terre Card) hinunter in den Ort.

Einkaufen/Wein

● **Cooperativa Agricola delle Cinqueterre,** Manarola, Corniglia, Vernazza e Monterosso, Loc. Groppo, Tel. 0187/920435, Fax 920076, www.cantinacinqueterre.com. 1982 schlossen sich insgesamt 300 Winzer, die meisten darunter mit nur sehr kleiner Anbaufläche, zu dieser Genossenschaftskellerei zusammen. Auf insgesamt 45 Hektar werden die Weißweine Cinque Terre DOC und Schiaccetrà angebaut und in der modernen Kellerei in Groppo, oberhalb von Manarola, ausgebaut (155.000 Flaschen).

● Einige Winzer, die schon seit Jahren zu den besten Erzeugern von Cinque Terre-Weinen zählen und ihre Weine nach wie vor selbst ausbauen, haben sich zur *L'Associazione dei Piccoli Vignaioli delle Cinque Terre* zusammengeschlossen. Darunter auch **Forlini Capellini,** Via Ricobaldi 45, Tel. 0187/920496, mobil: 339/3880120, www.forlinicappellini.it. Der traditionelle Weinbaubetrieb mit einem Hektar Rebfläche wird mittlerweile vom ambitionierten Sohn *Giacomo* geführt und produziert einen erfrischenden strohgelben Cinque Terre DOC und einen fein duftenden, bernsteinfarbenen *Sciacchetrà*.

Feste

● **Festa di San Lorenzo,** Patronatsfest am 10. August; nächtliche Prozession durch die mit Hunderten von Lichtern erhellten Gassen.
● Während der Weihnachtszeit leuchten zwischen 17.30 und 22.00 Uhr auf den Hügeln ungefähr 6000 Glühlampen. *Mario Andreoli* hat hier zahlreiche Krippenszenen *(Presepe)* installiert.

Baden

● **Felsbadeplätze** direkt am kleinen Hafen oder etwas westlich davon (Località Palaedo).

Kinder

● **Spielplatz an der Punta Bonfiglio** zwischen Hafen und Friedhof. Im Hochsommer hat an diesem Aussichtspunkt das kleine Lokal „Sopra il mare" geöffnet.

Wander- und Spazierwege

● **Nach Riomaggiore** auf der Via dell'Amore „Sentiero Azzurro" Weg Nr. 2, Gehzeit 20 Minuten.
● **Nach Corniglia** „Sentiero Azzurro" Weg Nr. 2, 45 Minuten (siehe Wanderung „Monterosso – Riomaggiore").
● **Panoramaweg durch die schönsten Weinbauterrassen der Cinque Terre:** Über Volastra (ca. 50 Minuten; Einstieg in der Nähe des Parkplatzes) zur Wallfahrtskirche Nostra Signora della Salute (12. Jahrhundert) Weg Nr. 6b und 6d bis Case Bianca, weiter auf dem 7a nach Corniglia, Gehzeit 2 Stunden.
● **Nach Groppo** ca. 40 Minuten.

Riomaggiore ⤢ XX, B3

● **PLZ 19017**
● **Ew.: 1809**
● **35 m üNN**

Einzigartig ist das **Stadtbild** von Riomaggiore, dem letzten Ort der Cinque Terre. Wie Lego-Türme stapeln sich die zum Teil nur ein oder zwei Achsen schmalen Häuser zu beiden Seiten der engen Schlucht hinauf. Bis 1950 floss hier der Rio Major, von dem sich der Ortsname herleitet, offen durch den Ort. Wie in Manarola und Vernazza ist er heute zugedeckt und rauscht unter der Hauptgasse durch das Dorf. Ein buntes **Gewirr ungewöhnlich hoher Häuser** steht dicht gedrängt, Stockwerk um Stockwerk aufgetürmt – eine per-

Ansicht von Riomaggiore

fekte Ausnutzung jeden freien Meters, der zur Verfügung steht. Die Höhenlinien des Geländes sind in die Architektur miteinbezogen. Das führt dazu, dass die Häuser von außen sehr schmal sind, dafür aber weit in die Tiefe führen. Statt Treppenhäuser führen steile, hohe Treppen geradeaus hoch – eine echte Herausforderung nach einer langen, ermüdenden Wanderung. Durchgänge, Galerien, Übergänge fügen sich zu einem **Labyrinth** zusammen, in dem man sich auch nach einigen Tagen nur schwer zurechtfinden kann. Einmal in einer handtuchschmalen Treppengasse falsch abgebogen, und man landet ganz woanders. Aber keine Sorge, Riomaggiore ist klein. Einfach umdrehen und abwärts laufen, dann kommt man immer wieder in die zentrale Mitte auf die **Via Colombo** oder in die Hafenbucht. Wie in Manarola gehört es zu den schönsten Erlebnissen, sich einfach durch die Gassen treiben zu lassen.

Wer mit dem Zug oder zu Fuß aus Manarola ankommt, landet zunächst im **westlichen Teil** des Ortes, der durch einen mächtigen Felsvorsprung vom Zentrum getrennt ist. Ein Fußgängerdurchgang rechts vom Bahnhof führt auf direktem Weg zum Hafen und in die Bummelgasse Riomaggiores. Schöner ist aber der längere Spaziergang über die **Via Signorini,** benannt nach dem Maler *Telemaco Signorini.* Auf einem langen Fußmarsch von La Spezia entlang der Küste „entdeckte" Signorini 1860 Riomaggiore. Bis zu seinem Tod hielt er sich oft zum Malen in Riomaggiore auf. Die Via Signorini führt links vom Bahnhof hinauf und dann als Pano-

Telemaco Signorini

Telemaco Signorini, geboren 1835 und gestorben 1901 in Florenz, gehörte zur Künstlergruppe *Macchiaioli,* was übersetzt „Fleckenmaler" heißt. Die Gruppe setzte sich in der Zeit zwischen 1848 und 1849 leidenschaftlich für die Unabhängigkeit Italiens ein. Die Maler wehrten sich gegen die zu dieser Zeit an der Akademie gelehrte neoklassizistischeromantische Malerei. Statt Zeichnung und Weichzeichtechnik mit weichen, verschwimmenden Linien *(sfumato),* entwickelten die Macchiaioli eine neue Technik. Farbflecken in Hell-Dunkel-Kontrast erzielten einen natürlicheren Eindruck von Farbe und Fläche.

ramaweg mit herrlichen Blicken über die Küstenlandschaft und den Ort ebenerdig bis zum Kirchplatz weiter. Seit 1999 verbindet ein Aufzug den Bahnhof mit dem oberen Stadtteil.

Die **Pfarrkirche San Giovanni Battista** (1340) ließ der Bischof von Luni, *Antonio Fieschi,* erbauen. Ein Gedenkstein in der Seitenmauer erinnert daran. Wie bei den anderen Cinque Terre-Kirchen waren auch hier Baumeister aus Genua maßgeblich beteiligt. Die Fassade wurde 1870 nach einem Einsturz im neugotischen Stil erneuert. Original erhalten ist noch die aus weißem Marmor kunstvoll gestaltete Fensterrose.

Noch eine Etage höher gelangt man zur genuesischen **Festungsanlage,** von der noch die beiden Rundtürme und die Mauern erhalten sind. Sie diente im 15. und 16. Jahrhundert zum Schutz vor Sarazenenüberfällen. An der Kirche

Riviera di Levante

vorbei gehen Treppenwege hinunter auf die **Via Cristoforo Colombo,** die steil zum Meer hinunter führt. Geschäfte, Cafés und Restaurants säumen die lebhafte Altstadtgasse. In Riomaggiore spielt sich der ganze **Dorfalltag** auf dieser Gasse ab. Die Kommunikation von Balkon zu Balkon funktioniert besser als jedes Telefon. Auf den hohen Treppenstufen sitzen abends die Frauen und unterhalten sich, die Kinder spielen bis spätabends auf der Gasse. Wer hier eine Ferienwohnung angemietet hat, wird spätestens nach dem ersten Tag freundlich gegrüßt. Schließlich kennt im Dorf jeder jeden. Zur **Weinerntezeit** stehen die vollen Weinbottiche vor den Kellertüren und erinnern daran, dass Riomaggiore ein traditioneller Weinbauort ist und früher fast jedes Haus einen Weinkeller besaß. Die Fischerei spielt, wie in den anderen Orten der Cinque Terre, nur eine nebensächliche Rolle.

Am unteren Ende der steilen Hauptstraße führt rechts ein Tunnel wieder zum Bahnhof, links gelangt man durch eine Unterführung zum **Miniaturhafen.** Abgetrennt vom lebhaften Treiben der Via Colombo geht es in der winzigen Bucht eher beschaulich zu. Auch in Riomaggiore müssen die Boote über eine Rutsche an Land gezogen werden, zum Teil sind sie mit Seilen an der Kaimauer aufgehängt.

Touristeninformation

● **Info-Büro** der Parkverwaltung, Piazza Rio Finale 26 (Zugstation), Tel. 0187/920633, 762187, Fax 760092, und an der Schranke im Ortsteil Lavaccio bei den gebührenpflichtigen Parkplätzen (Tel. 0187/920440), www.parconazionale5terre.it.

Unterkunft

● ****Villa Argentina,** Via de Gasperi 170, Tel. 0187/920213, Fax 760531, www.hotelvilla argentina.com. Ruhig gelegenes, älteres Hotel oberhalb vom Ortskern, unbedingt Zimmer mit Balkon reservieren. Hausgäste speisen im dazugehörigen Ristorante Ripa del Sole am Anfang der Via de Gasperi (s.u.), 80–125 €. In der Hauptsaison ist Halbpension Pflicht.

● **La Locanda Ca' dei Duxi,** Via Pecunia 19/Via Colombo 36, Tel. 0187/920036, 0338/8418175, Fax 920036, www.duxi.it. Hotel in einem sanierten, verwinkelten Altstadthaus (1700 erbaut), 6 relativ kleine, gepflegte Zimmer. Wenn möglich, eines der 2 Zimmer mit Balkon reservieren; das Restaurant befindet sich im ehemaligen Weinkeller. 70–130 €.

Affittacamere/ Ferienwohnungen

● **Edi Vesigna,** Via Colombo 111, Tel. 0187/920325, Fax 920325. Das Ehepaar *Vesigna* vermietet Wohnungen verschiedener Größe, manche mit Balkon oder Terrasse. Die Anfragen werden etwas lax bearbeitet. In der Anfrage sollten die Anforderungen an die Wohnung deshalb genau beschrieben sein, bei unklaren Angeboten lohnt sich eine Rückfrage. Zimmer pro Tag 50–100 €, die Wohnungspreise pro Woche liegen zwischen 450 und 1000 €.

● **Roberto Fazioli,** Via Colombo 94, Tel. 0187/760073. Appartements und billige Zimmer, die besonders bei amerikanischen Studenten beliebt sind. Die Agentur wird in den englischsprachigen Reiseführern Lonely Planet & Co. empfohlen. Doppelzimmer pro Nacht 25–40 €.

● **Rustici Ca' de Cian,** Loc. Santuario Montenero, Tel. 0187/760528, 349/ 1848 402, Fax 762145, santuariomontenero@parconazio nale5terre.it oder buchbar über die agenzia viaggi del Parco Nazionale (s. Exkurs). 15 wunderschön gelegene kleine Ferienhäuschen in 300 m Höhe bei der Wallfahrtskirche Santuario di Montenero, die früher während der Weinlese bewohnt wurden. Die Häuschen liegen sehr abgeschieden, direkt über der Steilküste, mit traumhaften Ausblick und sind von Weingärten, Kastanien- und Pinienwäldern umgeben. Die Einheiten sind einfach mit Küche, Bad und Telefon ausgestattet. Bei der Wallfahrtskirche gibt es ein Restaurant. Der richtige Ort, um sich mit einer Kiste Bücher zurückzuziehen, wandern zu gehen und ab und zu einen Ausflug in den Ort zu unternehmen. Für Badeurlaub nicht geeignet. Man erreicht die Rustici nur zu Fuß (40 Min. ab Riomaggiore). Gepäcktransport mit der *Cremagliera* (täglich von 15.00–16.00 Uhr), eine Art Mini-Zahnradbahn, die vor allem in den steilen Weinbergen als Lastenaufzug benutzt wird. Die Haltestelle der Cremagliera liegt, von La Spezia kommend, auf der rechten Seite ein paar Kilometer vor Riomaggiore. 245–385 € pro Woche.

Jugendherberge

● **Ostello Tramonti,** Via Fabio Filzi 110, Fraz. Biassa, 19100 La Spezia, Tel./Fax 0187/ 758507, www.ostellotramonti.it. Ab La Spezia (Piazza Brin) mit Bus Nr. 19, Fahrtzeit ca. 25 Minuten. Von Riomaggiore tägliche Busverbindung nach Biassa (verkehrt im Winter nur 2x täglich). Die Jugendherberge befindet sich im alten Dorf Biassa und bietet Zimmer mit 2, 3 und 4 Betten an. 18–30 € p.P.

Essen und Trinken

● **Ripa del Sole,** Via De Gasperi 282, Tel. 0187/920143, Ruhetag Mo. (nicht im Sommer). In der Regel bekommt man hier eine gut zubereitete regionale Fischküche serviert. Unbedingt die *Muscoli ripieni* probieren, wenn sie auf der Karte stehen. Zudem sitzt man ganz schön auf der Terrasse des Ripa del Sole. Aber Vorsicht, wenn Hochbetrieb herrscht, sind Service und Küche überfordert. Das Restaurant gehört dem gleichen Besitzer wie das Hotel Villa Argentina. Mittlere Preislage.

● **Bar dell'Amore,** Via dell'Amore, Riomaggiore. Tel. 0187/921026. Mi. Ruhetag (im Winter). Herrlicher Rastplatz nicht weit vom Bahnhof entfernt an der Steilküste zwischen Riomaggiore und Manarola mit Tischen direkt über dem Abgrund. In der kleinen Bar, die mittlerweile auch von der Parkverwaltung betrieben wird, gibt es Kleinigkeiten zu essen, z.B. Bruschetta mit Tomaten oder eingelegten Sardellen aus Monterosso, dazu sehr gute Flaschenweine aus dem Anbaugebiet der Cinque Terre. Oberhalb der Bar wurden auf kleinen Terrassen einige Picknickplätze angelegt. Im Winter nur von 10.00–16.00 Uhr geöffnet.

● **Panificio,** Via Colombo. Brot, Panini, Gebäck und gute Focaccia in mehreren Varianten.

● **Bar Gelateria,** Via Colombo 88, Tel. 0187/920799. Hervorragende Eisdiele und beliebter abendlicher Treffpunkt.

Essen und Trinken in der Umgebung

Hinauf zur Wallfahrtskirche Madonna di Montenero (s.u.). Wanderung nach Portovenere. Von der restaurierten Barockkirche auf einem Hügelrücken hoch über Riomaggiore grandiose Ausblicke über die Cinque Terre Küste.

● **Ristorante Santuario di Montenero,** Riomaggiore, Tel. 0187/760528. Das ehemalige Refektorium der Wallfahrtskirche, das in seinen Ursprüngen bis auf das 14. Jahrhundert zurückgeht, wurde zu einem hellen und freundlichen Gastraum umfunktioniert. Das Restaurant gehört zu einem der fünf von der Parkverwaltung geführten Lokale, die ausschließlich traditionelle Gerichte der Gegend auf der Basis heimischer Produkte servieren. Mittlere Preislage. Menu turistico ab 20 €. Nur zu Fuß, 15 Min. von der Straße aus oder ab Riomaggiore in etwa 45 Minuten zu erreichen.

● **Ristorante/Bar Monesteroli,** Via Litoranea 801, Tel. 0187/758214. Von Riomaggiore aus in Richtung La Spezia, vor dem Biassa-Tunnel direkt unterhalb des Colle di Telegrafo. In der ehemaligen Diskothek werden mittlerweile in einer modern ausgestatteten Großküche die Bio-Produkte des Naturparks hergestellt, abgefüllt und verpackt und im Infobüro nebenan verkauft. Darüber befindet sich das von der Parkverwaltung geleitete Restaurant Monesteroli mit Terrasse und Meerblick. Mittlere Preislage. Menu turistico 15 €.

Riviera di Levante

Spaziergang: Vom Parkplatz aus gelangt man zu Fuß auf einem geschotterten Fahrweg zum Weiler **Fossola** mit herrlichem Blick auf die Steilküste und von dort auf einem steilen, schmalen Pfad, dem letzten Teilstück des Wanderweges 4c, bis hinunter ans Meer.

Verkehrsverbindungen/Parken

- **Mit dem Auto** ist Riomaggiore bequem **auf der S.S. 370 von La Spezia aus** zu erreichen.
- **Zufahrt für Pkw gesperrt.** Gebührenpflichtiger Parkplatz und Parkhaus (190 Stellplätze) am Ortsanfang mit Schranke. Freie Parkmöglichkeiten gibt es nur entlang der Zufahrtsstraße und einige Plätze am Friedhof; am Wochenende und in Ferienzeiten hat man aber keine Chance, dort einen Parkplatz zu finden!
- Häufige **Zugverbindung in Richtung Genua und La Spezia.**
- **Bootsverkehr nach Portovenere** ca. ab Ostern. Die Boote legen bei stümischem Wetter nur in Monterosso al mare an.

Einkaufen

- **Zwei „fliegende" Fischhändler** versorgen Riomaggiore morgens mit frischem Fisch.
- **Cooperativa Agricoltura Cinque Terre,** Località Groppo, Tel. 0187/920435. Ölmühle mit Direktverkauf.
- Einige Winzer, die schon seit Jahren zu den besten Erzeugern von Cinque Terre-Weinen zählen und ihre Weine nach wie vor selbst ausbauen, haben sich zur L'Associazione dei Piccoli Vignaioli delle Cinque Terre zusammengeschlossen. Darunter auch **Walter de Battè,** Via Trarcantu 25, mobil: 389/8084812. Walter de Battè produziert einen hervorragenden Cinque Terre Bianco und Sciacchetrà. Sein Erfolg liegt in der aufwendigen Pflege der Rebterrassen, in der Reduzierung des Pro-Stock-Ertrags und in den modernen Kellereimethoden. Qualität hat aber auch hier ihren Preis.

Feste

- **Festa di San Giovanni Battista,** Patronatsfest am 24. Juni mit Prozession im Ort.

- **Sagra dell'Uva,** größtes Weinfest in den Cinque Terre, im September.

Baden

- Schöner, aber sehr **steiniger Strand** an einer kleinen Bucht bei der Fähranlegestelle von Riomaggiore, über Treppen vom Hafen aus zu erreichen. Weitere Felsbadeplätze gibt es in Richtung Manarola, an den Felsen sind z.T. Eisenleitern angebracht.

Tauchen

- **Diving Center COOP Sub 5 Terre,** Via San Giacomo, Tel. 0187/920011 (in der Untertunnelung).

Wandern

- **Riomaggiore – Monterosso al Mare**

Der Klassiker unter den Cinque Terre-Wanderungen! Gehzeiten: Manarola 20 Minuten, Corniglia-Ort 1 Stunde, Prevo 45 Minuten, Vernazza 45 Minuten, Monterosso 1¾ Std.

Ausrüstung: richtige Wanderschuhe, ausreichend Wasser und Sonnenschutz.

Beim Bahnhof von Riomaggiore links über Treppen auf die Via dell'Amore (Weg Nr. 2, rot-weiße Markierung). Beim Bahnhof von Manarola durch den Fußgängertunnel auf die Hauptgasse, links über die Bahnbrücke und abwärts zum Hafen. Vorbei am kleinen Friedhof über dem Meer. Hier zweigt auch ein neu angelegter Weg ab. Er führt zu einer kleinen Bar, einem Spielplatz und zu einer Felsbadestelle. Es folgt ein Treppenanstieg. Bevor man den Bahnhof von Corniglia erreicht, führt der Weg an den Überresten des ehemaligen Villaggio Marina Europa vorbei. Dahinter geht es rechts durch eine Bahnunterführung und dann über Treppen hoch zum Bahnhof.

Von dort über Treppenserpentinen oder mit dem Bus ins Ortszentrum. An der Kirche geht es geradeaus. Der Pfad führt dann über die Straße und über eine kleine Brücke (Abzweigung nach Cigoleto, San Bernardino Weg Nr. 7b) durch Olivenhaine hindurch. Links unten wird der Guvano-Strand sichtbar. Nach einem Rastplatz (in Hochzeiten leider allzu oft zugemüllt!) bis zum Weiler Prevo mit Einkehrmöglichkeit in der Bar Gabbiano.

Über steile Treppen geht es bergab, dann verläuft der Weg eben weiter. Geradeaus sieht man bis Monterosso und Punta Mesco. Der Blick auf Vernazza liefert tolle Fotomotive. Ein Treppenweg (Via Carattino) führt direkt hinunter auf die zentrale Via Roma. Auf der anderen Seite der Via Roma geht der Wanderweg zunächst über Treppen wieder hinauf. Hier hat man den schönsten Blick zurück hinunter auf den Hafen. Auf fast ebenem Pfad geht es weiter. Durch Olivenhaine und Weingärten führt der Weg abwärts. Am Hotel Porto Roca vorbei gelangt man hinunter nach Monterosso al Mare.

● **Küstenwanderung**
Riomaggiore – Portovenere

Markierung rot-weiß, Gehzeiten: Santuario della Madonna di Montenero 45 Min., Telegrafo 45 Min., Campiglia 1 Stunde, Portovenere 2¼ Stunden.

Ausrüstung: richtige Wanderschuhe, ausreichend Wasser und Sonnenschutz.

Am Bahnhof von Riomaggiore rechts durch den Tunnel und auf der Hauptstraße (Via Colombo) bis zum Parkplatz am oberen Ortsende gehen. Über die Straße, dann dem Pfad geradeaus hochwärts an einem Bach entlang folgen (rot-weiße Markierung), bis man die Zufahrtsstraße nach Riomaggiore quert. Ein Stück rechts der Straße folgen, bis zur Abzweigung links, Weg Nr. 3 zum Santuario della Madonna di Montenero auf 341 m Höhe (mit Bar- und Restaurantbetrieb) nehmen. Ein schöner Rastplatz mit herrlicher Aussicht!

Weiter geht es entlang des Kammes, vorbei an den Ferienhäuschen „Rustici Ca' de Cian". Nach einigen Minuten zweigt der Weg Nr. 3 bei ein paar Stufen ab. Diese Abzweigung wird leicht übersehen. Geradeaus geht der Weg Nr. 3a weiter. Beide Varianten führen zum nächsten Etappenziel, dem Colle del Telegrafo (516 m). Aussichtsreicher ist jedoch der weitere Verlauf von Weg Nr. 3 an der Küste vorbei an den Weingärten von Tramonti. Ab Colle del Telegrafo, dem höchsten Punkt der Tour (Restaurant; Beschreibung s.u.), geht die Strecke bis nach Portovenere weiter auf dem Weg Nr. 1. Auf einem schattigen, bequemen Waldweg (Trimm-Dich-Pfad) folgt nach einer Viertelstunde ein großer Rastplatz mit Tischen, Bänken, Kiosk und einem Spielplatz. Bei der Kirche San Antonio Abate geht es geradeaus weiter, zunächst eben durch den Wald bis zu einem schmalen Kamm, der bergab nach Campiglia hinunterführt. Links sieht man die Bucht von La Spezia, rechts die Küste der Cinque Terre und die Weingärten von Tramonti.

Der kleine **Bergort Campiglia** wird stark von Wanderern frequentiert, was zur Folge hat, dass die Preise im Alimentari gestiegen sind.

Tipp: Wer Campiglia mit dem Bus oder Wagen ansteuert und nicht noch ein paar Stunden Fußmarsch vor sich hat, kann hier auch **baden.** Endlose Treppen führen in 20 Minuten ans Meer hinunter (nur Felsbadestellen). Achtung, der Weg zurück ist schweißtreibend (lieber nicht in der Mittagszeit zurückgehen) und dauert doppelt so lange.

Traumhafte Sicht bis zur Isola del Tino auf dem Wanderweg von Riomaggiore nach Portovenere

Riviera di Levante

● **Ristorante/Bar Colle del Telegrafo,** Loc. Colle del Telegrafo, Tel. 0187/760561. Das frühere Ausflugslokal auf dem Colle del Telegrafo (516 m) dem höchsten Punkt der Küstenwanderung Riomaggiore – Portovenere (Weg Nr. 1) wird jetzt von der Parkverwaltung unterhalten. Außer traditionellen ligurischen Gerichte bekommt man hier den ganzen Tag über auch einen Imbiss. Von Juni bis September Verbindung mit einem Minibus nach Riomaggiore. Menu turistico ab 20 €.
● **Bar Piccoloblu,** Piazza della Chiesa 4, Tel. 0187/758517.

Weg Nr. 1 geht nach der Kirche weiter und führt an einem frisch restaurierten Rundturm vorbei (zusätzliche Markierung AVG) durch einen Pinienwald. Am Waldrand links gehen, geradeaus kommt man in eine Sackgasse! Kurz drauf kreuzt man eine Straße. Wenige Meter rechts der Straße folgen und rechts zurück in den Wald. Der Weg trifft an einer Linkskurve wieder auf die Straße. Hier beginnt das **atemberaubendste Stück der ganzen Wanderung.** Dieses Teilstück wird auf dem Wanderschild als Sentiero difficoltoso ausgewiesen. Für trittsichere Wanderer mit dem richtigen Schuhwerk ist das aber kein Problem, für Sandaletten tragende Sonntagsspaziergänger ist der Weg nicht geeignet. Ohne Schatten läuft man auf dem unwegsamen schmalen Küstenpfad, bis man auf eine Straße trifft. Nach einem Stück auf der Straße, geht der Weg an einer Rechtskurve geradeaus weiter und dann an einem Steinbruch vorbei (immer auf die rot weiße Markierung achten). Kurz darauf beginnt der etwas mühsame Abstieg, zum Teil über Treppen, nach Portovenere. Linker Hand hat man einen traumhaften Blick auf die Bucht von La Spezia, vor sich die Inseln und die Pfahlmuschelanlagen von Portovenere. Vorbei an der Burg gelangt man über Treppen an den Hafen, unweit der Bootsanlegestelle. Empfehlenswert ist auf jeden Fall die Bootsfahrt zurück an den Ausgangspunkt der Wanderung. Billiger, wenn auch weniger schön und zeitaufwendiger, ist die Alternative mit dem Bus nach La Spezia und weiter mit dem Zug zum Ausgangspunkt der Tour.

Von La Spezia bis in die Lunigiana

Wer mit dem Auto von Riomaggiore kommt, dem bieten sich herrliche Ausblicke auf den **Golfo di La Spezia.** Der Meerbusen von La Spezia schiebt sich weit in das Festland hinein. Er ist ungefähr 7 Kilometer breit und 9 Kilometer lang. Am Scheitelpunkt des Küstenbogens breitet sich die lebhafte Provinzhauptstadt aus. Industrie, vor allem Werften, prägt das Bild.

Auf den ersten Blick präsentiert sich **La Spezia** als nüchterne und reizlose Hafen- und Industriestadt. Doch wer die Peripherie erst einmal überwunden hat, entdeckt ein kleines angenehmes Stadtzentrum, zwar ohne pittoreskes Stadtbild und mittelalterliches Gassengewirr, aber dafür mit einer netten Fußgängerzone, zahlreichen Geschäften jeglicher Art, einem großen Markt – für Selbstversorger mit Kochambitionen paradiesisch – in dem man abseits jeglicher Besucherströme hervorragend bummeln und italienischen Alltag erleben kann. Zu guter Letzt besitzt La Spezia zwei der sehenswertesten Museen Liguriens.

Ein langer **Außendamm** zwischen Portovenere im Westen und San Terenzo im Osten schützt sowohl den Hafen von La Spezia als auch die kleinen Orte rund um die Bucht vor allzu hohem Seegang.

An der südwestlichsten Spitze des Golfo di La Spezia liegt **Portovenere,** eines der weiteren städtebaulichen

Kleinode an der ligurischen Küste. Zu Recht gehört der einstige kleine Fischerort zum Pflichtprogramm der meisten Riviera-Urlauber. Trotz des ungeheuren Besucherandrangs – im Sommer und um das Wochenende sind die zahlreichen Touristenlokale am Hafen brechend voll – ist es Portovenere bisher gelungen, sein faszinierendes Ortsbild zu erhalten. Von dem Zauber des einstigen romantischen kleinen Fischerortes mit seinen schmalen, farbigen Häusern, überragt von der eindrucksvollen mittelalterlichen Kirche San Pietro und der Burg, ist in den sommerlichen Hochzeiten aber nichts mehr zu spüren.

Berühmt wurde die Bucht vor allem durch die englischen Dichter *Shelley*, *Keats* und *Byron*, die sich im 19. Jahrhundert am idyllischen Ostufer zu ihren romantischen Gedichten inspirieren ließen. Ihnen zu Ehren schmückt sich die Bucht auch mit dem wohlklingenden Beinamen **„Golfo dei Poeti".**

Bei einer Fahrt entlang des Ostufers wird klar, warum der Golf als **eine der schönsten Buchten Italiens** bezeichnet wird. Sobald man die Peripherie La Spezias mit den riesigen Containerhäfen, Werften und Fabriken verlassen hat, führt die zunächst flache und dann immer steiler werdende Uferstraße in die bildschönen Orte San Terenzo, Lerici und Tellaro.

Auf der kurvenreichen Küstenstraße von Lerici nach Tellaro, vorbei an vielen kleinen Buchten, ist das **Postkartenidyll** perfekt. Während die zahlreichen Bars, Restaurants und Hotels in den Orten San Terenzo und Lerici auch in der Ne-

bensaison für lebhaftes Treiben sorgen, geht es in Tellaro ruhiger zu. Für Massentourismus ist in dem reizvoll gelegenen romantischen Küstenstädtchen kein Platz. Außer am Wochenende, wenn Tagesbesucher die schönen Badebuchten von Fiascherino bevölkern, geht es hier ruhig und beschaulich zu. Auf einer landschaftlich sehr reizvollen Straße gelangt man in das Magratal, dem historischen Grenzland zwischen Ligurien und der Toskana. Zwischen Lerici und dem Kap **Punta Bianca,** dem südöstlichsten Zipfel Liguriens, erstreckt sich auf einem Bergrücken der große **Naturschutzpark von Montemarcello.** Sein helles Kalksteinmassiv schiebt sich zwischen die Bucht von La Spezia und die breite Mündungsebene des Magra-Flusses. In Montemarcello, auf der Kammhöhe des Küstengebirges, weitet sich der Blick auf die tief unten liegende Schwemmlandebene des Magra-Tals. Im Hintergrund leuchten die weiß schimmernden Gipfel der Apuanischen Alpen. Im Westen liegen die felsigen Buchten Liguriens, im Osten beginnen bereits die weiten Sandstrände der Toskana.

Von **Sarzana** aus sind es nur noch wenige Kilometer nach **Luni.** Die alte römische Stadt gab der toskanischen Landschaft Lunigiana ihren Namen. Luni war einer der reichsten Häfen im römischen Reich und Umschlagplatz für den begehrten Carrara-Marmor. Als der Hafen verlandete, begann nach und nach der Niedergang und Verfall der Stadt. Heute liegt der interessante Ausgrabungsort ungefähr 3 km im Landesinneren.

La Spezia ↗ XX, B3

- PLZ 19100
- Ew.: 91.381
- 3 m üNN

Inmitten einer tief eingeschnittenen Bucht breitet sich die Hautpstadt der Provinz La Spezia aus, zweitgrößte und **in wirtschaftlicher Hinsicht bedeutendste ligurische Stadt nach Genua.** La Spezia präsentiert sich in erster Linie als nüchterne Hafen- und Industriestadt, ohne pittoreskes Stadtbild und mittelalterliches Gassengewirr, und auch ohne Besucherströme. Selbst im Hochsommer, wenn die ausgebuchten Fähren nach Korsika und Sardinien ablegen, ist vom Tourismus in der Stadt nichts zu merken. Trotzdem oder gerade deswegen ist La Spezia einen Besuch wert. Im Gegensatz zu den malerischen und viel besuchten Küstenstädtchen wird das **Leben** hier **nicht vom Tourismus bestimmt,** was sich vor allem angenehm bei den Preisen bemerkbar macht.

Die lebhafte Provinzhauptstadt besitzt eine kleine, angenehme **Altstadt.** In der hübschen Fußgängergasse und dem umliegenden Prione-Viertel kann man gemütlich bummeln gehen, Kaffee trinken, Eis essen und auf der breiten von Palmen gesäumten Uferpromenade spazieren gehen. Es gibt zahlreiche Geschäfte, einen großen Markt mit einem hervorragenden Angebot an Fisch, Obst und Gemüse. Wer also von den engen Dörfern der Cinque Terre genug hat und mal etwas Stadtluft schnuppern möchte, ist hier genau richtig.

Für Kunstinteressierte lohnt sich ein Besuch La Spezias auf jeden Fall. Seit 1996 besitzt die Stadt in dieser ansonsten eher „museumsarmen" Region mit dem **Museo Amadeo Lia** ein ansprechendes und gut konzipiertes neues Kunstmuseum. Eine weitere Attraktion sind die berühmten **Lunigiana-Stelen,** die im Castello di San Giorgio zu bewundern sind.

La Spezia entstand im 12. Jahrhundert auf **römischem Siedlungsgebiet,** wie zahlreiche archäologische Funde beweisen. Ab der Mitte des 13. Jahrhunderts entwickelte sich das zur Grafschaft der *Fieschi* gehörende kleine Fischerdorf immer mehr zu einem Vorposten im Kampf gegen Genua. Aus dieser Zeit stammt die **erste Festungsanlage,** 1273 bei der Eroberung von La Spezia durch die Genuesen teilweise zerstört. Sie wurde im 14. Jahrhundert wieder aufgebaut, und La Spezia erhielt eine schützende Stadtmauer. Die Stadt diente den Genuesen als Bastion gegen den Erzrivalen Pisa. Die wirtschaftliche Blütezeit erlebte das einfache Hafenstädtchen im 19. Jahrhundert durch den Bau des Marinearsenals. Nach der Einigung Italiens, 1860, ließ **Graf Camillo Benso di Cavour,** erster Ministerpräsident Italiens, 1861 die Bucht zum Handels- und Kriegshafen ausbauen. Dies zog auch einen groß angelegten Stadtausbau nach sich. Dadurch und durch die Bombenschäden im Zweiten Weltkrieg wurde ein Großteil der mittelalterlichen Gebäude zerstört. Das Stadtbild von La Spezia wird stark von der **Architektur des 19. und 20. Jahrhunderts** geprägt.

La Spezia besitzt heute den **größten Militärhafen Italiens,** und aus ganz Italien absolvieren junge Marinesoldaten hier ihren Wehrdienst.

Besichtigung

Vom Bahnhof kommend, überquert man am Ende der Via Fiume die Piazza Garibaldi und gelangt in die **Via del Prione,** die bis zum Stadtpark und zur Hafenpromenade hinunterführt.

Nach der Piazza Ramiro Ginocchio beginnt der verkehrsberuhigte Teil der Via del Prione. Die schöne Einkaufsstraße führt zunächst am **Museo Amedeo Lia** vorbei, das zu den wichtigsten Museen an der italienischen Riviera zählt (siehe weiter unten).

Eine Seitengasse (Via Indipendenza) führt auf die große Piazza Beverini und zur ehemaligen **Kathedrale Santa Maria Assunta.** Die erste Kirche an dieser Stelle stammte aus dem 13. Jahrhundert. 1454 wurde sie neu errichtet und im 19. Jahrhundert maßgeblich verändert. Schwere Bombenschäden während des Zweiten Weltkriegs zerstörten die Kirche bis auf Teile von Chor, Apsis und Turm. Beim Wiederaufbau und der Restaurierung 1954 erhielt die Kirche ihr heutiges Aussehen.

Es lohnt sich, einen Blick in den schönen und schlichten Innenraum der fünfschiffigen Kirche zu werfen. Eine **große Marienkrönung** (Incoronazione della Vergine) von *Andrea della Robbia* im linken Seitenschiff zieht sofort das Augenmerk auf sich. Es handelt sich um ein farbig glasiertes Terrakottarelief, wie sie vor allem aus der Toskana bekannt sind. Bei dieser Fayencetechnik werden meist farbige vorgebrannte Tonwaren mit einer undurchsichtigen und mit Scharffeuerfarben bemalten Zinnglasur überschmolzen. **Majolika** ist der italienische Name für dieses Produkt, benannt nach der Insel Mallorca, von der die spanischen Fayencen nach Italien gelangten. Ungefähr um 1440 begann *Luca della Robbia,* der Mitbegründer der Florentiner Frührenaissance, diese Technik auf die Architekturplastik zu übertragen. Von Luca della Robbia und seiner Schule stammen eine große Fülle farbiger Reliefs, die die Bauwerke in Florenz schmücken. Sein Neffe *Andrea della Robbia* (1435–1525) entwickelte die Fayencekunst weiter und schuf zahlreiche große Altartafeln, Madonnenreliefs, Büsten, Freifiguren und Gruppenfiguren.

Absolut sehenswert ist das tägliche **Marktspektakel** auf der nahe gelegenen **Piazza Cavour.** In zwei großen neuen Hallen findet hier vormittags ein großer Lebensmittelmarkt mit einem Riesenangebot an Obst, Gemüse, Geflügel, Fleisch, Käse, Wurst und vor allem Fisch statt. Von einer solchen Auswahl an fangfrischen Fischen und Meerestieren kann man in deutschen Fischgeschäften nur träumen. Für Selbstversorger ist der Markt ein Paradies.

Ganz in der Nähe der Piazza Cavour befindet sich das **städtische Museum** mit seiner ethnologischen Sammlung. Es ist im Rückgebäude des ehemaligen Palastes der Adelsfamilie *Crozza* untergebracht. Bereits 1873 entstand das städtische Museum zunächst als Aufbewahrungsort für archäologische und naturkundliche Zeugnisse aus der Regi-

Riviera di Levante

La Spezia

Bahnhof

Via Lamarmora
Viale N. Sauro
Viale XV Giugno
Via dei Pioppi
Viale Amendola
Via Gramsci
Corso Cavour
Via Roma
Via Napoli
Via Torino
Via Fiume
Via Paleocapa
Via Fiume

Piazza Brin
Piazza S. Bon

**4**

Viale Garibaldi

Viale Niccolò Fieschi

2

1

5 Via dei Mille **6**
7

Piazza Cavour

8
9
Via Rosselli
10
11
12
13

Via del Prione
Via XX Settembre
14
Via XXVII

Viale Amendola
Via Colombo
Via Gramsci
Piazza Beverini
Piazza S. Agostino

15

Via Carpenino

Piazza Chiodo

16
Via Gramsci
Via Chiodo
Viale Armando Diaz

Viale Italia

- **1** Aütedo
- **2** Picciarello
- **3** Firenze e Continentale
- **4** Ethnografisches Museum
- **5** Schiffini
- **6** Cecco Rivolta
- **7** Museo Amadeo Lia
- **8** Markt
- **9** Genova
- **10** Vicolo Intherno
- **11** All'Inferno
- **12** Santa Maria Assunta
- **13** La Pia
- **14** Castello di San Giorgio
- **15** CAMeC
- **16** Museo Tecnico Navale
- **17** Information
- **18** Kathedrale
- **19** Corallo

on. **Fossilienfunde,** die in der zweiten Hälfte des 19. Jahrhunderts beim Marmorabbau und bei den Bauarbeiten von militärischen Anlagen entdeckt worden waren, bildeten den Grundstock für die Sammlung. Gegen Ende des 19. Jahrhunderts kamen die in der Grotta dei Colombi auf der Insel Palma-

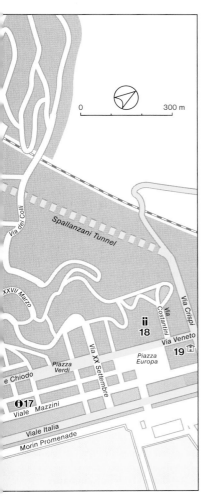

sche Sammlung befindet sich seit 2000 im Castello San Giorgio.

● **Collezioni archeologiche „Ubaldo Formentini"**, Via XXVII Marzo, Tel. 0187/751142, www.castagna.it/musei. Öffnungszeiten: im Sommer 9.30–12.30, 17.00–20.00 Uhr, im Winter 9.30–12.30, 14.00–17.00 Uhr, Di. geschlossen (s.a. Castello San Giorgio). Eintritt 5 €.

Wieder an der Piazza Beverini angelangt, führt die kleine Seitengasse Via Magenta zurück auf die Via del Prione.

● **Tipp:** Hervorragende Imbissmöglichkeit in der **Farinata-Backstube „La Pia"** mit sehr guter Farinata, Focaccia und Pizza, auch mit Sitzmöglichkeiten und Service, einige Tische im Freien, sehr günstige Preise, auch zum Mitnehmen; Via Magenta 12.

Die Via Giovanni Sforza führt zur **Piazza Sant'Agostino.** Einige Palazzi aus dem 18. Jahrhundert säumen den kleinen, bereits im Mittelalter angelegten Platz. Von hier aus sind es nur wenige Schritte hinauf zur Kirche SS. Giovanni e Agostino aus dem 17. Jahrhundert.

Über die Via XX Settembre gelangt man zum schönsten Aussichtspunkt der Stadt, zum **Castello di San Giorgio.** Der steile Anstieg lohnt sich, denn von hier oben genießt man einen herrlichen Ausblick auf den Golf von La Spezia.

Bereits im 13. Jahrhundert ließen die ehemaligen Herren von La Spezia, die Grafen von *Fieschi* auf dem Hügel Il Poggio die erste Burganlage errichten. Sie wurde erstmals von den Genuesen bei der Eroberung der Stadt 1273 zerstört und danach wiederaufgebaut. 1554 begann der Ausbau eines die

ria ausgegrabenen Gegenstände hinzu. Sie stammen aus der Altsteinzeit. 1905 gelangten die ersten sechs **Stelenstatuen** in die Sammlung. Die archäologi-

Das komplett restaurierte Castello beherbergt heute die berühmte **archäologische Sammlung** der Stadt, die früher im Museo civico zu sehen war. Die römischen Aschenurnen, Skulpturen und Objekte stammen aus Luni. Die berühmtesten Exponate sind jedoch die **Lunigiana-Stelen.** Von den ungefähr sechzig Stelen, die im Flussbecken der Magra gefunden wurden, sind 19 im Castello San Giorgio ausgestellt. Weitere befinden sich im Museum von Pontremoli. Die sehr schematischen anthropomorphen Skulpturen entstanden in der Kupferzeit (4.–3. Jahrtausend v.Chr.) sowie in der darauffolgenden Eisenzeit und üben eine seltsam magische Ausstrahlung auf den Betrachter aus. Die Lunigiana-Stelen lassen sich in drei unterschiedliche Darstellungsbereiche einteilen: Formen mit Dolch oder Axt als männlichem Attribut ausgestattet, weibliche Figuren mit einem Busen oder mit Schmuckstücken versehen und ungeschlechtliche Formen, mit denen vermutlich Kinder oder Jugendliche dargestellt wurden. Ihre Funktion ist bis heute ungeklärt.

●**Il Castello di San Giorgio,** Via XXVII Marzo, Tel. 0187/751142, 731100.

Über die Treppen der Scalinata S. Giorgio gelangt man auf der Via Manzoni rasch hinab zur breiten und mit Palmen bestandenen **Hafenpromenade.**

●**Tipp:** Hervorragendes Eis gibt es in der **Gelateria Riccardo,** Via Manzoni 27.

ganze Bucht umfassenden Befestigungssystems, die **Bastia,** durch die Genuesen. Das Castello di San Giorgio erhielt zu dieser Zeit seine heutige Form. Der Festungskern besitzt einen fast quadratischen Grundriss. Die Ecken sind durch keilförmige Bastionen verstärkt, die bis zur Ringwulst hoch geschrägt sind.

Von hier aus starten die **Ausflugsboote** nach Portovenere, auf die Isola Palmaria und in die Cinque Terre.

Auf dem Weg hinauf zum
Castello di San Giorgio – Blick zurück

Wer sich für Marine und Schifffahrt interessiert, sollte das **Museo Tecnico Navale** besichtigen. Es befindet sich in der Nähe der Piazza Chiodo, neben dem Militärarsenal von La Spezia.

Das Schifffahrtsmuseum besitzt eine einzigartige Sammlung von historischen Galionsfiguren und Schiffsmodellen.

● **Museo Tecnico Navale,** Viale Amendola 1, 19122 La Spezia, Tel. 0187/784836, www.marina.difesa.it/lapsezia/museo.it. Öffnungszeiten: Mo.–Sa. 8.00–18.45 Uhr, So. 8.00–13.00 Uhr. Eintritt 1,55 €.

In der Nähe des Marinemuseums lohnt sich der Besuch des Zentrums für moderne und zeitgenössische Kunst, **CAMeC.** In dem ehemaligen Schulgebäude aus dem Anfang des 20. Jahrhunderts war bis 1998 das Gericht untergebracht. Es beherbergt heute die städtischen Sammlungen moderner Kunst, darunter auch die private Sammlung von *Giorgio* und *Ilda Cozzani* u.a. mit Pop-Art-Werken von *Jasper Johns, Roy Liechtenstein, Robert Rauschenberg, Claes Oldenburg* und *Andy Warhol.* Daneben bietet das Museum zeitgenössischen Künstlern Raum für Wechselausstellungen.

● **CAMeC,** Centro Arte Moderna e Contemporanea Della Spezia, Piazza Cesare Battisti 1, Tel. 0187/734593, Di.–Sa. 10.00–13.00 und 15.00–19.00, So. 11.00–19.00 Uhr. Eintritt 6 €.

Museo Amedeo Lia

1995 schenkte der Industrielle *Amedeo Lia* der Stadt seine **private Kunstsammlung,** bestehend aus Hunderten wertvoller Gemälde, Skulpturen und zahlreichen sonstigen Kunstgegenständen. Die Sammlung wurde von Experten auf ca. 51 Millionen Euro geschätzt. *Amadeo Lia* stellte jedoch die Bedingung, dass die Sammlung innerhalb eines Jahres in einem eigens dafür angelegten neuen Museum einem breiten Publikum zugänglich gemacht wird. Die Stadt sanierte den ehemaligen **Klosterkomplex** des Hl. Francesco da Paolo aus dem 17. Jahrhundert und ließ ihn zu einem modernen und sehr ansprechenden Museum umbauen. Restauriert wurde die Kirche, deren heutiges Aussehen aus dem 19. Jahrhundert stammt, der innere Kreuzgang und der Wohntrakt.

● **Saal I:** Elfenbeinarbeiten, Schmuckgegenstände, Emaillearbeiten aus Limoges, Vortragekreuze und Kruzifixe.
● **Saal II:** Ausländische und italienische Handschriften mit wertvollen Miniaturen aus dem 13. bis 16. Jahrhundert.
● **Saal III:** Kleine, archäologische Abteilung mit Skulpturen und Gebrauchsgegenständen aus dem 4. bis 5. Jahrhundert v. Chr.
Von hier aus gelangt man in das erste Obergeschoss, das, bis auf die kleine archäologische Sammlung in Saal III, der Malerei vorbehalten ist.
● **Saal IV:** Tafelmalerei des 13. und 14. Jahrhunderts, wie z.B. der Hl. Johannes der Evangelist von *Pietro Lorenzetti* aus der ersten Hälfte des 14. Jahrhunderts.
● **Saal V:** Tafelbilder aus der Toskana, Umbrien, Marken, Lombardei, Veneto, Piemont und Ligurien.
● **Säle VI–VIII:** Gemälde aus dem 16. Jahrhundert. Herausragend darunter die Porträtsammlung mit einem Selbstporträt von Pontormo, „Bildnis eines Edelmanns" von *Tizian* und einem Gemälde von *Gentile Bellini.*
● **Saal IX:** Gemälde des 17. Jahrhunderts aus dem Umkreis von *Caravaggio.*
● **Saal X:** Venezianische Stadt- und Landschaftsansichten (Veduten) aus dem 18. Jahrhundert, darunter Werke von *Canaletto, Bernardo Belotto, Francesco Guardi.*

Riviera di Levante

Im zweiten Obergeschoss sind in Saal XI bronzene Kleinplastiken ausgestellt.
●**Saal XII:** Glaskunst aus vorklassischer, klassischer und Neuzeit, Gefässe aus Bergkristall, Korallen, Majolika und Terrakotta.
●**Saal XIII:** Stilleben (= Natura morta) aus dem 17. Jahrhundert.

●**Museo Amedeo Lia,** Via del Prione 234, Tel. 0187/731100, Fax 731408, www.castagna.it/ musei. Öffnungszeiten: Di.–So. 10.00–18.00 Uhr, Eintritt 6 €.

Touristeninformation

●**IAT-Büro,** Viale Mazzini 47, 19121 La Spezia, Tel./Fax 0187/770900, www.turismoprovincia.laspezia.it.
●**Info-Büro** der Parkverwaltung im Bahnhof, Piazza della Stazione 1, 19122 La Spezia, Tel. 0187/743500, Fax 709743, www.parconazionale5terre.it.

Unterkunft

●***Firenze e Continentale,** Via Paleocapa 7, 19122 La Spezia, Tel. 0187/713210 und 713 200, Fax 714930, www.hotelfirenzecontinentale.it. Gepflegtes, traditionsreiches Stadthotel mit 68 geschmackvoll und komfortabel eingerichteten Zimmern in Bahnhofsnähe. 74–150 €.
●***Genova,** Via Fratelli Rosselli 84, 19121 La Spezia, Tel. 0187/732972, Fax 731766, www.hotelgenova.it. Zentral und ruhig gelegenes Hotel in einem renovierten, gepflegten Stadthaus mitten in der Altstadt (Seitenstraße der Via del Prione) mit 35 Zimmern. 80–135 €.
●**Schiffini,** Via Costa Santa Lucia 27, 19123 La Spezia-Marinasco, Tel. 0187/701098, Fax 1877992. Oberhalb von La Spezia gelegenes Gasthaus mit herrlichem Panorama über die Bucht von La Spezia; Zimmer mit Bad 50–70 €, ohne Bad 39–50 €. Empfehlenswertes Restaurant.
●***Corallo,** Via F. Crispi 32, 19124 La Spezia, Tel. 0187/731366, Fax 754490, www.hotelcorallospezia.com. Zentrumsnahes ordentliches Stadthotel in der Nähe der Uferpromenade, ruhige Lage, 35 modern ausgestattete Zimmer. 85–100 €.

Jugendherberge

●**Ostello Tramonti,** Via Fabio Filzi 110, Fraz. Biassa, 19100 La Spezia, Tel./Fax 0187/758507, www.ostellotramonti.it. Ab La Spezia (Piazza Brin) mit Bus Nr. 19, Fahrtzeit ca. 25 Minuten. Tägliche Busverbindung in die Cinque Terre (verkehrt im Winter nur 2x täglich). Die Jugendherberge befindet sich im alten Dorf Biassa und bietet Zimmer mit 2, 3 und 4 Betten an. 18–30 € p.P.

Essen und Trinken

●**All'Inferno,** Via L. Costa 3, 19121 La Spezia, Tel. 0187 29458, Ruhetag So. Zentral in der Altstadt (Nähe Piazza Cavour) gelegene einfache Osteria mit Tageskarte; untere bis mittlere Preislage.
●**Al Negrao,** Via Genova 428, Loc. Chiappa, 19123 La Spezia, Tel. 0187/ 701564, Ruhetag Mo. Bodenständige Trattoria in einer ehemaligen Ölmühle im Vorort La Chiappa (die Via Genova geht in die stadtauswärts in Richtung Chiavari führende Via Aurelia über) mit sorgfältig zubereiteten traditionell ligurischen Gerichten. Auf der saisonorientierten Karte stehen klassische Spezialitäten wie z.B. Mesciüa, Stockfisch, Sardellen, Gemüsekuchen und Cima Genovese; Tische im Freien; untere bis mittlere Preislage.
●**Aütedo,** Loc. Marola, Viale Fieschi 138 (Straße nach Portovenere. Nach der Abzweigung in die Cinque Terre, auf der Ausfallstraße geradeaus weiter Richtung Portovenere kommt rechter Hand das Ristorante. Die Gegend ist zwar nichts für Romantiker, dafür entschädigt die Küche des Aütedo Freunde ligurischer Spezialitäten), Tel. 0187/736061. Ruhetag Mo. Einfache, freundliche Osteria mit täglich wechselnder Karte, traditionelle ligurische Fischküche. Nicht zu versäumen sind die Antipasti. Doch Vorsicht: Wer Antipasti bestellt bekommt eine Abfolge von 8 nacheinander servierten Vorspeisen, dazu gehören z.B. acciughe eingelegt mit Olivenöl, Zitrone und Oregano, die hier noch selbst eingelegt werden, Farinata, frittierte Teigbällchen, Thunfischflan mit Paprikacreme, Tintenfisch mit Gemüse und ceci (Kichererbsen), Crostini mit einem Mus aus polpo, lauwarmer Stockfisch mit einem Sugo aus To-

maten und Kartoffeln, Soße und die obligate Frittura. Sitzplätze auch auf der mit einer Pergola überdachten Terrasse, leider direkt an der Straße. Mittlere Preislage.

● **Osteria Paradiso,** Monte Parodi, Paradiso 95, Tel. 0187/758044, Ruhetag Di. Die rustikale Osteria am Monte Parodi (einige Kilometer außerhalb des Stadt) ist ein beliebtes Ausflugslokal mit guter bodenständiger Regionalküche, Tische im Freien; untere bis mittlere Preislage.

● **Vicolo Intherno,** Via della Canonica 22, Tel. 0187 23998. Kleines, sympathisches Lokal unweit der Markthallen im Zentrum. Der Eingang liegt etwas versteckt im Durchgang zwischen zwei Häusern. Zu den Klassikern, die man hier unbedingt kosten sollte, zählen unter den Vorspeisen *torta di verdura,* in Öl und mit Zitrone eingelegte *acciughe,* und die hausgemachte Pasta mit Artischocken, Sardellen oder Pesto. Untere Preislage.

● **Picciarello,** Viale Fieschi 300, Tel. 0187/779237. Mo. Ruhetag. Sympathische Osteria an der Straße stadtauswärts in Richtung Portovenere mit guter, frischer Meeresküche wie gefüllte Muscheln und Tintenfisch (*muscoli/calamari ripieni*), Fischsuppe (*zuppa di pesce*) und frittierte Fischplatte je nach Tagesangebot. Untere bis mittlere Preislage.

Imbiss

(Farinata, Pizza, Gemüsekuchen, Focaccia)
● **La Pia,** Via Magenta 12 (Piazza Beverini), Ruhetag So. Tel. 0187/739999.
● **Porta Genova,** Piazzale Boito 22, Tel. 0187/704027, Mo. Ruhetag.
● **Panificio Rizzoli,** Via Fiume 108, Tel. 0187/743168.
● **Cecco Rivolta,** Via Vecchio Ospedale 33, Tel. 0187/770701. In der Nähe des Museo Lia gelegene empfehlenswerte Pizzeria (auch Farinata). Untere Preislage.

Eisdielen

● **La Conca d'Oro,** Via Veneto 183.
● **La Fiorentina,** Via Manzoni 27.

Verkehrsverbindungen

Tunnels und enge Kurven führen von den Cinque Terre über die Berge hinunter nach La Spezia. Mittlerweile ist die Straße sehr gut ausgebaut. Trotzdem erfolgt die **schnellste und stressfreieste Anreise mit der Bahn.** Schnellzüge fahren häufig nach Genua und Pisa, Nahverkehrszüge sind in die Cinque Terre unterwegs.

● **Linienbusse** verkehren in der Stadt und über Land, z.B. nach Lerici, Tellaro, Portovenere, Biassa und Campiglia. Der Busbahnhof liegt an der Piazza Domenico Chiodo.

● **Navigazione Golfo dei Poeti,** Via Dan Minzoni 13, Tel. 0187/732987, Fax 730336. **Bootsverkehr** nach Lerici, Cinque Terre, Portovenere ab Pontile Traghetti (Südende Viale Italia).

Einkaufen

● **Zahlreiche Geschäfte und Boutiquen** in der Via del Prione, Corso Cavour und Via Domenico Chiodo.

● **Casa del Vino,** Via Biassa 65, Tel. 0187/735253, gut sortierte Weinhandlung.

● **Gastronomia Ferrini,** Via Fiume 186. Tel. 0187/704563. Neben Wein, Nudeln, einer großen Käseauswahl, Salami und Öl bekommt man in diesem Feinkostgeschäft sämtliche ligurische Spezialitäten.

● **Pasticceria Andreoni,** Piazzale Boito 19. Tel. 0187/704064. Konditorei mit schöner Gebäck- und Pralinenauswahl, gleich gegenüber von Ferrini.

● **Panetteria Carla,** Via Biassa 49, Tel. 0187/731881. Sa nur bis 13.30 Uhr geöffnet, So. geschlossen. Empfehlenswerte Bäckerei mit sehr guter pasta fresca.

● **Pasticceria Fiorini,** Piazza Verdi 25, Tel. 0187/739374. Konditorei mit großer Auswahl an hervorragendem Gebäck und Kuchen.

● **Caseificio Esposito,** sehr gute Käserei aus Brugnato (Tel. 0187/894103) im Val di Vara mit Stand in der Markthalle.

● **Frantoio Oleario Lucchi e Guastalli,** Loc. Vincinela, Santo Stefano Magra, Tel. 0187/633329. Wer sich mit ausgezeichnetem Olivenöl eindecken möchte, sollte einen Abstecher zur Ölmühle von *Marco Lucchi* und *Carlo Guastalli* unternehmen. Lassen sie sich nicht von der Umgebung abschrecken. Die Mühle mit Direktverkauf liegt mitten in einem Industriegebiet, ca. 10 km nordöstlich von La Spezia, in Richtung Sarzana. Angeboten werden 3 verschiedene Sorten: Extra vergine DOP Riviera Ligure di Levante aus den Olivensorten Razzola, Taggiasca und Pignola, ein sehr fruchtig frisches Öl, ein kräftigeres, bitteres Extra vergine aus biologisch angebauten Oliven der Sorten Razzola, Leccino, Castelnovina und die Spitzenqualität Extra Vergine Superiore aus Frantoio, Leccino und Gentile.

Märkte

- **Täglicher Markt,** vormittags, Lebensmittel und Fisch, Piazza Cavour; Markthalle, Kleidung.
- **Wochenmarkt,** Fr. in der Via Garibaldi.
- **Mercato antiquariato,** Antiquitätenmarkt jeden ersten Sonntag im Monat.

Fest

- **Festa del Mare** mit historischer Ruderregatta (Palio del Golfo) am ersten Sonntag im August.

lig134 Foto: sg

Markt an der Piazza Cavour

Portovenere ♐ XX, B3

- **PLZ 19025**
- **Ew.: 4097**
- **8 m üNN**

Vorbei am endlos langen Militärhafen von La Spezia erreicht man die südwestlichste Spitze des Golfo di La Spezia. Auf einer weit vorspringenden Felszunge, der die kleinen Inseln Palmaria, Tino und Tinetto vorgelagert sind, liegt der kleine Ort Portovenere, einer der **städtebaulichen Highlights** in unvergleichlicher Lage an der ligurischen Riviera. Obwohl Portovenere nicht mehr zu den Cinque Terre gehört, endet der Landstrich aus geografischer Sicht erst hier.

Die schönste Art, sich Portovenere zu nähern, ist zweifellos auf dem **wunderschönen Wanderweg entlang der wilden Felsenküste** von Riomaggiore nach Portovenere mit grandiosen Ausblicken auf die Küste der Cinque Terre und auf den Golf von La Spezia. Seit dem 19. Jahrhundert, als die englischen Dichter *Percy Shelley* (1792–1822) und *Lord Byron* (1788–1824) Portovenere entdeckten, gehört der Ort mit Recht zum Pflichtprogramm der meisten Cinque-Terre-Urlauber.

Allerdings sollte man sich in Urlaubszeiten und am Wochenende auf **große Besuchermassen** einstellen, die alle in den zahlreichen Touristenlokalen am Hafen verköstigt werden wollen und danach meist mit einem der Ausflugsboote wieder den Ort verlassen. **Touristennepp** lässt sich bei diesem Andrang nicht vermeiden, und das Meiste, was in diesen Lokalen serviert wird, hat nicht unbedingt etwas mit der guten, unverfälschten ligurischen Küche zu tun. Von dem Zauber des einstigen romantischen kleinen Fischerortes mit seinen bunten Häuserfassaden am Hafen und der Kulisse der eindrucksvollen mittelalterlichen Kirche San Pietro ist in den Stoßzeiten nur wenig zu spüren.

Wer mit dem Auto anreist, fährt kurz vor Portovenere durch den **Ortsteil Le Grazie.** In der Nähe des ehemaligen Fischerdorfes mit seinem natürlichen Hafen fanden Archäologen bei Ausgrabungen die **Überreste einer römischen Villa** (Villa romana del Varignano) aus dem ersten vorchristlichen Jahrhundert. Erhalten sind noch Teile eines Säulengangs und die interessanten **Fußbodenmosaiken.** In einem Museum können die Ausgrabungsgegenstände wie Schalen, Gefäße, Werkzeuge und eine wertvolle kleine Statue aus Marmor besichtigt werden.

●**Villa romana del Varignano,** Tel. 0187/790307. nur nach Anmeldung, im Sommer 13.30–19.30 Uhr, im Winter 9.00–15.00 Uhr, Eintritt frei.

Besichtigung

Zentraler Ausgangspunkt für eine Besichtigung des Städtchens ist die **Piazza Bastreri.** Durch das Stadttor, flankiert von einem runden **Wehrturm** aus dem 12. Jahrhundert, gelangt man in die Altstadt. An der Außenseite erinnert die Inschrift „Colonia Ianuensis 1113" an die Eroberung Portoveneres durch die Genuesen. Ein Fresko aus dem 15. Jahrhundert an der Innenseite des Portals stellt die Weiße Madonna, die wichtigste Schutzheilige der Stadt, dar.

Durch den mittelalterlichen **düsteren Ortskern** führt die schmale Via Capellini hinauf, die von den wuchtigen Türmen und Mauern der alten genuesischen Festungsanlage überragt wird. Nur ein Treppengang, der einzige Zugang von der Meerseite aus, führt linker Hand unter den Häusern hindurch zur Küste hinab. Wie eine Stadtmauer schützten vor Hunderten von Jahren die hohen Häuser den inneren Stadtkern vor Piratenüberfällen. Zum Meer hin besaßen die Häuser nur einen Zugang für die Boote. Die Eingänge zu den Läden und Wohnungen lagen auf der Innenseite. Der rückwärtige Hügel wurde durch eine **mächtige Festung** und einen Mauerring geschützt.

Am Ende der Hauptgasse öffnet sich ein traumhafter Blick auf die **Kirche San Pietro.** Auf einer Felsenklippe über dem Meer scheint sie Wind und Wetter zu trotzen. Ganz im Stil der Genueser Gotik gehalten, ist sie innen und außen mit schwarz-weißen Marmorinkrustationen versehen. An der Stelle eines Vorgängerbaues errichteten die Genuesen zwischen 1256 und 1277 die heutige Kirche. Dabei wurde die Apsis der Vorgängerkirche aus dem 6. Jahrhundert in die Vorhalle integriert. Bei Aus-

Riviera di Levante

lig136 Foto: sg

grabungen fanden sich Spuren einer weitaus älteren **vorchristlichen Kultstätte,** die vielleicht der Liebesgöttin Venus geweiht war. Einer Legende nach entstieg sie hier dem Meer, womit sich der Name „Portus Veneris" (= Hafen der Venus) ableiten lässt.

Von einer kleinen **Loggia** an der Westseite hat man einen weiten Blick bis zu den Weingärten von Tramonti und den Cinque Terre.

Über Stufen erreicht man die Bucht neben der **Arpaia-Grotte,** den Lieblingsplatz des englischen Romantikers *Lord Byron.*

Im oberen Teil Portoveneres liegt die **Pfarrkirche San Lorenzo.** Von den Genuesen zwischen 1116 und 1130 errichtet, wurde die ursprünglich **romanische Säulenbasilika** in den folgenden Jahrhunderten mehrfach baulich verändert, wie z.B. die gotische Fassade mit dem Hauptportal, auf dessen Tympanon ein Relief des Namenspatrons entsprechend seines Märtyriums auf einem Rost liegend dargestellt ist. Aus der Renaissancezeit stammen der Glockenturm und die Kuppel sowie Teile der Innenraumausstattung.

Von San Lorenzo führt ein kurzer Anstieg zum **Castello Doria** hinauf. Wie fast die ganze Küste, gelangte auch Portovenere im Mittelalter unter die Herrschaft Genuas, das den strategisch wichtigen Ort im Jahr 1163 als Vorpos-

Trotzt Wind und Wetter –
die Kirche San Pietro

ten gegen das feindliche Pisa befestigten ließ. Die heutige Anlage stammt zum größten Teil aus der Zeit nach 1453, als die Burg nach einer Belagerung zerstört wurde. Lohnenswert ist ein Spaziergang durch den stillen und beeindruckenden Festungsbau.

●Öffnungszeiten: Mo.–Do. 10.00–13.00 und 14.00–17.00 Uhr, Fr.–So. 11.00–18.00 Uhr, Eintritt 2,10 €.

Entlang der alten **Stadtmauern** gelangt man über einen Treppenweg wieder zur Piazza. Hier endet auch der von Riomaggiore kommende Wanderweg.

Gegenüber von San Pietro liegt zum Greifen nahe eine kleine Gruppe von **Inseln: Palmaria, Tino** und **Tinetto.** Zu sehen ist aber von Portovenere aus nur die Hauptinsel Palmaria. Die beiden anderen, wesentlich kleineren Inseln werden von ihr verdeckt. In den Kalksteingrotten an der Westseite von **Palmaria** fand man frühgeschichtliche Besiedlungsspuren, die auf das 5. Jahrhundert v.Chr. datiert sind. Am berühmtesten ist die **Grotta dei Colombi** (Taubengrotte) hoch über dem Meeresspiegel in einer Steilwand. Die Fundstücke aus dieser Grotte sind im Archäologischen Museum von La Spezia ausgestellt. Für Tagesbesucher ist die grüne Felseninsel Palmaria mit ihren schönen Bademöglichkeiten ein beliebtes Ziel, zu erreichen mit Ausflugsbooten von Portovenere aus. Auf einem Wanderweg kann man die Insel in wenigen Stunden umrunden und dabei die wilde Schönheit ihrer Landschaft genießen.

Die **Insel Tino** ist militärisches Sperrgebiet. Nur am Namenstag des Hl. Ve-

nerio am 13. September darf die Insel betreten werden.

Im frühen Mittelalter ließen sich auf den Inseln bevorzugt Einsiedler und Mönche nieder. Auf Tino war es der Einsiedler *San Venerio.* Der Legende nach vollbrachte er zahlreiche Wunder und rettete Seeleuten in Not das Leben, weshalb er zum Schutzpatron der Leuchtturmwärter wurde. Ihm zu Ehren errichteten Mönche im 11. Jahrhundert auf Tino ein Kloster, von dem heute nur noch die Überreste der Klosterkirche San Venerio, die auf einen Vorgängerbau aus dem 7. Jahrhundert zurückgeht, zu sehen sind. Auch auf **Tinetto,** der kleinsten Insel, befinden sich Reste eines mittelalterlichen Kirchenbaus. Der Zutritt ist erlaubt.

Touristeninformation

●**IAT-Büro,** Piazza Bastreri 7, Tel. 0187/790 691, Fax 790215, www.portovenere.com.

Unterkunft

●*****Grand Hotel Portovenere,** Via Garibaldi 5, Tel. 0187/792610, Fax 79066, www.portovenerehotel.it. Komfortables Grand Hotel im ehemaligen Klostergebäude San Francesco aus dem 17. Jahrhundert, 44 Zimmer und 10 Suiten, circa die Hälfte davon mit Blick auf den Hafen. 120–226 €.

●*****Royal Sporting,** Loc. Seno dell' Olivo, Via dell'Olivo 345, Tel. 0187/790326, Fax 777707, www.royalsporting.com. Moderner Neubau an der Küste mit Blick auf die Isola Palmaria, 60 komfortable Zimmer, Schwimmbad, eigener Strand. 160–250 €.

●****Belvedere,** Via Garibaldi 26, Tel. 0187/ 790608, Fax 791469, www.belvedereporto venere.it. Modernisiertes Hotel vom Ende des 19. Jahrhunderts mit 18 gut ausgestatteten Zimmern. 90–155 €.

●****Della Baia,** Loc. Le Grazie, Via Lungomare 111, Tel. 0187/790797, Fax 790034, www.baiahotel.com. Der Palazzo des Della

Riviera di Levante

fig 147 Foto: sg

„Pfahlmuscheln" aus Portovenere

Pfahlmuscheln, auch Miesmuscheln genannt, Meeresdatteln und Austern wurden bereits von den Römern mit Vorliebe gezüchtet und verspeist. Mönche griffen im Mittelalter diese Tradition wieder auf. Seit Ende des 19. Jahrhunderts wird in der Bucht von La Spezia traditionell Muschelzucht betrieben.

In der ruhigen, vor stürmischer See geschützten Bucht von La Spezia, besonders bei Portovenere, finden die Miesmuscheln bei hohem Plankton- und niedrigem Salzgehalt optimale Wachstumsbedingungen. Fortpflanzungszeit der Weichtiere sind der Herbst und der Winter. Da die Muscheln ihre Eier in einer gallertartigen Substanz direkt im Wasser ablegen, benötigen sie eine sehr ruhige Wasseroberfläche. Die geschlüpften Larven setzen sich auf Pfählen (daher auch der Name Pfahlmuscheln), Steinen und Bootswracks fest und reifen in wenigen Monaten zu Miesmuscheln heran. Heute werden sie überwiegend an langen Schnüren oder in Tonnen gezüchtet.

Die essbaren Muscheln mit blauvioletter und löffelformiger Schale sind an der ligurischen Küche sehr beliebt. Der große Bedarf wird heute durch zahlreiche Zuchtbetriebe gedeckt. Auffallend sind vor Portovenere die vielen Zuchttonnen, in denen die Cozze, auch Muscoli genannt, mit Ozon behandelt, heranreifen. Sie kommen als köstliche Gerichte, etwa *Muscoli ripieni* (gefüllte Miesmuscheln) und *Muscoli alla marinara* (mit Tomtensauce und Knoblauch), oder zu Nudeln auf den Tisch. Eine besonders köstliche, aber auch sehr aufwendige Variante ist das ausgelöste, panierte und frittierte, nur mit etwas Zitrone und Petersilie gewürzte Muschelfleisch.

Baia liegt in einem kleinen Ort kurz vor Portovenere, hat 34 gut ausgestattete Zimmer, Schwimmbad und ein empfehlenswertes Restaurant (gehobene Preislage). 130–173 €.

● *****Paradiso,** Via Garibaldi 34, Tel. 0187/790612, Fax 792582, www.hotelportovenere.it. Kleinerer Palazzo mit 13 komfortablen Zimmern mit Meerblick. 130–170 €.

● ****Genio,** Piazza Bastreri 8, Tel./Fax 0187/790611. Originelles Hotel im Turm neben dem Stadttor, 7 kleine Zimmer, gleicher Zimmerpreis mit und ohne Bad. 100–130 €.

● **Locanda Lorena,** Isola Palmaria, Via Cavour 4, Tel. 0187/792370, Fax 766077. Bescheidene, sehr schön gelegene Strandpension auf der Insel Palmaria, 6 Doppelzimmer mit Bad 110–120 €, ohne Bad 100–110 €, Fischrestaurant. Die Locanda ist nur von März bis November geöffnet.

● ***Nardini,** Loc. Le Grazie, Via Libertà 69, Tel./Fax 790006, www.albergonardini.it. Einfache Pension in Le Grazie, 7 Zimmer, gleicher Zimmerpreis mit oder ohne Bad. 70–80 €.

● **B&B Gli Olivi,** Via II Traversa Olivo 13, Tel. 0187/790224, www.portovenere.biz. In Strand- und Ortsnähe gelegenes kleines B&B mit einem behaglich eingerichteten Zimmer und Garten (100–110 €).

Essen und Trinken

● **Antica Osteria del Caruggio,** Via Capellini 66, Tel. 0187/790617. Rustikale Osteria in der Altstadt mit blanken Holztischen und einer kleinen Auswahl klassischer regionaler Fischgerichte; untere bis mittlere Preislage.

● **L'Osteria,** Piazza Valletta 7, Località Fezzano (kleiner Ort zwischen La Spezia und Portovenere), Tel. 0187/792625, Ruhetag Mo. Nettes kleines Fischlokal mit täglich wechselnder Karte, die auf sympathische Weise sehr kurz ist, dafür wird hier auch nur frischer Fisch serviert; Tische im Freien; untere bis mittlere Preislage.

Verkehrsverbindungen

An Wochenenden und in Ferienzeiten sollte man wegen der vielen Staus und geringen Parkmöglichkeiten auf öffentliche Verkehrsmittel umsteigen.

● **Bus oder Fähre ab La Spezia und Boot von Cinque Terre.** Linienbus Nr. 11 ab Piazza Brin, Fahrtzeit ca. 30 Minuten.

● **Bootsverkehr** im Sommer nach La Spezia, Lerici, Cinque Terre.

● **Ausflugsboote zur Isola Palmaria.**

Feste

● **Festa della Madonna Bianca,** Patronatsfest mit Prozession und Fackelzug am 17. August.

● **Festa di San Venerio,** nächtliche Bootsprozession zur Isola Tino am 13. September, dem Namenstag des Schutzheiligen. Einziger Tag im Jahr, an dem die Insel öffentlich zugänglich ist.

● **Coppa Byron,** Wettschwimmen von Portovenere nach Lerici zu Ehren des englischen Dichters *Lord Byron,* im August.

Baden

● **Badebuchten** mit Kies- und Sandstrand **auf der Insel Palmaria.**

Über die Viale Italia, die beim Handelshafen in die Viale Bartolomeo übergeht, verlässt man La Spezia in Richtung Osten. Vorbei an riesigen Containerhäfen, Werften und Fabriken führt die Uferstraße am Ostufer der Bucht von La Spezia in Richtung Lerici. Ein erster Halt lohnt sich in San Terenzo.

San Terenzo   ↗ XXI, C3

● **PLZ 19036**
● **Ew.: 1200**
● **7 m üNN**

Der erste eigenständige Ort nach La Spezia besitzt die für Ligurien typischen farbigen Häuser, eine kleine lebhafte Piazza und einen kleinen Sandstrand. Das frühere einfache Fischerdorf wird am Westrand von einer spätmittelalter-

Riviera di Levante

lichen Burg bewacht, die im 15. und 16. Jahrhundert erweitert wurde.

In der **Villa Magni** am südlichen Ortsrand (Richtung Lerici), wegen ihrer weißen Fassade auch *Casa Bianca* genannt, verbrachte der englische Dichter *Shelley* die letzten Monate vor seinem Tod. Sie ist in Privatbesitz und kann nicht besichtigt werden.

Percy Shelley, geboren 1792 bei Horsham, West Sussex, wurde im Alter von 19 Jahren wegen eines Pamphlets von der Universität in Oxford verwiesen. 1814 verließ er England und floh zunächst in die Schweiz, wo er mit Lord Byron zusammentraf. Von dort reiste er weiter nach Italien. Als **Dichter der Romantik** suchte er den Einklang mit der Natur, was er in der idyllischen Bucht von La Spezia fand. Erst 30-jährig ertrank Shelley 1822 bei einem Segeltörn entlang der toskanischen Küste.

Essen und Trinken

● **La Palmira,** Via Trogu 13, Tel. 0187/ 971 094, Ruhetag Mi. (nicht im Sommer). Kleines Lokal mit guter bodenständiger Regionalküche; mittlere Preislage.

Café

● **Pasticceria Oriani,** Via Matteotti 31, Tel. 0187/971372. Konditorei mit sehr gutem Kuchen und Gebäck.

Einkaufen

● **Fischmarkt,** Fr. morgens.

Baden

● Kleiner, flacher **Sandstrand,** gut für Kinder geeignet.

Hafen von Lerici

Lerici ⚓ XXI, C3

● **PLZ 19032**
● **Ew.: 10.900**
● **10 m üNN**

Gegenüber von Portovenere am anderen Ende des Golfs liegt der **geschichtsträchtige Ort** Lerici in einer weiten Bucht. Der hübsche Ferienort ist im Sommer sehr überlaufen.

Die Kulisse des Hafenstädtchens wird von einer **imposanten Burg** beherrscht, die sich auf einer Felsspitze erhebt. Unterhalb der Burg breiten sich die **kleine Altstadt** mit mittelalterlichen Gassen und den im typischen Stil der Region erbauten Häusern und das moderne Lerici aus, umrahmt von dicht bewaldeten Hügeln und modernen Ferienvillen. Entlang der Bucht liegen nicht nur bunte Fischerboote, sondern auch zahlreiche Jachten und Segelboote. Im Gegensatz zur eher beschaulichen kleinstädtischen Atmosphäre in der Altstadt verleihen die Kulisse des Jachthafens und die vielen Bars, Restaurants und Boutiquen entlang der Uferpromenade dem Ort die Atmosphäre eines internationalen Ferienortes.

Hotels wie das Byron und Shelley erinnern an die **Aufenthalte der Bohème** im 19. Jahrhundert, zu der neben *Lord Byron* und *Shelley* auch *Keats* und *D.H. Lawrence* gehörten (fast hundert Jahre nach den Romantikern Byron und Shelley genoss D.H. Lawrence die Beschaulichkeit dieses Küstenstriches). Diesen englischen Dichtern verdankt die Bucht den Beinamen „Golfo dei Poeti".

1152, als Lerici unter die Herrschaft der Genuesen fällt, taucht der Ort erstmals unter dem Namen **Mons Ilicis** in einer Urkunde auf. Bereits der Geograf, Astronom und Mathematiker *Ptolemäus* (85–160 n.Chr.) verzeichnete ihn als Portus Ericis.

Der strategisch **wichtige Festungsort** war zwischen den verfeindeten Seerepubliken Genua und Pisa jahrhundertelang heftig umstritten. Erst 1241 gelang es den Pisanern, Lerici zu erobern. Die Pisaner errichteten gegenüber der genuesischen Festung in Portovenere eine mächtige Bastion auf den Resten einer früheren Anlage. 1256 gelang es Genua, die Vormachtstellung in der Bucht von La Spezia zurückzugewinnen. Später waren es die Florentiner,

Franzosen und Spanier, die diesen begehrten Ort belagerten und unter ihre Herrschaft brachten.

An der Bausubstanz der gut erhaltenen Burg sind die vielen Umbauten unter den wechselnden Herrschern erkennbar. Ein Besuch des **Castello di Lerici** lohnt sich nicht nur wegen des herrlichen Ausblicks über die Bucht von La Spezia auf das gegenüberliegende Portovenere und auf die Inseln Palmaria und Tino. In den alten Gemäuern ist auch ein **Museum der Erd- und Frühgeschichte** untergebracht. Ausgestellt sind die in der Provinz von La Spezia gefundenen Fossilien und Saurierskelette. Naturgetreue Rekonstruktionen von Reptilien, wie Pareiasaurus, Dilophosaurus, Ceratosaurus und Vulca-

Riviera di Levante

ligf075 Foto: SB

nodon, die vor ca. 200 Millionen Jahren die Erde bevölkerten, werden von Computersimulationen begleitet.

● **Museo Geopaleontologico,** Castello di Lerici, Tel. 0187/969042, Fax 942838, www.castellodilerici.it. Öffnungszeiten: 20. Oktober bis 15. März: Di.–Fr. 10.30–12.30. Feiertags und 26. Dezember bis 6. Januar: 10.30–12.30 und 14.30–17.30 Uhr, Mo geschlossen. 16. März bis 30. Juni und 1. Sept. bis 19. Oktober: Di.–So. 10.30–13.00 und 14.30–18.00 Uhr, Mo. geschlossen. 1. Juli bis 31. August: Di.–So. 10.30–12.30 und 18.30–24.00 Uhr, Mo. geschlossen. Eintritt 5 €.

Sehenswert ist auch die **Burgkapelle**. Sie wurde im 13. Jahrhundert im ligurisch-gotischen Baustil errichtet und besitzt schöne Deckengewölbe.

Kleine Bucht zwischen Lerici und Tellaro

Touristeninformation

● **IAT-Büro,** Via Biaggini 6, Tel. 0187/967346, Fax 969417.

Unterkunft

● ***Doria Park,** Via Doria 2, Tel. 0187/967124, Fax 966459, www.doriaparkhotel.com. Schön gelegenes, komfortables Hotel mit 42 Zimmern, z.T. mit Meerblick. 85–105 €.
● **Del Golfo,** Via Gerini 37, Tel. 0187/967400, Fax 965733, www.hoteldelgolfo.com. Einfaches, zentral gelegenes Hotel mit 20 Zimmern. 85–115 €.
● ***Florida,** Via Biaggini 35, Tel. 0187/967332, Fax 967344, www.hotelflorida.it. Modernes, komfortables Hotel mit 37 geschmackvoll eingerichteten Zimmern, alle mit Balkon. 140–180 €.

Agriturismo

● **La Rosa Canina,** Loc. Monte Branzi 16, Tel. 0187/966719, www.larosacanina.net. Schön gelegener, 4 Hektar großer Bio-Bauernhof, 6 km von Lerici entfernt in 200 m Höhe, 3 gemütliche Zimmer, Schwimmbad. 70–90 €.

Camping

● **Camping Maralunga,** Loc. Maralunga, Via Carpanini 61, Tel./Fax 0187/966589. Schön gelegener terrassierter Platz südlich Lericis mit Blick über den Golf, geöffnet von 1. Juni bis 30. September, Wohnmobil-Service, 75 Plätze.

Essen und Trinken

● **Il Frantoio,** Via Cavour 21, Tel. 0187/964174, Ruhetag Mo. Gehobenes Fischrestaurant in einer ehemaligen Ölmühle.
● **La Conchiglia,** Piazza del Molo 3, Tel. 0187/967334, Ruhetag Mi. Alteingesessenes Restaurant mit guter Fischküche, Tische im Freien; gehobene Preislage.
● **La Piccola Oasi,** Via Cavour 58–60, Tel. 0187/964588. Ruhetag Di. Kleine gemütliche Trattoria mit einfachen ligurischen Gerichten, Tische im Freien; untere bis mittlere Preislage.

Bar/Imbiss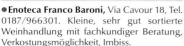

- **Enoteca Franco Baroni,** Via Cavour 18, Tel. 0187/966301. Kleine, sehr gut sortierte Weinhandlung mit fachkundiger Beratung, Verkostungsmöglichkeit, Imbiss.
- **Bar Enoteca da Franco,** Loc. Solaro, Via Militare 72, Tel. 0187/970016. Ruhetag Mi. Gemütliche Enoteca mit Barbetrieb, ausgezeichnetem Weinangebot und leckeren Panini.
- **Bontà Nascoste,** Via Cavour 52, Tel. 0187/965500. Typisches Farinata-Lokal. Neben Pizza und Farinata auch einige Nudel- und Hauptgerichte. Untere Preislage.

Verkehrsverbindungen

Das Ostufer ist nicht an die Bahn angeschlossen. Vor allem am Wochenende sind Parkplätze Mangelware. Am stressfreiesten ist Lerici mit dem Bus ab La Spezia oder mit dem Boot zu erreichen.
- **Busse ab La Spezia** (Piazza Chiodo oder Bahnhof La Spezia) und **ab Sarzana.**
- **Bootsverkehr ab La Spezia** (Passeggiata Morin) und **ab Portovenere.**
- **Navigazione Golfo dei Poeti,** Imbarcadero lato Sud, Tel. 0187/967676, Schiffsverbindungen zwischen den Cinque Terre, Palmaria und Portovenere. Anlegestellen in Monterosso, Vernazza, Manarola, Riomaggiore, Portovenere, La Spezia.
- **Mit dem Auto** von La Spezia kommend zunächst durch das Hafengebiet in Richtung Lerici und immer entlang der Küstenstraße. Im Sommer und an den Wochenenden herrscht in Lerici starker Verkehr mit häufigen Staus.

Parken

- Großer, **gebührenpflichtiger Parkplatz** gegenüber des Cinema Teatro.

Einkaufen

- **Täglicher Fischmarkt** am Hafen.
- **Wochenmarkt,** Sa. an der Uferpromenade.
- **Panificio Brondi e Cargioli,** Via Petriccioli 58, Tel. 0187/967219. Spezialität dieser Bäckerei sind die *Biscotti di Lerici* (Anis-Zwieback).

Feste

- **Sagra della Lumaca,** Schneckenfest Ende August im Ortsteil La Serra.
- **Sagra di San Erasmo,** Stadtfest mit Feuerwerk und nächtlicher Bootsprozession mit den Heiligenfiguren nach San Terenzo, erstes Wochenende im Juli.

Fiascherino und Tellaro

- **PLZ 19032**
- **10 m ü.NN**

⤢ **XXI, C3**

Parallel zur Straße nach Montemarcello windet sich von Lerici aus eine Stichstraße entlang der zerklüfteten und dicht mit Macchia bewachsenen Felsenküste bis nach Tellaro. Vorbei an hübschen Villengrundstücken mit eigenem kleinen Privatstrand gelangt man nach **Fiascherino,** einem gepflegten Vorort mit einigen Hotels, Privatzimmern und Ferienhäusern. Treppenwege führen zu einer der schönsten Badebuchten an der Levante hinunter.

In **Tellaro,** 5 km südlich von Lerici, endet die Küstenstraße. Das alte Küstenörtchen liegt malerisch auf einer felsigen Landzunge. Schmale ausgetretene Treppengassen führen zum winzigen Hafenbecken und zur Kirche direkt am Wasser. Der Weg führt an topsanierten Altbauten vorbei, die Fassaden in pastelligem Grün, Gelb und Rosa, mit schönen Portalen, Fenstern und Loggien – das perfekte Klischee eines **romantischen Fischerdorfes** mit Bildbandcharakter. Doch aus den ehemaligen Fischerhäusern sind mittlerweile längst die Feriendomizile reicher Städter geworden.

Riviera di Levante

Alles in allem ist Tellaro ein eher beschauliches Plätzchen, an dem man es gut ein paar Tage aushalten kann. Außer baden kann man hier schöne Wanderungen durch das **Naturschutzgebiet des Parco Montemarcello** oder Ausflüge ins nahe gelegene Lerici, nach La Spezia oder an die toskanische Küste unternehmen. Der Fremdenverkehr hält sich außerhalb der Hauptsaison in Grenzen. Nur am Wochenende, wenn die Ferienhausbesitzer und Tagesausflügler von La Spezia einfliegen, beleben sich die Gassen.

Unterkunft

●***Miranda,** Loc. Tellaro, Via Fiascherino 92, Tel. 0187/968130, Fax 964032, www. miranda1959.com. Kleines, geschmackvolles Hotel mit Aussichtslage, 7 gemütlich und komfortabel ausgestattete Zimmer und bekanntes Feinschmecker-Restaurant (s.u.). 90–120 €.
●*Delle Ondine,** Via Fiascherino 1, Tel. 0187/965131. Zentral gelegene einfache Pension mit 13 Zimmern. 65 €.
●***Il Nido,** Via Fiascherino 75/122, 19030 Tellaro di Lerici (SP), Tel. 0187/ 969263, 967 286, 964593, Fax 964617, www.hotelnido. com. Renoviertes und modern ausgestattetes Hotel an der Küstenstraße, mit 16 Zimmern und schönem Privatstrand. 110–150 €.

Camping

●***Gianna,** Loc. Tellaro, Via Fiascherino 7, Tel./Fax 0187/966411. Geöffnet von 1. April bis 30. September. Gepflegter, schön gelegener Campingplatz mit Meerblick, terrassiert mit Baumbestand, viele Dauercamper, Wohnmobil-Service und Schwimmbad.

Essen und Trinken

●Il Delfino,** Via Fiascherino 104, Tel. 0187/ 964050, Ruhetag Mo. Pizzeria und Fischrestaurant mit traditioneller ligurischer Küche; mittlere Preislage.

●Miranda,** Via Fiascherino 92, Tel. 0187/ 964012 oder 968130, Ruhetag Mo. Kleines, elegant eingerichtetes Feinschmeckerlokal. Spezialität von Küchenchef *Angelo Cabani* ist Tintenfisch, sorgfältig ausgewählte Weinkarte; gehobene und oberste Preislage.

Fest

●„Natale Subacqueo",** am Abend des 24.12. wird der gesamte Ort mit ca. 1000 Kerzen erleuchtet, gegen 24 Uhr holen Taucher eine Jesus-Figur aus dem Wasser, die mit Feuerwerk und Fackelzug begleitet in die Kirche getragen wird.

Baden

●Sehr schöner Sandstrand,** gut für Kinder geeignet, in einer idyllischen Bucht mit Sonnenschirm- und Liegestuhlverleih und Bar in Fiascherino (Treppenweg beim Wegweiser zur Locanda „Il senatore").
●Ein Stück weiter führt ein steiler **Treppenweg (Scalinata Shelley)** an die andere Seite der Bucht hinunter. Hier gibt es ein kleines Stück freien Strand und einen **Badefelsen,** dazwischen liegt der Strandabschnitt des Hotels Nido. Bei weitem schöner ist jedoch der oben beschriebene Strandabschnitt.

Parken

●Parkplatz in Fiascherino** (nach Ristorante Costa Azzurra) in der Nähe der Badebuchten, in der Badesaison ca. 3 €. Parkmöglichkeiten am Ortseingang von Tellaro. Der Ort selbst ist für den Verkehr gesperrt.

Montemarcello ⤢ XXI, C3

●PLZ 19030**
●266 m üNN**

Um in den **Parco Naturale Montemarcello** zu gelangen, muss man wieder nach Lerici zurückfahren und in Richtung La Serra abbiegen, einem kleinen Ort hoch oben auf den Hügeln. Der große Naturpark erstreckt sich auf dem Bergrücken von Montemarcello, zwischen Lerici und Punta Bianca, dem südöstlichen Zipfel Liguriens.

Das helle Kalksteinmassiv schiebt sich zwischen die Bucht von La Spezia und die breite Mündungsebene des Magra-Flusses. Ein **Wanderwegenetz,** zum Teil auf alten Saumpfaden, durchzieht die fast unberührte Landschaft des gesamten Naturparks.

Auf einer landschaftlich sehr reizvollen Straße gelangt man in das hübsche Dorf Montemarcello auf der Kammhöhe des Küstengebirges. Von hier oben hat man einen traumhaften **Rundumblick** über die Bucht von La Spezia im Westen, die breite Schwemmlandebene des Magra, bis hin zu den weiß schimmernden Apuanischen Alpen bei Carrara im Osten.

Touristeninformation

● **Pro loco,** Via Nuova 48, Tel. 0187/670910, prolocomontemarcello@hotmail.com.

Unterkunft/Restaurant

● **Agriturismo Gallerani,** Loc. **Zanego** 5, Tel. 0187/964057. Zanego erreicht man auf der Provinzstraße von Montemarcello in Richtung Lerici. Bio-Bauernhof mit Bewirtung, einigen Doppelzimmern und einer Ferienwohnung, geöffnet von Juni bis September.
● **Trattoria Dai Pironcelli,** Via delle Mura 45, Tel. 0187/601252, Ruhetag Mi., nur abends geöffnet. Nettes, kleines Lokal mit familiärem Ambiente und bemerkenswert guter, bodenständiger regionaler Küche, umfangreiche Weinkarte; mittlere Preislage.

Baden

● **Einsame Badebucht an der Punta Corvo.** Der Strand ist nur zu Fuß über steile Treppen und einen Pfad (200 m Höhenunterschied) zu erreichen, 30–60 Minuten Gehzeit.

Ameglia, Bocca di Magra ⤢ XXI, C3

● **PLZ 19031**
● **Ew.: 4520**
● **2 m üNN**

Am westlichen Rand der Magra-Ebene liegt Ameglia. Seine Ursprünge gehen auf die römische Zeit zurück, als der Ort an der Straße nach Luni lag.

Wegen seiner strategisch günstigen Lage auf einer Hügelkuppe über dem Magra-Tal errichteten die Bischöfe von Luni eine Burg um einen bereits vorhandenen zentralen Rundturm aus dem 11. Jahrhundert. Ameglia Alta entstand ringförmig um die Festungsanlage. Es lohnt sich, durch die schmalen und verwinkelten Gassen der mittelalterlichen Altstadt mit den Durchgängen, Innenhöfen und gepflegten efeubewachsenen Häusern bis hinauf zum Festungsturm zu schlendern. Das **mittelalterliche Stadtbild** ist gut erhalten. Genießen Sie die Aussicht auf die weite Ebene des Magra-Tals vor der Kulisse der Apuanischen Alpen.

Die **Pfarrkiche** der Heiligen *Vincenzo* und *Anastasio* ist aus dem frühen 16. Jahrhundert. Aus der Renaissancezeit stammen ein aus Marmor gefertigtes Portalrelief und einige wertvolle Ausstattungsstücke im Innern der Kirche.

Von Ameglia Bassa bis **Bocca di Magra** ziehen sich die zahlreichen Bootsanlegeplätze entlang der Magra. Der ehemalige Fischerort Bocca di Magra ist heute vor allem ein Ferienort mit Geschäften, Bars und Restaurants und einem kleinen gebührenpflichtigen Strand.

Riviera di Levante

Attraktiver sind die langen Sandstrände Fiumaretta und Marinella auf der anderen Flussseite an der toskanischen Versiliaküste.

Touristeninformation

●**IAT-Büro,** Piazza Sforza 1, Ameglia, Tel. 0187/609232, www.comune.ameglia.sp.it.

Unterkunft/Restaurant

●***Paracucchi Locanda dell'Angelo,** Viale XXV Aprile 60, Fiumaretta di Ameglia, Tel. 0187/64391, Fax 64393, www.paracucchilo canda.it. Bekanntes Feinschmeckerlokal unter der Leitung von *Angelo Paracucchi.* Zudem 37 stilvoll und komfortabel eingerichtete Zimmer. 110 €.

Sarzana ☞ XXI, C2

●**PLZ 19038**
●**Ew.: 20.059**
●**21 m üNN**

Links des Magra-Flusses, in der fruchtbaren Mündungsebene, liegt Sarzana, eine **sympathische Kleinstadt** mit einer reizvollen und lebhaften Altstadt. Was sich heute wie eine normale italienische Kleinstadt ausnimmt, hat eine lange, geschichtsträchtige Vergangenheit hinter sich. Durch Sarzana führte im Mittelalter eine der wichtigsten Handels- und Pilgerstraßen, die **Via Francigena,** die von den Langobarden um das 7. Jahrhundert als neue Fernverbindung zwischen der Königsresidenz Pavia im Norden und Rom angelegt wurde. Unter fränkischer Herrschaft wurde die Straße weiter ausgebaut und erhielt deshalb später irrtümlicherweise den Namen **Frankenstraße** (= *Via Francigena).* Sie führte von der Lombardei über

den Passo della Cisa (1039 m) und folgte dann dem Verlauf des Magra-Flusses über Pontremoli bis ans Meer zum einstigen wichtigen römischen Hafen Luni.

Auf ihrem Weg nach Rom zogen Kaiser, Päpste, Pilger, Kaufleute und viel fahrendes Volk durch das kleine Flusstal der Magra und sorgten für den **Aufschwung** dieses Landstriches. Das sehr einträgliche Tal an der Grenze zwischen Ligurien und der Toskana war deshalb über die Jahrhunderte von den umliegenden großen Nachbarn Genua, Pisa, Lucca und Florenz heiß umkämpft. Wer Sarzana beherrschte, kontrollierte den Zugang zum Cisa-Pass und damit in die Po-Ebene.

Sarzana wird 963 erstmals erwähnt. In einer Urkunde bestätigt **Otto I.** Bischof *Adalbert von Luni* den Besitz eines „castrum sarzanae". Seinen Aufschwung zu einem wichtigen regionalen Handelszentrum hat Sarzana vor allem der Verlegung des **Bischofssitzes** 1204 von Luni nach Sarzana zu verdanken, was gleichzeitig den Untergang des römischen Luni besiegelte.

Besichtigung

Vom Bahnhof an der Piazza Roma über die Viale XXI Luglio gelangt man zu Fuß in wenigen Minuten auf die **Piazza Garibaldi** und ist dann bereits mitten im Stadtzentrum.

Mit Unterstützung der Pisaner begann der Ghibellinenführer *Oberto Pallavicino* ab 1249 mit der Befestigung der Stadt. Gleichzeitig entstand in der nordöstlichen Ecke des neuen Mauergürtels eine Burg, die sogenannte **Cittadella Firmafede.** Unter der Herr-

schaft des Lucchesen *Castruccio Castracani* 1314–1328 wurde die Zitadelle mit Bastionen verstärkt. In der Folgezeit wechselten sich Herrschaftsgeschlechter aus Genua, Mailand und Florenz mit der Macht in Sarzana ab. Bei der Eroberung Sarzanas durch Florenz wurde die Festung zerstört. Die heutige Vierflügelanlage wurde ab 1487 auf Geheiß von *Lorenzo il Magnifico* (dem Prächtigen) errichtet.

Der Verlauf der Via Francigena bestimmte die Anlage der Stadt. Heute heißt sie **Via Mazzini** und ist die **Flaniermeile** Sarzanas. Sie verläuft in Nordwest/Südost-Richtung zwischen Porta Parma und Porta Romana.

Auf der Piazza Garibaldi

Die Hauptsehenswürdigkeit ist der romanisch-gotische **Dom Santa Maria Assunta** an der Piazza Niccolò V., der nach dem in Sarzana geborenen Papst *Nikolaus V.* (1447–1455) benannt wurde. Nachdem Sarzana 1204 den Status einer Bischofsstadt erhielt, begann man an der Stelle der ursprünglichen Pfarrkirche San Basilio mit dem Bau einer neuen **repräsentativen Bischofskirche,** die aber erst 1474 vollendet wurde. Aus der frühen Bauphase stammt noch der original erhaltene Glockenturm. Deutlich sichtbar sind an der schlichten Marmorfassade mit Stufenportal und filigranem Radfenster die barocken Umbauten aus dem 17. Jahrhundert. Die Fassadenfront wurde verbreitert, und der Giebel erhielt seitliche Voluten und eine stumpfe Spitze.

Im weitläufigen **Innenraum** wird der toskanische Einfluss nicht nur an der Innenraumstruktur mit dreischiffigem Langhaus und weit gespannten Scheidbögen sichtbar. Viele der zum größten Teil aus Carrara-Marmor gefertigten Skulpturen gehen auf **toskanische Meister** zurück, wie z.B. die von *Leonardo* und *Francesco Riccamano* geschaffenen Marmoraltäre im Querhaus und im Chor hinter dem Hochaltar. Wahrscheinlich noch aus dem Kirchenschatz von Luni stammt das berühmteste und älteste Ausstattungsstück der Kirche, ein bemaltes **romanisches Holzkreuz** mit einer Kreuzigungsdarstellung des toskanischen Meisters *Guglielmo* von 1138.

Die romanische **Kirche Sant'Andrea,** das älteste Gotteshaus Sarzanas, ist bereits für das Jahr 1135 belegt. Im 13., 16.

Riviera di Levante

und 17. Jahrhundert wurde sie umgebaut und erweitert. Aus der romanischen Erbauungszeit sind der Glockenturm und die Fassade mit dem Renaissance-Portal erhalten.

Am nordwestlichen Ende der Via Mazzini liegt die begrünte Piazza Matteotti. Ihre Südseite nimmt der **Palazzo Comunale** (Rathaus) ein, der den Platz zur angrenzenden Piazza Luni abgrenzt. Die Vierflügelanlage mit Arkadeninnenhof stammt aus dem 16. Jahrhundert. Der von *Lorenzo dei'Medici* im 15. Jahrhundert errichtete Vorgängerbau wurde von den Genuesen zerstört. **Etwa 2 km nördlich des Zentrums**

Pasticceria Gemmi –
die älteste Konditorei Sarzanas

thront die mächtige **Fortezza di Sarzanella** hoch über der Stadt. An der Stelle des bereits 963 erwähnten castrum sarzanea, der Burg der Bischöfe von Luni, modernisierten die florentinischen Militärarchitekten gegen Ende des 15. Jahrhunderts einen von den Genuesen errichteten Vorgängerbau durch ein wohl durchdachtes **Verteidigungssystem** auf dem Grundriss eines annähernd gleichschenkligen Dreiecks. Die Anlage besitzt einen quadratischen Hauptturm und zylindrische Ecktürme und ist von einem umlaufenden Trockengraben umgeben. Zusätzlich gesichert wird der Kernbau auf der Eingangsseite im Osten durch eine vorgelagerte spitzdreieckige Bastion, wodurch ein ungewöhnlicher rautenförmiger Grundriss entsteht.

Touristeninformation

● **IAT-Büro,** Piazza San Giorgio, Tel. 0187/620419, www.comune.sarzana.sp.it.

Unterkunft

● ****La Villetta,** Via Sobborgo Emiliano 24, Tel. 0187/620195, Fax 1878841. Kleines, einfaches Hotel in einem Altstadthaus, 16 Zimmer, leider durch Straßenlärm beeinträchtigt. 60–98 €.

Essen und Trinken

● **La Scaletta,** Via Bradia 5, Tel. 0187/620585, Ruhetag Di. Große Trattoria mit klassischen, sorgfältig zubereiteten Gerichten aus dem Hinterland, hausgemachte Pasta, Tische im Freien; untere bis mittlere Preislage.

● **Osteria del Monsignore,** Via Cisa 98–100 (die Via Cisa führt von der Porta Parma stadtauswärts), Tel. 0187/624195, Ruhetag Mi. Kleine Osteria mit tadellos zubereiteten einfachen Gerichten aus der Region, Tische auch im Freien; mittlere Preislage.

● **La Compagnia dei Balenieri,** Via Rossi 28, Tel. 0187/603537. Mitten in der Altstadt von Sarzana liegt dieses Restaurant. Stets frisch zubereitete bodenständige Küche, auch Tische im Freien.

Eis/Café

● **Pasticceria Gemmi,** Via Mazzini 21. Schönste und älteste Konditorei am Platz mit einer großen Auswahl an süßen Köstlichkeiten. Eine Spezialität Sarzanas sind die *spongate,* knusprige und mit Marmelade gefüllte Blätterteigtaschen.

● **Gelateria Paolo Biagi** in der Via Genova, hervorragendes Eis und Semifreddo.

Imbiss

● **Il Lupo,** Via Cisa 72, Tel. 0187/622619, Mo. Ruhetag. Nette Pizzeria im Zentrum mit guter Pizza und Farinata.

● **La Pia,** Via Mazzini 134, Tel. 0187/620521.

● **Pizzeria Farinata da Silvio,** Via Marconi 14, Tel. 0187 620272. Alteingesessenes Farinata-Lokal.

● **Pizzeria Forno Bugliani,** Piazza San Giorgio 20, Tel. 0187/620005. Zu jeder Tageszeit frische Pizza, Foccaccia und Farinata, einige Tische im Freien.

Verkehrsverbindungen

● **Bahn- und Busverbindungen nach La Spezia und Pisa.**

● Direkter **Busverkehr zum Ausgrabungsgelände der römischen Stadt Luni,** im Sommer halbstündlich, im Winter stündlich.

Märkte

● **Wochenmarkt,** Do. morgens in der Altstadt.

● **Antiquitätenmarkt Mostra Nazionale dell'Antiquariato,** jeden zweiten Sonntag im Monat (wird auch „soffitta nella strada" = Speicher auf der Straße genannt). Der große, in ganz Italien bekannte Floh- und Antiquitäten-Markt findet Mitte August in der Festung Firmafede statt und dauert zwei Wochen.

● **Antiquitätenmessen** um Ostern.

Ausflug nach Luni

Nur wenige Kilometer südöstlich von Sarzana, an der Via Aurelia, lohnt sich der Besuch des **archäologischen Ausgrabungsgeländes** der untergegangen römischen Stadt Luni, der Namensgeberin der Landschaft Lunigiana.

Die römische Colonia Lunae wurde 177 v.Chr. als Garnisonsstadt zur Eroberung Liguriens gegründet. Das damals noch am Meer liegende Luni entwickelte sich schnell durch seinen Exporthafen zu einer **florierenden Küstenstadt.** Von hier aus wurden die kostbaren, bei Carrara abgebauten Marmorblöcke verschifft. Seine Bedeutung als Handelsstadt behielt Luni auch unter der Herrschaft der Byzantiner und Langobarden bei. Vom 5. bis zu Beginn des 13. Jahrhunderts war Luni Bischofssitz. Schuld am Untergang der bedeutenden Hafenstadt war die allmähliche **Versandung des Hafens.** Hinzu kamen durch die zunehmende Versumpfung des Gebietes immer häufiger auftretende Ma-

Riviera di Levante

laria-Epidemien. Die **Verlegung des Bischofssitzes** 1204 durch *Innozenz III.* nach Sarzana hatte die endgültige Aufgabe Lunis zur Folge. Heute liegt Luni ca. 2 km vom Meer entfernt. In *Dantes* „Göttlicher Komödie" wird die Stadt bereits als die Verdammte bezeichnet.

1837 begannen die **ersten Grabungen.** Das Areal ist bis auf die dem antiken Küstenverlauf folgende Südostseite rechtwinklig angelegt. Bemerkenswert sind die gut erhaltenen Reste des Amphitheaters, die Ruinen einer frühchristlichen Marienbasilika und zweier Tempel sowie die zum Teil erhaltenen Fresken und Mosaiken einiger Stadthäuser der einst prunkvollen Stadt. Der Rundgang beginnt beim **Museum** im Zentrum des Ausgrabungsgeländes. Zu sehen sind hier Marmorstatuen, Büsten, Spolien, Keramiken, Glas, Öllampen, Schmuck und Münzen.

●**Museo Archeologico Nazionale di Luni Scavi,** Via San Pero 39, Ortonovo, Tel. 0187/ 66811. Öffnungszeiten: Di.–So. 8.30–19.30 Uhr, Eintritt ca. 2 €.

Essen und Trinken

In dem hübschen mittelalterlichen Dörfchen Nicola, nördlich von Luni, gibt es zwei empfehlenswerte Restaurants.

●**Locanda della Marchesa,** Ortonovo-Nicola, Piazza della Chiesa 19, Tel. 0187/660491, Ruhetag Mo. Nach einem Pächterwechsel hat die ehemalige Osteria Cervia gegenüber der Kirche zwar den Namen gewechselt, aber in der Küche ist alles beim Alten geblieben: gute bodenständige Küche aus dem Hinterland, Vorbestellung; mittlere Preislage, Tische auch im Freien.

●**Da Fiorella,** Ortonovo-Nicola, Via Nicola 46, Tel. 0187/66857, Ruhetag Do., solide Küche, sorgfältig zubereitete Gerichte, abhängig von den Jahreszeiten, schöne Fernsicht bis zur toskanischen Küste.

Wein

●**Azienda agricola La Pietra del Focolare,** Via Dogana 209, Fraz. Isola di Ortonovo, Ortonovo, Tel. 0187/662129, Fax 662129, la pietradelfocolare@libero.it. Hervorragende kleine Weinkellerei in den Colli di Luni. Unter den Vermentini ist vor allem der fruchtige *Solarancio* mit leuchtender Farbe zu empfehlen.

Castelnuovo Magra

⤢ **XXI, D2**

● **PLZ 19030**
● **Ew.: 7935**
● **181 m üNN**

Auf einem schmalen Bergrücken zwischen den Ruinen des Castellos und der Pfarrkirche Santa Maria Maddalena reihen sich die Häuser Castelnuovo Magras auf. Einige parallele Sträßchen, darunter die Hauptgasse Via Dante, verbinden beide Sehenswürdigkeiten.

Zur Verteidigung gegen Genua ließ Bischof *Enrico von Fucecchio* ab 1273 hoch über der Mündungsebene der Magra das Bergdorf Castelnuovo Magra neu befestigen. Die Gründung des Ortes geht bereits auf das 11. Jahrhundert zurück. Zu Beginn des 14. Jahrhunderts endete die Herrschaft der Fürstbischöfe von Luni, und Castelnuovo ging zunächst in den Besitz der *Malaspina* über.

Weithin sichtbar beherrschen die Ruinen des ehemaligen **Bischofspalastes** das Ortsbild. Er wurde burgartig auf quadratischem Grundriss mit halbrundem Turm und einem quadratischem Eckturm errichtet. Das Tor in der Ringmauer liegt auf der Dorfseite.

Die **Pfarrkirche Santa Maria Maddalena** entstand ursprünglich im 16. Jahrhundert, wurde aber in der ersten Hälfte des 18. Jahrhunderts verändert.

Touristeninformation

●**Info-Büro,** Via Aurelia 214, Tel. 0187/693306, nur von Anfang Juni bis Ende September geöffnet.

Unterkunft

●**Agriturismo La Cascina dei Peri,** Via Montefrancio 71, Tel./Fax 0187/674085. Schön gelegener Bauernhof in den Colli di Luni mit einigen Zimmern und Ferienwohnungen nebst Bewirtung. Das Fleisch und das Olivenöl stammen aus dem eigenen Betrieb. Auf dem Weingut wird ein ordentlicher Vermentino angebaut.

Essen und Trinken

●**Al Castello da Marco,** Via Provinciale 247, Tel. 0187/674214, Ruhetag Mo. Empfehlenswertes Restaurant mit sorgfältig zubereiteten regionalen Spezialitäten aus dem Hinterland, Tische im Freien; mittlere Preislage.

●**Da Armanda,** Piazza Garibaldi 6, Tel. 0187/674410, Ruhetag Mi. Kleines, gemütliches Restaurant mit bemerkenswert guter traditioneller Küche, freundlicher Service, gut sortierte Weinkarte. Von den Antipasti bis zum Dolce stimmt hier alles. Unbedingt die *Panigacci* (hauchdünne Fladen aus Weizenmehl) ausprobieren; mittlere bis gehobene Preisklasse.

●**Mulino del Cibus,** Loc. Canale, Via Canale 46, Tel. 0187/676102, Ruhetag Mo. Gemütliche Enoteca in den Räumen einer alten Mühle. Zu den ausgezeichneten Weinen wird eine kleine Auswahl an leckeren warmen und kalten Gerichten serviert; untere bis mittlere Preislage.

Einkaufen/Wein

●**Azienda agricola Cascina dei Peri,** Via Montefrancio 71, Tel. 0187/674085. Bauernhof mit kleinem Weingut, das einen leichten fruchtigen Vermentino produziert.

●**Azienda agricola La Colombiera,** Loc. Montecchio 92, Tel. 0187/674265-601206. Zuverlässiger kleiner Weinbaubetrieb in den Colli di Luni. Empfehlenswert der Albachiara aus Trebbiano- und Vermentinotrauben.

●**Antica Salumeria,** Via Canale 56, Tel. 0187/673510. Wurst und Schinken aus eigener Herstellung.

Unterkunft/Restaurants in der Umgebung

●***La Trigola,** Loc. Ponzano Superiore, 19037 Santo Stefano di Magra, Via Gramsci 63, Tel. 0187/630292, Fax 696301. Ruhig gelegenes Hotel mit 13 Zimmern an der Landstraße nach Ponzano, mit herrlichem Blick bis nach La Spezia, gutes Restaurant; untere bis mittlere Preislage. 65–70 €.

●**Agriturismo Carnèa,** Loc. Carnèa, 19020 Follo (Autobahnausfahrt Vezzano Ligure), Via San Rocco 10, 19020 Follo, Tel. 0187/947070, www.agriturismocarnea.it. Ruhig gelegener Bauernhof (351 m) mit biologischem Anbau, Gaststätte mit überwiegend vegetarischer Küche, 6 Zimmer und Campingmöglichkeit. Doppelzimmer 70 €.

Riviera di Levante

Riviera di Ponente

lig079a Foto: sg

lig080 Foto: sg

Strandleben in Alassio

Dolceacqua – Steinbrücke aus dem 15. Jh.

In der Markthalle von San Remo

Überblick

Im Vergleich zur Riviera di Levante mit ihren dominierenden bizarren und steilen Küstenformationen zeigt sich das **Landschaftsbild** der westlichen Riviera weniger schroff, weniger dramatisch. Der westliche Teil Liguriens zieht sich auf einer Länge von ungefähr 170 km von Genua bis nach Ventimiglia, kurz vor der französischen Grenze und der Cote d'Azur. Quertäler durchziehen das Hinterland bis hinunter ans Meer.

Während am Vorgebirge von Portofino, in der steilen Terrassenlandschaft der Cinque Terre und am Golf von La Spezia das Küstengebirge fast senkrecht ins Meer zu stürzen scheint und breite Strände im Osten Liguriens eher die Ausnahme sind, dominieren an der Ponente weit geschwungene **Buchten mit langen Sand- und Kiesstränden.** Außer im Gebiet von Noli bis Finale Ligure besitzt die Ponente vergleichsweise wenig Steilküste. Doch auch hier schieben sich die Gebirgsausläufer immer wieder bis dicht ans Meer heran. Sie garantieren das ganzjährig milde Klima. Die Berge sind dicht begrünt. Dazwischen bieten Küstenebenen den Menschen etwas mehr Raum, um sich auszubreiten. Doch auch an der Ponente herrscht chronischer Platzmangel. Bis auf wenige Ausnahmen verlaufen die sich durch ganz Ligurien ziehende Via Aurelia und die Bahnlinie unmittelbar an der Küste. Nur die Autobahn mit ihren gigantischen Brückenkonstruktionen ist waghalsig an die steilen Hänge gebaut.

Entlang des schmalen Küstenstreifens reiht sich ein Badeort an den anderen, und streckenweise bietet sich ein stark **zersiedeltes Bild.** Dazwischen verbergen sich reizvolle ehemalige Fischerorte wie Noli und Varigotti, denen es gelungen ist, ihre Ursprünglichkeit und ihr altes Stadtbild zu bewahren. Vom Massentourismus, dem sich viele Küstenorte verschrieben haben, ist hier nur wenig zu spüren. Neben diesen eher beschaulichen Städtchen sorgen das größere Finale Ligure und vor allem der in Deutschland bekannteste Badeort an der Riviera, Alassio, für ein lebhafteres Strandleben.

Im 19. Jahrhundert entdeckten englische Reisende diesen Küstenstreifen. Aus einfachen Fischerorten wie San Remo und Bordighera erwuchsen mondäne Nobelkurorte für eine gut betuchte und zumeist adlige Klientel. Doch der **Elitetourismus** gehört längst der **Vergangenheit** an. Vom Glanz vergangener Zeiten zeugen aber noch die Grandhotels der Belle Epoque, die alten Villen, Parks und palmenbestandene, breite Strandpromenaden und schöne Einkaufsstraßen.

Besonders empfehlenswert sind Ausflüge in das reizvolle **Hinterland der Ponente.** Abwechslungsreiche Flusstäler führen hinauf in wunderschöne einsame Gebirgsregionen mit stillen mittelalterlichen Burgdörfern, nur wenige Kilometer von der Küste und doch fernab des Touristenrummels.

Von Genua bis Savona

Über die schier endlosen suburbanen „Schlafstädte" Genuas, Sampierdarena, Cornigliano – hier liegt auch der auf das Meer hinaus gebaute Flughafen Cristoforo Colombo – und Sestri Ponente, gelangt man westwärts auf der Via Aurelia nach Pegli.

Während heute **Industrialisierung und Urbanisierung** den Westen Genuas prägen, waren es noch im 19. Jahrhundert Villen und Paläste, Kirchen und Klöster, die, eingebettet in große Parks, die Landschaft beherrschten. Seit dem 16. Jahrhundert hatte der genuesische Adel sich an der Westküste Genuas seine prunkvollen **Sommersitze** erbaut. Eine beträchtliche Anzahl von herrschaftlichen Villen sind in Sampierdarena und Cornigliano noch erhalten. Allerdings sind sie heute ihrer Gartenanlagen beraubt und zwischen Häuserreihen eingezwängt.

Der **Bau der Küstenstraße,** 1842, **und der Eisenbahn,** 1856, von Genua nach Voltri markiert den Beginn der Industrialisierung von Sampierdarena. An den flachen Küstenstellen in Sestri und Sampierdarena siedelten sich die ersten Werften an. 1868 entsteht in Sestri Ponente die erste Werft für Überseedampfschiffe. Bereits 1926 sind sämtliche Orte westlich von Genua eingemeindet.

Bis Pegli, entlang der Felsenküste, zieht sich heute der **neue Hafen** hin, ein stark zersiedeltes Gebiet mit Industrie- und Hafenanlagen sowie Wohnvierteln.

Bei Voltri hört der **Großraum Genua** auf, und nach wenigen Kilometern folgt Arenzano, der erste Badeort an der Riviera, gefolgt von Varazze, Celle Ligure und Albisola.

Pegli ⤢ XIV, A2

Im 19. Jahrhundert war Pegli ein beliebter Badeort des europäischen Adels, und viele wohlhabende Genuesen besaßen hier ihre Sommerresidenz, damals noch weit vor den Toren der Stadt. Von dem ehemaligen eleganten Luxusbadeort ist nicht mehr viel übrig geblieben. Starker Verkehr und Industrieansiedlungen prägen heute das Stadtbild Peglis, Touristen sucht man vergebens.

Für die Liebhaber schöner Villen- und Gartenarchitektur empfiehlt sich ein Besuch der **Villen Durazzo Pallavicini** und **Doria Centurione.** Von betuchten Genueser Familien errichtet, vermitteln sie auch heute noch einen Eindruck vergangener Pracht. Der Villenkomplex beherbergt heute das **archäologische Museum.** Die wertvolle prähistorische Sammlung bietet einen breiten Überblick über die Frühgeschichte Liguriens. Einer der Ausstellungshöhepunkte ist das circa 20.000 Jahre alte Prinzengrab „Arene Candide" mit seinen reichen Grabbeigaben. Aus der Zeit um 500 v.Chr. stammen die Gräber der ersten Bewohner Genuas, die auf dem Burghügel (siehe Genua, Stadtrundgang II) siedelten. Weitere antike Fundstücke

Riviera di Ponente

stammen aus den altrömischen Siedlungen von Luni, Ventimiglia und Genua.

- **Museo Archeologico** (CM), Via Pallavicini 11, Tel. 010/6981048. Öffnungszeiten: Di.–Fr. 9.00–19.00, Sa./So. 10.00–19.00 Uhr., Ruhetag Mo. Eintritt 4 €.
- **Parco Durazzo Pallavicini,** Tel. 010/661330. Von Genua aus mit dem Zug in Richtung Voltri-Savona. Eingang in den Park beim Bahnhof. Autobusse der Linien 1, 2 und 3 ab Genua-Zentrum. Geöffnet Okt. bis März 10.00–17.00 Uhr, April bis Sept. 9.00–19.00 Uhr. Mo. geschlossen. Eintritt 3,50 €.

Wer Freude an botanischen Gartenanlagen hat, sollte einen Spaziergang durch die romantische Parkanlage der **Villa Durazzo Pallavicini** unternehmen. Bereits um 1800 ließ *Clelia Grimaldi-Durazzo* einen ersten **Terrassengarten** anlegen. Im Zeichen der Romantik beauftragte der Marchese *Ignazio Pallavicini* den Maler und Bühnenbildner am seinerzeit berühmten Teatro Carlo Felice in Genua, *Michele Canzio,* mit der Umgestaltung und Erweiterung der Terrassengärten. Zwischen 1837 und 1846 entstanden Wäldchen und Lichtungen, künstlich errichtete Ruinen, Teiche mit Inseln, Wasserspielen, Grotten, Brücken, Pavillons und orientalisch anmutende Pagoden inmitten zahlreicher tropischer und subtropischer Pflanzen. Der Spaziergang durch die Anlage wird leider durch die Geräuschkulisse der dicht an der Villa vorbeirauschenden Autobahn erheblich beeinträchtigt.

Empfehlenswert ist auch ein Besuch der benachbarten **Villa Doria Centurione,** Sitz des **Schifffahrtsmuseums.** Der steinreiche Bankier und Freund *Andrea Dorias, Adamo Centurione,* erbau-

te dieses herrschaftliche Anwesen samt Park in der ersten Hälfte des 16. Jahrhunderts im Stil der Renaissance. Um 1591 ging der gesamte Komplex in den Besitz der mächtigen Genueser Familie *Doria* über. Der direkte Nachfolger Andrea Dorias, *Gian Andrea Doria,* beauftragte *Andrea Ceresola,* genannt *Vannone,* mit dem Umbau der Villa. Aus dieser Zeit stammen die symmetrischen seitlichen Loggien mit Säulenarkaden. Der frühbarocke **Küstenpark,** ebenfalls von den Doria in Auftrag gegeben, fiel der Stadterweiterung zum Opfer. Ein großer Teil des bergseitigen Parkgeländes ist noch erhalten.

In den mit Fresken ausgestatteten 18 Salons der Villa geben über 500 Gemälde, Zeichnungen, Seekarten, Schiffstagebücher, Bordinstrumente, Waffen der Marine, Gallionsfiguren und Nachbildungen der Kolumbus-Karavellen einen interessanten Einblick in die Blütezeit der **Schifffahrtsgeschichte** der Seerepublik Genua vom 11. bis ins 16. Jahrhundert.

- **Museo Navale** (CM), Piazza Bonavino 7, Tel. 010/6969885. Öffnungszeiten: Di.–Fr. 9.00–13.00 Uhr, Sa. und So. 10.00–19.00 Uhr. Eintritt 4 €.

Essen und Trinken in der Umgebung

- **Mariuccia,** Piazza Odicini 13–14r, Voltri, Tel. 010/6136286, Ruhetag Mo. Ausgezeichnete Farinata und Focaccia in zahlreichen Variationen; Mittagsimbiss zu zivilen Preisen.
- **Hosteria dell'Acquasanta,** Via Acquasanta 281, Mele-Acquasanta (Voltri) Tel. 010/638035, Ruhetag Mo. Sympathisches Lokal bei den alten Thermalbädern mit guten regionalen Gerichten und eigenen Kreationen; mittlere Preislage, Plätze auch im Freien.

Valle Stura und Valle Orba

Das Gebiet der beiden flussreichen Täler gehört zu den bevorzugten **Naherholungsgebieten** der Großstadt geplagten Genuesen. Nur ca. 30 km von der hektischen Betriebsamkeit der Küstenregion entfernt, ticken die Uhren ganz anders. Keine überteuerten Hotels und Lifestyle-Angebote, sondern Landidylle pur. Auf der Flucht vor der Augusthitze an der Küste kann man hier unberührte Berglandschaften und die bodenständige Küche des ligurischen Hinterlands genießen. Die beiden **Naturparks** Capanne di Marcarolo und Beigua sind ideal für Ruhesuchende, zum Wandern, für Ausflüge mit dem Mountainbike, mit dem Pferd und zum Kajakfahren.

Nach der Ortschaft Mele führt die S.S. 456 über den Passo di Turchino (532 m) hinab in das grüne Gebirgstal des Flusses **Stura.** In der Talsohle folgen nacheinander die Dörfer Masone, Campo Ligure und Rossiglione. Von Rossiglione Inferiore aus geht es entlang des Gargassa-Baches ins **Valle Orba** nach Tiglieto. Die Täler leben seit jeher von der Landwirtschaft. Um Land zu gewinnen, wurden die Hänge mit Trockenmauern in Terrassen angelegt. Neben der traditionellen Milch- und Weidewirtschaft gibt es im **Valle Stura** eine lange Tradition des Gold- und Silberfiligranhandwerks. Noch heute findet man vor allem in Campo Ligure zahlreiche Werkstätten. Daneben gibt es Holz- und Keramikwerkstätten. Wer

eher etwas für „handfeste" Mitbringsel übrig hat, deckt sich mit Käse, Rindfleisch, Honig und Waldfrüchten ein.

Anreise

● **Mit dem Auto:** Autobahn A26 Voltri – Gravellona Toce, Ausfahrt Masone.
● **Mit dem Zug:** Linie Genua–Acqui Terme, Bahnhöfe in Campo Ligure und Rossiglione.
● **Mit dem Bus:** Linie AMT Genua – Masone – Campo Ligure – Rossiglione – Tiglieto und Linie SAMO Ovada – Masone.

Masone ⤢ XI, D1

● PLZ 16010
● Ew.: 4080
● 403 m üNN

Die **erste Ortschaft am Eingang ins Valle Stura** ist Masone. Das alte Ortszentrum liegt auf dem Burghügel. Es entstand im 16. Jahrhundert mit der Ansiedelung der ersten Schmiedehandwerker. Bis 1375 gehörte das Gebiet rund um Masone dem Geschlecht der *Malaspina*. Danach fiel es unter die Hoheit Genuas und wurde von den genuesischen Familien *Spinola* und *Pallavicini* beherrscht. Die Burg wurde im Jahr 1747 von den Österreichern zerstört. Auf dem ehemaligen Burggelände liegt heute die **Piazza Castello** mit der Pfarrkirche Santa Assunta. Daran angeschlossen ist das ehemalige Augustinerkloster, in dem heute ein **Volkskundemuseum** untergebracht ist. Neben der Rekonstruktion einer Schmiedewerkstatt sind Werkzeuge und Alltagsgegenstände der bäuerlichen Kultur in der Region sowie eine Sammlung historischer Weihnachtskrippen ausgestellt.

Riviera di Ponente

●**Museo Civico „Andrea Tubino"**, Piazza Castello 1, Tel. 010/926003, 926493, Fax 926658. Öffnungszeiten: Sa. und So. 15.00–18.00 Uhr.

Touristeninformation

●**Pro loco,** Via Roma 40, Tel. 010/926003.

Einkaufen

●**Consorzio Cooperativa Valle Stura,** Via Marconi 141, Tel. 010/9269971. Olivenöl, Honig, Käse.

Wandern

●Vom Passo Turchino führt Etappe 22 des AV („L'Alta Via dei Monti Liguri") zu den **Piani di Praglia,** einer relativ unberührten und sehr schönen Gebirgslandschaft im Genueser Hinterland. Die weite frei liegende Hochfläche im Parco Naturale delle Capanne di Marcarolo ist ein ideales Sommerwandergebiet mit hoch gelegenen Weiden und sanften Gebirgszügen.
●Beliebtes Ausflugsziel sind die drei **Stauseen** der Gorzente, **Lago Badana, Lago Bruno** und **Lago Lungo,** die durch die Aufstauung des Gorzente und seiner Zuflüsse entstanden sind. Sie versorgen die Stadt Genua mit Trinkwasser. Ausgangspunkt ist der Nordausgang des Passtunnels.

Campo Ligure ⚲ XI, D1

●**PLZ 16013**
●**Ew.: 3170**
●**342 m üNN**

Weiter talabwärts in Richtung Norden erreicht man das lebhafte alte Städtchen Campo Ligure. Auf Grund seiner strategisch günstigen Lage an der Passstraße, die Genua mit Monferrato verband, hatte sich der Hauptort des Tales früher zu einem **wichtigen Handelsplatz** entwickelt und war häufig Zankapfel zwischen der Seerepublik Genua und der Grafschaft Monferrato.

Die Häuser des mittelalterlichen Ortskerns stehen dicht gedrängt am Flussufer des Stura, der von einer malerischen mittelalterlichen Brücke überspannt wird. Das Bild wird vom **Castello Spinola** beherrscht, das über dem Städtchen auf einem Hügel thront. Von hier oben kontrollierten die Genuesen die Passstraße nach Monferrato. Der heutige Bau stammt aus dem Anfang des 14. Jahrhunderts, als die Familie *Spinola* den Ort als Lehen bekam. Der 20 m hohe Turm ist wahrscheinlich älter. Im 17. Jahrhundert wurde die Burg zum Teil zerstört. Nach langen Restaurierungsarbeiten finden heute im Castello Spinola Ausstellungen und kulturelle Veranstaltungen statt.

Im Oratorium **SS. Sebastiano e Rocco** ist jedes Jahr von Dezember bis Ende Januar ein mechanisches Krippenspiel mit über 150 Szenen aufgebaut, die Kunst und Handwerk im Dorf darstellen.

Bekannt ist Campo Ligure für seine **Silber- und Goldfiligranarbeiten.** Die wertvollen Gegenstände und Schmuckstücke entstehen, indem hauchdünne Metallfäden kunstvoll miteinander verflochten werden. Dieses Handwerk hat eine lange Tradition, die zunächst von Genua ausging, einem wichtigen Zentrum der Filigrankunst. Im 19. Jahrhundert existierten in der Metropole mehr als 200 solcher Filigranwerkstätten. Als 1884 eine Choleraepidemie ausbrach, siedelte der Gold-schmied *Antonio Oliveri* von Genua nach Campo Ligure über. Andere folgten ihm. Beim „Consorzio Filigranisti" kann man den Künstlern bei der Arbeit zusehen.

Lohnenswert ist ein Besuch im **Filigran-Museum.** Neben der detailgetreuen Nachbildung einer Werkstatt sind kostbare Objekte ortsansässiger Kunsthandwerker und Stücke aus der ganzen Welt, die aus einer Privatsammlung stammen, ausgestellt.

●**Museo della Filigrana,** Via della Giustizia 5, Tel. 010/921003, 926003, www.museofiligrana.org: Öffnungszeiten: Di.–Fr. 15.30–18.00 Uhr, Sa. u. So. 10.30–12.00 und 15.30–18.30 Uhr. Eintritt 4 €.

Bei Campo Ligure zweigt rechts eine Straße in das Ponzonetal ab. Sie führt nach ca. 10 km in den **Parco Naturale delle Capanne di Marcarolo.**

Touristeninformation

●**Pro loco,** Via della Giustizia 5, Tel. 010/921055.

Rossiglione ⤢ **XI, D1**

●**PLZ 16010**
●**Ew.: 3077**
●**289 m üNN**

An der Grenze zum Piemont liegt 5 km weiter nördlich das alte Dorf Rossiglione, das aus den beiden Ortsteilen Superiore und Inferiore besteht. 1186 erstmals urkundlich erwähnt, gehörte das Gemeindegebiet den Markgrafen von Monferrato, bis es Anfang des 13. Jahrhunderts in den Besitz Genuas überging.

In **Rossiglione Superiore** prägen Laubengänge, Paläste und herrschaftliche Steinportale das alte Ortsbild. Der Ortsteil **Rossiglione Inferiore** liegt am linken Flussufer des Stura, der früher die ortsansässigen Eisenwerkstätten und

später die Webereien und Spinnereien mit Wasser und Energie versorgte.

Bei Rossiglione Inferiore gelangt man über eine Panoramastraße ins **Orba-Hochtal,** am nordöstlichen Abhang des Monte Beigua (1287 m), das im Gemeindegebiet von Tiglieto liegt.

Unterkunft (Agriturismo)

●**Monterosso,** Via Valle Gargassa 13 (Rossiglione in Richtung Tiglieto), Tel. 010/925 866, www.agriturismomonterosso.it. Bauernhof im Valle Gargassa, mitten im Naturpark Monte Beigua. 3 DZ (Etagendusche) und 12 Campingstellplätze. Zimmer 39 €.

Wandern

●Herrliche Wanderungen führen z.B. von Rossiglione **durch das Valle Gargassa nach Tiglieto.**
●Eine anstrengende Ganztagestour führt durch den Parco Naturale Capanne di Marcarolo **von Campo Ligure nach Rossiglione** (weitere Informationen über das IAT-Büro in Campo Ligure).

Fest

●**La Castagnata,** Kastanienmesse jeden ersten Sonntag im Oktober.

Tiglieto ⤢ **XI, C1**

●**PLZ 16010**
●**Ew.: 613**
●**500 m üNN**

Über die S.P. 1 gelangt man von Rossiglione Inferiore in die **Orba-Schlucht.** Der Wildbach Orba entspringt am Monte Beigua und bildet in seinem Verlauf enge Schluchten, ein bei Kajakfahrern beliebtes **Wildwassergebiet,** bis er die Ebene von Badia erreicht. Nach starken Regenfällen entstehen schwierige Passagen mit kleinen Wasserfällen

Riviera di Ponente

und Schnellen. Die Abfahrt endet oberhalb von Molare in der Provinz Alessandria.

Die Gemeinde Tiglieto erhielt ihren Namen von den Lindenbäumen (= *tiglio*) auf der Ebene von Badia, wo die Zisterzienserabtei liegt. Daher auch der Name *Badia* (= Abtei).

Die Berggemeinden von Tiglieto und dem benachbarten Urbe bestehen aus **vereinzelten Gehöften** und einigen kleinen Siedlungen. Einen historisch gewachsenen Ortskern gibt es nicht. Ursprünglicher Siedlungskern war die **Zisterzienserabtei.** Herrlich auf einer Ebene inmitten der Berglandschaft gelegen, ist **Badia Cistercense** von ausgedehnten Buchen-, Kastanien- und Eichenwäldern umgeben. 1120 von Zisterziensermönchen aus der Mutterkirche La Fertè in Burgund gegründet, ist sie die älteste Zisterzienseranlage Italiens. Die Mönche rodeten umliegende Wälder, legten das Land trocken und begannen mit der Landwirtschaft in diesem Gebiet. Mit einem neuen Kanalsystem wurden die Felder bewässert. Im 17. Jahrhundert ging die Abtei in Privatbesitz über. Der genuesische Aristokrat *Gian Battista Raggi* führte die Arbeit der Mönche weiter und verlegte den Flusslauf, um so den Überschwemmungen in den Ebenen besser Herr zu werden. Er errichtete die **Brücke über den Orba** und erbaute ein Eisenwerk. Lange Zeit wurde die Abtei als Bauernhof genutzt. Dabei hat sie einiges an Originalsubstanz eingebüßt. Nach Restaurierungsarbeiten ist der Kapitelsaal im Erdgeschoss des Konventsgebäudes jetzt wieder zu besichtigen.

Touristeninformation 🛈

●**Pro loco,** Via Guglielmo Marconi 123, Tel. 010/929000.

Arenzano 🔗 XI, D2

●**PLZ 16011**
●**Ew.: 11.431**
●**6 m üNN**

Mit Voltri verlassen wir den Großraum Genua und gelangen nach einigen Kilometern nach Arenzano, dem ersten **Badeort** an der westlichen Riviera. Das eher durchschnittliche Städtchen besitzt einen Sporthafen. Den Strand nehmen in der Badesaison die unvermeidlichen *Stabilimenti,* Badeanstalten, ein, die fast die ganze westliche Küste zupflastern. Die kleine **Altstadt** Arenzanos zieht sich den Hang hinauf und wurde während des Zweiten Weltkrieges schwer beschädigt.

Wie viele der ligurischen Küstenorte hat auch Arenzano eine Geschichte als **See- und Handelsstadt,** die mit dem aufkommenden Schiffsbau zu Anfang des 12. Jahrhunderts begann.

Von der Uferpromenade führen schmale und verwinkelte Gassen zur **Kirche Santi Nazario e Celso** hinauf. Sie stammt vom Anfang des 18. Jahrhunderts und wurde in barocken Formen errichtet. Zwei große Glockentürme flankieren die Westfassade. Der elliptische Innenraum wird von einem mächtigen Gewölbe überspannt. Im Zweiten Weltkrieg wurde die Kirche stark zerstört und später in der ursprünglichen Form wieder aufgebaut.

Im Stadtpark liegt die **Villa Pallavicini-Negrotto-Cambiaso,** die mit ihren Zinnen eher an eine Festung erinnert. Sie stammt ursprünglich aus dem 16. Jahrhundert, wurde aber in den letzten Jahrhunderten mehrfach verändert.

Wem die Industrieanlagen Genuas noch zu nah sind und das Tankerunglück von 1991 noch im Gedächtnis haftet, der wartet mit einem Bad im Meer, bis er Celle Ligure erreicht hat.

Touristeninformation

● **IAT-Büro,** Lungomare Kennedy, Tel./Fax 010/9127581.

Unterkunft

● ******Grand Hotel,** Lungomare Stati Uniti 2, Tel. 010/91091, Fax 910944, www.gharenzano.it. Erstes Haus am Platz, 110 nobel eingerichtete Zimmer, Privatstrand. 140–285 €.

Agriturismo

● **Argentea,** Loc. Campo, Via Val Lerone 50, Tel./Fax 010/9135367, www.agriturismoargentea.com. Bio-Bauernhof, 2 km vom Meer entfernt, 3 ha Obst-, Wein- und Gemüsegärten, Olivenhaine und Viehzucht. Gemütlicher Agriturismo-Betrieb in ehemaligen, restaurierten Wirtschaftsgebäuden mit einigen Zimmern, Appartements und empfehlenswertem Restaurant. DZ 70–80 € (HP 55–60 € pro Person), Appartement 80–90 €.

Camping

● **Caravan La Vesima,** Via Rubens 50 r, Genova-Vesima, Tel. 010/6199672. Schattiger und gepflegter Platz an der Küstenstraße in Richtung Voltri.

Riviera di Ponente

Lig081 Foto: sg

Varazze ⤢ XI, C3

- PLZ 17019
- Ew.: 13.458
- 5 m üNN

Der **lebhafte Ferienort** liegt in einer lang gezogenen Bucht, besitzt eine kleine mittelalterliche Altstadt, einen Yachthafen und einen langen, schmalen Strand, der durch die Uferstraße vom Ortskern abgeschnitten ist. An den Küstenhängen ziehen sich Neubauten hoch. Im Hintergrund erhebt sich einer der höchsten Berge an der westlichen Riviera, der **Monte Beigua** (1287 m). Er liegt inmittten des gleichnamigen **Naturparks** und bietet sich als Ausflugsziel für Wanderer an.

Die Anfänge von Varazze als befestigte See- und Handelsstadt gehen wahrscheinlich auf das 11. Jahrhundert zurück. Zwischen Genua und Savona gelegen, war Varazze im Mittelalter immer wieder heiß umkämpft. Die ehemals bedeutende **Stadt der Schiffsbauer**, Seefahrer und Händler lebt heute, wie alle Riviera-Küstenorte, vorwiegend vom Tourismus.

Zwei berühmte Persönlichkeiten sind hier geboren. Der Seefahrer **Lanzeroto Malocello** nahm zu Beginn des 14. Jahrhunderts an der Entdeckung der Kanarischen Inseln teil und gab Lanzarote seinen Namen. Der bedeutendste Sohn Varazzes ist jedoch der Dominikanermönch **Beato Jacopo da Voragine.** Der spätere Erzbischof von Genua begann um 1263 Heiligenriten und Legenden zusammenzutragen und niederzuschreiben. Die „Legenda Aurea" entwickelte sich rasch zu einem frommen und weit verbreiteten „Volksbuch", nahm großen Einfluss auf die Literatur und bildende Kunst des Mittelalters und ist eine der wichtigsten mittelalterlichen Quellen.

In einer Kapelle der Kirche San Domenico wird die Asche von Jacopo da Voragine in einer silbernen Urne aufbewahrt. Auf einem Flügelalter von Simone da Pavia (1452) ist Jacopo mit anderen Heiligen dargestellt. Von hier aus bietet sich ein Spaziergang entlang der ehemaligen Eisenbahnstrecke an der Uferpromenade nach **Piani d'Invrea** an.

Touristeninformation

- **Ufficio Turistico,** Corso Matteotti Giacomo 56, Tel. 019/935043, Fax 935916.

Unterkunft

- ****El Chico,** Strada Romana 63, Tel. 019/931388, Fax 932423, www.bestwestern.it. Schön gelegenes Hotel (Best Western) mit Meerblick östlich vom Stadtzentrum, 39 komfortabel eingerichtete Zimmer, Park, Schwimmbad. 135–145 €.
- ***Genovese Villa Elena,** Via Coda 16, Tel. 019/97526, Fax 934277, www.genovesevilla elena.it. Zentral gelegene ältere Villa mit stilvollem Ambiente, insgesamt 25 Zimmer. 60–115 €.
- ***Villa Grande,** Via Colombo 30/1, Tel. 019/935098, Fax 9355351, Schlichte Pension, zentrale Lage, 15 Zimmer. 45–60 €.
- ***Doria,** Piazza Doria 6, Tel./Fax 019/930 101, www.vislink.it/hoteldoria. Ebenfalls zentral gelegene Pension in Bahnhofsnähe mit 12 für die Preisklasse korrekten Zimmern. 45–65 €.

Baden

- **Schmaler Sand- und Kiesstrand.** Zwischen Strand und Ortskern verläuft die verkehrsreiche Küstenstraße.
- **Kleiner Kiesstrand am Kap Punta Bella** (kurz hinter Invrea).

Ausflüge

● Ein Küstenweg führt entlang der alten Zugstrecke ab Lungomare Europa **nach Invrea** (Gehzeit hin und zurück ca. 3 Stunden). Das schön gelegene Franziskanerkloster Convento il Deserto mit seinen sechs Eremitenhäuschen stammt aus dem 17. Jh. Herrliche Sicht vom Gipfel über die Küste und die Alpen.

● **Ausflüge in den Naturpark des Monte Beigua,** z.B. Wanderung von Alpicella auf den Gipfel Monte Beigua; Infos im IAT Varazze. Straße bis auf den Gipfel ca. 20 km.

Celle Ligure ⤢ XI, C3

● **PLZ 17015**
● **Ew.: 5307**
● **4 m üNN**

Der **hübsche Badeort** mit seinen farbenfrohen Fassaden entlang der Uferpromenade ist vor allem im Hochsommer wegen der guten Bademöglichkeiten in der flachen Bucht von Celle Ligure und den **zahlreichen Strandbädern** ein sehr beliebtes Ferienziel. In der Nebensaison ist Celle Ligure als ruhiger und beschaulicher Urlaubsort durchaus zu empfehlen.

Wie die meisten der kleinen Küstenstädtchen an der italienischen Riviera gehen auch die Ursprünge des ehemaligen Fischerortes bis auf das Mittelalter zurück. Sehenswert ist die im Westen gelegene schmale **Altstadt.** Sie entspricht der typischen Anlage ligurischer Küstenorte, nämlich mit einer für die Riviera **typischen Hauptgasse,** dem **caruggio,** der, unterbrochen von malerischen kleinen Plätzen, parallel zur Küste verläuft.

Romantische Fischeridylle sucht man aber auch hier schon lange vergeblich.

Haupteinnahmequelle ist heute der Tourismus. Die Küstenhänge sind verbaut, Hintergrundkulisse bildet an den Abhängen des Monte Beigua die Küstenautobahn. Das touristische Zentrum, die neue **Feriensiedlung Piani,** liegt östlich der Altstadt.

Touristeninformation

● **Ufficio Turistico,** Via Boagno – Palazzo Comunale, Tel. 019/990021, Fax 9999798, celleligure@inforiviera.it.

Unterkunft in der Altstadt

● ***Pescetto,** Via Poggi 4, Tel. 019/990003, Fax 993757. Günstiges, allerdings nicht ganz ruhiges Altstadthaus (liegt an der lauten Hauptstraße) mit 26 Zimmern, Restaurant. 40–50 €.

● ***La Giara,** Via Dante Alighieri 3, Tel. 019/993773, Fax 993973, www.lagiarahotel.it. Freundliches Hotel in Strandnähe mit insgesamt 14 geräumigen Zimmern, z.T. mit Balkon, Restaurant und Garten. 60–110 €.

Unterkunft in Piani

● ***San Michele,** Via M. Tabor 26, Tel. 019/990017, Fax 993111, www.hotel-sanmichele.it. In Piani gelegenes, gut ausgestattetes neueres Haus mit 48 Zimmern (z.T. mit Meerblick), Schwimmbad, Restaurant. 80–109 €.

Camping

● **Gameragna,** Via Parissolo 8, 17040 Stella-Gameragna, Tel. 019/706366. In einem Wald gelegener Platz mit 90 Stellplätzen, Haustiere erlaubt, einige Kilometer landeinwärts in Richtung Stella auf der S.S. 334, Richtung Acqui Terme.

Baden

● **Breiter Kies- und Sandstrand.**

Einkaufen

● Für Radsportler lohnt sich ein Besuch beim weltbekannten **Fahrradhersteller Olmo.**

Riviera di Ponente

Albisola Superiore und Albisola Marina

↗ X, B3

- PLZ 17013/17012
- Ew.: 10.921
- 3 m/9 m üNN

Letzter Ort vor Savona ist der **Doppelort Albisola** mit den beiden Stadtteilen Albisola Superiore und Albisola Marina rechts und links der Flussmündung des Sansobbia.

Heute besteht **Superiore** aus dem am Meer gelegenen Viertel Capo und der dahinter liegenden Altstadt. Dazwischen stören die Autobahn und die Eisenbahnlinie das Stadtgefüge.

Die **Ursprünge** von Albisola Superiore gehen auf die Siedlung „Alba Docilia" an der wichtigen Römerstraße Via Iulia Augusta zurück. Bei Ausgrabungen auf dem Bahnhofsvorplatz kamen Reste einer römischen Villa zum Vorschein, die wahrscheinlich als Poststation diente. Ebenfalls am Bahnhofsplatz liegt die kleine neoromanische **Kirche San Pietro.** Der ursprüngliche Bau stürzte bei einem Erdbeben 1887 komplett ein. Entsprechend der Haltung der Denkmalpflege gegen Ende des 19. Jahrhunderts wurde anhand der noch vorhandenen Bauteile versucht, die Kirche detailgetreu zu rekonstruieren.

Vom Bahnhof aus gelangt man in nördlicher Richtung über den Corso Mazzini zur **Villa Gavotti,** einem schönen Beispiel ligurischer Villenarchitektur, die heute leider direkt an der Autobahnausfahrt liegt. Das Barockschlösschen liegt etwas erhöht und wird von

einem reizvollen, weitläufigen Park umgeben, der mit Brunnen und Skulpturen, darunter die **marmorne Figurengruppe** „Ercole kämpft gegen den Löwen", ausgestattet ist. Der letzte Doge von Genua, *Francesco Maria della Rovere,* errichtete sich hier an der Stelle eines Baus aus dem 15. Jahrhundert zwischen 1793 und 1753 seine vornehme Sommerresidenz.

Über **zwei elegante Freitreppen** – die geschwungenen Balustraden sind mit zahlreichen Statuen und Marmorvasen geschmückt – gelangt man über Terrassen zum Piano nobile des rechteckigen Hauptgebäudes. Die pompös im Stil des Rokoko ausgestatteten **Innenräume** sind mit feinstem, vielfarbigem lombardischem Stuckwerk und Keramiken aus den Werkstätten Albisolas ausgestattet.

Seit dem 17. Jahrhundert ist Albisola für seine Keramikproduktion bekannt. Über den Corso Mazzini gelangt man wieder in den Ortsteil Capo. Am östlichen Stadtrand sind in einem kleinen **Keramikmuseum** die Werke des Künstlers *Manlio Trucco* zu besichtigen.

● **Museo della Ceramica „Manlio Trucco",** Piazza San Francesco, Tel. 019/482741, Do.–Sa. 10.00–12.00 Uhr, 19–22.30 Uhr, Eintritt frei.

Kurz bevor wir nach Albisola Marina gelangen, treffen wir vor der Brücke über den Sansobbia auf das private Museum der alteingesessenen Keramikfabrik Mazzotti. In den Ausstellungsräumen werden **Keramiken und Majoliken** von 1903 bis heute präsentiert.

● **Raccolta Museale „Fabbrica Casa Museo Giuseppe Mazzotti 1903",** Viale Matteotti 29, Tel. 019/489872, www.gmazzotti1903.it. Öffnungszeiten: Mo.–Sa. 9.00–12.00 Uhr und 15.00–19.00 Uhr. Eintritt frei.

Ab dem 16. Jahrhundert entwickelte sich der heutige Badeort Albisola Marina zu einem wichtigen **Zentrum der Keramikproduktion.** Noch heute gibt es zahlreiche Werkstätten, die sich allerdings mittlerweile auf die Produktion von in Massen produzierten Souvenirkeramiken beschränken.

Gleich nach der Brücke über den Sansobbia gelangt man über die Via Rossini zu einer der wichtigsten Sehenswürdigkeiten Marinas, der **Villa Durazzo Faraggiana.** Das erhöht liegende Herrenhaus mit Blick auf die Küste ist in charakteristisch ligurischem Villenschema mit rechteckigem Haupthaus und seitlichen Balustradenterrassen im barocken Stil erbaut. Die großzügige und gepflegte Gartenanlage mit ihrem alten Baumbestand und der im Barock bevorzugten geometrischen Anlage schmücken noch heute viele allegorische Figuren und vermitteln den Glanz vergangener Tage. Ab und zu kann man zwischen den Buchsbaumreihen einen Rad schlagenden Pfau erspähen. Zu empfehlen ist eine Innenbesichtigung der Villa. In den Haupträumen sind die **originale Dekoration,** Möbel und Gemälde zu sehen sowie viele kostbare Majoliken der letzten Jahrhunderte.

Riviera di Ponente

Villa Durazzo Faraggiana

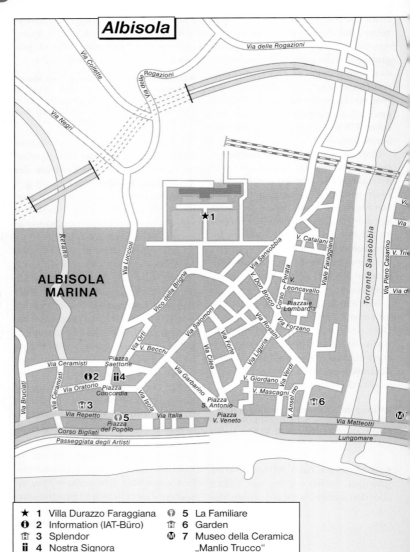

Albisola

ALBISOLA MARINA

★	1	Villa Durazzo Faraggiana	❶	5	La Familiare
❶	2	Information (IAT-Büro)	🏛	6	Garden
🏛	3	Splendor	Ⓜ	7	Museo della Ceramica
⛪	4	Nostra Signora			„Manlio Trucco"
		della Concordia	★	8	Villa Gavotti

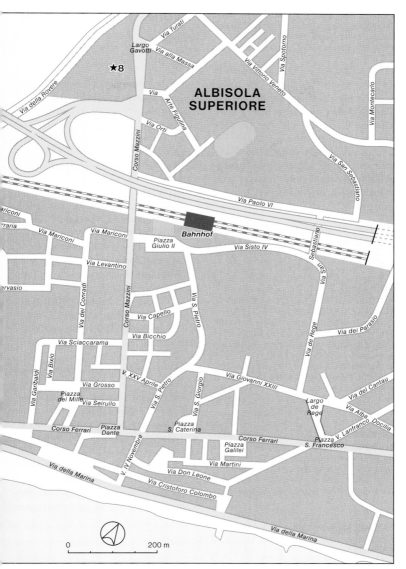

●**Villa Faraggiana,** Via Salomoni 117, Tel. 019/480622, www.villafaraggiana.it. Öffnungszeiten: März–September: Di.–So. 15.00–19.00 Uhr, Eintritt 4,20 €, Garten 2 €.

Über die Via Salomoni gelangt man in das touristische Zentrum des Badeortes. Vorbei an der **Kirche Nostra Signora della Concordia** an der gleichnamigen Piazza erreicht man die Fußgängerzone, die Via Italia. Von hier aus sind es nur noch wenige Schritte zur Uferpromenade. Die gesamte **Passeggiata degli Artisti** ist mit farbigen Keramikmosaiken ortsansässiger Künstler gefliest.

Touristeninformation

●**Ufficio Turistico,** Corso Ferrari, Tel. 019/4002525, Fax 4003084, albisola@inforiviera.it

Unterkunft

●****Garden,** Viale Faraggiana 6, Albisola Marina, Tel. 019/485253, Fax 485255, www.hotelgardenalbissola.com. Neueres, solide geführtes 4-Sterne-Hotel mit 34 komfortabel ausgestatteten Zimmern, Garten, Swimmingpool und Restaurant. 89–165 €.
●***Splendor,** Via Repetto 108, Albisola Marina, Tel. 019/481796, Fax 480435, www.albissola.com/Splendor.htm. Kleines, freundliches Albergo mit 10 Zimmern, z.T. mit Balkon, Restaurant. 50–100 €.

Essen und Trinken

●**La Familiare,** Piazza del Popolo 8 (Marina), Tel. 019/489480, Ruhetag Mo. Gut geführte Trattoria in der Nähe der Uferpromenade mit gemütlichem Ambiente und sehr guter regionaler Küche, meist Fisch; mittlere Preislage.

Markt

●**Albisola Marina:** Wochenmarkt Di. auf der Piazza Veneto von 8.00–13.00 Uhr.
●**Albisola Superiore:** Wochenmarkt Mi. im Ortsteil Capo von 8.00–13.00 Uhr.

Savona ⚓ IX, D1

●**PLZ 17100**
●**Ew.: 59.907**
●**4 m üNN**

Der erste Eindruck von Savona, Hauptstadt der gleichnamigen Provinz, ist der einer reizlosen italienischen Stadt mit nüchternen Randbezirken und mit hässlichen Hafen- und Industriezonen. Im Gegensatz zu den anderen Orten an der Riviera di Ponente spielt der Tourismus hier keine Rolle. Umso wichtiger für die Wirtschaft Savonas, nach Genua und La Spezia drittgrößter Ballungsraum in Ligurien, ist der **Hafen,** der zu den größten Italiens zählt. Selbst im Hochsommer, wenn die Fähren nach Korsika und Sardinien bis auf den letzten Platz ausgebucht sind, ist vom Tourismus in der Stadt so gut wie nichts zu spüren. Doch das **Fehlen jeglicher Riviera-Romantik** hat auch seine Vorteile. Die Stadt eignet sich zwar nicht als Standort für einen Urlaub am Meer, aber für Individualisten, die dem Badetourismus der kleinen hübschen Seebäder für kurze Zeit entfliehen möchten, ist ein Besuch Savonas sicherlich eine willkommene Abwechslung.

Wer sich etwas Zeit nimmt, entdeckt ein kleines, **angenehmes Altstadtviertel,** das sich an den alten Hafen anschließt, bummelt durch die zahlreichen Geschäfte der breiten Laubengänge der Boulevards rund um die Altstadt und genießt in einem der au-

Alter Hafen mit Torre Leon Pancaldo

thentischen Lokale unverfälschte ligurische Küche – und nicht das allerorten
übliche „menu turistico".

Ähnlich wie Genua und La Spezia ist
auch Savona eine Stadt, die man für
sich selbst entdecken muss. Doch im
Gegensatz zu La Spezia weist Savona
eine mehr als 2000 Jahre alte und **be-
wegte Geschichte** auf. Archäologen
gehen davon aus, dass bereits in prähistorischer Zeit ein Stamm der Ligurer-In-
gaunen, die Sabatier, auf dem heutigen
Festungshügel Priamar, in der Nähe der
Flussmündung des Letimbro und oberhalb des natürlichen Hafens eine befestigte, ständig bewohnte Siedlung gründete. Im zweiten Punischen Krieg (218–
201 v.Chr.) wird „Savo Oppidum Alpi-
num" 205 v.Chr. erstmals als **Verbünde-
ter Karthagos** erwähnt. Bis auf Genua

hatten sich alle ligurischen Stämme in
den Kämpfen zwischen Rom und Karthago um die Vormacht im westlichen
Mittelmeer auf die Seite Karthagos gestellt, um so dem Expansionswillen der
Römer besser standhalten zu können.
Der endgültige Sieg Roms im dritten
Punischen Krieg (149–146 v.Chr.)
brachte auch Ligurien unter die Herrschaft Roms. Der Grundstein für eine
über tausend Jahre andauernde Feindschaft zwischen Genua und Savona war
gelegt.

Unter dem Schutz der Staufer er-
nannte sich Savona 1191 zu einem **frei-
en Stadtstaat,** und es begann eine 300
Jahre andauernde kriegerische Fehde
mit der papsttreuen Konkurrentin Genua. Erst 1528 gelang es *Andrea Doria,*
dem mächtigen Dogen von Genua, Sa-

Riviera di Ponente

ligl003 Foto: sg

vona endgültig zu besiegen. Zur Demonstration ihrer Macht schütteten die Genuesen den Hafen zu, zerstörten den alten Siedlungskern samt Kathedrale und errichteten an ihrer Stelle die uneinnehmbare **Festung Priamar,** nicht nur zum Schutz gegen äußere Feinde, sondern auch gegen Savona selbst. Die Blütezeit des bedeutenden Handelszentrums Savona war beendet.

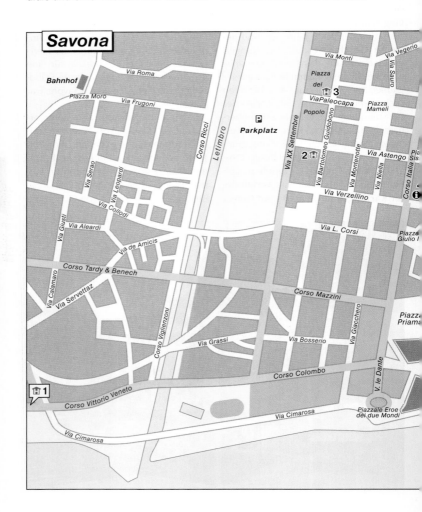

Erst **im 19. Jahrhundert** erlebte Savona einen erneuten **wirtschaftlichen Aufschwung,** der bereits während der kurzen napoleonischen Herrschaft als Hauptstadt und Präfektur des französischen Departement Montenotte begann. Von 1809–1812 war Papst *Pius VII.* nach seiner Weigerung, Napoleon zum Kaiser zu krönen, in der Priamar-Festung eingekerkert. Nach dem Vorbild

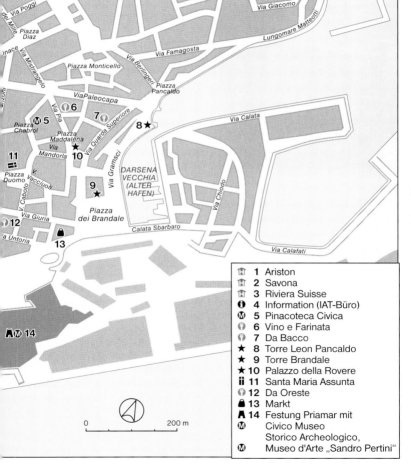

⌂	**1**	Ariston
⌂	**2**	Savona
⌂	**3**	Riviera Suisse
❶	**4**	Information (IAT-Büro)
Ⓜ	**5**	Pinacoteca Civica
❾	**6**	Vino e Farinata
❾	**7**	Da Bacco
★	**8**	Torre Leon Pancaldo
★	**9**	Torre Brandale
★	**10**	Palazzo della Rovere
⛪	**11**	Santa Maria Assunta
❾	**12**	Da Oreste
🔒	**13**	Markt
▲	**14**	Festung Priamar mit
Ⓜ		Civico Museo Storico Archeologico,
Ⓜ		Museo d'Arte „Sandro Pertini"

Riviera di Ponente

Konstantins und *Karls des Großen* hatte Napoleon die Oberherrschaft über Papsttum und Kirche für sich in Anspruch genommen, mit der Folge, dass er vom Papst exkommuniziert wurde. Nach dem Sturz Napoleons fiel 1815 beim Wiener Kongress, wo Fürsten und Staatsmänner über die Neuordnung Europas entschieden, Ligurien dem König-

Gemütlicher Platz in der Altstadt

reich Sardinien-Piemont zu. Durch die **gute Verkehrsanbindung** über die Passstraße von Cadibona zur Industriestadt Turin profierte Savona mehr als andere ligurische Städte von diesem Anschluss.

Im Zuge der **Industrialisierung** wurde der Hafen ausgebaut, Metall verarbeitende Industriezweige und Werften siedelten sich an, neue Straßenzüge entstanden, und 1868 erhielt Savona Anschluss an die neue Eisenbahnlinie.

Durch die Zerstörungen der Genuesen 1528 und vor allem infolge der Bombenangriffe der Alliierten während des Zweiten Weltkrieges ist von Savonas **mittelalterlicher Altstadt** nur noch ein kleines rechteckiges Areal zwischen dem alten Hafenbecken und den Straßenzügen Via Paleocapa, Via Manzoni und Via Giuria geblieben. Reizvoll ist ein Bummel auf den nach französischen Vorbildern angelegten Boulevards des 19. und 20. Jahrhunderts nördlich und westlich der Altstadt.

Besichtigung

Wie die meisten Küstenorte ist auch Savona **gut mit dem Zug zu erreichen.** Wer mit der Bahn ankommt, erspart sich den Stau auf der oft verstopften Via Aurelia und die Nerven aufreibende Parkplatzsuche. Denn auch in Savona sind freie Parkplätze Mangelware.

Der **Bahnhof** von Savona liegt außerhalb des Zentrums an der Piazza Moro, westlich des Flusses Letimbro. Mit den häufig verkehrenden Stadtbussen gelangt man am schnellsten in die Altstadt. Am besten steigt man an der **Piazza Mameli** aus. Hier beginnt die

Via Paleocapa, die Hauptverkehrsader Savonas. Der breite Boulevard mit seinen großen Bürgerhäusern entstand gegen Ende des 19. Jahrhunderts. Die Dekorationselemente an den Fassaden reichen in einer breiten Palette vom Klassizismus bis zum Jugendstil, in Italien *Stile Liberty* genannt.

Beide Seiten der Via Paleocapa säumen **elegante Kolonnaden** aus dem 19. Jahrhundert mit zahlreichen Geschäften und Bars. Die zweite Flaniermeile ist der **Corso Italia.**

Die ehemalige Hauptstraße, die Via Pia, führt in die **mittelalterliche Altstadt** Savonas. Im Dreieck zwischen Via Pia, Via Paleocapa und Via Quadra Superiore sind noch einige der herrschaftlichen Palazzi erhalten geblieben.

Zunächst biegen wir aber hinter der Piazza Maddalena in die Via Mandorla ein und erreichen die Piazza Duomo mit der **Kathedrale Santa Maria Assunta.** Sie entstand um 1600 als Nachfolgekirche für die von den Genuesen zerstörte Kathedrale auf dem Priamar-Hügel. Fertig gestellt wurde sie jedoch erst im 19. Jahrhundert. Aus dieser Zeit stammen die neobarocke Fassade und die Dekoration des Innenraums.

Direkt neben der Kathedrale liegt die **Cappella Sistina,** von Papst *Sixtus IV.* im späten 15. Jahrhundert als Grablege für seine Eltern gestiftet und im Rokoko umgestaltet. Von einem Balkon, rechts neben der Apsis, konnte der von 1809–1812 in Savona inhaftierte Papst *Pius VII.* der Messe beiwohnen. Seine Wohnräume im anschließenden Palazzo Vescovile sind nach tel. Anmeldung beim Fremdenverkehrsamt zu besichtigen.

Nur wenige Schritte von der Piazza Vescovado entfernt, lohnt sich an der kleinen Piazza Chabrol ein Besuch der **Pinacoteca Civica** im eleganten restaurierten **Palazzo Gavotti.** Er wurde in der Renaissancezeit von der mächtigen Savoneser Adelsfamilie *Gavotti* erbaut. Seit 2003 ist die ehemalige Adelsresidenz wieder Sitz der städtischen Kunst-

Arkaden in der Via Paleocapa

Riviera di Ponente

sammlung, die 1939 in die Festung Priamar verlegt worden war.

Die chronologisch geordnete Sammlung umfasst neben Gemälden aus dem 15.–19. Jahrhundert eine Sammlung örtlicher Keramiken, darunter Majoliken von 1666. Die wertvollen Apothekergefäße stammen aus dem Ospedale San Paolo und wurden in der Werkstatt von *Giuliano Salomone* gefertigt. Ein Highlight besonderer Art ist die letzte Abteilung mit zeitgenössischen Werken von Hans Arp, Victor Brauner, Alexander Calder, Giorgio de Chirico, Paul Delvaux, Filippo de Pisis, Jean Dubuffet, Lucio Fontana, Franco Gentilini, Asger Jorn, René Magritte, Georges Mathieu, Joan Mirò, Pablo Picasso, Man Ray, Cy Twombly. Sie stammen aus der privaten Sammlung von *Milena Milani*. Die aus Savona stammende Schriftstellerin war die Lebensgefährtin von *Carlo Cardazzo*, einem nach dem 2. Weltkrieg international bekannten Galeristen und Sammler der Avantgarde.

Ein Arkadengang führt von der Piazza Chabrol auf die schmale Altstadtgasse Via Pia, ein paar Häuser weiter auf der linken Seite befindet sich die Osteria Vino e Farinata. Folgt man rechts der Via Pia in Richtung Hafen gelangt man zur **Piazza delle Rovere.**

Aus der selben Adelsfamilie wie Sixtus IV. stammt auch *Julius II., Giuliano della Rovere.* In dessen Auftrag begann *Giuliano da Sangallo,* ein bekannter Architekt aus der Toskana, gegen Ende des 15. Jahrhunderts mit dem Bau des prächtigen **Renaissancepalastes della Rovere.** Er nimmt die Westseite der Piazza della Rovere ein. Die Fassade mit ihrem an die Antike angelehnten Gliederungssystem blieb bis heute unvollendet.

Über die Via Orefici gelangt man zur Piazza Brandale. Von den zahlreichen **Geschlechtertürmen,** die sich zur Blütezeit der Handelsstadt wie an einer Schnur entlang des alten Hafens (Darsena Vecchia) aneinander reihten, sind noch die Türme Brandale, Corsi und Guarnieri übrig geblieben, die unvermittelt zwischen den Nachkriegsbauten auftauchen. Der höchste unter ihnen ist der stattliche, fast 50 Meter hohe gotische **Wehrturm Brandale.** Zum Zeichen ihrer Macht ließen die Genuesen einen Teil des Turms abtragen. Seine ursprüngliche Höhe erhielt er erst wieder 1933.

Südwestlich davon liegt in erhöhter Lage die mächtige genuesische **Festung Priamar,** die 1542 zur stärksten Küstenfestung Genuas ausgebaut wurde. Nach jahrzehntelangen Restaurierungsarbeiten ist hier das **Kunst- und Kulturzentrum** mit zwei der drei städtischem Museen untergebracht. In der **Loggia del Castello Nuovo** (1417) präsentiert das Archäologische Museum zahlreiche Fundstücke, die bei Grabungen auf dem Festungsgelände und in der Umgebung Savonas gefunden wurden, darunter auch byzantinische Keramiken.

In einem weiteren Stockwerk ist das **Museo Sandro Pertini** untergebracht. Die Privatsammlung des früheren italienischen Staatspräsidenten *Sandro Pertini* umfasst zeitgenössische Gemälde und Skulpturen vorwiegend italienischer Künstler, darunter Werke von Giorgio Morandi, Mario Sironi, Renato Guttoso, Giorgio de Chirico und ein Miro. Viele der Zeichnungen und Gemälde tragen eine persönliche Widmung an Pertini.

●**Pinacoteca Civica,** Piazza Chabrol 1–2 (Palazzo Gavotti), Tel. 019 811520, www. comune.savona.it. Öffnungszeiten: Mo., Mi., Fr. 8.30–13.30 Uhr, Di., Do. 14.00–19.00 Uhr. Sa. (im Winter) 8.30–13.00 Uhr und 15.30–18.30. Im Sommer 8.30–13.30 Uhr. So. (im Winter) 9.30–12.30 Uhr, im Sommer 8.30–13.00, 20.30–23.30. So. 14.00–13.30 Uhr, So. 10.00–13.30 Uhr. Eintritt 4 €.
●**Fondazione Milena Milani,** Tel. 019/829 592, fondazionearte.milenamilani@comune. savona.it. Öffnungszeiten: Mo., Mi., Fr. 8.30–13.00 Uhr, Di., Do. 14.00–19.00 Uhr. Sa. (im Winter) 8.30–13.00 und 15.30–18.30 Uhr. Im Sommer 8.30–13.00 und 20.00–23.00 Uhr. So. (im Winter) 9.30–12.30 Uhr, im Sommer 20.00–23.00 Uhr.
●**Civico Museo Storico Archeologico,** Fortezza Priamar, Corso Mazzini 1, www.mu seoarcheosavona.it. Öffnungszeiten: Di.–Fr. 10.00–12.30 und 15.00– 17.00 Uhr, Sa./So. 10.30–15.00 Uhr, Eintritt 2,50 €.
●**Museo d'Arte „Sandro Pertini",** Tel. 019/ 854565. Öffnungszeiten: Sa. und So. 10.00–12.00 Uhr, Eintritt ca. 2,50 €.
●**Cappella Sistina,** Tel. 019/8389635, Mo. 10.00–12.00 Uhr, Sa. 16.00–18.00 Uhr.
●**Torre Brandale,** Piazza del Brandale, Tel. 019/821379, Besichtigung nach telefonischer Anmeldung.

Einen Besuch Savonas sollte man mit einem Bummel entlang des alten Hafens abschließen, vorbei am **Torre Leon Pancaldo** und durch die **Via Quarda Superiore,** der einzigen Altstadtgasse, die bei den Bombenangriffen im Zweiten Weltkrieg weitgehend verschont blieb. Der Turm stammt aus dem 14. Jahrhundert und war Teil der ursprünglichen Stadtmauer.

In prächtigen Bauten wie dem Palazzo Lamba Doria und dem Palazzo Pozzobonello in der Via Quadra Superiore residierten zur Blütezeit Savonas die reichen Kaufleute der Stadt.

Touristeninformation

●**IAT-Büro,** Corso Italia 157r, Tel. 019/840 2321, Fax 8403672, www.inforiviera.it, savo na@inforiviera.it.

Unterkunft

●*****Riviera Suisse,** Via Paleocapa 24, Tel. 019/850853, Fax 853435, www.rivierasuisse hotel.it. Traditionsreiches Altstadthotel. Das Haus ist etwas in die Jahre gekommen, die 80 kleinen Zimmer verströmen noch den Charme der 1970er Jahre. 50–95 €.
●*****Ariston,** Via Giordano 11, Tel. 019/ 805633, Fax 853271, www.hotelaristonsavo na.it. Hotel außerhalb des Stadtzentrums, mit 16 Zimmern. 60–100 €.
●****Savona,** Piazza del Popolo 53r, Tel. 019/ 821820, Fax 821821. Einfaches, kleines Stadthotel mit insgesamt 26 Zimmern in Gehnähe zum alten Hafen. 42–62 €.

Jugendherberge

●**Ostello per la Gioventù Villa de'Franceschini,** Via alla Strà 29, Conca Verde, Tel./Fax 019/263222, oder 339 8309835, www.hotel aristonsavona.it. Sehr große Jugendherberge mit 244 Betten, in den Hügeln hinter Savona gelegen, behindertengerecht, Mitte März bis Mitte Oktober, pro Person ca. 14–17 €, privater Busverkehr ins Zentrum.

Essen und Trinken

●**Trattoria Da Oreste,** Vicolo Gallico 12, Tel. 019/821166, Ruhetag So. Kleines, alteingesessenes Lokal in der Altstadt mit traditioneller ligurischer Küche, zu empfehlen sind die hausgemachten Ravioli und die Fischgerichte, Tische auch im Freien; mittlere Preislage.
●**Osteria Vino e Farinata,** Via Pia 15r, So. u. Mo. Ruhetag. Alteingesessenes, großes Gasthaus in der Altstadt. Mittags geht es in dem mit Holzmöbeln eingerichteten Gastraum zu

Riviera di Ponente

wie im Taubenschlag, da viele Savoneser hier ihre Mittagspause verbringen. Unschlagbar ist die Farinata, die in großen runden Blechen aus dem Holzfeuerofen serviert wird. Unbedingt auch die hervorragenden gefüllten Sardinen und die Baccalà-Pfannkuchen probieren! Wer nur einen schnellen Imbiss möchte, bekommt auch ein Stück in Papier eingeschlagene Farinata auf die Hand; untere Preislage.
●**Osteria Da Bacco,** Via Quarda Superiore 19r, Tel. 019/8335350. So. Ruhetag. Uriges, mit alten Schiffsmodellen eingerichtetes Lokal mit guter Fischküche; mittlere Preislage.

Verkehrsverbindungen

●Der Bahnhof liegt westlich vom Stadtzentrum an der Piazza Moro, häufige Busverbindungen (Linien 2 und 5) ins Zentrum.

Parken 🅿

●Parkplätze unterhalb der Priamar-Festung und in der Nähe der Piazza del Popolo.

Einkaufen 🛍

●**Pasticceria Astengo,** Via Montenotte 16r, Tel. 019/820570. Diese hervorragende Konditorei ist auf Amaretto-Biscotti spezialisiert.
●**Enoteca Bolla,** Via Monti 16r, Tel. 019/822613. Alteingesessene Weinhandlung mit einem breiten Angebot ligurischer und italienischer Markenweine aus allen Regionen.
●**Markthalle in der Via Giuria,** täglich geöffnet, mit sehr gutem Fischangebot. Ganz Hartgesottene, die bereits vormittags schon einen deftigen Snack vertragen können, sollten sich das „Fischerfrühstück" in der Tripperia nicht entgehen lassen. Wer Kutteln nicht mag, sollte lieber die Finger davon lassen.
●**Antiquitätenmarkt,** Piazza Chabrol/Via Pia (So. auch in der Via Paleocapa), erstes Wochenende im Monat, 9.00–18.00 Uhr.
●**Gastronomia Mantero,** Corso Italia 168r, Tel. 019/829611. Feinkostgeschäft mit frischer Pasta, reichhaltige Weinauswahl.

Fest

●**La Processione del Venerdì Santo,** die berühmte nächtliche Karfreitagsprozession von Savona findet jeweils an geraden Jahreszahlen statt.

Piana Crixia ↗ X, A2

●**PLZ 17058**
●**Ew.: 816**
●**267 m üNN**

Im grünen, sehr ländlichen Hinterland von Savona lohnt sich ein Ausflug in den **Parco naturale di Piana Crixia,** eine Hügellandschaft in einem der abgelegensten Winkel Liguriens an der Grenze zum Piemont. Die Gemeinde Piana Crixia besteht aus mehreren kleinen, verstreut liegenden Dörfern. Bekannt ist diese Gegend für ihre in Ligurien einmaligen **Erosionsformen.** Durch das weiche Sedimentgestein ziehen sich die **Calanchi,** vegetationslose Furchen. Hauptattraktion ist die bizarre Gesteinsformation des ca. 14 m hohen „**Fungo di Pietra".** Der Stiel dieses „Pilzes aus Stein" besteht aus Sand,- Kies- und Felsablagerungen. Er trägt einen gigantischen Felsbrocken mit einem Durchmesser von etwa 4 m, der die Erdsäule vor dem Auswaschen durch das Regenwasser schützt.

Anfahrt

●**Mit dem Auto:** Ab Savona auf der S.S. 29 über den Colle di Cadibona in Richtung Norden bis Carcare, weiter über Cairo Montenotte bis zum Ortsteil Molino, Abzweigung rechts nach Borgo.

Unterkunft/Agriturismo

●**La Celestina,** Loc. Gallereto, 17010 Piana Crixia, Tel. 019/570292, Fax 5704935. 14 Hektar großer Bauernhof mit 4 gemütlichen Zimmern und Gaststätte.

Il Finalese

Der **Küstenstreifen zwischen Capo di Noli und Capo di Caprazoppa** südlich von Finale Ligure mit den Tälern der Flüsse Pora und Pia und die Höhenzüge mit den für diese Gegend typischen Kalksteinfelsen, die der Gegend fast schon einen alpinen Charakter verleihen, werden als **Finalese** bezeichnet.

Das Finalese besitzt einen der reizvollsten Küstenabschnitte der Ponente. Eine kurvenreiche Küstenstraße, die von kleinen Tunnels unterbrochen wird, verläuft unter steilen Kalkfelsen zwischen Noli und Varigotti. Direkt dahinter steigen unwegsame, steile Berge an. Auf den mühevoll angelegten Terrassen werden Oliven und Wein angebaut. Bei Finale enden die Hügel steil im Meer. Die geografischen Voraussetzungen haben das Finalese weitgehend vor einer Zersiedlung der Küste durch schnell wachsende Feriensiedlungen bewahrt. Selbst die Autobahn macht hier einen großen Bogen um die Küste.

Isola di Bergeggi

Kurz vor Spotorno taucht gegenüber des felsigen Capo Maiolo die Isola di Bergeggi auf. Heute steht die menschenleere Insel unter Naturschutz – Betreten verboten. Doch das war nicht immer so. Unter den Römern galt die kleine Insel als strategischer Punkt und Vorposten des Hafens von Vado. Später ließen sich hier, wie auf den Inseln von Portovenere, Mönche nieder und gründeten ein religiöses Zentrum. Reste von Kirchen und Wehrtürmen erinnern an die einstige Besiedelung der Insel.

Eingebettet in eine schöne Landschaft liegen die angenehmen **Badeorte Noli, Varigotti** und **Finale Ligure.** Während es in den beiden ersten kleinen Orte eher ruhig und beschaulich zugeht, kommt man im größeren Finale Ligure in den Genuss eines etwas lebhafteren Strandlebens.

Doch das Finalese ist nicht nur wegen seiner guten Bademöglichkeiten zu empfehlen. Direkt hinter Finalborgo beginnt ein wahres **Kletterparadies.** Rund um die Kalksteinfelsen Rocca di Perti und Monte Cucco finden Sportkletterer Routen in allen Schwierigkeitsgraden. Für Ausflüge und **Wanderungen** bieten sich die Altopiano delle Mánie, eine stille Hochebene, die fast parallel zur Küste zwischen Finale und Noli verläuft, und das kleine Val Ponci an.

Noli   ⤢ IX, D2

- **PLZ 17026**
- **Ew.: 2946**
- **2 m üNN**

Noli gehört zweifellos zu den **angenehmsten und reizvollsten Badeorten an der Riviera di Ponente.** Mit seinen Geschlechtertürmen, Palazzi und einer bis zur Burgruine ansteigenden Stadtmauer besitzt Noli **eine der besterhaltenen mittlelalterlichen Altstädte Liguriens.** Für Kunstliebhaber von ganz besonderem Interesse ist die Kirche San Paragorio, eine der bedeutendsten romanischen Kirchen Liguriens.

Noli liegt idyllisch an einer sichelförmig geschwungenen Bucht, die von steil ansteigenden und dicht bewaldeten Hängen begrenzt wird. Bis gegen Ende des 19. Jahrhunderts war Noli nur mit dem Schiff oder über unwegsame Pfade zu erreichen. Für die behutsame Entwicklung des **Tourismus** war diese geografische Lage von großem Vorteil. An den steilen Hängen rings um Noli ist kein Platz für große Bettenburgen. Weder die Bahnlinie noch die Küstenautobahn stören den beschaulichen Frie-

den. Im Hintergrund donnert nicht der Schwerlastverkehr über die Küstenautobahn. An diesem Abschnitt macht sie einen großen Bogen um die Küste. Neben Varigotti ist Noli der einzige Ort an der Ponente, der keinen Bahnhof besitzt. Die **Via Aurelia,** die sich zwischen Strand und Altstadt zwängt, sorgt an den Wochenenden und in der Hochsaison für lästigen Verkehrslärm.

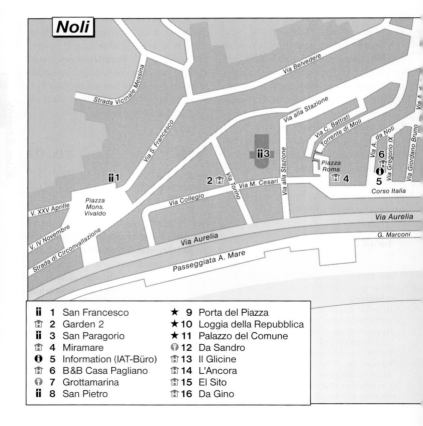

⛪	1	San Francesco	★ 9	Porta del Piazza
🏛	2	Garden 2	★ 10	Loggia della Repubblica
⛪	3	San Paragorio	★ 11	Palazzo del Comune
🏛	4	Miramare	🍴 12	Da Sandro
ℹ	5	Information (IAT-Büro)	🏛 13	Il Glicine
🏛	6	B&B Casa Pagliano	🏛 14	L'Ancora
🍴	7	Grottamarina	🏛 15	El Sito
⛪	8	San Pietro	🏛 16	Da Gino

In ihren Proportionen überschaubar, bietet die kleine mittelalterliche Stadt alles, was man für einen erholsamen Urlaub benötigt: eine kleine reizvolle Altstadt mit Restaurants, Cafés und Geschäften. In den Gassen schafft der **italienische Alltag** eine lebendige Atmosphäre. Der schöne lange Strand mit etlichen Strandbädern sorgt für ungetrübtes Badevergnügen. Entlang der Küste gibt es schöne Ausflugsziele, einige Wanderrouten, und Klettergärten rund um Finale und am Kap Noli liegen ganz in der Nähe – kurz: der richtige Standort für jeden, der auf Nachtleben, Schickeria und mondänes Strandleben keinen Wert legt. Bis auf die Hochsaison, wenn auch in den Strandbädern jeder Liegestuhl besetzt ist, geht es hier sehr beschaulich zu.

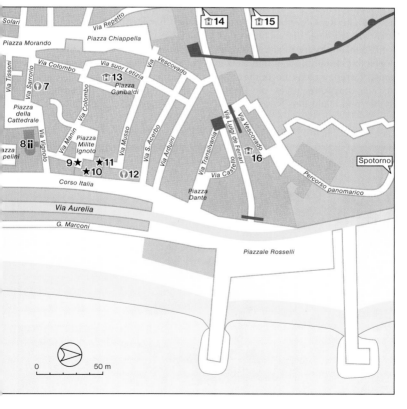

Bis zur Fertigstellung der Küstenstraße 1895 dämmerte die ehemals starke Seerepublik als **Fischerdorf** vor sich hin. Bis heute gehören die Berufsfischer von Noli zum alltäglichen Bild in der Bucht. Hier entspricht unser romantisches Italienbild von tuckernden farbigen Fischerbooten und Netze flickenden Männern noch der Realität. Die **Fischerkooperative** von Noli, im 19. Jahrhundert gegründet, ist mit ihren rund 35 Mitgliedern eine der ältesten Kooperativen Italiens. Der Fischfang, eines der ältesten Gewerbe der Welt, ist nach wie vor einer der wichtigsten Erwerbsquellen. In der Bucht wird traditionell mit kleinen Booten und Netzen gefischt. Frühmorgens, bevor die Strände sich bevölkern, holen die Berufsfischer von Hand ihre Netze ein und ziehen, wie bereits Generationen zuvor, ihre Boote an den Strand. Einige verkaufen die nächtliche Ausbeute gleich direkt vor Ort an ihre Kundschaft und bieten eine zuverlässige Adresse für fangfrischen Fisch – nicht nur für Einheimische wohlgemerkt.

Was sich auf den ersten Blick als verträumtes Seebad und Fischerdorf gibt, hat jedoch eine **stolze Vergangenheit.** Die alte Hafenstadt gehörte im Mittelalter, wie auch Genua, zu den freien und unabhängigen Kommunen. Der wehrhafte Charakter des Städtchens mit seinen Geschlechtertürmen und einem Stadtmauergürtel, der sich bis zur Burgruine hochzieht, sind Zeugen dieser bedeutenden Vergangenheit.

Bis zu Anfang des 11. Jahrhunderts waren ligurische Küstenstädte ständig

lig086 Foto: sg

Riviera di Ponente

den Angriffen, Verwüstungen und Plünderungen der Sarazenen ausgesetzt. Mit dem endgültigen **Sieg über die Sarazenen** und dem Aufstieg Genuas erstarkten auch kleinere Städte. Wichtigstes Ereignis in der Geschichte der Stadt Noli war die Teilnahme am ersten Kreuzzug, 1096–1099, mit einer eigenen Flotte. Sie machte die Bürger Nolis zu reichen Kaufleuten, die mit Schiff-

Fischer am Strand von Noli

Ansicht von Noli

fahrts- und Handelsprivilegien zurückkamen. Am 7. August 1192 wurde Noli zur selbstständigen **Repubblica Marinara** erhoben. Die Markgrafen *Del Carretto,* die bis dahin in Noli residierten, mussten alle Herrschaftspriveligien abgeben.

Die **mittelalterliche Geschichte** ist durch die andauernden Konflikte zwischen dem deutschen Kaiser und seinen Markgrafen auf der einen und dem Papst und seinen Bischöfen auf der anderen Seite geprägt. Hinzu kamen die Machtkämpfe der freien Seerepubliken Genua, Pisa und Venedig um die Vorherrschaft im Mittelmeerraum. Begehrte Küstenstädte gerieten leicht unter wechselnde Fremdherrschaft. Noli gelang es jedoch durch ein langfristiges Bündnis mit Genua seine Unabhängigkeit zu bewahren.

Durch den intensiven Handel mit Getreide, Stoffen und Gewürzen und schließlich auch mit Sklaven gelangten die Kaufleute Nolis zu **Reichtum und Ansehen.** Innerhalb der Mauern dieser kleinen Seestadt existierten zur Blütezeit insgesamt 72 Geschlechtertürme. Jede Familie, die der Stadt Genua eine Kriegsgaleere zur Verfügung stellte, erhielt im Gegenzug die Erlaubnis zum Bau eines Turmes. Die Ernennung zum **Bischofssitz** 1239 stärkte Nolis Position unter den Küstenstädten weiter.

Nach über 600 Jahren erfolgreicher Allianz zwischen Noli und Genua endete mit dem Einmarsch der napoleonischen Truppen 1797 auch die Geschichte der kleinsten freien Seerepublik Italiens.

Noch heute betritt man das **historische Zentrum** Nolis durch seine mittelalterlichen Tore. Die zum Meer gewandte Altstadtfront verläuft parallel zur Strandpromenade und zur Via Aurelia. Gleich neben dem zentralen Stadttor, der **Porta del Piazza,** liegt das Rathaus mit seinem zinnenbekrönten Turm. Hier nimmt die **Loggia della Repubblica** ihren Anfang, ein langer, schattiger Arkadengang, der sich früher die ganze Hafenfront entlangzog und als Stellplatz für die Fischerboote diente.

Hinter den Altstadtmauern gibt es auf engem Raum **viel zu entdecken:** großzügige Laubengänge und enge, düstere Gassen, deren Häuser mittels Stützbögen verbunden sind. Dazwischen ragen die noch erhaltenen Geschlechtertürme auf. Unvermittelt eröffnen sich kleine Plätze, auf denen sich das öffentliche Leben abspielt. Hier trifft man sich, parliert und diskutiert mit seinen Nachbarn. In Noli herrscht noch ein intaktes, familiäres Dorfleben, und eine der typischsten italienischen Gepflogenheiten, „la passeggiata al mare", der **abendliche Spaziergang auf der Strandpromenade,** ist in Noli noch fester Bestandteil des Alltags.

Etwas außerhalb des Altstadtrings, am südlichen Stadtrand, nur wenige Gehminuten vom Zentrum entfernt, lohnt sich der Besuch der **Kirche San Paragorio.** Die Kirche ist ein Kleinod romanischer Sakralarchitektur in Ligurien. Die dreischiffige Basilika zählt neben den Kathedralen von Ventimiglia und Albenga zu den bedeutendsten Kunstdenkmälern an der Ponente. Etwas merkwürdig mutet ihre Lage an. Das Niveau der Kirche liegt nämlich etwas tiefer als ihre Umgebung. Dies ist auf Geländeaufschüttungen beim Bau der Eisenbahntrasse im 19. Jahrhundert zurückzuführen.

San Paragorio entstand gegen Ende des 11. Jahrhunderts an der Stelle eines Vorgängerbaus aus frühchristlicher Zeit. Bei Ausgrabungen wurde ein Baptisterium aus dem 6. Jahrhundert freigelegt. Interessantes Detail über dem Bogenfries der Hauptapsis sind die in die Wand eingelassenen, grün glasierten dekorativen Keramikteller nach lombardischem Vorbild.

Doch San Paragorio ist nicht nur als Kunstdenkmal, sondern auch aus geschichtlichen Gründen bedeutend. In der Sakristei wurde 1192 die unabhängige Seerepublik Noli verkündet, und von 1239 bis 1572 war das Gotteshaus **Sitz des Bischofs.**

- **San Paragorio,** Di.–So. 10.00–12.00, 15.00–17.00 Uhr, Eintritt 2 €.

Touristeninformation

- **IAT-Büro,** Corso Italia 8, Tel. 019/7499003, Fax 7499300, noli@inforiviera.com.

Unterkunft

- ●***Da Gino,** Via de Ferrari 6, Tel. 019/748957, Fax 7485140, www.hotelginonoli.it. Komfortabler Neubau am östlichen Stadtrand in der Nähe der Burg mit 19 Zimmern (einige mit Meerblick), Garten, Restaurant. 60–81 €.
- ●***El Sito,** Via La Malfa 2, Tel. 019/748107, Fax 7485871, www.elsito.it. Ruhig gelegenes Hotel oberhalb der Stadt mit nur 11 Zimmern, Garten, Restaurant. 80–100 €.
- ●***Miramare,** Corso Italia 2, Tel. 019/748 926, Fax 748927, www.hotelmiramarenoli.it. Gepflegtes und zentral gelegenes Hotel in Strandnähe, 28 komfortabel ausgestattete Zimmer, zum Teil mit schönem Balkon und Meerblick, Garten, Restaurant. 65–110 €.
- ●**Garden 2,** Via al Collegio 8, Tel. 019/748935, Fax 748496. Freundliches, einfaches Hotel westlich der Altstadt, 7 ordentliche Zimmer. 65–75 €.
- ●**L'Ancora,** Via Gandoglia 9, Tel./Fax 019/748083, www.hotelancoranoli.it. Kleines, gepflegtes Albergo am nördlichen Rand der Altstadt mit 10 Zimmern, Garten, Restaurant. 40–80 €.
- ●*Il Glicine,** Piazza Garibaldi 7, Tel. 019/748168, Fax 7499321, ilglicinenoli@libero.it. Mitten in der Altstadt an einer kleinen Piazza gelegene Pension. Kaskaden von hellvioletten Glyzinien ranken sich die Fassade hinauf und verleihen dem ansonsten einfachen Haus seinen besonderen Charme, 7 einfache Zimmer, Restaurant. 62–72 €.
- ●**B&B Casa Pagliano,** Corso Italia 8–12, Tel. 019/7499448, Fax 7499038, www.casapagliano.com. 5 mit Antiquitäten eingerichtete Zimmer in einem schönen alten Palazzo an der Uferstraße. 90–150 €.

Essen und Trinken

- **Grottamarina,** Via Sartorio 4, Tel. 019/7485109, Ruhetag Mi. Gute Trattoria in der Altstadt bei der Piazza Cattedrale; mittlere Preislage.
- **Pizzeria Da Sandro,** Portici della Repubblica, Tel. 019/7485170. Kleines, uriges Lokal mit Tischen unter den Kolonnaden am äußeren Altstadtrand zur Meerseite hin, mit hervorragender Pizza und einigen Tagesgerichten; mittlere Preislage.
- **Ristorante Lilliput,** Via Regione Zuglieno 49, Frazione Voze, Tel. 019/748009, Ruhetag Mo. Empfehlenswertes Restaurant im Hinterland von Noli mit sehr guter italienischer und ligurischer Küche; gehobene bis oberste Preislage.
- **Pasticceria La Crepe,** Via Colombo 61, Tel. 019/7485769. Hervorragende kleine Konditorei mit Cafè in der zentralen Altstadtgasse. Zu den Spezialitäten gehören *pane del pescatore* (eine Art panettone), *frisciosi* (Apfelkrapfen) und Gebäck (amaretti, baci).

Verkehrsverbindungen

- Gute **Busanbindung in Richtung Savona und Finale Ligure.** Der nächste Bahnhof liegt im Nachbarort Spotorno.

Baden

- **Breite Badebucht mit langem Sand- und Kiesstrand, zahlreiche Strandbäder,** wenige kurze freie Strandabschnitte.

Einkaufen

- **Wochenmarkt,** Do. morgens, Corso Italia und Viale Marconi.
- Jeden Morgen Verkauf von fangfrischem Fisch an der **Strandpromenade.**
- **Pastificio Rosalba,** Via Colombo 79, Tel. 019/748758. Täglich frische Pasta wie Trofie, Trenette, Pansotti, fertige Gerichte wie Lasagne, Torta pasqualina, Pesto und andere frisch zubereitete Soßen.

Feste

- **Regata dei Rioni,** Höhepunkt des historischen Stadtfestes mit Standartenträgern und Fahnenschwingern ist ein Ruderwettkampf zwischen den vier Stadtteilen (Rioni) Nolis in

lig088 Foto: sg

typischen ligurischen Booten. Der Wettkampf, bei dem die Mannschaften mit jeweils 4 Ruderern und einem Steuermann eine Seemeile zurücklegen, geht auf einen alten Brauch, sich die Fangzonen mittels Ruderschlägen zu sichern, zurück. Beim Ruderwettbewerb und Umzug tragen die einzelnen Gruppen die Farben der traditionsreichen Stadtviertel (gelb *Burgu,* rot *Ciassa,* blau *Maian* und weiß *Purtellu*) und der nachbarlich befreundeten und im Mittelalter verbündeten Städte; zweiter Sonntag im September.

● **Grande festa del pesce di Noli,** jedes erste Wochenende im September. Beim Fest der Fischerkooperative von Noli (unter Beteiligung von Slow Food) kann man den Fischern bei der Arbeit mit traditionellen Fangnetzen zusehen und den *ciciarelli,* ein für Noli typischer kleiner schuppenfreier Fisch, verkosten.

Strand von Varigotti

Varigotti ⤢ IX, D2

● **PLZ 17029**
● **Ew: 842**
● **5 m üNN**

Auf den ersten Blick wirkt Varigotti, verwaltungstechnisch heute ein Ortsteil von Finale, wie ein reizloses, lang gezogenes Straßendorf. Mitten hindurch rauscht der Durchgangsverkehr. Dennoch sollten Sie hier anhalten. Gleich hinter dem Tunnel, zu Füßen des Vorgebirges, auf dem einst ein Kastell stand, versteckt sich an der Meerseite ein winziger, sehr reizvoller Ortskern, dessen Piazza dei Pescatori direkt in den Strand überzugehen scheint. Was für Fotografen an der Levante-Seite die Cinque Terre sind, ist an der Ponente Varigotti. Keine Reisereportage und kein Reiseführer, dessen schönstes Fotomotiv nicht aus Varigotti stammt.

Die kleinen, ehemaligen „Fischerhäuschen" mit flachen Terrassendächern und Loggien gehören zu den schönsten Strandkulissen, an der Riviera di Ponente. Die Fassaden der aneinander gebauten, meist zweistöckigen „Case mediterranee" sind zum Meer hingewandt und in zarten Passtelltönen getüncht. Sie leuchten im Sonnenschein in den typischen Riviera-Farben. Die Würfelform und der maurisch anmutende Baustil lassen den **arabischen Einfluss** erkennen, der auf die Sarazenen, die im 9. und 10. Jahrhundert den gesamten Küstenstrich terrorisierten, zurückzuführen ist. Was lag näher, als auch den Hotels in Varigotti arabisch klingende Namen zu geben (s.u.).

Dekorativ zieren noch einige bunte Fischerboote den Strand. Fischen gehört hier allerdings, im Gegensatz zum Nachborort Noli, schon längst der Vergangenheit an. Varigotti lebt heute nahezu ausschließlich vom **Tourismus** und gehört zu den schönsten Winkeln Liguriens. Wer sich in einem der kleinen Hotels in der Altstadt einquartiert, kann hier einen erholsamen, gepflegten Strandurlaub verbringen und Ausflüge und Wanderungen in die Umgebung unternehmen (s.u.).

Touristeninformation

●**IAT-Büro,** Via Aurelia 79, Tel. 019/698013, Fax 6988842, varigotti@inforiviera.com, nur im Sommer geöffnet.

Unterkunft

●****Al Saraceno,** Via al Capo 2, Tel. 019/6988182, Fax 6988185, www.alsaraceno

group.com. Äußerst geschmackvoll renoviertes Strandhotel mit insgesamt 23 komfortabel ausgestatteten Zimmern, am schönsten, leider auch am teuersten, sind die Zimmer „Vista Mare" mit großzügigen Terrassen; traumhafte Restaurantterrasse direkt über dem Strand, wo auch das Frühstück serviert wird, eigener Strandservice. 180–290 €.

●****Arabesque,** Piazza Cappello da Prete, Tel./Fax 019/698262. Das angenehme, im maurisch anmutenden Stil gehaltene Haus liegt sehr ruhig in der verkehrsberuhigten Zone an der schönen kleinen Dorfpiazza, nur wenige Schritte zum Meer, insgesamt 31 gut ausgestattete Zimmer, mit Restaurant und einladender Bar für den abendlichen Aperitif. 75–170 €.

●****Holiday,** Via Ulivi 45, Tel./Fax 019/698124. Preisgünstiges, einfaches Hotel, westlich des alten Borgo in einer Parallelstraße zur Via Aurelia, 16 Zimmer. In der kleinen Dependance, eine Parallelstraße weiter, gibt es auch Zimmer ohne Bad. 60–100 €.

Camping

●***Valentino,** Via Aurelia 77, Tel. 019/698 004, Fax 698698. Kleiner, direkt am Meer gelegener Platz im Westen Varigottis für maximal 40 Personen, nur im Sommer geöffnet, eigener Strandzugang.

Essen und Trinken

●***Conchiglia d'Oro-Muraglia,** Via Aurelia 133, Tel. 019/698015, Mi. Ruhetag (nur im Sommer), Oktober–Mai Di. und Mi., Reservierung erforderlich. Ausgezeichnetes Fischrestaurant direkt an der Via Aurelia. Der stets tagesfrische Fisch wird von den Gästen selbst ausgewählt, auch Tische im Freien; oberste Preislage.

Verkehrsverbindungen

●Wie Noli besitzt auch Varigotti keinen Bahnhof mehr. Nur noch ein ehemaliger Eisenbahntunnel erinnert daran, dass früher eine Eisenbahntrasse entlang des sehr schmalen Küstenstreifens verlief. Der nächste Bahnhof liegt im Nachbarort Spotorno und in Finale Ligure.

●Gute **Busanbindung in Richtung Savona und Finale Ligure.**

Riviera di Ponente

Baden

● **Schöner, breiter Sand- und Kiesstrand,** auch für Kinder gut geeignet, mit Strandbädern und freien Strandabschnitten.

Wanderung rund um Capo Noli: von Varigotti nach Noli

● **Schwierigkeitsgrad:** leicht, auch für Kinder geeignet; allerdings sollten sie an den Aussichtsplätzen nicht zu nahe am Abgrund spielen.
● **Länge:** 3,5 km, Dauer: ca. 2 Stunden.
● **Höhenunterschied:** ca. 300 Meter An- und Abstieg.
● **Markierung:** Andreaskreuz X, ab Capo Noli Kreis mit waagerechtem Querstrich (Einbahnschild).
● **Karte:** Carta dei sentieri e rifugi, Alpi marittime e liguri, 1:25.000, Kartenblatt 103/104, ca. 5 €.

Einstieg für die Tour ist eine kleine Gasse nördlich der Via Aurelia kurz vor dem Tunnel in Richtung Noli. Man durchquert zunächst den an der Hangseite gelegenen Ortsteil und biegt schließlich in einen ansteigenden gepflasterten Weg ein (Hinweisschild „San Lo-

renzo"). Nach kurzem Anstieg lohnt sich ein erster kurzer Abstecher an einem altem Maultierpfad zur **Kirche San Lorenzo,** die in einsamer Lage 45 m hoch auf einem Felsen über dem Meer liegt. Von hier hat man einen herrlichen Ausblick auf den alten Hafen von Varigotti und die vorgestreckte Halbinsel. Die bei einem Luftangriff 1944 stark beschädigte Kirche wurde restauriert. Sie stammt ursprünglich aus dem hohen Mittelalter. Aus dieser Zeit sind auch einige der freigelegten Gräber und Spolien.

Wieder zurück auf der Mulattiera folgen wir dem gut markierten Hauptweg, von dem mehrere Abzweigungen zu Aussichtspunkten führen. Nach ca. 1½ Stunden trifft man auf einen Fahrweg, über dem man rechter Hand zum ehemaligen Leuchtturm von Capo Noli gelangt. Ab hier ändert sich die Wegmarkierung (s.o.). Der Abstieg durch Pinien und Macchia führt an einer Ruine vorbei und endet in Noli bei der Kirche San Francesco an der Piazza Vivaldo.

Finale Ligure   ⤢ IX, C2

● **PLZ 17024**
● **Ew.: 11.845**
● **5 m üNN**

Finale Ligure ist kein natürlich gewachsener Ort. Er wurde 1927 aus den drei ehemals selbstständigen **Orten Pia, Marina** und **Finalborgo** zu einem Gemeindegebiet zusammengelegt.

Der bekannte Badeort gehört nicht wie Alassio zu den touristischen Hochburgen an der Riviera. Nicht jeder Quadratmeter wird touristisch genutzt, die Hotelpreise sind noch erschwinglich, und nur in Finalmarina, dem heutigen „Stadtzentrum", gehören Cafés, die mit „Tasse Kaffee und Kuchen" und „deutsches Bier" auf sich aufmerksam machen, zum Straßenbild. In den Altstadtgassen herrscht eine lockere und unge-

Karte IX, Stadtplan S. 276   **FINALE LIGURE** **275**

zwungene Atmosphäre. In den beiden Ortsteilen Finalborgo und Pia ist vom Tourismus ohnehin nur wenig zu spüren. Finale Ligure bietet sich als Standort für eine Kombination aus lebhaftem Strandleben, Ausflügen, Wanderungen und Klettertouren in die reizvolle Umgebung an. Die **Vielseitigkeit dieses Ortes** ist sicherlich der Grund, weshalb es immer mehr deutschsprachige Gäste hierher zieht. Seit längerem ist das „Finale" bereits ein beliebtes Revier von **Sportkletterern.** Etwas voller wird es nur an den Wochenenden und im Hochsommer, wenn die Ausflügler aus den nahe gelegenen Großstädten wie Turin ans Meer pilgern.

Oben links: Barockkirche San Giovanni Battista (Finalmarina); rechts: Porta Reale (Finalborgo)

Wie Funde in zahlreichen Höhlen beweisen, war das Gebiet um Finale **bereits in prähistorischer Zeit besiedelt.** In vorrömischer Zeit errichteten die Ligurer, nach denen die Region benannt ist, an den höchsten und strategisch günstigsten Punkten befestigte Dörfer, die sogenannten **Castellari.**

Der Name Finale geht ursprünglich auf die **römische Zeit** zurück. Da es sich einst um das Grenzgebiet zwischen den ligurischen Stämmen der Sabatier und Ingaunen und später den Distrikten Vado-Savona (Vada Sabatia) und Albenga (Albingaunum) handelte, nannten die Römer das Gebiet *ad fines* (= bei den Grenzen). Unter Umgehung des Vorgebirges von Noli führte eine wichtige römische Straße, die Via Iulia Augusta, über das Ponci-Tal landeinwärts.

Riviera di Ponente

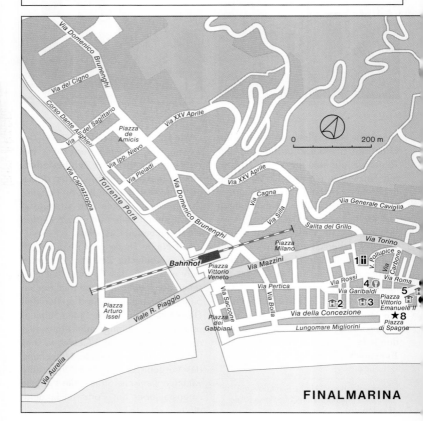

FINALMARINA

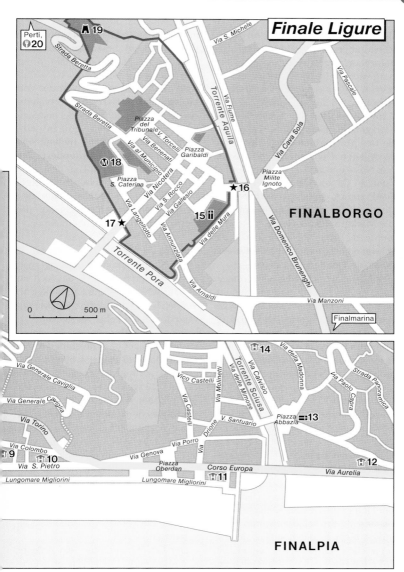

Finale Ligure

Riviera di Ponente

Während des 9. und 10. Jahrhunderts, unter den ständigen Angriffen, Zerstörungen und Plünderungen der Sarazenen, zog sich die Küstenbevölkerung wieder auf die Castellari, den bereits in vorrömischer Zeit befestigten Anhöhen und Burgen, zurück.

Im Mittelalter war Finale Teil der Markgrafschaft von Savona. Gegen Ende des 12. Jahrhunderts verloren die Markgrafen *Del Carretto* mit Savona und Noli einen großen Teil ihres Territoriums an Genua. Sie zogen sich in das Finale zurück, gründeten die befestigte Burgstadt Finalborgo, und es entstand die **Markgrafschaft Finale.** Beschützt wurde die neue Residenz durch die schwer einnehmbare, auf einem steilen Felsen thronende Burg Gavone.

Auf Grund ihrer strategisch günstigen Lage in Küstennähe und am Schnittpunkt zwischen Tälern und Straßen gelang es den Markgrafen bis in das 15. Jahrhundert hinein, trotz mehrfacher **Eroberungsversuche** durch die verfeindeten Genuesen, ihren Besitz zu behalten. 1447 kam es zum Krieg zwischen Genua und Mailand, unter dessen Protektorat Finale sich begeben hatte. Finale war einer der Kriegsschauplätze. 1448 musste Markgraf *Galeotto del Carretto* kapitulieren, Finalborgo wurde niedergebrannt, die Burg Gavone angezündet. Doch bereits 1496 gelang es den Markgrafen erneut, wiederum unter dem Protektorat Mailands, sich von der Herrschaft Genuas weitgehend zu befreien. In der Folgezeit wurde Finale immer mehr in die Konflikte der europäischen Großmächte verwickelt. 1572 bat der Markgraf Frankreich um

Hilfe, woraufhin der spanische Gouverneur von Mailand das Finale von spanischen Truppen besetzen ließ. Nach dem Tod des Markgrafen *Alfonso* trat sein Nachfolger *Sforza Andrea Del Carretto* alle Rechte an Spanien ab. Von der **spanischen Herrschaft** profitierte vor allem Finalmarina. Handel und Seefahrt erlebten einen großen Aufschwung, und die Stadt begann sich auszudehnen. Ein **Jahrhundert des Wohlstandes** begann. Erst 1713, ausgelöst durch den spanischen Erbfolgekrieg, gelang es Genua durch den Vertrag von Utrecht, endgültig die Herrschaft im Finale zu übernehmen.

Finalpia

Von Savona kommend, gelangt man zunächst durch Finalpia, das sich an den Flussufern des Sciusa ausbreitet. Im Vergleich zum benachbarten Marina wirkt der Badeort eher verschlafen.

Der alte Stadtkern von Pia entwickelte sich rund um das **Olivetanerkloster Santa Maria di Pia,** das bereits 1170 erstmals als Kapelle erwähnt wurde. 1725–1728 wurde der Klosterkomplex neu gestaltet. Aus dieser Zeit stammen die Saalkirche mit ihrer aufwendig mit Stuck geschmückten Rokoko-Fassade. An der Südseite ist noch der spätromanische Glockenturm des früheren Kirchenbaus aus dem Ende des 13. Jahrhunderts erhalten geblieben. Im Norden schließen sich ein Renaissance-Kreuzgang aus dem frühen 16. Jahrhundert und die Konventsgebäude der Olivetaner an.

Der Olivetaner-Orden, ein Ableger der reformierten Benediktiner, wurde

1313 von drei Adligen aus Siena gegründet. Sitz des Generalabtes der selbstständigen Benediktinerkongregation ist Monte Oliveto Maggiore in der Nähe von Siena. Aus der Toskana brachten die Mönche die farbigen Terrakottareliefs aus der Schule der *della Robbia* mit. Die für Ligurien eher untypischen Majoliken sind heute noch im Kloster zu sehen.

Finalmarina

Der **Badeort** Finalmarina mit seinem lang gezogenen Sandstrand, zahlreichen Hotels, Restaurants, Bars und Geschäften ist das **touristische Zentrum Finale Ligures.** Hinter der ausgedehnten Palmenpromenade liegen gepflegte Altstadtgassen und hübsche Plätze. Wie in den meisten Riviera-Orten verläuft allerdings auch der gesamte Durchgangsverkehr parallel zur Uferpromenade Lungomare Migliorini.

Unter **spanischer Herrschaft** erlebte Finalmarina einen ungeheuren Aufschwung, was sich an der Architektur deutlich ablesen lässt. Aus dieser Zeit stammen die prachtvollen Barockbauten, denen Finalmarina ihre herrschaftliche Atmosphäre verdankt.

Zentraler Platz ist die **Piazza Vittorio Emanuele II,** früherer Umschlagplatz für den Seehandel. An drei Seiten von Arkaden und Palazzi gesäumt, öffnet sie sich zum Meer hin. Nicht zu übersehen ist in der Mitte des Platzes ein imposanter Triumphbogen, der hier zu Ehren von *Margarethe von Spanien* errichtet wurde. 1666 machte die 17-jährige spanische Königstochter, auf dem Weg nach Wien zu ihrer Vermäh-

lung mit *Leopold I.,* Station in Finalmarina.

Hauptgeschäftsstraße ist die fast parallel zur Promenade verlaufende Via Roma. Von hier aus sind es nur wenige Schritte zur imposanten **Barockkirche San Giovanni Battista** an der gleichnamigen Piazza. Nicht nur die prächtige Schaufassade, sondern auch der Innenraum ist aufwendig mit Stuck dekoriert.

Von der einstigen genuesischen **Festung Castelfranco** (1365) am östlichen Ortsrand ist nicht mehr viel erhalten geblieben.

Kirche Nostra Signora di Loreto

Finalborgo

Im Gegensatz zu Noli ist es Finale im 12. Jahrhundert nicht gelungen, sich zu einer freien Stadt zu entwickeln. Die ehemals über das gesamte Gebiet bis Savona herrschenden Markgrafen *Del Carretto* ließen sich nach der Aufgabe Nolis in Finale nieder und gründeten zu Füßen ihres letzten verbliebenen Bollwerks, der **Burg Gavone,** das rundum mit starken Mauern befestigte Borgo. Nach den Zerstörungen durch die genuesischen Truppen gegen Ende des 15. Jahrhunderts wurde der Ort wieder aufgebaut. Aus dieser Zeit stammen die meisten Bauten des reizvollen historischen Zentrums.

Das **alte Borgo** erstreckt sich auf der linken Seite des Flusses Aquila, 2 km landeinwärts. Am einfachsten stellt man das Auto entlang der Via Fiume ab und betritt Finalborgo durch eines seiner Stadttore. Innerhalb der Stadtmauern schlendert man durch enge düstere Gassen und über hübsche kleine Plätze. Orte im unwegsamen Hinterland hatten während ihrer langen Geschichte stets die Funktion von Fluchtorten. Im Zeichen unserer modernen Gesellschaft wurden viele dieser Orte von ihren Bewohnern verlassen. Heute erfahren sie eine unerwartete Renaissance. Seit einigen Jahren ist auch das Borgo aus seinem Dornröschenschlaf erwacht. Die Häuser wurden restauriert, alte Denkmäler instand gesetzt und die Malereien auf den Hausfassaden behutsam zum Vorschein gebracht.

Betritt man das Borgo durch die **Porta Reale,** steht man bereits vor der **Pfarrkirche San Biagio.** Teile der barocken Pfeilerbasilika, wie beispielsweise der achteckige Glockenturm, gehen auf einen spätgotischen Vorgängerbau zurück. Dorfzentrum ist die **Piazza Garibaldi.**

Im ehemaligen **Kloster Santa Caterina,** frühere Grablege der Markgrafen *del Carretto,* in der Nähe der Porta Testa, befindet sich das **Museo Archeologico del Finale.** Das Museum dokumentiert mit zahlreichen Ausgrabungsfunden die Frühgeschichte des Finalese. Gleich im ersten Raum ist der spektakulärste Fund ausgestellt, das Skelett eines Höhlenbären *(Ursus speleus).* Bei den Grabstelen aus der **Grotta delle Arene Candide** handelt es sich um Kopien. Die Originale sind im Archäologischen Museum von Genova-Pegli zu besichtigen.

● **Museo Archeologico del Finale,** Piazza S. Caterina, Tel. 019/690020, Fax 681022, www. museoarcheofinale.it. Öffnungszeiten: Juli–August Di.–So. 10.00–12.00 und 16.00–19.00 Uhr, September–Juni Di.–So. 9.00–12.00 und 14.30–17.00 Uhr, Mo. geschlossen. Eintritt 4 €.

Touristeninformation

● **IAT-Büros,** Piazza Porta Testa, Finalborgo, Tel. 019/680954, Fax 6815789, finalborgo @inforiviera.it; Via S. Pietro 14, Finalmarina, Tel. 019/681019, Fax 681804, finaleligure@in foriviera.it-

Unterkunft in Finalpia

● ******Punta Est,** Via Aurelia 1, Tel./Fax 019/ 600611, www.puntaest.com. Stilvolle alte Villa mit Terrassen und Gärten, schönem Panorama, erstklassigem Komfort, 48 komfortabel ausgestatteten Zimmern, Schwimmbad, Restaurant. 120–260 €.

● ***Villa Ave,** Via Madonna 23, Tel. 019/ 600672, Fax 603385, www.hotelvillaave.it.

Freundliche kleine Pension mit 12 ordentlichen Zimmern, Restaurant und Bar. 35–60 €.

Unterkunft in Finalmarina

●******Grandhotel Moroni,** Via San Pietro 38, Tel. 019/692222, Fax 680330, www.hotel moroni.com. Wuchtiger neuerer Hotelkomplex direkt an der Uferpromenade mit eigenem Strandzugang, 57 Zimmer. 140–254 €.
●******Boncardo,** Corso Europa 4, Tel. 019/601751, Fax 680419, www.hotelboncardo.it. Ebenfalls in der Nähe der Strandpromenade gelegenes Komforthotel, 50 Zimmer z.T. mit Balkon. 101–112 €.
●*****Miramare,** Via San Pietro 9, Tel. 019/692467, Fax 695467. Gepflegtes Strandhotel, 35 Zimmer, z.T. mit Balkon und Meerblick, hoteleigener Strand. 120 €.
●*****Medusa,** Vico Bricchieri 7, Tel. 019/692545, Fax 695679, www.medusahotel.it. Mitten in Finale Marina gelegenes gediegenes Haus nahe der Strandpromenade, eigner Strandabschnitt, Restaurant. 78–160 €.
●*****Garibaldi,** Piazza Vittorio Emanuele 5, Tel. 019/690453, Fax 694191, www.garibaldihotel.com. Zentral gelegenes kleines Hotel mit 19 geschmackvoll eingerichteten Zimmern, Restaurant, hoteleigener Strandabschnitt. 120–180 €.
●****Albergo Nino,** Via Concezione 52, Tel. 019/692678, www.hotelnino.it. Ordentliche Pension an der Uferpromenade mit 13 sauberen Zimmern. 40–75 €.
●****Marina,** Via Barilli 22, Tel. 019/692561, Fax 692147. Kleines, zentral gelegenes Albergo in der Nähe der zum Meer hin offenen Piazza Vittorio Emanuele, mit 9 Zimmern, 6 weitere in der Dependance (Vico Cosmelli 5), Restaurant und Bar. 60–80 €.

Jugendherberge

●**Ostello per la Gioventù Castello Wuillermin,** Via G. Caviglia 46, Finalmarina, Tel./Fax 019/690515, finaleligurehostel@libero.it, geöffnet Mitte Mai bis Mitte Oktober, ca. 12 €, 70 Betten in Schlafräumen mit 4–12 Betten. Schöne Jugendherberge in toller Aussichtslage in einem Kastell hoch über dem Golfo del Finale, in Ferienzeiten und im Sommer auf jeden Fall reservieren.

Camping

●*****Eurocamping Calvisio,** Via Calvisio 37, Finalpia, Tel./Fax 019/601240, www.euro campingcalvisio.it. Schön gelegenes, schattiges Wiesengrundstück etwas außerhalb vom Ortszentrum, 90 Stellplätze, Schwimmbad.
●***Del Mulino,** Via Piemonte, Tel. 019/601669, www.campingmulino.it. Zentraler Platz oberhalb Finale Marinas, 96 Stellplätze, steile Anfahrt!

Essen und Trinken

●**Alla Vecchia Maniera,** Via Roma 25, Tel. 019/692562, Di. u. Mi. Ruhetag. Kleines Lokal im Zentrum von Finalmarina. Im Winter kommt hier auch die traditionelle Farinata aus dem Holzofen, im Sommer sind die einfachen, frisch zubereiteten Fischgerichte zu empfehlen. Untere Preislage.

Essen und Trinken in der Umgebung

Wie meistens an der ligurischen Riviera liegen die besten Restaurants hinsichtlich Qualität und Preis-Leistungsverhältnis im Hinterland.
●**Osteria del Castel Gavone,** Perti Alto, Tel. 019/6868118, Di. Ruhetag; mittlere bis gehobene Preislage. Ein echtes Highlight im Vergleich zu dem üblichen Einheitsbrei in den Badeorten ist die Osteria in Perti Alto. Allein die wunderschöne Aussichtsterrasse mit Meerblick ist schon einen Besuch wert. Für ligurische Spezialitäten werden nur frische einheimische Zutaten verwendet. Probieren Sie sich von den Antipasti über die hausgemachten Pastaprimi bis zu den täglich wechselnden Secondi durch! Von Finalborgo fährt man zunächst in Richtung Calice Ligure und biegt dann rechts nach Perti Alto ab oder geht zu Fuß über das Castello. Ausgangspunkt ist die Piazza del Tribunale (Hinweisschild „Perti"). Perti besteht nur aus wenigen Häusern, und die Osteria ist wegen ihrer unvergleichlichen Aussichtsterrasse nicht zu verfehlen. Unbedingt vorher anrufen, die Öffnungszeiten ändern sich im Laufe des Jahres.
●**Ristorante Al Tre,** Piazza IV. Novembre 3, **Calice Ligure,** Tel. 019/65388, Ruhetag Mi., So., an Feiertagen nur auf Vorbestellung. Ca-

Riviera di Ponente

lice liegt ca. 10 km landeinwärts von Finale. Geschmackvoll eingerichtetes Feinschmeckerrestaurant. Chefin *Marina Berrino* benutzt die ligurische Küche als Basis für ihre neuen, leichten und stets aus frischen Grundprodukten zubereiteten Kreationen.

●**Trattoria Piemontese da Viola,** Piazza Massa 4, Tel. 019/65463. Bereits in vierter Generation ist diese empfehlenswerte Trattoria im Besitz der Familie *Viola,* die ursprünglich aus dem piemontesischen Isola d'Asti stammt. Neben Spezialitäten der regionalen Küche stehen daher auch einige Gerichte aus dem Piemont auf der Karte, z.B. das ausgezeichnete *fritto misto.* Mittlere Preislage.

Verkehrsverbindungen

●Gute **Zuganbindung** in alle Richtungen. Der Bahnhof (Stazione FS) liegt an der Piazza Vittorio Veneto im Westen Finale Marinas.

Märkte

●**Wochenmärkte,** Do. morgens entlang der Uferpromenade in Finalmarina, Mo. morgen in der Altstadt von Finalborgo,

●**Antiquitätenmarkt (Mercato antiquariato),** jeden ersten Sa. u. So. im Monat, Finalborgo, Chiostro di Santa Caterina, 10.00–22.00 Uhr (Sommer), 10.00–18.00 Uhr (Winter).

Wein

●**Azienda agricola Domenico Boiga,** Loc. Maglio 4, Tel. 019/687054. Das ehemalige kleine Weingut stellt heute nur noch Olivenöl her. Gutes Preis-/Leistungsverhältnis.

Fest

●**Patronatsfeste S. Giovanni** (24. Juni) und **SS. Pietro e Paolo** (29. Juni) in Marina.

Baden

●**Breite Stadtsandstrände mit zahlreichen Strandbädern.**

Rundwanderung zu den Kletterfelsen von Finale

(oder als einfacher Spaziergang von Finalborgo nach Perti hoch; hin und zurück ca. 1½ Stunden)

●**Schwierigkeitsgrad:** mittel
●**Länge:** 13 km, Dauer: ca. 5–5½ Stunden.
●**Höhenunterschied:** ca. 550 Meter An- und Abstieg.
●**Markierung:** 2 rote Punkte, 3 rote Punkte, 2 rote Rauten, 3 rote Punkte.
●**Karte:** Carta dei sentieri e rifugi, Alpi marittime e liguri, 1:25.000, Kartenblatt 103/104, 5 €.

Die reht gut ausgeschilderte Tour beginnt an der **Piazza del Tribunale** (Hinweisschild „Perti", bis nach Perti zwei rote Punkte) und führt zunächst über die alte gepflasterte Strada Beretta durch Olivenbäume hinauf zur Burg.

Über einen gut markierten Pfad gelangt man auf einem Sattel bis zu den Ruinen des **Castel Gavone** aus dem 12. Jahrhundert, dessen „Torre dei Diamanti" – wegen der Quaderung sogenannt – weithin sichtbar ist. Dahinter führt der Pfad weiter nach Perti. Das kleine Dorf **Perti** besteht nur aus einer Hand voll Häuser und ist römischen Ursprungs. Nicht zu verfehlen ist die von hohen Zypressen umgebene **Saalkirche Sant'Eusebio.** Sie besitzt eine frühromanische Hallenkrypta und ist eine der ältesten Sakralbauten dieser Gegend (davor Trinkwasserbrunnen). Auf der Straße geht es weiter in das Tal hinter Perti. Bereits von weitem sind die fünf Türme der **Kirche Nostra Signora di Loreto,** idyllisch inmitten von Olivenhainen, sichtbar. Die Liebfrauenkapelle ist ein in Ligurien seltenes Beispiel für die Bauweise der Frührenaissance. Die Kapelle entstand gegen Ende des 15. Jahrhunderts in der Blütezeit von Finalborgo. Wieder zurück, geht es etwa 30 Minuten auf einer geteerten Straße, vorbei an erodierten Felsen links bis zum Talschluss. Bei einer Gruppe von Eichenbäumen lichtet sich der Wald. Je nach Jahreszeit kann man an den gegenüberliegenden steilen Kletterfelsen Freeclimber in den Wänden erspähen.

Bei einem Picknickplatz – Parkmöglichkeiten und aufgestellte Abfallkörbe weisen in der Hochsaison auf den Beliebtheitsgrad dieses Klettergartens hin – lohnt sich ein Abstecher linkerhand auf den Gipfel der **Rocca di Perti** (366 m), von dem man einen atemberaubenden Ausblick genießt (Markierung 3 rote Punkte). Auf gleichem Weg wieder zurück zum Picknickplatz folgen wir wieder der Markierung mit den 2 Punkten zum Pian Marino. Über ein Sträßchen gelangt man in das kleine Dorf Montesordo. Wir überqueren ein Bachbett, steigen durch ein Waldstück bergauf und zweigen rechts in einen blau markierten Pfad ab, dem wir bis zu einem rechtsabbiegenden, mit zwei Rauten markierten Pfad folgen. Von hier geht es zum **Aussichtspunkt I Frati.**

An einem Wanderschild zweigt der mit drei roten Punkten gut markierte **Rückweg** ab, der an den Ruinen des *Castrum Perticae* (283 m) vorbeigeht, das warscheinlich aus dem 11. Jahrhundert stammt, vorbeigeht. Über den Weiler Valle gelangt man nach ca. 1 Stunde wieder auf die Straße nach Perti.

Altopiani delle Mánie und Val Ponci   ↗ IX, C2

Vom Castello in Noli aus erreicht man nach einigen Kilometern die Kreuzung nach Voze. Überquert man diese, gelangt man schließlich auf die **Altopiani delle Mánie,** eine landschaftlich sehr reizvolle Hochebene, die fast parallel zum Meer zwischen Noli und Finalpia liegt.

Zahlreiche Wanderwege inmitten wohlduftender und bunter mediterraner Macchia durchziehen die Hochebene. Entlang der Straße eröffnen sich immer wieder herrliche Ausblicke auf die Küste. Charakteristisch für die intakte Naturlandschaft der Mánie sind die Höhlen und Gänge. Funde belegen die Anwesenheit der Menschen in dieser Gegend bereits in der **Altsteinzeit.** In der **Höhle Arma delle Mánie** beim kleinen Weiler Arma fand man zahlreiche Tierknochen und aus Knochen gefertigte Objekte.

Beliebtes Wanderziel sind auch die fünf gut erhaltenen **Brücken aus dem 2. Jahrhundert n.Chr. im Val Ponci.** Sie sind Zeugnisse des ehemaligen römischen Wegenetzes. Um die steilen Abhänge von Capo Noli und Malpasso zu umgehen, ließ Kaiser *Augustus* im Jahr 13 v.Chr. durch das Landesinnere eine neue Straße, die **Via Iulia Augusta,** anlegen, um somit eine Verbindung nach Spanien und in die Provence zu schaffen. Sie führte von Vada Sabatia hinter dem Capo Noli vorbei durch das Ponci-Tal hinunter und mündete im Finalese. Man nimmt an, dass die Brücken unter Kaiser *Hadrian* 124 n.Chr. entstanden. Sie sicherten den Übergang von einem Bachufer zum anderen. Bei Verzi zweigt ein Sträßchen steil in das Val Ponci hinauf. Nur die erste Brücke, die sehr gut erhaltene **Ponte delle Fate** (Feenbrücke), kann mit dem Auto erreicht werden.

Einkaufen/Wein

●**Cascina delle Terre Rosse,** Loc. Mànie 3, Tel. 019/698782. Die Cascina delle Terre Rosse gehört zu den besten Weingütern Liguriens. Sorgfältige Pflege und Lese im Weinberg und kleine Erträge schaffen die Voraussetzungen für einen hervorragenden Vermentino, Pigato, Rossese d'Albenga und die längst in Vergessenheit geratene Lumassina-Traube.

Von Finale Ligure bis Imperia

Zwischen Finale Ligure und Albenga reihen sich mit Pietra Ligure, Loano, Borghetto Santo Spirito und Ceriale **stark zersiedelte Badeorte** aneinander. Der Bauboom der Nachkriegszeit hat hier voll zugeschlagen. Schnurgerade und dicht an der Küstenlinie verlaufen zwischen dem Strand mit seinen zahlreichen Badeanstalten und den Hotels die verkehrsreiche Via Aurelia und die Bahnlinie.

Ausflüge lohnen sich in das **Hinterland.** Bereits wenige Kilometer von der Küste entfernt findet man in Borgio Verezzi, einem kleinen Doppelort zwischen Finale Ligure und Pietra Ligure, Ruhe und Beschaulichkeit, die typischen Gassen und Plätze mittelalterlicher Anlagen und umwerfende Ausblicke auf die Küste, abseits jeglicher Hektik und fern von den Menschenmassen der nahe gelegenen Badeorte.

Bei Borghetto Santo Spirito beginnt das **Val Varatella,** ein mit steilen Felswänden durchzogenes und für seine zahlreichen Tropfsteinhöhlen bekanntes Kalksteinmassiv. Absolut empfehlenswert ist hier der Besuch der **Grotte di Toirano,** eines faszinierenden Höhlensystems mit imposanten Felsenhallen, bizarren Tropfsteingebilden, kleinen Seen und prähistorischen menschlichen Spuren. Im Hinterland von **Albenga,** einem der kunsthistorisch interessantesten Orte an der Ponente, liegen die reizvollen Täler Neva, Pennavaira und Arroscia mit sehenswerten alten

Burgstädten wie Balestrino, Castelvecchio di Rocca Barbena, Zuccarello, Cisano sul Neva und Pieve di Teco. Sie liegen inmitten unberührter Natur und einer einsamen, kaum besiedelten Bergwelt mit dichten Wäldern. Der für ganz Ligurien typische und zugleich sehr reizvolle Kontrast zwischen Bergen und Meer kann nicht stärker sein.

Alassio ist einer der bekanntesten Küstenorte und – dank der schönen Strände – die touristische Hochburg an der Ponente. Beschaulicher geht es in dem kleineren **Laigueglia** zu, einem der angenehmsten Badeorte an der Riviera di Ponente.

Nach **Cervo,** einem malerischen Städtchen auf einem Felssporn hoch über dem Meer, folgt die weit geschwungene Bucht mit den Sandstränden des lebhaften Badeortes **Diano Marina.**

Borgio Verezzi ⏎ IX, C2/3

- **PLZ 17022**
- **Ew.: 2095**
- **32 m/281 m üNN**

Nach wenigen Kilometern auf der Via Aurelia in Richtung Westen folgt der **Doppelort** Borgio Verezzi. **Borgio** liegt etwas von der Küste zurückgesetzt auf einem niedrigen Hügel und ist von Olivenhainen, von Obst- und Gemüsegärten umgeben. Wie auch im oberhalb liegenden **Verezzi** sind die Gassen wie eh und je gepflastert. Das liegt wohl daran, dass Borgio Verezzi nicht direkt am Meer liegt, und der seit der Nachkriegszeit an der Küste ausufernde Bauboom in Borgio Verezzi anscheinend auf unerbittlichen Widerstand stößt. Beiden Orten ist es jedenfalls gelungen, ihre alte Bausubstanz und ihr **intaktes Dorfleben** zu bewahren. Nur wenige Kilometer an der Küste entfernt, herrscht hier Ruhe und Beschaulichkeit, abseits jeglicher Hektik und fern von Menschenmassen.

Rund um die Kirche entstand der alte Ort, und noch heute ist die **Piazza San Pietro,** allein wegen der außergewöhnlich geschnittenen Platzanlage, der Dorfmittelpunkt von **Borgio.** Die klassizistische Pfarrkirche San Pietro liegt am höchsten Punkt Borgios. In weiten Stufen steigt der gepflasterte Platz zur Doppelturmfassade hin an.

Über Serpentinen erreicht man schließlich **Verezzi.** Hoch oben an einem Hang verteilen sich die vier kleinen Weiler Poggio, Roccaro, Crosa und Piazza. Touristischer Anziehungspunkt ist **Piazza.** Am Dorfeingang steigt die schmale Via Roma zum Kirchplatz von **Sant'Agostino** an, Dorfmittelpunkt des mittelalterlichen Ortes. Die Südseite öffnet sich zum Meer hin. Vor allem in den Abendstunden genießt man von diesem Aussichtsbalkon atemberaubende Ausblicke auf die Küste. Typisch für die Architektur Piazzas sind die würfelförmigen Häuser mit Flachdächern, die „Case mediterranee", wie sie auch in Varigotti zu sehen sind.

Am östlichen Ortsrand von Borgio lohnt ein Besuch der Tropfsteinhöhle **Grotta di Valdemino.** Der geführte Rundgang durch die insgesamt 5 km lange Höhle geht über ca. 800 m. Faszinierend sind die durch Eisenmetalle entstandenen Rot- und Gelbtöne der Stalakmiten und Stalaktiten, die Grottenseen und bizarren Steinformationen.

●**Ufficio Informazione Grotte di Borgio Verezzi,** Via Battorezza 1, Tel. 019/610150, Fax 618237, www.grottediborgio.it. Öffnungszeiten: tägliche Führungen (Dauer ca. 1 Std.): im Sommer 9.30/10.30/11.30/ 15.20/16.20/17.20 Uhr, im Winter 9.30/ 10.30/11.30/15/16/17.00 Uhr.

Touristeninformation

●**IAT-Büro,** Via Matteotti 158, Tel./Fax 019/ 610412, borgioverezzi@inforiviera.com. Nur im Sommer geöffnet.

Essen und Trinken

●**Da Casetta,** Via XX Settembre 12, Tel. 019/ 610166, Ruhetag Di. Nicht zu verfehlen ist die Trattoria da Casetta an der Piazza San Pietro von Borgio. Dieses helle, freundliche Lokal befindet sich in einem ehemaligen Weinkeller. Serviert wird hier traditionelle ligurische Küche mit hausgemachter Pasta. Die stets frischen Grundprodukte stammen aus dem eigenen Garten; mittlere bis gehobene Preislage.

Fest

●**Festival Teatrale Borgio Verezzi,** Freilichttheater im Juli/August. Informationen über Ufficio Festival Teatrale, Via XXV Aprile 58, Tel. 019/610167.

Toirano ↗ VIII, B3

●**PLZ 17055**
●**Ew.: 2089**
●**38 m üNN**

Am Zusammenfluss von Torrente Varatello und Torrente Barescione, 3 km landeinwärts von Borghetto Santo Spirito, liegt das kleine, alte Städtchen Toirano. Von den Römern gegründet, in byzantinischer Zeit befestigt, unterstand

Riviera di Ponente

Toirano im Mittelalter den Bischöfen von Albenga und wurde zum Zankapfel zwischen Genua und den Markgrafen von Finale, bis es schließlich 1385 endgültig in den Besitz der Seerepublik überging.

Bei einem Gang durch die Gassen entdeckt man **Reste der mittelalterlichen Befestigung** sowie stattliche Palazzi mit kunstvollen Schieferportalen, wie den Bischofspalast und die **Pfarrkirche San Martino,** die an der gleichnamigen zentralen Piazza steht. Sie wurde 1609 an der Stelle eines Vorgängerbaues errichtet. Der Glockenturm stammt noch aus dem 14. Jahrhundert.

In den ehemaligen Stallungen des **Palazzo dei Marchesi del Carretto** ist heute ein kleines **Völkerkundemuseum** eingerichtet. Die Sammlung umfasst vor allem landwirtschaftliche Gerätschaften wie Werkzeuge zur Olivenkultur und Ölgewinnung, eine alte Ölmühle, eine Schmiede und Szenen des bäuerlichen Lebens und Kostüme aus dem 18.–20. Jahrhundert.

●**Museo Etnografico,** Palazzo del Marchese, Tel. 0182/989968, Fax 989644. Öffnungszeiten: 10.00–13.00, 15.00–18.00 Uhr.

Touristeninformation

●**IAT-Büro,** Piazzale Grotte, Tel. 0182/989 938, toirano@inforiviera.com.

Grotte di Toirano 🔗 VIII, B3

Berühmt ist Toirano für die im Val Varatella gelegenen **Tropfsteinhöhlen.** Inmitten der schönen Gebirgslandschaft des Val Varatella wurden bislang über 50 Höhlen entdeckt. Ein absolutes Highlight an der Ponente sowohl für Erwachsene als auch für Kinder ist ein Besuch der Grotte di Toirano. Die faszinierende Höhlenlandschaft mit imposanten Felsenhallen, bizarren Tropfsteingebilden, unheimlichen kleinen Seen und den versinterten menschlichen Spuren ist alljährlich Anziehungsmagnet für rund 200.000 Besucher (vor allem im Sommer). Es handelt sich um ein **System von vier Tropfsteinhöhlen:** Grotta della Bàsura, Grotta di Santa Lucia Inferiore, Grotta di Santa Lucia Superiore und Grotta del Colomba.

Unter der Bevölkerung war seit dem Mittelalter die **Grotta Superiore** bekannt. Dem Wasser der in der Grotte entspringenden Quelle wird eine heilende Wirkung vor allem bei Augenleiden nachgesagt. Die kleine Wallfahrtskirche am Grotteneingang (16. Jahrhundert) ist deshalb auch der Heiligen Lucia geweiht.

Im 19. Jahrhundert entdeckte *Nicolò Morelli* den ersten Teil der **Grotta della Bàsura.** Doch erst 1950 wurde das gesamte Höhlensystem erforscht. Eine Sensation waren die zahlreichen **Knochenfunde** von Höhlenbären (*Ursus spelaeus*) und vor allem die Abdrücke von menschlichen Füßen, Händen und Knien. Sie wurden zunächst fälschlicherweise den Neandertalern zugeschrieben. Heute werden sie auf ein Alter von ca. 12.300 Jahren geschätzt.

Der **Rundgang** (1,3 km) führt durch die Grotta della Bàsura und die Grotta di Santa Lucia Inferiore, die durch einen 120 Meter langen, künstlich angelegten Gang miteinander verbunden sind. Durch einen Eingangsstollen gelangt man zunächst in die „Hexenhöhle" (*bàsura* ist die Dialektbezeichnung für *strega* = Hexe).

● **Nur geführte Rundgänge,** Tel. 0182/ 98062, Fax 922721, www.toiranogrotte.it. **Öffnungszeiten:** täglich 9.30–12.30 Uhr, 14.00–17.00 Uhr, Eintritt 10 € (inklusive Museum). An die Bar ist ein kleines **Museum** angeschlossen. Der **Eingang** und das **Kassenhäuschen** liegen etwas oberhalb.
● **Kleidung:** Gutes Schuhwerk, Jacke oder Pulli, ggf. lange Hose, sind auch im Hochsommer ratsam. In den Höhlen herrschen das ganze Jahr über gleichbleibend ca. 16°C. Für Babys und Kleinkinder ist der Rundgang mit ca. 70 Min. evtl. zu lang und zu beängstigend.
● **Stationen** sind
– **in der Grotta della Bàsura:** 1. Sala Morelli, 2. Il salotto (Wohnzimmer), 3. Corridoio delle impronte preistoriche (Gang der prähistorischen Abdrücke), 4. Sala del laghetto (Saal des Sees), 5. Cimitero degli orsi delle caverne e sala dei misteri (Friedhof der Bären und Saal der Rätsel), 6. Antro di Cibele (Höhle des Cibele), 7. Tunnel artificiale (künstlich angelegter Tunnel zwischen Grotta della Bàsura und Grotta di Santa Lucia Inferiore).
– **in der Grotta di Santa Lucia Inferiore:** 8. Sale dei cristalli (Saal der Kristalle), 9. Sala del pantheon, 10. Corridoio degli alabastri (Alabastergang), 11. Sala dei capitelli (Saal der Kapitelle).
Nach dem über einer Stunde dauernden, faszinierenden Ausflug in die Unterwelt kommt man an einer ganz anderen Stelle des Berges, unweit der **Wallfahrtskirche Santa Lucia,** wieder heraus.

Anfahrt

● **Mit dem Auto:** An der Straße von Toirano nach Bardineto zweigt eine gut ausgeschilderte Stichstraße ab.
● **Linienbusse** ab Pietra Ligure, Loano und Borghetto Santo Spirito.

Fahrt durch das Neva-Tal   ↗ VIII, B3

Wieder zurück nach Toirano lohnt sich die landschaftlich reizvolle Fahrt über die mittelalterlichen **Wehrdörfer Balestrino** und **Castelvecchio di Rocca Barbena** hinunter ins Neva-Tal. Kurz nach Castelvecchio di Rocca Barbena zweigt man links auf die S.S. 582 ab. Die pittoresken alten **Burgstädte Zuccarello** und **Cisano sul Neva,** an Gebirgsbächen errichtet und in die schroffe Bergwelt eingezwängt, sind kleine Städte mit Marktfunktion.

Über das alte verlassene Dorf **Balestrino** thront auf einem Felssporn das imposante **Schloss der Del Carretto,** der ehemaligen Markgrafen über das Gebiet von Finale. Bis heute beherrscht das Schloss das Ortsbild Balestrinos. Es wurde 1795 von den Franzosen zerstört und später wieder aufgebaut. Nach einem Erdrutsch in den 1950er Jahren verließen die Einwohner Balestrinos ihre Häuser zu Füßen der Burg und legten daneben ein neues Dorf an.

Der nächste Ort ist **Castelvecchio di Rocca Barbena.** Wie die meisten mittelalterlichen Burgstädte im Hinterland liegt auch der älteste Feudalsitz der Markgrafen *Clavesana* im Neva-Tal in strategisch günstiger Position auf einem Felssporn. Das mittelalterliche verwinkelte Wehrdorf entwickelte sich rund um die zunächst von den Markgrafen *Clavesana*, später von den *Del Carretto* beherrschte Burg. Das fast gänzlich verlassene Bergdorf scheint seit einigen Jahren aus dem Dornröschenschlaf zu

Riviera di Ponente

erwachen. Immer mehr wohlhabende Städter haben das reizvolle Bergdorf entdeckt, Häuser erworben, diese, soweit es geht, denkmalgerecht saniert und zu Ferienwohnungen ausgebaut. Ortschaften wie Castelvecchio di Rocca Barbena im unwegsamen Landesinneren wurden während ihrer langen Geschichte immer auch als **Fluchtorte** genutzt – heute erfahren sie eine unerwartete Renaissance als Zufluchtsorte für lärm- und stressgeplagte Großstädter. Durch die verwinkelten schmalen Gassen gelangt man hinauf zur Piazza

Balestrino im Neva-Tal

Colletta di Castelbianco

del Castello. Von hier oben hat man einen herrlichen Rundumblick über das Tal und die Dächer Castelvecchios.

Durch eine raue Gebirgslandschaft geht es auf zahlreichen Serpentinen hinunter nach **Zuccarello,** ein weiteres architektonisches Kleinod auf der Fahrt durch das Neva-Tal. Die heutige Stadt geht auf eine Gründung der Markgrafen Clavesana im 13. Jahrhundert zurück. Eine erste Siedlung entstand bereits in römischer Zeit. Bis heute präsentiert sich Zuccarello als **spätmittelalterlicher Borgo** mit romanischer Kirche, breiten Arkadengängen und einer mittelalterlichen Brücke. Der steile Weg hinauf zur Burgruine lohnt sich für die Ausblicke auf das Tal. Charakteristisch für das Ortsbild ist die lange Hauptgasse Via Tornatore, die rechts und links von Laubengängen gesäumt ist. Trotz der vielen, oft erbitterten Auseinandersetzungen zwischen den großen markgräflichen Familien Liguriens um die strategisch bedeutende Stadt blieb das mittelalterliche Stadtbild unverändert erhalten. Zuccarello erlebt ein ähnliches Schicksal wie Castelvecchio di Rocca Barbena. Von den Einwohnern zunächst verlassen, werden viele der Häuser nunmehr als Zweitwohnsitz genutzt.

Bei **Martinetto** lohnt sich wegen der Landschaft ein Abstecher (ca. 10 km) in das **Pennavaíre-Tal.**

Im Hinterland von Albenga (14 km) liegt auf ca. 350 m Höhe im Alta Valle Pennavaire die Gemeinde **Castelbianco** mit den mittelalterlichen Weilern Vesallo, Veravo, Oresine und Colletta. Absolute Ruhe in einer landschaftlich idyllischen Berggegend nicht weit enfernt vom Meer findet man in **Colletta di Castelbianco.**

Colletta wurde bereits um 1900 komplett verlassen. Ein Architekt kaufte und renovierte sämtliche Steinhäuser in den letzten Jahrzehnten, baute sie zu insgesamt 20 geschmackvoll restaurierten und modern mit Telefon-, Internetanschluss und Sat-TV ausgestatteten Ferienhäuschen- und wohnungen mit Terrassen und Freisitzen um. Es gibt auch einen Swimmingpool zur gemeinsamen Nutzung. Die alten Maultierpfade zwischen den einzelnen Dörfern sind als Wanderwege gut ausgeschildert.

●**Vermietung:** www.colletta.it.

Riviera di Ponente

Unterkunft / Essen und Trinken

● ***Albergo Ristorante Gin,** Via Pennavaire 99, 17030 Castelbianco, Tel. 0182/77001, Fax 77104, www.dagin.it. Unterhalb von Colletta in Richtung Nasino liegt an der Durchgangsstraße dieses elegante kleine Albergo. Die 8 Zimmer sind individuell und sehr geschmackvoll mit Antiquitäten eingerichtet. Schöner Garten und Lesesaal. Im gehobenen Restaurant werden die traditionellen und typischen Gerichte der Region je nach Jahreszeit kreativ abgewandelt und verfeinert. Großer Weinkeller. Ruhetag Mo. (nur im Winter). 80–100 €. (Frühstück 7,50 €) HP pro Person 60 €.

● **Scola,** Via Pennavaire 166, 17030 Castelbianco, Tel./Fax 0182/77015, Ruhetag Di. abend. Kleines, sehr freundliches Albergo mit 8 gemütlich eingerichteten Gästezimmern, bemerkenswert guter Regionalküche und einem gut bestückten Weinkeller, mittlere Preislage. 52 €, HP p.P. 42–52 €.

● **Osteria Bar La Colletta,** Colletta di Castelbianco, Tel. 0182/778224. Kleines Lokal mitten im alten Borgo mit ligurischer Hinterlandküche und schöner Terrasse.

Cisano sul Neva ⤳ VIII, B3

Hier lohnt sich ein letzter Halt, bevor Albenga erreicht ist. Im Mittelalter gehörte Cisano zu Albenga. Zum Schutz vor den Markgrafen *Clavesana* legten die Stadtherren von Albenga 1274–1288 hier am östlichen Ufer der Neva einen rechteckig ummauerten, an den Ecken mit Türmen befestigten Borgo an. Von der ursprünglichen Befestigung sind noch einige Abschnitte erhalten, darunter auch der Campanile der **Pfarrkirche Santa Maria Maddalena,** der ehemals Teil der Stadtmauer war.

Einkaufen

● **Poderi Vairo,** Cisano sul Neva. Der Biobetrieb (Demeter zertifiziert) von *Eugenio*

Vairo produziert ein hervorragendes Olivenöl Extra Vergine, erster Pressung *(prima spremitura)* und einen leichten, spritzigen Vermentino.

Essen und Trinken

● **Bar Sport,** Via Colombo 35, Tel. 0182/595323. Ruhetag Di. In der empfehlenswerten Trattoria wird eine sehr gute regionale Landküche serviert. Neben den unverwüstlichen Primi wie Ravioli, Trenette oder Trofie finden sich auf der Karte auch sehr alte, in Vergessenheit geratene Spezialitäten wie z.B. der *Orzotto,* ein Gericht ähnlich dem Risotto, aber aus Gerste zubereitet; untere bis mittlere Preislage.

Albenga ⤳ VII, D1

● **PLZ 17031**
● **Ew.: 22.690**
● **6 m üNN**

Unerwartet für ligurische Verhältnisse weitet sich bei Albenga der Küstenstreifen zu einer großen, fruchtbaren **Schwemmlandebene.** Sie entstand durch die Centa, den Zusammenfluss der Gebirgsbäche Lerrone, Arroscia und Neva, der hier im Meer mündet. Badetourismus spielt hier nur eine untergeordnete Rolle. Albenga präsentiert sich zunächst als ganz normale italienische Kleinstadt mit gesichtslosen neuen Stadtvierteln inmitten einer Küstenebene, die sowohl landwirtschaftlich als auch industriell genutzt wird.

Erst bei näherem Hinsehen entdeckt man eine der **kulturhistorisch interessantesten Städte** an der gesamten Riviera. Ein Bummel durch den gut erhaltenen mittelalterlichen Altstadtkern, von einer Stadtmauer umgeben, gehört zu den kulturellen Höhepunkten an der Ri-

- 🎧 1 Da Puppo
- 🎧 2 Il vecchio Mulino
- 🎧 3 Sutta Cà
- Ⓜ 4 Museo Navale Romano
- Ⓜ 5 Museo Civico Ingauno
- ● 6 Baptisterium
- ⓘⓘ 7 San Michele
- ❶ 8 Information (IAT-Büro)
- 🏚 9 Sole Mare
- 🏚 10 Villa Rosa

Albenga

Riviera di Ponente

viera di Ponente. Die gotischen Geschlechtertürme, Herrschaftszeichen der großen Familien, prägen auch heute noch das Stadtbild. Wie im toskanischen San Gimignano zeugen die Türme vom Reichtum ihrer Bewohner, in einer Zeit, als Kaufleute, Seefahrer und Handwerker eine unabhängige Seerepublik gründeten. Sie dienten mehr dem Prestige der Familien als Verteidigungszwecken.

In der gut erhaltenen mittelalterlichen Stadt sind noch die Reste der römischen Vergangenheit präsent. Albenga ist die einzige Stadt in Ligurien, deren rechteckige Anlage bis heute auf den Plänen und **Grundmauern der römischen Siedlung** basiert. Die Häuser rund um die Kathedrale sind auf römischen Fundamenten errichtet, hier kreuzten sich die beiden römischen Hauptstraßen *Decumanus* (Längsach-

se) und *Cardo maximus* (Querachse), und in der Nähe lag vermutlich auch das Forum.

Doch die **Ursprünge Albengas** reichen bis in vorchristliche Zeit zurück, als die Ingauner, der mächtigste der ligurischen Stämme, inmitten des fruchtbaren Mündungsdeltas das Oppidum Albium Ingaunum gründeten und einen Hafen anlegten. Um den Land- und Seeweg nach Spanien zu sichern, unterwarfen die Römer 181 v.Chr. die ligurischen Stämme. In der Folgezeit wurde das Oppidum zum Municipium Albingaunum, einem wichtigen **römischen Heeresstützpunkt** an der Straße nach Gallien ausgebaut. Ausschlaggebend für den wirtschaflichen Aufschwung im 2./3. Jahrhundert war die 13 v.Chr. eröffnete Küstenstraße Via Iulia Augusta. Die spätere Via Aurelia führte durch Albenga hindurch, das damals noch direkt an der Küste lag und einen bedeutenden Hafen besaß.

Flussanschwemmungen im Mittelalter waren die Ursache für das **Hinausschieben der Küstenlinie.** Heute liegt die unverändert erhaltene Altstadt fast einen Kilometer landeinwärts. Die Strände am Küstenrand der wirtschaftlich genutzten Ebene sind nicht sonderlich attraktiv. Beides zusammen sorgt dafür, dass die meisten Touristen einen Bogen um einen der baulich interessantesten Orte an der Ponente machen.

Unter römischer Herrschaft blieb Albingaunum jahrhundertelang von Kriegen weitgehend verschont. Nach dem

Untergang des römischen Reiches erlebte die Siedlung zu Beginn des 5. Jahrhunderts die **völlige Zerstörung durch die Vandalen.** Der spätere Kaiser *Constantius III.* ließ ab 415 ein **zweites römisches Albenga** errichten und befestigen. Für das Jahr 451 wird erstmals ein Bischof urkundlich erwähnt.

Aus der Zeit zwischen 415 und 451 stammt das bedeutendste Baudenkmal Albengas, das **Baptisterium.** Die frühchristliche Taufkirche liegt infolge der Flussanschwemmungen heute mehr als zwei Meter unterhalb des einstigen Bodenniveaus. Von außen ein schlichter, schmuckloser, zehneckiger Bau, wirkt der Innenraum umso beeindruckender. Im Innern des regelmäßigen oktogonalen Zentralbaus wechseln quadratische mit halbrunden Nischen ab. Die Regelmäßigkeit des Grundrisses wird noch zusätzlich durch einen Säulenkranz unterstrichen. Im Mittelpunkt steht das ebenfalls achteckige Taufbecken. Das wertvolle byzantinische Mosaik in der zentralen Nische zählt zu den größten Kunstwerken Liguriens. In der Mitte des Tonnengewölbes ist ein Monogramm Christi dargestellt, das von zwölf Tauben, dem Symbol für die Apostel, und darunter zwei symmetrisch angeordneten Lämmern umrahmt ist. Das Baptisterium liegt westlich der Kathedrale und ist nur im Rahmen einer Führung (Museo Civico Ingauno) zu besichtigen.

Eine **zweite Blütezeit** erlebte Albenga als selbständige Gemeinde vom 12.–14. Jahrhundert. Aus dieser Zeit stammen die wichtigsten mittelalterlichen Gebäude der Stadt an der Piazza San Michele.

Geschlechtertürme

Riviera di Ponente

Neben dem Baptisterium erhebt sich der **Palazzo del Comune.** Zur Straße hin öffnet sich das ehemalige Rathaus aus dem 14. Jahrhundert mit einer reizvollen spätgotischen Doppelarkade. Etwas älter ist die **Torre del Comune.** Sie wurde um 1300 als höchster Geschlechterturm (60 m) von einer Adelsfamilie errichtet und beherbergt heute das **Museo Civico Ingauno.** Das Städtische Museum besitzt römische Inschriften, Skulpturen, Keramiken, und prähistorische Fundstücke aus den Höhlen der Umgebung.

●**Museo Civico Ingauno,** Via Ricci, Tel. 0182/51215. Öffnungszeiten: Di.–So. 10.00–12.00 Uhr und 15.00–18.00 Uhr.

Eng beieinander ragen die Torre del Comune, Torre del Municipio und der Kirchturm in den Himmel und bilden das für Albenga typischste Gebäudeensemble. Der Kirchturm gehört zur **Kathedrale San Michele.** Die dreischiffige Pfeilerbasilika stammt vom Ende des 13. Jahrhunderts, beruht aber auf einem frühchristlichen Vorgängerbau, der als Bischofskirche etwa zeitgleich mit dem Baptisterium entstand. An der Rückseite schließt sich die kleine **Piazzetta dei Leoni** an. Der stimmungsvolle Platz mit seinen mittelalterlichen Häusern wird von drei steinernen Renaissance-Löwen bewacht, die dem Platz ihren Namen gaben.

Am entgegengesetzten Ende der lang gezogenen **Piazza San Michele** ist im **Palazzo Peloso Cepolla** das wegen seiner ungewöhnlichen Sammlung sehenswerte **Museo Navale Romano** untergebracht. Hauptattraktion sind un-

zählige Wein- und Ölamphoren zweier römischer Frachter, die aus dem 1. Jahrhundert v.Chr. stammen. Die nahezu unversehrte Ladung wurde in den 1950er und -60er Jahren vor der Küste Albengas und 1962 bei Diano Marina bei Bergungsaktionen ans Tageslicht befördert.

Touristeninformation

●**IAT-Büro,** Piazza del Popolo 11, Tel. 0182/558444, Fax 558740, albenga@info riviera.it.

Unterkunft

Albenga besitzt insgesamt nur 13 Hotels und Pensionen. Keines davon liegt in der historischen Altstadt.

●***Sole Mare,** Lungomare Colombo 15, Tel. 0182/51817, Fax 545212. Ordentliches Mittelklassehaus an der Uferpromenade mit insgesamt 26 Zimmern. 85–115 €.

●*Villa Rosa,** Lungomare Colombo 1, Tel. 0182/50529, Fax 544029. Nette, einfache Pension an der Uferpromenade mit 18 Zimmern. 40–90 €.

Agriturismo

●**Il Colletto,** Via Cavour 34, Loc. Campochiesa, Tel. 0182/21858, Fax 21859, www. agriturismoilcolletto.it. Bauernhof, 4 km vom Meer entfernt, mit 4 gemütlich eingerichteten Ferienwohnungen für 4–8 Personen, Reitstall, Fahrradverleih, Kochkurse. Ab 360 €.

Essen und Trinken

●**Il vecchio Mulino,** Via Torlaro 13, Tel. 0182/543111. Trattoria/Pizzeria, sehr gute Holzofenpizza; untere bis mittlere Preislage.
●**Da Puppo,** Via Torlaro 20, Tel. 0182/51853, So. Ruhetag. Sehr gutes alteingesessenes Farinata-Lokal, außer der klassischen Farinata gibt es aus dem Holzofen auch Pizza, Torta verde und abends Grillgerichte.
●**Sutta Cà,** Via Ernesto Rolandi Ricci 10, Tel. 0182/53198. Restaurant mit bodenständigen Gerichten aus der Region; untere bis mittlere Preislage.

Essen und Trinken außerhalb von Albenga

● **Ristorante Rosalina,** Via Roma 61, Tel. 0182/580064. Sehr gutes Lokal in **Garlenda** (ca. 5 km südlichwestlich von Villanova d'Albenga). Besonders zu empfehlen sind die Antipasti; mittlere Preislage.

● **Ristorante Primo Sole,** Casanova Lerrone, Frazione Marmoreo (ca. 13 km südwestlich von Albenga). Tel. 0182/74025. Lokal mit sehr guter Regionalküche; günstige Preislage.

Eis

● „Il Mangiatore di Cuori", Piazza IV Novembre 6, empfehlenswerte Eisdiele.

Verkehrsverbindungen

● Bahnhof an der Piazza Matteotti südlich der Altstadt, gute **Zugverbindung entlang der Küste.**

Einkaufen

● **Flohmarkt** in der Altstadt (Juni, Juli, August).
● **Wochenmarkt,** Mi. morgens, am Lungo Centa Croce Bianco, rechtes Centa-Ufer, südlich der Altstadt.
● **Täglicher Markt** an der Piazza Europa.

Ausflug

● **Riserva Naturale Isola Gallinara.** Im Sommer finden **Bootstouren** rund um die Insel Gallinara statt. Die Insel selbst steht unter Naturschutz und darf nicht betreten werden.

Itinerario Archeologico della Via Iulia Augusta tra Albenga e Alassio

● **Länge:** 5 km, Dauer: ca. 1,5 Stunden.
● **Schwierigkeitsgrad:** einfach
● Im IAT-Büro ist eine **Broschüre mit der Wegbeschreibung** erhältlich.

Von Albenga führt ein **archäologischer Küstenwanderweg nach Alassio.** Auf der alten, teilweise noch gepflasterten römischen Heeresstraße Via Iulia Augusta geht es vorbei am z.T. freigelegten **Amphitheater** (anfiteatro), an römischen Mauerresten und Grabmälern.

Die Via Iulia Augusta wurde im Jahr 13 v.Chr. von Augustus eingeweiht und verband die Po-Ebene mit Frankreich und Spanien.

Vom Stadtzentrum aus überquert man auf der Via Piave die Centa und biegt dann in die Via Ruffina ein. An ihrem Ende geht es rechts in die Via S. Calogero, den an der nächsten Abzweigung dann links in die Salita Madonna di Fatima. Bei der zweiten Straße links beginnt die ausgeschilderte **Strada Romana.**

Valle d'Arroscia

Die vier Centa-Zuflüsse Pennavaíre, Neva, Arroscia und Lerrone durchziehen in West-Ost-Richtung die gleichnamigen Täler, um bei Albenga zusammenzulaufen. Das **Haupttal im Hinterland von Albenga** ist das Valle d'Arroscia. Kaum hat man die wirtschaftlich intensiv genutzte Ebene der Provinzstadt Albenga und die Küstenlinie hinter sich gelassen, ändert sich das Landschaftsbild schlagartig. Beschauliche alte Bauerndörfer und verstreut liegende Gehöfte beherrschen die Hügelkuppen. Grüne Almen, Wälder und Schluchten schaffen ein **harmonisches Landschaftsbild.** Der für ganz Ligurien typische und zugleich sehr reizvolle Kontrast zwischen Meer und Bergen kann stärker nicht sein. Hohe Berggipfel erheben sich im Hintergrund und bilden die Grenze zum Piemont. Im Mittelalter führten durch diese Bergregion wichtige Handelsstraßen. Sie verbanden Piemont mit dem Meer und wurden von exponiert liegenden Burgen kontrolliert.

Die Landschaft im unteren Talverlauf ist bis Pieve di Teco durch Obst-, Gemüse- und Olivenanbau geprägt, um dann im oberen Teil zwischen Pieve di

Teco und Mendatica in Kastanienwäldern überzugehen.

Im **Talgrund** verläuft immer talaufwärts die gut ausgebaute S.S. 453. Bequem erreicht man schließlich über Ortovero, Borgo di Ranzo und Borghetto d'Arroscia nach ca. 30 km das sehenswerte mittelalterliche Pieve di Teco.

Wer mehr von der grandiosen Landschaft sehen will, biegt nach Bastia d'Albenga rechts in Richtung **Arnasco** ab. An den Hängen der linken Talseite folgen die Dörfer Vendone, Onzo, Aquila d'Arroscia und Ranzo. Die Überreste mittelalterlicher Burgen und Stadtmauern zeugen von ihrer einstigen Kontrollfunktion über die Verbindungswege von Piemont ans Meer.

Für diesen reizvollen Umweg sollte man mindestens einen Tagesausflug einplanen. Die Strecke ist sehr kurvenreich und anstrengend. Von Arnasco, Vendone, Onzo, Costa Bacelega und Aquila d'Arroscia führen direkte Straßen wieder hinunter auf die S.S. 453.

Unterkunft/Agriturismo

●**Il Carruggio,** Via Gallizi 6, 17031 Arnasco, Tel. 0182/761031. Restauriertes altes Landgut in einem kleinen Dorf, umgeben von Olivenhainen (300 m). Biologischer Wein- und Gemüseanbau, 4 gemütliche Ferienwohnungen.
●**La Crosa,** Fraz. Crosa 10, 17030 Vendone, Tel./Fax 0182/76331, www.lacrosa.it. 2,5 Hektar großer Hof, 12 km landeinwärts von Albenga, mit restauriertem Bauernhaus, 4 Zimmer und 4 Ferienwohnungen für 2, 3 und 4 Personen, Gaststätte, Verkauf von Olivenöl, getrockneten Tomaten, Oliven und Honig.

Essen und Trinken

●**Antica Trattoria La Baita,** Via Lucifredi 18, Loc. Gazzo, Borghetto d'Arroscia, Tel. 0183/31083, außer im Hochsommer Mo.–Mi. Ru-

hetag. Von Borghetto d'Arroscia führt eine kurvenreiche Straße in den hoch über dem Tal liegenden Ortsteil Gazzo. Das gemütliche Restaurant ist bis hinunter an die Küste bekannt für seine sehr gute heimische Küche, vor allem in der Pilzsaison für die ausgezeichneten Steinpilzgerichte; paniert, gegrillt, roh, als Farce oder Suppe, ein echtes Mekka für Pilzfreunde. Auch die übrigen primi, secondi und die Weinkarte sind durchweg zu empfehlen; mittlere Preislage, reservieren.

Einkaufen/Wein

●**Azienda Agricola Anfossi,** Via Paccini 39, 17030 Bastia d'Albenga, Tel. 0182/20024. Der solide Familienbetrieb der *Anfossi* gehört zu den größten Weingütern Liguriens. Knapp 10 Hektar des 40 Hektar großen Betriebes sind Rebfläche. Hauptsorten: Pigato, Vermentino und Rossesse di Campochiesa.
●**Cascina Feipu,** Loc. Massaretti 8, 17030 Bastia d'Albenga, Tel. 0182/20131. 5 Hektar Rebfläche umfasst mittlerweile das Weingut des engagierten Ehepaares *Parodi*. Mit ständig zunehmendem Erfolg betreibt die Familie seit über 30 Jahren in diesem Gebiet den Weinbau. Neben dem traditionellen Pigato werden in der Cascina Feipu, in kleineren Mengen auch Rossese, Brachetto d'Albenga, Barbera und Dolcetto ausgebaut.
●**Azienda Agricola Riccardo e Lena Bruna,** Fraz. Borgo, 18020 Ranzo, Tel. 0183/318082. Der von *Riccardo Bruna* ausgebaute Pigato Villa Torrachetta zählt zu den besten Pigato an der Riviera di Ponente.

Pieve di Teco ⚑ VI, B1

●**PLZ 18026**
●**Ew.: 1336**
●**240 m üNN**

Ein **intaktes mittelalterliches Stadtbild,** eingebettet in eine schöne Gebirgslandschaft, die Ruhe, die man hier genießen kann und ein Bummel durch die Arkadengasse mit ihren kleinen Geschäften machen Pieve di Teco unzweifelhaft zu einem der sehenswertesten Orte im Hinterland von Albenga.

Wie eine Wächterin über das **Alta Valle d'Arroscia** liegt Pieve di Teco am Zusammenschluss mehrerer Täler. Es ist kaum vorstellbar, dass dieses verträumte Städtchen im Mittelalter einen wichtigen wirtschaftlichen Knotenpunkt für die ganze Region darstellte. Früher verlief mitten durch den Ort die Straße hinauf auf den Colle di Nava. Der Nava-Pass verbindet das Arroscia-Tal mit dem piemontesischen Tanaro-Tal.

Wichtige Handelsstraßen zwischen dem Piemont und Küstenstädten wie Albenga kreuzten sich hier mit den sogenannten **Salzstraßen** und den Vie Marenche, den Querverbindungen zwischen den Tälern des ligurischen Apennins.

Um 1230 als Marktplatz **gegründet,** gehörte Pieve di Teco bis 1386 der Familie *Clavesana,* die den Ort zu einem wichtigen feudalen Zentrum ausbaute und mit einem Kastell und einer Stadtmauer befestigte. Mit dem Untergang der *Clavesana* geriet Pieve di Teco unter die Herrschaft Genuas und fungierte über einen langen Zeitraum hinweg als **militärischer Vorposten** gegen das feindliche Piemont.

Der **einstige Wohlstand** ist heute noch deutlich am Stadtbild zu erkennen. Kunstvoll gearbeitete Renaissance-Portale aus Schieferstein, dem „schwarzen Gold" Liguriens, schmücken die Häuser früherer Adelsfamilien. Mittelalterliche Laubengänge mit unregelmäßigen Rundbögen und Kreuzgewölben säumen links und rechts den lang gestreckten **Corso Ponzoni,** Hauptgasse im Herzen von Pieve. Anfang und Ende markieren zwei charakteristische kleine Plätze. Bis ins 20. Jahrhundert spielte das Handwerk eine wichtige Rolle. Unter den Arkaden gingen seit dem Mittelalter Weber, Gerber, Schuster, Seil- und Tuchmacher ihrem Handwerk nach. Übrig geblieben ist das Schuhmacherhandwerk. Bei **Aldo Fassone,** einem der letzten Schuhmacher der Gegend, kann man auch heute noch seine Bergschuhe maßanfertigen lassen.

Touristeninformation

● **Pro loco,** Piazza Giacomo Brunengo 1, Tel./Fax 0183/36453.

Unterkunft/Restaurant

● *Albergo dell'Angelo,** Piazza Carenzi 11, Tel. 0183/36240. Altmodisches Hotel inmitten der Altstadt an einer kleinen ruhigen kopfsteingepflasterten Piazza. Die insgesamt 16 Zimmer sind zum größten Teil rustikal mit alten Möbeln eingerichtet. Für Oldtimerfans lohnt sich ein Blick in die Garage. Zusammen mit seinem Bruder sammelt und restauriert der Chef des Hauses alte italienische Limousinen und Motorräder. Der größte Teil der Sammlung befindet sich mangels Platz im Piemont. Das Frühstück wird in einem großen, stilvollen Speisesaal mit Deckengemälden und in die Wand eingelassenen alten Vitrinen serviert, in denen das „gute Service" Platz hat. 60–70 €.

Verkehrsverbindung

● **Viani Autolinee Interregionali „Piemonte-Liguria",** **Busverbindung** zwischen Imperia und Ormea im Piemont, Bushaltestelle unterhalb des IAT-Büros.

Einkaufen

● **Flohmarkt,** Corso Ponzoni, letzter So. im Monat, 9.00 Uhr bis Sonnenuntergang.

Blick auf Noli und Alassio
an der Baia del Sole

●**Panificio,** Via De Filippi 1. Wer morgens durch Pieve di Teco streift, den zieht allein der Geruch in diese Bäckerei. Neben duftender Focaccia, Torta verde, Sardenaira, pane integrale (dunkleres Bauernbrot) gibt es hier auch ausgezeichnetes Gebäck. Mi. geschlossen.

●**Alimentari,** Corso Ponzoni 108. Gut sortiertes Feinkostgeschäft mit ausgezeichneter Käseauswahl; Ziegen-, Schafs- und Kuhmilchkäse aus der Gegend rund um Pieve di Teco.

●**Frantoio Lupi,** Via Mazzini 9 oder Via Umberto 1, Tel. 0183/36161. Neben einem großen Weingut betreiben die Brüder *Tommaso* und *Angelo Lupi* (siehe Enoteca in Imperia) auch diese kleine traditionelle Ölmühle. Das kaltgepresste Olivenöl wird ausschließlich aus Taggiasca-Oliven hergestellt.

●**Calzature da Montagna Aldo Fassone,** Via Mazzini 4/7. Schuhmacher mit großer Auswahl an gängigen Wanderschuhmarken. Wer sich länger in der Gegend aufhält, kann sich, wie die Jäger von Pieve di Teco, seinen eigenen Leisten bei *Aldo Fassone* anfertigen lassen. Die Preise sind erschwinglich.

●**Azienda Agricola di Tommaso e Angelo Lupi,** Via Mazzini 9, Tel. 0183/36161. Familie *Lupi* besitzt zwei Kellereien in Soldano und in Pieve di Teco. Ihr Sortiment umfasst die gesamte Palette der Imperia-Weine.

Wandern

●Pieve di Teco ist ein guter Ausgangs- oder Endpunkt für eine mehrtägige Wanderung auf dem AV (siehe „L'Alta Via dei Monti Liguri").

●**Ab Monesi** (Übernachtungstipp Mendatica, siehe „L'Alta Via dei Monti Liguri"), Bergdorf auf 1310 m, **Tour auf den Monte Saccarello** (2200 m), den höchsten Berg Liguriens (ca. 3 Std.). Am schönsten ist die Wanderung im Sommer, wenn die Alpenrosen blühen.

Zurück zur Küste fährt man entweder über die S.S. 28 nach Imperia (25 km), über die S.S. 453 nach Albenga (27 km) oder zunächst auf der S.S. 28 bis Cesio, weiter über den Passo del Ginestro auf einer Höhenstraße durch Testico (siehe Restauranttipp Alassio), San Damiano und Moglio nach Alassio.

Alassio ⤢ VII, D1

- **PLZ 17021**
- **Ew.: 10.449**
- **6 m üNN**

Alassio und **La Baia del Sole:** Findige Tourismusexperten haben sich diesen Begriff einfallen lassen, und in der Tat ist das angenehm milde Klima in der „Sonnenbucht" der Garant für die anhaltend gute Konjunktur in der perfekt funktionierenden „Urlaubsmaschine Alassio". Im Norden schützen die Ausläufer der Seealpen die Stadt vor kalten Winden, im Osten begrenzt das Capo Croce, im Westen das Capo Mele die weit geschwungene Bucht mit ihrem feinsandigen, **kilometerlangen Sandstrand.** Dekorativ schiebt sich im Osten noch die Isola Gallinara ins Bild. In Deutschland gehört Alassio seit langem zu den bekanntesten und renommiertesten Badeorten an der Riviera, mit dem schönsten Strand an der ganzen Küste.

Wie in allen bekannten Urlaubszentren mit langer Tradition entlang der Riviera wurde Alassio zuerst von betuchten englischen Reisenden im ausgehenden 19. Jahrhundert entdeckt. Das kleine Fischerdorf entwickelte sich zu einer Stadt mit eleganten Hotelbau-

ten für eine elitäre Oberschicht. Doch auch in Alassio gehören diese noblen Zeiten längst der Vergangenheit an.

Über 150 Hotels und Ferienanlagen jeder Preisklasse, unzählige Restaurants, Bars und Geschäfte lassen im Hochsommer Vergleiche mit Rimini aufkommen. Die Bucht ist mit Strandbauten zugepflastert, die oft den Blick aufs Meer versperren. An der unendlich langen Strandpromenade reiht sich ein Lokal an das andere. Diskotheken sorgen für nächtlichen Rummel. Unterhaltung wird in Alassio groß geschrieben. Der Küstenort hat sich heute gänzlich dem **Tourismus** verschrieben, und wer an die Riviera kommt, um sich zu amüsieren, ist hier genau richtig.

Zentrum Alassios ist bis heute die **Via XX Settembre.** Die enge, lebhafte Fußgängerzone, von den Einheimischen *Budello* (= Schlauch) genannt, sorgt für den nötigen Charme und für Riviera-Atmosphäre. Hier und in den angrenzenden schmalen Gassen spielt sich das öffentliche Leben ab. Diese für ligurische Küstenstädte so typische Altstadtgasse erstreckt sich parallel zur Uferpromenade.

Zwischen Rathaus und Via XX Settembre verläuft der Corso Dante Alighieri. In einer kleinen Mauer, **„il Muretto"** genannt, sind bunte Keramikfliesen mit den Namenszügen vieler prominenter Gäste Alassios eingelassen.

Spaziergänge

In Richtung Südwesten kann man immer am Strand entlang **in den Nachbarort Laigueglia** promenieren. Nach Nordosten, vorbei am **Küstenwach-**

Riviera di Ponente

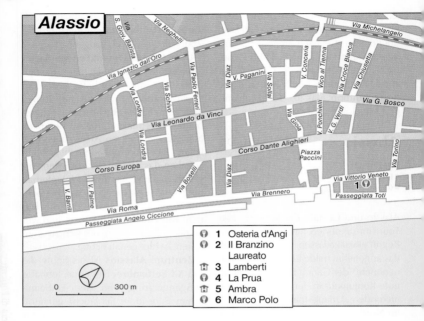

🍴	**1**	Osteria d'Angi
🍴	**2**	Il Branzino Laureato
🏠	**3**	Lamberti
🍴	**4**	La Prua
🏠	**5**	Ambra
🍴	**6**	Marco Polo

turm **Torrione della Coscia** aus dem 16. Jahrhundert, lohnt sich allein wegen der fantastischen Aussicht der steile Anstieg über die Strada Romana (ca. 2 km) zur **Kapelle von Santa Croce** (Parkplatz). Der archäologische Küstenwanderweg (s. unter Albenga) beginnt beim **Arco di Santa Caterina.**

Touristeninformation

●**IAT-Büro,** Via Mazzini 68, Tel. 0182/647 027, Fax 647874, alassio@inforiviera.it.

Unterkunft

●*****Lido,** Via IV Novembre 9, Tel. 0182/640158, Fax 660198, www.hotellidoalassio.it. Gepflegtes Strandhotel (Nähe Piazza San Francesco) mit eigenem Strandabschnitt direkt vor der Tür. 130–220 €.

●****Badano sul Mare,** Via Gramsci 36, Tel. 0182/640964, Fax 640737, www.badano. com. Einfaches Strandhotel in der Nähe des Küstenwachturms, 18 ordentliche Zimmer, z.T. mit Balkon. 61–82 €.

●****Ambra,** Via Garibaldi 123, Tel. 0182/640626, Fax 643351, www.hotelambra.it. Freundliches Haus am nordöstlichen Stadtrand mit 18 ordentlichen Zimmern. 60–100 €.

●*****Dei Fiori,** Viale Marconi 78, Tel. 0182/640519, Fax 644116, www.hoteldeifiori-alassio.it. Gepflegtes Altstadthaus in zentraler Lage in der Nähe der Fußgängerzone und nur eine Parallelstraße von der Strandpromenade entfernt. Gebührenpflichtige Parkplätze wenige Meter entfernt. 68–150 €.

●*****Lamberti,** Via Gramsci 57, Tel. 0182/642747, Fax 642438, www.hotellamberti.it. Unmittelbar hinter der Strandpromenade, in der Nähe des Küstenwachturms und der Passeggiata Cadorna ruhig gelegenes Mittel-

klassehotel in einem stattlichen alten Palazzo mit 25 Zimmern, Garten und Restaurant. 150 €.

Camping

●**Camping Monti e Mare,** Via F. Giancardi 47, Tel. 0182/643036, Fax 645601, www. campingmontiemare.it. Schön gelegener, großer terrassierter Platz mit Baumbestand an der Via Aurelia, eigener Strandzugang (Kies), Blick auf die Küste und die Isola Gallinara.

Essen und Trinken

●**I Matetti,** Viale Hanbury 132, Tel. 0182/ 646680. Fischrestaurant mit wechselnder Karte je nach Saison. Mittlere Preislage.
●**Ristorante La Prua,** Passeggiata Baracca 25, Tel. 0182/642557. Gepflegtes, schönes Restaurant mit gehobener Fischküche und großer Terrasse über dem Meer. Gehobene Preislage.

●**Ristorante Marco Polo,** Via Garibaldi 29, Tel. 0182/642082. Einfaches Restaurant mit guter Fischküche zu erschwinglichen Preisen etwas nördlich des Küstenwachturms und parallel zur Uferpromenade Passeggiata Cadorna. Mittlere Preislage.
●**Ristorante Il Branzino Laureato,** Passeggiata Dino Grollero 11, Tel. 0182/470647. Di. u. Mi. Ruhetag. Gemütliches Restaurant an der südlichen Strandpromenade mit einer kleinen aber feinen Karte. Mittlere bis gehobene Preislage.
●**Osteria d'Angi,** Via Vittorio Veneto, Tel. 0182/648487. Freundliche Osteria mit guter Fischküche in einer kleinen parallel zum Meer verlaufenden Altstadtgasse. Mittlere Preislage.

Essen und Trinken außerhalb

●**Il Frantoio, Testico,** Tel. 0182/668034, Mi. Ruhetag. Empfehlenswertes Lokal im Hinterland von Alassio (ca. 15 km, z.T. steile Anfahrt über Moglio und Villalunga) auf 460 m, mit sehr guter regionaler Küche und, im Gegensatz zu den meisten Restaurants im überlaufenen Alassio, mit einem gesunden Preis-Leistungsverhältnis; Verkauf von eigenem Olivenöl; mittlere Preislage.
●**Castello da Rina, Madonna delle Grazie,** Tel. 0182/642873 oder 42873. Empfehlenswertes Restaurant mit sehr guter Landküche, unbedingt die Antipasti und Pastagerichte probieren; schöner Garten; mittlere Preislage.

Verkehrsverbindungen

●Hauptbahnhof nördlich der Via G. Mazzini, mitten im Stadtzentrum, gute **Zugverbindungen entlang der Küste.**

Einkaufen

●**Mercato Ambulante,** Wochenmarkt jeden Freitag in der Via Pera.

Baden

●Mehr als **3 km langer, breiter und feinsandiger Sandstrand mit zahllosen Strandbädern,** weit ins Meer hinein flach auslaufend, besonders gut für Kinder geeignet.

Riviera di Ponente

Laigueglia   ⤷ VII, D2

- **PLZ 17053**
- **Ew.: 2173**
- **2 m üNN**

Am anderen Ende der Baia del Sole, kurz vor dem Capo Mele, schließt sich das kleine Laigueglia an. Obwohl fast mit Alassio zusammengewachsen, ist es Laigueglia gelungen, seinen **eigenständigen Charakter als Fischerdorf** zu bewahren. Zusammen mit Noli und Varigotti gehört Laigueglia zu den angenehmsten Riviera-Badeorten.

Trotz der **vielen Urlauber** – auch Laigueglia verfügt über 30 Hotels und zahlreiche Ferienwohnungen – geht hier alles seinen geregelten Gang. Auch wenn das Tourismusgeschäft mittlerweile Haupteinkommensquelle geworden ist, gehen hier immer noch einige Fischer ihrem Gewerbe nach. Doch wie lange noch, weiß keiner, denn die ligurischen Gewässer sind fast leergefischt.

Spätnachmittags fahren die **Fischer** mit ihren kleinen Booten raus und legen ihre Netze aus. Frühmorgens holen sie ein, was sich in der Nacht darin verfangen hat. Mit Seilwinden werden die Boote bei der Mole auf den Strand gezogen, die Waage ausgepackt, und innerhalb kürzester Zeit ist die magere Ausbeute verkauft. Hausfrauen und Männer umstehen die Boote, vergleichen, was sich in den Kisten der einzelnen Fischer tummelt, und diskutieren den abendlichen Speiseplan. Jeder einzelne Fisch wird kritisch von allen Seiten beäugt, ob zu dick oder zu dünn oder ob die Farbe vielleicht gerade heute nicht ganz so schön ist wie sonst. Ein Schauspiel, das man sich, bei Cappuccino und Brioche von der Bar al Molo aus, nicht entgehen lassen sollte.

Abends trifft man sich wieder auf der langen, ins Meer hinausgebauten **Mole,** liest Zeitung und hält ein Schwätzchen mit dem Nachbarn. Der runde **Küstenwachturm Torrione del Cavallo,** östlich der Mole, stammt aus dem 16. Jahrhundert.

Kein Durchgangsverkehr drängt sich zwischen die Küste und den schönen **mittelalterlichen Ortskern.** Direkt hinter dem Strand beginnt die erste Häuserreihe. In zweiter Reihe verläuft parallel zum Strand der typische caruggio (Via Dante). Kleine, ruhige Plätze mit farbenfrohen Häusern, meerseitig geöffnet, und Palazzi aus dem 16. und 17. Jahrhundert reihen sich entlang der schmalen Hauptgasse auf und verleihen Laigueglia seinen ganz besonderen Charme.

Oberhalb der Bahnlinie liegt der neuere Ortsteil. Hier lohnt ein Besuch der prächtigen **Pfarrkirche San Matteo** aus dem 18. Jahrhundert, ein Zentralbau über griechischem Kreuz. Mit der Korallenfischerei im 17. und 18. Jahrhundert kam Laigueglia zu einem gewissen Reichtum. Zeichen des Wohlstandes ist San Matteo, eine der wichtigsten Barockkirchen der Ponente. Durch die dreiachsige, im Mittelteil konkav eingezogene Rokokofassade wirkt die zum Meer gewandte Front geradezu beschwingt. Flankiert wird der Zentralbau von zwei diagonal gestellten Türmen mit hübschen mehrfarbigen Majolikakuppeln.

Touristeninformationen

● **IAT-Büro,** Via Roma 2, Tel. 0182/690059, Fax 691798, laigueglia@inforiviera.it.

Unterkunft

● ******Splendid,** Piazza Badarò 3, Tel. 0182/690325, Fax 690894, www.splendidmare.it. Schönstes Hotel in Laigueglia an der zentralen, hübschen kleinen Altstadtpiazza, 45 komfortabel ausgestattete Zimmer, Schwimmbad und eigener Strandabschnitt. 88–175 €.

● ****** Hotel Residence Baia del Sole,** Piazza Cavour 8, Tel. 0182/690019, Fax 690237, www.baiadelsole.eu. Der ‚Palazzo Rosso' liegt direkt an der Strandpromenade, aufwendig saniert und in 22 gepflegte und komfortabel ausgestattete Appartements mit 2 Zimmern umstrukturiert. Herrliche Aussichtsterrasse über dem Strand. 700–1300 €/Woche.

● ***Giannina,** Corso Badarò 4, Tel. 0182/690023, Fax 691859. Schlichtes, neueres Strandhotel am westlichen Rand der Altstadtpromenade, 26 ordentliche Zimmer. Die Zimmer vorne raus zur Uferpromenade besitzen einen kleinen Balkon mit Meerblick, sind dafür aber auch etwas lauter. 65–75 €.

● *****Mambo,** Via Asti 5, Tel. 0182/690122, Fax 690907, www.hotelmambo.com. Einfaches, freundliches Hotel südlich des Stadtzentrums in Strandnähe. 22 Zimmer, Restaurant. 90 €.

Camping

● ****Capo Mele,** Via Roma – Via Aurelia, Tel./Fax 499997, www.campingcapomele.it. Der große schattige Campingplatz am westlichen Stadtrand (Richtung Andora) liegt nicht direkt an der Via Aurelia, sondern etwas zurückversetzt. Strand in Gehnähe, zu Fuß entlang der Uferpromenade bis zur Innenstadt ca. 20 Min.

● ***San Sebastiano,** Via San Sebastiano 23, Tel. 0182/690420, www.campingsansebastiano.it. Schattige, einfache Anlage in Altstadtnähe.

Essen und Trinken

● **Ristorante da Marco „Supergrill",** Via Roma 204, Tel. 0182/690181. Das Lokal liegt direkt an der Uferstraße am westlichen Ortsrand (Nähe Campingplatz Capo Mele). Lassen Sie sich vom Namen und dem Äußeren nicht abschrecken. Im Gegensatz zu den überteuerten Fischlokalen im Ortszentrum werden hier ausgezeichnete Antipasti del mare, Fritto misto und Pesce griglia zu reellen Preisen serviert. Unter den Pasta-Gerichten sind vor allem die *Panserotti con salsa di noci* zu empfehlen; mittlere Preislage.

● **Mambo,** Restaurant des gleichnamigen Hotels (s.o.) mit ordentlicher Fischküche. Untere bis mittlere Preislage.

Essen und Trinken außerhalb

● **Trattoria Laureri,** Via Roma 8, **Stellanello** (ca. 15 km ab Andora in das Landesinnere durch das Merula-Tal), Tel. 0182/668012. Beliebtes Ausflugslokal, vor allem am Wochenende gut besucht (reservieren); einfache, solide Hinterlandküche zu erschwinglichen Preisen.

Laigueglia – im Hintergrund die Pfarrkirche San Matteo

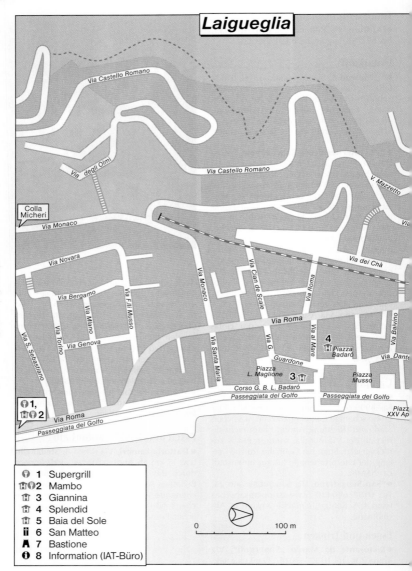

Laigueglia

🍴	1	Supergrill
🏨🍴	2	Mambo
🏨	3	Giannina
🏨	4	Splendid
🏨	5	Baia del Sole
⛪	6	San Matteo
♜	7	Bastione
ℹ	8	Information (IAT-Büro)

0   100 m

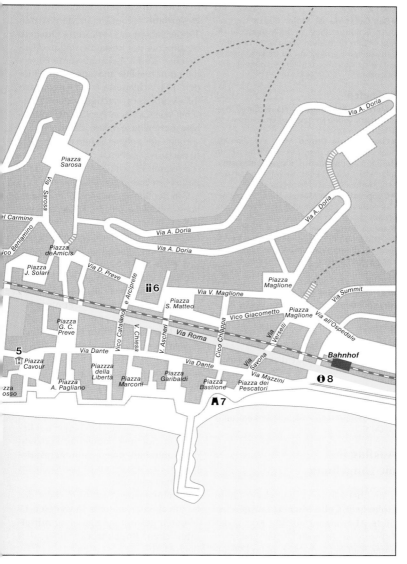

Cafés/Bars

- **Bar Gelateria Al Molo,** Piazza Garibaldi 12. Schönster Platz an der Hafenmole, direkt neben dem alten Wehrturm, um morgens seinen Cappuccino zu trinken, mittags ein Eis zu schlecken und für den abendlichen Aperitivo.

Einkaufen

- **Mercato Ambulante,** Via Badaró, Wochenmarkt jeden Freitagmorgen an der westlichen Uferstraße.
- **Gastronomia Cuoco Mio,** Via Cian de Scaie 5 (kleine Gasse am westlichen Ende der Durchgangsstraße). Kleines Lebensmittelgeschäft mit schöner Auswahl an Vorspeisen, frische Pizza und Focaccia.
- **Cooperativa San Matteo,** Via Concezione. Gut sortiertes Lebensmittel- und Gemüsegeschäft.
- **Antica Bottega del Pane,** Via Arciprete 2, Tel. 0182/690469. Gute Bäckerei und Konditorie mit großer Auswahl an Brot, Pizza, Foccaccia und Gebäck.

Baden

- **Schöner, langer Sandstrand mit vielen Strandbädern,** weit ins Meer hinein flach auslaufend, daher besonders gut für Kinder geeignet.

Verkehrsverbindungen

- Gute **Zugverbindung entlang der Küste,** Bahnhof am östlichen Altstadtrand.

Veranstaltungen

- **Klassikkonzerte** im Juli und August in der Kirche SS. Giacomo e Filippo (Andora). Infos im IAT-Büro.

Ausflug in die Umgebung

3 km oberhalb von Laigueglia in 165 m Höhe liegt **Colla Micheri** (ausgeschilderte Abzweigung ab Via Roma, der Fußweg ist im kostenlosen Stadtplan eingezeichnet, erhältlich beim IAT-Büro). Der norwegische Ethnologe **Thor Heyerdahl** entdeckte in den späten 1950er Jahren das verlassene Örtchen, begann mit der Restaurierung und ließ sich hier nieder. Bekannt wurde Heyerdahl durch seine gewagten Expeditionen. 1947 schipperte er auf einem nach Inka-Vorbildern nachgebautem Floßschiff von Callao in Peru zu den ostpolynesischen Inseln, um damit die Ursprünge der polynesischen Kultur in Peru nachzuvollziehen. In den 1950er Jahren folgten Expeditionen zu den Galápagos-Inseln und zur Osterinsel.

Von der Straße aus genießt man herrliche Ausblicke auf die Küste und die Isola Gallinara. In Colla Micheri endet die Straße. Ein gemütlicher Fußweg (ca. ½ Std.) führt mitten durch die pittoresken alten Steinhäuser und durch Olivenhaine über das Vorgebirge bis zum **Castello d'Andora** (ausgeschildert als „Percorso Medioevale – Ponteromana"). Oberhalb des gesichtslosen Badeortes Marina di Andora sind nur noch die Mauerreste der einstigen Clavesana-Burg zu sehen. Erstmals 1170 urkundlich erwähnt, wird die Burg im 13. Jahrhundert erweitert. Aus dieser Zeit stammt auch die sehenswerte **Kirche SS. Giacomo e Filippo,** eine der schönsten spätromanischen Kirchen in der Region. Im Sommer finden hier Konzerte der „Internationalen Sommerakademie" statt. Ansonsten ist die Kirche in der Regel zugesperrt.

Ein ehemaliger Wehrturm dient der Kirche als Glockenturm. In weiteren 15 Minuten gelangt man zu einer **mittelalterlichen Bogenbrücke** über den Bach Merula.

Cervo ↗ VII, C2

- ●**PLZ 18010**
- ●**Ew.: 1195**
- ●**67 m üNN**

Auf einem Felssporn hoch über dem Meer liegt Cervo, das **malerischste Städtchen** an der Ponente-Küste. Den Hang hinauf ziehen sich die Häuser der Altstadt.

Wie im Nachbarort Laigueglia erlebten auch die Einwohner Cervos im 17. und 18. Jahrhundert einen erheblichen wirtschaftlichen Aufschwung. Als Korallenfischer segelten sie nach Korsika und Sardinien. Zum Dank und natürlich auch als Zeichen ihres Wohlstandes errichteten sie eine neue großartige **Pfarrkirche** (ab 1686). Bis heute prägt die lebendige barocke Fassade von **San Giovanni Battista** das Stadtbild. Sie erhebt sich über dem Häusergewirr und ist mit allegorischen Darstellungen, u.a. mit dem Hirsch, dem Lieblingstier der römischen Jagdgöttin Diana, geschmückt (Hirsch heißt „Cervo" im Italienischen). Als Aussichtsbalkon fungiert die mit Kieselsteinen gepflasterte Kirchenpiazza. Auf verwinkelten Treppenwegen und Gassen, durch schöne Laubengänge, vorbei an aufwendig skulptierten Portalen, gelangt man zum höchsten Punkt der Altstadt, zur **Piazza Castello.** Immer wieder bieten sich herrliche Ausblicke auf die Küste. Von der einst starken Festung, die Angriffe auf die begehrte Küste abwehren musste, sind noch Teile der alten Mauern und Türme erhalten. Man geht davon aus, dass die Ursprünge der Clavesana-

Burg auf die frühmittelalterliche Zeit der Sarazenenüberfälle zurückgehen.

Heute ist Cervo vor allem ein Anziehungspunkt für junge **Musiker.** Jeden Sommer versammeln sich Studenten aus der ganzen Welt zu einer **Sommerakademie.** Dann ertönt in allen Ecken und Winkeln Musik.

Touristeninformation

- ●**Pro loco,** Piazza Santa Caterina 2, Tel./Fax 0183/408197. Kleines Informationsbüro im Heimatmuseum des Castellos.

Unterkunft

- ●***Bellavista,** Piazza Castello 2, Tel./Fax 0183/408094. Einzige Unterkunft auf dem

Cervo – das malerischste Dorf
an der Ponente-Küste

Riviera di Ponente

Burghügel mit 7 einfach ausgestatteten, aber ordentlichen Zimmern. 90 €.

Essen und Trinken

●**Ristorante San Giorgio,** Via Volta 19, Tel. 0183/400175, Ruhetag Di. Krönender Abschluss eines Ausfluges nach Cervo ist der Besuch des eleganten Fischrestaurants. Bestellen Sie rechtzeitig einen Tisch auf der Terrasse, der abendliche Blick auf die Lichterkette von Diano Marina ist umwerfend; gehobene Preise.

Essen und Trinken im Hinterland

●**La Campagnola,** Via Piave 8, **Ortsteil Tovo** (344 m), Villa Faraldi, Tel. 0183/41031, Ruhetag Mi. Einladende, freundliche Trattoria, mit typischen Gerichten aus dem Hinterland, besonders zu empfehlen: die große Auswahl an Antipasti (z.B. gefüllte Kürbisblüten), im Teigmantel gebackenes Gemüse und die hausgemachten Nudelgerichte; untere Preislage.

Verkehrsverbindungen

●Gute **Zugverbindung entlang der Küste,** Bahnhof an der Küste unterhalb der Altstadt.

Einkaufen

●**Mercato settimanale,** Wochenmarkt in der Via N. Sauro, 8.00–13.00 Uhr.
●**Frantoio Bartolomeo Martini,** Via Molini 1, Riva Faraldi, Tel. 0183/41068. Die Familie *Martini* produziert aus ihren eigenen Oliven aus dem Valle Faraldi mit einer Steinmühle ein gutes, kaltgepresstes Olivenöl.

Fest

●**Festival internazionale di musica da camera,** Kammerkonzerte in den Kirchen S. Giovanni Battista und SS. Giacomo e Filippo. Juli/August. Infos über die IAT-Büros.

Weiter entlang der Küste folgt zunächst der stark zersiedelte Badeort San Bartolomeo al Mare. Er bietet das typische Ortsbild eines zu schnell gewachsenen Badeortes an der Riviera. Übergangslos folgt Diano Marina.

Diano Marina ⚓ VII, C3

●**PLZ 18013**
●**Ew.: 6159**
●**4 m üNN**

Bei einem Erdbeben 1887 wurde die mittelalterliche Stadt komplett zerstört. Im Anschluss entstand eine rechtwinklig angelegte neue Stadt, ein großes, **modernes Urlaubszentrum.** Die gute touristische Infrastruktur mit vielen Hotels, Restaurants, Geschäften, einem kleinen Sporthafen und vor allem die sonnenverwöhnte, weit geschwungene Badebucht mit langen Sandstränden und Strandbädern und der Passeggiata al Mare ziehen insbesondere ein junges Publikum und Familien an.

Touristeninformation

●**IAT-Büro,** Corso Garibaldi 60, Tel. 0183/496956, Fax 494365, infodianomarina@rivieradeifiori.org.

Unterkunft

●*****Arc en Ciel,** Viale Torino 39, Tel. 0183/495283, Fax 496930, www.hotelarcenciel.it. Schön im Grünen gelegenes Strandhotel, 43 gut ausgestattete Zimmer, eigener Strandabschnitt. 68–140 €.
●*****Caravelle,** Via Sausette 34, Tel. 0183/405311, Fax 405657, www.hotelcaravelle.net. Wellnesshotel mit Garten, Pool und eigenem Strandabschnitt, insgesamt 58 Zimmer, 5 davon in einem Nebengebäude. 83–150 €.
●*****Hotel Gabriella,** Via dei Gerani 9, Tel. 0183/403131, Fax 405055, www.hotelgabriella.com. Freundlicher Familienbetrieb am Meer, 47 Zimmer mit Balkon, Garten, eigener Strandabschnitt. 80–170 €.
●*****Villa degli Aranci,** Via Capocaccia 8, Tel. 0183/497304, Fax 497047. Kleine Villa mit 14 stilvoll eingerichteten Zimmern inmitten eines Orangengartens. 78–100 €.
●****Tina,** Viale Torino 24, Tel./Fax 0183/494145, www.hoteltina.com. Kleines, reno-

viertes Strandhotel mit insgesamt 18 freundlich eingerichteten Zimmern, 7 davon in der Dependance Hausnummer 34, am Ortseingang von Imperia kommend, unbedingt Zimmer mit Meerblick buchen. 60–80 €.

Verkehrsverbindungen

●Gute **Zugverbindung entlang der Küste,** Bahnhof an der Piazza Mazzini.

Einkaufen

●**Mercato settimanale,** Wochenmarkt jeden Di., Corso Roma/Piazza Roma.

Baden

●**Breiter, langer Sandstrand,** weit ins Meer hinein flach auslaufend, besonders gut für Kinder geeignet.
●**Festa delle rose,** im Juni.

Diano Castello   ↗ VII, C2

●**PLZ 18013**
●**Ew.: 1885**
●**135 m üNN**

Auf einem Hügel oberhalb des lebhaften Ferienzentrums von Diano Marina liegt das kleine Weindorf Diano Castello. Die **mittelalterliche Anlage** stammt noch aus der Zeit, als Diano Castello ein wichtiges wirtschaftliches Zentrum für das gesamte Diano-Tal war. Unberührt von den Touristenströmen an der Küste lebt Diano Castello nach wie vor überwiegend vom **Wein- und Olivenanbau.** Hier ist die Heimat des Vermentino, eines frischen, typisch ligurischen Weißweins.

Einkaufen/Wein

●**Azienda Agricola Donata Bianchi,** Via delle Torri 16, Tel. 0183/498233. Mitten in Diano Castello befindet sich das Weingut von *Maria Donata Bianchi.* Durch strikte Ertragsbegrenzung, sorgfältige Lese und moderne

Keltertechnik entstehen hier charaktervolle Weine. Produziert werden vor allem die typischen Weißweine dieser Gegend, ein frischer Vermentino, ein würziger Pigato und ein sehr gutes kaltgepresstes Olivenöl. 2003 kam in Diano Arentino (Loc. Valcrosa, Via Merea) ein neuer Weinkeller hinzu und ein Agriturismo mit 4 Wohnungen.

Imperia   ↗ VII, C3

●**PLZ 18100**
●**Ew.: 39.458**
●**10 m üNN**

Auf Veranlassung des ehemals in Porto Maurizio tätigen Volksschullehrers *Benito Mussolini* entstand die heutige **Provinzhauptstadt** Imperia 1923 **per Dekret** des italienischen Diktators. Bis zu ihrer Zusammenlegung waren die beiden ungleichen Nachbarn **Porto Maurizio** und **Oneglia** zwei eigenständige, historisch gewachsene Städte mit absolut verschiedenen Charakteren, was sich bis heute bemerkbar macht.

Benannt wurde Imperia nach dem **Fluss Impero,** der historischen und geografischen Trennlinie zwischen Porto Maurizio und Oneglia. Nahe liegend ist aber auch der Bezug zu „Impero" = Reich, ein Begriff, der durchaus zum Vokabular Mussolinis passt.

Grundvoraussetzung für die jahrhundertelange **Feindschaft beider Städte** waren vor allem die geografischen Gegebenheiten. Während Porto Maurizio in geschützter Lage auf einem Hügel über dem Meer thront, hatte Oneglia es in der flachen Mündungsebene des Impero wesentlich schwerer, sich gegen Eroberer zu verteidigen. Jahrhundertelang gehörten beide Städte ver-

Riviera di Ponente

schiedenen politischen Lagern an und machten deshalb auch eine unterschiedliche historische Entwicklung durch. Seit dem 12. Jahrhundert unter der Herrschaft Genuas und somit auch unter dem Protektorat der mächtigen Seerepublik, gelang es Porto Maurizio nach und nach, sich quasi zu einer freien Kommune zu entwickeln, während Oneglia über Jahrhunderte hinweg unter Feudalherrschaft stand, zunächst unter den Bischöfen von Albenga, ab 1298 unter der mächtigen genuesischen Familie *Doria* und ab 1576 unter dem Hause Savoyen.

Oneglia

Von Diano Marina kommend, lohnt sich ein erster Halt in Oneglia, dem **wirtschaftlichen Zentrum** von Imperia. Anstatt mittelalterlicher Architektur prägen Hafenanlagen, Industrieansiedlungen und moderne Zweckbauten das Stadtbild. Während andere Rivieraorte im 19. Jahrhundert durch den beginnenden Tourismus einen wirtschaftlichen Aufschwung erlebten, entwickelte sich Oneglia zu einem Standort für die Produktion von Nudeln und Olivenöl. An kulturellen Sehenswürdigkeiten hat Oneglia nur ein Olivenmuseum zu bie-

Imperia – Porto Maurizio

🏨 1 B&B Arcadia Marina
🍴 2 Osteria dell'olio grosso
⛪ 3 Convento di Santa Chiara
⛪ 4 San Pietro
Ⓜ 5 Museo Navale
⛪ 6 San Maurizio
🛈 7 Information
🏨 8 Corallo
🏨 9 Al Porto
● 10 bluWest

🍴 11 Hostaria
🍴 12 Melograno
🍴 13 Pane e Vino
🍴 14 Agrodolce
🍴 15 Beppa
🍴 16 Farinata U Papa
🍴 17 Dai due Amici
Ⓜ 18 Museo dell'Olivo

0   200 m

ten. Aber in den arkadengesäumten Einkaufsstraßen rund um die Piazza Dante kann man ausgiebig bummeln.

Einen ganz besonderen Reiz besitzt die Calata Cuneo, der ehemalige **kleine Industriehafen.** Anstelle von Verladekränen und Fischerbooten ankern hier heute Luxusyachten, die man mieten kann. Der beste Ort, um sich das Treiben dort anzuschauen, ist eines der guten Fischrestaurants, die sich unter den schönen Laubengängen der alten Häuser am Kai aufreihen.

In einer alten Villa hinter dem Bahnhof ist das Privatmuseum des größten Olivenölproduzenten der Region (Fratelli Carli) untergebracht. Das didaktisch gut aufgebaute **Olivenmuseum** informiert umfassend über die Kulturgeschichte des Olivenanbaus, veranschaulicht beispielsweise durch die Rekonstruktionen von antiken Ölmühlen und einem römischen Frachtraum mit Ölamphoren.

●**Museo dell'Olivo,** auf dem Gelände der Firma Fratelli Carli, Via Garessio 11/13, Tel. 0183/295 762, www.museodellolivo.it. Öffnungszeiten: Mo.–Sa. 9.00–12.30 und 15.00–18.30 Uhr, Di. und So. geschlossen, Eintritt frei.

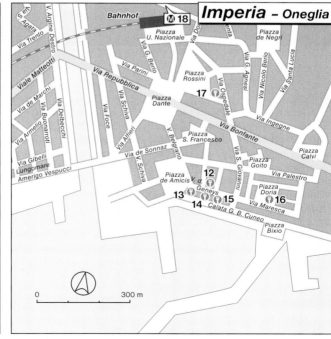

Riviera di Ponente

Porto Maurizio

Ein Rundgang durch Porto Maurizio beginnt am besten im Zentrum der **malerischen Altstadt** an der Piazza Duomo. Hier befindet sich auch ein Parkplatz. Die riesige **Basilika San Maurizio,** viel zu groß für die kleine Stadt, bestimmt von weitem die Silhouette des Altstadthügels. Imposant sind nicht nur die Ausmaße, sondern auch die neuklassizistische Architektur mit Doppelturmfassade, monumentalem Säulenportikus und darüber liegender Giebelfront. 1781 wurde mit diesem Prestigebau begonnen. Zunächst unterbrochen durch die Kriegswirren der Französischen Revolution, erhielt San Maurizio seine endgültige Form erst 1838, nachdem die bereits 1821 eingestürzte Kuppel durch einen achteckigen Tambour mit Laterne ersetzt wurde.

In der ehemaligen Questura neben dem Dom ist heute das **Schifffahrtsmuseum** untergebracht. Über 100 Schiffsmodelle und Navigationskarten dokumentieren die Geschichte der ligurischen Seefahrt.

● **Museo Navale Internazionale del Ponente Ligure,** Piazza Duomo 11, Tel. 0183/ 651541, 64572, www.cec.it/Comuni/impe ria/naval. Öffnungszeiten: im Winter Di.

Calata Cuneo in Oneglia

Borgo Prino und die Altstadt San Parasio

9.00–11.00, Mi. 15.30–19.30, Sa. 16.30–19.30 Uhr, im Sommer Di. und Sa. 21.00–23.00 Uhr. Eintritt frei.

Südlich des Domes führen enge, steile Treppenwege in den ältesten Teil der Stadt. Vorbei an stattlichen Bürgerhäusern, die mit Skulpturen und eleganten Schieferportalen geschmückt sind, und durch Torbögen gelangt man hinauf auf die Hügelkuppe in das spätmittelalterliche **Parasio-Viertel.** Als wunderschöne Aussichtsterrassen fungieren die **Piazza Parasio,** der Loggiengang des **Convento di Santa Chiara** und der Platz vor der kleinen spätbarocken **Kirche San Pietro.**

Vom Kloster Santa Chiara aus bietet sich ein Spaziergang hinab ans Meer ins Viertel **Borgo Foce** und in den lebhaften Stadtteil **Borgo Marina** an. Über Treppenwege gelangt man wieder zurück zur Piazza Duomo. Bequemer ge-langt man mit 3 kostenfreien Schrägaufzügen von Borgo Marina auf den Altstadthügel.

Touristeninformation

●**IAT-Büro,** Viale Matteotti 37, Tel. 0183/660140, Fax 666510, infoimperia@rivieradeifiori.org.

Unterkunft (Porto Maurizio)

●***Corallo,** Corso Garibaldi 29, Tel. 0183/666264, Fax 666265, www.coralloimperia.it. Komfortables Hotel in herrlicher Aussichtslage, 44 gut ausgestattete helle Zimmer, unbedingt Zimmer mit Meerblick reservieren. 80–136 €.

●**B&B Arcadia Marina,** Via Fiume 1, Tel. 0183/666517, www.arcadiamarina.it. 3 Zimmer (ohne Bad) in einem Palazzo im Ortsteil Parasio, oberhalb des Corso Garibaldi, das letzte Stück nur zu Fuß über einen Treppenweg zu erreichen. Herrlicher Meerblick von der Dachterrasse aus. 50–80 €.

●**Al Porto,** Via Privata Rambaldi 13, Tel./Fax 0183/64967. Kleine, ordentliche Pension im Hafenviertel mit 10 Zimmern. 36–50 €.

Riviera di Ponente

ligt 138 Foto: sg

Essen und Trinken (Oneglia)

● **Pane e Vino,** Via Des Geneys 52 (Calata Cuneo), Tel. 0183/290044. Mi. Ruhetag. Aus der ehemaligen Enoteca ist mittlerweile ein beliebtes Restaurant mit sehr guter Fischküche geworden. Geblieben ist der hervorragend sortierte Weinkeller. Mittlere Preislage.

● **Beppa,** Via Doria 24 (Calata Cuneo), Tel. 0183/294286, Ruhetag Di. Gutes Fischrestaurant am Hafen; mittlere Preislage.

● **Farinata U Papa,** Piazza Andrea Doria 13, Tel. 0183/ 294310, So. Ruhetag. Einfaches familiäres Lokal beim Gemüsemarkt mit leckeren Tagesgerichten, Focaccia und Farinata gibt es auch zum Mitnehmen; untere Preislage.

● **Agrodolce,** Calata G.B. Cuneo 25, Tel. 0183/293702. Schickes Fischrestaurant an der Hafenmole mit Tischen unter den Arkaden. Je nach Saison wechselnde Menüs mit immer tagesfrisch gefangenem einheimischen Fisch. Gehobene Preislage.

● **Dai due Amici,** Via Monti 30, Tel. 0183/ 292297, So. und Mo. Ruhetag. Kleines, traditionelles Farinata-Lokal. Außer Farinata frische Foccaccia und Gemüsetorte. Geöffnet von 7.00–11.00 und 16.00–20.00 Uhr.

● **Pizzeria Melograno,** Via des Geneys 12 (Gasse parallel zur Calata Cuneo), Tel. 0183/272907. Gute Pizza und Pastagerichte.

● **Pizzeria U Fogu Acesu,** Via N. Siccardi 43, Loc. Caramagna, Tel. 0183/667056. Mo. Ruhetag. Gute und preiswerte Pizza aus dem Holzofen mit Gartenwirtschaft und kleinem Spielplatz ca. 3 km nördlich von Porto Maurizio.

Essen und Trinken (Porto Maurizio)

● **Osteria dell'olio grosso,** Piazza Parasio 36, Tel. 0183/60815, Ruhetag Mi. Gemütliches Lokal auf dem Altstadthügel; mittlere Preislage.

● **Hostaria,** Via Sant'Antonio 9, Tel. 0183/667028. Osteria mit Garten in Borgo Marina; mittlere Preislage.

● Einige gute Pizzerien an der Piazza San Antonio 15 in Borgo Marina wie z.B. **L'Oasi** (Tel. 0183/666892).

Whalewatching im Santuario dei Cetacei

Unglaublich, aber wahr: Pottwale, Finnwale, Grindwale und Delfine sind in ligurischen Gewässern zu Hause. Seit 1986 befasst sich das Meeresinstitut *Tethys* mit ihrem Aufkommen und Verhalten im korsisch-provenzalisch-italienischen Meeresbecken. Zahlreiche wissenschaftliche Studien belegen eine **starke Konzentration der Meeressäuger** in diesem Gebiet. Die tiefen Meeresgründe und das reichhaltige Vorhandensein von Plankton sind dabei wohl ausschlaggebend. Im Sommer 1992 beobachteten Wissenschaftler von Tethys in Kooperation mit Greenpeace und der Universität von Barcelona **32.800 Delfine** und **830 Wale**. Wasserverschmutzung und der zunehmende Lärm unter Wasser stellen die größte Gefahr für die Tiere und ihren natürlichen Lebensraum dar. Deshalb beschlossen Italien, Frankreich und das Fürstentum von Monaco 1993 die Einrichtung eines länderübergreifenden **Meeresschutzgebietes.** 2001 wurde auch in Italien das „Heiligtum der Wale" per Gesetz unter Schutz gestellt. Das internationale Schutzgebiet für Wale und Delfine erstreckt sich über ein Gebiet von insgesamt 90.000 km, in Form eines Dreiecks, vom französischen Toulon im Westen, über den Norden Sardiniens bis Fosso Chiarone in der Toskana.

Seit 2001 unterstützen die beiden Boote von *BluWest* in Imperia das Istituto Tethys bei seiner Forschungsarbeit unter Leitung der

fig137 Foto: sg

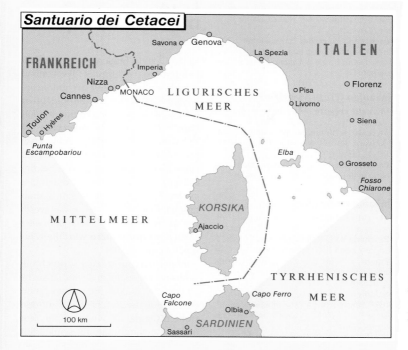

Santuario dei Cetacei

FRANKREICH

Savona ○ ○ Genova

ITALIEN

La Spezia

Imperia ○

Nizza

Cannes ○ ○ MONACO

LIGURISCHES MEER

○ Pisa ○ Florenz

○ Livorno

Toulon ○ ○ Hyères

○ Siena

Punta Escampobariou

Elba

○ Grosseto

Fosso Chiarone

KORSIKA

○ Ajaccio

MITTELMEER

TYRRHENISCHES MEER

Capo Falcone

Capo Ferro

Olbia ○

100 km

SARDINIEN

Sassari ○

Riviera di Ponente

Biologin *Barbara Nani*. BluWest arbeitet mit in- und ausländischen wissenschaftlichen Instituten wie das Tethys Institut, ICRAM, Woods Hole Oceanographic Institution, N.U.R.C, Aquarium von Genua und der Universität von Siena zusammen. Während der Beobachtungstouren sorgen Meeresbiologen an Bord für die nötige Aufklärungsarbeit. Sie informieren über den Stand der Forschung, kommentieren die beobachteten Tierarten und liefern interessante Hinter-

grundinformationen. Die Wahrscheinlichkeit, den Meeressäugern innerhalb ihres natürlichen Lebensraumes hier zu begegnen, sind mit über 90 % sehr hoch. Vor der Küste Imperias wird das größte Aufkommen verzeichnet.

●**bluWest,** Via Rambaldo 24, Imperia (Porto Maurizio), Tel. 0183/769364, Fax 765954, mobil: 336/688829, www.whale watch.it. Die Bootstouren finden von April/ Mai bis September statt. Die Schiffe liegen im Hafen von Borgo marina, neben der Capitaneria di Porto. Ab Imperia täglich um 12.30 Uhr, ab Andora und San Remo um 13.00 Uhr.

Weitere Informationen unter www.san tuariodeicetacei.it.

Delfine im Santuario dei Cetacei

Cafés

- **Bar Agostino** an der Piazza Dante 4, in Oneglia.
- **Pasticceria Piccardo,** Piazza Dante 2. Elegante Konditorei mit hervorragendem Kuchen, Gebäck und köstlichem, selbst gemachtem Eis.

Einkaufen (Porto Maurizio)

- **Mercato coperto,** Markthalle in der Via Cascione, Mo.–Sa. 7.00–13.00 Uhr.
- **Mercato settimanale,** Wochenmarkt am Domplatz, jeweils Mo. und Do. morgens 8.00–13.00 Uhr.
- **Pasta fresca,** Nudelmacher an der Piazza Chiesa in der Nähe des Wochenmarktes.

Einkaufen (Oneglia)

- **Mercato settimanale,** Wochenmarkt Mi. und Sa., am östlichen Ortsende (Parkplatz).
- **Pescheria da U Balinciu,** Calata Cuneo 77 und **Pescheria Il Gambero rosso,** Via Cascione 81. In beiden Fischgeschäften werden auch die für Ligurien typischen in Salz eingelegten Sardellen verkauft.
- **Salumeria,** Via Cascione 9, Tel. 0183/61657. Sehr gut sortiertes Feinkostgeschäft, frische Pasta, große Auswahl an Käse und Wurstwaren.
- **Panificio Blengini,** Via Cascione 23.

Wein

- **Enoteca Fratelli Lupi,** Via Monti 13, Tel. 0183/291610, Fax 276090. Gut sortierte Weinhandlung (auch französische Weine), große Auswahl an Schnäpsen und Olivenöl aus der eigenen Produktion (siehe Pieve di Teco). Die Via Monte geht links von der Via dell'Ospedale ab.

Baden

- Ca. 2 km langer Sandstrand in **Borgo Prino,** westlicher Stadtteil von Porto Maurizio mit einigen Strandbädern.
- Schöner, frei zugänglicher Sandstrand in **Borgo Foce,** unterhalb vom Altstadthügel Parasio.
- Einige Strandbäder in **Borgo Marina.**

Le Valli dell'Olivo – Die Täler von Imperia

Hinter Oneglia beginnt das große **Valle dell'Impero,** wichtigstes Olivenanbaugebiet der Region. Auf der gut ausgebauten Staatsstraße (S.S. 28) durchfährt man zunächst das untere und mittlere Impero-Tal. Nach **Chiusavecchia** teilt sich die Straße. Geradeaus geht es weiter auf der S.S. 28 bis Pieve di Teco. Links zweigt eine Landstraße bei San Lazzaro Reale ab. Sie führt durch eine intakte bäuerliche Landschaft und abgeschiedene Bergdörfer in das westliche obere Impero-Tal. Nach dem alten Mühlenort **Borgomaro** wird die Landschaft immer alpiner.

Immer bergauf, zunächst durch Olivenhaine, die später in dichte, abwechslungsreiche Wälder übergehen, landet die Gebirgsstraße schließlich auf dem **Colle d'Oggia** auf 1167 m Höhe. Von hier aus gelangt man auf schnellstem Weg über Montalto Ligure hinunter ins Argentina-Tal.

Unsere Fahrt führt uns zunächst nach **Pontedassio** (80 m), in den wichtigsten Ort der Olivenölproduktion im unteren und mittleren Valle dell'Impero. 1824 kaufte *Paolo Agnesi* die hiesige Kornmühle und baute gleich daneben die erste Teigwarenfabrik der Region. Der Grundstein für den wirtschaftlichen Aufschwung der Familie Agnesi zu einem der größten Nudelproduzenten Italiens war damit gelegt. Nach der Verlegung des Familienunternehmens nach Oneglia eröffneten die Nudelfabrikanten 1956 in ihrem ehemaligen Wohnhaus in der Via Garibaldi ein **Museo storico degli Spaghetti.** Wahrscheinlich wegen Besuchermangels geschlossen, befindet sich die für Italien so wichtige Ausstellung heute in Rom, und Pontedassio ist seither seiner einzigen Sehenswürdigkeit beraubt.

Einkaufen/Wein/Olivenöl

● **Azienda Agricola Laura Aschero,** Piazza Vittorio Emanuele 7, 18027 Pontedassio, Tel. 0183/279545. Besonders zu empfehlen ist der mehrmals mit Goldmedaillen ausgezeichnete Vermentino und Pigato des Weingutes von Laura Aschero.

● **Oleificio Bianco,** Via Nazionale 10, Pontedassio, Tel. 0183/279760. Kaltgepresstes Olivenöl, Pesto, in Öl eingelegtes Gemüse, Saucen und Pasten.

Wer der Versuchung, sich mit allerfeinstem ligurischen Olivenöl einzudecken, nicht widerstehen kann, sollte den mühsamen Abstecher (kurz hinter Chiusavecchia) nach **Lucinasco,** einem abgeschiedenen Bergdorf in fast 500 m Höhe, unternehmen. In Serpentinen windet sich die schmale Straße bis hinauf auf den Bergrücken und endet in Lucinasco. Bei der Familie *Abbo* bekommt man eines der feinsten „extra vergine"-Öle Liguriens.

Einkaufen/Olivenöl

● **Frantoio Dino Abbo,** Via Roma 16, 18020 Lucinasco, Tel. 0183/52458. Eine der wenigen verbliebenen Ölmühlen, die noch traditionell mit Steinmahlrädern arbeiten und ein duftendes, aromatisches Olivenöl herstellen. Die Oliven stammen aus eigenem Anbau.

Ein weiterer, für seine ansässigen traditionellen Ölmühlen bekannter Ort ist **Borgomaro** im Alta Valle Impero.

Einkaufen

● **Panetteria Gandolfo,** Via Merano 40, Borgomaro, Tel. 0183/54057. Spezialität der Bäckerei ist das süße „Pane di San Rocco" und die trockenen Aniskekse „Baxin du burgu".

● **Frantoio Marvaldi,** Via Candeasco 1, Borgomaro, Tel. 0183/54016. Die Marvaldis betreiben ihre Ölmühle noch mit Wasserkraft. Es wird, wie seit eh und je, in traditioneller Weise mit Steinmühlsteinen gemahlen. Kaltgepresst wird das Öl ungefiltert sofort in dunkle Flaschen abgefüllt und hat einen fruchtigen und würzigen Geschmack.

Essen und Trinken

● **Antico Frantoio Censin da Bea,** Vai Guglieri 14, Borgomaro, Tel. 335/8212982. Landgasthaus mit guter traditioneller Hinterlandküche. Mittlere Preislage.

Über die beiden beschaulichen Bergdörfer **Ville San Sebastiano** und **Ville San Pietro** am Fuß des Monte Maro (1064 m), durch grüne Kastanienwälder und vorbei an Terrassen mit Olivenbäumen und Bergwiesen, gelangt man auf einem kurvenreichen Panoramasträßchen hinunter nach **Dolcedo.**

Einkaufen/Olivenöl

● **Agriturismo I Ciasi,** Strada San Sebastiano 11, Fraz. Ville San Sebastiano, 18021 Borgomaro, Tel. 0183/61461, Fax 61078, www.agri turismoiciasi.it. Aktives Landgut auf 470 m Höhe etwas oberhalb von Ville San Sebastiano. Pellegrino Nazarino produziert Olivenöl in verschiedenen Pressungen, Pasta di Olive und Pesto aus eigenem Anbau.

Le Valli di Porto Maurizio   ⚲ VI, B2/3

Die Tour startet im Norden von Porto Maurizio und geht über die stadtauswärts führende Via Martiri della Libertà an den Caramagna-Fluss. Landeinwärts

Riviera di Ponente

„Olio extra vergine di oliva"

„Le Valli dell'Olivo" werden die Täler von Imperia auch genannt. Schmale, durch niedrige Trockensteinmauern abgestützte Terrassen mit knorrigen Ölbäumen, die Stämme krumm und schief, die Äste zerzaust, und das in der Sonne silbrig schimmernde Grün der Blätter verleihen dieser Landschaft ihren unverwechselbaren Charakter. Vor nahezu 1000 Jahren begannen die Benediktinermönche aus dem Ort Taggia, im Hinterland von Imperia, mit dem Anbau einer der ältesten Kulturpflanzen der Welt. Ursprünglich kommt der Ölbaum aus Palästina und Griechenland. Bereits vor Jahrtausenden wurde aus seinen kleinen eiförmigen Steinfrüchten ein kostbares Öl gewonnen, das mit Duftstoffen versetzt zum Salben verwendet wurde.

Nach dem kleinen Ort Taggia ist die für Ligurien so typische Olivensorte **„Taggiasca"** benannt. Die Frucht, deren Farbe zwischen den Tönen Violett, Rötlich-braun und Bläulich-schwarz changiert, besitzt wenig Fruchtfleisch und liefert etwa ein Drittel weniger Öl als andere Olivensorten. Dafür ist die Olive umso intensiver im Geschmack, das Öl ist zart und niedrig im Säuregehalt, wichtigstes Qualitätskriterium für hochwertiges Olivenöl.

An den steilen Hängen im Hinterland von Imperia gedeihen die Ölbäume wegen des milden Klimas bis auf einer Höhe von 800 m. Der sehr arbeits- und zeitaufwendige Anbau und die mühselige Ernte führten in den 1970er Jahren zu einer Krise des ligurischen Olivenanbaus. In den schmalen Terrassen ist der Einsatz von Maschinen nahezu unmöglich, fast alles ist Handarbeit. Außerdem wachsen Ölbäume nur sehr langsam. Erst nach fünf Jahren tragen sie die ersten Früchte, mit fünfzig Jahren ist der Ertrag am höchsten. In jener Zeit, als billi-

ge Speiseöle den europäischen Markt überschwemmten, sattelten viele Bauern auf die zunächst profitträchtigere Blumenzucht um. Doch das Blatt hat sich schon lange wieder gewendet. Ligurisches Olivenöl zählt heute zu den feinsten und begehrtesten Speiseölen der Welt.

Die langwierige Ernteprozedur beginnt im Spätherbst zunächst mit dem Auslegen großer Netze. Wie ein Schleier schimmern dann die Netze aus der Ferne unter den Bäumen hindurch. Anfang November beginnt in den Tälern die eigentliche Ernte. In den höheren Lagen endet sie erst Ende März, Anfang April. Die noch nicht vollreifen Früchte müssen mit Stöcken von den Ästen geschlagen oder mit groben Rechen abgestreift und dann in den Netzen aufgefangen werden, um die Oliven nicht zu beschädigen. Die restlichen Früchte müssen einzeln geerntet werden. Eingesammelt und von Ästen und Blättern befreit, kommt die Ernte direkt in die Ölmühle. Dort werden die Oliven gewaschen und sofort weiterverarbeitet. Denn bereits nach einem Tag steigt der Säuregehalt. Große Mühlräder aus Granit zerquetschen die Oliven samt Kern zu einem zähflüssigen Brei. Für die erste Pressung wird die Maische auf runde Bast- oder Plastikmatten gestrichen, die übereinander geschichtet werden. Was jetzt ohne zusätzlichen Druck allein durch das Eigengewicht heraustropft, ist Öl der allerfeinsten Sorte. Danach wird der gesamte Stapel behutsam unter Druck gesetzt, um so wenig Hitze wie möglich zu erzeugen. Bei der Kaltpressung bleiben die wertvollen Inhaltsstoffe (mehrfach ungesättigte Fettsäuren und die Vitamine E, A und D) und vor allem der ausgeprägte fruchtige Geschmack erhalten. Heraus kommt ein noch mit Fruchtwasser und Pressrückständen vermischtes trübes Öl. Erst wenn sich das Wasser abgesetzt hat und die Pressrückstände herausgefiltert sind – heute in modernen

Betrieben mittels Zentrifugen –, erhält das „extra vergine"-Olivenöl aus der ersten Pressung seine klare, sonnengelbe bis leicht grünliche Farbe. In kleinen Ölmühlen wird bis heute noch ohne Zentrifugen und Filter gearbeitet. Nach einer kühlen und dunklen Lagerung setzen sich die Trübstoffe von selbst ab, und die glänzende Flüssigkeit erhält eine klare goldgrüne Farbe. Es entsteht ein Öl von einzigartiger Qualität, das um vieles besser schmeckt als das industriell hergestellte. Wichtigstes Kriterium bei der Öl-Klassifizierung ist der Säuregehalt. **„Olio extra vergine"** darf höchstens 1 % Säure enthalten. Je geringer der Säureanteil, umso hochwertiger das Öl; Spitzenqualitäten besitzen sogar nur 0,2 bis 0,5 % Säure.

Tipps für die Lagerung: Bei sehr gutem Olivenöl „extra vergine" ist immer das Jahr der Ernte oder ein Verfallsdatum vermerkt. Es läuft zwei Jahre nach der Ernte ab. Olivenöl muss kühl, bei nicht weniger als 10–12°C im Dunkeln gelagert werden. Wer keinen dunklen Keller hat, füllt das Öl am besten in dunkle Flaschen ab.

Ölmühle von Vincenza Abbo (s. dort)

gelangt man nach wenigen Kilometern immer entlang des Flusses zur Abzweigung nach Caramagna Ligure. Nach ca. 1 km folgt rechts eine Abzweigung in das kleine Tal des Rio Forno. Nach weiteren 5 km erreicht man den alten Weiler **Montegrazie** (268 m). Die Straße endet beim Sanktuarium oberhalb des Ortes. Nicht nur wegen der idyllisch gelegenen **Wallfahrtskirche Nostra Signora delle Grazie,** sondern auch aus kulinarischer Hinsicht gehört der Ort zu den beliebtesten Ausflugszielen der Gegend. Vor der Wallfahrtskirche weitet sich der Blick über die umliegenden, sanft gewellten Hügel, die dicht an dicht mit Olivenbäumen bepflanzt sind.

Der Legende nach erschien einem stummen Mädchen an der Stelle der heutigen Wallfahrtskirche die Jungfrau Maria und heilte sie. Das Innere der ab 1450 in gotischen Formen errichteten Kirche birgt einen sehenswerten Freskenzyklus. Er stammt aus dem späten 15., frühen 16. Jahrhundert und zeigt die Passionsgeschichte, die Geschichte des Heiligen Jakobus im rechten Seitenschiff und in der dazugehörigen Apside, das Jüngste Gericht und die Strafe der Verdammten im linken Seitenschiff und in der linken Apside. Die Kirche ist meist abgeschlossen. In der Pfarrei von Montegrazie bekommt man den Schlüssel.

Essen und Trinken

● **Ristorante al Santuario,** Via Santuario 1, Montegrazie, Tel. 0183/69192, Ruhetag Mo. Freundliches Ausflugslokal neben der Wallfahrtskirche, sehr gute bodenständige Hinterlandküche, täglich wechselndes Tagesmenü, keine Karte, unbedingt vorher reservieren, auch Tische im Freien. Untere Preislage.

Riviera di Ponente

Wieder zurück nach Caramagna geht es weiter talaufwärts. Ab **Vasia** (385 m) beginnt eine lanschaftlich besonders reizvolle, kurvenreiche Strecke durch das obere Prino-Tal über die **Bergdörfer Pianavia** und **Prelà** mit weiten Ausblicken bis hinunter an die Küste. Wer sich nicht an der wunderschönen Berglandschaft satt sehen kann, fährt von Molini di Prelà in die beiden alten **Bergdörfer Valloria** und **Villatalla**.

Prelà ⤳ VI, B2

- **PLZ 18100**
- **Ew.: 480**
- **151 m üNN**

Die Gemeinde Prelà im oberen Prino-Tal besteht aus den verstreut liegenden Weilern Canneto, Praelo, Case Carli, Costiolo, Tavole, Valloria und Villatalla. Der Hauptort **Molini di Prelà** breitet sich in der Talsohle am Flussufer des Prino aus. Er verdankt seinen Namen den zahlreichen Ölmühlen, die sich früher hier am Flusslauf ansiedelten. Über eine aus zwei ungleichen Bögen bestehende Steinbrücke gelangt man in den Ort, der sich um die Kirche **San Giovanni del Groppo** herum entwickelte. Die Pfarrkirche aus dem 15. Jahrhundert besitzt eine offene Vorhalle aus der Mitte des 16. Jahrhunderts mit Fresken von *Giovanni Cambiaso* (1552). Im Innenraum der Basilika ein Triptychon mit Darstellung von Johannes dem Täufer und Sebastian, 1547 von *Agostino da Casanova* gemalt, und ein Barockgemälde von *Francesco Bruno*.

An der Straße nach Pianavia passiert man die Überreste der Burg **Prelà Castello,** 1613 von den Genuesen geschleift.

Essen und Trinken

- **Ristorante Val Prino,** Piazza Umberto I 10, Molini di Prelà (von Imperia Richtung Dolcedo und Valloria bis zur Kirche von Molini di Prelà), Tel. 0183/282230, Ruhetag Di. Unverfälschte Hinterlandküche; untere Preislage.

Feste

- **Patronatsfest** San Giovanni Battista, 24. Juni.

Eine kleine Bergstraße mit schöner Aussicht führt hinauf nach **Valloria,** einem reizvollen ligurischen Bergdorf, dessen Ursprünge bereits auf das Mittelalter zurückgehen. Wie viele Bergdörfer gehörte auch Valloria zu den verlassenen Ortschaften im gebirgigen Hinterland. Mittlerweile herrscht im Sommer hier wieder ein reges Dorfleben. 1991 gründeten einige aus Valloria und Umgebung stammende Freunde die „Amici di Valloria" (www.valloria.it). Der Kulturverein organisiert Dorffeste, Wanderungen mit Einkehrmöglichkeiten auf den Bauernhöfen im Umland und begann mit einer **Kunstaktion** ganz besonderer Art. Seit 1991 besuchen Künstler den Ort und bemalen die Türen der alten Häuser. 78 Kunstwerke kann man bei einem Bummel durch die engen, verwinkelten Gassen bislang entdecken.

Das ehemalige Oratorium **Santa Croce** beherbergt ein kleines Heimatmuseum mit Gegenständen der bäuerlichen Kultur dieser Gegend.

- **Museo delle cose dimenticate** (Museum der vergessenen Gegenstände), Piazza M. Bottino, Tel. 0183/282396. Besichtigung nach Anmeldung.

Il Balùn - Pallone Elastico

Man könnte es als eine Art Tennis bezeichnen, wären da nicht ein Spielfeld (90 m x 18 m) gänzlich ohne Linie. Das wichtigste an diesem Spiel ist der **elastische Ball.** Deshalb heißt das Spielfeld auch nicht Campo sondern **Sferisterio.** Die *sfera* ist eine 190 g schwere Gummikugel von 10,5 cm Durchmesser, die nur mit der Faust oder mit der offenen Hand geschlagen werden darf, und zwar stets in der Luft oder nach dem ersten Aufprall. Die Mannschaften bestehen immer aus dem stärksten Mann, dem Schläger, einem Spieler zur Rückendeckung und zwei Verteidigern. Die Regeln basieren im Grunde auf der Zählweise beim Tennis (15–30–40-Spiel). Insgesamt müssen 11 Punkte erreicht werden. Bei jedem Schlag muss die Kugel so nah als möglich an der Grundlinie oder noch besser im gegnerischen Feld landen, dem sogenannten *Intra.* Verkompliziert wird das Ganze durch das zusätzliche System der *Cacce.* Dabei wird, je nachdem, wo der Ball liegen bleibt, die imaginäre Grundlinie verlegt und die Mannschaften wechseln das Feld.

Unterkunft / Essen und Trinken

● **Agriturismo La Porta dei Sapori**, Tel. 0183/282742. Nur von Fr. bis So. geöffnet. Direkt an der Dorfpiazza gelegenes, geschmackvoll eingerichtetes Lokal im ehemaligen Pfarrhaus. Serviert werden sorgfältig zubereitete regionale Spezialitäten, die Karte wechselt wöchentlich. Untere Preislage. Vermietung von Ferienwohnungen.

Am Talschluss liegt auf 550 m der Weiler **Villatalla.** Von hier oben hat man einen grandiosen Blick, der an klaren Tagen bis hinab zum Meer reicht.

Dolcedo   ♫ VI, B3

● **PLZ 18100**
● **Ew.: 1193**
● **75 m üNN**

Zur größten Gemeinde im Hinterland von Imperia (9 km) gehören die hübschen **mittelalterlichen Weiler** von Dolcedo: Bellissimi, Castellazzo, Costa Carnara, Isolalunga, Lecchiore und Ripalta. Der Hauptort **Piazza** breitet sich in der Talsohle am Flussufer des Prino aus. Unter der Feudalherrschaft der Clavesana wurde Piazza zum wichtigen Marktplatz im Prino-Tal. Die alten Hohlmaße für Öl und Wein und ein Längenmaß sind noch in der Loggia del Comune *Suttu Munte* (um 1650), dem einstigen Marktplatz, zu sehen. Von diesem Bogengang aus, erreicht man eine kleine unregelmäßig angelegte und mit schwarzen und weißen Flusskieseln gepflasterte Piazzetta, gesäumt von Gebäuden aus dem 17. Jahrhundert und der Kirche **San Tommaso.** Im Sommer stimmungsvoller Austragungsort klassischer Konzerte. Die Benediktinermönche aus dem südfranzösischen Lérins gründeten 1103 die Kirche und begannen mit der Kultivierung der Olivenbäume im Prino-Tal. Das aufwendig gestaltete Portal, geschützt durch einen barocken Baldachin, stammt noch aus dem 15. Jahrhundert. In der ersten Hälfte des 18. Jahrhunderts, bei der Erweiterung und Umgestaltung der romanischen Kirche, erhielt der Innenraum sein jetziges barockes Aussehen.

Eines der schönsten Fotomotive Piazas ist die einbogige **Ponte Grande,**

Riviera di Ponente

fig.102 Foto: sg

1292 von den Rittern des Malteserordens errichtet, und die hohen Häuser auf beiden Seiten des Prino mit ihren Loggien im obersten Stock.

Sehenswert sind auch die im Ort ausgetragenen **Schlagballspiele.** Abends treffen sich auf dem Sferisterio comunale Spieler und Zuschauer stundenlang zum **Pallone Elastico,** im regionalen Dialekt *Balùn* genannt. Pallone Elastico hat auch in Teilen Piemonts und Südfrankreichs eine lange Tradition und gehört zur ältesten Sportart dieser Region. Ab dem Frühjahr werden hier und in Pieve di Teco die Ausscheidungsspiele für die Meisterschaft (*Campionato di pallone elastico*) ausgetragen.

Blick auf das malerische Dolcedo

Touristeninformation

● **Pro loco,** Comune di Dolcedo, Piazza Doria, Tel. 0183/280004, www.comune.dolce do.im.it.

Unterkunft / Verkauf von Olivenöl

● **Azienda agricola Giuseppe Cotta,** Via Ameglio 5, 18020 Fraz. Pantasina Vasia, Tel./Fax 0183/282145, wwwagricotta.com. Zum Bauernhof gehören ca. 1600 Olivenbäume. Ab Mitte November wird die Ernte mit einer Steinmühle im traditionellen Herstellungsverfahren verarbeitet. Die Familie Cotta vermietet 4 rustikal eingerichtete Ferienhäuser. 280–1050 €, je nach Größe und Jahreszeit.
● **Agriturismo San Michele,** Via Garibaldi 64, Fraz. Isolalunga, Tel. 0183/280282, www. sanmicheleagriturismo.net. Vermietung von 4 rustikal eingerichtete Ferienwohnungen. Verkauf von eigenem Olivenöl.
● **Oleificio Vincenza Abbo,** Via San Martino, Tel. 0183/280041. Die kleine Ölmühle von Vincenza Abbo liegt etwas versteckt flussaufwärts in Richtung Ripalta auf der linken Seite des Prino. Man überquert den Fluss auf einer sehr schmalen Brücke und muss sich dann durchfragen. Vor allem zu Ende November, wenn das frische Öl gepresst wird, lohnt sich ein Besuch bei *Signora Abbo.* Sie betreibt eine der wenigen noch erhaltenen Ölmühlen entlang des Flusses, die noch nach traditioneller Methode mit Mühlrädern und übereinander geschichteten Bastmatten arbeiten (10 €/l).
● **Frantoio/Agriturismo Benza,** Via Dolcedo 180, Dolcedo, Tel. 0183/280132, Fax 281 968, www.oliobenza.it. Der alteingesessene Betrieb der Familie Benza verarbeitet seit Generationen ausschließlich Taggiasca-Oliven aus den eigenen umliegenden Olivenhainen (ca. 4000 Bäume) in unterschiedlichen Pressungen. Die beste Qualität ist das Primuruggiu (16 €/ 0,75 l), das erste ohne Pressung ausgetropfte Öl, das nach wie vor mit einer Steinmühle im traditionellen Herstellungsverfahren verarbeitet wird. Doch auch die „normale" extra vergine-Qualität wie das *Dulcèdo* (13 €/l), durch die Verarbeitung von grü-

nen Oliven etwas kräftiger im Geschmack und das leicht süßliche *Buonolio* (9 €/l) sind ein Genuss. Außerdem Verkauf von *Olive Taggiasche in salamoia* und *Pasta di olive.* Familie Benza vermietet insgesamt 8 gut eingerichtete Ferienwohnungen unterschiedlicher Größe in Imperia, Valloria und Dolcedo. Ab 300 €.

Essen und Trinken

● **Osteria dell'Anima Golosa,** Via Ciancergo 5 (in Richtung Ripalta, Tel. 0183/280097. Rustikale Osteria mit hausgemachter Pasta, Fleisch- und Fischgerichten. Mittlere Preislage.
● **Agriturismo Cà da Ninna,** Fraz. Costa Carnara, Tel. 0183/280279. Landgasthaus im Weiler Costa mit typischer Hinterlandküche, hausgemachter Pasta. Untere Preislage.

Einkaufen

● **Flohmarkt,** Dolcedo, Piazza Doria, jeden dritten So. im Monat von 9.00 Uhr bis Sonnenuntergang.
● **Markt mit Bioerzeugnissen,** jeden 2. Sonntag im Monat auf der Piazza del Comune.

Wandern

● Schöne Wandermöglichkeiten in der Umgebung von Dolcedo: Der „Brückenweg", ein ca. 2,5-stündiger Rundweg, führt teils auf alten Maultierwegen durch Wälder, alte terrassierte Olivenhaine, über alte Steinbrücken und vorbei an alten, nicht mehr bewirtschafteten Gärten. Er beginnt am **Pass von Santa Brigida,** einer 1425 am Fuß des Monte Faudo und an Kreuzungspunkt einer historischen Verbindungsstraße zwischen Val Prino und San Lorenzo errichteten Kapelle. Santa Brigida, die Schuzheilige der Bergpässe, bot hier den Vorbeireisenden ihren Schutz. Wegmarkierung **rotes Dreieck, Informationen** bei der Gemeinde von Dolcedo. Wanderung über **Ripalta** und **Lecchiore** zur **Madonna dell'Acquasanta.**
● Dolcedo ist auch Ausgangspunkt für schöne Wanderungen **auf den Passo di Vena** (969 m). Von hier aus geht es weiter nach Montalto Ligure oder über den **Monte Moro** (1181 m).

Von Imperia bis Ventimiglia

Bei Imperia beginnt die bekannte **„Riviera dei Fiori".** Reiche englische Aristokraten zog es als erste im 19. Jahrhundert wegen des milden Klimas (auch im kältesten Monat Januar sinken die Temperaturen selten unter 15°C) an den westlichen Zipfel Liguriens; es entstand eine Art englischer Kolonie. Aus den einstigen einfachen Küstenorten San Remo und Bordighera wurden mondäne **Nobelkurorte.** Sie gehören auch heute noch zu den klassischen Badeorten an der Riviera di Ponente.

Der Elitetourismus gehört natürlich der Vergangenheit an. Heute zieht es Jahr für Jahr Hunderttausende sonnenhungriger Badegäste an diese Küste. Die viel zitierte **„Blumen-Riviera"** ist ein gut funktionierender Tourismusbetrieb mit hoher Hoteldichte und perfekt durchorganisiertem Strandleben. Die **Schattenseiten des Tourismus** sind jedoch unübersehbar. Aus den ehemaligen Fischerorten erwuchsen stark zersiedelte, ausufernde Ferienorte. Wegen des schmalen Küstenstreifens ist der Verkehr nur schwer in den Griff zu kriegen. Durch die Städte quälen sich die Blechlawinen, auf Betonstelzen verlaufende Autobahntrassen durchpflügen die Hänge, die Küstenorte werden oft durch die Eisenbahnlinie abrupt vom Strand abgetrennt.

Und wie der Name schon andeutet, die „Riviera dei Fiori" lebt nicht allein vom Tourismus. Mit den Engländern kam noch ein weiterer Wirtschafts-

Riviera di Ponente

zweig ins Land. Die **Blumenzucht** ist Wirtschaftsfaktor Nr. 1 in dieser Region. Doch Vorsicht, wer hier Assoziationen von bunt blühenden, duftenden Freilandkulturen hegt, wird enttäuscht. **Treibhäuser** bedecken großflächig die Küstenhänge. Schwarze Folien sorgen darüber hinaus ganzjährig für eine optimale Sonnenausnutzung. Alles in allem ist dies wirklich **kein schöner Anblick,** und es drängt sich die Frage auf, was die Landschaft mehr verschandelt, die Treibhauskulturen oder die Betonwüsten mancherorts an der Küste.

San Remo, Hochburg der Blumenindustrie zwischen Imperia und Ventimiglia, lebt noch heute vom Glanz vergangener Zeiten. Mächtige Grand Hotels der Belle Époque, alte Villen mit parkähnlichen Gärten, das Spielcasino, palmenbestandene breite Strandpromenaden und schöne Einkaufsstraßen machen immer noch den Reiz des einst mondänen Seebades aus.

Ausflüge nach Monte Carlo und Nizza bieten sich an. Für Pflanzenkenner ist ein Besuch der **Villa Hanbury,** einer der schönsten botanischen Gärten Europas, kurz vor der italienisch-französischen Grenze ein absolutes Muss.

Besondere Erwähnung verdient das Hinterland. Unmittelbar hinter der Küste offenbart sich das **reizvolle Hinterland** der Riviera dei Fiori. Bereits wenige Kilometer in Richtung Landesinnere scheinen die Uhren stehen geblieben zu sein. Kurvenreiche Straßen führen durch abwechslungsreiche Flusstäler hinauf in **einsame Gebirgsregionen.** Immer wieder bieten sich atemberaubende Küsten- und Gebirgspanoramen.

In den stillen, charakteristischen Bergdörfern ist man fernab der überlaufenen Touristenspielwiesen. Obwohl nur schwer erreichbar und abgelegen, haben **mittelalterliche Gebirgsdörfer** wie Dolceacqua, Pigna, Apricale und Triora einen sehr städtischen Charakter mit Laubengängen und Treppenpassagen und unversehens sich öffnenden Plätzen. Man kann durch die steinernen Labyrinthe schlendern oder traditionelle Volksfeste besuchen, und in kleinen Lokalen bekommt man zu zivilen Preisen eine unverfälschte, schmackhafte Regionalküche serviert.

Bis San Remo gehen die Badeorte **San Lorenzo al Mare, Santo Stefano al Mare** und **Riva Ligure** fast nahtlos ineinander über. Ihr Erscheinungsbild wurde in den letzten Jahren erheblich aufpoliert. Bei San Lorenzo und Santo Stefano entstanden zwei neue Yachthäfen mit kleinen Geschäften und Bars an den Piers. Nördlich von San Lorenzo wurde die Bahnlinie ins Hinterland verlegt und dank der Umgehungsstraße der Durchgangsverkehr aus den Ortszentren verbannt. Die ehemalige Bahntrasse wurde zum Fahrradweg umfunktioniert. Auf einer schön angelegten Strandpromenade, im Sommer allabendlicher Treffpunkt, kann man bis nach Riva Ligure flanieren. Im Sommer werden die Strandabschnitte mit neuem Sand aufgeschüttet, und gepflegte Strandbäder wechseln sich mit freien

Strandleben entlang der Pista Ciclabile wie hier in San Lorenzo al mare

Abschnitten ab. Direkt hinter dem Strand liegen die kleinen alten Ortskerne. Sie wurden restauriert, und in den neuen Fußgängerzonen finden sich kleine Geschäfte, Restaurants, Eisdielen und Bars.

La Pista Ciclabile

Für Besucher auf jeden Fall ein Gewinn ist der neu geschaffene **24 km lange Fahrradweg** zwischen San Lorenzo al Mare und San Remo. Immer an der Küste entlang, abseits von Auto- und Verkehrslärm, entstand auf der ehemaligen Bahntrasse eine breit ausgebaute, asphaltierte Fahrradstraße. Bequem lassen sich die Orte und vor allem auch die Strände jetzt mit dem Rad erkunden. Die Strecke soll bis Ospedaletti

ausgebaut werden. Fahrräder vom Kinderrad bis zum Tandem kann man vor Ort in Läden entlang der Pista Ciclabile stunden- oder auch tageweise ausleihen.

Unterkunft

●**Hotel del Prado,** Corso Villaregia 120, Riva Ligure, Tel. 0184/487757, Fax 487349, www.hoteldelprado.it. Einziges Hotel am Ort, Neubau mit 16 modern ausgestatteten Zimmern. 85–105 €.

Essen und Trinken

●**Ristorante Veliero,** Passeggiata al mare, am westlichen Ortsrand von San Lorenzo al Mare, Tel. 0183/931020. Gutes *fritto misto*. Mittlere Preislage.
●**Osteria Da'Maduneta,** Via Roma 61, Santo Stefano al Mare, Tel. 0184/480070. Mi. Ruhetag. Fischrestaurant mit etwas zu hohen Preisen. Im Sommer Tische im Innenhof.

Riviera di Ponente

●**Ristorante Pizzeria La Piazzetta,** Piazza Matteotti 6, Riva Ligure, Tel. 0184/487219. Sympathisches Lokal an der Promenade mit guter Fischküche und Pizza; mittlere Preislage.

Einkaufen

●**Wochenmarkt,** Di. u. Fr. in San Lorenzo al Mare.

●**Panetteria,** Roma 6. Bäckerei mit Foccaccia und Pizza auf die Hand.

●**Antiquitätenmarkt** jeden ersten Sonntag im Monat an der Promenade in Riva Ligure.

●**Fahrradverleih:** *Elio Sport,* Via Vignasse 34, im Zentrum von San Lorenzo al Mare, mobil: 334/2663296; *Nolobici,* Santo Stefano al Mare, mobil: 349/4916209. Fahrradverleih direkt an der Strecke; *Nolobici,* Arma di Taggia, mobil: 349/4916209. Fahrradverleih an der Strecke, beim ehemaligen Bahnhof.

Baden

●Kleine, durch Wellenbrecher geschützte, flache **Buchten** (gut für Kinder geeignet) in San Lorenzo al Mare, Santo Stefano und Riva Ligure. Sie werden jedes Jahr mit neuem Sand aufgeschüttet.

Von San Lorenzo aus bieten sich Ausflüge ins Hinterland in das Tal des Flusses San Lorenzo an. Nur 4 km vom Meer entfernt, erstreckt sich auf einem Hügelkamm der ruhige Ort **Civezza.**

Der bis auf einen schönen Strand eher gesichtslose Badeort **Arma di Taggia** liegt an der Flussmündung des Argentina und entstand erst nach dem Zweiten Weltkrieg. Seither sind planlos Hochhäuser aus dem Boden geschossen. Anreiz für viele italienische Familien, ihren Badeurlaub in Arma di Taggia zu verbringen, sind die **schöne, breite Sandstrand** und die für Riviera-Verhältnisse recht günstigen Hotelpreise. Gourmets zieht die feine Küche des Conchiglia nach Arma di Taggia.

Essen und Trinken

●**La Conchiglia,** Via Lungomare 33, Tel. 0184/43169, Ruhetag Mi. Direkt an der Uferpromenade liegt dieses ausgezeichnete, elegant eingerichtete Fischrestaurant mit schöner Terrasse. Spezialität ist *Branda-cujú,* ein delikates Püree aus Kartoffeln, Stockfisch, Zwiebeln, Knoblauch und Olivenöl; oberste Preislage.

Civezza ↗ VI, B3

●**PLZ 18017**
●**Ew.: 536**
●**225 m üNN**

Die Piazza am Ortseingang gleicht einem Aussichtsbalkon mit Blick auf die beiden Bauerndörfer **Pietrabruna** und darunter **Torre Papone,** rechts oben **Lingueglietta** und links **Costarainera.**

Bereits im 12. Jh. gegründet, wurde Civezza mehrmals von Sarazenen geplündert und niedergebrannt. Der Grundriss gleicht deshalb auch einem mittelalterlichen Wehrdorf mit schmalen, gepflasterten, teils überwölbten Gassen, die von einer Piazzetta zur nächsten führen. Im Mittelpunkt liegt die **Piazza Marconi** mit dem Rathaus. Von hier erreicht man die auf dem höchsten Punkt gelegene Barockkirche **San Marco.**

Einkaufen/Unterkunft

●**Alimentari da Simona,** Via Dante 27, Tel. 0183/92447. Kleiner Lebensmittelladen im Dorfkern mit schöner Käseauswahl.

●**Pantan Agritur,** Piazza Marconi 3 (bei der Comune), 18017 Civezza, Tel./Fax 0183/92581 oder 347/4332626, www.agriturpantan.it. Verkauf von gutem kaltgepressten Olivenöl (11 €/l), Olive in salamoia, pasta di olive, getrocknete eingelegte Tomaten und pesto. Die Olivenbäume des kleinen Betriebes

Riviera di Ponente

stehen im Weiler Pantan. Vermietung von Ferienwohnungen.
- **Frantoio Ulivi di Liguria,** Via Medico Papone 12, 18010 Torre Papone, Tel. 0183/90121.

Wandern

- Von Civezza führt eine kleine Panoramastraße **Richtung Monte Faudo.** Ausgangspunkt für gut markierte Wanderwege an der Kirche Santa Brigida (s. Dolcedo).

Die spätromanische Kirche San Pietro – von Piraten zur Festung ausgebaut

Lingueglietta   ⤢ VI, B3

- **PLZ 18017**
- **320 m üNN**

Auf der SP 48 erreicht man den Ort Lingueglietta. Wie Civezza weist auch er eine typische **Wehrarchitektur** mit dichter Bebauung und einem schmalen Gassenlabyrinth auf. Lingueglietta besitzt eine der ungewöhnlichsten Kirchen der Region. Zum Schutz der Bevölkerung vor Piraten wurde die spätromanische Kirche **San Pietro** (13. Jh.) um 1560 zur Festung ausgebaut. Auf ihre Funktion als Kirche verweist die halbkreisförmige Apsis. Die Fassade und die Seitenschiffe der chiesa fortezza wurden mit einem umlaufenden Wachgang und zwei kleinen Wachtürmen, die als Unterstand dienten, versehen. Durch die Pechnasen über dem Eingang schütteten die Einwohner siedendes Öl auf die Angreifer.

Linguegglietta wie auch die nebeneinander liegenden kleinen Dörfer **Costarainera** und **Cipressa** oberhalb der Küste zwischen San Lorenzo al mare und Santo Stefano al mare bieten sich aufgrund der Nähe zum Meer auch als Standort für einen Badeurlaub an. Seit einigen Jahren wird in den Dörfern auf den Hügeln saniert und immer mehr Häuser zu Feriendomizilen umgebaut. Einziger Wermutstropfen ist die unterhalb von Costarainera und Cipressa vorbeiführende Autobahn auf Stelzen, die den sonst schönen Meerblick trübt.

Taggia ⚲ III, D2

- ●**PLZ 18018**
- ●**Ew.: 12.908**
- ●**40 m üNN**

Ein ganz anderes Bild als die zuvor genannten Orte bietet Taggia. 3,5 km landeinwärts, durch die intensiv landwirtschaftlich genutzte Mündungsebene des Argentina-Flusses, gelangt man in den historischen Borgo von Taggia. Der hübsche mittelalterliche Ort am Eingang des Argentina-Tals ist ein echtes **architektonisches Kleinod** und einen Rundgang wert, auch wenn eine gigantische, auf Stelzen über das Tal schwebende Autobahn den Gesamteindruck trüben mag.

Taggia hat nicht dasselbe Schicksal erlebt wie viele andere verlassene Bergdörfer, deren Häuser restauriert und schön hergerichtet wurden und meist nur noch als Feriendomizil fungieren. Unter der Woche wirken diese Dörfer wie ausgestorben. Taggia lebt gerade davon, dass noch nicht an allen Ecken und Enden saniert wurde. Der Dorfalltag schafft eine **lebendige Atmosphäre.** Am besten entdeckt man die schönsten Winkel und Plätze, indem man sich einfach treiben und die Atmosphäre auf sich wirken lässt.

Gasse in Taggia

Unter den Markgrafen *Clavesana* wurde die Siedlung im 11. und 12. Jahrhundert zu einem **befestigten Borgo** mit Burg ausgebaut. Ihren Wohlstand verdanken die Einwohner von Taggia den **Benediktinermönchen aus Pedona** im Piemont. Diese gründeten im 7. Jahrhundert in der fruchtbaren Ebene am Eingang zum Valle Argentina einen neuen Konvent und begannen mit der landwirtschaftlichen Nutzung der Gegend. Sie führten im 12. Jahrhundert den Olivenanbau ein. Zum Anbau von Oliven kamen im Laufe der Jahrhunderte Wein, Zitrusfrüchte, Feigen und Mandeln hinzu.

Die kleine **Taggiasca-Olive** bescherte Taggia im 16. und 17. Jahrhundert einen Aufschwung, der heute noch am Stadtbild erkennbar ist. Im Schutz der Stadtmauern prägen die Überreste der ehemaligen Befestigungsanlage, Stadttore, Türme, stattliche Palazzi, gotische Arkaden, Brunnen und beschauliche Plätze den eng bebauten Altstadtkern. Bögen überspannen steile gepflasterte Gassen und stützen die Häuser gegeneinander ab. Kunstvoll gearbeitete Portale aus Schieferstein schmücken die Häuser früherer Adelsfamilien.

Noch bevor man die Altstadt betritt, lohnt sich für Kunstinteressierte ein Besuch im **Kloster San Domenico** am südwestlichen Ortsrand. Dominikanermönche aus Mailand gründeten 1460 eine Niederlassung ihres Ordens und errichteten einen beeindruckenden spätgotischen Klosterkomplex. Gefördert durch Mäzenatentum entwickelte sich San Domenico zum wichtigsten **kulturellen Zentrum** an der Ponente.

Viele namhafte Künstler jener Zeit, wie *Ludovico Brea* und *Canavesio,* wurden mit der Innenausstattung betraut. Über 30 Tafelbilder und Fresken aus dem 15. und 16. Jahrhundert sind erhalten geblieben. Sie können bei einem Rundgang durch die helle einschiffige Saalkirche, den schönen gewölbten Kreuzgang, die anschließenden Konventsgebäude und in einem kleinen Museum besichtigt werden.

●**Museo del Convento di San Domenico,** Piazza Beato Cristoforo 6, Tel. 0184/476254. Öffnungszeiten: täglich 9.00–12.00 und 15.00–17.00 Uhr, im Sommer 9.00–12.00 und 15.00–18.00 Uhr. Eintritt frei.

Durch die **Porta dell'Orso** betritt man die intakte Altstadt Taggias. Zwischen den beiden Stadttoren Porta dell'Orso im Süden und **Porta del Colletto** im Norden verläuft mit Via Lercari, Via Gastaldi und Via Littardi die ursprüngliche, dem Flusslauf folgende Hauptachse der Stadt.

Von der Piazza Gastaldi mit der barocken Pfarrkirche SS. Giacomo e Filippo aus führt ein Durchgang in das heutige Herz der **Altstadt.** Gotische Laubengänge, alte Palazzi und viele Geschäfte säumen links und rechts die Via Soleri. Die zweite Hauptachse im Borgo endet am nördlichen Stadtende. Einen schönen Anblick bietet hier die mittelalterliche **Steinbrücke Ponte di Taggia,** die wegen ihrer Länge von 260 m auch *Pontelungo* genannt wird.

Touristeninformation

●**IAT-Büro,** Via Boselli, Arma di Taggia, Tel. 0184/43733, Fax 43333, infoarmattaggia@visitrivieradeifiori.it.

Riviera di Ponente

Unterkunft

● ***Argentina,** Via Mazzini 37, Tel. 0184/ 475223. Das einzige Hotel in Taggia hat 8 schlichte Zimmer (mit und ohne Bad). 44 €.

Essen und Trinken

● **Castelin,** Via Roma 9, Tel. 0184/475500, Ruhetag Mo. abend und Di. Einfache Trattoria mit regionaler ligurischer Küche; mittlere Preislage.
● **Osteria Germinal,** Via Gastaldi 15B, Tel. 0184/41153. Do. bis So. abends geöffnet. Mitten in der Altstadt gelegenes Lokal von Taggia. Zu den Fischspezialitäten gehören die Klassiker *brandacujon, mes ciüa, stoccafisso* und *buridda,* die frische Pasta ist hausgemacht, mittlere Preislage.

Einkaufen

● **Flohmarkt,** jeden dritten So. im Monat, von 9.00 Uhr bis Sonnenuntergang auf der Via Soleri.

Fest

● **Festa di San Benedetto Revelli,** Patronatsfest Ende Februar. Dem Ortsheiligen gelang es im 10. Jahrhundert, durch vorgetäuschte Feuer die Stadt vor Plünderung zu bewahren. Die angreifenden Sarazenen sahen die Feuer und glaubten, dass Taggia bereits zerstört sei, und zogen weiter. Zum Höhepunkt des Patronatsfestes werden deshalb bis heute Feuer und kleine Feuerwerke in den einzelnen Stadtteilen angezündet.

Valle Argentina

Eine landschaftlich besonders reizvolle Strecke führt ab Taggia zunächst durch ein enges Tal (S.S. 548) landeinwärts in das ca. 40 km lange Argentina-Tal. Im unteren und mittleren Talverlauf beherrschen Terrassen mit Olivenbäumen, Kastanienwälder und einst strategisch wichtige, mittelalterliche Dörfer das Bild. Wie Schwalbennester scheinen sie an den Hängen zu kleben.

Vor dem Hintergrund der Seealpen beginnt bei **Triora** das Obere Argentina-Tal, eine einsame Gebirgslandschaft mit alten Bergdörfern, Weiden und dichten Wäldern an den Abhängen des höchsten ligurischen Berges, des **Monte Saccarello** (2200 m).

Ein erster Halt lohnt sich bereits nach 7 km in Badalucco.

Badalucco ⊿ III, D1

Das erste Dorf im Argentina-Tal ist Badalucco (179 m). In einer Flussschleife schmiegen sich die alten Steinhäuser an einen Hügel. Gegenüber erhebt sich der Monte Faudo (1149 m). Das **alte Bauerndorf** besitzt eine intakte mittelalterliche Anlage mit verwinkelten engen Gassen, Treppen, überbauten Durchgängen und Loggien. Die alte Santa Lucia-Brücke mit einer kleinen Kapelle aus dem 16. Jahrhundert markiert den Dorfeingang. Mit nur einem Bogen überspannt sie den Fluss.

Essen und Trinken

● **Ca'Mea,** Strada Statale 548 (km 13), von Taggia in Richtung Badalucco bis zu einem großen Steinpilz, Tel. 0184/408173, Ruhetag Mo. Beliebtes Ausflugslokal in einer alten Ölmühle an der Hauptstraße, Spezialität sind die Steinpilzgerichte; mittlere Preislage.
● **Canon d'Oro,** Via Boeri 32, Tel. 0184/ 408006, Ruhetag Mo. Rustikale Trattoria mit guter regionaler Küche und angenehm kleiner Speisekarte; untere Preislage.

Einkaufen

● **Frantoio Roi,** Via Argentina 1, Tel. 0184/ 408004. Die traditionsreiche Ölmühle (mit traditioneller Steinpressung) erzeugt ein sehr gutes kaltgepresstes „extra vergine" in drei unterschiedlichen Qualitäten, alle aus Taggiasca-Oliven.

Fest

● **Sagra dello Stoccafisso,** zweite Septemberhälfte. Eine Überlieferung besagt, dass die Einwohner dank diesem Rezept und einem großen Vorrat an getrocknetem und gesalzenem Stockfisch eine Belagerung der Sarazenen siegreich überstanden. Im Mittelpunkt des Festes steht der Stockfisch in allen erdenklichen Variationen.

Montalto Ligure ⟋ III, D1

Kurz nach Badalucco führt eine Abzweigung hinauf nach Montalto Ligure (315 m). Das **mittelalterliche Städtchen** liegt in beherrschender Hügellage über dem Zusammenfluss von Carpasina und Argentina. Wie in Badalucco lohnt sich auch hier ein Streifzug durch das enge, verschachtelte Gassenlabyrinth mit seinen überdeckten Verbindungsgängen, Unterführungen, Gewölben und kunstvoll gearbeiteten Steinportalen.

Die **Pfarrkirche San Giovanni Battista** besitzt ein Polyptychon mit einer Darstellung des Heiligen Georg, ein Werk von *Lodovico Bréa* (1516).

Ein kurzer Spaziergang führt zum **Friedhof** südlich unterhalb des Ortes. Die ursprünglich spätromanische Basilika wurde im 14. Jahrhundert baulich verändert. Aus dieser Zeit stammen auch die interessanten Fresken im Innenraum.

Weiter durch das Val Carpasina erreicht man über **Carpasio** (720 m), einem kleinen verschachtelten Berg-

dorf, das von Olivenhainen und Kastanienwäldern umgeben ist, nach 12 km den **Colla d'Oggia** (1167 m).

Wieder zurück auf der S.S. 548, zweigt kurz vor Molini di Triora eine kleine Straße rechts ab. Sie windet sich in zahlreichen steilen Serpentinen bis nach **Andagna** hinauf. Das kleine mittelalterliche Bergdorf wurde wahrscheinlich als Station entlang des alten Verbindungsweges zwischen Valle Argentina und Valle Arroscia gegründet. Heute führt eine schmale, 2001 für den Giro d'Italia asphaltierte, Höhenstraße von Andagna hinauf auf den **Passo di Teglia** in 1387 m Höhe und von dort steil und kurvenreich hinab nach Pieve di Teco.

Es handelt sich um eine traumhafte Panoramastrecke mit engen Serpentinen und tollen Ausblicken. Für die Fahrt über den Passo di Teglia bis zur Abzweigung nach S. Bernardo di Conio benötigt man allerdings ca. 1 Stunde. Es ist ratsam, die Strecke nur bei gutem Wetter zu fahren, bei schlechtem Wetter verdirbt dicker Nebel die Aussicht. Für die insgesamt 34 km sollte man genügend Zeit einplanen.

Molini di Triora ⟋ V, C3

Weiter talaufwärts gelangt man zum **einstigen Mühlenort** Molini di Triora (460 m). Mehr als 20 Mühlen reihten sich hier an den Ufern der Flüsse Argentina und Capriolo auf. In den noch übrig gebliebenen Mühlen wird nach wie vor neben dem Getreide für das runde, würzige Brot dieser Gegend *(pane di Triora)* Mehl aus Kastanien und Kichererbsen gemahlen. Das heimische Kastanien- und Kichererbsenmehl gibt es zusammen mit anderen regionalen Spezialitäten in der sehenswerten Bottega di Angelamaria.

Unterkunft/Restaurant

● ****Santo Spirito,** Piazza Roma 23, Tel. 0184/94092, Fax 947900, www.ristorante santospirito.com. Altmodisches kleines Albergo an der Hauptstraße mit 10 rustikal eingerichteten Zimmern, davon 6 mit Bad. Da das Santo Spirito über eine bemerkenswert gute Küche verfügt, lohnt sich hier, im Gegensatz zu den meisten Hotels an der Küste, die Halbpension. 75–85 €, HP pro Person 44–48 €.

Einkaufen

● An der **Bottega di Angelamaria** (Piazza Roma 26) führt kein Weg vorbei. Was sich vor dem Laden stapelt, ist wirklich beeindruckend. Zwischen einer unglaublichen Auswahl an geschnitztem Wurzelholz finden sich neben Obstkörben diverse Honigsorten, Käselaibe, Mehl verschiedenster Art, Bohnen, Kräuter, Blumen und vieles mehr.

Fest

● **Sagra della Lumaca,** traditionelles Schneckenfest im September. Weinbergschnecken sind die Spezialität von Molini di Triora.

Triora ⚲ V, C3

In vielen Kurven windet sich die Straße hinauf nach Triora, einem charakteristischen, befestigten Gebirgsort mit einer **langen, bewegten Geschichte.** In beherrschender Position in fast 800 m Höhe auf einem Hügelkamm liegend, war Triora seit dem Mittelalter **Hauptort des Alta Valle Argentina.** Stadttore, Burgruinen und zehn Kirchen dokumentieren die einstige Bedeutung und den Wohlstand der ehemaligen Burg-

stadt. Der gut erhaltene Borgo wirkt wie ein solides steinernes Labyrinth mit Treppenpassagen, Laubengängen, überbauten Gassen und plötzlich sich öffnenden Plätzen, in denen sich jeder Angreifer zwangsläufig verlieren musste.

Das gesamte Gemeindegebiet von Triora zählt heute gerade mal 500 Einwohner. Die abgeschiedene, einsame Lage, im Mittelalter von Vorteil, führte in jüngster Zeit auch in Triora zur Entvölkerung. Doch den Bewohnern ist es gelungen, aus einem traurigen Kapitel ihrer Stadtgeschichte ein wenig Kapital zu schlagen. Bekannt als **„Hexenort",** ist Triora mittlerweile ein beliebtes Ausflugsziel. Anlass für diesen „Hexenkult" war eine Hungersnot 1587 im Gebiet von Triora. Eine Gruppe einheimischer Frauen, die sich an dem abgelegenen Ort La Cabotina versammelt hatten, wurden der Hexerei bezichtigt und für die Hungersnot verantwortlich gemacht. Beim anschließenden Hexenprozess wurden 15 Frauen zum Tode verurteilt und auf dem Scheiterhaufen verbrannt. Von diesem traurigen Ereignis leben heute ein paar kleine Andenkenläden und Kunsthandwerker. Sie verkaufen Maskottchen, Hexenliköre, sogenannte „Schneckenmilch" und einheimische Spezialitäten.

Vorbei am neuen Ortsteil führt eine Stichstraße zum **historischen Borgo** hinauf. Sie endet am Ortseingang. Parkmöglichkeiten gibt es entlang der Zufahrtsstraße. Gleich am Ortseingang werden die Besucher von einem Hexendenkmal begrüßt, und im **Heimatmuseum** erfahren Interessierte alles über die örtliche Hexengeschichte.

●**Museo Etnografico e della Stregoneria,** Corso Italia 1. Öffnungszeiten: 1.11. bis 31.03. täglich 14.30–18.00 Uhr, Sa. u. So. 10.30–12.00 Uhr; 1.04. bis 31.10. täglich 15.00–18.30 Uhr; August/September auch Sa. u. So. 10.30–12.00 Uhr. Eintritt 2 €.

Touristeninformation

●**Pro loco,** Corso Italia 7, Tel. 0184/94477, Fax 94164.

Die gepflasterte Via Roma führt uns mitten hinein ins Altstadtlabyrinth und auf die Piazza della Collegiata mit der **Kirche Santa Maria Assunta.** Zu den wertvollen Ausstattungsstücken im Innenraum gehört ein gotisches Tafelbild mit der Taufe Christi, geschaffen von dem Sienesen *Taddeo di Bartolo* im Jahre 1397.

Unterkunft/Restaurant

●●****La Colomba d'Oro,** Corso Italia 66, Tel. 0184/94051, Fax 94089, www.colomba doro.it. Korrektes und auch einziges Hotel von Triora unterhalb des alten Borgo in einem schmucklosen Bau an der Straße nach Molini di Triora, 28 geschmackvoll eingerichtete Zimmer, nach hinten raus mit schönem Bergpanorama, empfehlenswertes Restaurant mit Panoramaterrasse. 100 €.

In der Nähe liegen die kleinen zu Triora gehörenden Bergdörfer Verdeggia und Realdo, die im Kapitel „L'Alta Via dei Monti Liguri" ausführlicher besprochen werden.

San Remo   ⌖ III, C2

●**PLZ 18038**
●**Ew.: 50.608**
●**15 m üNN**

San Remo, einst mondänes Seebad in Zeiten der Belle Epoque, ist heute für sein **Spielcasino** und seine **internationalen Veranstaltungen** bekannt. Die Saison beginnt im Februar mit dem in ganz Italien heiß geliebten Festival della Canzone. Der internationale Radsportzirkus eröffnet mit dem Klassiker Mailand – San Remo jedes Jahr im März den Reigen der wichtigsten Radrennen.

San Remo lebt zwar noch immer vom **Glanz und** vom **Flair vergangener Tage,** von beeindruckenden Grand Hotels der Belle Epoque, alten Villen mit parkähnlichen Gärten, dem Spielcasino und den palmenbestandenen breiten Strandpromenaden. Doch hinter den Fassaden blättert die Pracht langsam ab. In Zeiten von Pauschaltourismus und Last-Minute-Reisen sind Luxusherbergen im europäischen Ligurien nicht mehr sonderlich gefragt. Die Stadt muss sich viel Mühe geben, ganzjährig Besucher anzulocken. Denn im Winter spielt sich das Leben an der französischen Riviera ab.

Vor etwa 150 Jahren erlebte San Remo schon einmal einen entscheidenden **Strukturwandel. 1855** brachte die englische Fassung eines romantischen Liebesromans des ligurischen Schriftstellers *Giovanni Ruffini* den Stein ins Rollen. **„Dottor Antonio"** wurde zum Publikumsrenner, und die reiseerfahrenen Engländer zog es an den Ort der

Riviera di Ponente

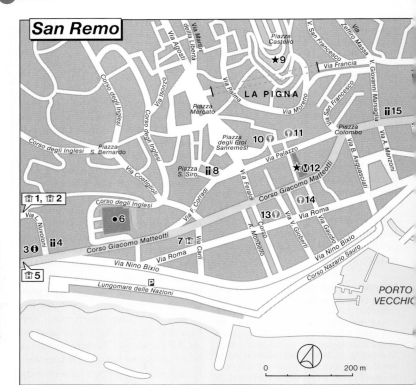

Handlung, nach San Remo und Bordighera, dem Brückenkopf zum Traumziel Italien. Im milden Riviera-Klima verbrachten **Aristokraten und Literaten** den Winter und kurierten ihre angeschlagene Gesundheit. Es folgten Russen und Deutsche. Die berühmtesten Gäste waren die Zarin *Maria Alexandrowna* und der spätere deutsche Kaiser *Friedrich Wilhelm.*

1860 eröffnete das Grand Hotel Londra als **erste Luxusherberge** seine Tore,

wenig später kam das Royal hinzu – beide existieren heute noch. 1872 folgte der Anschluss an die Eisenbahn. Um die vorletzte Jahrhundertwende beherrschten bereits mehr als zwanzig Nobelhotels und unzählige Luxusvillen das Bild des einstigen Fischerdorfes, dessen Bewohner sich bis dato von der Landwirtschaft, vom Fischfang und vom Handel ernährten. Bis zum Zweiten Weltkrieg galt San Remo als wichtiger Treffpunkt des internationalen Jet Set.

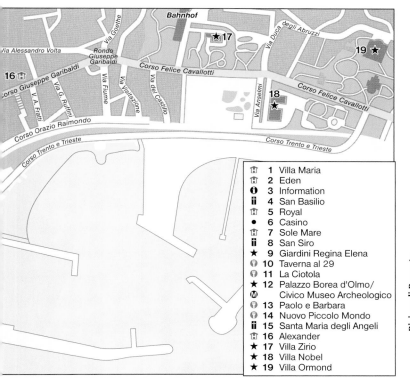

🏠	**1**	Villa Maria
🏠	**2**	Eden
❶	**3**	Information
⛪	**4**	San Basilio
🏠	**5**	Royal
●	**6**	Casino
🏠	**7**	Sole Mare
⛪	**8**	San Siro
★	**9**	Giardini Regina Elena
◐	**10**	Taverna al 29
◐	**11**	La Ciotola
★	**12**	Palazzo Borea d'Olmo/
Ⓜ		Civico Museo Archeologico
◐	**13**	Paolo e Barbara
◐	**14**	Nuovo Piccolo Mondo
⛪	**15**	Santa Maria degli Angeli
🏠	**16**	Alexander
★	**17**	Villa Zirio
★	**18**	Villa Nobel
★	**19**	Villa Ormond

Riviera di Ponente

Parallel zur touristischen Entwicklung begann im späten 19. Jahrhundert die Umstellung der Landwirtschaft auf die **Blumenzucht.** Der arbeitsintensivere Wein- und Olivenanbau wurde fast gänzlich verdrängt. Als sich einst die feine Welt in San Remo niederließ, bot sich ihr der Anblick lieblicher Natur. Heute verschandeln Treibhäuser die Landschaft bis Ventimiglia, schön anzusehen sind allenfalls die gepflegten Parkanlagen. San Remo ist die weltweit bekannte Metropole der „Blumen-Riviera". In Tausenden von Betrieben werden ca. 290 Blumensorten produziert, ungefähr 200 davon sind Rosen. Tourismus und Blumenindustrie führten zu einem enormen Wachstum. Nach dem Zweiten Weltkrieg setzte ein erneuter Bauboom ein. Seither kämpft das verkehrsgeplagte San Remo mit den Nachteilen des modernen Massentourismus.

Die viertgrößte Stadt Liguriens präsentiert sich dem heutigen Besucher

mit **verschiedenen Gesichtern,** und die Kontraste zwischen den Stadtteilen könnten größer nicht sein: Die **Pigna,** so heißt das mittelalterliche Zentrum, ist sozusagen das Dorf in der Stadt. Zur „**Neustadt"** des 19. Jahrhunderts gehören die mit Palmen bestandenen Uferpromenaden, prächtige Bauten und ein sehr städtisches und lebhaftes Einkaufsviertel mit zahlreichen eleganten Geschäften, Märkten und guten Restaurants.

Besichtigung

Etwas zurückversetzt von der Strandpromenade glitzern die mehrfarbigen Zwiebeldächer der **russisch-orthodoxen Kirche** in der Sonne. Als krönender Abschluss ziert ein russisches Kreuz jedes Türmchen. Sofort drängen sich Bilder von Moskauer Kirchen auf. Die Architektur gibt die Grundformen der sogenannten Moskauer Schule mit einem Grundriss über griechischem Kreuz und dem Fünfkuppelbau wieder. **San Basilio** wurde zur Erinnerung an die Zarin *Maria Alexandrowna* errichtet.

● **Öffnungszeiten:** Di.–So. 9.30–12.30 Uhr und 15.00–18.30 Uhr.

Unterhalb von San Basilio beginnt der berühmte **Corso Imperatrice.** Die breite, palmenbestandene Strandpromenade ist ebenfalls der Zarin gewidmet, die sich im Winter 1874/1875 in San Remo zur Kur aufhielt. Die Palmen am Corso waren ein Geschenk *Maria Alexandrownas.*

Russisch-orthodoxe Kirche San Basilio

In östlicher Richtung schließt sich an die Piazzale Cesare Battisti der Corso Matteotti an. Gleich zu Beginn erhebt sich die verspielte weiße Fassade des **Casinos,** die mit reichlich Stuck und Säulen geschmückt und mit Türmchen und einer breiten Freitreppe versehen ist. Das Wahrzeichen San Remos stammt noch aus den Glanzzeiten der Stadt. Es wurde zu Beginn des 20. Jahrhunderts nach den Plänen des französischen Architekten *Ferret* errichtet und gehörte früher zu den berühmtesten Spielcasinos der Welt. In den **schönen Sälen** verspielte der europäische Geldadel bei Roulette, Chemin de Fer und Black Jack ein Vermögen. Mittlerweile trifft sich die internationale Spielerszene in Monte Carlo und an der Côte d'Azur.

Unter die Spieler mischen sich heute auch Touristen. Wer also schon immer mal eine Spielbank von innen sehen wollte, kann hier ohne Hemmungen sein erstes Spielchen wagen, den coolen Croupiers bei ihrer faszinierenden Arbeit über die Schulter schauen oder einfach nur das stilvolle Ambiente und die Atmosphäre genießen. Der Mindesteinsatz ist gering und die Kleiderordnung längst nicht mehr so streng.

Der schmale **Corso Matteotti** und die parallel verlaufende **Via Roma** sind die heutigen Hauptstraßen. Hier finden sich elegante Mode- und Schuhgeschäfte, Bars, Eisdielen, Restaurants und Kinos.

Eindrucksvoll wirkt der **Palazzo Borea d'Olmo** (Hausnummer 143). Der bedeutendste Stadtpalast von San Remo wurde um das Jahr 1500 von der venezianischen Adelsfamilie *Boreo* er-

Riviera di Ponente

Il sentiero dei nidi di ragno – wo Spinnen ihre Nester bauen

Italo Calvino, der berühmte italienische Nachkriegsautor, machte die Pigna zur Vorlage für seinen ersten Roman. „Wo Spinnen ihre Nester bauen", 1947 erstmals erschienen, spielt im Partisanenmilieu gegen Ende des Zweiten Weltkrieges. Der packende Roman erzählt die Geschichte des verwahrlosten Gassenjungen *Pin.* Um in die faszinierende Welt der Erwachsenen vorzudringen, stiehlt Pin die Pistole eines deutschen Soldaten, während der mit seiner Schwester im Bett liegt. Er wird erwischt, eingesperrt, kann entkommen und gelangt so in den Kreis der Partisanen.

Wie ein undurchschaubares Labyrinth an Flucht- und Versteckmöglichkeiten beschreibt Calvino die düsteren Gassen und Spelunken der Pigna.

„Wie Pavese als Erster erkannt hat, fand Calvino ein poetisches Verfahren, die Grausamkeit des Krieges, aber auch die unbegreifliche Tapferkeit der Partisanen bruchlos in eine Romanhandlung einzubringen, die auf den ersten Blick lediglich die märchenhaften Abenteuer eines verwahrlosten Kindes abzuschildern scheint." (aus: Kindlers Neues Literatur Lexikon)

Italo Calvino, geboren am 15. Oktober 1928 in Santiago de las Vegas, Cuba, verbrachte seine Kindheit in San Remo. Während des Zweiten Weltkrieges kämpfte er auf Seiten der Partisanen gegen die Deutschen. Sein Literaturstudium absolvierte Calvino in Turin. Nach dem Krieg arbeitete er als Journalist und Lektor. Er starb am 19. September 1985 in Siena.

richtet. Nach mehreren Umbauten präsentiert er sich heute mit einer barocken Fassade. Die Nische über dem Portal schmückt eine **Madonna mit Kind** von *Giovanni Angelo Montorsoli,* einem Schüler *Michelangelos.* In den mit Fresken ausgestatteten Innenräumen sind das **Archäologische Museum** mit frühgeschichtlichen und römischen Ausgrabungsfunden aus San Remo und Umgebung sowie die städtische Gemäldesammlung untergebracht.

●**Civico Museo Archeologico,** Via Matteotti 143, Tel. 0184/531942. Öffnungszeiten: Di.–Sa. 9.00–18.00 Uhr, So. 9.00–13.00 und 15.00–18.00 Uhr, der Eintritt ist frei.

Von hier aus bietet sich ein kleiner Abstecher über die Via Gaudio zum alten Fischereihafen an. 1755 errichteten hier die Genuesen zu ihrem Schutz vor den Bewohnern San Remos die Zwingburg **Forte di Sant'Tecla.**

Seit 1951 findet im **Teatro Ariston** das Schlagerfestival statt. Jedes Jahr im Februar kämpfen glitzernde Sternchen und große Stars vor den Fernsehkameras und viel Publikum um den Sieg.

Vorbei am Ariston gelangt man am Ende des Corso Matteotti zur **Piazza Colombo.** Im Nordosten steht die **Kirche Santa Maria degli Angeli** mit ihrer breiten Rokokofassade aus dem 18. Jahrhundert. Gleich daneben fand früher der tägliche Blumenmarkt, Mercato dei Fiori, statt.

Über die verkehrsberuhigte Via Palazzo, die parallel zum Corso Mateotti verläuft, geht es weiter bis zur **Piazza**

Cassini. Hier beginnt unser Ausflug in das Mittelalter.

Um San Remo wirklich kennen zu lernen, muss man die Höhen über der Stadt erklimmen. Auf einem steilen Hügel drängen sich die Häuser der **Pigna,** des Herzen San Remos. Pigna bedeutet Tannenzapfen, und, ähnlich wie die Schuppen eines Tannenzapfens, winden sich die schmalen Gassen in konzentrischen Kreisen den Hügel hinauf.

Durch die gotische **Porta Santo Stefano** betreten wir das mittelalterliche Altstadtlabyrinth. In der autofreien Pigna scheint die Zeit stehen geblieben zu sein – ein echtes Kontrastprogramm zur verkehrsgeplagten Neustadt. In den alten, zum Teil heruntergekommenen Häusern wohnt die arme Bevölkerungsschicht San Remos.

Der Kreuzbogengang **Via Rivolte San Sebastiano,** eine düstere, überbaute Gasse, führt hinein in ein Labyrinth aus steilen Treppenpfaden, mit Durchblicken, Loggien und Querdurchgängen, das mit einem gemauerten System von Bögen und Stützpfeilern überspannt ist. Dazwischen eröffnen sich kleine, stille Plätze. Relativ schnell verliert man die Orientierung, doch verlaufen kann man sich nicht. Immer bergauf gelangt man auf die Spitze des Hügels. Rentner und Mütter mit ihren Kindern bevölkern die Parkbänke der **„Giardini Regina Elena".** Über Treppen gelangt man durch die öffentlichen Parkanlagen auf den höchsten Punkt des Borgo. Wie auf einer Aussichtsplattform öffnet sich der Blick auf den dicht besiedelten Küstenstreifen. Dahinter erhebt sich die barocke **Wallfahrtskirche Madonna della Costa,** die 1630 an der Stelle eines Vorgängerbaus errichtet wurde.

Am westlichen Rand der Pigna schließt sich das San Siro-Viertel an, das ebenfalls noch zum **Centro storico** gehört. Über die Piazza degli Eroi Sanremesi gelangt man in den religiösen Mittelpunkt San Remos auf die **Piazza San Siro.** Hier gibt es gleich drei Kirchen zu besichtigen: Oratorio dell'Immacolata Concezione, Battistero San Giovanni Battista und die Kathedrale.

Die **Bischofskirche San Siro** wurde im 13. Jahrhundert auf den Fundamenten eines frühchristlichen Vorgängerbaus als typisch ligurische Pfeilerbasilika mit drei Apsiden in spätromanischen und gotischen Formen errichtet.

Der **Corso Cavallotti** führt im Osten aus der Stadt hinaus. Im 19. Jahrhundert errichteten sich die reichen Neubürger von San Remo elegante Villen und legten Parks mit Wasserspielen und Skulpturen an. Während heute der Verkehr an ihnen vorbeidonnert, residierten in der Zeit der Belle Epoque der preußische Erbprinz *Friedrich Wilhelm* und *Alfred Nobel* in dieser ruhigen Villengegend am östlichen Stadtrand.

In der **Villa Zirio** (Haus Nr. 51) erhielt der schwerkranke *Friedrich Wilhelm* 1888 die Nachricht seiner Ernennung zum Kaiser. In einem ehemaligen Luxushotel (Nr. 59) hat heute das Fremdenverkehrsamt seinen Hauptsitz.

In der exzentrischen **Jugendstilvilla** Haus Nr. 12 mit direktem Zugang zum Meer verbrachte der Erfinder des Dynamits, *Alfred Nobel,* seine letzten Lebensjahre.

Riviera di Ponente

Gegenüber liegen die öffentlich zugänglichen Gartenanlagen der **Villa Ormond.** Der neoklassizistische Bau wird heute für internationale Kongresse genutzt.

Touristeninformation

●**IAT-Büro,** Largo Nuvoloni 1, Tel. 0184/59059, Fax 507649, www.visitrivieradeifiori.it.

Unterkunft

Während des Schlagerfestivals Ende Februar/Anfang März, zu Ostern und beim Grandprix in Monaco im Mai gelten in der Regel Hochsaisonpreise für die Unterkünfte.

●*****Royal,** Corso Imperatrice 80, Tel. 0184/5391, Fax 661445, www.royalhotelsan remo.com. Traditionelles Luxushotel aus dem 19. Jahrhundert umgeben von einem herrli-

chen, 16.000 m² großen Park; die 117 Zimmer und 25 Suiten und Junior-Suiten sind luxuriös ausgestattet; eigener Strandabschnitt, Schwimmbad mit geheiztem Meerwasser, Tennis und anderen Freizeiteinrichtungen, alle nach Süden gerichteten Zimmer mit Balkon und Meerblick. 270–508 €.

●****Villa Maria,** Corso Nuvoloni 30, Tel. 0184/531422, Fax 531425, www.villamaria hotel.it. Ruhig gelegene, schöne Villa mit 38 gut ausgestatteten Zimmern, Garten. 68–132 €.

●***Eden,** Strada Solaro 4, Tel. 0184/661701, Fax 666279, www.hoteledensanre mo.it. Stilvolle Villa aus dem 19. Jahrhundert, etwas zurückversetzt vom verkehrsgeplagten Corso Matuzia, mit Garten und Schwimmbad, 68 Zimmer (auch mit Meerblick). 95–147 €.

●**Alexander,** Corso Garibaldi 123, Tel. 0184/504591, Fax 572131, www.hotelalexan dersanremo.com. Korrekte Unterkunft in Zentrumsnähe mit hübschem Innengarten, 10 Zimmer. 60–180 €.

Ruhige Plätze auf dem Altstadthügel Pigna

 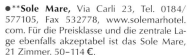

●**Sole Mare,** Via Carli 23, Tel. 0184/ 577105, Fax 532778, www.solemarhotel. com. Für die Preisklasse und die zentrale Lage ebenfalls akzeptabel ist das Sole Mare, 21 Zimmer. 50–114 €.

Camping

●***Camping Villaggio dei Fiori,** Via Tiro a Volo 3, Tel. 0184/660635, Fax 662377, www. villaggiodeifiori.it. Schön gelegenes Feriendorf mit Campingplatz am Strand, etwas außerhalb in westlicher Richtung, Schatten spendende Bäume, Weinlauben und Mattendächer, überwiegend Wohnmobile und Wohnwagen.

Essen und Trinken

●**Paolo e Barbara,** Via Roma 47, Tel. 0184/ 531653, Ruhetag Mi. und Do. mittags. Eines der besten Lokale San Remos mit anspruchsvoller Fischküche; gehobene Preislage.

●**Nuovo Piccolo Mondo,** Via Piave 7, Tel. 0184/509012, Ruhetag So. und Mi. abends. Beliebte Trattoria mit bemerkenswert guter regionaler Küche. Die Zutaten sind stets frisch und stammen aus der Gegend; mittlere Preislage.

●**Taverna al 29,** Via Morardo 8, Tel. 0184/ 570034, Ruhetag Mi. Gemütliches altes Lokal in der Altstadt, die Tageskarte wechselt je nach Marktangebot. Mittlere Preislage.

●**La Ciotola,** Via San Stefano 4, Tel. 0184/ 507609. Kleines, einfaches Gasthaus mit guter hausgemachter Pasta; untere bis mittlere Preislage.

Imbiss

●**Maggiorino,** Via Roma 183, Tel. 0184/ 504338, Ruhetag So. Ausgezeichnete Farinata um nicht zu sagen die beste Farinata in San Remo, Torta verde, Focaccia, Sardenaira und Apfelkuchen; untere Preislage.

●**Enoteca Bacchus,** Via Roma 65, Tel. 0184/ 530990, Ruhetag So. Enoteca mit Ausschank und typisch ligurischen Snacks.

●**Le Cantine Sanremesi,** Via Palazzo 7, Tel. 0184/572063, Ruhetag So. Alteingesessene Enoteca mit Ausschank. Neben Focaccia und Torta verde auch kleine Tagesgerichte; untere Preislage.

Bars/Cafés

●**Bar Pasticceria Festival,** Corso Matteotti 196. Konditorei mit ausgezeichneten Kuchen, Gebäck und Eis.

●**Gelateria Ausenda,** Corso Matuzia 97. Leckeres Eis auf die Hand.

●**Pasticceria San Romolo,** Via Carli 6. Alteingesessene Konditorei mit hervorragender Kuchen- und Gebäckauswahl.

●**Gelateria Grom,** Corso Giuseppe Garibaldi 3/4.

●**Bar Novecento,** Via Palazzo 131. Lebhafte Bar mit typisch ligurischen Snacks.

Verkehrsverbindungen

●**Gute Zugverbindung entlang der Küste.** Der Bahnhof liegt am Corso Felice Cavallotti in der Nähe der Villa Zirio.

●Großer **gebührenpflichtiger Parkplatz** auf dem ehemaligen Bahnhofsgelände (Lungomare delle Nazione).

Einkaufen (Lebensmittel)

●**Mercato Coperto,** immer gut besuchte Markthalle an der Piazza Eroi Sanremesi, Mo.–Sa. 7.00–13.00 Uhr.

●**Wochenmarkt,** Di. und Sa. vormittags 8.00–13.00 Uhr, ebenfalls an der Piazza Eroi Sanremesi.

●**Specialità Alimentari Sciolè,** Via Roma 125. Im Lebensmittelladen von Mirella Sciolé gibt es nichts, was es nicht gibt. Getreide, Bohnen, Kichererbsen, Linsen in Säcken, Kräuter, Öl, getrocknete Pilze, eingelegte ligurische Spezialitäten und und und. Wenn das Gewünschte nicht in der Auslage zu finden ist, dann fragen Sie nach – es wird sich finden!

Wein

●**Enoteca Bacchus,** s.o., gut sortiertes Weingeschäft mit Grappa und Olio extra vergine.

●**Enoteca Marone,** Via San Francesco 61. Weine aus der ganzen Welt, Grappe, Whisky sowie Olio extra vergine.

Baden

●**Kies- und Sandstrände** entlang der Uferpromenade, fast komplett mit Strandbädern (Stabilimenti Balneari) zugepflastert.

Riviera di Ponente

Sport

- **Circolo Golf degli Ulivi,** Strada Campo Golf 59, Tel. 0184/557093. 18-Loch-Golfplatz, ganzjährig geöffnet.

Veranstaltungen

- **Radrennen** Mailand-San Remo im März.
- **Schlagerfestival,** jedes Jahr Ende Februar, Anfang März.
- **Corso fiorito,** Blumenfest Ende Januar.

Umgebung von San Remo

Nach **Poggio,** einem Dorf auf einem steilen Hügel östlich der Altstadt, gelangt man auf der SP 55 in das **Armea-Tal.** Der **Poggio di San Remo** gehört seit jeher zur Streckenführung des berühmtesten Radrennens Italiens. Der Frühjahrsklassiker (seit 1907), mit über 290 km das längste Eintagesrennen,

eröffnet jedes Jahr im März die Saison der Profiradrennen. Über eine schnell ansteigende Landstraße verlässt man die stark befahrene Küste mit ihren zahlreichen Gewächshäusern und findet sich bereits nach wenigen Kilometern im schönen Armea-Tal, fernab vom Trubel an der Küste. Hier begegnet man häufig Radrennfahrern. Die landschaftliche schöne Gebirgsstraße ist wenig befahren und aufgrund der steilen Anstiege nicht nur für Profis optimales Trainingsrevier.

Östlich von San Remo liegt **Bussana,** bekannt für den größten italienischen **Blumengroßmarkt.**

- **Nuovo Mercato dei Fiori,** täglich von 5.00–8.00 Uhr morgens, Besuch nur nach Anfrage, Tel. 0184/51711.

Ein interessantes Besichtigungsprogramm bietet sich erst wieder in **Bussana Vecchia.** 200 m über der mit Gewächshäusern bedeckten Ebene lohnt ein Spaziergang durch das verträumte **„Ruinendorf"** Bussana Vecchia. Ein Erdbeben am 28. Februar 1887 zerstörte mit einem Schlag das intakte mittelalterliche Bergdorf. Nur der Kirchturm blieb heil. Die Erdbebenopfer verließen den Ort, zogen an die Küste und überließen die Ruinen Wind und Wetter, Plünderern und Obdachlosen. In den 1950er Jahren entdeckten Künstler den verlassenen Ort, besetzten die am wenigsten verfallenen Gebäude und begannen mit der **Wiederinstandsetzung.** Das Äußere der Häuser blieb erhalten, die Spuren der Zerstörung sind noch immer sichtbar. Durch die Bemühungen der „Hausbesetzer" erwachte das Dorf aus seinem Dornröschenschlaf. In den denkmalgerecht restaurierten Häusern entstanden kleine Läden, Galerien, Ateliers und Werkstätten. Dazwischen ragen mit Efeu und Weinlaub berankte Ruinen in den Himmel. Mit viel Öffentlichkeitsarbeit und Unterstützung aus dem In- und Ausland gelang es der **Künstlerkolonie,** die Zwangsräumung zu verhindern. Doch es dauerte fast zwanzig Jahre, bis das Dorf endlich Strom- und Wasseranschluss bekam.

Ceriana   ⬈ III, C2

- **PLZ 18034**
- **Ew.: 1305**
- **369 m üNN**

Der Hauptort des Armea-Tal liegt auf halbem Weg zwischen dem Meer und den Bergen und geht auf eine römische Gründung zurück. Zur besseren Verteidigung wurde Ceriana auf dem steilen Hügel in konzentrischen Kreisen und mit hochaufragenden, eng beieinanderstehenden Häusern rund um den römischen Siedlungskern angelegt. Über ein reizvolles Gassenlabyrinth mit schmalen, gepflasterten und teils überwölbten Treppengassen, erreicht man den höchsten Punkt, überragt vom Glockenturm der Kirche **S. Andrea.** Insgesamt 21 Kirchen erbauten die Bewohner Cerianas im Laufe der Jahrhunderte. An der schönen **Piazza Guglielmo Marconi** erhebt sich die Pfarrkirche **Ss. Pietro e Paolo** aus dem 18. Jahrhundert mit ihren zwei Glockentürmen. Im Innenraum 2 Tafelbilder von *Francesco Brea,* Neffe des berühmteren *Lodovico Brea,* die 1545 entstanden. Ein interessanter Spaziergang führt zu einem der stimmungsvollsten Plätze Cerianas, dem „Viertel der Ölmühlen", unterhalb des Ortes gelegen. Von einem gedeckten Wandelgang blickt man bereits hinab auf das Gebäudeensemble von **Santo Spirito.** Man verlässt den Altstadtkern durch die Porta Pena aus dem 13. Jahrhundert, überquert eine Brücke und erreicht die im Innenraum restaurierte Kollegiatskirche **San Pietro.** Neben der romanischen Kirche mit seiner eleganten Fassade (1513) liegen das Oratori-

Riviera di Ponente

Spielcasino von San Remo

um **Santa Caterina** und der ursprüngliche **Palazzo comunale.**

Feste

●**Rassegna internazionale I canti della terra.** Von Juli bis September wird in Ceriana jährlich ein Festival mit Chormusik veranstaltet. Ceriana besitzt selbst 5 Chöre. Höhepunkt ist das Fest der Chöre am 7. September.

Baiardo ♫ III, C1

●**PLZ 18031**
●**Ew.: 278**
●**900 m üNN**

Auf einem langgezogenen Hügelrücken zwischen den Tälern Val Bonda im Norden und Val Merdanza im Süden liegt Baiardo mit grandioser Aussicht. Eine Baumallee führt ins Zentrum des alten Bergdorfes. Von hier aus geht es über Treppengassen hinauf zum höchsten Punkt des Dorfes, zur eindrucksvollen Ruine der romanischen Kirche **S. Nicolò.** Der Aufstieg wird mit einem spektakulären Gebirgspanorama hinter der Kirche vom *terrazzo sulle alpi* belohnt.

Die Überreste der Kirche erinnern an die tragischen Ereignisse des 23. Februar 1887. Während eines Gottesdienstes stürzte bei einem starken Erdbeben die Kirche ein und begrub mehr als 200 Dorfbewohner unter sich.

Feste

●**Festa della Barca** an Pfingstsonntag. Alljährlich wird auf der Piazza der Stamm einer Pinie aufgestellt. Es wird getanzt und gesungen und dabei die Legende einer Tochter des Grafen von Baiardo erzählt. Sie hatte sich in einen Schiffskapitän verliebt, der zum Holzkauf nach Baiardo kam. Der Vater war gegen eine Heirat und tötete seine Tochter.

Ospedaletti ♫ III, C2

●**PLZ 18014**
●**Ew.: 3351**
●**10 m üNN**

Von den Glanzzeiten als nobler Badeort im 19. Jahrhundert ist mit Ausnahme des ehemaligen Spielcasinos auf dem Corso Regina Margherita nichts mehr übrig geblieben. Ferienwohnungen, zersiedelte Hänge und ein hoher Bahndamm, der die Stadt vom Ufer trennt, bestimmen heute das Ortsbild.

Touristeninformation

●**IAT-Büro,** Corso Regina Margherita 1, Tel. 0184/689085, Fax 684455, infospedaletti@ visitrivieradeifiori.it.

Essen und Trinken

●**Ristorante La Playa,** Via XX Settembre 153, Tel. 0184/688045. Das Strandrestaurant gehört zum gleichnamigen Strandbad. Im Sommer auch Tische im Freien. Sorgfältig zubereitete ligurische Fischgerichte wie *acciughe ripiene, c/uppin, brandacujon* und *fritto misto.* Mittlere Preislage.

Bordighera ♫ III, C3

●**PLZ 18012**
●**Ew.: 10.292**
●**5 m üNN**

Wie der Nachbarort Ventimiglia besteht auch der traditionsreiche Badeort Bordighera aus zwei grundverschiedenen und ganz klar voneinander getrennten Stadtteilen: einmal das alte **mittelalterliche Bordighera** auf einem befestigten Hügel, dann die weit ausgedehnte **Neustadt.** Ähnlich wie im Falle

San Remos profitierte auch Bordighera von *Giovanni Ruffinis* „Dottor Antonio". Die englische Fassung des romantischen Liebesromans erschien 1855 erstmals in Edinburgh und wurde zu einem Kassenschlager. Die Handlung spielt in San Remo und Bordighera und löste seinerzeit eine **Reisewelle an die Riviera** aus. Seit dem **19. Jahrhundert** entstanden in der Küstenebene zwischen der Mündung des Nervia-Flusses im Westen und dem Capo San Ampelio im Osten schnurgerade, wie mit dem Lineal gezogene Boulevards mit eleganten Grand Hotels, Jugendstilvillen mit schönen Gärten und eine lange Seepromenade zum Flanieren. Die Hänge bedecken die unvermeidlichen Gewächshäuser, zwischen denen die für Bordighera bekannten exotischen **Dattelpalmen** wachsen. Einst soll der *Heilige Ampelio* den Samen aus Ägypten mitgebracht haben. Auf dem Vorgebirge **Capo San Ampelio,** an dem er der Legende nach landete, erinnert eine kleine romanische Kapelle an den Einsiedler.

Hauptstraßen sind die geschäftige **Via Vittorio Emanuele** und der sie kreuzende **Corso Italia** mit zahlreichen Cafés und Restaurants.

Zu den englischen „Kolonisten" des ausgehenden 19. Jahrhunderts gehörte auch **Clarence Bicknell.** Bordighera verdankt dem gelehrten Engländer eine umfangreiche Sammlung an Papierpausen prähistorischer **Felszeichnungen** aus Höhlen im Valle delle Meraviglie (Tal der Wunder) und an den Abhängen des Monte Bego sowie eine Bibliothek mit rund 50.000 Büchern.

● **Museo Biblioteca „Clarence Bicknell",** Via Romana 39, Tel. 0184/263694, Öffnungszeiten: Mo.–Fr. 9.30–13.00 Uhr und 13.30–16.45 Uhr, Eintritt frei.

Die **pittoreske Altstadt** liegt auf einem Hügel hoch über dem Capo Sant'Ampelio. Von der Piazza del Capo betritt man durch die Porta del Capo die verwinkelte und eng bebaute Altstadt. Von den ursprünglichen Befestigungsanlagen, die zum Schutz vor plündernden Sarazenen errichtet wurden, sind noch Teile der Stadtmauer und die **drei Tore,** Porta del Capo (17. Jahrhundert), im Westen die Porta Sottana (15. Jahrhundert) und im Osten die Porta della Maddalena, erhalten. Durch ein Labyrinth von Gassen, die von turmhohen Häusern flankiert werden, gelangt man zur **Piazza del Popolo** mit der **Pfarrkirche Santa Maria Maddalena.**

Für Liebhaber botanischer Gärten lohnt sich ein Spaziergang durch den **Giardino Pallanca** am östlichen Stadtrand, einen außergewöhnlichen Küstenpark mit über 3000 Kakteen.

● **Giardino Esotico „Pallanca",** Via Madonna della Ruota 1, Tel. 0184/266347, www.pallanca.it. Geöffnet: Winter 9.00–17.00 Uhr, Sommer 9.00–12.30 und 14.30–19.00 Uhr, Mo. geschlossen, Eintritt ca. 6 €.

Touristeninformation

● **IAT-Büro,** Via Vittorio Emanuele II. 172/174, Tel. 0184/262322, Fax 264455, infobordighera@visitrivieradeifiori.it.

Unterkunft

● ****Parigi,** Lungomare Argentina 16–18, Tel. 0184/261405, Fax 260421, www.hotelparigi.com. Alteingesessenes, freundliches Strandhotel mit 55 komfortabel ausgestatte-

Riviera di Ponente

ten Zimmern (die rückwärtigen Zimmer werden durch den Zuglärm beeinträchtigt). 124–204 €.

● ***Enrica,** Via Noaro 1, Tel./Fax 0184/ 263436, hotelenrica@msn.com. Modernes Hotel in Strandnähe mit 19 Zimmern. 60–90 €.

● ***Villa Elisa,** Via Romana 70, Tel. 0184/ 261313, Fax 261942, www.villaelisa.com. Alte Villa mit Garten und Schwimmbad an einer lauten Hauptstraße im Villenviertel, 34 komfortabel ausgestattete Zimmer. 86–149 €.

● **Residence Villa Virginia,** Via Romana 55, Tel./Fax 0184/260447, www.villavirginia.net. In der gleichen Straße (Lärmempfindliche sollten Zimmer nach hinten raus buchen) liegt auch die kleine renovierte Jugendstilvilla Virginia mit mehreren großzügig geschnittenen Fereinwohnungen für 2–4 Personen. 400–600 €.

Essen und Trinken

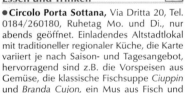

● **Circolo Porta Sottana,** Via Dritta 20, Tel. 0184/260180, Ruhetag Mo. und Di., nur abends geöffnet. Einladendes Altstadtlokal mit traditioneller regionaler Küche, die Karte variiert je nach Saison- und Tagesangebot, hervorragend sind z.B. die Vorspeisen aus Gemüse, die klassische Fischsuppe *Ciuppin* und *Branda Cujon,* ein Mus aus Fisch und Kartoffeln; mittlere Preislage.

● **Magiargè,** Via Loggia 6, Tel. 0184/262946. Ruhetag Mi. Nette Osteria mit traditioneller

regionaler Küche (Meer und Hinterland), wie im Circolo sind hier vor allem die Gemüsevorspeisen, die Pastaprimi und die Fischgerichte, wie *Branda Cujon,* zu empfehlen. Bemerkenswert ist die gut sortierte Weinkarte; mittlere Preislage.

● **La Via Romana,** Via Romana 57, Tel. 0184/ 266681, Ruhetag Mi. und Do. mittags. Restaurant mit traditioneller Fischküche und stilvollem Ambiente, freundlicher Service; gehobene bis oberste Preislage.

● **Il Tempo Ritrovato,** Lungomare Argentina 3, Tel. 0184/261207. Sympathische Osteria mit empfehlenswerter traditionell ligurischer Küche, vorwiegend Fisch, gute Weinauswahl. Mittlere Preislage.

Essen und Trinken außerhalb

● **Lido Giunchetto,** Via Madonna della Ruota 2, Tel. 0184/263355, Ruhetag Di. und Mi., nur mittags von Juni–September geöffnet. Ein steiles, schmales Sträßchen führt an der Küstenstraße von Bordighera nach Ospedaletti zu dieser kleinen Badebucht hinunter. Nur ein, zwei Reihen Sonnenschirme und Liegen stehen auf dem kleinen Kiesstrand. Ursprünglich wurde das Restaurant nur für die Badegäste des kleinen Lido eingerichtet (Vorsicht, die Tagespreise für Schirm und Liege sind beachtlich!). Mittlerweile zählt es zu den besten der ganzen Gegend und zieht schon seit langem nicht nur Badegäste an; gehobene Preislage.

„I palmurelli" – die päpstlichen Palmwedel

Seit über vier Jahrhunderten beliefert Bordighera für die Palmsonntagsprozession den Vatikan mit den kunstvoll geflochtenen Palmwedeln, den Palmurelli. Dieses exklusive Privileg erhielt Bordighera bereits 1586. Grund ist eine legendäre Geschichte: Beim Aufrichten des Obelisken auf der Piazza del Popolo hatte *Sixtus V.* der Bevölkerung bei Strafandrohung das Reden untersagt. Trotz Hunderter von Arbeitern und über hundert Pferden drohten die spröden Seile zu zerreißen. Der Architekt *Domenico Fontana* hatte vergessen, die Dehnbarkeit der Seile zu berechnen. Kurz bevor das Unternehmen zu scheitern drohte, rief ein beherzter Seemann aus San Remo in die Stille hinein: „Aigua ae corde" – Wasser auf die Seile! Die benetzten Hanfseile zogen sich wieder zusammen, und der schwankende Obelisk konnte gerade aufgestellt werden. Der Mut des ligurischen Seemanns wurde belohnt und Bordighera auf ewige Zeit zum Lieferanten für die römischen Palmurelli ernannt.

Riviera di Ponente

Imbiss

●**A Tartana,** Via V. Emanuele 62, Tel. 0184/261392, Ruhetag So. Imbiss mit typisch ligurischem „Fast-Food", wie Torta verde, Farinata, Pizza (= Pisciarà), kleine Tagesgerichte; untere Preislage.

Bars/Cafés

●**Wine bar il Colombiano,** Corso Italia 6, Tel. 0184/266835. Bar mit erstklassiger Weinauswahl und kalten Snacks.

Verkehrsverbindungen

●Bahnhof in der Neustadt an der Piazza Eroi della Libertà (Ufernähe), täglich gute **Zugverbindung Richtung Côte d'Azur und Genua.**

Einkaufen

●**Mercato Coperto,** Lebensmittelmarkt an der Piazza Garibaldi, Mo.–Sa. von 7.00–13.00 Uhr.
●**Mercato Settimanale,** Wochenmarkt Do. am Lungomare Argentina.

Baden

●**Langer Sand- und Kiesstrand mit Strandbädern** und auch einigen frei zugänglichen Stellen.

Fest

●Kilometerlange **Prozession an Palmsonntag** mit den sogenannten *Palmurelli,* gebundenen Palmenblättern.

Badebucht Lido Giunchetto

Ventimiglia ⤢ II, B2-3

- **PLZ 18039**
- **Ew.: 24.665**
- **9 m üNN**

Letzter Ort an der Riviera di Ponente vor der 5 km entfernten französischen Grenze ist Ventimiglia. Wie der Nachbarort Bordighera besteht auch das **Grenzstädtchen** aus zwei grundverschiedenen und durch den Roia-Fluss voneinander getrennten Stadtteilen.

Auch wenn auf manchen Schildern die Abkürzung *XXmiglia* steht, hat der Ursprung des Stadtnamens nichts mit „20 Meilen" zu tun. Vielmehr lässt er sich auf den alten ligurischen Stamm der Intimilier zurückführen. Das römische Albintilium, eine wichtige Station an der Via Aurelia nach Gallien, lag am Ostufer des Roia. Die Ausgrabungsfunde sind im Archäologischen Museum in der alten **Küstenfestung Forte dell'Annunziata** ausgestellt.

- **Civico Museo Archeologico Gerolamo Rossi,** Via Verdi 41, Tel. 0184/351181, www. fortedellannunziata.it. Öffnungszeiten: Di.–Sa. 9.30–12.30 und 15.00–17.00 Uhr, sonn- und feiertags 10.00–12.30 Uhr. Eintritt 3 €.

Heute breitet sich die **Neustadt** mit einem regelmäßig angelegten Straßennetz in der östlichen Küstenebene des Roia aus. In den neuen Stadtvierteln aus dem 19. und 20. Jahrhundert spielt sich das geschäftige Leben einer Grenzstadt mit viel französischem Publikum ab.

Über eine Fußgängerbrücke gelangt man in die **mittelalterliche Altstadt** im Westen. Der Kontrast zur „reichen" Neustadt ist hier krasser als in San Re-

mo und Bordighera. Auf einem steilen Hügel drängen sich die hohen, düsteren Mauern der alten Patrizier- und Adelshäuser. Unvermittelt erhebt sich an der Piazza Cattedrale der **Dom Santa Maria Assunta** aus dem 11. Jahrhundert. Bei Ausgrabungen in der Krypta wurden die Fundamente einer Vorgängerkirche, wahrscheinlich aus karolingischer Zeit, gefunden. An die dreischiffige Basilika schließt sich im Nordosten ein oktogonales Baptisterium an.

Villa Hanbury

Der Botanische Garten der Villa Hanbury –
eine botanische Weltreise

Kurz vor der italienisch-französischen Grenze liegt **einer der schönsten botanischen Gärten Europas.** Am Capo Mortola erfüllte sich *Sir Thomas Hanbury* (1832–1907), ein zu Reichtum und Adelstitel gelangter Abenteurer, seinen Traum vom irdischen Paradies. Ein bisschen wie die Geschichte vom Tellerwäscher in Amerika hört sich die Erfolgsgeschichte des Thomas Hanbury an.

Der schlecht bezahlte englische Buchhalter versuchte sein Glück allerdings nicht in Amerika, sondern in Asien. 1853 packte ihn die Reiselust. In Shanghai machte er ein Vermögen mit dem Export von Seide, Tee und Gewürzen. Als gemachter Mann kehrte er nach einigen Jahren wieder nach Europa zurück. Wie viele seiner Landsleute verbrachte auch Hanbury den Winter über im milden Rivieraklima und blieb.

An einem Küstenhang zwischen Ventimiglia und Menton fand er seinen Traumwohnsitz, die alte, bereits heruntergekommene Renaissance-Villa Orengo inmitten eines riesigen Geländes, mit Weinbergen, Oliven- und Zitrushainen. 1867 erwarb er Haus und Grund, restaurierte das Wohnhaus und verwandelte zusammen mit seinem Bruder *Daniel* und mit Hilfe des Landschaftsgärtners *Ludwig Winter* die schlichten Weideflächen in eine Parkanlage, die ihresgleichen sucht: der Botanische Garten der Villa Hanbury.

Nach dem Tod Hanburys 1907 führten sein Sohn *Cecil* und dessen Frau *Dorothy* seine Arbeit weiter. 1912 umfasste der veröffentlichte Gartenkatalog nicht weniger als 5800 Pflanzenarten aus aller Welt. Mit dem Zweiten Weltkrieg fand die Gartenpracht ein jähes Ende. Die Hanburys mussten ihren Besitz verlassen, der Park geriet mitten zwischen die Fronten und wurde zerstört. 1960 verkaufte *Lady Dorothy* das verwilderte Gelände samt Villa an den italienischen Staat.

Erst seit 1987 – unter der Leitung der Universität Genua – nimmt die Anlage nach und nach wieder ihre alte Gestalt an. Von den insgesamt 18 Hektar sind 9 Hektar mit rund 2000 mediterranen, tropischen und subtropischen Pflanzenarten aus der ganzen Welt bewachsen, die sich im geschützten milden Klima am Capo Mortola sehr gut akklimatisieren lassen. Im Becken der „Fontana del Drago" wächst z.B. der Papyrus, die nördlichste Zone, in der diese Pflanze im Freien gedeiht.

Ein wahres Geruchserlebnis ist der vor einigen Jahren wieder instand gesetzte „Giardino dei Profumi". Es duftet nach Thymian und Salbei, Orangenblüten und Bergamotte, nach Beifuß und Tuberose, Jasmin und Gewürzsträuchern, Rosen und Pelargonien, Heliotrop und Flieder und nach dem Zitronengeruch des Eucalyptus Citriodora.

Durch australischen Wald, einen japanischen Garten, exotische Obstplantagen unter bewachsenen Pergolen, vorbei an Aussichtspunkten und Brunnen gelangt man auf einem System aus Wegen und Treppen hinunter bis ans Meer. Dort gibt es eine Bar und Toiletten.

●**Giardini Botanici Hanbury,** Capo Mortola, Tel./Fax 0184/229507. Öffnungszeiten: im Sommer 9.30–19.00 Uhr, im Winter 10.00–16.00 Uhr, Mi. geschlossen, im Sommer täglich 9.00–18.00 Uhr. Der Eintritt beträgt in der Nebensaison 7,50 €, in der Hauptsaison 9 €.

Riviera di Ponente

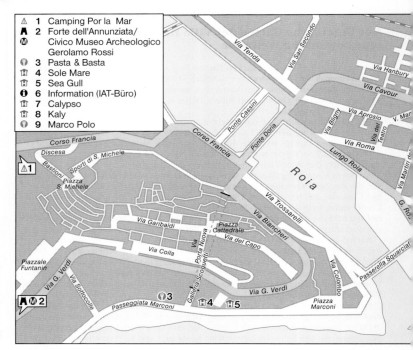

⚠ 1 Camping Por la Mar
A 2 Forte dell'Annunziata/
Ⓜ Civico Museo Archeologico
Gerolamo Rossi
◑ 3 Pasta & Basta
🏠 4 Sole Mare
🏠 5 Sea Gull
❶ 6 Information (IAT-Büro)
🏠 7 Calypso
🏠 8 Kaly
◑ 9 Marco Polo

Spazierwege und Ausflüge

Ein bequemer Fußweg ab Piazzale Funtanin (oberer Altstadthügel) führt zur **Festung San Paolo** hinauf und weiter zur Ruine des **Castel d'Appio,** beides genuesische Festungsanlagen (Gehzeit insgesamt etwa 1½ Stunden).

Mit der Tenda-Bahn über Airole durch das Roia-Tal über Frankreich ins Piemont (Fahrtdauer 1½ Stunden). Sehenswert sind die Orte Breil-sur-Roya, Saorge und der Bergort Tende.

Nicht weit von den **Hanbury-Gärten** entfernt, unmittelbar an der Grenze zu Frankreich, liegen die steilen rötlichen Felsenklippen der **Balzi Rossi.** In elf **Wohnhöhlen** fanden Archäologen prähistorische Menschenknochen und Felszeichnungen. Bei starkem Wind und Regen können die Höhlen nicht besichtigt werden. Über das Leben der Steinzeitmenschen informiert ein kleines **Museum** unterhalb der Höhlen, das 1898 von *Thomas Hanbury* gegründet wurde.

●**Balzi Rossi und Museo Preistorico dei Balzi Rossi,** Via Balzi Rossi 9, Tel. 0184/38113, Di.–So. 8.30–19.30 Uhr.

Die Felsplatten unterhalb der Balzi Rossi sind ein beliebter Badeplatz. Wer

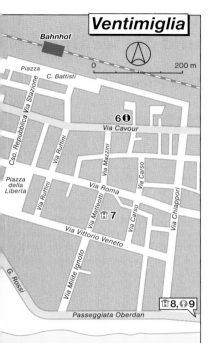

Ventimiglia

Bahnhof

Piazza C. Battisti

Cso. Repubblica · Via Stazione

Via Ruffini

Via Cavour

Via Mazzini

Via Carso

Piazza della Liberta

Via Ruffini

Via Roma

Via Matteotti

Via Carso

Via Chiappori

Via Vittorio Veneto

Via Mille Ignoto

G. Rossi

Passeggiata Oberdan

0 — 200 m

●***Sea Gull,** Passeggiata Marconi 24, Tel. 0184/235619, Fax 231217, www.seagull hotel.it. Komfortables Mittelklassehotel an der Uferpromenade unterhalb der Altstadt, 27 Zimmer, z.T. mit Balkon und Meerblick, Garten. 75–130 €.

●***Kaly,** Lungomare Trento Trieste 67, Tel. 0184/295218, Fax 295118, www.hotelkaly.it. Relativ ruhig gelegenes Strandhotel in der Neustadt mit 26 komfortablen Zimmern, z.T. mit Balkon und Meerblick, Garten. 66–120 €.

●**Calypso,** Via Matteotti 8, Tel. 0184/352742, 351588, Fax 352742, www.calypso hotel.it. Zentral gelegenes Haus in der Neustadt mit 31 sauberen Zimmern. 60–74 €.

Camping

●**Por la Mar,** Loc. Latte, Corso Nizza 107, Tel./Fax 0184/229626. Schöner, baumbestandener Platz in Strandnähe (Kies), 59 Plätze, ganzjährig geöffnet.

Essen und Trinken

●**Marco Polo,** Passeggiata Cavallotti 2 (Neustadt), Tel. 0184/352678. Ruhetag Mo. Strandrestaurant mit bemerkenswert guter Fischküche, freundlicher Service, schöne Terrasse; gehobene Preisklasse.

●**Pasta & Basta,** Passeggiata Marconi 12a, Tel. 0184/230878, Ruhetag Mo. Nettes Lokal an der Uferpromenade unterhalb der Altstadt mit leckeren Nudelgerichten in allen Variationen; untere Preislage.

Essen und Trinken außerhalb

●**Baia Beniamin,** Corso Europa 63, Grimaldi Inferiore, Tel./Fax 0184/38002, Ruhetag Mo. Elegantes Feinschmeckerlokal mit Traumterrasse direkt am kleinen Kiesstrand Baia Beniamin zwischen Capo Mortola und Ponte di San Ludovico. Ausgezeichnete Fischküche; oberste Preislage (Menü 65/95 €). 5 Zimmer mit Traumaussicht ab 280 €.

●**Balzi Rossi,** Frontiera San Ludovico, Piazza De Gasperi 11, Tel. 0184/38132. Ruhetag Mo. und Di. Feinschmeckerlokal mit Stern an der Felsenküste kurz vor der französischen Grenze Ponte di San Ludovico (Ventimiglia 8 km); oberste Preislage.

noch ein Stück weiterläuft, gelangt an eine **kleine Bucht** mit einem Kiesstrand und dem unvermeidlichen Strandbad.

Touristeninformation

●**IAT-Büro,** Via Cavour 61, Tel. 0184/351183, Fax 351183, infoventimiglia@visit rivieradeifiori.it.

Unterkunft

●***Sole Mare,** Passeggiata Marconi 22, Tel. 0184/351854, Fax 230988, www.hotelsole mare.it. Komfortables Hotel der Mittelklasse in einem schmucklosen Neubau an der Uferpromenade unterhalb der Altstadt, 28 Zimmer, z.T. kleine Balkone mit Meerblick, Garten. 80–125 €.

Baden

- Schöner **Kiesstrand** an der Baia Beniamin. Der Zugang ist etwas schwierig zu finden. Einen Tunnel nach der Abfahrt zum Restaurant Baia Beniamin in Richtung französische Grenze führt eine Metalltreppe entlang der Straße hinunter an den Strand. Geparkt wird am Straßenrand. Der Bus hält hier auch.

Verkehrsverbindungen

- Der Bahnhof liegt in der nördl. Neustadt.

Einkaufen

- **Mercato Settimanale**, riesiger Wochenmarkt Fr. vormittags, Lungo Roia Rossi/Via Vittorio Veneto.
- **Mercato Coperto**, Markthalle in der Neustadt, Mo.–Sa. 7.00–13.00 Uhr, Via Roma/Corso Repubblica.

Fest

- **Corteo Storico**, historischer Kostümumzug am ersten Augustsonntag.

Val Nervia und die Seealpen

Dolceacqua ↗ II, B2

- **PLZ 18035**
- **Ew.: 1901**
- **51 m üNN**

An einer Biegung des Wildbaches Nervia, 9 km nördlich von Ventimiglia, liegt inmitten von Weinbergterrassen, der **idyllische Weinort** Dolceacqua. Das landwirtschaftliche Zentrum des Nervia-Tals besteht aus zwei verschiedenen historischen Ortsteilen. Das östliche mittelalterliche **Quartiere della Terra** zieht sich vom Flussufer einen Berghang hinauf und wird von einer beein-

lig 142 Foto: sg

druckenden Burgruine überragt. In der Ebene auf der gegenüberliegenden Flussseite breiten sich die Häuser des etwas jüngeren **Borgo** aus. Da dieser Stadtteil außerhalb der Stadtmauern lag, wurde er einfach Borgo (= Dorf) genannt. Schmale überbaute Gassen und Treppen führen hinauf zum **Castello Doria.** Zur Sicherung des Nervia-Tals errichteten die Feudalherren 1177 eine erste Burg. *Oberto Doria* erwarb die Anlage 1270 und baute sie zur Ghibellinenfestung aus. Bis zu ihrer Zerstörung 1745 durch die Spanier beherrschte die Festung den Ort und das Tal.

Das Wahrzeichen Dolceacquas ist die **alte Steinbrücke** aus dem 15. Jahrhundert. Mit einer Weite von 33 m überspannt sie mit nur einem Bogen die Nervia und verbindet beide Stadtteile miteinander.

Touristeninformation

●**IAT-Büro,** Via Barberis Colomba 3, Tel. 0184/206666, Fax 206433, proloco.dolceacqua@libero.it. In Zusammenarbeit mit der Cooperativa Omnia bietet die Gemeinde Führungen durch die historische Altstadt an.

Unterkunft/Agriturismo

●**Azienda Agricola Terre Bianche,** Loc. Arcagna, Tel. 0184/31426, Fax 31230, www.terrebianche.com. Anfahrt: Hinter Dolceacqua nach links in Richtung Rocchetta Nervina abbiegen und den Wegweisern Terre Bianche folgen. In herrlicher Lage zwischen Reben, Oliven- und Pinienbäumen liegt das schön restaurierte Landgasthaus des Weingutes Terre Bianche. Auf ca. 8 Hektar erzeu-

gen zwei engagierte Winzer die klassischen Weine der Ponente: Pigato, Vermentino und Rossese di Dolceacqua. Die Locanda del Bricco Arcagna verfügt über ein ausgezeichnetes Restaurant mit typischen Speisen aus Ligurien und der Provence (Mo. und Di. Ruhetag; mittlere Preislage), 8 geschmackvoll eingerichtete Zimmer, einige mit kleiner Terrasse oder einem Privatgarten, und ein kleines, einzel stehendes Ferienhäuschen.

●**Rifugio „Alta Via",** Loc. Pozzuolo, Tel. 0184/206754. Bauernhof mit Gaststätte oberhalb von Dolceacqua in 500 m Höhe, 2 Doppelzimmer und einige Campingstellplätze. Posta tappa Alta Via dei Monti Liguri.

Essen und Trinken

●**Degli Amici da Piombo,** Via Roma 16, Isolabona, Tel. 184/208124, Ruhetag Mo. Restaurant (4 km hinter Dolceacqua in Isolabona) mit bemerkenswert guter traditioneller Küche, Stockfischspezialitäten, gemütliches Ambiente; mittlere Preislage.

●**Locanda del Bricco Arcagna** (siehe „Unterkunft/Agriturismo")

Verkehrsverbindung

●**Gute Busverbindung zum Bahnhof von Ventimiglia.**

Einkaufen (Öl und Wein)

●**Giobatta Cane,** Via Roma 21, Tel. 0184/206120, mobil: 329/5336332. Auch bei Cane bekommt man gutes Olivenöl extra vergine. Die Oliven werden im traditionellen Verfahren in einer Steinmühle kalt gepresst; gutes Preis-Leistungsverhältnis. An der Durchgangsstraße bei der Tankstelle.

●**Azienda Agricola di Giobatta Mandino Cane** (s.o.). Das kleine Weingut von *Mandino Cane* produziert einen ausgezeichneten, sehr fruchtigen und aromatischen Rossese di Dolceacqua und Vermentino. Vorzeigewein von Giobatta Cane ist der Dolceacqua Superiore Arcagna.

●**Azienda Agricola Adriano Maccario,** Via San Bernardo 23, Tel. 0184/206013. Die Weinberge des kleinen Weingutes liegen auf den Hügeln oberhalb Dolceacquas in den Ortsteilen Brunetti und Arcagna. Nur der Weinkeller liegt im Dorfzentrum, deshalb

Riviera di Ponente

„Rossese di Dolceacqua"

Der „Rossese di Dolceacqua" ist der ganze Stolz Liguriens. Im Jahr 1972 erhielt er als erster ligurischer Wein den D.O.C.-Prädikatsstatus (siehe Kapitel „Wein"). Das Mischungsverhältnis ist gesetzlich vorgegeben. Der Rossese muss aus 95 % Rossese-Trauben und bis zu 5 % anderen Rotweintrauben bestehen. Der Ertrag pro Hektar darf nicht mehr als 90 Doppelzentner betragen, bei einem Mindestalkohol von 12 % und Mindestsäuregehalt von 0,45 %. Erst nach einem Jahr Lagerung und bei mindestens 13 % Alkoholgehalt bekommt er die Bezeichnung „Superiore". Jungen, engagierten Winzern ist es – dank neuer Schnitt- und Pflegemethoden, Ertragsbegrenzung und sorgfältiger Kellerarbeit – gelungen, den Qualitätsstandard anzuheben.

Das kleine Anbaugebiet des Rossese di Dolceacqua liegt in den Bergen hinter San Remo, Bordighera und Ventimigla, vor allem im Nervia- und im Crosia-Tal auf einer Höhe bis zu 600 m. Zentrum des Weinanbaugebiets ist der Ort Dolceacqua. Die besten Weine stammen aus Dolceacqua, San Biagio und Soldano im Val Crosia. Insgesamt dürfen 14 Gemeinden bzw. Weine die Herkunftsbezeichnung „Rossese di Dolceacqua" tragen.

Der Rotwein aus Dolceacqua ist ein trockener, kräftiger Wein mit einem blumigen Duft und einer schönen rubinroten bis ins Violett gehenden Farbe. Er sollte zwischen dem ersten und dritten Jahr getrunken werden (Superiore 2–3 Jahre). Nur die besten Jahrgänge eignen sich für eine längere Lagerung.

vorher telefonisch anmelden. Guter Vermentino und Rossese.
●**Azienda Agricola Enzo Gugliemi,** Corso Verbone 143, Loc. Soldano, Tel. 0184/289042. Kleines Weingut im Ortsteil Soldano. Verkauf und Verkostung am Ortsausgang von Dolceacqua an der Durchgangsstraße. Guter Rossese und verschiedene Grappe, die im Piemont gebrannt werden.

Musikveranstaltung

●**Musica al Castello,** Musikabende im Castello dei Doria im Juli/August.

Pigna ♫ III, C1

●**PLZ 18037**
●**Ew.: 935**
●**291 m üNN**

Wichtigster Ort im oberen Nervia-Tal ist Pigna, ein Paradebeispiel für ein typisches, ehemals befestigtes Borgo im ligurischen Hinterland. Dicht gedrängt stapeln sich die ineinander verschachtelten Häuser der gut erhaltenen mittelalterlichen Altstadt an den Hügel. Ein Labyrinth aus steilen Treppenpfaden, überwölbten Quergängen und Loggien bestimmt das **mittelalterliche Ortsbild.** Dazwischen eröffnen sich unversehens kleine lauschige Plätze mit Brunnen und schönen Renaissanceportalen aus Schiefer. Pigna bedeutet Tannenzapfen, und ähnlich wie die Schuppen eines Tannenzapfens winden sich die schmalen Gassen in konzentrischen Kreisen den Hügel hinauf. Enge, dunkle Quergänge verbinden steil die Hangstraßen miteinander. Sie heißen im Dialekt von Pigna „chibi". Der Ausdruck hat seinen Ursprung sinnigerweise im italienischen *cubo* = düster.

Der ehemals wichtige Marktort liegt zu weit von der Küste entfernt, als dass sich Touristenströme hierher verirren. Nur an den Wochenenden und in der Urlaubszeit wird Pigna etwas mehr frequentiert, vor allem von **französischen Ausflüglern.** Sie kommen allerdings nicht, um die schöne Altstadt zu besichtigen, sondern sie steuern direkt das Restaurant Le Terme an, das auch über die italienische Grenze hinaus für seine ausgezeichnete Küche bekannt ist.

Seit einiger Zeit versucht die Gemeinde auch wieder an ihre alte Tradition als **Thermalkurort** anzuknüpfen. Bei der schwefelhaltigen **Madonna Assunta-Quelle** eröffnete im Jahr 2000 an der Hauptstraße durch das Tal ein überproportional großes, hypermodernes Kurhotel mit großzügigen Außenschwimmbecken.

Durch ein Stadttor gelangt man auf die **Piazza XX Settembre.** Wie auf einer Aussichtsplattform öffnet sich der Blick auf das alte Städtchen **Castel Vittorio** oberhalb von Pigna und auf das umliegende Tal.

Dahinter schließt sich die **Loggia der Piazza Vecchia** aus dem 15. Jahrhundert an. In der offenen eingewölbten Pfeilerhalle fand früher das öffentliche Leben statt, wurde Recht gesprochen und gehandelt. Im Halbdunkel verbergen sich noch einige der alten Hohlmaße, mit denen die bäuerlichen Produkte abgemessen wurden und die vor allem auch für die Eintreibung des „Zehnten" dienten.

Gleich neben dem ehemaligen Ort der politischen Macht erhebt sich inmitten des dicht gedrängten Häusergewirrs die mächtig wirkende **Pfarrkirche San Michele Arcangelo.** Das religiöse Zentrum Pignas entstand im 15. Jahrhundert in spätgotischen Formen an der Stelle eines weitaus älteren Vorgängerbaues – die ältesten schriftlichen Überlieferungen stammen von 1272. Im späten 16. Jahrhundert wurde das Kirchenschiff nach Osten verlängert, eingewölbt und die Kapellen an der Nordseite hinzugefügt. Das **spätgotische Portal** und die schöne Fensterrose aus weißem Marmor – zwischen den zwölf Speichenrädern sind noch die originalen Fenster mit den zwölf Aposteln zu sehen – verleihen der Westfassade

llg 111 Foto: sg

Riviera di Ponente

Blick von Pigna auf Castel Vittorio

ihr elegantes Aussehen. Im Innenraum der dreischiffigen Basilika werden besonders wertvolle Ausstattungsstücke aufbewahrt. Ein 4 x 3,60 m großes Polyptychon, ein **Flügelaltar** mit drei Klapptafeln, ist das letzte bekannte Werk von *Giovanni Canavesio* (1500). Heiligenfiguren und neutestamentliche Darstellungen bevölkern die 38 goldgrundigen Bildfelder. Ebenfalls aus der Hand des Renaissancemalers Canavesio sind die **Passionsfresken** an der Südwand (1482). Sie stammen ursprünglich aus der Friedhofskapelle San Bernardino.

Ein gemütlicher Spaziergang über die Via Fossarel führt hinauf zum Friedhof. Der gesamte Innenraum der alten **Kirche San Bernardino,** ca. 350 m², ist komplett mit Fresken von Canavesio ausgemalt. Wandmalerei war immer eng an die Architektur, die als Bildträger diente, gebunden. Nahezu jede mittelalterliche Kirche war figürlich ausgemalt. Erst die malerische Ausstattung gab dem Innenraum seine eigentliche Gestalt und erzeugte eine spezifische Atmosphäre mittelalterlicher Gläubigkeit. Die Wandgemälde bestanden nicht aus unzusammenhängenden Einzelbildern, sondern waren immer einem inhaltlichen Programm unterworfen, welches das gesamte Kircheninnere wie eine farbige Folie überzog. Vorrangiges Ziel der Bemalungen war es, den Betrachter zu belehren und die Macht und Größe heiliger Gestalten und der Kirche zu demonstrieren.

Das kleine Gotteshaus liegt an einem häufig begangenen Weg. Die Bauern und Hirten, die hier Rast machten, waren fast immer Analphabeten, und die **farbenfrohen Szenen aus der Bibel** und die Heiligenlegenden dienten den Pfarrern als Anschauungsmaterial. 1958 mussten die verwitterten Fresken abgenommen werden, sechs Passionsdarstellungen werden seither in der Pfarrkirche aufbewahrt.

Unterkunft/ Essen und Trinken

● ****Le Terme,** Loc. Terme Madonna Assunta, Tel./Fax 0184/241046, Di. abend und Mi. geschlossen (außer im Sommer). Kurz hinter dem supermodernen Thermalbad bei der alten Kirche Madonna Assunta findet sich dieses kleine Landgasthaus, eine echter Stern im Gastrohimmel Liguriens. Bereits die Antipasti sind ein Gedicht, und in der Pilzsaison bringen die Pilzsammler von Pigna ihre Ausbeute direkt ins Le Terme, die *Gloria Lanteri* in verschiedenen Varianten noch am gleichen Tag zu köstlichen Antipasti und Hauptgerichten verarbeitet; mittlere Preislage. Das Le Terme vermietet auch noch einige kleine, einfach ausgestattete Zimmer, Doppelzimmer 70 €.

● Schön sind die 5 Zimmer im neuen **B&B La Casa Rosa** (mobil: 347/5227119, www.bebcasarosa.com) von *Claudio Lanteri* in einem restaurierten alten Palazzo im Borgo von Pigna, 65–75 €.

● **La Posta,** Via San Rocco 60. Tel. 0184/241666, Do. Ruhetag (im Winter auch abends, außer Sa. und So.). Kleines, einfaches Lokal an der Durchgangsstraße mit regionaler Küche; untere Preislage.

● **Osteria del Portico,** Via Umberto 1–6, Castel Vittorio, Tel. 0184/241352, Ruhetag Mo. Kleiner Familienbetrieb in Castel Vittorio oberhalb Pignas mit guter bodenständiger regionaler Küche, unbedingt die Vorspeisen und die hausgemachten Ravioli probieren; mittlere Preislage.

Ein schöner Anblick – Apricale

Einkaufen

● **Alimentari La Posta,** Via San Rocco 60. Zur oben genannten Trattoria gehört ein kleiner Lebensmittelladen mit Produkten aus der Umgebung, wie z.B. in Öl eingelegtes Gemüse, Pilze, Bohnen, Oliven(-öl) und Käse.

Feste

● Die Wälder rund um Pigna sind für ihren Pilzreichtum bekannt und deshalb bei Pilzsuchern sehr beliebt. Die **Sagra del Fungo,** ein großes Pilzfest im September oder Oktober (je nach Pilzsaison), findet auf den Plätzen Pignas statt.

● **Patronatsfest San Michele,** 29. Sept.

Wander- und Ausflugsmöglichkeiten

● Pigna eignet sich sehr gut als Ausgangspunkt für ausgedehnte **Höhenwanderungen.** Hilfreich für den ersten Überblick ist die Karte Nr. 14 San Remo-Imperia-Monte Carlo im Maßstab 1:50.000 vom Istitutio Geografi-

co Centrale (IGC). Die Karte im Maßstab 1:25.000, Nr. 113/114, Alpi Marittime e Ligure, aus der Reihe Carta dei Sientieri e Rifugi hat zwar einen größeren Maßstab, ist aber schwerer zu lesen.

● Absoluter Höhepunkt ist der **„Sentiero degli Alpini"** (s.u., Alta Via).

Apricale ⚐ III, C1

● **PLZ 18035**
● **Ew.: 578**
● **273 m üNN**

Steil übereinander und dicht an dicht aneinander geschmiegt, „stapeln" sich die Häuser von Apricale den Burgberg hinauf und bieten einen bilderbuchschönen Anblick, den man nicht so schnell vergisst. Gotische Stadttore führen in ein steinernes Labyrinth, in dem

Riviera di Ponente

lig 112 Foto: sg

sich früher jeder Eindringling zwangsläufig verlieren musste. Im schützenden
Innern der **kleinen befestigten Burgstadt** gibt es auf engem Raum viel zu
entdecken: enge, überwölbte Gassen,
schmale, steinerne Treppenstiege, Laubengänge, kopfsteingepflasterte, buck-
lige Gässchen, deren Häuser durch
mehrfach übereinander gestufte Stützbögen sich gegenseitig Halt zu geben
scheinen. Zeitgenössische Wandmale-
reien mit Szenen überwiegend aus dem
bäuerlichen Leben begleiten den Weg
hinauf zum zentralen Platz. Wie eine
Theaterbühne öffnet sich unversehens
die weite, luftige **Piazza Vittorio Emanuele,** die von mittelalterlichen Bogengängen, einem erhöhten Kirchenvor-
platz mit der Pfarrkirche Purificazione
de Maria Vergine und dem barocken
Oratorio di San Bartolomeo und dem
Palazzo del Comune eingerahmt wird.

Immer mehr Künstler bevölkern den
von der Landflucht der letzten Jahrzehnte gezeichneten idyllischen Ort.

Touristeninformation

● **IAT-Büro,** Via Roma 1, Tel. 0184 208641.

Unterkunft/
Essen und Trinken

● **La Favorita,** Strada San Pietro 1, Loc.
Richelmo, Tel. 0184/208186, Fax 208247. Di.
abend und Mi. geschlossen (außer im August). Auf einem Felsvorsprung liegt das Ausflugslokal von *Gian Mario Anfosso.* Von der
Terrasse genießen die Gäste einen traumhaften Blick auf den Bilderbuchort Apricale. Im
Gastraum werden in einem Kamin die hervorragenden Fleischspezialitäten gegrillt. Probieren Sie unbedingt die *Antipasti Apricalesi*
(Apricaleser Vorspeisen). Dazu gehören zum
Beispiel die für Ligurien typische *Sardenaira,*
Rosette di patate (Kartoffelrosetten), *Torta di*

prosciutto e formaggio (Quiche mit Schinken,
Käse und Gemüse), *Ravioli alla brace* (gebra-
tene Teigtaschen), *Fagioli con tonno* (weiße
Bohnen mit Thunfisch) und *Cipolline in agrodolce* (kleine, süßsauer eingelegte Zwiebel-
chen). 7 Gästezimmer. 80 €.

● **A Ciassa,** Piazza Vittorio Emanuele II. 2,
Tel. 0184/208588, Ruhetag Mi. Kleine Trattoria mit guter lokaler Küche, mit Tischen auf
der Piazza; mittlere Preislage.

Fest

● **Marienfest** am 8. September auf der Piazza
Vittorio Emanuele; traditionell werden an diesem Tag die *Pansarole,* ein rautenförmiges
Gebäck, eine Spezialität Apricales, ausge-
backen.

Perinaldo ♫ III, C2

● **PLZ 18032**
● **Ew.: 873**
● **572 m üNN**

Wie ein **Adlerhorst** hockt Perinaldo auf
einem schmalen Bergkamm, ein ruhiger
und zugleich heiterer Bergort, dessen
Ursprünge auf das 11. Jahrhundert zurückgehen. Der berühmteste Sohn der
Stadt ist der 1625 geborene Astronom
und Mathematiker **Domenico Cassini,**
Stammvater einer Dynastie von bedeutenden Astronomen, zu denen auch
Giacomo Filippo Maraldi, Hofastronom
Ludwig XIV., gehörte.

Bis vor wenigen Jahren fast ausgestorben, erlebte Perinaldo eine Art Renaissance. Im Gegensatz zu anderen wie-
derbelebten, aber zu Wochenenddomi-
zilen degradierten Orten herrscht in
Perinaldo wieder geschäftiges Treiben.
Einst verlassen wegen der schlechten
Verkehrsanbindung, heute durch die
Computertechnologie davon unabhän-

gig, entstanden hier oben **neue Arbeitsplätze** im Internetbereich, die mit Fördergeldern der EU unterstützt werden. Alte Traditionen und moderne Technologie gehen hier eine zukunftsträchtige Verbindung ein.

Touristeninformation

●**IAT-Büro,** Via Arco di Trionfo 2, Tel./Fax 0184/672095, iat@perinaldo.org.

Einkaufen

●**Wochenmarkt,** mittwochs.

Alta Via dei Monti Liguri
(kurz AV genannt)

In einem großen Bogen spannt sich der **Höhenweg der ligurischen Berge** von einem Ende der Region bis zum anderen, von Ventimiglia bis nach Ceparana bei La Spezia. Auf einer Länge von **über 400 km verläuft der Weitwanderweg** zum größten Teil entlang der Wasserscheide zwischen der Po-Ebene und dem Tyrrhenischen Meer.

Der Weg gehört zu den Europäischen Wegenetzen E1 und E7. Eingeteilt in **44 Etappen,** die kürzeste 5 km, die längste 15 km lang, verläuft der AV in wechselnden Höhenlagen zwischen 500 und 1500 m.

Die **beste Wanderzeit** ist die Zeit von Ende April/Anfang Mai bis Anfang Juli mit der längsten Sonnenscheindauer, zum Wandern angenehmen Temperaturen und herrlich blühender Alpenflora. Im September muss man bereits

mit Niederschlägen rechnen. Von Ende Oktober bis Dezember regnet es unter Umständen mehrere Tage hindurch.

Für den AV wurden bereits bestehende **Wege und Pfade instand gesetzt,** miteinander verbunden und an ein Wegenetzsystem zu den Ortschaften an der Küstenseite und zur Po-Ebene hin angeschlossen. Es handelt sich also nicht um einen durchgehenden reinen Wanderweg, sondern es müssen auch asphaltierte und geschotterte Abschnitte in Kauf genommen werden.

Um auch den Fremdenverkehr im Hinterland der Region zu fördern, wurde der ligurische Höhenweg auf Initiative des *Club Alpino Italiano* (C.A.I. = Italienischer Alpenverein), der *Federazione Italiana Escursionismo* (F.I.E. = Italienischer Wanderverband) und der *Unioncamere Liguri* (Ligurische Handelskammer) angelegt und von der F.I.E. mit einer **durchgängig rot-weiß-roten Markierung** mit der Aufschrift „AV" im weißen Mittelstreifen meist auf Bäumen, Felsblöcken und Wegkreuzungen sehr gut gekennzeichnet.

Als Fernweg bietet sich der AV für **mehrtägige Wanderungen** an. Wer keine Zeltausrüstung mit sich tragen will, hat es allerdings nicht gerade einfach, Unterkünfte zu organisieren. Viele der Berghütten sind nicht bewirtschaftet, d.h. **Proviant und Schlafsack** gehören ins Gepäck. Um die Schlüssel für die Rifugi zu bekommen, muss man meist wieder ins nächste Dorf absteigen. Bei der Tourenplanung muss also ein Mehraufwand an Zeit unbedingt mit einberechnet werden. Der AV wird deshalb nur wenig begangen, aber wer

Riviera di Ponente

Einsamkeit und Stille sucht, ist hier goldrichtig. Nur wenige Kilometer von den dicht besiedelten Küstenortschaften entfernt, durchquert man unberührte Landschaften, urige alte Bergdörfer und wird mit traumhaften Fernblicken im Westen von der Côte d'Azur über das Hügelland der Langhe im Piemont, die Hochtäler der Provinz Parma bis zu den Apuanischen Alpen im Osten belohnt.

Karten/Informationen

Über die staatlichen italienischen Fremdenverkehrsämter kann man **Informationsmaterial** bestellen: ein kostenloses großes Faltblatt (auch in Deutsch) mit einer Übersichtskarte im Maßstab 1:250.000, einer kurzen Beschreibung jeder einzelnen Etappe und der wichtigsten Telefonnummern, ein ausführliches Kartenwerk mit Einzelblättern (Val Nervia, Alpi Liguri, Melogno, Beigua, Praglia, Scoffera, Zatta und Vara) im Maßstab 1:50.000 und ein dünnes Handbuch mit Beschreibung der Wegstrecken. Das Handbuch und Einzelprospekte zu den jeweiligen bereits im Buch genannten Teilstrecken gibt es nur in italienischer Sprache; sie bieten nicht mehr Informationen als das Faltblatt.
● Weitere Informationen zu Unterkünften und Transportmitteln über www.altaviadei montiliguri.it oder über den **Club Alpino Italiano** (Italienischer Alpenverein), www.cai.it.

● Für die folgende 5-tägige Wanderung geben die **Sezione di San Remo,** Piazza Cassini 13, Tel. 0184/505983, und die **Sezione di Ventimiglia,** Via Roma 63, Tel./Fax 0184/357784 (Di. und Fr. 21.00–23.00 Uhr) Auskunft. Die dazugehörigen **Karten** bekommt man auch in Deutschland: **Nr. 113/114 von Multigraphic Firenze** aus der Reihe Carta dei Sentieri e Rifugi „Alpi Marittime e Liguri" im Maßstab 1:25.000 (kein gut lesbares Kartenlayout); **Nr. 14 vom Istituto Geografico Centrale Torino** „San Remo-Imperia-Monte Carlo" im Maßstab 1:50.000 (kleinerer Maßstab, aber gut lesbares Kartenbild).

● Associazione Alta Via dei Monti Liguri, Via San Lorenzo 15/1, Genova, Tel. 010/24852200, Fax 2471522.

Eine der schönsten und spektakulärsten Wegstrecken in den Bergen Pignas ist der Sentiero degli Alpini. Er ist Teil der nachfolgend beschriebenen mehrtägigen Tour und bietet sich **zwischen Monte Toraggio und Monte Pietravecchia** alternativ zum AV **auch als Tageswanderung** an. Im Gebiet des Monte Toraggio und Pietravecchia wachsen Erlen, Lärchen, Alpenrosen (Blütezeit Juni und Juli) und Heidelbeeren und, auf Grund der günstigen mediterranen Einflüsse, auch Lavendel und Thymian an den Berghängen. In niederen Lagen sind es Kiefern, Tannen, Buchen, Goldregen, Eberesche, Bergahorn, Holunder und Vogelbeerbaum.

Ein besonders schönes Bild bieten **im Frühsommer** die einheimischen Türkenbundlilien mit ihren auffälligen feuerroten Blütenständen am Wegesrand, ferner Enzian, Alpendistel, Akelei, Flockenblumen und die geränderte Primel.

Der **Sentiero degli Alpini** wurde zwischen 1936 und 1938 für die italienischen Gebirgsjäger angelegt, um den französischen Truppen am Westhang des Roya-Tals auszuweichen. Teile des Pfades sind in geradezu abenteuerlicher Weise in die Felswände gegraben, mit Trockenstützmauern und schmalen Tunneln gesichert, auf denen nur mit Mühe und Not ein Maultier Platz findet, und mit Brunnen und Grenzsteinen versehen. Über den Westhang des Monte

Sentiero degli Alpini

Torraggio verbindet der Weg Fonte Dra-
gurina mit dem Incisa-Pass und durch
den Osthang des Monte Pietravecchia
den Incisa-Pass mit Sella d'Agnaira.
Monte Toraggio (1971 m) und Monte
Pietravecchia (2038 m) sind zwei der
höchsten Gipfel der Ligurischen Alpen.

1. Etappe: Pigna – Gouta

- **Reine Gehzeit:** ca. 3 Stunden
- **Schwierigkeitsgrad:** mittel
- **Markierung:** „AV" auf weißem Balken zwischen zwei roten Balken.
- **Anfahrt:** Mit dem Bus ab Bahnhof Ventimiglia bis nach Pigna oder direkt mit dem Auto anfahren und im Hotel Terme übernachten (fragen Sie die freundlichen Besitzer, ob Sie Ihren Wagen auf dem Parkplatz stehen lassen dürfen). Bushaltestelle in Pigna.

Vorbei an der Friedhofskirche San Bernardino westlich oberhalb von Pigna
(siehe dort) bis zur Ponte di Carne. Das
natürliche Flussbecken des Rio di Carne
eignet sich im Sommer hervorragend
für ein erfrischendes Bad. Hier beginnt
die alte Mulattiera hinauf zum **Pass
Gola di Gouta** (1265 m). Vorsicht, ein
kurzes Stück geht der Weg über eine
Privatstraße, auf die Markierung achten!

Unterkunft/Verpflegung

- **Rifugio Gouta, Ristorante e alberghetto
Da Giorgio,** Passo di Gouta, Tel. 0184/
241068, mobil: 335/5393560. Zur Berggaststätte da Giorgio gehören ein Holzanbau mit
zwei einfachen, originell eingerichteten 5-
Bett- und einem 7-Bett-Zimmer und eine separate Dusche mit WC; ab Ostern geöffnet,
im Winter Di. Ruhetag. Die Zimmer sind mit
Einzel- und Doppelstockbetten ausgestattet
und können, außer in der Hochsaison, auch
als Doppelzimmer belegt werden. In der
Gaststätte kommen regionale Gerichte
(hausgemachte Pasta) auf den Tisch. Alles in
allem eine sympathische, ausgezeichnete
Wandererunterkunft; Übernachtung pro Person ca. 30 € und Halbpension ca. 60 €.

2. Etappe:
Gouta – Colla Melosa

- **Reine Gehzeit:** ca. 5 Stunden
- **Schwierigkeitsgrad:** mittel (Vorsicht: Die schwierigen Passagen beim Sentiero degli Alpini sind nicht für Kinder geeignet. Trittsicherheit, absolute Aufmerksamkeit und richtige Wanderschuhe sind wichtige Voraussetzungen. Im Winter wegen gefrorener Wasserfälle nicht begehbar, im Frühjahr kann in dieser Höhe noch Schnee liegen).
- **Markierung:** ab Colle Scarassan „AV" auf weißem Balken zwischen zwei roten Balken.
- **Länge:** ca. 13 km

Vom Rifugio Gouta aus erreicht man in 15 Min. den **Colle Scarassan** (1249 m). Ab hier geht es weiter auf dem AV. Kurz nach dem Passo Muratone (1155 m, ab hier Fußweg nach Pigna hinunter, 2½ Std.) passiert man eine ehemaligen Kaserne, die von den Besitzern des Rifigio Gouta zu einer Wanderunterkunft (nicht bewirtschaftet) ausgebaut wurde.

Auf einer unbefestigten Straße, später auf einem gemütlichen Wanderweg mit weiten Ausblicken am Osthang des Monte Lega entlang, erreicht man den **Pass Gola di Corvo** (1403 m). Ein steiler Pfad führt den Osthang des Monte Toraggio (1971 m) hinauf. Über einen schmalen Kammweg – französisches Gebiet – erreicht man **Gola dell'Incisa** (1682 m). Hier gibt es zwei alternative Wege, den Berg zu umgehen: auf dem AV, einem bequemen, schönen Gebirgspfad auf dem Westhang des Monte Pietravecchia (2038 m), oder auf dem Sentiero degli Alpini auf der Ostseite des Monte Pietravecchia. Die erste Variante ist 45 Minuten kürzer. Der zweite Weg ist der **spektakulärste Ab-**

schnitt der gesamten Tour, der die Herzen jedes Wanderers mit Sicherheit höher schlagen lässt. Allerdings ist es auch der schwierigste Teil der gesamten Tour und nur für geübte Wanderer geeignet. Zunächst geht es zahlreiche steile Serpentinen hinunter. Im weiteren Verlauf führt der an manchen Stellen in den Felsen gehauene Wege streckenweise über nahezu senkrechte Steilhänge. Abgerutschte Stellen sind mittlerweile aber mit Seilen gut gesichert und mit gutem Schuhwerk problem zu meistern.

Beide Wege kommen nach der Umgehung des Pietravecchia wieder zusammen. Nach einem kurzen Kammweg erreicht man **Sella d'Agnaira,** wo eine Abstiegsmöglichkeit zur nächsten Unterkunft besteht. Ab Fonte Italia führt eine Schotterstraße oder ein unterhalb verlaufender Verbindungsweg nach Colla Melosa zum Rifugio Allavena.

Eine **Umrundung des Monte Pietravecchia** bietet sich auch **als bequeme Tageswanderung** an. Mit dem PKW zum Rifugio Allavena (asphaltierte Straße) über Pigna und Buggio oder von Arma di Taggia aus. Auf dem Parkplatz lässt man den Wagen stehen (keine Busanbindung) und läuft über den Sentiero degli Alpini bis zum Gola d'Incisa. Ab hier auf dem AV am Westhang des Monte Pietravecchia entlang bis Sella d'Agnaira und wieder zurück zum Ausgangspunkt. Mit dem Bus bis Buggio, zu Fuß bis zum Rifugio Allavena (Gehzeit ca. 3½ Std.).

Unterkunft/Verpflegung

- **Nuovo Rifugio Allavena** (1545 m), Loc. Colla Melosa, Tel. 0184/241155, www.rifu

gioallavena.it. Ganzjährig geöffnet. Empfehlenswerte Berghütte mit Matratzenlager für
insgesamt 70 Personen, Gemeinschafts-
dusche (Benutzung gegen Gebühr), Heizung
und Bar. Alles sauber und ordentlich, Stoff-
schlafsäcke können auch ausgeliehen werden. Einfaches, gutes Hüttenessen, dazu
gehören immer ein Pasta- und ein Fleisch-
gang; Halbpension pro Person ca. 43 **€**.

3. Etappe:
Colla Melosa – Realdo

- **Reine Gehzeit:** ca. 6 Stunden
- **Schwierigkeitsgrad:** mittel (mehrere an-
strengende An- und Abstiege)
- **Länge:** ca. 8 km
- **Bushaltestellen** in Realdo und Verdeggia

Fußweg ab Rifugio Allavena ca. ½ Stunde bis zum Rifugio Monte Gray („rifugio non custodito" = nicht bewirtschaftet) auf 1950 m hinauf. Auf einer geschotterten früheren Militärstraße mit
herrlichem Blick läuft man ca. 2 Stunden in Richtung Norden bis zum **Colla
Sanson** (1526 m), vorwiegend durch
Wiesengelände. Am Kreuzungspunkt
der Straße, die Realdo mit La Brigue
verbindet, geht man weiter in Richtung
Realdo. Eine Wasserstelle befindet sich
nach 5 Min. auf dem Weg in Richtung
Brigue. Der geschotterte, breite Weg ist
gut zu Fuß begehbar. Für deutsche Verhältnisse unvorstellbar, ist die Straße
auch für motorisierte Fahrzeuge zuge-
lassen. Es ist der **einzige befahrbare
Grenzübergang** im Gebirge an der li-
gurisch-französischen Grenze. Allerdings begegnet man nur selten einem
Fahrzeug. Ab hier geht es in ca. 2½
Stunden über eine Schotterpiste bis zu
einer grün-weiß markierten Wegab-

zweigung hinunter zu den Weilern Il
Pin und Borniga.

Ab **Borniga** (1300 m) geht es etwa
1 Stunde durch schöne Lärchenwälder.
Bei einer Holzbrücke über einen Bach
führt der schmale Pfad hinein ins Bergdorf **Realdo** (1010 m). Über Treppenwege erreicht man das Rifugio Realdo.
Realdo ist wie das benachbarte **Verdeggia** (1092) ein uriges, verwinkeltes
Bergdorf mit schmalen Gassen – für den
Autoverkehr unpassierbar – und sehr alpinem Charakter, inmitten einer wilden
unberührten Natur. Die Steinhäuser mit
langen hölzernen Außenbalkonen klammern sich an eine Kalksteinwand.

Unterkunft/Verpflegung

- **Rifugio Realdo** (bei Redaktionsschluss wegen Instandsetzungsarbeiten geschlossen).
Rifugio des italienischen Alpenvereins C.A.I.
mit Küche, Dusche mit WC und Schlafplät-
zen für 16 Personen.

4. Etappe: Realdo –
Colle San Bernardo oder
alternativ nach Mendatica

- **Reine Gehzeit:** ca. 7 Stunden
- **Schwierigkeitsgrad:** mittel (mehrere an-
strengende An- und Abstiege)
- **Länge:** ca. 11 km
- **Bushaltestellen** auf dem Colle San Bernar-
do und in Mendatica

**1. Auf der Straße von Realdo nach
Verdeggia** zweigt ein Fußweg ab, der
hinauf auf den Passo di Collardente
(1600 m) und wieder auf den AV führt.
Als steiler Weg geht er weiter zum
höchsten Gipfel des Alta Via, zum
Monte Saccarello. In 2166 m Höhe
trifft man auf einer Wiese mit Rundblick

über Täler und Berge der ligurischen und französischen Seealpen unerwartet auf eine bronzene Erlöserstatue. Ein Kammweg führt zum Sella della Valletta, vorbei am Rifugio San Remo (2078 m), zum Passo di Garlenda (2021 m). Entlang der westlichen Abhänge des **Monte Fronté,** mit 2153 m der zweithöchste Berg des Alta Via, erreicht man den Passo Fronté (2081 m). Weiter geht es entlang der Kammlinie in Richtung Nordosten bis zur Cima Omo dell'Alpetta (2034 m). Der Abstieg erfolgt über Grashänge zu den Case Penna (1560 m). Auf einer früheren Militärstraße erreicht man **Colle San Bernardo di Mendatica** (1263 m). Hier fahren Busse in Richtung Colle di Nava und Pieve di Teco.

Blick auf das Bergdorf Verdeggia

Unterkunft/Verpflegung

●**San Bernardo,** Via Redentore 10, Tel./Fax 0184/328724. Einfacher Berggasthof auf dem Colle San Bernardo mit 25 schlicht ausgestatteten Zimmern. 40–60 €.

2. Die **Alternativroute** führt nicht direkt auf den Colle di San Bernardo di Mendatica, sondern **nach Mendatica.** Ein großer Teil der Wegstrecke muss auf geschotterten Wegen zurückgelegt werden. Der Weg verläuft dafür auf nicht ganz so großer Höhe, und es müssen nicht ganz so viele Höhenmeter An- und Abstieg bewältigt werden (siehe IGC-Karte Nr. 14).

Fußweg ab Verdeggia (1148 m) zum **Passo della Guardia** (1461 m). Kurz vorher biegt man links auf die Passstraße ein (rechts führt die Straße runterwärts nach Triora). Ab Passo della Guardia gelangt man auf einer aussichtsreichen Passstraße hinauf zum

Passo del Garezzo (1795 m). Durch einen kleinen Tunnel (Galleria del Garezzo) erreicht man die andere Bergseite. Auf der geschotterten Piste geht es erstmal wieder bergab. Ein Fußweg zweigt rechts hinunter ab. Nach ca. 20 Min. erreicht man die verlassene Siedlung Poilarocca (1427 m). Abstieg durch schöne Wälder zu den Wasserfällen **Cascate dell'Arroscia** (1100 m). Der abschüssige Weg endet beim Friedhof (Cimitero) von Mendatica. Der ansteigenden Straße folgend, gelangt man zur Kirche.

Die Buslinie 36 verbindet Mendatica mit Pieve di Teco (nur wochentags, Fahrzeit 35 Minuten).

Unterkunft/Verpflegung

●**Agriturismo Il Castagno,** Via San Bernardo 39, Mendatica, Tel. 0183/328718. Der landwirtschaftliche Betrieb von *Terzilia Pelassa* liegt 800 m hoch. Ein zum Bauernhof gehörendes altes Steinhaus wurde geschmackvoll restauriert; zwei Appartements und ein Doppelzimmer, Gaststätte mit guter Landküche. Der Agriturismo-Betrieb liegt an der Straße hoch zum Colle San Bernardo di Mendatica. Ab der Kirche gibt es einen kürzeren, gepflasterten Weg mitten durch das Dorf.

5. Etappe: Colle San Bernardo di Mendatica oder Mendatica – Colle di Nava

●**Reine Gehzeit:** ca. 2½ Stunden
●**Schwierigkeitsgrad:** leicht
●**Länge:** ca. 11 km
●**Bushaltestelle** am Colle di Nava, Linie Imperia-Ormea (Fahrzeit nach Pieve di Teco ca. 30 Min.)

Fußweg von Mendatica zum Colle San Bernardo di Mendatica. An einem Gleitschirmplatz vorbei, durch Wald und über Wiesen folgt der AV der asphaltierten Fahrstraße. Erst nach etwa 2 Stunden verlässt man bei Poggio Possanghi die Straße und biegt in einen steilen, alten Maultierpfad ein. Nach zahlreichen Serpentinen endet der Weg fast unmittelbar am Colle di Nava.

Unterkunft/Verpflegung

●Belohnung für die anstrengende 4- bis 5-tägige Tour ist eine Übernachtung im **Albergo dell'Angelo,** ebenso empfehlenswert wie das Le Terme in Pigna (siehe dort).

Riviera di Ponente

Cascate dell'Arroscia

Anhang

lig117 Foto: sg

lig148 Foto: sg

Strand von Varigotti

La Spezia – Markt an der Piazza Cavour

Campiglia, Piccoloblu – Rastplatz mit
Hängematte und Meerblick

Kleine Sprachhilfe

Wichtige Wörter und Ausdrücke

Auf Wiedersehen – arrivederci
Bad – il bagno
Bitte – prego/per favore
Danke – grazie
   (Steigerung: grazie tanto, grazie mille)
einmal – una volta
Entschuldigung/entschuldigen Sie –
   scusa/ scusi
Entschuldigung, kann ich mal durch –
   permesso ...
Feiertag – giorno festivo
Frau – Signora
Geld – i soldi
groß/klein – grande/piccolo
Guten Abend – buona sera
Guten Morgen/guten Tag – buon giorno
Gute Nacht – buona notte
Hallo/Tschüss – Ciao
heiß/kalt – caldo/freddo
Herr – Signore
Heute – oggi
ja/nein – si/no
Kassenzettel – lo scontrino
mit/ohne – con/senza
morgen – domani

offen/geschlossen – aperto/chiuso
Quittung – una ricevuta
Rechnung – il conto
Sprechen Sie deutsch? – Lei parla tedesco?
Toilette – il gabinetto/il bagno
und – e
verboten – vietato/proibito
Wann? – quando?
Warum? – perché?
Wie bitte? – prego, come?
Wie geht's?/Danke, gut –
   come va?/bene, grazie
Wie lange? – per quanto tempo?
Wieviel kostet ...? – quanto costa ...?
Wo ist? – dove è?
Wochentag – giorno feriale
zahlen – pagare
zweimal – due volte
Es ist heiß – fa caldo
Es ist kalt – fa freddo
Gibt es/haben Sie – c'e ...?
Gut, geht in Ordnung – va bene
   (Steigerung: va benissimo)
Ich brauche – ho bisogno
Ich hätte gern – vorrei
Ich heiße – mi chiamo
Ich spreche kein italienisch –
   non parlo italiano
Ich suche nach – cerco
Ich verstehe nichts – non capisco niente
Ist es möglich, dass ... – è possibile che ...?
Macht nichts – fa niente
Sprechen Sie deutsch oder englisch? –
   parla tedesco o inglese?
Tut mir leid – mi dispiace
Von woher kommst Du? – Di dove sei?
Warten Sie! – Aspetti!
Was bedeutet das! – che cosa significa
Was ist das? – Che cos'è?
Wie alt bist du? – quanti anni hai?
Wie geht es Ihnen/Dir – come sta/stai
Wie heißt das? – come si chiamo?
Wo ist die nächste Haltestelle? –
   Dove la prossima fermata?
Wo ist die Toilette? – dov'è il bagno?

Bank/Post

Wo ist eine Bank? – dov'è una banca?
Brief – una lettera
Briefkasten – la buca delle lettere
Briefmarke – un francobollo/i francobolli (Pl.)

Briefpapier – carta di lettera
Briefumschlag – la busta
Post – posta/ufficio postale
Postkarte – cartolina postale
Telefon – il telefono/ Wo ist das Telefon? –
    dov'è il telefono?
Telefonkarte – una carta telefonica

Einkaufen

Apotheke – la farmacia
Bäckerei – panificio
Binden – assorbenti
Buchhandlung – libreria
Direktverkauf – vendita diretta
Drogerie – drogheria
einheimisch – nostrano/nostrale
Fischhandlung – pescheria
Geschäft – negozio
Gramm – grammo
hundert Gramm – un etto
Metzgerei/Fleisch – macelleria
Metzgerei/Wurstwaren – salumeria
Pflaster – cerotto
Reinigung – lavanderia
Reinigung, chemisch – lavasecco
Schreibwarengeschäft – cartoleria
Seife – il sapone
Shampoo – lo shampoo
Sonnenmilch – crema solare
Supermarkt – supermercato
Tampons – tamponi
Toilettenpapier – la carta igienica
Waschmittel – detergente
Zahnpasta/-bürste – la pasta dentifricia/
    spazzolino da denti
zweihundert Gramm – due etti
viertel Liter – un quarto di un litro
halber Liter – mezzo litro
Liter – litro
Kilo/zwei Kilo – un chilo/due chili
Zeitungskiosk – edicola
Danke, das ist alles – Grazie, è tutto
Kann ich es anprobieren? – Posso provarlo?
Geben Sie mir bitte ein Kilo von ... –
    per favore mi dia un chilo di ...

Gesundheit

Apotheke – farmacía
Arzt – un medico
Bauchschmerzen – mal di stomaco
Durchfall – diarrea

Erkältung – raffreddore
Erste Hilfe – pronto soccorso
Fieber – la febbre
Halsschmerzen – mal di collo
Hilfe! – aiuto!
Ich bin krank – sto malato
Ich brauche einen Arzt –
    ho bisogno di un medico
Kopfschmerzen – mal di testa
Krankenhaus – ospedale
Pflaster – cerotto
Schmerzen – dolori
Stich – puntura
verstaucht – lussato
Zahnarzt – dentista
Zahnschmerzen – mal di denti

Im Restaurant

Abendessen – la cena
Aschenbecher – il portacenere
Die Rechnung, bitte – Il conto, per favore
Die Speisekarte, bitte – la lista, per favore
Die Weinkarte, bitte –
    la lista dei vini, per favore
Es war sehr gut – era buonissima
Frühstück/Mittagessen/Abendessen –
    prima colazione/pranzo/cena
Gabel – la forchetta
Gedeck und Service – coperto e pane
Haben Sie einen Tisch für zwei Personen? –
    c'è una tavola per due persone?
Hausmannskost – cucina casalinga
Ich habe Durst – ho siete
Ich habe Hunger – ho fame
Ich hätte gern einen Kaffee – vorrei un caffè
Ich möchte bezahlen – il conto, per favore
Kellner – cameriere
Löffel – il cucchiaio
Messer – il coltello
Mittagessen – il pranzo
Trinkgeld – la mancia

Getränke

Bier/vom Fass – una birra/alla spina
Cola – una coca
Ein Glas ... – un bicchiere di ...
Eine Flasche ... – una bottiglia di ...
Espresso – un caffè
Kaffee, kalt – caffè freddo
Kaffee mit aufgeschäumter Milch –
    cappuccino

Anhang

Kaffee mit Schnaps – caffè corretto
Mineralwasser mit/ohne Kohlensäure –
 acqua minerale con/senza gas
Milch – latte
Milchkaffee – caffè latte
Milchshake – frappè
Saft – succo di ...
Schnaps – grappa
Sekt – prosecco
Tee mit Zitrone – un tè con limone
Wasser – acqua

Wein

coltivatore/produttore – Anbauer/Erzeuger
consorzio – Erzeugerzusammenschluss
degustazione – Weinprobe
dolce – süß,
 gilt für Weine mit 5–10 % Restsüße
enoteca – Weinhandlung
ettaro – Hektar
ettolitro – Hektoliter
fattoria/tenuta – Weingut
fusto – Fass
gradazione alcoolica – Alkoholgehalt
imbottigliato da ... – abgefüllt von ...
imbottigliato all'origine da ... –
 Erzeugerabfüllung, d.h. vom Winzer
 und nicht von einem Händler
passito – starker, meist süßer Dessertwein
 aus teilgetrockneten Trauben
profumo – Duft
riserva – Zusatzbezeichnung für DOC
 und DOCG: Weine mit
 vorgeschriebener Lagerzeit
rosso/bianco – rot/weiß
sapore – Geschmack
secco – trocken
semisecco – halbtrocken
uva – Traube
vendemmia – Weinlese/Jahrgang
vigna, vigneto – Weinberg
viticoltori – Winzer
vino da tavola – Tafelwein
vite – Rebe

Speisekarte

Siehe auch im Kapitel „Essen und Trinken".

antipasto – Vorspeise
contorno – Beilage
dolce – Dessert

primo piatto – erster Gang
secondo piatto – zweiter Gang
pane, coperto e servizio –
 Extrazahlung für Gedeck und Service

Nahrungsmittel/ alimentari

aceto/olio – Essig/Öl
brodo – Brühe
burro – Butter
farina – Mehl
formaggio – Käse
gnocchi – Kartoffelklößchen
marmellata – Marmelade
minestrone – dicke Gemüsesuppe
olive – Oliven
pane – Brot
panini – Brötchen
pasta – Nudeln
prosciutto, crudo/cotto –
 Schinken, roh/gekocht
salame – Salami
uovo – Ei
zabaione – Weinschaumcreme
zucchero – Zucker
zuppa/minestra – Suppe

Fisch/pesce – Meeresfrüchte/frutti di mare

acciughe/alice – Sardellen
aragosta – Languste
baccalà/stoccafisso – Stockfisch
calamari/seppie – Tintenfische
cozze – Miesmuscheln
gamberi – Garnelen
granchio – Krebs
merluzzo – Kabeljau
orata – Goldbrasse
ostriche – Austern
pesce spada – Schwertfisch
polpo – kleine Krake
razza – Rochen
salmone – Lachs
sgombro – Makrele
sogliola – Seezunge
tonno – Thunfisch
triglia – Barbe
trota – Forelle
vongole – Muscheln

Fleisch/carne

agnello – Lamm
anatra – Ente
bistecca – Beafsteak
capretto/caprettino – Ziege/Zicklein
cervo – Hirsch
cinghiale – Wildschwein
coniglio – Kaninchen
fagiano – Fasan
fegato – Leber
lepre – Hase
lingua – Zunge
maiale – Schwein
manzo – Rind
pernice – Rebhuhn
pollo – Huhn
polpette – Hackklößchen
trippa/tripperia – Kutteln/Kuttel-Laden
vitello – Kalb

Gemüse/verdura

asparago – Spargel
barbabietola – Rote Beete
bietola – Mangold
carciofi – Artischocken
carote – Karotten
cavolfiore – Blumenkohl
ceci – Kichererbsen
cetriolo – Gurke
cipolla – Zwiebel
fagiolini – grüne Bohnen
fagioli – Bohnen
funghi – Pilze
funghi porcini – Steinpilze
finocchio – Fenchel
insalata mista – gemischter Salat
  (i.d.R. grüner Salat mit Tomaten)
lenticchie – Linsen
melanzane – Auberginen
patate – Kartoffeln
piselli – Erbsen
polenta – Maisbrei
pomodori – Tomaten
riso – Reis; risotto – Reisgericht
sedano – Sellerie
spinaci – Spinat
zucchini – Zucchini

Obst/frutta

albicocca – Aprikose
ananasso – Ananas
arancia – Orangen
banana – Banane
ciliege – Kirschen
dattero – Datteln
fichi – Feigen
fichi d'india – Kaktusfeigen
fragole – Erdbeeren
lamponi – Himbeeren
limone – Zitrone
mandarino – Mandarine
mela – Apfel
pera – Birne
pesca – Pfirsich
pompelmo – Grapefruit
uve – Weintraube

Gewürze/Erbe

aglio – Knoblauch
alloro – Lorbeer
basilico – Basilikum
capperi – Kapern
origano – Oregano
pepe – Pfeffer
peperoni – scharfe Paprika
prezzemolo – Petersilie
rosmarino – Rosmarin
sale – Salz
salvia – Salbei
senape – Senf
timo – Thymian

Nudeln/pasta

cannelloni – gefüllte Teigrollen
farfalle – Nudeln in Schleifenform
fettuccine – breite Nudeln
Lasagne – überbackene Nudeln
maccheroni – Makkaroni
penne – Nudeln in Röhrenform
tagliatelle – Bandnudeln
tortellini – runde, gefüllte Teigtaschen
tortelloni – große Tortellini
ravioli – rechteckige, gefüllte Teigtaschen
spaghettini – superdünne Spaghetti

Zubereitungsart/ Preparazione

affumicato – geräuchert
ai ferri – gegrillt
al forno – überbacken
alla panna – mit Sahne

Anhang

allo spiedo – am Spieß
arrosto – gebraten
bollito/cotto/lesso – gekocht
casalinga – hausgemacht
duro – hart
fresco – frisch
fritto – frittiert
grasso – fett
in umido – in Soße
morbido – weich
piccante – scharf
tenero – zart

Orientierung

Ampel – semaforo
Wie kommt man nach ...? –
   come si arriva a ...?
Wo finde ich eine Apotheke? –
   dove trovo una farmacia?
Wo ist bitte ...? – per favore, dov'è ...?
Die nächste Werkstatt? – l'officina piu vicina?
Bushaltestelle – la fermata
Bahnhof – la stazione
Flughafen – l'aeroporto
Gibt es hier in der Nähe einen Parkplatz? –
   scusi, c'è un parcheggio qui vicino?
immer geradeaus – sempre diritto
in Richtung nach – in direzione di
Ist es weit? – è lontano?
Es ist nah – è vicino
Kreuzung – incrocio
links – a sinistra
rechts – a destra

Rund ums Auto

Auto – macchina
Bleifrei – benzina senza piombo
Bremsen – i freni
Diesel – diesel/Gasolio
Fahrzeugschein – libretto di circolazione
Führerschein – patente di guida
funktioniert nicht – non funziona
Kupplung – la frizione
Lichtmaschine – la dinamo
Mechaniker – il meccanico
Mischung – miscela per motocicli
Motorrad – la moto
Panne – guasto
Parkhaus – autosilo
Reifen – le gomme
Tankstelle – stazione di benzina

Super – benzina super
Unfall – un incidente
Vergaser – il carburatore
Voll tanken, bitte – pieno, per favore
Werkstatt – l'officina
Wir hatten einen Unfall –
   abbiamo avuto un incidente
Zündung – l'accensione

Strandleben

Dusche – doccia
Ich gehe schwimmen – faccio un bagno
Kies – ghiaia
Liegestuhl – sdraia
Meer – il mare
sauber – pulito
schmutzig – sporco
Sonnenbrille – occhiali da sole
Sonnencreme – crema solare
Sonnenschirm – ombrellone
Steine – pietre
Strand – la spiaggia
Strandbäder – stabilimenti balneari/bagni
tief – profondo

Unterkunft

Anzahlung – caparra
Bad – bagno
Berghütte, bewirtschaftet – rifugio custodito
Berghütte, unbewirtschaftet –
   rifugio non custodito
Betttuch – lenzuola
Bettwäsche – biancheria
Einzelzimmer – camera singola
Doppelzimmer – camera doppia
... mit Ehebett – camera matrimoniale
Dusche – doccia
Frühstück – prima colazione
Haben Sie ein Doppelzimmer? –
   c'è una camera doppia?
Handtücher – asciugamani
Halbpension/Vollpension –
   mezza pensione/pensione completa
Hochsaison – alta stagione
Nebensaison – bassa stagione
ruhiges Zimmer – una camera tranquilla
Schatten – ombra
Schlüssel – la chiave
Haben Sie noch ein Zimmer frei für eine
   Nacht/Woche? – ha ancora una camera
   libera per una notte/una settimana?

Ich habe ein Zimmer reserviert –
   ho prenotato una camera
Ich suche ein Hotel – cerco un albergo
Kann ich mit Kreditkarte zahlen? –
   posso pagare con la carta di credito?
Wir haben reserviert – abbiamo prenotato
Wir nehmen es – la prendiamo
Zelt – tenda
Zimmervermietung – affittacamere
Zimmer zu vermieten – affittasi camere

Wandern

Abzweigung – bivio
Alm – malga
Bach – torrente
Berg – monte
Bergrettung – soccorso alpino
Bergrücken – costa
Biwak – bivacco
Brücke – ponte
Burg – castello
Ebene – piano
Fluss – fiume
Führer – guida
Gasthaus – albergo, locanda, trattoria
Gipfel, Spitze – cima
Haltestelle – fermata
Hilfe – aiuto
Höhle – caverna
hoch – alto, alta
Hügel – col, colle
Italienischer Alpenverein –
   C.A.I. (Club Alpino Italiano)
Klamm – gola
Klettersteig – via ferrata
Pass – passo
Quelle – sorgente
Route – via
Saumpfad – mulattiera
Schutzhütte (bewacht) – rifugio custodito
See – lago
Seilbahn – funivia
Steinschlag – caduta sassi
Straße – strada
Tal – val, valle
Wald – bosco
Wasser – acqua
Wasserfall – cascata
Weg, Pfad – sentiero
Wiese – prato

Zahlen

0	zero
1	uno
2	due
3	tre
4	quattro
5	cinque
6	sei
7	sette
8	otto
9	nove
10	dieci
11	undici
12	dodici
13	tredici
14	quattordici
15	quindici
16	seidici
17	diciasette
18	diciotto
19	diciannove
20	venti
21, 22	ventuno, ventidue ...
30	trenta
40	quaranta
50	cinquanta
60	sessanta
70	settanta
80	ottanta
90	novanta
100	cento
101	centuno
102	cento e due
200	duecento
1000	mille
2000	duemila
100.000	centomila
1.000.000	un milione
der Erste	il primo
der Zweite	il secondo
der Dritte	il terzo
einige	alcuni
einmal	una volta
ein Paar von ...	un paio di ...
ein Viertel von ...	un quarto di ...
halb	mezzo
zweimal	due volte

Zug/Fähre/Bus

Abfahrt von .../Abfahrt nach ... –
   partenza da .../partenza per ...

Ankunft – arriva
Ausgang – uscita
aussteigen – scendere
Autobus – la corriera
Bahnhof – stazione
einfache Fahrt – corsa semplice
Eingang – entrata
entwerten – convalidare
Fahrkarte – biglietto
Fähre – traghetto
Gepäckaufbewahrung – deposito bagagli
Gleis – binario
Hin und zurück – andata e ritorno
Ich möchte eine Fahrkarte von A nach B –
  vorrei un biglietto da A a B
Kabine – cabina
Leuchtturm – faro
Schiff – barca
Schlafsessel – poltrone
Stadtbus/Überlandbus – il bus/il pullman
Tragflächenboot – aliscafo
Tunnel – galleria
Verspätung – ritardo
Wann fährt der nächste/der letzte Zug
  nach …? – quando parte il prossimo/
  l'ultimo treno a …?
Wochentags/sonn- und feiertags –
  feriale/ festivo
Zug – il treno

Zeit

der Abend – la sera
der Morgen – la mattina
der Nachmittag – il pomeriggio
die Nacht – la notte
gestern – ieri
Heute – oggi
jetzt – adesso
morgen – domani
sofort – subito
später – più tardi
übermorgen – dopodomani
vorgestern – l'altro ieri

Monate

Januar – gennaio
Februar – febbraio
März – marzo
April – aprile
Mai – maggio
Juni – giugno

Juli – luglio
August – agosto
September – settembre
Oktober – ottobre
November – novembre
Dezember – dicembre
ein Monat – un mese
ein Jahr – un anno

Wochentage

Montag – lunedi
Dienstag – martedi
Mittwoch – mercoledi
Donnerstag – giovedi
Freitag – venerdi
Samstag – sabato
Sonntag – domenica
ein Tag – un giorno
Woche – la settimana

Jahreszeiten

Frühling – primavera
Sommer – estate
Herbst – autunno
Winter – inverno

Aussprache

● **c:** vor „e" und „i" immer „tsch" ausgesprochen (centro/tschentro = Zentrum), vor „a", „o" und „u" immer „k" (caldo/kaldo = heiß)
● **cc:** vor „e" und „i" wird wie beim einfachen „c" ebenfalls wie „tsch" ausgesprochen, nur mit härterer Betonung (faccio/fatscho = ich mache), vor „a", „o" und „u" immer „k" (toccare/tokare = anfassen)
● **ch/cc:** immer „k" (chiuso/kiuso = geschlossen oder vecchio/wekio = alt)
● **g/gi:** vor „e" und „i" / vor „a", „o" und „u" immer „dsch" (gelato/dschelato = Eis und giorno/dschorno = Tag)
● **g:** vor „a", „o" und „u" immer „g" (gusto/gusto = Geschmack)
● **gh:** immer „g" (ghiaccio/giatscho = Eis)
● **gl:** wird zu einem „lj"-Laut zusammengezogen (aglio/aljo = Knoblauch)
● **gn:** wie „nj" (gnocchi/njoki = Kartoffelnocken)
● **h:** am Wortanfang nicht mitgesprochen (ho/o = ich habe)
● **v:** wie „w" (vacanze/wacanse = Ferien)
● **z:** immer wie ein weiches „ts" (zucchero/tsukkero = Zucker)

Literatur

Reiselektüre

- *Italo Calvino,* **Wo Spinnen ihre Nester bauen.** Der erste Roman Calvinos spielt in der Pigna, der Altstadt San Remos. Sehr packend, aus der Erzählperspektive eines Gassenjungen, schildert der Autor das Partisanenmilieu gegen Ende des Zweiten Weltkrieges.
- *Erika* und *Klaus Mann,* **Das Buch von der Riviera,** Connewitzer Verlagsbuchhandlung. Literarischer Reiseführer über die Italienische und Französische Riviera der 1920er Jahre.
- **Nach Italien!** Hrsg. *Klaus Wagenbach.* Informatives und sehr unterhaltsames Reiselesebuch.
- *Friedrich Schiller,* **Die Verschwörung des Fiesco zu Genua,** Reclam. Historisches Drama über den Grafen *Fiesko,* der 1547 erfolgreich gegen Genuas Tyrannen *Andrea Doria* putscht, aber letztlich scheitert.
- *Antonio Tabucchi,* **Der Rand des Horizonts.** Der gescheiterte Medizinstudent und Amateurdetektiv *Spino* arbeitet in Genua in der Leichenhalle eines Krankenhauses. Als die Leiche eines erschossenen jungen Mannes eingeliefert wird, macht sich Spino auf die Spurensuche.
- *Alice Vollenweider* (Hrsg.), **Italienische Reise,** Wagenbach Verlag. Literarischer Reiseführer durch das heutige Italien mit Erzählungen und Gedichten über Landschaften und Orte, Un- und Lebensarten italienischer Autoren wie *Gadda, Bassani, Moravia, Eco, Ginzburg, Calvino, Fellini, Sciascia* und *Antonio Tabucchi,* von dem der Beitrag „Der Friedhof von Genua" stammt.

Küche und Wein

- *Burton Anderson,* **Italiens Weine,** Hallwag-Taschenführer. 2000 Weine & Produzenten.
- *Chiellino/Marchio/Rongoni,* **Italien,** Becksche Reihe Länder.
- *Reinhardt Hess, Sabine Sälzer,* **Die echte italienische Küche.** Typische Rezepte und kulinarische Impressionen aus allen Regionen Italiens. Nachkochen leicht gemacht.

- *Martina Meuth/Bernd Neuner-Duttenhofer,* **Ligurien, Küche, Land und Leute.** Hervorragend illustrierter Bildband zur ligurischen Küche mit anspruchsvollen Rezepten.
- *Alice Vollenweider,* **Italiens Provinzen und ihre Küche,** eine Reise und 88 Rezepte, Wagenbach Verlag. Kulinarischer Reiseführer durch Italiens Provinzen mit den jeweils typischsten Gerichten, darunter auch das berühmte „Pesto alla Genovese". Alle Rezepte eignen sich hervorragend zum Nachkochen.
- **Der kleine Johnson für Weinkenner.** Ein Hallwag-Taschenführer mit Informationen über 12.000 Weine, Produzenten, Jahrgänge und Trinkreife.

Spezialführer

- **Reclams Kunstführer, Italien 1, 2, Piemont, Ligurien, Aosta-Tal.**
- *Nadia Pazzini Paglieri,* **Alassio und Laigueglia,** sagep-Verlag, Genua.
- *Fiorella Caraceni Poleggi,* **Genova,** sagep-Verlag, Genua.
- *Stefano Ortale,* **Albenga,** sagep-Verlag, Genua. Ausführlicher Stadtführer mit Umgebung.
- **Urlaub auf dem Bauernhof in Italien.** Bezugsadresse: *Landschriften-Verlag GmbH,* Zentrale für den Landurlaub, Heerstrasse 73, 53111 Bonn, Tel. 0228/ 96302-0, Fax 0228/ 96302-33.
- *Maura Mariotti,* **Cinque Terre,** Routen, Wanderwege, Orte und geschichtliche Hinweise zwischen Levanto und Portovenere, Genua.
- **Italienische Riviera** (Ligurien West – Genau bis San Remo), aus der Reihe Rother. Zuverlässiger Wanderführer für die Riviera di Ponente. 50 Wanderungen mit Karte im Maßstab 1:50.000.

Anhang

Glossar

● **Ädikula:** lat. *aedicula* = Tempelchen; ursprünglich Wandnische für Statuen, später Bezeichnung für die Umrahmung von Fenstern, Nischen und Portalen mit Säulen und Pilastern.

● **Apsis:** griech. Bogen; halbkreisförmiger oder polygonaler Raumabschluss und Teil des Chores, meist an der Ostseite der Kirche.

● **Allegorie:** griech. anders sagen; bildliche Darstellung eines abstrakten Begriffs, oft in Form einer Personifikation.

● **Ardesia:** ital. Schiefer.

● **Atlant:** kräftige männliche Gestalt, die an Stelle einer tektonischen Stütze das Gebälk auf dem Haupt oder den emporgehobenen Armen trägt, von Atlas, dem mythischen Himmelsträger, abgeleitet.

● **Basilika:** griech. Königshalle; Kirchenraum, der nach antikem und frühchristlichem Vorbild mit Säulen und Pfeilern in drei oder mehrere Schiffe unterteilt ist.

● **Bastion:** vorspringendes Bollwerk einer Fesungs- und Verteidigungsanlage.

● **Campanile:** kommt vom ital. Wort *campana* = Glocke und bezeichnet den (meist frei stehenden) Glockenturm von italienischen Kirchen.

● **Carrugio:** ligurische Bezeichnung für enge Gassen zwischen zwei kompakten Häuserreihen.

● **Castellari:** auf steilen Bergrücken im Hinterland errichtete Fliehburgen der ligurischen Volksstämme.

● **Chor:** Ursprünglich war der Chor ein für den Chorgesang der Geistlichen bestimmter Platz in einer Kirche. Später wurde damit das Quadrat bezeichnet, das beim Überkreuzen von Mittelschiff und Querschiff entstand. An dieses Chorquadrat schloss sich im Osten das Chorhaupt, auch Apsis genannt, an. Gewöhnlich wird der gesamte östliche Teil der Kirche samt Apsis als Chor bezeichnet.

● **Decumanus:** in Ost-West-Richtung verlaufende römische Straße.

● **Dom:** von lat. *domus Dei* = Haus Gottes; Bischofskirche, gleichbedeutend mit den Bezeichnungen Kathedrale und Münster. Häufig wird die Hauptkirche einer Stadt, in der es keine Bischofskirche gibt, auch Dom genannt.

● **Fayence** (frz. Name nach der ital. Faenza, einem der ersten Herstellungsorte): farbige Tonwaren, die nach dem Vorbrennen mit einer undurchsichtigen, meist weißen und mit Scharffeuerfarben bemalten Zinnglasur überzogen werden, die bei einem zweiten Brand mit den Farben zu einer glänzenden Schicht verschmilzt. Das gleiche Erzeugnis bezeichnet man in Italien als Majolika.

● **Gebundenes System:** Basilika, bei der ein Mittelschiffquadrat je zwei Seitenschiffquadraten entspricht.

● **Geschlechterturm:** mittelalterlicher Wohnturm in einer befestigten Stadt.

● **Groteske:** Ornamentmotiv aus dünnem Rankenwerk, in das Darstellungen von Menschen, Tieren, Blumen und Früchten eingebunden sind.

● **Ikonografie:** griech. Bildbeschreibung; in der Kunstwissenschaft versteht man darunter die Lehre vom Inhalt und Sinn bildlicher Darstellungen, v.a. der christlichen Kunst.

● **Inkrustation:** farbige Verzierung von Flächen durch Einlegen verschiedenfarbiger Steinsorten, wie z.B. schwarzer und weißer Marmor. Bei Holzeinlegearbeiten spricht man von Intarsien.

● **Investiturstreit:** Bezeichnung für den zwischen Papsttum und Königtum ab 1075 geführten Streit um die Einsetzung (Investitur) von Bischöfen und Äbten, der zum grundsätzlichen Konflikt zwischen geistlicher und weltlicher Gewalt wurde. Vor dem Investiturstreit wurden die Bischöfe und Äbte von den Landesherren eingesetzt.

● **Kapitell:** lat. Köpfchen; geometrisch oder figürlich geschmücktes steinernes Kopfstück von Säulen oder Pfeilern.

● **Krypta:** unterirdischer Kultraum mit Grab- und Reliquienkapellen unter dem Chor und dem Altar.

● **Langhaus** (auch Längsschiff genannt): der lang gestreckte Gebäudeteil einer Kirche zwischen Fassade und Chor.

● **Laterne:** runder oder polygonaler, von Fenstern durchbrochener Zierturm auf einer Kuppel.

● **Levante:** allgemein übliche Bezeichnung für das östliche Mittelmeer. Speziell in Ligurien handelt es sich um die östliche Küstenregion von Genua bis La Spezia, die Riviera di Levante. Die westliche Region wird Riviera di Ponente (ital. Westen) genannt.

● **Loggia:** gewölbte, offene Bogenhalle.

● **Lünette:** franz. kleiner Mond; halbkreisförmiges Feld über Türen, Fenstern oder Gebälk.

● **Majolika:** siehe Fayence.

● **Manierismus:** Stilrichtung zwischen Renaissance und Barock, etwa zwischen 1530 und 1600.

● **Maßwerk:** steinernes Bauornament zur Gliederung großer gotischer Fenster mit geometrischen und dekorativen Mustern.

● **Mezzogiorno:** ital. Mittag, Süden; Süditalien ab Rom.

● **Mulattiera:** teilweise gepflasterter Maultierpfad.

● **Oppidum:** befestigter und ständig bewohnter Ort (Vor- und Frühgeschichte).

● **Oktogon:** Zentralbau auf achteckigem Grundriss.

● **Oratorium:** lat. Bethaus; Bezeichnung im frühen Mittelalter für ein kleines Gotteshaus, später nicht-öffentlicher oder halböffentlicher Betraum.

● **Pfeiler:** Bogen tragende Mauerstütze mit rechteckigem, quadratischem oder rundem Grundriss.

● **Piano nobile:** In Frankreich Beletage (= schönes Geschoss) genannt, bezeichnet es seit der Barockzeit meist das erste Geschoss, in dem sich die Repräsentationsräume befinden.

● **Pieve:** von lat. *plebs* = Volk; romanische Pfarrkirche auf dem Land, die dem Bischof unterstellt war.

● **Polyptychon:** mehrteiliges Tafelbild (Diptychon = zwei Tafeln, Triptychon = drei Tafeln).

● **Portikus:** lat. Halle; Vorhalle an der Fassade von Tempeln, Kirchen und Palästen, die meistens von Säulen getragen wird.

● **Risorgimento:** italienische Einigungsbewegung von ungefähr 1815–1870.

● **Sagra regionale:** Volksfeste im Sommer, die meist unter einem kulinarischen Motto stehen.

● **Spolien:** archäologischer Begriff für Werkstücke, die ursprünglich für andere Kunstwerke geschaffen und wiederverwendet wurden.

● **Stile Liberty:** italienischer Jugendstil, auch *stile florale* genannt.

● **Stiftskirche:** Kirche eines ursprünglich zu geistlichen Zwecken bestimmten Stiftes. Die Mitglieder bilden das Stiftskapitel. Klosterkirchen werden ab und zu auch als Stiftskirche bezeichnet.

● **Terrakotta:** ital. gebrannte Erde; Baukeramik und Plastik aus gebranntem Ton.

● **Tropfstein:** Durch Verdunstung von tropfendem kalkreichen Wasser entstehen wie Eiszapfen geformte Gebilde aus Kalkspat oder Aragonti. Die nach unten wachsenden Tropfsteingebilde heißen Stalaktiten, die vom Boden aufwärts wachsenden Stalagmiten.

● **Tympanon:** Bogenfeld mit plastischem Schmuck über dem Portal.

● **Vierung:** Raumquadrat, das durch Überkreuzung von Lang- und Querhaus entsteht.

● **Zentralbau:** Baukörper, dessen sämtliche Hauptachsen gleich lang sind.

● **Zwerggalerie:** eine der Mauer vorgelagerte Arkadenreihe mit dahinter liegendem Laufgang, oft unter dem Dachgesims von Kirchen; Zierform des romanischen Stils ohne konstruktive Eigenschaften.

Anhang

REISE KNOW-HOW
das komplette Programm
fürs Reisen und Entdecken

Weit über 1000 Reiseführer, Landkarten, Sprachführer und Audio-CDs
**liefern unverzichtbare Reiseinformationen und faszinierende Urlaubsideen
für die ganze Welt** – *professionell, aktuell und unabhängig*

Reiseführer: komplette praktische Reisehandbücher für fast alle touristisch interessanten Länder und Gebiete **CityGuides:** umfassende, informative Führer durch die schönsten Metropolen **CityTrip:** kompakte Stadtführer für den individuellen Kurztrip **world mapping project:** moderne, aktuelle Landkarten für die ganze Welt **Edition REISE KNOW-HOW:** außergewöhnliche Geschichten, Reportagen und Abenteuerberichte **Kauderwelsch:** die umfangreichste Sprachführerreihe der Welt zum stressfreien Lernen selbst exotischster Sprachen **Kauderwelsch digital:** die Sprachführer als eBook mit Sprachausgabe **KulturSchock:** fundierte Kulturführer geben Orientierungshilfen im fremden Alltag **PANORAMA:** erstklassige Bildbände über spannende Regionen und fremde Kulturen **PRAXIS:** kompakte Ratgeber zu Sachfragen rund ums Thema Reisen **Rad & Bike:** praktische Infos für Radurlauber und packende Berichte außergewöhnlicher Touren **sound)))trip:** Musik-CDs mit aktueller Musik eines Landes oder einer Region **Wanderführer:** umfassende Begleiter durch die schönsten europäischen Wanderregionen **Wohnmobil-TourGuides:** die speziellen Bordbücher für Wohnmobilisten mit allen wichtigen Infos für unterwegs

Register

Anhang

Die Autorin

bg150 Foto: ak

Sibylle Geier, Jahrgang 1962, studierte in Freiburg Kunstgeschichte, Geschichte und Romanistik. Einen Teil ihres Studiums verbrachte sie in Mailand, wo sie ihre Vorliebe für Land und Leute entdeckte. Seit mehr als 25 Jahren bereist die Autorin – beruflich und zum Vergnügen – die verschiedenen Regionen Italiens. Ergebnis ihrer Italien-Leidenschaft: engagiert und kompetent geschriebene Reisebücher, die mehr vermitteln als nur Tipps und Adressen.

Kartenverzeichnis

Auf die für den jeweiligen Kontext passenden Karten wird **in den Kopfzeilen** verwiesen. **Nach den Ortsnamen** erfolgt zudem ein Verweis auf die genaue Platzierung der Orte in der entsprechenden Karte im Atlas, sodass sie mit Hilfe des Koordinatengitters schnell aufzufinden sind: **San Remo** ⌀ **III, C2** bedeutet z.B., dass der Ort auf der Atlasseite III im Koordinatenquadrat C2 zu finden ist.

Umschlagklappe vorn: Riviera di Ponente; hinten: Riviera di Levante

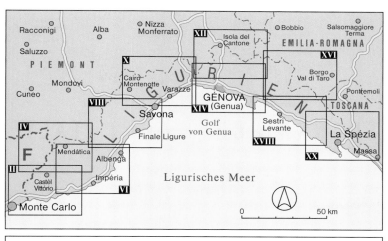

Zeichenerklärung

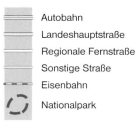

Autobahn
Landeshauptstraße
Regionale Fernstraße
Sonstige Straße
Eisenbahn
Nationalpark

Maßstab 1 : 200 000

2000 m
1500 m
1000 m
500 m
0 m

★ Sehenswürdigkeit
✈ Flughafen
✈ Flugplatz
🗼 Leuchtturm
🎿 Lift
⛪ Kirche
⛪ Kloster
🏰 Schloss
🕳 Höhle
🏠 Berghütte

Atlas

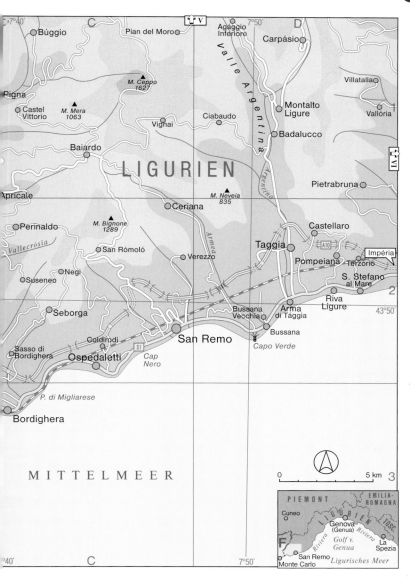

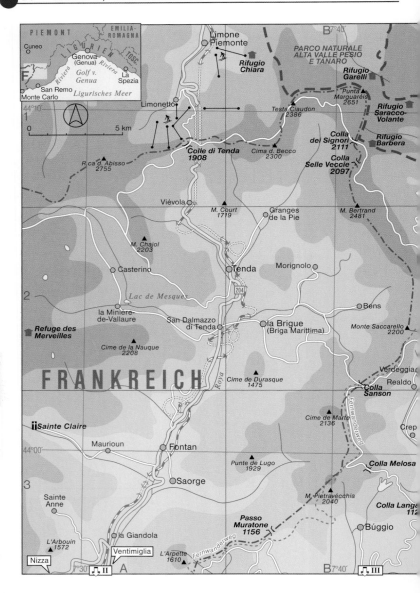

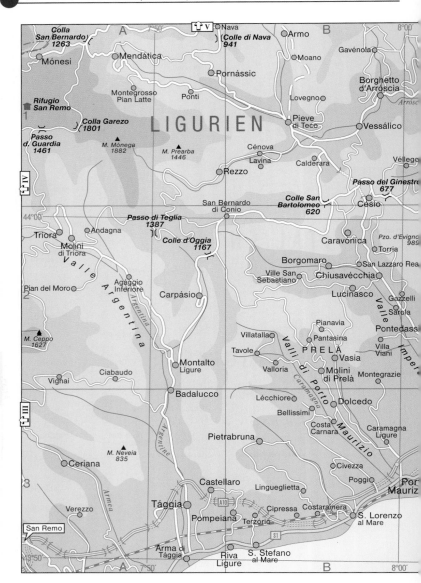

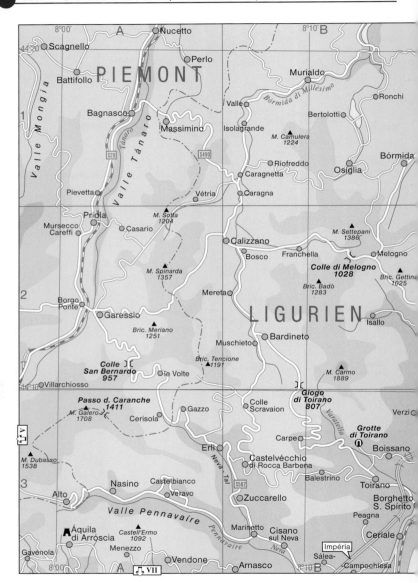

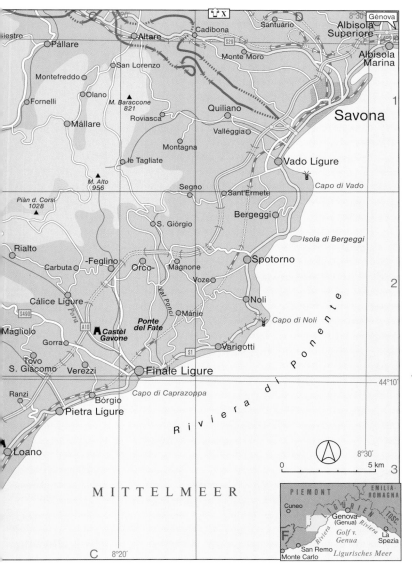

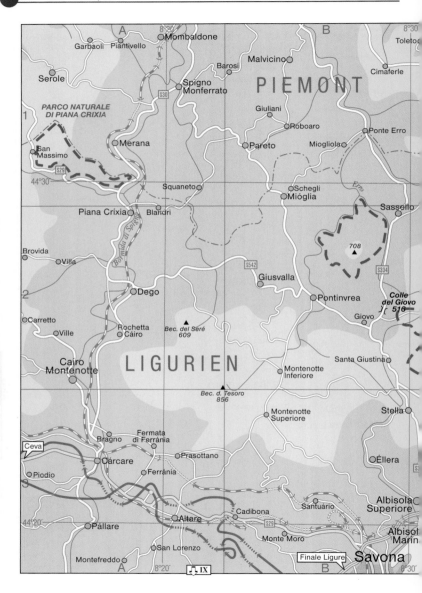

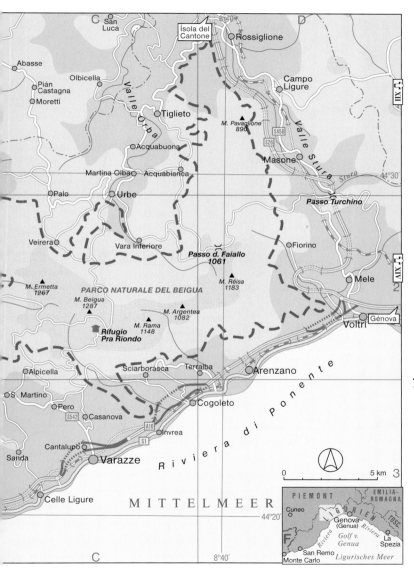

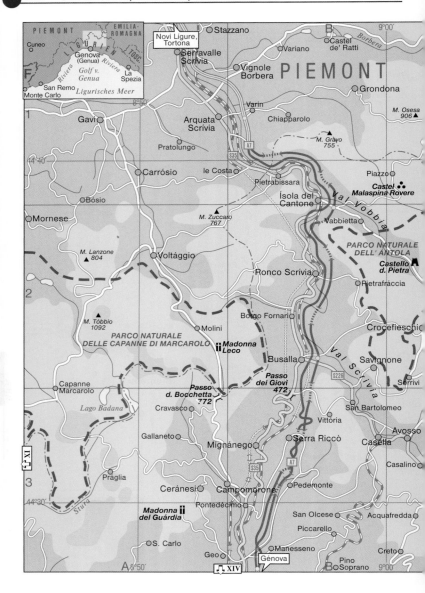

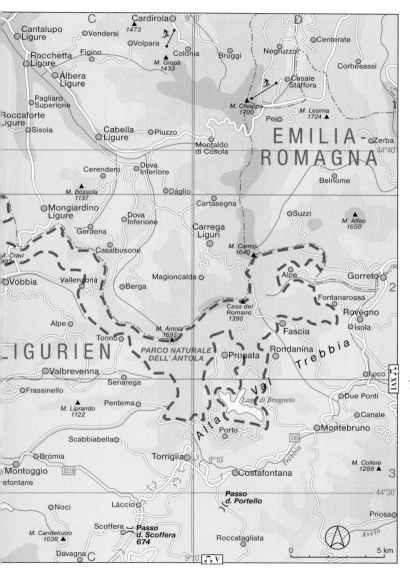

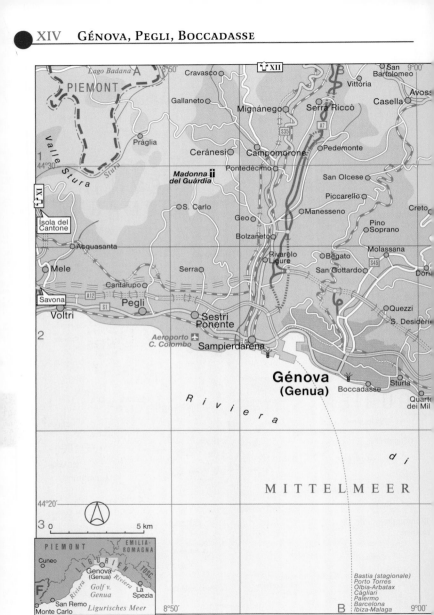

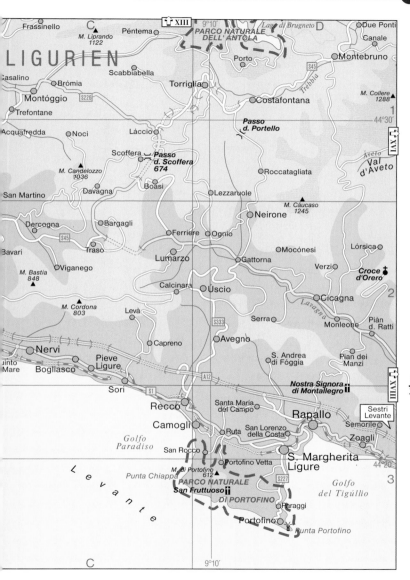

Atlas

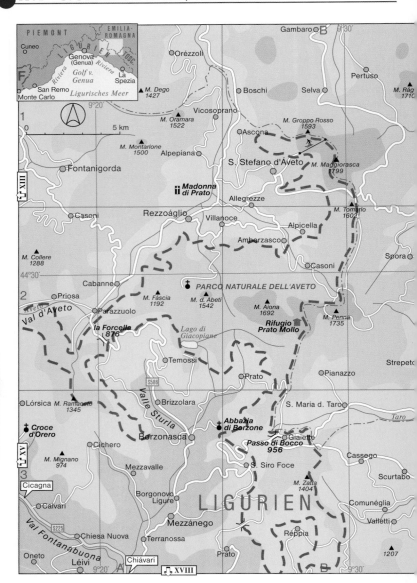

PIEMONT

EMILIA-ROMAGNA

Cuneo

Genova (Genua)

Golf v. Genua

La Spezia

San Remo

Monte Carlo

Ligurisches Meer

Gambaro B

Orézzoli

Pertuso

M. Rág 1710

M. Dego 1427

Boschi

Selva

Vicosoprano

M. Oramara 1522

Ascona

M. Groppo Rosso 1593

M. Montarlone 1500

Alpepiana

S. Stefano d'Aveto

M. Maggiorasca 1799

Fontanigorda

Madonna di Prato

Allegrezze

M. Tomarlo 1602

Casoni

Rezzoáglio

Villanoce

Alpicella

Amborzasco

Spora

M. Collere 1288

Casoni

Cabanne

PARCO NATURALE DELL'AVETO

Priosa

M. Fáscia 1192

M. d. Abeti 1542

M. Aiona 1692

M. Penna 1735

Val d'Aveto

Parazzuolo

la Forcella 876

Lago di Giacopiane

Rifugio Prato Mollo

Temossi

Prato

Pianazzo

Strepeto

Valle Sturla

Lórsica

M. Ramaceto 1345

Brizzolara

S. Maria d. Taro

Taro

Croce d'Orero

Cichero

Abbazia di Borzone

Borzonasca

Giaiette

Passo di Bocco 956

Cassego

M. Mignano 974

Mezzavalle

S. Siro Foce

Scurtabo

Calvari

Borgonovo Ligure

LIGURIEN

M. Zatta 1404

Comuneglia

Valletti

Val Fontanábuona

Chiesa Nuova

Mezzánego

Terranossa

Réppia

1207

Oneto

Léivi

Chiávari

Prato

XVIII

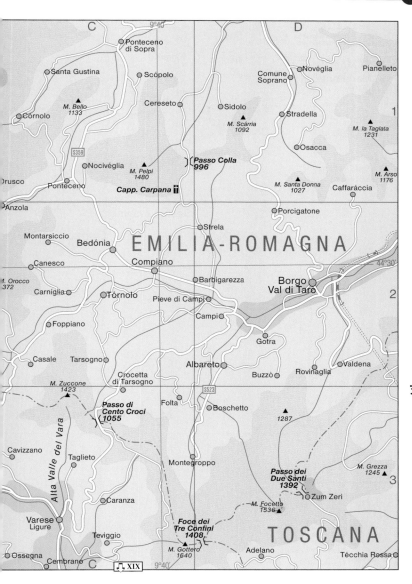

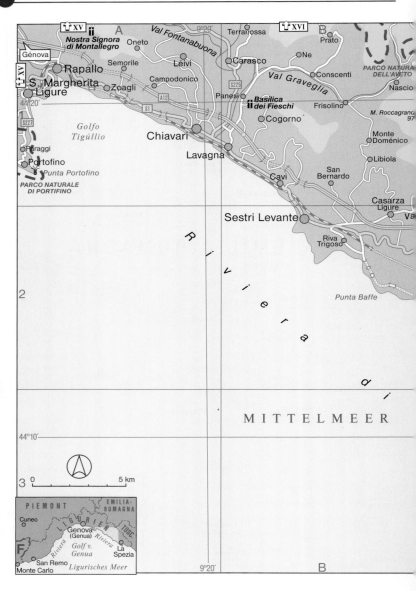

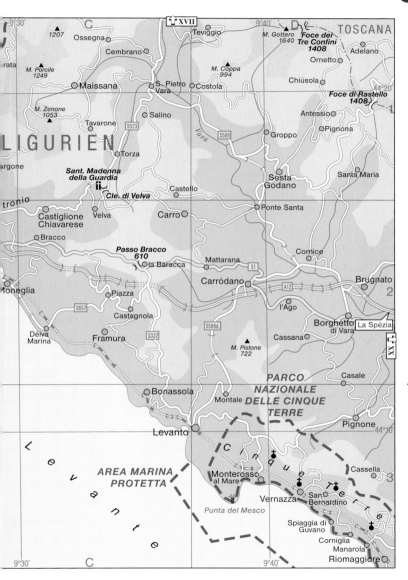

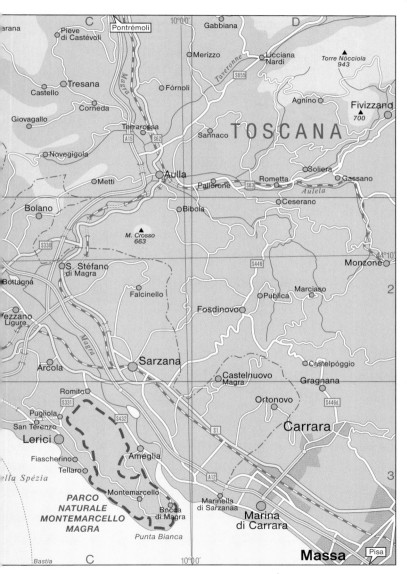

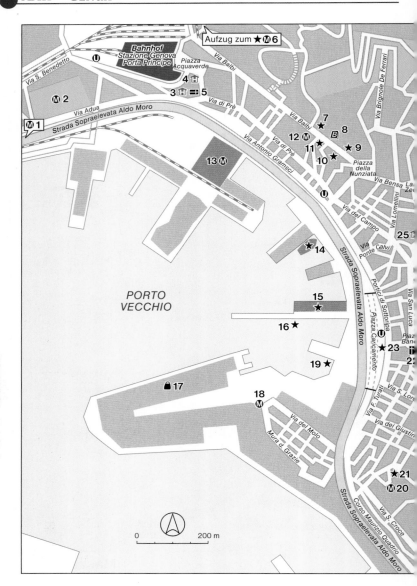

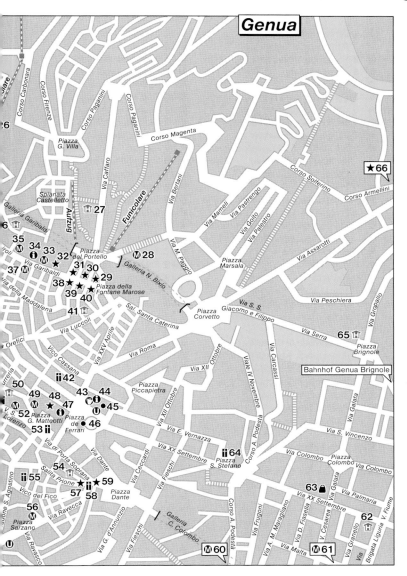

Ⓜ 1 Lanterna
(Museo delle Genovesità)
Ⓜ 2 Palazzo del Principe
🏠 3 Agnello D'Oro
🏠 4 Europa
ⅱ 5 San Giovanni di Prè
★ 6 Castello d'Albertis,
Ⓜ Museo delle Culture del Mondo
★ 7 Palazzo dell'Università
🄱 8 SS. Gerolamo e Francesco Saverio
(Universitätsbibliothek)
★ 9 Palazzo Durazzo Pallavicini
★ 10 Palazzo Balbi Senarega
★ 11 Palazzo Raggio
Ⓜ 12 Palazzo Reale
Ⓜ 13 Meeres- und Schifffahrtsmuseum
(Galata Museo del Mare)
★ 14 Galeone Neptune
★ 15 Acquario
★ 16 Biosfera
🔒 17 Magazzini del Cotone
(Città dei Bambini)
Ⓜ 18 Porta Siberia (Museo Luzzati)
★ 19 Bigo
Ⓜ 20 Santa Maria di Castello
(Museo di S. Maria di Castello)
★ 21 Torre degli Embriaci
ⅱ 22 San Pietro in Banchi
★ 23 Palazzo San Giorgio
Ⓜ 24 Palazzo Spinola
(Galleria Nazionale)
🏠 25 Cairoli
● 26 Drahtseilbahn (Funicolare)
🏠 27 B&B San Gerolamo
Ⓜ 28 Museum für Orientalische Kunst
(Museo d'Arte Orientale
E. Chiossone)
★ 29 Palazzo Cambiaso
★ 30 Palazzo Lercari Parodi
★ 31 Palazzo Spinola

★ 32 Palazzo Lomellino
Ⓜ 33 Palazzo Tursi
ⓘ 34 Informationsbüro (IAT)
Ⓜ 35 Palazzo Bianco
(Galleria di Palazzo Bianco)
🏠 36 B&B La Meridiana
Ⓜ 37 Palazzo Rosso
(Galleria di Palazzo Rosso)
★ 38 Palazzo Doria
★ 39 Palazzo Carrega-Cataldi
★ 40 Palazzo Pantaleo Spinola
🏠 41 Hotel Major
ⅱ 42 San Matteo
Ⓒ 43 Teatro Carlo Felice
ⓘ 44 Informationsbüro (IAT)
● 45 Accademia Ligustica
● 46 Piazza De Ferrari
ⓘ 47 Touristeninformation
★ 48 Palazzo Ducale
Ⓜ 49 Diözesanmuseum
(Museo Diocesano)
🏠 50 Palazzo Cicala
ⅱ 51 San Lorenzo
Ⓜ 52 Museo del Tesoro
ⅱ 53 Chiesa del Gesù
🏠 54 Cristoforo Colombo
ⅱ 55 San Donato
Ⓜ 56 Sant'Agostino
(Museo di Sant'Agostino)
★ 57 Porta Soprana
ⅱ 58 Sant'Andrea
★ 59 Casa di Colombo
Ⓜ 60 Museo d'Arte Contemporanea
Ⓜ 61 Museo Civico Storia Naturale
🏠 62 Barone
🔒 63 Mercato Orientale
ⅱ 64 Santo Stefano
🏠 65 Astoria
★ 66 Castello Mackenzie

Ⓤ Metro